Digitale Transformation oder
digitale Disruption im Handel

Gerrit Heinemann · H. Mathias Gehrckens
Uly J. Wolters · dgroup GmbH
(Hrsg.)

Digitale Transformation oder digitale Disruption im Handel

Vom Point-of-Sale zum
Point-of-Decision im Digital Commerce

Herausgeber
Prof. Dr. Gerrit Heinemann
Hochschule Niederrhein
Mönchengladbach
Deutschland

H. Mathias Gehrckens
dgroup GmbH
Düsseldorf, Deutschland

Uly J. Wolters
dgroup GmbH
Hamburg, Deutschland

dgroup GmbH
Düsseldorf
Deutschland

ISBN 978-3-658-13503-4   ISBN 978-3-658-13504-1 (eBook)
DOI 10.1007/978-3-658-13504-1

Die Deutsche Nationalbibliothek verzeichnet diese Publikation in der Deutschen Nationalbibliografie; detaillierte bibliografische Daten sind im Internet über http://dnb.d-nb.de abrufbar.

Springer Gabler
© Springer Fachmedien Wiesbaden 2016
Das Werk einschließlich aller seiner Teile ist urheberrechtlich geschützt. Jede Verwertung, die nicht ausdrücklich vom Urheberrechtsgesetz zugelassen ist, bedarf der vorherigen Zustimmung des Verlags. Das gilt insbesondere für Vervielfältigungen, Bearbeitungen, Übersetzungen, Mikroverfilmungen und die Einspeicherung und Verarbeitung in elektronischen Systemen.
Die Wiedergabe von Gebrauchsnamen, Handelsnamen, Warenbezeichnungen usw. in diesem Werk berechtigt auch ohne besondere Kennzeichnung nicht zu der Annahme, dass solche Namen im Sinne der Warenzeichen- und Markenschutz-Gesetzgebung als frei zu betrachten wären und daher von jedermann benutzt werden dürften.
Der Verlag, die Autoren und die Herausgeber gehen davon aus, dass die Angaben und Informationen in diesem Werk zum Zeitpunkt der Veröffentlichung vollständig und korrekt sind. Weder der Verlag noch die Autoren oder die Herausgeber übernehmen, ausdrücklich oder implizit, Gewähr für den Inhalt des Werkes, etwaige Fehler oder Äußerungen.

Lektorat: Barbara Roscher

Springer Gabler ist Teil von Springer Nature
Die eingetragene Gesellschaft ist Springer Fachmedien Wiesbaden GmbH
Die Anschrift der Gesellschaft ist: Abraham-Lincoln-Strasse 46, 65189 Wiesbaden, Germany

Vorwort

„Hungrig, aggressiv und schnell – immer Nr. 1 sein" ist die erste von 22 Lektionen, die Oliver Samwer der Generation der Internetgründer von Start-ups erteilt. Zugleich beschreibt sie sehr genau die Antriebskräfte erfolgreicher Pure Plays im Online-Handel, die eine digitale Disruption einleiten oder auch schon in Gang gesetzt haben. Das Prinzip der digitalen Disruption geht auf Clayton M. Christensen zurück, der an der Harvard Business School lehrt. Es beschreibt eine digitale Innovation, die eine bestehende Technologie, ein existierendes Produkt bzw. Angebot oder aber ein bewährtes Geschäftsmodell möglicherweise vollständig verdrängt. Die neuen Märkte entstehen für die etablierten Anbieter nicht selten unerwartet und erscheinen für diese zunächst uninteressant. Wie allerdings schon Joseph Schumpeter ausführte, können disruptive Technologien im Zeitverlauf ein starkes Wachstum aufweisen und vorhandene Märkte bzw. Produkte und Dienstleistungen völlig verdrängen. Demnach wird ein innovativer Unternehmer durch seine Innovation zu einem Monopolist, aber nur so lange, bis neue Nachahmer auftreten oder seine Innovation durch andere Entwicklungen verblasst. Die Betonung liegt auf dem Wechselspiel und der Bereitschaft der anderen Marktteilnehmer, die Innovation zu imitieren oder sogar zu übertrumpfen. Handelt es sich bei den Mitbewerbern allerdings um träge Marktführer oder erfolgsverwöhnte Traditionalisten, hat der Innovator auch das Potenzial, zu einem dauerhaften Monopolisten aufzusteigen. Diese Gefahr besteht derzeit immer noch im deutschen Einzelhandel. Dieser hat zwar inzwischen realisiert, zu welch einer Gefahr sich der Innovator Amazon entwickeln kann. Unsicherheit besteht allerdings darin, welche Schritte im Rahmen der Digitalisierung für das eigene Handelsunternehmen einzuleiten sind. Aber auch hier liefert die Innovationstheorie wertvolle Hinweise, denn der Erkenntnisphase sollte eine zukunftsfähige Adoption vor einer umfassenden Institutionalisierung folgen. Zur digitalen Adoption gehört dabei vor allem die Entwicklung und Verabschiedung einer – auch gegenüber den Innovatoren – wettbewerbsfähigen Digitalstrategie unter Infragestellung bestehender Geschäftsmodelle. Hierbei geht es vom Anspruchsprinzip vor allem auch darum, die eigene Messlatte auf das Niveau der disruptiven Pure Plays zu legen. Nur so kann eine erfolgreiche Umsetzung der Digitalstrategie erfolgen, für die sich der Begriff der digitalen Transformation durchgesetzt hat. Wenn das Management beschließt, die Digitalisierung mit Vollgas voranzutreiben, muss ein Handelskonzern nicht nur viel Geld in die Hand nehmen. Es müssen auch Komfortzonen abgebaut werden, sowohl bei den Mitarbeitern als auch bei den Führungskräften. Eine echte, konsequente digitale Transformation gleicht daher eher einem umfassenden Sanierungsprojekt als einem Forschungs- und Entwicklungsvorhaben.

Das vorliegende Buch greift die drei wichtigsten Aspekte der disruptiven Marktveränderung im Handel auf, nämlich die digitale Disruption, Adoption und Transformation. Nach umfasser Erläuterung der Grundbegriffe werden diese jeweils anhand ausgewählter Best Practices überwiegend aus der deutschsprachigen Handelsszene erläutert.

Das Buch richtet sich vornehmlich an das Management von Handelsunternehmen, die auf dem Weg der Digitalisierung sind, an sämtliche Entscheidungsträger im Online-Handel selbst sowie an die Wissenschaftler der Handelstheorie, die aufgrund der Internettechnologie derzeit einen völligen Umbruch erfährt. Die praxisnahe Darstellung der digitalen Geschäftsmodelle erfolgreicher Online-Händler ermöglicht einen Transfer der Erkenntnisse auf andere Unternehmen und Forschungsthemen im Handel.

Ohne das Engagement und die Unterstützung vieler Personen wäre die Umsetzung dieses Herausgeberbandes kaum möglich gewesen. Unser Dank gilt zunächst den Autoren der Beiträge, die durch tiefe Einblicke in die Praxis des digitalisierten Handels die Grundlage für dieses Buch geschaffen haben. Ein ganz besonderer Dank gilt auch Frau Korlin Bruhn, die den „organisatorischen Lead" für dieses Werk mit guten Nerven durchgezogen hat. Weiterhin danken wir dem Springer-Verlag für die stets hervorragende und unkomplizierte Zusammenarbeit bei der Drucklegung des Buches.

Mönchengladbach, Deutschland	Gerrit Heinemann
Düsseldorf, Deutschland	H. Mathias Gehrckens
Hamburg, Deutschland	Uly J. Wolters

Inhaltsverzeichnis

Teil I Digitalisierung im Handel – Point-of-Sale versus Point-of-Decision

Die Mythologie der Digitalisierung – Plädoyer für eine disruptive Transformation 3
Gerrit Heinemann

Neuerfindung des Handels durch digitale Disruption 29
Uly J. Wolters

Digital Adoption Retail – Hat der Offline-Handel eine Vision? 49
Marc André Micha und Sebastian Koppers

Agilität im Kontext der digitalen Transformation – Kernanforderung an die Organisation von morgen 79
H. Mathias Gehrckens

Teil II Digitale Disruption

Tierfutter geht disruptiv – Die Erfolgsstory zooplus 111
Andrea Skersies, Kai Hudetz und Judith Hellhake

Digitales Wachstum in China am Beispiel von Alibaba 127
Patrick Boos und Christina Peters

So kauft man Brillen heute – Die Erfolgsgeschichte von misterspex.de 153
Mirko Caspar

Fahrrad einstufig digital und disruptiv? – Erfolgsstory fahrrad.de und internetstores 169
Ralf Kindermann und Patrick Leib

Le Fashion Disrupteur – Die Erfolgsgeschichte von vente-privee 185
Catherine Spindler und Gerrit Heinemann

Teil III Digitale Adoption

Mönchengladbach bei eBay – Wie Online-Marktplätze dem Handel helfen, den digitalen Wandel zu meistern 201
Stephan Zoll und Steven Marks

Manufacturer goes Online – Der Aufbau eines globalen digitalen Ökosystems für NIVEA 223
Martin Wulle

Location-based Services – Paradebeispiel für digitale Adoption im stationären Einzelhandel 241
Gerrit Heinemann und Christian Gaiser

Digitales Beteiligungsportfolio einer Familiengesellschaft am Beispiel der TriPos GmbH 259
Niko Pohlmann

Auch Möbel geht online – Cross-Channel-Vision und digitale Adoption der Pfister AG 279
Carlos Friedrich und Marcus Diekmann

Teil IV Digitale Transformation

Bücher digital transformiert – Das eReading-Konzept der Thalia-Gruppe 303
Michael Busch und Gerrit Heinemann

Die digitale Transformation von Axel Springer 323
Robert A. Burgelman und Jens Müffelmann

Electronic goes Multi-Channel – Erfahrungsbericht Conrad 353
Werner Conrad und Stefanie Bräu

Reinvent or Die – Erfahrungsbericht der erfolgreichen digitalen Transformation von UNITO/Otto Group Österreich 379
Harald Gutschi

Herausforderungen der digitalen Transformation für die marktorientierte Unternehmensführung 399
Manfred Kirchgeorg und Christina Beyer

Teil V Spezialaspekte der digitalen Transformation

Disruption im Mehrkanalhandel: Transformation von Multi- über Cross- zu Omni-Channel-Retailing 425
Hanna Schramm-Klein und Gerhard Wagner

Mobile Disruption – oder warum der richtige Einsatz von Mobile für den Einzelhandel überlebenswichtig ist 449
Martin Wider

Outsourcing versus Insourcing – welches Betreibermodell im Online-Handel ist angeraten? 469
Marcus Krekeler und Gerrit Heinemann

Die Komponente Mensch im Kontext der digitalen Transformation 495
Britta Boland und Markus Hoischen

Erfolgsfaktoren der digitalen Transformation 509
Thorsten Boersma

Autorenverzeichnis

Christina Beyer ist seit Mai 2014 als Wissenschaftliche Mitarbeiterin und Doktorandin am SVI-Stiftungslehrstuhl für Marketing, insbesondere E-Commerce und Crossmediales Management an der HHL Leipzig Graduate School of Management tätig. Im Rahmen ihrer Promotion beschäftigt sie sich mit der Werbeerfolgsmessung in der Crossmedialen Kommunikation. Neben der Mitwirkung an Projekten sowie der Betreuung von Lehrveranstaltungen verantwortet sie die Geschäftsführung der Wissenschaftlichen Gesellschaft für Marketing und Unternehmensführung e. V. Zuvor studierte sie im Masterprogramm General Management an der HHL Leipzig und leitete bei der Flaconi GmbH das Online-Marketing.

Thorsten Boersma, Jahrgang 1966, machte seinen Abschluss als Diplom-Kaufmann an der Westfälischen Wilhelms-Universität in Münster. Danach begann er seinen beruflichen Werdegang in der Otto Group. Zuletzt war er dort für die gruppenweite E-Commerce-Strategieentwicklung verantwortlich. Anschließend war er als Geschäftsführer der iCubate GmbH Inkubator für E-Commerce-Geschäftsideen. In 2002 wechselte er in die freiberufliche Tätigkeit und arbeitete als Strategieberater und Experte für die Bereiche E-Commerce/Online-Shopping sowie Handel/Retail. Seit Februar 2009 ist Thorsten Boersma bei der dgroup als Senior Experte für E-Commerce und Strategie tätig. Dort entwickelt er für Kunden Strategien für E-Commerce und digitale Transformationen und setzt diese häufig auch als Interimsmanager für den Kunden um.

Britta Boland studierte und arbeitete u. a. in Düsseldorf, Minneapolis, San Francisco und Ivrea, Italien. Sie hat einen Master of Fine Arts in Visual Studies vom Minneapolis College of Art and Design und war Professorin für Visual User Interface Design am Interaction Design Institute Ivrea, bevor sie 2005 ihre Agentur ZORA in Düsseldorf gründete. Sie bezeichnet sich selbst als „Avid Online Shopper" und das Klingeln des Paketdienstes als ihre liebste Arbeitsunterbrechung.

Patrick Boos ist Associate Partner bei der dgroup. Hier leitet er digitale Transformationsprojekte für deutsche Konzerne und den Aufbau eines internationalen digitalen Thought Leadership Network. Zuvor war Patrick Boos u. a. Geschäftsführer bei eBay Deutschland und Chief Digital Officer bei der Ringier Axel Springer AG. Herr Boos war ebenfalls Gründer des an Bertelsmann veräußerten Online-Bonusprogramms webmiles und ist Investor bei diversen E-Commerce-Start-ups.

Stefanie Bräu machte zunächst ihren Magistertitel in Kunstgeschichte, klassischer Archäologie und Geschichte an der Universität Regensburg und studierte anschließend ebenfalls an der Universität Regensburg Wirtschaftswissenschaften, wo sie auch ihren Abschluss als Diplom-Kauffrau (Univ.) mit Schwerpunkt Marketing machte. Erste berufliche Stationen waren die Kulturabteilung der deutschen Botschaft in London und ein Kunstverlag. 2008 startete sie ihren beruflichen Werdegang bei Conrad, wo sie zunächst im Bereich Markenführung tätig war. Seit 2011 verantwortet sie den Bereich Brand-Management und treibt den gruppenweiten Relaunch des Handelsunternehmens Conrad zum führenden Omni-Channel-Unternehmen mit voran. Seit 2015 leitet sie neben dem Brand Management auch das internationale Kampagnenmanagement.

Autorenverzeichnis

Carlos Friedrich Geboren in Argentinien, wuchs Carlos Friedrich zwischen Europa und Südamerika auf. Er studierte Gesellschafts- und Wirtschaftskommunikation an der Universität der Künste Berlin und wählte den Einstieg ins Berufsleben 1996 als strategischer Kommunikationsplaner bei der Werbeagentur Advico Young & Rubicam in Zürich. 1998 wechselte er zur Agentur Honegger/von Matt als Berater für die Marke IKEA und andere. 2000 wurde er Leiter Strategische Planung und Mitglied der Geschäftsleitung bei der Agentur Jung von Matt/Limmat. 2003 vollzog er einen Wechsel von der Agentur- zur Unternehmensseite: Von 2003 bis 2009 fungierte er als Marketingleiter IKEA Schweiz und Mitglied der Geschäftsleitung. Ab 2007 übernahm er zusätzlich die Führung von internationalen Projekten für das globale IKEA-Marketing. Seit 2010 ist er CMO der Möbel Pfister AG und Mitglied der Unternehmensleitung. Friedrich ist Gastreferent am Forschungszentrum für Handelsmanagement der Universität St. Gallen. Die digitale Transformation hat im Möbelhandel erst angefangen. Für Friedrich gehört die Zukunft den Händlern, welche am besten die Offline- mit der Online-Welt und umgekehrt die Online- mit der Offline-Welt verbinden.

Christian Gaiser ist Chief Executive Officer (CEO) und Gründer der Bonial.com Group, dem führenden Netzwerk für lokale Handelswerbung auf mobilen Geräten in elf Ländern. Er ist zudem Investor in mehr als 15 Unternehmen in den USA und Europa. Zuvor arbeitete Christian Gaiser in verschiedenen Positionen bei McKinsey & Company in Wien und Zürich, der Monitor Group/Ermgassen & Co in London und bei SAP Investor Relations in Walldorf. Er ist Absolvent der WHU Otto Beisheim School of Management und der HEC, Montréal.

H. Mathias Gehrckens, Jahrgang 1962, machte seinen Abschluss als Schifffahrtskaufmann und Wirtschaftsassistent in Hamburg im Rahmen des Hamburger Modells und studierte anschließend Betriebswirtschaftslehre an der Friedrich-Alexander Universität Erlangen-Nürnberg, wo er auch seinen Abschluss als Diplom-Kaufmann machte. Danach begann er seinen beruflichen Werdegang bei Gruber, Titze & Partner als Unternehmensberater. 1992 wechselte er zu Booz Allen & Hamilton. Zuletzt war er dort als Principal und Mitglied der Geschäftsleitung tätig. Anschließend wechselte er in die Geschäftsführung der Döhler Gruppe und fungierte als Mitglied des Executive Boards für Marketing und Vertrieb. 2000 begann er, sich als Unternehmer an E-Commerce-Start-ups zu beteiligen und gründete 2004 gemeinsam mit Kollegen die diligenZ management Consulting GmbH, den Nukleus der heutigen dgroup.

Harald Gutschi, geboren 1964, hat in Graz das Betriebswirtschaftsstudium absolviert. Nach zwei Jahren bei Philips im Personalmanagement wurde er 1994 Personalleiter bei Neckermann Österreich. 1998 wurde Herr Gutschi Vorstand der Neckermann Österreich AG und war für den Aufbau der Osteuropaaktivitäten in elf Märkten Osteuropas für Neckermann und später auch Quelle zuständig. 2005 bis 2007 war Herr Gutschi Geschäftsführer der Neckermann.de GmbH in Frankfurt und war dort für das gesamte europäische Auslands- und E-Commerce-Geschäft zuständig. Anfang 2007 wurde Herr Gutschi Sprecher der Geschäftsführung von UNITO. Die UNITO-Gruppe ist in den Märkten Österreich, Schweiz, Deutschland, Südtirol, Tschechische Republik, Slowakei und Ungarn tätig. Sie ist Teil der Otto Group.

Prof. Dr. Gerrit Heinemann leitet das eWeb Research Center der Hochschule Niederrhein, wo er auch BWL, Managementlehre und Handel lehrt. Er hat BWL in Münster studiert, war danach Assistent bei Heribert Meffert, und promovierte über das Thema „Betriebstypenprofilierung textiler Fachgeschäfte" mit summa cum laude. Nach fast 20-jähriger Handelspraxis u. a. in Zentralbereichsleiter-/ und Geschäftsführerpositionen bei Drospa/Douglas und Kaufhof/Metro wurde Gerrit Heinemann 2005 an die Hochschule Niederrhein berufen. Er bekleidet verschiedene Aufsichtsratsfunktionen in E-Commerce- bzw. Handelsunternehmen, war lange Jahre stellvertretender Aufsichtsratsvorsitzender der buch.de internetstores AG und begleitet Start-ups – wie die Good to Go Inc. in Sausalito – als Advisory Board. Daneben ist Prof. Heinemann Autor von rund 200 Fachbeiträgen und 15 Fachbüchern zu den Themen Digitalisierung, E-Commerce, Online- und Multi-Channel-Handel. Sein Buch „Der neue Online-Handel" kommt Anfang 2017 in achter Auflage heraus und erschien bereits in englischer sowie auch chinesischer Version.

Autorenverzeichnis

Judith Hellhake M. Sc. ist seit März 2015 als Junior-Projektmanagerin am IFH Köln sowie der dort angesiedelten Marke ECC Köln in der qualitativen und quantitativen Marktforschung tätig. Am IFH Köln beschäftigt sie sich schwerpunkmäßig mit dem Thema Markenmonitoring. Bereits während ihres Bachelorstudiums der Wirtschaftspsychologie mit den Schwerpunkten „Marketingmanagement" und „Markt-, Werbe- und Medienpsychologie" sowie dem Masterstudium der Markt- und Medienforschung war sie als Praktikantin und Masterandin in der Marktforschung tätig.

Markus Hoischen begann seine berufliche Laufbahn bei der Deutschen Bank, studierte Organisation und Wirtschaftsinformatik und wechselte dann als Managementberater zur KPMG, bevor er in führenden Positionen bei der Deutschen Post DHL und der Otto Group tätig war. 2013 gründete er Brain Orchestra, ist seitdem parallel freiberuflich als Associate Partner für die dgroup tätig und unterstützt führende internationale Unternehmen aktiv bei der Transformation zum Connected Retailer. Seine Philosophie: „Just do it!" oder auch „Nicht schnacken, machen!", wie man in seiner Wahlheimat Hamburg sagen würde.

Dr. Kai Hudetz ist seit August 2009 Geschäftsführer der IFH Institut für Handelsforschung GmbH Köln. Zuvor leitete er das dort angesiedelte E-Commerce-Center (ECC Köln), dessen Gründung er 1999 mit initiierte. Mit seiner langjährigen Expertise ist Dr. Hudetz einer der gefragtesten E-Commerce-Experten in Deutschland. Als Autor von Studien und zahlreichen Fachartikeln beschäftigt er sich mit aktuellen Fragen des Handels im digitalen Zeitalter. Neben seiner Tätigkeit als Gastdozent an verschiedenen Hochschulen ist Kai Hudetz gefragter Speaker und Moderator auf hochkarätigen Branchenevents. Darüber hinaus ist Dr. Hudetz Mitglied in verschiedenen Beiräten und Aufsichtsräten.

Ralf Kindermann zeichnet als Geschäftsführer bei internetstores für die Bereiche Einkauf, Customer Care, B2B und stationären Handel verantwortlich. Vor seiner Tätigkeit für internetstores sammelte er umfangreiche Branchenerfahrung als Vorstand der Eurobike, Geschäftsführer von Giant Deutschland sowie Geschäftsführer der Bike & Outdoor Company (B.O.C.). Er verfügt über 25 Jahre Erfahrung im Einkauf und Vertrieb von Bike- und Outdoor-Produkten. Sein Schwerpunkt liegt dabei auf der Entwicklung preisgekrönter Eigenmarken und Sortimente.

Prof. Dr. Manfred Kirchgeorg ist Inhaber des SVI-Stiftungslehrstuhls für Marketing, insbesondere E-Commerce und Crossmediales Management an der HHL Leipzig Graduate School of Management. Er promovierte und habilitierte zum Themenkomplex Umweltmanagement und Ökomarketing an der Westfälischen Wilhelms-Universität in Münster. Die an seinem Lehrstuhl in über mehr als zwei Jahrzehnten aufgebauten Forschungskompetenzen im Bereich des Sustainability Marketing und Holistic Branding werden mit Forschungsfragen des E-Commerce und der Optimierung von crossmedialen Kommunikationsformen verknüpft. Prof. Kirchgeorg nahm vielfältige Lehraufträge an Universitäten im In- und Ausland wahr und ist darüber hinaus Mitglied in zahlreichen betriebswirtschaftlichen Verbänden und Beiräten. So engagiert er sich u. a. im B.A.U.M. e. V., im Aufsichtsrat der Unilever Deutschland Holding GmbH sowie im Vorstand der Wissenschaftlichen Gesellschaft für Marketing und Unternehmensführung e. V. Prof. Kirchgeorg ist Mitglied in diversen Expertengruppen, nimmt Gutachtertätigkeiten wahr und ist Autor und Herausgeber vielfältiger Fachpublikationen.

Sebastian Koppers M. Sc. ist als Experte für Digitales für die dgroup tätig. Im Rahmen dessen beschäftigt er sich mit verschiedenen Strategie-, Operations- und Change-Management-Projekten der digitalen Transformation. Bereits während seines Masterstudiums der Betriebswirtschaftslehre mit dem Schwerpunkt der „marktorientierten Unternehmensführung" an der Katholischen Universität Eichstätt-Ingolstadt konnte er (internationale) Erfahrungen als Praktikant und im MBA-Programm der Xavier University sammeln. Ebenfalls unterstützte er als wissenschaftliche Hilfskraft am Lehrstuhl für Dienstleistungsmanagement in Ingolstadt die Erforschung der Dienstleistungsproduktivität im BMBF-Verbundprojekt PROMIDIS.

Autorenverzeichnis

Marcus Krekeler studierte Betriebswirtschaft an der Universität Essen und gründete seine erste Firma während des Studiums mit dem Verkauf von Mobiltelefonen. Nach dem Studium war er Geschäftsleiter von shopping24, dem Internetmarkplatz der Otto-Gruppe und bei eBay als Head of Business Development tätig. Er ist Managing Partner und Founder der dgroup GmbH und hat mehr als 100 Digitalprojekte in verschiedenen Industrien entwickelt, konzipiert und umgesetzt. Die dgroup gehört zu den größten digitalen Beratungen in Europa mit einem internationalen Netzwerk.

Patrick Leib unterstützt als Assistent die Geschäftsführung der internetstores Gruppe bei allen strategischen und operativen Aufgaben. Ein Schwerpunkt liegt in der Pflege und dem Aufbau des Netzwerkes aus Banken, Investoren und Beiräten. Nach abgeschlossener Berufsausbildung im Hotelbereich erwarb er 2013 ein Doppeldiplom in „International Management" an der ESB Business School in Reutlingen und der Reims Management School. Im Rahmen mehrjähriger Studienaufenthalte und Praktika in Frankreich und den USA sammelte er umfangreiche Auslandserfahrung. Seine Kenntnisse im Bereich Wirtschaftspsychologie vertieft er derzeit berufsbegleitend in einem Masterstudium.

Steven Marks ist Head of Shipping & Local eBay Germany. In dieser Funktion liegt der Schwerpunkt seiner Arbeit auf Innovationsprojekten und dem Thema lokaler Handel bei eBay. Der gebürtige Hannoveraner ist seit 2008 für eBay tätig. Davor war Steven Marks Managementberater bei Accenture. Steven Marks, geboren 1978, studierte Wirtschaftsingenieurwesen an der Technischen Universität Berlin und schloss sein Studium mit einem Diplom ab.

Dr. Marc André Micha promovierte am Max-Planck-Institut in Physik. Seinen Berufseinstieg fand er in einer führenden internationalen Strategieberatung, bei der er mehr als zehn Jahre lang Strategieprojekte im Spannungsfeld zwischen Business und Technologie verantwortete. Es folgten fünf Jahre als COO und Vorstandsmitglied bei APCOA Parking, wo er die digitale Transformation vorantrieb, bevor Dr. Micha wieder in die Beratung zurückkehrte. Heute setzt er als Partner der dgroup seinen Schwerpunkt im Bereich der digitalen Transformation und der Entwicklung von Cross-Channel-Geschäftsmodellen.

Dr. Jens Müffelmann ist CEO der Axel Springer Digital Ventures GmbH sowie President Axel Springer USA. Er ist seit 1997 für die Axel Springer SE in verschiedenen Führungspositionen tätig, zunächst in der strategischen Unternehmensplanung, später als Leiter der Konzernstrategie/-entwicklung. Von 2004 bis 2014 verantwortete er den Geschäftsführungsbereich Elektronische Medien und war damit zuständig für Aufbau und Entwicklung des Internet-, TV- und Radioportfolios. Anschließend war er COO für ca. 200 Portfoliogesellschaften im neu formierten Vorstandsbereich Rubriken- und Vermarktungsangebote. Jens Müffelmann ist Diplom-Ingenieur und promovierte im Rahmen eines gemeinsamen Forschungsprojektes an der Universität der Bundeswehr und der Columbia University zum Thema „Organizational Change in deutschen und US-amerikanischen Unternehmen".

Christina Peters ist Manager für digitale Transformation bei der dgroup. Sie leitet dort kundenorientierte digitale Strategie- und Aufbauprojekte mit Fokus auf FMCG, Fashion, Handel und Pharma. Weitere internationale Erfahrung hat sie bei der digitalen Marketingberatung Blue Latitude und der Modegruppe Pentland Brands in London gesammelt. Im Jahr 2015 war sie für das digitale Thought Leadership Event der dgroup in Shanghai/Hangzhou verantwortlich.

Niko Pohlmann ist Geschäftsführer der TriPos GmbH, einem unternehmerisch geführten Family Office, welches 2007 gegründet wurde. Er ist leidenschaftlicher Einzelhändler insbesondere mit Erfahrungen im Einrichtungs- und Textilbereich auf allen relevanten globalen Beschaffungsmärkten. Während seines Forschung- und Arbeitsaufenthalts im Silicon Valley entstanden das Interesse und das tiefe Verständnis für die Bedürfnisse und Zusammenhänge bei schnell wachsenden, dynamischen und innovativen Start-up-Unternehmen. Sein Diplom zum Ökonom erhielt er bei der Universität Witten/Herdecke.

Univ.-Prof. Dr. Hanna Schramm-Klein ist Inhaberin des Lehrstuhls für Marketing an der Universität Siegen. Sie promovierte und habilitierte sich am Institut für Handel & Internationales Marketing an der Universität des Saarlandes zu Themen des Konsumentenverhaltens in Mehrkanalsystemen und der Standortpolitik von Handelsunternehmen. In zahlreichen wissenschaftlichen und praxisorientierten Veröffentlichungen, Projekten und Vorträgen setzte sie sich mit Aspekten des Handelsmarketings, Handelsmanagements, Konsumgütermarketings sowie Supply-Chain-Managements auseinander.

Andrea Skersies, CMO, verantwortet als Vorstandsmitglied der zooplus AG die Aufgabenbereiche Sales & Marketing. Sie hat an den Universitäten Mannheim und Bocconi/Mailand Betriebswirtschaftslehre studiert und mit Diplom-Kauffrau abgeschlossen. Nach ihrem Studium war sie zunächst bei Roland Berger Strategy Consultants tätig, bevor Frau Skersies im Jahr 2000 zu zooplus wechselte.

Catherine Spindler ist seit 2014 leitende Marketingdirektorin bei vente-privee und zeichnet für den Aufbau und die Entwicklung der B2B/B2C-Marketingstrategie für Frankreich und Europa verantwortlich. Sie begann ihre Karriere beim Weltmarktführer für Luxusgüter LVMH als International Product Manager für die Parfümlinien der Marke Guerlain. Vor ihrem Einstieg bei vente-privee war sie für die Yves Rocher Gruppe im Bereich Marketing für die Regionen Europa und China tätig und bekleidete später die Position als Marketingdirektorin und International Brand Communication für die Marke Dr. Pierre Ricaud.

Dr. Gerhard Wagner ist Akademischer Rat am Lehrstuhl für Marketing der Universität Siegen. Dort promovierte er bereits zum Konsumentenverhalten im Multi-Channel-E-Commerce. Seine weiteren Forschungsbereiche und Veröffentlichungen umfassen die Bereiche Kundenverhalten im Kontext neuer Technologien, Online-Handel sowie Multi-Channel Retailing.

Martin Wider, Jahrgang 1962, ist seit Mitte 2015 Partner bei dgroup, eine der führenden Beratungen für digitale Transformation in Europa. Der Experte für digitale Marken studierte Kommunikationswissenschaften, Politik und Wirtschaft an der Ludwig-Maximilians-Universität in München. Nach einem Volontariat bei der Cosmopolitan war er einige Jahre als Journalist und Autor tätig, u. a. für Musikexpress, Wiener und Playboy. Danach arbeitete er als Texter und Creative Director für verschiedene Agenturen. 1997 war er Co-Gründer der Dialogmarketing- und Digitalagentur detterbeckwider. Danach war er Managing Partner bei der renommierten Kreativagentur Springer & Jacoby, CEO von Publicis Frankfurt sowie von 2008 bis 2013 Deutschland-CEO der Networkagentur J. Walter Thompson. Vor seinem Einstieg bei der dgroup verantwortete Martin Wider als CMO das globale Marketing des Marketing-Tech-Start-ups Facelift. Bei der dgroup verantwortet er den Bereich der Entwicklung von digitalen Produkten und Services für Markenkunden mit Schwerpunkt auf Mode und FMCG. Neben seiner Aufgabe bei der dgroup ist er als Advisor und Beirat für verschiedene Startups tätig.

Uly J. Wolters, Jahrgang 1972, studierte BWL an der Justus-Liebig-Universität Gießen. Danach gründete er die Firma 4i, die sich mit virtuellen Unternehmen auseinandersetzte, bevor er als Strategieberater zu Accenture (damals Andersen Consulting Strategy) wechselte. In den Jahren 1999 bis 2001 arbeitete er als Mitgründer bei zwei Online-Start-ups: Tradera (Marktführer Internetauktionen Skandinavien, 2006 an eBay verkauft) und ProXchange (europäischer Online-B2B-Marktplatz für gebrauchte Wirtschaftsgüter). Nach Stationen bei Otto Venture Capital als Leiter Investmentstrategie und Senior Manager Strategie bei der Otto Group wechselte Herr Wolters zur strategischen Managementberatung Theron Business Consulting. Ab 2004 verantwortete er dort als Partner viele Online-, Start-up- und Strategieprojekte in Osteuropa, vornehmlich in Russland, der Ukraine, Tschechien und Rumänien. Seit 2008 arbeitet Uly J. Wolters als Managing Partner und Mitgründer der dgroup GmbH (vormals diligenZ GmbH) in den Bereichen E-Commerce und Multi-Channel. Von 2008 bis 2011 verantwortete er als Senior Investment Manager bei e.Ventures Investitionen in Online-Start-ups in Osteuropa. Herr Wolters ist zudem ein aktiver Investor in internationalen (Online-)Start-ups.

Martin Wulle, Jahrgang 1965, ist seit 2013 Corporate Vice President Global Business Unit Digital & E-Commerce bei Beiersdorf. Der Experte für digitale Transformation für FMCG-Unternehmen studierte Marketing an der HSBA Hamburg School of Business Administration in Hamburg. Martin Wulle bekleidete unterschiedliche Positionen in Marketing und Sales bei Beiersdorf in Hamburg, bevor er führende Auslandspositionen für Beiersdorf in den USA und in Osteuropa innehatte. So war Herr Wulle General Manager von Beiersdorf in der Ukraine. Nach zwei Stationen im Corporate Marketing als Corporate Marketing Director für die Markenkategorien NIVEA Bath Care und NIVEA Deo übernahm er 2013 die neu geschaffene Position des Vice President Digital & E-Commerce.

Dr. Stephan Zoll ist Vice President eBay Germany. In dieser Funktion ist der gebürtige Hamburger für das Marktplatzgeschäft von eBay in Deutschland zuständig. Der promovierte Jurist ist seit Oktober 2007 für den eBay-Konzern tätig und war bereits zwischen 2009 und 2011 Geschäftsführer der eBay GmbH. Vor seinem Wechsel zurück an die Spitze des deutschen Kerngeschäfts von eBay war Zoll Geschäftsführer des eBay-Unternehmens brands4friends sowie General Manager von eBay Inc. Retail & Emerging Markets, für Tradera und GittiGidiyor – die Plattformen von eBay in Schweden und in der Türkei. Bevor er zu eBay kam, war Stephan Zoll Mitglied der deutschen Geschäftsleitung der Unternehmensberatung Mercer Management Consulting, heute Oliver Wyman. Weitere Stationen waren Diamond Cluster International und Booz Allen & Hamilton. Dr. Stephan Zoll, geboren 1970, studierte Rechtswissenschaften an den Universitäten von Heidelberg und München. Er promovierte auf dem Gebiet des internationalen Steuerrechts.

Teil I

Digitalisierung im Handel – Point-of-Sale versus Point-of-Decision

Die Mythologie der Digitalisierung – Plädoyer für eine disruptive Transformation

Gerrit Heinemann

> **Zusammenfassung**
>
> Der deutsche Handel hat sicherlich inzwischen realisiert, zu welch einer Gefahr sich digitale disruptive Pure Plays entwickeln können. Unsicherheit besteht allerdings darin, mit welcher Digitalstrategie geantwortet werden soll und welche Schritte im Rahmen der Digitalisierung für das eigene Handelsunternehmen einzuleiten sind. Die Diskussion um die Zukunft des Handels beißt sich fest an der Frage „digitale Disruption versus digitale Transformation". Im Grunde geht es aber um die Verweigerung einer notwendigen radikalen und eher „disruptiven Transformation". Diese wird gebremst von einer sich verbreitenden „Mythologie der Digitalisierung". Insgesamt halten sich im Handel allerdings zehn Mythen gegen die digitale Transformation dauerhaft wie ein Mühlstein. Sie lähmen oder verhindern vielfach die erforderliche digitale Neuausrichtung und sind Gegenstand des folgenden Beitrags.

G. Heinemann (✉)
Hochschule Niederrhein, Mönchengladbach, Deutschland
E-Mail: professor@gerritheinemann.de

Inhaltsverzeichnis

1	Mythos Non-Profit: E-Commerce lohnt sich nicht	5
2	Mythos Lead Channel: Die Renaissance der analogen Absatzkanäle steht bevor	8
3	Mythos Sortiment: Online-Kanäle benötigen das kleinste Sortiment	10
4	Mythos Systeme: Digitalisierung erfordert keine großen Systeminvestitionen	12
5	Mythos Organisation: Digitaloffensive geht ohne Organisationsveränderung	14
6	Mythos Harmonie: Digitale Neuausrichtung kann konfliktfrei betrieben werden	16
7	Mythos Outsourcing: E-Commerce sollte im Outsourcing betrieben werden	18
8	Mythos Wachstum: Digitalisierung generiert überproportionales Wachstum	20
9	Mythos Innovation: Online ist eine Innovation und Verjüngungskur	21
10	Mythos Erlösung: Digitalisierung ist die Lösung aller Probleme	22
11	Fazit	24
Literatur		26
Über den Autor		28

Als Folge der digitalen Disruption entwickeln sich die E-Commerce-Umsätze weiterhin rasant und werden sich allen Prognosen nach in den nächsten zehn Jahren noch einmal mindestens verdoppeln (DPDHL 2014). Wie das Kaninchen vor der Schlange sitzen deswegen viele Hersteller und Traditionshändler vor der Entscheidung, online zu gehen oder – falls schon geschehen – eine Online-Offensive zu starten. Sie fragen sich, ob und wie es mit dem Online-Wachstum weitergeht. Nach dem „Prinzip Hoffnung" werden dabei Online Pure Plays vielfach für tot erklärt oder als „Non-Profit-Veranstaltung" abgetan. Immer wieder werden dieselben „Killerargumente" aufgetischt und Ausreden gefunden, den Schritt in die Online-Welt (noch) nicht zu tun. Es fehlt zuweilen nicht nur am Bewusstsein für die Notwendigkeit der Transformation, sondern auch an der Risikobereitschaft. Ein Handelskonzern muss dafür viel Geld in die Hand nehmen, wenn das Management beschließt, die Digitalisierung mit Vollgas voranzutreiben. Es müssen auch Komfortzonen abgebaut werden, sowohl bei den Mitarbeitern als auch bei den Führungskräften (eTailment 2015). Denn die schnellen Online Pure Plays machen vor, dass Komfortzonen und ausgeprägte Hierarchien eher hinderlich sind. Um von diesen disruptiven und schnellen Innovatoren zu lernen, können sich Traditionshändler sicherlich in der Frühphase an Start-ups zu beteiligen und so ein intelligentes digitales Portfolio aufbauen. Beispiele gibt es mittlerweile genug: Ob Otto oder Tengelmann, Axel Springer oder Burda, Metro oder Rewe, selbst der Stahlhändler Klöckner & Co. lässt sich bereits als Start-up-Schmiede feiern. Eine konsequente digitale Transformation gleicht allerdings vielmehr einem umfassenden Sanierungsprojekt als dem Gebaren von Finanzinvestoren: Das Vorgehen mutet eher radikal an und vielleicht trifft deswegen der Begriff „disruptive Transformation" mehr den Kern der Sache. Vor allem in Hinblick auf den Anspruch, im Leistungsvermögen mindestens mit den disruptiven Pure Plays gleichziehen zu wollen. Denn wer bei diesem Thema zu vorsichtig agiert, wird auf Dauer keine Schnitte gegen Amazon & Co. holen können. Dafür muss allerdings die bestehende Organisation radikal geöffnet und erneuert werden, um die Impulse aus dem digitalen

Portfolio im bisherigen Kern umsetzen zu können. In Deutschland steht die Investitionsbereitschaft für die Transformation aber nicht selten unter dem Motto: „Wascht mich, aber macht mich nicht nass". Das funktioniert nicht. Wer ständig übervorsichtig in zu kleine Systeme investiert, läuft am Ende in eine Wachstumsfalle – von visionären Investments gar nicht zu reden. Es geht keinesfalls darum, die Systeme überzudimensionieren, sondern darum, alle Anstrengungen zu unternehmen, das Geschäftsmodell neu auszurichten und damit den Handel in Richtung Zukunft zu trimmen. Dafür genügt es allerdings nicht, sich einmal einen sogenannten „Digital Native" ins Haus zu holen. Wie jede Sanierung muss auch die digitale Transformation von externen Experten begleitet werden. Mit diesen Spezialisten muss das Unternehmen zunächst eine tabulose Bestandsaufnahme erstellen. Erst dann kann es eine digitale Strategie entwickeln. Es muss auch erst einmal geklärt werden, wie viel Digitalisierung welche Branche braucht. Es macht doch keinen Sinn, pauschal loszurennen und schnell mal – salopp gesagt – eine App zu entwickeln (eTailment 2015). Die Verantwortung muss zudem im Vorstand verortet werden, auch um die entsprechende Priorität klar zu stellen. Ein CDO (Chief Digital Officer) könnte da ein Anfang sein, allerdings nicht als „zahnloser Tiger". Aber dazu braucht es auch eine digital ausgerichtete Führungsorganisation, die sich eher an den disruptiven Online Pure Plays statt an überholten Führungstheorien orientieren. Dies klappt kaum mit der althergebrachten funktional orientierten Organisation. Vermutlich werden erschreckend wenige Händler das erkennen. Viele werden das Momentum verpassen, weil sie das Thema und die Dringlichkeit unterschätzen. Jedem Händler muss klar sein, dass der Online-Anteil steigen wird, ohne dass der gesamte Einzelhandelskuchen größer wird. Klar muss auch sein, dass das statistische Bild durch die hybriden Handelsformen schon jetzt verfälscht ist: Wenn der Kunde ein Produkt online entdeckt oder bestellt, die Ware aber im Laden abholt und bezahlt, wird das als Flächenumsatz ausgewiesen, ist aber im Grunde hybrider bzw. online induzierter Umsatz. Zudem fließen immer mehr Anteile des Einzelhandelsumsatzes über Cross-Border-Geschäfte ins Ausland ab. Womöglich werden die großen internationalen Player, die schon jetzt einen großen Vorsprung haben und in Deutschland Chancen sehen, jene deutschen Händler aufkaufen, die noch Potenzial haben und ihnen einhauchen, was „digital" heißt. Insgesamt halten sich zehn Mythen gegen die digitale Transformation dauerhaft wie ein Mühlstein (vgl. Abb. 1). Sie lähmen oder verhindern vielfach die erforderliche digitale Neuausrichtung und Transformation (eTailment 2015).

1 Mythos Non-Profit: E-Commerce lohnt sich nicht

Häufigstes Argument, den Schritt in Richtung Online nicht zu wagen, ist die Aussage: „E-Commerce lohnt sich nicht!" Deswegen erscheint es dringend geboten, diesem hartnäckigen Vorurteil drei Fragen zu entgegnen, nämlich erstens, was die Alternative zur Digitalisierung ist, zweitens, wer und was das Thema treibt und drittens, ob sich E-Commerce wirklich nicht lohnt.

> **Mythos Non-Profit** – E-Commerce lohnt sich nicht
> **Mythos Lead-Channel** – Die Renaissance der stationären Kanäle steht bevor
> **Mythos Sortiment** – Online-Kanäle benötigen das kleinste Sortiment
> **Mythos Systeme** – Digitalisierung erfordert keine größeren Systeminvestitionen
> **Mythos Organisation** – Digitaloffensive geht ohne Organisationsveränderung
> **Mythos Harmonie** – Digitale Neuausrichtung kann konfliktfrei betrieben werden
> **Mythos Outsourcing** – E-Commerce sollte im Outsourcing betrieben werden
> **Mythos Wachstum** – Digitalisierung generiert überproportionales Wachstum
> **Mythos Innovation** – Online ist eine Innovation und Verjüngungskur
> **Mythos Erlösung** – Digitalisierung ist die Lösung aller Probleme

Abb. 1 Mythen der digitalen Transformation. (Quelle: eigene Darstellung)

Was ist die Alternative zur Digitalisierung? Bei insgesamt stagnierenden Umsätzen in nahezu allen Branchen und überproportional steigenden Online-Umsätzen ist die Alternative zur Digitalisierung schlicht und ergreifend Umsatzverlust bis hin zur Existenzgefährdung. Ausschließlich auf traditionelle Muster zu setzen wie u. a. stationäre Beratung, Erlebnisatmosphäre und/oder „vorgegebene Anbietersicht-Kundenorientierung" verhindert diese Entwicklung nicht, sondern vertreibt eher noch Kunden. Diese prangern vor allem den Mangel an echter Innovationsfähigkeit an und definieren Kundenorientierung mittlerweile für sich völlig anders als die meisten Anbieter, nämlich als „selbstbestimmte Nachfragesicht-Kundenorientierung". Und zwar möglichst mit realer Interaktionsmöglichkeit wie Video-Live-Chat. Die Digitalisierung befeuert das Entstehen innovativer Geschäftsmodelle, die in kürzester Zeit Kunden erreichen, deren Erwartungen treffen und damit schneller als bisher Umsätze generieren können. In den ersten Handelsbranchen haben Online Pure Plays bereits die Marktführerschaft erreicht (zum Beispiel Amazon bei Büchern, Booking.com bei Reisen und Thomann bei Musikinstrumenten) oder sind auf dem Sprung dorthin (zum Beispiel Zalando bei Mode und Schuhen, Zooplus bei Tierbedarf oder Reuter bei Badausstattung). Sie setzen aus Kundensicht neue Servicestandards in Hinblick auf Produktverfügbarkeit, Preistransparenz, After-Sales-Service, Selbstbedienung sowie echter Kundeninteraktion. Zunehmend eine Schlüsselrolle nehmen das mobile Internet und damit die Sozialisierung, Lokalisierung sowie Mobilisierung des Online-Handels ein („SoLoMo").

Wer oder was treibt die Digitalisierung? Die Digitalisierung geht ganz klar vom Kunden aus. Bereits rund 70 % aller erwachsenen Deutschen über 14 Jahren nutzen das mobile Internet, so die neueste Smartphone-Studie, die das eWeb Research Center der Hochschule Niederrhein zum dritten Mal in Zeitreihe zusammen mit der kaufDA-Mutter Bonial Group durchgeführt hat (kaufDA 2015). Sie erwarten von den Anbietern eine digitale und in der Regel mobil optimierte Präsenz, um ihre Einkäufe vorbereiten oder auch direkt online tätigen zu können (vgl. Abb. 2). Nicht ohne Grund erzielen die erfolgreichen Online-Händler (u. a. Amazon, Zalando, eBay) bereits rund ein Drittel

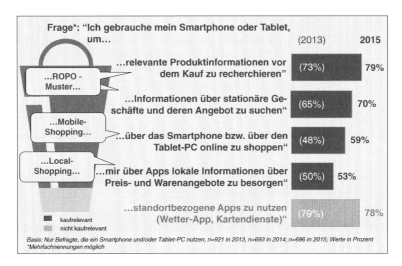

Abb. 2 Kundenerwartungen in Hinblick auf eine Online-Präsenz. (Quelle: eigene Darstellung in Anlehnung an kaufDA 2015)

ihrer Umsätze mobil (Heinemann 2015). Die meisten der deutschen Online-Shops, die mobil vertreten sind, erweisen sich mehrheitlich weder als „Multiscreening"-fähig, noch in Hinblick auf die Basisanforderungen des Mobile Commerce als Erfolg versprechend. Für Unternehmen, die bereit sind, die Chancen des mobilen Internets zu nutzen und ihr Geschäftsmodell auf die veränderten Kundenanforderungen auszurichten, gewinnen situationsspezifische Angebote und Geschwindigkeit zunehmend an Bedeutung. Entsprechend der kaufDA-Smartphone-Studie starten Kunden mittlerweile mehrheitlich ihren Kaufprozess auf Mobiles. Sie führen den Kauf dann allerdings überwiegend noch auf anderen Geräten (Laptop oder Desktop) oder in anderen Kanälen (Filiale) aus. Diese Zubringerfunktion des Smartphones bzw. Mobile Commerce für andere Kanäle wird häufig unterschätzt und ist in keiner Wirtschaftlichkeitsbetrachtung abgebildet.

Lohnt sich E-Commerce überhaupt? Schon die Zubringerfunktion des Smartphones bzw. Mobile Commerce beantwortet einen Teil der Frage. Und zwar mit folgender Gegenfrage: „Lohnt sich Marketing überhaupt" – vor allem wenn es nicht datenbasiert ist? Denn Internet und Mobiles gewinnen als neuer Marketinghebel herausragende Bedeutung und sollten nicht nur unter Renditegesichtspunkten, sondern vor allem auch unter dem Aspekt der Marketingwirkung diskutiert werden. Und als innovative Alternative zu abgenutzten Werbeformen, für die ja in der Regel immer noch reichlich Budget bereitgestellt wird. Sinnvoll wäre eine Reallokation von Werbetöpfen. Diese würde es ermöglichen, durch mobil optimiertes Marketing differenzierbare Wettbewerbsvorteile aufzubauen und wahrnehmbare, zeitgeistgerechte Mehrwerte für die Kunden zu schaffen. Dazu zählt auch die „Zeiteffizienz", an jedem Ort und zu jeder Zeit Leerzeiten für Einkaufsvorgänge nutzen oder Wartezeiten verkürzen zu können. Dies gilt auch für das Warten auf neue Kollektionen sowie Lieferzeiten. Die Themen „Fast Fashion" sowie „Same Day Delivery" („SDD"), das Ende des letzten Jahres bereits als Branchenstandard gesetzt wurde, unterstreichen diese Entwicklung. „Same Hour Delivery" befindet sich bereits im Test und wird vor allem die Geschwindigkeit als Wettbewerbsvorteil weiter unterstreichen. Auch wird sie vielen stationären Kunden den Grund nehmen, Innenstädte zu besuchen. Zudem zeigt sich, dass Online-Pure-Plays wie Booking.com, fahrrad.de, Reuter-Badshop oder Zalando & Co. entweder mindestens so profitabel wie bisherige Offline-Anbieter sind, oder aber – wie Amazon – ihre hohen EBITDA-Margen zur Wachstumsbeschleunigung reinvestieren.

2 Mythos Lead Channel: Die Renaissance der analogen Absatzkanäle steht bevor

Die immer wieder beschworene These, dass die analogen Absatzkanäle oberste Priorität hätten, folgt eigentlich nur dem Prinzip Hoffnung und ist mit keiner Studie zu diesem Thema zu belegen. Das Festhalten am „Lead Channel Offline" steht völlig im Widerspruch zu den Erwartungen der Kunden. Vor allem die mobile Internetnutzung wird die Handelswelt komplett verändern. Und auch das immer wieder für beendet herbeigesehnte E-Commerce-Wachstum entwickelt sich nach wie vor zweistellig. Trotz oder gerade wegen der enormen Wachstumsraten im E-Commerce sind mittlerweile vermehrt auch warnende Stimmen aus jenen Branchen zu hören, denen in den nächsten Jahren eine Konsolidierung bevorsteht. Als besonders gefährdet gelten nichtprofilierte Online-Händler mit austauschbaren Sortimenten oder fehlender Kanalexzellenz. Deswegen erweisen sich auch vertikale Geschäftsmodelle und die herstellereigenen Online-Shops derzeit als erfolgreichste Betriebstypen im E-Commerce. Vor allem die Online-Shops, die heute wirtschaftlich noch nicht tragfähig sind, werden es in den nächsten Jahren nicht leicht haben. Die dadurch induzierte Konsolidierung oder Konzentration wird aber nicht das Wachstum mindern, sondern eher noch beflügeln. Insofern nutzen sich die Mär vom Ende des Online-Booms und auch das Totreden unter Verwendung falscher Zahlen zunehmend ab. Dazu gehört auch die immer wieder aufkommende Diskussion über den viel gescholtenen Beratungsdiebstahl. Wie eine aktuelle Blitzumfrage der WAZ vom 14.9. bis 18.9.2015 sowie auch der aktuelle Online-Monitor des HDE allerdings offenbaren, liegt dieser bei kaum mehr als einem Prozent (vgl. WAZ 2015; Online-Monitor 2015). Und das immer wieder für beendet herbeigeredete E-Commerce-Wachstum entwickelt sich nach wie vor zweistellig (Online-Monitor 2015). Auch der Bundesverband E-Commerce und Versandhandel, bevh, ist mehrfach durch offensichtlich zu niedrige Zahlenveröffentlichungen aufgefallen, die bereits das Ende des Online-Booms signalisierten. So wies der bevh für 2014 ein Wachstum von „nur 7 Prozent" aus, was schnell von vielen Presseorganen und Institutionen sogar schon als Ende des E-Commerce-Wachstums vermelden ließ. In vielen Medien war die Nachricht zu sehen: „Wachstumseinbrüche bei Online! E-Commerce ist ins Stottern geraten!" Dies hatte ärgerlicherweise das Ergebnis, dass

Händler und Hersteller auf die Idee kommen konnten, sich zurückzulehnen und zu sagen: „Siehst Du, ist doch alles halb so wild" (brandeins 2015). Das dadurch mitinduzierte Festhalten am „Lead Channel Offline" steht allerdings völlig im Widerspruch zu den Erwartungen der Kunden. Diese wollen zwar nicht auf die Offline-Kanäle verzichten, allerdings auch nicht auf einen Online-Kanal, und wünschen sich zunehmend eine neue Form von „No-Line-Handel" ohne Kanalgrenzen (brandeins 2014; Heinemann 2013). Die immer wieder beschworene These, dass eine Renaissance der analogen Absatzkanäle bevorstehe, folgt eigentlich nur dem Prinzip Hoffnung und ist mit keiner Studie zu diesem Thema zu belegen. Ganz im Gegenteil: Der Online-Handel wird bis zum Jahr 2025 nicht nur in den Industrienationen an Bedeutung gewinnen, sondern auch die Handelswelt in den Entwicklungs- und Schwellenländern maßgeblich beeinflussen, und zwar weitaus stärker als bisher angenommen. Dies ist eines der zentralen Ergebnisse der Studie „Global E-Tailing 2025", initiiert von Deutsche Post DHL, unter Beteiligung zahlreicher internationaler Experten aus Handel, Logistik und Forschung (DPDHL 2014). Dementsprechend kaufen auch immer mehr Bundesbürger immer öfter per Mausklick ein: Der Online-Handel droht zum Ladenkiller zu werden und wird dem klassischen Einzelhandel in den nächsten Jahren immer mehr und immer schneller Umsätze wegnehmen (Süddeutsche.de 2014; dpa 17. Februar 2014). Viele – vor allem schwache – Händler werden wohl ihre Läden schließen oder aber sich schnellstens neu erfinden müssen. Nach einer aktuellen Umfrage des Kölner Instituts für Handelsforschung (IfH) hat bereits jeder dritte Verbraucher die Anzahl der Fahrten ins Stadtzentrum verringert und kauft stattdessen öfter im Internet ein. Über 60 % der „normalen" Einzelhändler klagen nach Angaben des Einzelhandelsverbandes Deutschland (HDE) über sinkende Besucherzahlen in ihren Geschäften (Süddeutsche.de 2014; dpa 17. Februar 2014). Doch das ist wohl erst der Anfang. Eine Trendwende oder auch nur eine Abschwächung des Internet-Booms ist nicht in Sicht. Auch im kommenden Jahr wird der Online-Handel nach Einschätzungen des HDE mehr als zehnmal so stark wachsen wie der Einzelhandel insgesamt. Schon heute machen reine Online-Handelsumsätze im Non-Food-Handel rund 20 % aus, 13 % sogar völlig losgelöst von Offline-Kanälen. Weitere sieben Prozent werden zwar ausschließlich online bestellt, jedoch suchen Käufer dafür vorher noch einmal ein Ladengeschäft auf („Showrooming"). Immerhin rund 59 % der Non-Food-Umsätze sind reine Offline-Umsätze, bei denen das Internet nicht beteiligt war (Heinemann 2015). Am stärksten legen derzeit und in den nächsten Jahren allerdings die Multi-Channel-Umsätze zu, die inklusive Showrooming bereits 28 % der Non-Food-Umsätze ausmachen (vgl. Abb. 3). Diese sind auf Kanalwechsler zurückzuführen, die in der Regel ihren stationären Einkauf im Internet vorbereiten und dem ROPO-Muster („Research Online – Purchase Offline") folgen. Forrester geht davon aus, dass bis 2020 in Europa mehr als die Hälfte aller Einzelhandelsumsätze inklusive Lebensmittel einen Online-Bezug haben und damit Multi-Channel-Umsätze darstellen werden (Forrester 2015). Stationäre Umsätze sind deswegen zunehmend online induziert und führen damit zu

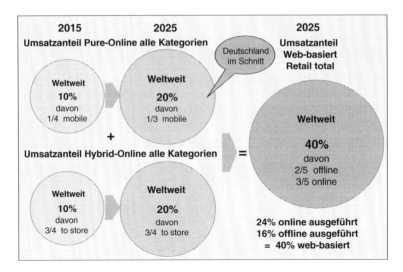

Abb. 3 ROPO treibt Umsätze hybrider Formate. (Quelle: eigene Darstellung in Anlehnung an DPDHL 2014)

sogenannten Multi-Channel-Umsätzen, die in den bisher ausgewiesenen Online-Zahlen nicht enthalten sind. Diese kommen durch Einkäufe zustande, die in stationären Geschäften ausgeführt werden, jedoch im Internet ihren Ursprung haben („Web to Store"). Wie eben aufgezeigt, machen sie bereits rund 21 % der stationären Umsätze im Non-Food-Handel aus, was mehr als 40 Mrd. EUR Umsatzvolumen entspricht und die hohe Relevanz des Internets für die stationären Händler unterstreicht. Insofern ist der „Lead-Channel-Mythos" offensichtlich nichts anderes als ein Ausdruck einer digitalen Allergie und offenbart eine grundsätzliche Verweigerungshaltung, sich mit der digitalen Transformation offensiv und tabulos auseinanderzusetzen.

3　Mythos Sortiment: Online-Kanäle benötigen das kleinste Sortiment

Das Herz des Handels ist das Sortiment – so lautet eine alte Einzelhandelsregel. Gegen diese wird eigenartigerweise allerdings in den meisten Fällen im Online-Kanal verstoßen. Skalierungsfähiger Umsatz kann auch hier – wie im stationären Offline-Geschäft ebenfalls – nun einmal nur mit einem ausreichend großen Sortiment erzielt werden. Dieses sollte im Online-Shop mindestens so groß sein wie die stationäre Auswahl auch, denn immer mehr Kunden erwarten, dass sie alle Produkte im Netz finden und sich beinahe jedes weltweit verfügbare Produkt relativ schnell und einfach beschaffen können. Dazu gehören auch hochwertige und beratungsintensive Gebrauchsgüter. Der enorme Erfolg von meinauto.de spricht Bände und auch Tesla verkauft seine Autos ausschließlich online. Obwohl sicherlich noch verstärkt preisorientierte Geschäftsmodelle und Portale im Fokus stehen, entwickeln sich offensichtlich hochwertige, zum Teil beratungsintensive Gebrauchsgüter derzeit am erfolgreichsten. Unternehmen wie fahrrad.de (Fahrräder), Reuter (Bad), Bett1 (Matratzen) oder auch Home24 (Möbel) decken diesen Sektor zwar bereits ab, haben aber häufig große Mühe, auf der Lieferantenseite an die hochwertigen Marken zu kommen und damit den Wünschen der Kunden zu entsprechen. In bestehenden Online-Kanälen bedeutet diese Basisanforderung aber auch, hier das größtmögliche Sortiment anzubieten. Die „wahren Category Killer" erwarten die Kunden heute unter den digitalen Händlern. Nicht zuletzt deswegen kommt dem Online-Shop mittlerweile auch die Rolle des Flagship-Stores zu, auch in Hinblick auf die Kundenerwartungen. Dies betrifft auch Markenhersteller, denn Kunden möchten unmittelbare Einkaufsmöglichkeiten wahrnehmen können und dabei in den Genuss neuer Mehrwerte kommen. Sie werden auf Dauer keine zementierten Distributionsstrukturen akzeptieren, die ihnen ihre Mündigkeit absprechen, direkt bzw. unkompliziert und serviceorientiert einkaufen zu können. Bestes Beispiel derzeit dürfte die SHK-Branche sein. Hier sind erfolgreiche Pioniere wie Reuter.de dabei, veraltete und verkrustete Vertriebskanäle aufzubrechen und dem Endkunden ohne Umwege. Einkaufsmöglichkeiten anzubieten. Für die Endverbraucher gab es das bislang nicht, da der Großhandel die Produkte nur in Showrooms präsentierte, die Kunden aber zum Kauf und Bezug der Waren über den Handwerker zwang. Preistransparenz für den Endkunden gab es praktisch nicht. Insofern richten sich ganze Wertschöpfungsketten völlig verändert auf den Kunden aus und schaffen eine neue Art des Kundenmehrwertes: Zum einen reduziert sich die Anzahl der Wertschöpfungsstufen. Diese sogenannte Disintermediation ermöglicht ein Absenken der Preise und führt so zu steigender Preisleistung. Kunden müssen nicht mehr für vermeintliche, aber nicht erbrachte und auch nicht gewünschte „Leistungen" zusätzlich bezahlen. Zum anderen erhöht sich der Kundenmehrwert durch Ausweitung der Angebote bzw. Auswahl, steigende Informationstransparenz sowie verbesserte Bearbeitungsqualität. Hinzu kommt aus Herstellersicht das Prinzip der „Nichtvergleichbarkeit". Dieses wird in einer Zeit, in der Web-Shops, Sortimente und Konzepte schnell nachgeahmt werden können, zu einer Blaupause für die Online-Shops von morgen (Emap 2015; Kolbrück 2014). Zukünftig werden sich die Shops zunehmend um Differenzierung bemühen. Sei es mit besonderen Marketingaktionen, speziellen Preiskampagnen, exklusiven Angeboten und Deals, eigenständigen Inhalten oder besonderen Produkten (zum Beispiel der Duschkopf Doosh von Stefan Raab bei Butlers). Damit werden auch Eigenmarken online verstärkt forciert werden. Dieser Vertikalisierungstrend begünstigt sicherlich den herstellereigenen Online-Handel. Nicht ohne Grund wachsen die Web-Shops der Hersteller seit Jahren deutlich schneller als der Online-Handel insgesamt. Einer Studie des Instituts für Handelsforschung IFH der Universität Köln zufolge konnte der gesamte Online-Handel zwischen 2008 und 2013 um den Faktor 2,5 zulegen, während sich der Umsatz der Hersteller-Shops in diesem Zeitraum fast vervierfacht hat (IfH 2014). In 2014 waren herstellereigene Online-Shops der am stärksten zulegende Betriebstyp des

Online-Handels (eWeb Research Center 2015). Insofern ist der Online-Direktvertrieb von Marken und Herstellern auch ein entscheidender Wachstumstreiber für den E-Commerce insgesamt (zukunftsinstitut 2014). Zugleich werden Hersteller zu Gewinnern im Online-Preiskampf, denn durch den Wegfall des Händlers als Intermediär können Produkte günstiger angeboten werden. Hinzu kommt, dass ein Drittel der deutschen Konsumenten eine hohe Markenaffinität aufweist. Immerhin 43 % von ihnen bestätigen, Markenprodukte in der Regel im Online-Store des Herstellers zu kaufen, während 38 % zum Kauf den stationären Laden des Herstellers besuchten (zukunftsinstitut 2014). Insofern kaufen Konsumenten lieber in Markenshops als beim Händler, und zwar unabhängig von der Markenaffinität. Sie geben an, dort ausführlichere Informationen zu erhalten, eine größere Auswahl an Markenprodukten vorzufinden sowie einen besonders guten Service geboten zu bekommen. Experten bestätigen den Trend zum Branded Shopping. Demnach soll der direkte Kauf beim Markenhersteller in den nächsten fünf Jahren stark ansteigen und den Handel empfindlich treffen (zukunftsinstitut 2014). Zugleich werden die Hersteller das Thema B2B-Online-Handel forciert ausbauen. Dabei werden sie nicht nur die Basisfunktionalitäten für den Handel zwischen Geschäftskunden abbilden, sondern ihnen auch ein ähnliches Shoppingerlebnis anbieten können wie im B2C-Geschäft. Der B2B-Bereich wird ansprechender und einfacher gestaltet werden als bisher und damit mehr Praxisnähe bieten (E-Commerce-Magazin 2014).

4   Mythos Systeme: Digitalisierung erfordert keine großen Systeminvestitionen

Stationäre Händler müssen erkennen, dass es ohne nennenswerte Systeminvestitionen nicht gehen wird. Es gibt „Worte statt Taten", wenn die Chefs von Rewe oder Metro von ihren Online-Offensiven sprechen, aber kaum mehr als ein Prozent ihrer Investitionsbudgets in die Digitalisierung und damit in entsprechende Systeme stecken. Stationäre Händler im englischsprachigen Raum allokieren dagegen bis zu 50 % ihrer Mittel in Zukunftssysteme und reduzieren zugleich ihre Verkaufsflächen. Da die meisten Anbieter in Deutschland allerdings immer noch nicht online sind, sollten viele Offline-Anbieter jetzt ganz schnell die Online-Kurve kriegen und erkennen, dass es ohne nennenswerte Systeminvestitionen nicht gehen wird. Hier machen vor allem die Anbieter aus den USA und UK vor, dass nur mit größten Kraftanstrengungen der „Feuerwalze Amazon" etwas entgegengesetzt werden kann. Und das bedeutet vor allem in Hinblick auf Systeme „Klotzen statt Kleckern". Während im englischsprachigen Raum eine regelrechte Mobilisierung gegen die Feuerwalze Amazon stattfindet, werden in deutschen Landen noch eher die Zeichen auf „Lauffeuer statt Feuerwalze" gedeutet. So erzielen in UK Next oder John Lewis bereits Online-Anteile von über 30 Prozent, wohingegen die deutschen Stationärhändler immer noch ihr Leitmotiv oder gar Heil in einer Flächenexpansion sehen. Großangelegte Filialschließungen in den USA wie zum Beispiel bei Staples oder

RadioShack bei parallel durchgeführten Online-Offensiven auf der einen Seite, weitere Flächenexpansion auf rund 118 Mio. m² im letzten Jahr und kaum ernst zu nehmenden Systeminvestitionen in deutschen Landen auf der anderen Seite (Heinemann 2015).

Amazon investiert den – mit mehr als sieben Milliarden US-Dollar – doch recht hohen Cashflow vornehmlich in Systeme und damit in weiteres Wachstum. Der Metro-Konzern kommt bei in etwa gleicher Umsatzhöhe in 2014 auf nicht einmal ein Drittel des Amazon-Cashflows, tritt aber beim Umsatz seit Jahren auf der Stelle und desinvestiert sukzessive mit Rückzug aus zahlreichen Ländermärkten. Aber nur das Gegenteil von Desinvestition, nämlich forcierte Investition in Systeme, ist die einzige Möglichkeit, um gegen Amazon & Co auf Dauer bestehen zu können. Der Schlüssel zum Erfolg heißt Automatisierung: In Zukunft werden die Kunden in Hinblick auf die Produktionsabläufe und Logistikansprüche noch verwöhnter sein als heute (brandeins 2014; zukunftsinstitut 2014). Gleiches gilt für After-Sales-Aspekte wie Retouren oder Altwarenverwertung. Dies bedeutet in der modernen Gesellschaft vor allem Zeitersparnis, reibungsloser Transport und Hilfestellung bei der Produktauswahl sowie neue Serviceleistungen. Dabei kann Marketingautomation helfen. Immer mehr Prozesse wie Lead-Pflege, Remarketing, E-Mail-Personalisierung und Analytics werden automatisiert. Sie helfen damit auch kleinen Online-Shop-Besitzern, bessere Einblicke zu bekommen und mehr Kunden für sich zu gewinnen (Brandwatch 2014). Es geht um das „Auto Efficient Selling", das auch bei der Echtzeitlokalisierung von Produkten und Gegenständen helfen kann. Radio Frequency Identification (RFID) ist sicherlich die bekannteste Technologie, um Objekte zu tracken. Aber auch GPS, WLAN, Ultraschall, Ultra-Breitband und/oder Infrarot ermöglichen die Echtzeitlokalisierung von Waren und Gütern. Für Online-Händler bringen derartige Tracking Tools eine immense Kosten- und Zeitersparnis sowie eine Lagerplatzoptimierung durch automatisierte Abläufe. Auch kommt es den Wünschen der Kunden entgegen, erworbene Produkte möglichst schnell in den Händen zu halten, ohne tagelang auf die Lieferung warten zu müssen. Allerdings erfordert es physische Hightech-Logistikzentren mit hochgradig optimierten und automatisierten Abläufen (brandeins 2014; zukunftsinstitut 2014). Um diese „logistische Automation" zu bewältigen, werden vor allem Megalogistikzentren mit über 100.000 m² auf der grünen Wiese, als auch lokale Depots in den Städten und/oder in der Nähe der Kunden erforderlich werden, was nicht ohne Systeminvestitionen möglich sein dürfte. Hinzu kommt das „Big-Data"-Problem. Je mehr Daten dem Unternehmen vorliegen, desto schwieriger gestalten sich entsprechende Analysen. Alle Online-Händler reden von der Nutzung der „Big Data", jedoch stecken die Umsetzung und der erfolgreiche Einsatz zur kundengerichteten und -gerechten Ansprache noch in den Kinderschuhen. Dabei kann das Bewältigen, Sammeln und optimale Nutzen der Datenmengen – Big Data – viele Vorteile mit sich bringen wie zum Beispiel höhere Abverkäufe durch zugeschnittenes Cross- und Up-Selling, geringere Retouren durch spezifische Angebote, gezieltere Ansprache durch individuelle Banner, Adwords oder auch Newsletter, eine höhere Kundenbindung und vieles mehr (iBusiness 2014). Das künftige Kundenkaufverhalten vorherzusagen wird für Unternehmen immer erfolgskritischer. Diesbezüglich sind das wachsende Volumen von Echtzeitdaten (Big Data) und die reduzierte Zeit für die Entscheidungsfindung treibende Faktoren für die Implementierung von Analytics und Intelligence-Systemen. Kunden müssen entsprechend der verschiedenen Kontaktpunkte und der verschiedenen Präferenzen angepasst und konsistent angesprochen werden. Allerdings minimieren die immer komplexer werdenden Vertriebskonzepte und die sich weiter verkürzenden Innovationszyklen den Return von Maßnahmen (iBusiness 2014). Die kluge Nutzung von Analyse-Tools zur Simulation und Prognose wird zunehmend entscheidend, um die Transformation von Big Data zu Smart Data zu bewältigen. Diesbezüglich werden wahrscheinlich in Zukunft Cloud-Lösungen und Applikationen die Zusammenarbeit der Unternehmensbereiche, die mit der Auswertung von Kundendaten befasst sind, vereinfachen. Dementsprechend werden die Arbeiten von Analytikern, IT-Spezialisten, strategischen Managern sowie operativ verantwortlichen Mitarbeitern enger miteinander verknüpft. In Zukunft vereinfachen sich Prozesse und tragen somit entscheidend zur Auswertung unternehmensrelevanter Daten bei. Ziel wird es sein, Verbrauchergewohnheiten und -vorlieben zu studieren und somit die Trends von morgen zu erfassen (Onlinehaendler-News 2014). Händler können mithilfe der Auswertung großer Datenmengen Werbung für individualisierte Artikel schalten, die jeden einzelnen Kunden persönlich anspricht. Das kann als Vorbild für den gesamten Handel dienen: Durch den Austausch von Verbrauchern in entsprechenden Shopping-Communities können Unternehmen künftig die Trends und individuellen Geschmacksvorlieben der Kunden analysieren und diese als Grundlage neuer Kollektionen und Produkte nehmen (Onlinehaendler-News 2014). Auch Smart Convenience erfordert insofern Systeminvestitionen. Multi-Channel-Händler sollten allerdings aufpassen, nicht den fünften vor dem dritten Schritt zu gehen, denn Basis kann nur ein exzellenter und „stand-alone"-fähiger Online-Shop sein, wie John Lewis in Großbritannien zeigt.

5 Mythos Organisation: Digitaloffensive geht ohne Organisationsveränderung

Bereits seit mehr als zehn Jahren weisen die Erkenntnisse des Business Reengineering darauf hin, dass funktionale Organisationen eher nicht geeignet sind, den Anforderungen des digitalen Zeitalters gerecht zu werden. Dennoch: Ein Blick auf die Strukturen offenbart, dass die Führungsorganisationen der meisten Unternehmen noch lupenrein funktional mit klassischer Arbeitsteilung nach Einkauf, Operations und Vertrieb sind. Einen CDO (Chief Digital Officer), der das doch so wichtige Zukunftsthema explizit verantworten könnte, gibt es in den seltensten Fällen. In derartigen angebotsorientierten Führungsstrukturen, in denen Organisationsänderungen im mittleren und für das Tagesgeschäft verantwortlichen Management manchmal jahrelang beantragt werden müssen, kann die Geschwindigkeit nicht aufkommen, die für das digitale Zeitalter erforderlich ist. Digital ausgerichtete Organisationen lösen sich von der funktional orientierten Ausrichtung und stellen die Leidenschaft und Glaubwürdigkeit der gesamten Unternehmensführung und ein bedingungslos am „digitalen Kundenwunsch" ausgerichtetes Unternehmen in das Zentrum der geschäftlichen Aktivitäten, inklusive CDO. Diese Art der „Kundenzentriertheit" durchdringt das komplette Geschäftssystem des Unternehmens und gibt Mitarbeitern zugleich einen Orientierungsrahmen für ihre täglichen Entscheidungen vor. Aus dem klassischen stationären Geschäft sind dabei allerdings nur wenige Erfahrungen auf den Online-Kanal übertragbar. Wesentlicher Grund dafür ist, dass dieser nicht bloß einen neuen Vertriebskanal im herkömmlichen Sinne darstellt, sondern ein vollkommen neues Geschäft mit neuen Fähigkeitsanforderungen. Entscheidend ist, dass vor allem kundenorientierte Geschäftsprozesse und uneingeschränkte Kundenorientierung wesentliche Erfolgsvoraussetzung im E-Commerce sind. Dabei geht es vor allem um Schnelligkeit, Transparenz und Serviceorientierung. Online-Händler sind angesichts des veränderten Marktumfeldes sowie der Kundenerwartungen an Zeit und Kosten mittlerweile in jedem Fall dazu gezwungen, einerseits die Effektivität zu erhöhen und andererseits nachhaltige Effizienzschübe zu realisieren, um den anstehenden Herausforderungen standzuhalten. Diesbezüglich kommt zum Beispiel im Online-Handel der Geschwindigkeit der innerbetrieblichen Entscheidungs- und Arbeitsabläufe eine Schlüsselrolle zu. Effizienz und „Durchlaufzeitenreduzierung" bzw. ePace gelten als wesentliche Basis des Erfolges im Online-Handel (Heinemann et al. 2013). Dieser Anspruch ist nur erfüllbar, wenn durch eine prozessorientierte Neuausrichtung die Organisation schlanker, schneller und schlagkräftiger ausgestaltet wird. Hinzu kommt der Anspruch an eine kompromisslose Kundenorientierung, die infolge der drastisch verkürzten Kundenreaktionszeiten Grundvoraussetzung für die Wettbewerbsfähigkeit ist und Basis für eine Wachstumsdynamik bildet. Dies erfordert eine kundenorientierte Rundumbearbeitung in Prozessen. Dabei ist es notwendig, zwischen Beschaffungs- und Absatzmarkt durchgängige Prozesse ohne Schnittstellen so weit wie möglich zu gestalten und so für jeden Prozess „ein Fenster zum Kunden" zu schaffen. Nur so ist die tatsächliche „Kundenorientierung" möglich, die den Online-Handel auszeichnet und eine unmittelbare Rückkopplung von Seiten der Kunden erlaubt (Osterloh und Frost 2003, S. 31). Für jeden Prozess muss es dabei prozessverantwortliche Personen (Process Owner) sowie Prozessbearbeiter (Case Worker) geben. Je nach Arbeitsumfang ist aber auch denkbar, ein ganzes Team für einen Prozess verantwortlich zu machen (Case-Team), das sich dann im Wege der Selbstabstimmung koordiniert. Dies setzt allerdings ausgeprägte Teamfähigkeiten voraus sowie das „Selbstentscheidenkönnen". Dafür benötigen aber die Mitarbeiter entsprechende Befugnisse, um den Kunden im Rahmen der jeweiligen Prozessvariante befriedigen zu können (Empowerment). Dies geht in der Regel mit größeren Leitungsspannen und flacheren Hierarchien einher. Ergebnis ist eine kundenorientierte Rundumbearbeitung mit minimierter Schnittstellenanzahl, die allerdings ein internetspezifisches Geschäftssystem erfordert, das den Prinzipien des Business Reengineering Rechnung folgt (vgl. Osterloh und Frost 2003, S. 31).

6 Mythos Harmonie: Digitale Neuausrichtung kann konfliktfrei betrieben werden

Die Furcht vor Konflikten ist weit verbreitet, wenn es um digitale Neuausrichtung geht. Vor allem mögliche Friktionen auf Absatzpartnerseite führen zum Mythos, die digitale Neuausrichtung nur in Harmonie erreichen zu können bzw. müssen. Aber auch auf Mitarbeiterseite bremsen Gewerkschafts- und Betriebsratsandrohungen aufgrund der befürchteten Einschnitte in das bestehende Mitarbeitergefüge die digitale Transformation. Aussagen wie die von US-amerikanischen CEO's – „wer bei der Digitalisierung nicht mitzieht, fliegt" – wären bei einem deutschen Warenhausbetreiber undenkbar. Groß ist zudem die Angst vor Kulturveränderung: Traditionelle Handelskonzerne werden oft hierarchisch und konservativ geführt. Mit dieser langjährig praktizierten Unternehmenskultur fällt es ihnen allerdings immer schwerer, an hoch qualifizierte Absolventen heranzukommen, die sie vor allem für die digitale Transformation benötigen. High Potentials, die im E-Commerce Karriere machen wollen, suchen ihre Erfahrungen lieber bei Online-Händlern wie Amazon, Zooplus oder Zalando. Vor allem bei letzteren beiden finden sie eine Gründeratmosphäre vor: lockerer Umgang miteinander, Freiraum und Möglichkeiten, an Themen kreativ zu arbeiten. So etwas lockt junge E-Commerce-Berufseinsteiger von der Uni an. Sie lernen sehr viel, um sich dann unter Umständen, wie es ehemalige Internetmitarbeiter bei Zalando und Rocket taten, selbstständig zu machen.

Einige Vertreter der „älteren Generation" geben gelegentlich im kleinen Kreis offen zu, noch nie im Internet gewesen zu sein und eigentlich „mit dem ganzen Zeug nichts am Hut zu haben". Während einer regionalen Podiumsdiskussion des Marketingclubs Südwestfalen am 5. Mai 2015 in Hagen erntete der südwestfälische Tycoon Michal Huber auf seine Bemerkung hin, er sei noch nie im Internet gewesen, frenetischen Beifall von den anwesenden Unternehmern. Um sich keine Blöße zu geben, halten viele gestandene Handelsmanager häufig sogar damit „hinterm Berg", dass ihre Sekretärinnen für sie die E-Mails ausdrucken, lesen und schreiben. Nicht wenige hegen immer noch ein tief sitzendes Misstrauen gegenüber allem, was mit Computern und Internet zu tun hat. Auch sind sie im Grunde nicht bereit, sich mit neuen Technologien auseinanderzusetzen. Eigentlich handelt es sich um typische Schwellenängste, die sich mit den Ausstattungen eines Vorstandsbüros unbemerkt vertuschen lassen. Der in den Anfangsjahren des E-Commerce vielfach nach außen ausgetragene Konflikt zwischen „New Economy" und „Old Economy" setzt sich folglich fort, diesmal allerdings mehr nach innen und unausgesprochen in den Unternehmen. Dabei ist er nicht selten „im Stillen" wirksam, bei Investitionsentscheidungen zum Beispiel, die erschreckend häufig immer noch gegen den Internetkanal getroffen werden oder so klein ausfallen, dass allenfalls potemkinsche Dörfer zum Anschein digitaler Aktivitäten aufgebaut werden können. Es wird wohl in vielen Fällen noch Jahre dauern, bis diese „kulturelle Barriere" überwunden ist und eine neue Generation Einzug gehalten hat, die ohne Schwellenängste in die technologische Offensive geht. Dann dürfte es aber für viele Unternehmen schon zu spät sein. Die Unternehmen, deren Führung aufgrund eines bereits eingeleiteten, echten Generationenwechsels diesen „inneren Hemmschuh" schon jetzt nicht

Abb. 4 Kulturunterschiede zwischen „New Economy" sowie „Old Economy". (Quelle: eigene Darstellung)

mehr hat, sind eindeutig im Wettbewerbsvorteil und werden kein Problem damit haben, „alle Register des Online-Handels" zu ziehen. Echter Generationenwechsel bedeutet in dem Fall, dass nicht die alten Entscheidungsträger in den Aufsichtsräten sitzen und von da aus das Thema weiterhin „ausbremsen". Deutsche Handelsunternehmen sind bis auf ganz wenige Ausnahmen nicht börsennotiert und unterliegen damit keiner echten Kontrolle. Viele der deutschen Konzerne werden zudem von Senioren, Genossen oder Geschäftsfreunden beaufsichtigt, die das Thema Online gar nicht verstehen wollen oder das Internet gar als Feind sehen. Das ist immer noch ein Riesenproblem und digitaler Hemmschuh. Eine Gegenüberstellung der wesentlichen Kulturunterschiede zwischen dieser „Old Economy" sowie der digitalen „New Economy" ist in Abb. 4 dargestellt.

Aber auch auf Absatzpartnerseite wird es nicht ohne Konflikte gehen können: Kooperative E-Commerce-Geschäftsmodelle zwischen Handel und Hersteller stellen sicherlich eine weniger konfliktträchtige E-Commerce-Strategieoption dar. Diese macht kurzfristig jedoch nur Sinn für substituierbare, produzierende Hersteller, deren stationäre Handelsstruktur mit dem Risiko behaftet ist, durch eigene digitale Absatzkanäle massiv Umsatz zu verlieren. Inwieweit zunächst eine absatzpartnerverträgliche Lösung erforderlich ist, hängt allerdings auch von der Markenstärke eines Herstellers ab. Wenn die Marke stark genug ist, kann es durchaus Sinn machen, nicht auf die Absatzpartner zu hören und mehr oder weniger kompromisslos zu starten. Denn letztlich stellt es auch ein Risiko dar, aufgrund der zu starken Einbindung des Handels zu einer Kompromisslösung zu gelangen, welche kontraproduktiv ist. Das Thema E-Commerce verlangt eine kompromisslose Kanalexzellenz. Überall wo Händler integriert worden sind (zum Beispiel in Verbundgruppenmodellen), führen die Kompromisse dazu, dass die Kanalexzellenz konterkariert und das Konzept dadurch eine Totgeburt wird. Auch wenn es aus Händlersicht brutal klingen mag: Nicht die Kritik der Händler ist das größte Risiko, sondern vielmehr Kompromisslösungen, die ein Hersteller aus Rücksicht auf den Handel eingeht, weil dieser im Zweifel nicht viel von E-Commerce versteht.

Als E-Commerce-Geschäftsmodell für Hersteller aus Branchen mit einem niedrigeren E-Commerce-Reifegrad sind Stufenmodelle zu empfehlen. Der Vorteil in derartigen Branchen ist, dass die Entwicklungsgeschwindigkeit im E-Commerce wesentlich geringer ist als in online-affinen Branchen wie bei Büchern, Reisen oder Elektronik. Diesbezüglich empfiehlt sich eine multioptionale Lösung, mit der sich ein Hersteller bestmöglich auf die zukünftige Entwicklung vorbereitet. Bei Markenherstellern mit einer vorwiegend stationär ausgeprägten Handelslandschaft sei auf Butlers hingewiesen. Der Inhaber Herr Josten hat schon vor Jahren die Entscheidung getroffen, bei der Flächenexpansion auf die Bremse zu gehen und die Investitionsmittel besser in Systeme zu reallokieren. Durch eine konsequente Mobilisierung ist es Butlers auch als Mittelständler gelungen, alle Vertriebskanäle miteinander zu verschmelzen und eine No-Line-Lösung aufzubauen. Damit erzielt Butlers heute rund 25 % der Umsätze online und hat sich dafür neu erfunden. Eine solche Strategie gilt es auf Markenhersteller zu adaptieren, um besonders erfolgreich sein zu können. Allerdings gibt es auch Risiken für produzierende Markenhersteller hinsichtlich einer E-Commerce-Strategie. Die größte Herausforderung ist es heute, eine Investitionsentscheidung in der notwendigen E-Commerce-IT-Landschaft zu treffen, welche die notwendige Funktionalität der nächsten Jahre abbilden muss. Auch wenn diese Investitionen gestuft sind, ist es das größte Risiko für Markenhersteller, hier auf das falsche Pferd zu setzen. Die meisten Hersteller haben für derartige Investitionen „nur einen Schuss frei". Bei Euronics hat dieser Schuss gesessen, bei Intersport hingegen nicht, weshalb es diese Verbundgruppe erneut versucht. Etliche Markenhersteller mussten aufgrund der falschen E-Commerce-Systementscheidung saniert werden. Hierbei ist es elementar, dass sich Markenhersteller für die richtigen Dienstleister entscheiden, um nicht am Ende mit falsch dimensionierten Lösungen und langfristigen Verträgen den Break-even nicht mehr zu erreichen. Erfolgskritisch dürfte es insgesamt sein, sich die richtigen Kompetenzen in der richtigen Dosierung ins Haus zu holen. Hierbei sollten die Unternehmen darauf achten, sich an lupenreine E-Commerce Spezialisten zu wenden und von großen Beratungsgesellschaften, die alle Themen im Rundumschlag anbieten, eher Abstand nehmen. Parallel ist es notwendig, dass sich die eigene Führungsmannschaft radikal E-Commerce-Kompetenz aneignet und den Biss hat, in diesem Bereich zu lernen. Intelligenz kann man sich nur temporär einkaufen. Anschließend muss die Organisation jedoch den Ehrgeiz haben, die Kompetenz selbst aufzubauen, auch wenn diese Transformationsphase eine gewisse Zeit andauern wird.

7 Mythos Outsourcing: E-Commerce sollte im Outsourcing betrieben werden

Vor allem in den Anfangsjahren des Online-Handels wurde vielfach ein Total-Outsourcing als Grundregel verfolgt:

> Internet-Unternehmen sind heute nackt (…) Um das herum, was ein Internet-Händler am besten kann, baut er ein Business-Netz mit Partnern, die ihrerseits das tun, was sie am besten können. Zum zweiten gilt es, die Kraft der Selbstorganisation für das Unternehmen zu nutzen, sowohl innerhalb wie auch außerhalb (…) Dabei werden Unternehmen auf vielen Ebenen weniger hierarchisch (…) Durch Outsourcing und Zusammenarbeit mit Kunden und Anspruchsgruppen gelangen Internet-Unternehmen auf eine neue Ebene des Fortschritts (Tapscott 17. September 2008).

Dabei stellte stellt sich für jede einzelne Aktivität der Wertekette eines Online-Händlers die Frage nach der zweckmäßigen Transaktionsform. Gängig war fast durchweg die Auslagerung bestimmter Aktivitäten an Logistikdienstleister (Zentes et al. 2004). Das ist auch mit Grund dafür, dass mittlerweile die europäischen Logistikströme von Logistikdienstleistern dominiert werden. Wesentlicher Treiber dieser Entwicklung war zweifelsohne auch die Internationalisierung im Sinne einer verstärkten Cross-Border-Wertschöpfung und die Forcierung von Auslandsmärkten. Auch hatte vielfach die Tendenz zur Fokussierung auf Kernkompetenzen eine Auslagerung von Randaktivitäten zur Folge.

Trotz der mittlerweile großen und überwiegend professionellen Fulfillment-Dienstleister muss verwundern, dass viele Online-Shops immer noch nicht vor Profitabilität strotzen, obwohl sie zum Teil enorm gewachsen sind und bereits beträchtliche Betriebsgrößen aufweisen. Die bisher gängige Annahme, dass in jedem Fall Outsourcing-Lösungen vorzuziehen sind, kann schnell in die Renditefalle führen. Denn mit variablen Vergütungsmodellen sind eigentlich keine Skalierungseffekte erzielbar. Diese sind aber Grundvoraussetzung zur Rentabilisierung. Insofern muss die Entscheidung „Outsourcing versus Insourcing" gut überlegt sein. Sie sollte für alle Kernfunktionen in regelmäßigen Abständen hinterfragt und betriebsgrößenabhängig entschieden werden. Das geht aber nur, wenn die Vertragsbindungen mit möglichen Outsourcing-Partnern nicht zu langfristig und rigide gestaltet sind. Oberstes Gebot sollte insofern flexible Vertragsgestaltung mit kurzfristigen Ausstiegsmöglichkeiten sein. Zudem sollte genau bekannt sein, welches die wettbewerbsrelevanten Kernkompetenzen der E-Commerce-Aktivitäten sind, und zwar ohne Berücksichtigung der bisherigen Kernkompetenzen im Traditionsgeschäft. Die Outsourcing-Entscheidung in der Logistik hängt zum Beispiel von der Frage ab, inwieweit die Logistik eine Kernkompetenz des Unternehmens darstellt. Eine Kernkompetenz ist dabei umso höher zu gewichten, je austauschbarer die angebotenen Sortimente und Produkte sind. Insofern ist die Outsourcing-Entscheidung abhängig vom Differenzierungspotenzial der logistischen Prozesse. In der Konsumgüterwirtschaft haben sich beispielsweise die Form der Zusammenarbeit und damit die Art der Arbeitsteilung zwischen Industrie- und Handelsunternehmen grundsätzlich verändert, womit aber nicht immer nur Outsourcing-, sondern auch Insourcing-Entscheidungen verbunden sein können. Die Wahl zwischen „make or buy" bzw. Eigenleistung oder Fremdbezug der Leistung kann sich demzufolge auch durchaus auf die Reintegration von Leistungen beziehen (Insourcing). Dies gilt für alle Funktionsbereiche, auf welche die hier am Beispiel der Logistik untersuchten Fragestellungen übertragen werden können.

Mittlerweile ist unstrittig, dass ein Mindestmaß an Insourcing zur Profitabilität notwendig ist. Vor allem ist es erforderlich, neue digitale Kompetenzen in eigenen schlagkräftigen E-Commerce-Organisationen schnellstmöglich aufzubauen, die alle notwendigen Funktionalitäten und dabei vor allem auch Sourcing und Einkauf professionell abbilden. Das erfordert allerdings neben massiven Investitionen in Kundenfrequenz vor allem eine eigene Wertschöpfung und damit wiederum ein Mindestmaß an Insourcing. Vor allem Multi-Channel-Anbieter, die niemals ihr Offline-Geschäft outsourcen würden, tun dies in der Regel mit dem Online-Kanal und wundern sich dann darüber, dass dieser nicht rentabel arbeitet und „E-Commerce sich nicht lohnt".

8   Mythos Wachstum: Digitalisierung generiert überproportionales Wachstum

Wer wachsen will, sollte einen Online Pure Play gründen. Wer aber die Existenz seines bisherigen Stammgeschäftes bis zur nächsten Generation sicherstellen will, sollte digital transformieren, allerdings radikal – so die gängige Expertenmeinung (brandeins 2015). Sicherlich muss dafür aber auch ganz klar sein, welche Ziele eigentlich mit der Digitalisierung verfolgt werden. Losgelöst vom bisherigen Geschäft lässt sich ohne Zweifel die größte Wachstumsdynamik mit Online Pure Plays entwickeln: Sie sitzen auf der grünen Wiese, haben keine Niederlassungen und wachsen „ohne Ballast und Altlasten" in unglaublicher Geschwindigkeit. Bei Zalando sitzen zur weiteren Wachstumsgenerierung etwa Hunderte Programmierer im Großraumbüro und konzentrieren sich auf die Entwicklung der Website (brandeins 2015). Tengelmann zum Beispiel betreibt Digitalisierung losgelöst vom stationären Geschäft durch Beteiligungen an Zalando, Brands4Friends und Rocket Internet. Damit hat sich das Unternehmen geballte Online-Kompetenz mit den Samwer-Brüdern ins Haus geholt. Durch derartige Beteiligungen gibt es allerdings selten einen operativen Wissenszufluss in das Stammgeschäft. Sie lösen damit nicht das Problem des schleichenden Umsatzverfalls in den Offline-Kanälen. Der traditionelle Handel muss sich im Zuge der digitalen Transformation quasi neu erfinden und digitales Wissen ins Haus holen. Viele Konzerne haben sich zwar mit Beteiligungen regelrechte Venture-Paradiese geschaffen, die ohne Zweifel für sich genommen sehr erfolgreich sind und gutes Wachstum generieren können. Allerdings bringen diese die dringend erforderliche digitale Transformation im stationären Geschäft selten voran, was auch mit eine Ursache in den kulturellen Konflikten der Geschäftssysteme haben dürfte (vgl. Mythos Harmonie).

Sicherlich gibt es verschiedene Optionen der digitalen Evolution. Die denkbarste Lösung ist sicherlich die des reinen Online-Händlers, der sich voll auf die neuen Möglichkeiten fokussieren kann. Da geht es um schieres Wachstum und den Handel der Zukunft. Bezogen auf das bisherige Stammgeschäft sollte allerdings ein anderes Evolutionsverständnis im Fokus stehen, nämlich aus etwas Bestehendem etwas Besseres zu machen, das zukunftsfähig ist. Das zielt weniger auf Wachstum, als auf Stabilisierung und Existenzsicherung ab. Dabei geht es um die Zukunft des Handels. Das sind sehr unterschiedliche Dinge. Online-Handel hat diesbezüglich gegenüber dem stationären Handel den Vorteil, dass er mit wenigen Leuten sehr effizient betrieben werden und stark wachsen kann, während das Offline-Geschäft bestenfalls stagniert und mit hohen Kosten für Mieten und Personal verbunden ist. Selbst als Online zu Beginn nur winzige Umsatzanteile hatte, war schon klar absehbar, dass der Markt dieser Logik der Kostenvorteile folgen und es immer weiter zu Umsatzverschiebungen kommen wird. Deswegen führt für die Offline-Anbieter kein Weg an der digitalen Transformation vorbei, um online mitzuziehen. Wenn es dem stationären Händler gelingt, als Multi-Channel-Anbieter den Kunden mit seinem Angebot nach Hause zu begleiten, und dafür zu sorgen, dass er es online kaufen kann, dann ist das Existenzsicherung. Er verhindert damit das weitere Abwandern seiner Kunden ins Netz. Zusätzlich wird der stationäre Handel sich neu erfinden und auf jeden Fall Ladenflächen und Fixkosten reduzieren müssen. Das hat er bislang noch nicht realisiert. Noch im Jahr 2013 hat er die Verkaufsflächen um eine Million Quadratmeter auf rund 124 Mio. m^2 erweitert, obwohl es in keinem Land dieser Welt mehr Verkaufsfläche pro Einwohner gibt als in Deutschland (Statista 2014). Des Weiteren kann der Handel stärker auf Selbstbedienung setzen wie im Discounthandel und etwa Selbstbedienungskassen einführen, an denen man auch bar zahlen kann und nicht nur, wie bei Ikea, nur mit Karte. Auch voll automatisierte Abteilungen sind denkbar.

9 Mythos Innovation: Online ist eine Innovation und Verjüngungskur

Digitalisierung stellt per se keine Innovation dar. Anders als im stationären Handel, wo Geschäftsausstattungen mindestens fünf und in der Regel mehr als sieben Jahre unverändert genutzt werden, bevor die „Store Erosion" eine Rundumerneuerung erfordert (Heinemann 1989), sind im Online-Handel sowohl der Shop-Auftritt als auch die Shop-Funktionalitäten permanent zu verbessern. Dies erfordert allerdings auch eine flexible Systemlösung, die in der Regel nur über eine moderne Middleware abbildbar ist (Heinemann 2015). Nichts ist schlimmer im E-Commerce als ein mehrere Jahre unveränderter und damit schnell veralteter Shop-Auftritt. Nur durch „ständiges Dranbleiben" kann die erforderliche Faszination vermittelt werden, die mittlerweile nicht mehr nur ein rein „stationäres" Thema ist: Einprägsame und interaktive Erlebnisse werden den Kunden heutzutage vor allem im interaktiven E-Commerce und anknüpfenden Communities geboten. Neben der Gründung einer eigenen Internetgemeinschaft, in der die Kunden ihr Konsumerlebnis teilen können, rückt dabei zunehmend auch die Nutzung externer Internetgemeinschaften für Markforschung, Werbezwecke und Kundenakquisition in den Fokus. Die freiwillige und aktive Einbeziehung der Kunden in den Verkaufsprozess – beispielsweise in Form von Rückmeldungen an den Verkäufer, Empfehlungen an andere Interessenten und öffentliche Produktbewertungen – sowie auch die Bildung sozialer Gemeinschaften und sozialer Interaktionen im Internet stellt zweifelsohne die hohe Schule des „Online-Handels der neuen Generation" dar.

Der Online-Auftritt sollte sich kompromisslos an den neuesten Standards orientieren und der höchsten Evolutionsstufe folgen. Nicht selten erinnert der Auftritt neuer Online-Shops an die erste Generation von Online-Händlern und ist damit schon beim Set-up veraltet. Die Entwicklung des E-Commerce erfolgt bisher mindestens in fünf unterschiedlichen Phasen, in denen das Geschäftsmodell des Online-Handels evolutionsartig weiterentwickelt wurde (BV Capital 2011). In der Anfangsphase von 1993 bis 1999 wurde eine Reihe einfacher Konzepte gelauncht und in Traffic investiert. Dieser Lernphase folgte von 1999 bis 2005 das Zeitalter der Shopping-Vergleiche, in dem auch zahlreiche Preisvergleichsseiten gegründet wurden. Seit 2005 dauert die Phase der Shop-Optimierung an, in der die Websites auf Perfektion getrimmt werden. Zusätzlich tat sich seit 2008 die Zeit der Mitgliederseiten auf, in der die Shopping-Clubs gegründet und die meisten der Web-2.0-Funktionalitäten installiert wurden. Seit 2011 dauert die Phase des Mobile Commerce an, die mittlerweile in eine Formatevielfalt, dem Multi-Screening, übergegangen ist. Diesbezüglich geht es auch darum, dem veränderten Nutzungs- und Kaufverhalten der Kunden Rechnung zu tragen: Während die Internetnutzung zu Hause zwar stagnieren mag, explodiert der Gebrauch des mobilen Internets außer Haus. Tendenz stark steigend wie auch die Rolle des mobilen Netzes zur generellen Kaufvorbereitung im Laden. Fast ein Viertel der Smartphone-Besitzer hat das Gerät immer dabei, um Preise vergleichen und sich über Produkte informieren zu können. Immerhin 63 % der mobilen Internetnutzer gebrauchten bereits in 2014 ihr Smartphone, um kaufrelevante Produktinformationen zu recherchieren (kaufDA 2014). Insofern haben Mobiles nicht nur für den Online-Shop eine herausragende Rolle als „Zubringer- und Servicefunktion", sondern ebenfalls für stationäre Formate. Insofern ist hier trotz Online-Auftritt bereits erheblicher „innovativer" Handlungsdruck gegeben.

10 Mythos Erlösung: Digitalisierung ist die Lösung aller Probleme

Die Digitalisierung ist keinesfalls die Lösung aller Probleme, sondern schafft auch völlig neue Herausforderungen. Zum Beispiel in Hinblick auf Misstrauen, Nichtkaufgrund Nr. 1 im Online-Kanal: „Sicherheitsbedenken verhindern Transaktionen im Internet", so Computerbild (2015). Vor allem betroffen sind Online-Shopping oder -Banking. Immerhin 17 % aller Internetsurfer in Deutschland unterlassen Online-Transaktionen komplett. Diese Zahlen sind Ergebnis einer repräsentativen Befragung des Instituts Aris im Auftrag des Bitkom und wurden erstmals anlässlich der Messe CeBIT 2015 in Hannover veröffentlicht (Computerbild 2015). Rund 50 Mio. Deutsche ab 14 Jahren nutzen demnach zwar das Internet, doch schicken 41 % von ihnen wichtige Dokumente lieber per Post statt Mail. Auf Online-Shopping verzichtet gut ein Viertel der Nutzer, auf die Buchung von Reisen oder Tickets fast jeder fünfte (vgl. Abb. 5). Nur 20 % der Internetnutzer

Abb. 5 Sicherheitsbedenken bei Transaktionen im Web. (Quelle: Computerbild 2015)

bekunden, keine Sicherheitsbedenken bei Transaktionen im Internet zu haben (Computerbild 2015). Deswegen darf auch nicht verwundern, dass sich angesichts der Anonymität im Internet sowie der weltweiten Zugriffsmöglichkeit insbesondere bei (noch) nicht so bekannten Anbietern immer noch viele Kunden fragen, ob der Online-Händler seriös ist. Das Kundenvertrauen gegenüber dem Anbieter im Internet wird damit immer mehr zu einem zentralen Erfolgsfaktor. Dies wird maßgeblich von der aktuellen Risikowahrnehmung der Kunden sowie deren Einschätzung in Hinblick auf Bezahlsicherheit und -flexibilität, Datenschutz sowie Rechts- und AGB-Sicherheit bestimmt. Auch bei der Preisgabe persönlicher Daten sind die Deutschen vorsichtig (Kollmann 2013).

Nach einer Erhebung des ECC in Köln ist es für mehr als 83 % der Internet-User wichtig, möglichst wenige Daten beim Zahlungsvorgang eingeben zu müssen. Von ihnen geben 44,6 % auch an, lieber mehr Geld bei dem Händler auszugeben, bei dem sie bereits registriert sind und so keine neuen Daten eingeben zu müssen. Insgesamt haben 40,7 % der User schlechte Erfahrungen im Internet gemacht, allerdings nur 9,2 % beim Bezahlen im Internet (Siebers 2011). Sicherlich ist die Automatisierung, Vereinfachung und Beschleunigung des Einkaufs mit gewissen Gefahren verbunden. Derartige Risiken und eine gewisse Sensibilisierung auf Kundenseite beeinflussen maßgeblich die Risikowahrnehmung der Internet-User und damit das Sicherheitsimage des Online-Händlers (Heinemann 2015; Kollmann 2013). Entscheidend für den Vertrauensaufbau ist neben fehlerfreien Bestellprozessen vor allem die Shop- und Erlebnisgestaltung, die wesentlich die Usability des Online-Shops bestimmen. Dieses gilt auch für den Check-out, der

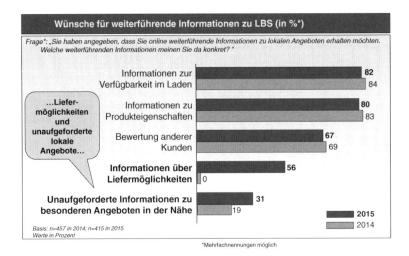

Abb. 6 Neue Informationserwartungen. (Quelle: eigene Darstellung in Anlehnung an kaufDA 2015)

nicht selten aus Kundensicht ein regelrechter Vertrauenskiller ist. Ein Großteil der Kaufabbrüche erfolgt deswegen im Check-out und steht nicht selten auch im Zusammenhang mit den angebotenen Zahlungsarten. Beides verdient insofern eine besondere Beachtung. Wichtigster Vertrauensbeweis ist deswegen der konkrete Kaufabschluss nach dem Check-out und damit die Conversion. Diese hängt aber noch von weiteren Faktoren wie u. a. der Warenverfügbarkeit und der Gebührenpolitik ab, auf die in diesem Beitrag nicht weiter eingegangen wird. Die Konversionsqualität, also die Höhe des Warenkorbes, wird wesentlich vom Cross- und Up-Selling beeinflusst und ist wiederum von dem Vertrauen in die getätigten Empfehlungen bzw. Recommendations abhängig (Heinemann 2015). Digitalisierung weckt vor allem auch Erwartungen im traditionellen stationären Geschäft. Nach jüngster kaufDA-Studie betrifft das insbesondere die Nutzungsmöglichkeit der Smartphones im Laden sowie die Erwartung, WLAN und Empfang für das Smartphone im Laden zu haben (kaufDA 2015). Auch die Informationswünsche nehmen zu. Im Vorjahresvergleich rasant zugelegt hat der Wunsch, über Liefermöglichkeiten informiert zu werden und unaufgeforderte Informationen zu besonderen Angeboten in der Nähe auf das Smartphone gespielt zu bekommen (vgl. Abb. 6). Wesentliche Vertrauensbasis im E-Commerce stellt die ultimative Ausrichtung auf die Kundenwünsche dar.

11 Fazit

Die Kundenzentriertheit sollte Leitmaxime für das Geschäftsmodell eines Online-Händlers und seinen Shop-Aufbau sein. Sie löst sich von der funktional orientierten Marketinglehre und stellt die Leidenschaft und Glaubwürdigkeit der gesamten

Unternehmensführung und ein bedingungslos am Kundenwunsch ausgerichtetes Unternehmen in das Zentrum der geschäftlichen Aktivitäten. Diese Art der „neuen Kundenorientierung" durchdringt das komplette Geschäftssystem des Unternehmens und gibt Mitarbeitern zugleich einen Orientierungsrahmen für ihre täglichen Entscheidungen vor. Es geht vor allem um die von Jeff Bezos aufgeworfene und visionär verfolgte Schlüsselfrage: „Wie kann ich meinen Kunden das Leben erleichtern?" (brandeins 2014). Was aber bedeutet das für die Marketing- und Handelspraxis? Zunächst geht es um eine neue Dimension der Professionalität, deren Umsetzung – entgegen weitverbreiteter Meinung – weitaus höhere Investitionen in Marketing, Kundenansprache, Organisation und Systeme erfordert, als das in den traditionellen Absatzkanälen der Fall ist. Sie dürften sich auf lange Sicht aber lohnen, denn die Kunden schätzen und honorieren es, im Zentrum der Geschäftsaktivitäten zu stehen. Bestes Beispiel sind die meisten Warenhausunternehmen im englischsprachigen Raum, die mit einer derartigen Strategie „der neuen Kundenorientierung" nicht nur den Turnaround zu hochprofitablen Handelsunternehmen geschafft haben, sondern in allen Kanälen stark wachsen, und das im Kernmarkt von Amazon. Kundenzentrierte Unternehmen, die in Maximierung der Kundenbegeisterung denken, sind dabei nachweislich erfolgreicher als „nur" kundenorientierte Unternehmen. Kundenzentriertheit impliziert Leidenschaft und Glaubwürdigkeit der Führung und ein bedingungslos am Kundenwunsch ausgerichtetes Unternehmen. Jeff Bezos, CEO von Amazon, ist der festen Überzeugung, dass nur überragender Service am Kunden und genaues Verstehen der Kundenwünsche langfristig Erfolg gewährleisten können. Da Kunden Angebote verschiedener Händler zu einem Produkt vergleichen wollen, hat er anderen Händlern erlaubt, auch bei Amazon anzubieten, selbst auf die Gefahr hin, dass Amazon von anderen Händlern unterboten werden kann. „Tut ihr es nicht, so wird es der Kunde tun" ist dabei sein Motto entsprechend der Kundenzentriertheit. So weiß ein Mitarbeiter bei WalMart, dass er zuerst den Kunden bedienen muss, bevor er einem internen Problem nachgeht. Ein Aldi-Einkäufer weiß, dass er die Preise bei preisunelastischen Artikeln nicht erhöhen sollte, auch wenn es die Wettbewerbssituation hergeben würde. So weiß ein Amazon-Mitarbeiter, dass er Platzierungen der Industrie als solche kenntlich machen muss, um nicht den Eindruck zu erwecken, diese wären objektiv generiert. Einem Zappos-Mitarbeiter ist bewusst, dass seine Hauptaufgabe darin besteht, in erster Linie Probleme offen und ehrlich mit seinen Kunden im Community-Bereich zu diskutieren (brandeins 2014; Heinemann 2015). Kein Kunde gleicht einem anderen Kunden. Idealerweise wird jeder Kunde als Individuum betrachtet. Im Massengeschäft ist eine Individualisierung nicht wirtschaftlich darstellbar, deshalb werden Kunden statistisch relevanten Segmenten zugeordnet (personalisiert). Diese werden entweder statisch gebildet bei traditionellen Unternehmen oder dynamisch/chaotisch bei Internetanbietern. Die Kunst der Kundenzentriertheit liegt in der überragenden Individualisierung oder Personalisierung des Unternehmens und in der richtigen Implementierung, die „Chefsache" sein muss. Nur wenn die oberste Führung von der Kundenzentriertheit überzeugt ist, ist sie auch bereit, dies glaubwürdig vorzuleben und das Unternehmen systematisch kundenzentriert auszurichten. Das ist die wichtigste Voraussetzung für Vertrauen und

„Bedarfsweckung online und Mobile-basiert, Bedarfsdeckung offline und App-basiert"

▶ Verfügbarkeiten Artikelinformationen erfordern moderne WWS

▶ Digitalstrategie mit exakter Zielsetzung steht am Anfang

▶ Ohne Business-Planung für die Digitalstrategie fehlt die wirtschaftliche Basis

▶ Customer Data Base ist Basisfunktion – idealerweise mit Kundenkarte

▶ Online-Shop erfordert Exzellenz und ultimative Usability

▶ Online-Sortiment muss mindestens das Offline-Sortiment darstellen

▶ Ohne mobile optimierten Online-Shop nützt alles nichts

▶ Master-App ermöglicht Digital POS mit WLAN und ultimativer Usability im Store

▶ Systementscheidung ohne Business-Plan und Digitalstrategie geht schief

Abb. 7 Zukunft des Handels – geht nicht gilt nicht. (Quelle: eigene Darstellung)

Erfolg im Online-Handel. Vor allem die Neuausrichtung des Stammgeschäfts erfordert weitere Funktionalitäten und Strategien, wie in Abb. 7 dargestellt. Sie lassen sich mit dem Begriff „geht nicht gilt nicht" zusammenfassen und führen zum Schluss, dass die Bedarfsweckung zunehmend online und Mobile-basiert erfolgt, während die Bedarfsdeckung offline und App-basiert zustande kommt. Vor allem aber wird deutlich, dass ein professionelles Vorgehen erforderlich ist, das auf Basis einer fundierten Digitalstrategie, einer daraus abgeleiteten Business-Planung sowie konsistent zu ihr ergebenden Entscheidungen beruht. Vor allem die Systementscheidungen sollten durchdacht und alles andere als Schnellschüsse sein.

Literatur

brandeins. (2014). Das alles und noch viel mehr. Der Kunde ist ein unangenehmer Geselle. Und das ist gut so. Sagt der Handelsexperte Gerrit Heinemann, Interview. *brandeins, 2014*(05), 90–94.

brandeins. (2015). Wehrt Euch! Oder ist es dafür zu spät? Streitgespräch zwischen Jochen Krisch und Gerrit Heinemann, *brandeins*, 2015(04), 62–67 (Schwerpunkt Handel).

Brandwatch. (2014). 10 wichtige E-Commerce Marketing Trends für 2014, von Kinjal Adeshara. Brandwatch vom 17.3.2014. http://www.brandwatch.com/de/2014/03/10-wichtige-e-commerce-marketing-trends-fur-2014/. Zugegriffen: 23. Aug. 2014.

BV Capital/eVenture. (2011). *Overview: eCommerce & Online Trends San Francisco*, April 2011.

Computerbild. (2015). Nutzer schrecken vor Online-Shopping und -Bankgeschäften zurück: Sicherheitsbedenken verhindern Transaktionen im Internet. Computerbild.de vom 16. März 2015 anlässlich der CEBIT-Eröffnung. http://www.computerbild.de/artikel/cb-News-Sicherheit-Sicherheitsbedenken-verhindern-Transaktionen-im-Internet-4073781.html. Zugegriffen: 1. Apr. 2015.

Dpa. (17. Februar 2014). Der Online-Handel bedroht die Innenstädte. *dpa*.

DPDHL. (2014). Global E-Tailing 2015 – E-Commerce und Logistik weltweit auf Wachstumskurs, Studie von Deutsche Post DHL. http://www.dpdhl.com/content/dam/global-etailing-2025_de.html. Zugegriffen: 2. Aug. 2014.

E-Commerce-Magazin. (2014). E-Commerce-Trends 2014. E-Commerce-Magazin. http://www.e-commerce-magazin.de/ecm/news/e-commerce-trends-2014. Zugegriffen: 10. Aug. 2014.

Emap. (2015). Trends und Analysen im E-Commerce, *etailment Sonderheft*.

eTailment. (2015). Gerrit Heinemann: „Manche Händler wollen wahrscheinlich sterben", in: eTailment.de vom 19.11.2015. http://etailment.de/thema/player/Gerrit-Heinemann-digitale-transformation-3759. Zugegriffen: 20. Nov. 2015.

eWeb Research Center. (2015). *Die Online-Zahlen 2014, interne Studie zu den Umsätzen des Online-Handels in Deutschland*.

Forrester. (2015). More than half of European retail sales will be touched by digital over the coming five years: New Forrester Study. Internetretailing aus July 2015. http://internetretailing.net/2015/07/more-than-half-of-european-retail-sales-will-be-touched-by-digital-over-the-coming-five-years-forrester/. Zugegriffen: 12. Aug. 2015.

Heinemann, G. (1989). *Betriebstypenprofilierung und Erlebnishandel*. Wiesbaden: Springer-Gabler.

Heinemann, G. (2013). *No-Line-Handel – höchste Evolutionsstufe im Multi-Channeling*. Wiesbaden: Springer-Gabler.

Heinemann, G. (2015). *Der neue Online-Handel: Geschäftsmodell und Kanalexzellenz im Digital Commerce* (6. Aufl.). Wiesbaden: Springer-Gabler.

Heinemann, G., Gehrckens, M., Haug, K., & dgroup. (Hrsg.). (2013). *Digitalisierung des Handels mit ePace – Innovative E-Commerce-Geschäftsmodelle unter Timing-Aspekten*. Wiesbaden: Springer-Gabler.

iBusiness. (2014). Zukunft E-Commerce: Zwölf Trends für 2014. iBusiness vom 18.6.2014. http://www.ibusiness.de/members/preview/db/475366SUR.html. Zugegriffen: 25. Aug. 2014.

IfH. (2014). Der Handel muss sich neu erfinden – fünf Thesen für den Handel bis 2020 des IfH. IWB vom 27.5.2014. http://www.internetworld.de/e-commerce/zahlen-studien/handel-neu-erfinden-475486.html. Zugegriffen: 30. Mai 2014.

kaufDA. (2014). *Studie zum Thema „Zukunft und Potenziale von Location-based Services für den stationären Handel – Zeitreihenanalyse im Vergleich zu 2013"*. Mönchengladbach.

kaufDA. (2015). *Studie zum Thema „Zukunft und Potenziale von Location-based Services für den stationären Handel – Zeitreihenanalyse im Vergleich zu 2013 und 2014"*. Mönchengladbach.

Kolbrück. (2014). Die wichtigsten Trends im E-Commerce 2014. etailment.de vom 7.10.2013. http://etailment.de/thema/e-commerce/Die-wichtigsten-Trends-im-E-Commerce-2014–1892. Zugegriffen: 25. Aug. 2014.

Kollmann, T. (2013). *E-Business: Grundlagen elektronischer Geschäftsprozesse in der Net Economy*. Stuttgart: Springer Gabler.

Online-Monitor. (2015). *Handel digital. Online-Monitor 2015*. Berlin: Handelsverband Deutschland (HDE), GfK.

Onlinehaendler-News. (2014). VentePrivee-Gründer verrät die E-Commerce-Trends 2014. Onlinehaendler.de vom 30.1.2014. http://www.onlinehaendler-news.de/handel/allgemein/3464-vente-privee-e-commerce-trends-2014.html. Zugegriffen: 25. Aug. 2014.

Osterloh, M., & Frost, J. (2003). *Prozessmanagement als Kernkompetenz – Wie Sie Business Reengineering strategisch nutzen können* (4. Aufl.). Wiesbaden: Gabler.

Siebers, B. (2011). Vertrauensbildende Maßnahmen steigern den Umsatz. Shopanbieter.de-Blog. http://www.shopanbieter.de/news/archives/4542-vertrauensbildende-massnahmen-steigern-den-umsatz/. Zugegriffen: 28. Okt. 2010.

Statista. (2014). Ausgaben für Online-Werbung steigen zweistellig. t3n.de 2014. http://t3n.de/news/wp-content/uploads/2014/04/online-werbung_online-ads_werbe-etat-595×423.jpg. Zugegriffen: 24. Aug. 2014.

Süddeutsche.de. (2014). Der Online-Handel bedroht die Innenstädte. Süddeutsche.de vom 17. Februar 2014. http://www.sueddeutsche.de/news/wirtschaft/verbraucher-der-online-handel-bedroht-die-innenstaedte-dpa.urn-newsml-dpa-com-20090101-140217-99-02325. Zugegriffen: 20. Febr. 2014.

Tapscott, D. (17. September 2008). „Unternehmen sind heute nackt", Interview. *Handelsblatt, 181,* 14.

WAZ. (2015). Frage der Woche: Inwieweit bereiten Sie Einkäufe online vor? DerWesten/WAZ vom 14.09.2015. http://www.derwesten.de/staedte/emmerich/inwieweit-bereiten-sie-einkaeufe-online-vor-id11080714.html. Zugegriffen: 15. Sept. 2014.

Zentes, J., Swoboda, B., & Morschett, D. (2004). *Internationales Wertschöpfungsmanagement.* München: Vahlen.

zukunftsinstitut. (Hrsg.). (2014). Sales Trends – Strategien für den erfolgreichen Handel von Morgen. Frankfurt a. M.: zukunftsinstitut (Studie der zukunftsinstitut GmbH).

Über den Autor

Prof. Dr. Gerrit Heinemann leitet das eWeb Research Center der Hochschule Niederrhein, wo er auch BWL, Managementlehre und Handel lehrt. Er hat BWL in Münster studiert, war danach Assistent bei Heribert Meffert, und promovierte über das Thema „Betriebstypenprofilierung textiler Fachgeschäfte" mit summa cum laude. Nach fast 20-jähriger Handelspraxis u. a. in Zentralbereichsleiter-/ und Geschäftsführerpositionen bei Drospa/Douglas und Kaufhof/Metro wurde Gerrit Heinemann 2005 an die Hochschule Niederrhein berufen. Er bekleidet verschiedene Aufsichtsratsfunktionen in E-Commerce- bzw. Handelsunternehmen, war lange Jahre stellvertretender Aufsichtsratsvorsitzender der buch.de internetstores AG und begleitet Start-ups – wie die Good to Go Inc. in Sausalito – als Advisory Board. Daneben ist Prof. Heinemann Autor von rund 200 Fachbeiträgen und 15 Fachbüchern zu den Themen Digitalisierung, E-Commerce, Online- und Multi-Channel-Handel. Sein Buch „Der neue Online-Handel" kommt Anfang 2017 in achter Auflage heraus und erschien bereits in englischer sowie auch chinesischer Version.

Neuerfindung des Handels durch digitale Disruption

Warum viele Händler ihr Geschäftsmodell massiv verändern müssen, wenn sie nicht scheitern wollen

Uly J. Wolters

> *You should focus relentlessly on something you're good at doing, but before that you must think hard about whether it will be valuable in the future.*
> Peter Thiel, Zero to One (Thiel und Masters 2014)

Zusammenfassung

Der digitale Wandel ist nicht erst seit gestern Realität, doch er beschleunigt sich, angetrieben durch den Fortschritt in mobiler Technologie. Diese verändert die Art und Weise, wie wir arbeiten, denken, handeln – und auch was wir konsumieren. Auf diese massiven Veränderungen muss der Handel reagieren. In diesem Zusammenhang fällt häufig das Modewort „digitale Disruption", welche zu einer Neuerfindung des Handels führen soll. Beim näheren Hinsehen ist oft erkennbar, dass in vielen Fällen kleine, digital begünstigte Produktivitätssteigerungen oder Angebotsverbesserungen gemeint sind. Es handelt sich in der Regel um evolutionäre Verbesserungen oder Anpassungen des Handelsgeschäftsmodells, die einen „Handel der Zukunft" beschreiben. Tatsächlich meint „digitale Disruption" ein viel tief greifenderes Phänomen: Die tief greifende Änderung der Handelswertschöpfung durch die Digitalisierung unserer Lebenswelt, das veränderte Konsumverhalten und eine völlig neue Wettbewerbssituation. Bei der Beschreibung der digitalen Disruption geht es also darum, die „Zukunft des Handels" abzubilden und nicht den „Handel der Zukunft". Dieser Artikel legt dar, warum fast alle Händler ihr Geschäftsmodell massiv überarbeiten oder dies ganz aufgeben müssen, während gleichzeitig neue, globale Handelsformen entstehen.

U.J. Wolters (✉)
dgroup GmbH, Hamburg, Deutschland
E-Mail: uly.wolters@d-group.com

Inhaltsverzeichnis

1	Einleitung...	30
2	Digitale Disruption vs. evolutionäre Innovation	30
3	Veränderungen im Mediennutzungs- und Konsumverhalten.....................	34
4	Globale Wettbewerbsdynamik..	39
5	Gestaltung der Zukunft des Handels.....................................	44
Literatur...		46
Über den Autor		48

1 Einleitung

Bei der Beschreibung der „digitalen Disruption" ist zunächst ein Blick auf die Ursachen entscheidend. Wodurch wird die Disruption hervorgerufen? Und wie unterscheidet sie sich von der einfachen Innovation (Abschn. 2)?

Wichtig sind in diesem Zusammenhang auch die grundlegenden Dynamiken von Kommunikation und Kaufentscheidungen von Kunden im digitalen Umfeld. Es ist notwendig, die grundlegenden Veränderungen im Mediennutzungs- und Konsumverhalten zu verstehen, um daraus Rückschlüsse auf ein neues Geschäftsmodell in der „Zukunft des Handels" zu ziehen (Abschn. 3).

Darüber hinaus ist die völlig veränderte Wettbewerbssituation von Bedeutung. Wer dominiert den Markt und mit welchen Mitteln? Welche Unternehmen übernehmen Teile der alten Handelswertschöpfung und welche definieren Handel und Marktplätze völlig neu (Abschn. 4)?

Fakt ist, ein neues oder verändertes Geschäftsmodell in der „Zukunft des Handels" muss sich vielen Herausforderungen stellen. Dabei lassen sich einige Gestaltungsrichtlinien aus dem Verhalten der sogenannten *„Digital Disruptors"* ableiten (Abschn. 5).

2 Digitale Disruption vs. evolutionäre Innovation

Der Begriff „Disruption" geht auf den Harvard-Ökonomen Clayton Christensen zurück und leitet sich aus dem Englischen „disrupt" ab, was „unterbrechen" oder „zerreißen" bedeutet (Bower und Christensen 1995). Disruption bezeichnet dabei eine Innovation, die eine bestehende Technologie, ein bestehendes Produkt oder eine bestehende Dienstleistung in großen Teilen oder vollständig verdrängt. Disruption entsteht häufig auf neuen Märkten und durch Geschäftsmodelle, die für die etablierten Anbieter in der Regel völlig unerwartet in ihren Markt eintreten und diesen binnen kurzer Zeit umfassend verändern und bestehende Unternehmen verdrängen. Was Disruption bewirken kann, zeigt sich am Beispiel von Amazon oder der chinesischen Alibaba-Group, die den Handel digitalisierten. Deren gemeinsame Marktkapitalisierung hat sich binnen sieben Jahren auf über 500 Mrd. US$ verhundertfacht. Dabei beschäftigen sie zusammengenommen ungefähr 0,3 Mio. Mitarbeiter. Damit hat ihr Börsenwert den von Walmart als größten Händler der Welt überschritten, während sie gleichzeitig nur ein Achtel der Mitarbeiter von Walmart beschäftigen.

Doch wie hebt sich *digitale Disruption* von *„einfachen, evolutionären"* Innovations- oder Produktivitätssteigerungen ab, die es immer schon gegeben hat? Folgende Kausalkette, die im Endeffekt zu disruptiven Verwerfungen durch Digitalisierung führt, verdeutlicht den Unterschied: In der Vergangenheit waren die Erwartungen von Menschen durch analoge Restriktionen geprägt und sind dies in einigen Bereichen auch noch: Wer einen Flohmarkt besucht, weiß zum Beispiel, dass er kein komplettes Verzeichnis aller angebotenen Waren erhält. Es reicht ihm, grob zu wissen, welche Kategorie von Trödel wo zu finden ist. Auch erwartet er nicht, dass ihm nur solche Waren angeboten werden, die seinen Wünschen und seiner aktuellen Gemütslage entsprechen. Die Digitalisierung aber führt zur Auflösung dieser analogen Restriktionen, weil durch sie die „Komplexitätsbarriere", die „Zeitbarriere" sowie „Kommunikationsbarrieren" wegfallen. Was das bedeutet: Ohne „Komplexitätsbarriere" werden enorme Datenmengen multidimensional analysierbar, auswertbar, verknüpfbar und speicherbar. Dadurch ergibt sich die Möglichkeit, unbegrenzt viele Rückkopplungsprozesse gleichzeitig ablaufen zu lassen, wodurch sich die theoretische Innovationsgeschwindigkeit um Potenzen erhöht. Das heißt, man kann sich per einfachem Knopfdruck einen uneingeschränkten Datenüberblick und Zugang zu Analyseergebnissen verschaffen. Entsprechend der Verarbeitungszeiten durch Rechenleistung erfolgt das in unglaublicher Geschwindigkeit – in einem gefühlten „Sofort" –, was den Wegfall der „Zeitbarriere" beschreibt. Analoge Verarbeitungsprozesse dagegen sind durch physikalische Gesetze limitiert. So kann etwa ein Förderband nicht beliebig schnell laufen und ein mit analoger Bildkamera erstelltes Foto muss erst entwickelt werden, um das Motiv sichtbar zu machen. Die multidimensionale Verarbeitung von immer größeren Datenmengen in Echtzeit baut aber auch bestehende räumliche wie zeitliche Kommunikationsbarrieren zwischen Akteuren ab. Über Skype-Konferenzen mit Simultanübersetzung können sie sich über sprachliche Grenzen hinweg austauschen. Analoge Kommunikationsmissverständnisse, etwa wenn verschiedene Sprachen gesprochen werden und etwas durch einen fremden kulturellen Hintergrund anders interpretiert wird, als es gemeint war, werden so vermieden. Ein Flohmarktbesuch würde also in der digitalen Welt völlig anders ablaufen: Das Smartphone weiß, für welche Waren ich mich in meiner derzeitigen Lage interessiere, es kennt alle auf dem Flohmarkt angebotenen Waren und kann mich zielgenau zu den Produkten oder Ständen hinführen, an denen ich mich gerne umschauen möchte. Gleichzeitig könnte es mir sagen, zu welchem Stand ich lieber zuerst gehe, weil die Wahrscheinlichkeit zu hoch ist, dass das Produkt sonst schon verkauft ist.

Im Ergebnis lassen sich durch die Digitalisierung Wertschöpfungsketten verkürzen sowie Geschäftsprozesse automatisieren. Einzelne Stufen der Produktion können durch automatisierte Prozessschritte in Echtzeit in den allermeisten Branchen zu marginalen Grenzkosten skalieren, das heißt zu Kosten nahe null erbracht werden. Und doch: Hierbei handelt es sich immer noch um *evolutionäre Innovationen,* da man in einem bestehenden

Geschäftsmodell stattfindende Prozesse nun schneller und günstiger erbringt, indem man sie automatisiert. *Digitale Disruption* hingegen praktiziert das Unternehmen Amazon: Während bei vielen Händlern noch Einkäufer Ware ordern und für ihre Zielgruppen mithilfe von digitaler Technologie zusammenstellen („kuratieren"), haben dort in großen Teilen schon Maschinen und Algorithmen diese Funktion übernommen. Das zeigt: Im Handel, aber auch in der Logistikbranche, werden analoge Geschäftsmodelle mehr und mehr aufgebrochen und neu sortiert. Derzeit ist eine peer-to-peer-basierte Software – eine „virtuelle Logistikkette" – in der Testphase, die dem Paketboten Konkurrenz macht. Personen, die auf dem Weg von A nach B sind und ein Smartphone bei sich führen, können über die Software und ihr Smartphone intelligent vernetzt werden, sodass ihre natürliche Mobilität genutzt wird. Pakete wandern sozusagen „von Mensch zu Mensch", bis sie ihren Empfänger erreichen. Gleichzeitig sind die Ware und der jeweilige Transporteur jederzeit eindeutig identifizierbar, ohne dass eine Logistikfirma mit ihren Mitarbeitern daran beteiligt ist. Die Folge: Es fallen über kurz oder lang in vielen Bereichen etliche Arbeitsplätze weg. Laut den Ökonomen Erik Brynjolfsson und Andrew McAfee (2014) geht es nicht um Hilfsjobs, sondern um Facharbeiter und Akademiker bis hin ins mittlere Management. In einer wissenschaftlichen Studie aus dem Jahr 2013 untersuchten Carl Frey und Michael Osborne, wie stark der amerikanische Arbeitsmarkt von der Automatisierung betroffen wäre. Mit dem Ergebnis, dass durch die Digitalisierung fast die Hälfte aller Jobs zur Disposition steht. Auf Grundlage dieser Untersuchung berechneten ING-Diba-Volkswirte im Jahr 2015, dass in Deutschland sogar 59 % aller Arbeitsplätze gefährdet sind. In den handelsnahen Verkaufs- und Dienstleistungsberufen sogar mehr als zwei Drittel. Besonders stark seien demnach Mitarbeiter von Zustelldiensten, Kassierer und Verkäufer von dem Stellenabbau durch Digitalisierung und Automatisierung betroffen. Dabei habe „der Übergang schon begonnen", sagt Carsten Brzeski, Chefvolkswirt der ING-Diba und Co-Autor der Untersuchung (Kaiser 2015).

Nun ist es wie schon erwähnt nicht neu, dass durch Fortschritt und Entwicklung sowie damit einhergehende effizientere Organisations- und Arbeitsstrukturen Prozessverbesserungen und Produktivitätssteigerungen erzielt werden. In der Vergangenheit verliefen diese Steigerungen jedoch linear, zum Beispiel mit einem Produktivitätszuwachs von einem Prozent pro Jahr.

Im digitalen Zeitalter erhöhte sich der Wert exponentiell zum Beispiel um zwei, fünf und 15 % pro Jahr. Und: Die wachsende globale Vernetzung sowie steigende Rechenleistung treiben die exponentielle Innovationsgeschwindigkeit weiter an. So werden die Automatisierung und damit auch die Produktivitätssteigerung viel schneller erfolgen – nämlich eher binnen weniger Jahre –, als dies der Blick auf historische Entwicklungen vermuten ließe.

Für die Wirtschaft bedeutet das, sich vom alten Paradigma „mehr kostet mehr" zu verabschieden, denn: Weniger Mitarbeiter werden schon bald mit weniger Kosten mehr produzieren – und das in gleicher, wenn nicht sogar in höherer Qualität. Man kann also besseren Service und bessere Leistung bei gleichzeitig geringeren Preisen oder sogar zu „Grenzkosten null" anbieten. Ein Beispiel dafür liefert die Autovermietung Silvercar, die ihre Dienstleistung neu definiert hat. So wird automatisch erkannt, wann der Kunde am Flughafen landet. Dieser wird dann per App oder SMS über den Standort des Mietwagens informiert und dorthin gelotst. Auch die Einweisung in die Bedienung des Fahrzeugs erfolgt digital. Damit entfällt die Notwendigkeit des persönlichen Gesprächs am Counter. Die Kunden profitieren also nicht nur von günstigeren Mietpreisen, die die Firma durch Einsparungen im Personalbereich bieten kann, sondern auch von einem Plus an Service, weil sich eventuelle Wartezeiten reduzieren. Das hat nachhaltige Auswirkungen: Gewöhnen sich Menschen an einen höheren Servicegrad, so erwarten sie diesen besseren Kundendienst als „neuen Standard" – und das übrigens auch von Unternehmen, die in völlig anderen Branchen tätig sind.

Durch die Kombination von Vernetzung, Wegfall der Komplexitäts-, Zeit- und Kommunikationsbarrieren, durch stetig steigende Kundenerwartungen – bei strukturell sinkenden Kosten – erhöht sich also die Innovationsgeschwindigkeit massiv und Anbietern droht Wettbewerb von allen Seiten. Dieser Prozess der branchenübergreifenden und zunehmend auch globalen Rückkopplungseffekte führt zu einer sich immer mehr beschleunigenden Produktivitätssteigerung.

Zusammenfassung und Fazit
Evolutionäre Innovationen bestehen in der Nutzung der Digitalisierung zur Produktivitätssteigerung durch Verkürzung und Automatisierung von Wertschöpfungsketten und Wegfall der damit assoziierten Kosten. Hierbei geht es für Unternehmen also vor allem darum, „mehr zu bieten für weniger Kosten bzw. sogar zu null Grenzkosten" – das jedoch *im bestehenden Geschäftsmodell*.

Bei der *digitalen Disruption* geht es im Kern darum, dass Digitalisierung zu einem Aufbrechen bestehender Geschäftsstrukturen führen kann. Scheinbar völlig andere Geschäftsmodelle treten binnen kürzester Zeit auf den Plan, über die ähnliche oder neuartige Produkte und Dienstleistungen verkauft werden und die in direkter Konkurrenz zu bisherigen Handelsmodellen stehen.

Derzeit erkennen viele Unternehmen insbesondere aus Handel und Logistik die Notwendigkeit, Digitalisierung zu nutzen, um Produktivitätsgewinne zu erzeugen. Doch die Sprengkraft und die Wirkungsweisen des Internets haben gerade viele etablierte Handelsfirmen noch nicht erfasst. Sie verkennen die Gefahr, die ihnen durch Disruption und enorm gesteigerte Innovationsgeschwindigkeiten für ihr bisheriges Geschäftsmodell droht.

In der Konsequenz werden viele Unternehmen in den nächsten Jahren gezwungen sein, sich völlig neu auszurichten und sich ggf. mit neuen Mitarbeitern und neuen Strukturen den veränderten Anforderungen zu stellen. Tun sie es nicht, werden neue Wettbewerber – mitunter aus einem anderen Land oder einer anderen Branche – in kürzester Zeit auftreten und mit einem wesentlich verbesserten Geschäftsmodell Gewinne erzielen. Dadurch droht selbst etablierten Handelsunternehmen, große Teile der Kundschaft zu verlieren und am Markt verdrängt zu werden.

Diese Entwicklung wird entscheidend durch das veränderte Mediennutzungs- und Konsumverhalten der Generationen geprägt, um das es im folgenden Abschnitt geht.

3 Veränderungen im Mediennutzungs- und Konsumverhalten

In der *ersten Phase des Einstiegs ins Internet* von 1990 bis weit in das erste Jahrzehnt des neuen Jahrtausends dominierte die Google-Suche. Im Anschluss daran eröffneten die sozialen Netzwerke einen *zweiten Einstieg in das World Wide Web.*

Beim Online-Einstieg hat sich nicht nur in der Art, sondern auch in der Gerätenutzung eine wesentliche Änderung ergeben. Der Desktop-Zugang hat stark an Bedeutung verloren: Menschen verbringen in den USA bereits 51 % ihrer Mediennutzungszeit mit dem Mobiltelefon (Luthra 2015; Meeker 2015). Gleichzeitig hat sich die tägliche digitale Nutzungsdauer auf dem Mobiltelefon binnen eines Jahres um eine Stunde auf 3¾ Stunden verlängert. Online-Nutzung via Smartphone hat das Fernsehen in Einfluss, Reichweite, Häufigkeit und Nutzungsdauer in fast allen Märkten der Welt überholt (vgl. Abb. 1). Eine so starke Änderung im Mediennutzungsverhalten wurde bislang allenfalls über ein bis zwei Jahrzehnte beobachtet.

Dieser Trend ist nachhaltig und beschleunigt sich ständig. Dabei überholt das „Facebook-Universum" (vgl. Abschn. 4) alle Wettbewerber im Hinblick auf die Häufigkeit der Nutzung und die tägliche Nutzungsdauer bei der mobilen Online-Nutzung (Statista 2014).

Ein interessantes Detail dabei: 90 % der mobilen „digitalen Zeit" verbringen User in Apps und nur zehn Prozent der Zeit mit mobilen Browsern. Drei Viertel ihrer „Zeit in Apps" widmen die Nutzer zudem nur drei bis vier unterschiedlichen Apps

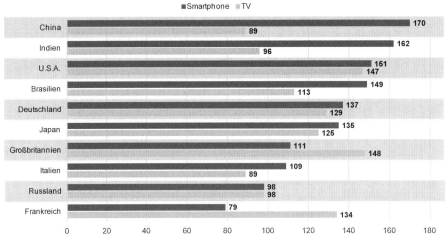

Abb. 1 Mobile Online-Nutzung überholt TV-Nutzung in fast allen Märkten weltweit. (Quelle: Statista 2014)

(Rosoff 2015). Dieses Phänomen kann in fast allen digitalen Märkten beobachtet werden. Dabei sind es global nur knapp zehn Apps, die den Markt dominieren.

Die meistgenutzten Apps sind Social Apps und Messenger Apps wie Facebook, WeChat oder WhatsApp. Damit werden die Messenger Apps zum wichtigsten Betriebssystem des mobilen Web. Das mobile Web wird wiederum den Online-Einstieg in Frequenz und Nutzungsdauer in den nächsten Jahren dominieren.

Zusammenfassend lässt sich die Entwicklung so beschreiben: Zum einen hat sich die Gravitationsachse im Internet binnen kürzester Zeit massiv verschoben. Statt des *ersten Einstiegs ins Internet* mit der Suche im sogenannten „offenen Internet" über Suchmaschinen wie Google, Yandex oder Baidu dominiert nunmehr der Einstieg über Social/Messaging Apps, die in einem zunehmend *„geschlossenen Ökosystem"* agieren und dabei jede Bewegung des Nutzers vermerken, abspeichern und analysieren *(zweite Phase des Einstiegs ins Internet)*. Zum anderen erfolgt mehr als die Hälfte des *Digitaleinstiegs* nunmehr *über mobile Endgeräte*. Bei der Analyse der beliebtesten Apps zeigt sich, dass einige wenige Konzerne den Digitaleinstieg dominieren: Die vier meistgenutzten Apps weltweit gehören zum Facebook-Konzern, bedeutsam sind zudem noch die Internet-Holding Tencent (WeChat et al.), Google (Google, Maps, Google+) und Apple. Diese Änderungen haben wirtschaftliche Auswirkungen, die weiten Teilen der Öffentlichkeit, dem größeren Teil der Werbetreibenden und Händler scheinbar noch verborgen geblieben sind. Denn: Noch immer fließen nahezu 90 % der Online-Werbebudgets in das offene Internet. Erst wenige Unternehmen haben registriert, dass mehr als die Hälfte der Interneteinstiege und drei Viertel der Digitalzeit weitgehend außerhalb ihrer Werbereichweite stattfindet. Die Bedeutung von Marketing im mobilen und im Messaging-App-Umfeld scheint noch unerkannt. Anders lässt es sich nicht erklären, dass User dort mehr als 50 % ihrer Mediennutzungszeit verbringen, aber nur weniger als vier Prozent der Gesamtwerbebudgets für Westeuropa auf diesen Bereich entfallen. Ganze 4,5 Mrd. US$ von 115 Mrd. US$ Marketingausgaben in ganz Westeuropa werden auf Social/Messaging-Netzwerke verteilt.

Auch im Online-Vergleich ist dies wenig: Ca. zwölf Prozent der Online-Werbebudgets fallen auf Mobile- oder Social-Network-Marketing, aber bald zwei Drittel der Online-Nutzungszeit in Westeuropa (eMarketer 2015a, b).

Doch aufgepasst: Nahezu unbemerkt vom „klassischen Händler" bauen im Ökosystem der sozialen Messaging Apps innovative und schnell wachsende Wettbewerber völlig neue Geschäftsmodelle auf, die die Wertschöpfung in allen Handelsstufen schnell und massiv bedrohen. Dabei muss man beachten: Die globalen Social/Messaging-App-Führer kontrollieren nicht nur den Kundenzugang, sondern sie besitzen auch die Hoheit über sämtliche Werbekennzahlen und können den Zugang in „ihr Ökosystem" nach eigenen Spielregeln gewähren oder beenden (vgl. hierzu auch Abschn. 4).

Ein weiterer starker Trend ist derzeit die *Integration von „Content" und „Commerce"*. Das bedeutet, dass Inhalte, also Artikel, Bilder oder Videos, zunehmend „kauffähig" gemacht werden. Beispiele hierfür sind die direkt in das Facebook/Instagram-Ökosystem integrierten „Buy"- oder „Shop now"-Buttons. Sie ermöglichen den direkten Kauf der auf Artikeln, Bildern und Videos genannten oder gezeigten Produkte und Dienstleistungen, ohne dass der Nutzer das Facebook-Universum verlassen muss. Information, Kommunikation, Kauf, Bezahlung und Transaktion erfolgen komplett im geschlossenen Facebook-Messaging-System. Damit gibt es keine Notwendigkeit mehr, ins offene Internet oder auf Internetseiten von Händlern zu wechseln. Auch darauf werden Unternehmen reagieren müssen. Derzeit wirbt allerdings der Großteil der Händler nach wie vor nach altem Modell und versucht, vom schrumpfenden und teurer werdenden „Keyword-Suchkuchen" möglichst viel „Traffic" auf seine Seite zu leiten. Dies wird allerdings in naher Zukunft nicht mehr nachhaltig und profitabel möglich sein.

Gleichzeitig zur *massiven* Verschiebung im Hinblick auf das *Einstiegsverhalten* in den allgemeinen Online-Bereich hat sich eine weitere starke Veränderung bezüglich der Produktsuche ergeben: *„Two-thirds of product high-value searches – product searches – are happening on Amazon"* (Rey 2015). Das heißt: Was Facebook oder der Smartphone-Dienst WeChat für den „normalen" Einstieg geworden ist, sind Online-Universalkaufhäuser wie Amazon oder Alibaba für den Einstieg in die Produktsuche. Kunden haben mehr und mehr gelernt, dass sie bei beiden Anbietern eigentlich immer das gesuchte Produkt finden können, und kaufen es dann auch vermehrt dort. Die umfangreiche Suche über mehrere Händlerseiten entfällt zunehmend. In den USA schrumpft deswegen bereits der sogenannte „organische Such-Traffic" – also jener Traffic, der direkt auf die Webseiten der Händler führt, um zu prüfen, welche Artikel diese für den Kundenbedarf haben.

Zusammenfassend lässt sich also sagen: Dem Handel laufen die Kunden, die bisher im Laden gekauft haben, zum Online-Kanal weg. Für den stationären Handel geht dies mit sinkenden Produktivitäten bei gleichzeitig leicht steigenden Kosten pro Quadratmeter Ladenfläche einher. Gleichzeitig besteht aber die Notwendigkeit, in den Ausbau des Online- und Multi-Channel-Geschäfts zu investieren. Bei einer „Breakout-Session" auf dem deutschen Handelskongress 2014 wurde dies von dem Beratungsunternehmen BCG schon als „perfekter Sturm" bezeichnet: BCG zufolge werden für 2015 fast die Hälfte aller Handelskategorien in Deutschland eine negative operative Marge aufweisen (BCG/DHK 2014). Seitdem hat sich die Lage auf dem „Spielfeld" nochmals dramatisch verschlechtert. Bei der Online-Produktsuche zeigt das Beispiel der USA, dass Kunden immer schwerer im Netz zu erreichen sind, je größer und umfangreicher Amazon bzw. Alibaba werden. Dort, wo man sie bei allgemeiner, nicht direkt bedarfsdeckender Online-Aktivität erreichen könnte – also mobil und in einer „Social App" –, werben viele Unternehmen vorsichtshalber nicht. An Orten, an denen sie werben (Google Keyword), schrumpft der Online-Markt und wird zunehmend teurer. So verlieren Händler die Hoheit über den Kundenzugang, da dieser zunehmend in geschlossenen Messaging-Systemen/Apps abläuft.

Die Entwicklung geht aber noch weiter: Bereits in ein bis zwei Jahren werden Smartphones der neuen Generation auf den Markt kommen und weitere Herausforderungen an Händler stellen, was Analytik- und Business-Intelligence-Kapazitäten betrifft. Die neue Smartphone-Generation wird viel mehr Sensoren besitzen, über die verschiedenste Daten zum Beispiel zu Geoposition, Kaufgewohnheiten und zur aktuellen Gemütslage gemessen, kombiniert und ausgewertet werden können. Dieses Smartphone ist ein kleiner Roboter ohne Arme und Beine, der seinen Nutzer bei allem, was dieser tut, begleitet. Er wird nicht nur die Inhalte dessen verstehen, was man ihm mitteilt, sondern auch wissen, was damit gemeint ist. Er wird die Gemütslage seines Nutzers interpretieren können und seine Vorschläge danach variieren.

Genau damit kommen wir in eine *dritte Phase des Einstiegs ins Internet:* Der Smartphone-Roboter wird zum persönlichen Assistenten des Nutzers. Statt wie in der Vergangenheit über die Eingabe per schriftlichen Bildschirmbefehl wird der Eintritt durch Sprache gesteuert erfolgen.

Die Vorboten dieses Wandels können wir schon jetzt beobachten. Alle für die „Zukunft des Handels" bedeutsamen Internetunternehmen reagieren bereits auf diese Entwicklung: *Apples* „Siri" funktioniert in der Spracherkennung mittlerweile so einwandfrei, dass die Verständnisprobleme aus den „Kindertagen" größtenteils überwunden sind. Sowohl Apple als auch Samsung haben in 2015 Patente angemeldet, die Bildschirmen ermöglichen, die neueste Generation der Hologramme auf Leia-Basis darzustellen – wie sie zum Beispiel die Firma US Hologram einsetzt, um Konzerte mit verstorbenen Stars aufzuführen (Moorstedt 2016). Mit absolut authentisch wirkenden, scheinbar greifbaren Bildern und Personen, die vor dem Betrachter in der Luft schweben. Der Vorteil der Technik besteht darin, dass sie weder Spiegelreflexionen noch unhandliche 3-D-Brillen benötigt. Die Technik steht unmittelbar vor der Smartphone-Serienreife, so sind Entwicklerversionen schon verfügbar. Diese Technik kann nicht nur die Videotechnologie revolutionieren, sondern auch die Möglichkeiten des Handels. Der Verkäufer kann also real beim Kunden im Wohnzimmer stehen und ein virtuelles Möbelstück in der Wohnung des Kunden zur Ansicht drapieren.

Google bietet mit Google now einen persönliche Assistenten im Smartphone zur Orientierung in allen Alltagssituationen: auf der Straße, im Kalender, bei der Markensuche. Heute liefert dieser Assistent noch ausschließlich Informationen. In der angekündigten nächsten Version hilft er auch beim Shopping. Dabei werden Position, Suchverhalten, Kaufverhalten und soziodemografische Informationen aus der Nutzung anderer Android Apps herangezogen und algorithmisch in Produkt- und Dienstleistungsempfehlungen entsprechend der Lage des Nutzers umgesetzt.

Des Weiteren werden schon im Sommer 2016 erste Smartphones herauskommen, die die neue Google-Technologie „Tango" einsetzen können. Tango-Smartphones beherrschen Tiefenwahrnehmung und erkennen – wie wir Menschen – Objekte in drei Dimensionen. Das Smartphone mit Tango-Technologie wird damit in der Lage sein, sich Orte zu merken, sie wiederzuerkennen und kann helfen, uns durch dreidimensionale Räume zu navigieren oder Objekte in Räumen in Echtzeit dreidimensional darzustellen. Handelsspezifische Anwendungen könnten demzufolge zum Beispiel das virtuelle Stellen von Möbeln in der eigenen Wohnung sein, das Erkennen sowie Navigieren zu Angeboten in Shoppingcentern und den exakten Regalen, in denen diese stehen (Drees 2016). Ein Vorreiter dieser Technologie ist *Amazon.* Das Unternehmen hat in 2015 mit „Echo" einen vernetzten Lautsprecher samt virtueller Sprachassistentin Alexa in den USA auf den Markt gebracht. „Echo" wird in der Wohnung aufgestellt, ist immer angeschaltet, immer aufnahmebereit, speichert alles Gesagte und führt Befehle aus: Er kann Musik abspielen, Auskunft geben, das Licht ausschalten, alte Gespräche wiedergeben, einen vor drei Wochen gesehenen Film heraussuchen – und einkaufen!

Auch *Tencent* und *Facebook* treiben die „Content-Commerce-Integration" in ihren Ökosystemen immer weiter voran. Bei WeChat reicht es bereits, einen Artikel zu fotografieren oder dessen Namen zu nennen. In einem Vorgang und binnen zehn bis zwölf Sekunden vom Einstieg bis zur Bezahlung und Übermittlung von Lieferdetails schließt der Interessent dann den Kauf ab – ohne jemals die App verlassen zu müssen.

Bestimmte Online-Anschaffungen erfolgen zunehmend habitualisiert und automatisiert nach den persönlichen Nutzungsrhythmen des Kunden. Für sogenannte „Fast Moving Consumer Goods" wie Waschpulver, Windeln und Shampoo genügt bei Amazon ein einfacher Klick auf den „Dash-Button", und das entsprechende Produkt wird mit Amazon Prime noch am selben Tag geliefert. Dabei handelt es sich bei dem „Dash-Button" um einen physischen Knopf mit einer Artikelbezeichnung, den man zum Beispiel einfach neben die Waschmaschine klebt: Wann immer das Waschpulver zur Neige geht, reicht ein simpler Druck auf den Dash-Button und eine Bestellung für das Produkt zur Adresse des Nutzers wird automatisch ausgelöst. Dash-Buttons gibt es mittlerweile für viele hundert Produkte des täglichen Bedarfs. Wenn ein Nutzer den „Dash-Button" einige Wochen in Folge verwendet, ermittelt Amazon dann die jeweilige Verbrauchsroutine, sodass die Artikel automatisch dem tatsächlichen Verbrauch entsprechend wie von Geisterhand bestellt werden können. Im Kalender eingestellte Urlaubszeiten berücksichtigt die Technik selbstverständlich.

Zusammenfassung und Fazit

Die Zukunft des Handels besteht nicht in der Weiterentwicklung der uns bekannten Handelsformate und Handelsgeschäftsmodelle. Handelsunternehmen müssen sich also schon heute überlegen, wie sie dort präsent sein können, wo in Zukunft gehandelt wird: nämlich in Apps und in Messaging-Diensten, in denen wir schon heute drei bis vier Stunden am Tag verbringen. Gleichsam wird der Smartphone-Assistent zum wichtigsten Geschäftspartner, der über Sprache gesteuert wird und uns der jeweiligen Geo-, Gemüts- und Vermögenslage entsprechend passende Waren aus globalen Handelsplattformen oder vom Shop um die Ecke automatisch zusteuert. Unternehmen, die dies nicht tun, werden absehbar unprofitabel und marginalisiert sein. Der folgende Abschnitt zeigt auf, welche globalen Unternehmen bei der Ausprägung der Zukunft des Handels eine größere Rolle spielen könnten und wie diese aussieht.

4   Globale Wettbewerbsdynamik

Uber, die weltgrößte Taxifirma, besitzt keine Autos. Facebook, das am meisten genutzte Kommunikationsmedium, erstellt keine Inhalte. Alibaba, der global größte Händler, hat keine Waren. Airbnb, der marktführende Anbieter von Unterkünften, hat nicht eine einzige Immobilie (Goodwin 2015). Derzeit gibt es Bestrebungen, die weltweit größte Logistikfirma aufzubauen, natürlich ohne Zusteller und Zustellfahrzeuge. Auch die weltgrößte Bank ist im Entstehen, selbstverständlich ohne Filialen. Das geht – und zwar mit disruptiven Geschäftsmodellen, die grenzenlos agieren. Entscheidend bei diesen Geschäftsmodellen ist die Kontrolle der Kundenzugänge. Es geht also zuerst darum, den Kundenzugang in einer Dienstleistungs- oder Produktkategorie zu besetzen, indem man Konsumenten ein eigenes, häufig frequentiertes Nutzungsuniversum bietet. Der Gedanke dahinter ist, dass andere Akteure (Hersteller, Händler, Einzelpersonen oder der „Schwarm" – also die Gesamtheit aller Online-Nutzer sich selbst organisierend) dem Kunden in diesem Universum Produkte und Dienstleistungen anbieten. Und zwar ausschließlich solche, die der Kontrolleur des Kundenzugangs dort präsentiert wissen will. Statt kapitalintensive Güter und Produkte einzukaufen und zu verkaufen oder zu vermieten, werden bei diesen Geschäftsmodellen die „Schaltstellen" zu den Kunden besetzt. Wenn die App eines Unternehmens alle Bank- und Finanzdaten aggregiert, dann entscheidet der App-Anbieter, was dem Kunden bei der App-Nutzung angezeigt wird – und nicht mehr die Hausbank. Deswegen beschreibt TechCrunch, ein Online-Nachrichtenportal für Technologie- und Internetunternehmen, die Kernaufgabe für alle Geschäftsmodelle in diesem Jahrzehnt so: *„The battle is for the customer interface"* (Goodwin 2015).

Was bedeutet diese Entwicklung zusammen mit der Veränderung der Mediennutzung und der dritten Phase des Einstiegs von Kunden ins Internet für den Handel und seine Zukunft? Je häufiger der Einstieg über geschlossene Ökosysteme erfolgt, die relevante Ergebnisse für die Produktsuche beisteuern, die Impulskäufe auslösen, Kaufinspiration liefern und die die multidimensionale Befindlichkeit des Nutzers berücksichtigen (zum Beispiel seine Geoposition, seine sozialen Merkmale, seine Interessen oder seine Gemütslage), desto häufiger entfällt die klassische Kuratierungs- und Wareninszenierungsfunktion des Handels. Kunden werden zunehmend online und automatisiert einkaufen. Sie „stehlen" dem Handel die so wichtige Stationärfrequenz. Wie schon dargelegt, wird bei leicht steigenden Kosten durch Mieten und Personal die Flächenproduktivität im Handel weiter sinken und die Wirtschaftlichkeit vieler Handelskonzepte massiv bedrohen. Die gesamte Integrität des stationären Handels wird damit schon in wenigen Jahren auf der Kippe stehen. Eine Einkaufsstraße und ein Handelsstandort funktionieren durch sich gegenseitig bedingende Frequenz. Man besucht diese, weil man dort Produkte und Leistungen in vielen Warenkategorien findet. Sinkt die Frequenz und fallen dann noch sogenannte „Ankerfrequenzbringer" wie zum Beispiel Warenhäuser wie Karstadt und Kaufhof an einem Standort aus, wird die Einkaufsstraße unattraktiv. Sie verliert überproportional an Strahlkraft, bis alle Händler vor Ort aufgeben müssen.

Gleichzeitig erkennen die Kunden den Mehrwert der Handelsfunktion des stationären Handels immer weniger an, wenn Online-Konzepte bessere Convenience, Erlebnisse und Kaufmöglichkeiten bieten, und zwar dort, wo man sich sowieso gerade bewegt – im geschlossenen Ökosystem des eigenen Smartphone-Assistenten. Der Handel wird also nicht nur sein Geschäftsmodell digitalisieren, sondern sein *Geschäftsmodell wesentlich oder vollständig verändern müssen,* um an der „Zukunft des Handels" überhaupt teilzuhaben.

Wer sind nun die Firmen, die die Zukunft des Handels online maßgeblich prägen werden? Sie lassen sich unter dem Kürzel „GAFATA" zusammenfassen. Es handelt sich um die sechs Unternehmen Google, Apple, Facebook, Amazon, Tencent und Alibaba. GAFATA sind so dominierend, dass ihre gemeinsame Marktkapitalisierung fast zwei Billionen US-Dollar beträgt. Als Volkswirtschaft wären sie die zehntgrößte der Welt mit einer Wirtschaftsleistung, die mit der von Russland oder Kanada vergleichbar wäre. Die Marktkapitalisierung pro Mitarbeiter beläuft sich dabei auf mehr als fünf Millionen US-Dollar. Zum Vergleich: Eine der größten deutschen Handelsgruppen, die Metro, hatte per Januar 2016 eine Marktkapitalisierung von etwa zehn Milliarden US-Dollar mit 300.000 Mitarbeitern, während Alibaba mit etwa einem Zehntel der Mitarbeiter auf eine 20-fache Marktkapitalisierung von 200 Mrd. US$ kommt. Ein Alibaba-Mitarbeiter wird also mit der 200-fachen Wertschöpfung eines Metro-Mitarbeiters bewertet.

Was alle GAFATA-Firmen eint, ist zunächst einmal ihr weltweiter Anspruch und ihr Versuch, den „*battle for the customer interface*" – also den primären Kundenzugang – zu gewinnen. Sie wollen ein Ökosystem schaffen, das der Nutzer möglichst nicht mehr verlässt. Weiterhin versuchen die genannten Unternehmen, die Integration von „Content und Commerce" – also die Verbindung von unterhaltenden Inhalten mit inspirierenden Transaktionsoptionen – immer weiter voranzutreiben. Dabei setzen sie zunehmend auf regulatorische Daten-, Analyse- und Zugangsstandards, mit denen die staatliche Kontrolle umgangen werden kann, die aber die Rahmenbedingungen für die „Zukunft des Handels" massiv prägen. Facebook, Apple und Google etwa entziehen sich seit Jahren erfolgreich nationalen Datenschutzgesetzen. Andere Unternehmen versuchen gleich die internationale Handelsregulatorik aktiv zu verändern: So fördert Alibaba derzeit in vielen bilateralen Gesprächen mit Regierungen die Bedingungen für ein „WTO 2.0 small business" – ein Welthandelsabkommen für internationalen Handel für kleinere Unternehmen – und richtet die eigene Plattform natürlich optimal darauf aus (Smith, R. 2015). Trotz dieser Gemeinsamkeiten unterscheiden sich die GAFATA-Unternehmen aber in ihren Einzelstrategien und Ausgangslagen:

Google zum Beispiel dominiert die Suche im offenen Internet in vielen Ländern. Das Google-Mobile-Betriebssystem Android ist eines der erfolgreichsten Smartphone-Betriebssysteme weltweit. Im Februar 2015 waren laut Statistik ca. 1,4 Mio. Android Apps im Google Store verfügbar. Das Unternehmen besitzt mit der Google, Google Maps und YouTube App drei der meistgenutzten Smartphone Apps überhaupt. YouTube als Google-Tochter ist die erfolgreichste mobile Inhaltsplattform. Diese spricht überproportional viele junge Konsumenten an.

Apple hat mit dem iPhone einen Marktanteil von 15 bis 20 % am globalen Smartphone-Markt. Bis Ende 2015 wurden ca. 900 Mio. iPhones verkauft. Bei den kaufkraftstärksten Kunden hat Apple weltweit sogar den höchsten Marktanteil. Dabei schafft das Apple-eigene Betriebssystem iOS zusammen mit iTunes und dem Apple App Store mit ebenfalls 1,4 Mio. Apps ein eigenes digitales Ökosystem (Statista 2015). Viele Daten und Informationen des iTunes Store sind nicht kompatibel mit anderen Betriebssystemen oder können durch ein Apple-eigenes digitales Rechtemanagement nicht oder nur begrenzt außerhalb des Apple-Universums benutzt werden. Auch kontrolliert Apple die eingestellten Apps im Apple App Store. Das Unternehmen versucht massiv, den Kundenzugang zu kontrollieren und gewährt sich erhebliche Rechte, alle Aktivitäten des Nutzers auf dem iPhone auszuwerten und kommerziell zu nutzen.

Die vier weltweit am meisten genutzten Apps heißen Facebook, WhatsApp, Messenger und Instagram und sie haben alle etwas gemeinsam: Sie gehören zu *Facebook*. Um es mit Hugues Rey von der Havas Media Group auszudrücken: *„Facebook has relationships with 2.4 billion users. The Roman Catholic Church 1.2 billion. Facebook has more relationships on the planet than God"* (Rey 2015). Wenn hierzulande teilweise über die abnehmende Bedeutung von Facebook gesprochen wird, darf daran erheblich gezweifelt werden. WhatsApp und Instagram sind von den Top 10 Apps diejenigen, die weltweit am schnellsten wachsen. Und Facebook hat in der EU einen Marktanteil von 90 % an den genutzten sozialen Netzwerken. Das gleiche Bild ergibt sich, wenn man sich die tägliche Online-Nutzung weltweit anschaut: Auch hier stehen ganz vorne Facebook und Instagram mit jeweils 70 beziehungsweise 49 % täglicher Nutzung (Pew Research Center 2014). Wenn außerdem berücksichtigt wird, dass Nutzer ca. drei Viertel ihrer App-Zeit nur in ihren Top 3 Apps verbringen, dann wird deutlich, wie massiv Facebook den mobilen Internetzugang dominiert.

Daraus ergibt sich: Wer zukünftig werben will, muss sich um den Zugang ins Facebook-Ökosystem bemühen oder seine Marketingaufwendungen werden marginalisiert. Dabei kontrolliert Facebook sein Ökosystem massiv, erfasst und speichert alle digitalen Bewegungen des Kunden im Facebook-Universum. Facebook hat Kontrolle über seine eigenen Vermarktungskennzahlen und lässt nur wenige Facebook-zertifizierte Vermarkter in sein Ökosystem bzw. etabliert überall Facebook-eigene Vermarkter. Damit steuert das Unternehmen den Kundenzugang. Je besser die Algorithmen werden, desto besser wird die Passgenauigkeit der Werbung und desto geringer die Reichweitenverluste.

Auf den ersten Blick wirken *Amazon* und *Alibaba* wie sehr ähnliche Geschäftsmodelle, auf den zweiten Blick ergeben sich Unterschiede. Vereinfacht lässt sich Alibaba als ein reiner Plattformbetreiber bezeichnen. Das Unternehmen kauft und verkauft also keine Ware auf eigenes Risiko und unterhält damit anders als Amazon keine teuren Lager, bietet keinen Kundenservice und muss sich nicht um die Verschiffung der Produkte kümmern. Dies erklärt, warum Amazon mehr als 200.000 Mitarbeiter beschäftigt, Alibaba aber nur ca. ein Siebtel davon. Amazon erwirtschaftet schon fast die Hälfte seines Umsatzes international, Alibaba hingegen erst rund zehn Prozent (brand eins 2015).

So war es die Strategie des Unternehmens, erst den Heimatmarkt zu dominieren, der immer noch massiv wächst und in dem Alibaba mittlerweile 500 Mio. Nutzer hat. Allein im Jahr 2015 betrug das Handelsvolumen auf der Alibaba-Plattform ca. 350 Mrd. US$. Am sogenannten „Single's Day" – am 11. November 2015 – wurden binnen eines Tages etwa 15 Mrd. US$ Handelsvolumen auf Alibaba generiert, dies entspricht ca. 500 Mio. Transaktionen. Mit einer globalen Strategie soll nun das Handelsvolumen der sogenannten „Cross Border Trades" des Unternehmens binnen zwei bis drei Jahren auf über 150 Mrd. US$ springen und den Auslandsanteil damit auf 20 % bringen, wie Brian A. Wang, CEO Office/Special Assistant to the Chairman of Alibaba, im Oktober 2015 bei einem Besuch der dgroup im Alibaba Headquarter betonte.

Amazon und Alibaba agieren disruptiv, das heißt, sie nutzen ihre Kundenzugänge dazu, in neue Branchen einzusteigen. Beide Unternehmen sind damit binnen weniger Jahre zu den größten Cloudservice-Anbietern weltweit geworden. Alibaba besitzt zudem mit Alipay (vergleichbar mit Paypal) das wichtigste Online-Bezahlsystem in China. 50 % aller Online-Bezahlungen und 80 % der mobilen Bezahlungen werden in China über Alipay abgewickelt (Smith, C. 2015). Die Bezahlinformationen und weitere Kennzahlen nutzte Alibaba bereits, um in das Privatkundenbankgeschäft in China einzusteigen. Auf Basis des Kreditvolumens stieg das Unternehmen binnen Jahresfrist zu den größten Privatkundenbanken Chinas auf. Amazon offeriert seinen Kunden einen „Prime-Service", der kostenlosen und schnelleren Versand sowie unentgeltlich Video-on-Demand bietet. Das Unternehmen reinvestiert nahezu alle Gewinne in die Verbesserung des Kundenservices und der Kundenbindung. Durch diese disruptive Strategie gelingt es, die Kauffrequenz der Konsumenten stetig zu erhöhen und in weitere Warenkategorien zu lenken. Es wird erwartet, dass Amazon oder Alibaba massiv in Internationalisierung und „Cross Border Trade" investieren und in den nächsten drei Jahren als erste Firmen weltweit mehr als eine Billion US-Dollar Handelsvolumen in einem Jahr über ihre Plattformen umsetzen. Dies wird den Handel in vielen weiteren Warenkategorien so nachhaltig verändern, wie dies bereits im Verkauf von Büchern, Elektronikware und Kleidung der Fall ist.

Tencent ist vereinfacht gesprochen das asiatische Facebook. 50 % der Chinesen nutzen die Tencent Messaging/Social App WeChat als ihre App Nummer 1. WeChat hat 600 Mio. chinesische und 1,2 Mrd. weltweite Nutzer (Freier 2015). Dabei ist die Entwicklung eines allumfassenden Messaging-Services, der die komplette Verschmelzung von Content und Commerce in einem proprietären Ökosystem abbildet, in China am weitesten fortgeschritten. Andreessen Horowitz, eines der einflussreichsten US-Risikokapitalgeberunternehmen im Online-Bereich, beschreibt das WeChat-Universum wie folgt: *„The pioneering model of ‚apps within an app'. Millions of lightweight apps live inside WeChat, much like webpages live on the internet. This makes WeChat more like a browser for mobile websites, or, arguably, a mobile operating system – complete with its own proprietary app store"* (Chan 2015).

Von der Echtzeit-Beobachtung des Kindes im Kindergarten über den Kauf und die Bezahlung nahezu jedes in China erwerbbaren Produktes bis hin zu allen Bank- und

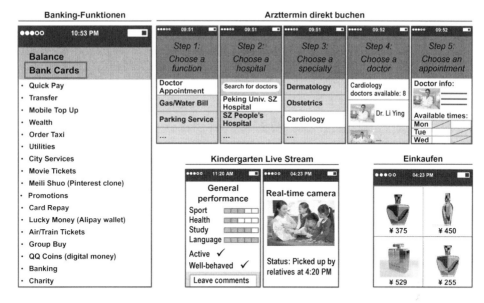

Abb. 2 Verfremdete Darstellung der WeChat-Funktionalitäten. (Quelle: eigene Darstellung)

Finanzdienstleistungen sowie der Anmeldung beim Arzt – alles läuft nahtlos im WeChat-Messaging-Service, ohne dass das Tencent-Universum auch nur einmal verlassen werden müsste (vgl. Abb. 2).

Zusammenfassung und Fazit

Die GAFATA-Unternehmen besetzen den weltweiten digitalen Online-Einstieg und kontrollieren den Kundenzugang. Sie schaffen proprietäre, geschlossene digitale Ökosysteme, in denen nur handeln darf, wer die Logik des jeweiligen Unternehmens kennt und sich den Regeln des Unternehmens unterwirft. Geschäftsmodelle, die in der Zukunft des Handels erfolgreich sein wollen, verstehen diese Ökosysteme und nutzen sie optimal für sich. Dabei lassen sich neuartige Handelsmodelle – wie Wish (vgl. Abschn. 5) – etablieren, die binnen kürzester Frist eine globale Kundschaft erreichen und innerhalb von drei Jahren Umsätze und eine Marktkapitalisierung erreichen können, für die frühere Handelsunternehmen hundert Jahre benötigten. Der neue Wettbewerb des Handels kommt also aus einer völlig anderen Richtung, als man ihn erwarten mag, und er wird sich nicht – wie derzeit noch bei Amazon – über mehrere Jahre im Benchmarking beobachten lassen: Weil es den zu beobachtenden neuen Wettbewerber heute noch gar nicht gibt und mitunter erst heute oder morgen ein Geschäftsmodell entwickelt wird, das in 2017 wertvoller ist als das derzeit größte deutsche Handelsunternehmen.

5   Gestaltung der Zukunft des Handels

Führt man sich noch einmal das gesamte Bild vor Augen, erkennt man die Mammutaufgabe, die dem Handel in kürzester Zeit bevorsteht: Er muss Prozesse in exponentieller statt linearer Geschwindigkeit automatisieren und auf Kosteneffizienz trimmen, dabei gleichzeitig immer mehr Service zu null Grenzkosten anbieten. Es gilt, sich am besten und schnellsten grundlegend neu zu erfinden, denn eine „Monsterwelle" rollt auf die Händler zu: Die weiter zu erwartende, anhaltende Online-Abwanderung junger und kaufkraftstarker Kundengruppen verschärft den Rückgang der Flächenproduktivitäten, führt zu negativen operativen Margen in vielen Handelskonzepten und bedroht durch die Aufgabe von Frequenzankern auch die wirtschaftliche Überlebensfähigkeit anderer Stationärhandelsmodelle. Gleichzeitig wandern Konsumenten immer mehr in geschlossene digitale Ökosysteme ab, Content- und Commerce-Integration befördert zunehmend Warenkäufe außerhalb von klassischen Handelskonzepten und Produktsuchen konzentrieren sich immer mehr auf globale Warenuniversalisten wie Amazon oder Alibaba. Gleichzeitig verpufft klassisches (Online-)Marketing zusehends, da es an Orten wirbt, in denen sich Kernzielgruppen kaum noch aufhalten. Es gelingt also immer weniger, gute Online-Kompetenz und einen eigenen Online-Shop aufzubauen und digitale Kunden auf diesen zu lenken.

Doch ist die drohende Gefahr der digitalen Disruption im Bewusstsein der Handelsunternehmen schon angekommen? Hank Lucas (2013) erklärte in „Surviving Disruptive Technologies" sehr plastisch, dass sich viel zu viele Unternehmen der Branche immer noch in allzu trügerischer Sicherheit wähnen. Anhand der Beispiele von Blockbuster (größte US-Videothekenkette) und Borders (zweitgrößte US-Buchhandelskette) wird jedoch deutlich, wie schnell selbst große und profitable Geschäftsmodelle durch völlig neue digitale Konzepte (in diesem Fall von Netflix und Amazon) komplett ersetzt werden konnten. Wie anfällig etablierte Unternehmen für technologische Disruptionen sind, kann man auch für viele der deutschen Handelsunternehmen durchspielen. So steht Karstadt und Kaufhof wegen der ruhmreichen Vergangenheit immer noch die Warenhausdenke im Weg, Media Saturn das Denken in stationär geführten Fachmärkten, Hugendubel das Denken in physischen Büchern, Görtz und Modemarken mit breitem, eigenen Shop-Netz wie Esprit und s.Oliver das Denken in physischen Shops.

Einige Handelsunternehmen freuen sich noch über den vermeintlichen Erfolg ihrer Online-Aktivitäten und wähnen damit die „digitale Transformation" hinter sich. Andere wollen einfach nicht wahrhaben, dass ein kostengünstigeres Modell in den Markt drängt und beruhigen sich mit einem „Diese Modeerscheinung wird schon wieder vorbeigehen". Häufig sind es genau diese Faktoren, die geradewegs ins Verderben führen: die mangelnde Vorstellungskraft, die fehlende Erfahrung mit den neuen digitalen Ökosystemen oder das nicht vorhandene Verständnis der vielfach über 45-jährigen Führungskräfte für diese. Bislang waren Transformationsprojekte im Handel stets von den folgenden fünf Säulen geprägt: Formatinnovationen, operative Exzellenz, intelligenter

Wareneinsatz, Konzentration auf Bestkunden und Commitment des Management. Doch mit der Konzentration auf diese Säulen wird sich das eigene Handelsmodell diesmal nicht retten lassen, weil die extrem kurzfristige und enorme Veränderung der Kunden- und Werbelandschaft damit nicht erfasst wird.

Für den Handel gibt es in dieser Situation nur zwei Möglichkeiten, auf disruptive technologische Umwälzungen, verändertes Kundenverhalten und die neuen Spielregeln der GAFATA zu reagieren: Unternehmen können ihr *Geschäftsmodell „morphen"*, das heißt den neuen Gegebenheiten radikal anpassen, *oder ihr bestehendes Geschäft aufgeben* und ein zeitgemäßes, *alternatives Geschäftsmodell entwickeln* (Lucas 2013).

Dabei geht die Veränderung selbst beim „Morphen" des Geschäftsmodells weit über das bisherige Maß des digitalen Wandels hinaus, dem die Unternehmen bisher unterworfen waren. Viele Stellen und Funktionen fallen in der Zukunft des Handels weg. Einkäufer, Verkäufer, Kassierer, Zusteller – sie alle werden in viel geringerer Zahl als heutzutage benötigt. Ihre Jobs werden abgebaut oder durch neue, schlechter bezahlte Tätigkeiten ersetzt. Einige wenige, sehr gut bezahlte Spezialisten dagegen sind notwendig, um Schnittstellen und Analytik in weltweiten digitalen Ökosystemen sicherzustellen und Kunden die Produkte und Leistungen genau zum richtigen Zeitpunkt zuzusteuern.

Ein gutes Beispiel für den Versuch, das eigene Handelsmodell massiv zu verändern und auf die neuen Spielregeln zu reagieren, stellt die Collins-Aktivität der Otto-Gruppe dar. Mit einem hohen dreistelligen Millionenbetrag wurde ein völlig verändertes, vertikales Handelsgeschäftsmodell im Bereich „Mode, Home & Living" für die junge Zielgruppe gestartet. Die Erkenntnisse zu „Content-Commerce-Integration" sind darin konsequent umgesetzt. Das neue Geschäftsmodell wurde erfolgreich in die GAFATA-Ökosysteme integriert: Klassische Online-Marketingwege hat man gemieden.

Aber auch die zweite Option auf die Dynamiken zu reagieren – nämlich der zunächst absurde Gedanke, *sein Geschäftsmodell aufzugeben und ein völlig neues Modell zu erfinden,* erscheint vielversprechend. Noch nie wurden die Rahmenbedingungen und das Kunden- und Mediennutzungsverhalten so radikal durcheinandergewirbelt wie in den letzten zwei Jahren. Noch nie war es so einfach, eine weltweite Kundschaft zu erreichen. Noch nie war der alte Handelswettbewerb so wenig erfahren in dem neuen Umfeld wie heute. Das ermöglicht innerhalb kürzester Zeit den Aufbau neuer Handelsmodelle mit gigantischer Marktkapitalisierung.

So hat die Smartphone App Wish erst 2013 auf ein Handelsmodell umgeschwenkt, das vor allem in Smartphone-Umgebungen läuft und die Nutzer bei kurzen Aufmerksamkeitsspannen mit konsequenter „Content-Commerce-Integration" bei Laune hält. Wish verknüpft Käufer direkt mit chinesischen Herstellern und ermöglicht so besonders günstige Endkundenpreise. Gleichzeitig nutzt Wish die Werbemöglichkeiten des Facebook-Universums aus und hat sein Marketing den veränderten Mediennutzungsverhalten der User so konsequent angepasst wie kein anderes Unternehmen. So erläutert Jason Del Rey von re/code (2015) die disruptive Kraft von Wish im Marketing wie folgt: „Wish spends around $100 million a year on Facebook ads and was the No. 1 app advertiser on both Facebook and Instagram […]. The company believed shopping on phones was the future of e-commerce and felt that its personalization algorithms were better than most retailers' and that it could retain customers more effectively through push notifications than traditional retailers have with email".

Es mag sich größenwahnsinnig anhören, wenn der CEO von Wish, Peter Szulczewski, nach zwei Jahren als Händler sagt, dass sein Unternehmen als zweiter oder dritter Marktplatz – nach Alibaba und/oder Amazon – ein weltweites Handelsvolumen von 1000 Mrd. US\$ erreichen wird (Del Rey 2015). Doch niemand lacht. Stattdessen geben sowohl Amazon als auch der chinesische Herausforderer Alibaba ein erstaunliches Gebot für Wish ab: Zehn Milliarden US-Dollar ist ihnen das Unternehmen, das erst zwei Jahre als Händler am Markt ist, wert. Das entspricht der Marktkapitalisierung von Metro. Doch der Gründer von Wish – Peter Szulczewski – ist offenbar nicht bereit, zu diesem Preis zu verkaufen (Shontell 2015).

Es scheint also, als wenn die „Zukunft des Handels" tatsächlich eine Neuerfindung des Handels benötigt und noch nie da gewesene globale Chancen bietet.

Zusammenfassung und Fazit
Solange man wie derzeit nur eine massive Veränderung des Umfelds sieht, aber noch keinen gefährlichen Wettbewerb, können Unternehmen versuchen, ihr Geschäftsmodell zu morphen. Die Tatsache, dass es eine Firma wie Wish mit einem Handelsmodell in nur zwei Jahren schaffte, die Metro an Marktkapitalisierung zu überholen, zeigt jedoch: Es besteht jetzt jederzeit und immer die Gefahr, dass das eigene Geschäftsmodell bedroht ist. Selbst etablierte Händler müssen also ständig den Markt beobachten und sich fragen: Wie kann ich meine Firma so agilisieren, dass sie mit den zu erwartenden Veränderungen Schritt hält – und das bei massiv erhöhter Innovationsgeschwindigkeit? Vielfach zeigt sich, dass ein Neustart schneller und erfolgreicher gelingt als ein massiver Umbau aller Geschäftsstrukturen. Doch lassen sich die erforderlichen Budgets für einen weltweiten Neustart bei börsennotierten Unternehmen in der heutigen Zeit kaum noch durchsetzen. Oder wie viele andere Handelsunternehmen würden – wie Otto – der Neugründung Collins ein höheres dreistelliges Millionenbudget zubilligen? Neue, überraschende Antworten und ein wirkliches Umdenken im Kopf werden bei vielen Handelsvorständen erforderlich sein. Viele etablierte Handelsmodelle werden den neuen digitalen und globalen Wettbewerb wohl nicht überleben.

Literatur

BCG/DHK. (2014). Breakout Session BCG vom 19.11.2014. https://twitter.com/UWO2Go. Zugegriffen: 21. März 2016.
Bower, J. L., & Christensen, C. M. (1995). Disruptive technologies. Catching the wave. *Harvard Business Review, 69*, 19–45.
brandeins. (2015). Alibaba Geschäftsbericht. Märchenstunde. www.brandeins.de/archiv/2015/fuehrung/blick-in-die-bilanz-alibaba/. Zugegriffen: 21. Jan. 2016.
Brynjolfsson, E., & McAffee, A. (2014). *The Second Machine Age. Wie die nächste digitale Revolution unser aller Leben verändern wird.* Kulmbach: Plassen.

Chan, C. (2015). When one app rules them all: The case of wechat and mobile in China. http://a16z.com/2015/08/06/wechat-china-mobile-first/. Zugegriffen: 21. Jan. 2016.

Del Rey, J. (2015). Meet Wish, the $3 billion App that could be the next Walmart. re/code. http://recode.net/2015/12/28/meet-wish-the-3-billion-app-that-could-be-the-next-walmart/. Zugegriffen: 21. Jan. 2016.

Drees, C. (2016). Lenovo und Google: Project Tango Smartphone kommt noch 2016. MobileGeeks. www.mobilegeeks.de/news/lenovo-und-google-project-tango-smartphone-kommt-noch-2016/. Zugegriffen: 21. Jan. 2016.

eMarketer. (2015a). Social network ad spending to hit $23.68 billion worldwide in 2015. www.emarketer.com/Article/Social-Network-Ad-Spending-Hit-2368-Billion-Worldwide-2015/1012357. Zugegriffen: 21. Jan. 2016.

eMarketer. (2015b). Western Europe digital ad spending: Display and mobile remain key drivers of regional growth. https://www.emarketer.com/coverage/westerneurope. Zugegriffen: 12. Febr. 2016.

Freier, A. (2015). WeChat revenue and statistics. Business of apps. www.businessofapps.com/wechat-revenue-and-statistics/. Zugegriffen: 21. Jan. 2016.

Goodwin, T. (2015). The battle is for the customer interface. TechCrunch. www.mobilegeeks.de/news/lenovo-und-google-project-tango-smartphone-kommt-noch-2016/. Zugegriffen: 21. Jan. 2016.

Kaiser, T. (2015). Maschinen könnten 18 Millionen Arbeitnehmer verdrängen. Die Welt. www.welt.de/wirtschaft/article140401411/Maschinen-koennten-18-Millionen-Arbeitnehmer-verdraengen.html. Zugegriffen: 21. Jan. 2016.

Lucas, H. (2013). Surviving disruptive technologies. http://excitingcommerce.de/2013/03/30/neue-kurse-surviving-disruptive-technologies-und-complexity. Zugegriffen: 21. März 2016.

Luthra, R. (2015). Analysis of internet trends 2015. LinkedIn. www.linkedin.com/pulse/analysis-internet-trends-2015-rajan-luthra. Zugegriffen: 21. Jan. 2016.

Meeker, M. (2015). Internet trends 2015 – code conference. www.kpcb.com/InternetTrends. Zugegriffen: 21. Jan. 2016.

Moorstedt, M. (2016). So gut wie echt. Focus Online. www.focus.de/digital/multimedia/technik-so-gut-wie-echt_id_5180689.html. Zugegriffen: 21. Jan. 2016.

Pew Research Center. (2014). Internet project september combined omnibus survey, 11.–14. September 2014.

Rey, H. (2015). GAFA: The future of Amazon, Apple, Facebook and Google – Forbes (Steve Dening). https://huguesrey.wordpress.com/2015/06/08/gafa-the-future-of-amazon-apple-facebook-and-google-forbes-steve-dening/. Zugegriffen: 21. Jan. 2016.

Rosoff, M. (2015). Smartphone users spend almost all their time in their 3 favorite apps. Business Insider. www.businessinsider.com/smartphone-users-strongly-favor-their-favorite-apps-2015-9. Zugegriffen: 21. Jan. 2016.

Shontell, A. (2015). Amazon and Alibaba have approached 5-year-old startup Wish, but the CEO seems to want more than $10 billion. Business Insider. www.businessinsider.de/wish-rumored-to-reject-acquisition-offers-from-amazon-and-alibaba-2015-11?r=US&IR=T. Zugegriffen: 21. Jan. 2016.

Smith, C. (2015). By the numbers: 20 crazy alipay statistics. http://expandedramblings.com/index.php/alipay-statistics/. Zugegriffen: 21. Jan. 2016.

Smith, R. (2015). Alibaba's Jack Ma: We need a WTO 2.0 to support small businesses or it will be a disaster. Business advice. http://businessadvice.co.uk/insurance/export/alibabas-jack-ma-we-need-a-wto-2-0-to-support-small-businesses-or-it-will-be-a-disaster/. Zugegriffen: 21. Jan. 2016.

Statista. (2014). Smartphone überholt TV. http://de.statista.com/infografik/2023/taegliche-nutzung-von-smartphone-und-tv-fuer-medieninhalte/. Zugegriffen: 21. Jan. 2016.

Statista. (2015). Anzahl der im Apple App Store verfügbaren Apps von Juli 2008 bis Januar 2015. http://de.statista.com/statistik/daten/studie/20150/umfrage/anzahl-der-im-app-store-verfuegbaren-applikationen-fuer-das-apple-iphone/. Zugegriffen: 21. Jan. 2016.

Thiel, P. & Masters, B. (2014). Zero to One: Notes on Startups, or How to Build the Future. New York: Crown Business.

Über den Autor

Uly J. Wolters, Jahrgang 1972, studierte BWL an der Justus-Liebig-Universität Gießen. Danach gründete er die Firma 4i, die sich mit virtuellen Unternehmen auseinandersetzte, bevor er als Strategieberater zu Accenture (damals Andersen Consulting Strategy) wechselte. In den Jahren 1999 bis 2001 arbeitete er als Mitgründer bei zwei Online-Start-ups: Tradera (Marktführer Internetauktionen Skandinavien, 2006 an eBay verkauft) und ProXchange (europäischer Online-B2B-Marktplatz für gebrauchte Wirtschaftsgüter). Nach Stationen bei Otto Venture Capital als Leiter Investmentstrategie und Senior Manager Strategie bei der Otto Group wechselte Herr Wolters zur strategischen Managementberatung Theron Business Consulting. Ab 2004 verantwortete er dort als Partner viele Online-, Start-up- und Strategieprojekte in Osteuropa, vornehmlich in Russland, der Ukraine, Tschechien und Rumänien. Seit 2008 arbeitet Uly J. Wolters als Managing Partner und Mitgründer der dgroup GmbH (vormals diligenZ GmbH) in den Bereichen E-Commerce und Multi-Channel. Von 2008 bis 2011 verantwortete er als Senior Investment Manager bei e.Ventures Investitionen in Online-Start-ups in Osteuropa. Herr Wolters ist zudem ein aktiver Investor in internationalen (Online-)Start-ups.

Digital Adoption Retail – Hat der Offline-Handel eine Vision?

Marc André Micha und Sebastian Koppers

Zusammenfassung

Die Digitalisierung hat den Offline-Handel vollständig erfasst und erfordert dementsprechend von ihm eine adäquate Reaktion. Diese sollte sich allerdings nicht zu sehr an den bisherigen Erfolgsprinzipien des Online-Handels ausrichten. Vor allem die Eröffnungen von physischen Kanälen erfolgreicher Online Pure Plays in letzter Zeit zeigen auf, dass nur eine holistische Multi-Channel-Präsenz dem Kunden alle gewünschten Anforderungen bieten kann. Als elementarer Bestandteil der neuen Strategie muss sich der Offline-Handel allerdings von seiner bisherigen Praktik lösen und den Kunden in den Mittelpunkt aller Unternehmensaktivitäten stellen. Damit der Offline-Händler diese anspruchsvolle kundenzentrierte Orientierung leisten kann, muss sich die Organisation neu ausrichten und ein digitales Mindset erlangen. Im Zentrum dieser Adoption steht dabei das agile Denken der Organisation, das das bisherige, rein statische Projektmanagement obsolet werden lässt, da es den interaktiven, kollaborativen und dynamischen Ansprüchen der digitalen Handelslandschaft nicht mehr gerecht wird. Anhand dieser Neuausrichtung kann die Digital Adoption Wachstumspotenziale im Kerngeschäft erschließen und die Vorteile des existierenden Offline-Geschäfts innovativ mit Online-Potenzialen verweben.

M.A. Micha (✉) · S. Koppers
dgroup GmbH, Düsseldorf, Deutschland
E-Mail: marcandre.micha@d-group.com

S. Koppers
E-Mail: Sebastian.Koppers@d-group.com

Inhaltsverzeichnis

1	Retail im Zeitalter der digitalen Transformation	50
	1.1 Visionen und Realität	50
	1.2 Digital Adoption statt Digital Transformation	52
2	Eine aktuelle Standortbestimmung des Handels	57
	2.1 Die neue Erwartungshaltung des Kunden	57
	2.2 Die Gegenstrombewegungen im Handel zwischen Offline und Online	60
3	Adäquate Handlungsoptionen für den Offline-Handel	64
	3.1 Vom Sortimentsdenken zur echten Customer Centricity	64
	3.2 Digital Thinking in einer agilen Organisation	70
4	Digital Adoption Retail: Zusammenfassung und Ausblick	74
Literatur		75
Über die Autoren		77

1   Retail im Zeitalter der digitalen Transformation

1.1   Visionen und Realität

„Ein deutscher Händler wächst im Kerngeschäft um 25 Prozent." Im heutigen Wettbewerbs- und Marktumfeld des deutschen Einzelhandels haben deutsche Player sich damit abgefunden, dass dieser Satz nicht die Realität beschreibt. Gleichzeitig akzeptieren wir, dass digitale „Pure Player" aus dem angloamerikanischen Raum eben diese Wachstumsraten zeigen – auch und gerade auf dem deutschen Markt. Also steht die Frage im Raum: Wie kann sich der deutsche Handel adaptieren, damit die einleitende Aussage Realität werden kann?

Die deutsche Handelslandschaft wird seit Jahren durch zwei Trends getrieben: Digitalisierung und Vertikalisierung. Über Jahrzehnte etablierte Handelsformate, wie der stationäre Handel oder der Kataloghandel, mussten nicht nur Marktanteile an neue Teilnehmer des Online-Handels und Mobile Commerce abgeben. Die gesamte klassische Wertschöpfungskette des Handels hat sich nachhaltig verändert: Vorgelagerte Marktteilnehmer (beispielsweise Markenartikelhersteller, Suchmaschinen oder soziale Netzwerke) oder digitale Absatzmittler (beispielsweise Preis- und Produktsuchmaschinen oder Empfehlungsplattformen) haben ganze Stufen der Wertschöpfung übernommen (Gehrckens und Boersma 2013, S. 52). Um dieser veränderten Situation begegnen zu können, hat der deutsche Handel in den letzten 20 Jahren eine Antwort gefunden: Optimierung im Detail. Konträr zu einer ganzheitlichen, strategischen Offensive, die eine konsequente Ausrichtung aller Unternehmensaktivitäten und Absatzkanäle an dieser veränderten Situation ausrichtet, wurde vorrangig innerhalb der historisch gewachsenen Silo- und Projektstrukturen an Einzellösungen gearbeitet. In demselben Beobachtungszeitraum hat der Online-Handel mit fortschreitender Seniorität, Professionalisierung aller Prozessebenen und der stetigen Implementation innovativer Techniklösungen eine signifikante Marktdurchdringung erreicht.

Die lediglich reagierende Haltung des Offline-Handels hat bis dato dazu geführt, dass der Online-Anteil an den Umsätzen des Einzelhandels im Privatkundengeschäft stetig gewachsen ist. Dies drückt sich auch in den jüngsten Marktdaten der GfK (2015, S. 4–6) aus. Von 2009 bis 2014 konnte der Online-Handel jährlich mit durchschnittlich 21 % wachsen und einen Anteil von 8,5 % am gesamten Umsatzvolumen des Einzelhandels erreichen. Segmentiert man diese oberste Zahlenebene im nächsten Analyseschritt, so wird deutlich, dass vor allem die verschiedenen Warengruppen unterschiedliche Marktanteile erzielen konnten. Der Nonfood-Umsatz des Online-Handels lag 2014 bereits bei stattlichen 15,3 % und wird gerade durch Technik- und Medienprodukte, Sport- und Freizeitprodukte sowie Fashion- und Lifestyleprodukte katalysiert. Während einzelne Produktkategorien also immanent affin für den Online-Handel und die modernen Suchwege der Kunden sind, werden vor allem Lebensmittel und Drogerieartikel bisher beinahe ausschließlich offline vertrieben. Die Gründe dafür sind mannigfaltig und nicht per se in der Exzellenz des Offline-Handels begründet.

Dass dieses Wachstumsphänomen gar von globaler Natur ist, wird auch in der aktuellen Marktsituation der USA deutlich. Keiner der etablierten und historisch sehr erfolgreichen Offline-Händler konnte in seinen bisherigen Online-Bestrebungen auch nur näherungsweise in die Umsatzdimensionen des dominierenden Pure Players Amazon vorstoßen. Durch den starken Fokus des bisherigen Geschäftsmodells auf online bislang wenig präsente Produktkategorien konnte selbst das nach Umsatz größte Unternehmen der Welt – Walmart – durch sein gesteigertes Investitionsvolumen lediglich 18 % des Umsatzes von Amazon online erreichen (Fortune 2015).

Während einzelne Produktkategorien also nicht in einem gleichverteilten Maße am Online-Trend partizipiert haben, so führen die jüngsten Daten der GfK (2015, S. 13–15) zu einer weiteren signifikanten Erkenntnis: Das bisherige Wachstum des Online-Handels wird mit zunehmendem Reifegrad an eine natürliche Grenze stoßen, die bislang nicht so klar und vor allem zeitnah prognostiziert wurde. Erste singuläre Gegenreaktionen des stationären Handels oder verschiedene Kundensegmente und Verhaltensmuster sind externe Faktoren, die diese Umkehr initiieren. Undurchsichtige Kaufprozesse, fragliche Produktqualität oder fehlende Haptik und Emotion hingegen begründen diese in Sichtweite liegende Wachstumssättigung aus dem Online-Handel selbst heraus. Bis 2025 geht die GfK daher von einem deutlich abgeschwächten jährlichen Wachstum aus, das sich in der Sättigungsphase ab 2021 auf 3,5 % jährlich reduzieren wird. Somit beziffert die Prognose den gesamten Online-Anteil in 2025 auf 15 % – durch Ausklammern der notorisch schwachen Lebensmittel- und Drogerieartikel sogar auf 25 %. Während diese Zahlen ein Wachstum zum jetzigen Status quo bedeuten, so divergieren sie eindeutig zu der omnipräsenten Botschaft der nahenden Dominanz des Online-Handels über sämtliche klassische Handelsformen. Lange wurde dieser Anteil im mittelhohen zweistelligen Prozentbereich in bereits naher Zukunft als realistisches Szenario diskutiert. Erneut ist dies kein nationales Phänomen, da in den USA der aktuelle Online-Marktanteil bei neun Prozent liegt und bis 2020 auf zwölf Prozent steigen soll. Der Online-Handel hat die bisherige Handelslandschaft also nachhaltig revolutioniert, aber bisher nicht ganzheitlich transformiert.

Vor dieser anspruchsvollen Ausgangslage wird deutlich, dass diese einzigartige Kombination aus Chancen und Risiken einer proaktiven Strategie des traditionellen Handels bedarf. Erste Weiterentwicklungen stationärer Ladengeschäfte haben bereits Wirkung gezeigt, aber es bedarf der gezielten Ausrichtung an den sich verändernden Bedürfnissen der Kunden des jeweiligen Handelskonzepts, um im „Relevant Set" der Kunden vorrangig als präferierter Touchpoint und Point of Decision präsent zu sein.

Die internen Faktoren der abnehmenden Wachstumsdynamik des Online-Handels, wie beispielsweise fehlende Haptik und Emotionen im Kaufprozess, scheinen konkrete Ansatzpunkte zu bieten, um die Kernkompetenzen des Offline-Handels darauf auszurichten – doch ein adäquater, flexibler Ansatz ist dafür elementar. Auch die bisher sehr erfolgreichen Pure Player im Online-Handel ohne stationäre Absatzkanäle haben dies erkannt und experimentieren zunehmend mit den Möglichkeiten, solche Ladenlokale zu betreiben. Doch auch ein neues Selbstbewusstsein innerhalb des Offline-Handels mit einer starken Vision ist unabdingbar, um die Schwächen des reinen Online-Handels für sich nutzbar zu machen und Kunden in die Märkte zu bewegen.

Solch eine Vision als Ursprung und Leitidee der zukünftigen Unternehmensentwicklung im Offline-Handel zeichnet aus, dass sie mindestens drei strategische Kernfunktionen abbildet: die Identitätsfunktion, die Identifikationsfunktion und die Mobilisierungsfunktion (Hungenberg 2014, S. 26). Über die Identitätsfunktion der Vision soll das Unternehmen ein eigenes und unverwechselbares Zukunftsbild entwerfen, während die Identifikationsfunktion vor allem den eigenen Mitarbeitern die Sinnhaftigkeit und Identifizierung mit der eigenen Tätigkeit aufzeigen soll. Gerade im beschriebenen Kontext des Offline-Handels ist die Mobilisierungsfunktion der Vision von herausragender Bedeutung: Durch die Illustration dessen, wie sich das Unternehmen mittel- bis langfristig gestalten soll, soll das digitale Zukunftsbild als akzeptiertes Ziel gemeinsam verfolgt werden.

Aus der Perspektive des Marktes haben sich Digital und Analog im Handel entkoppelt. Obwohl sich mit zunehmender Vertrautheit eine parallele Existenz von beiden Handelswelten in der Kundenwahrnehmung – mit allen Vor- und Nachteilen – abzeichnet, ist die Art der Unternehmensführung entscheidend, um langfristig wettbewerbsfähig zu sein. Während Omni-Channel-Kompetenzen, wie beispielsweise Click & Collect, erst langsam Einzug in etablierte Offline-Handelsketten halten, ist auch eine reine Fokussierung auf singuläre, aggressive Preispolitik oder Marketingkampagnen nicht genug. Der Offline-Handel benötigt eine fundamentale Anpassung auf einem strategischen Level samt einer starken Vision, um Offline und Online kombiniert zu besetzen.

1.2 Digital Adoption statt Digital Transformation

Mit dieser Erkenntnis gewappnet, wird die enge inhaltliche Verbindung zwischen den (gen Zukunft gerichteten) Kernelementen der Vision und dem Begriff der Innovation deutlich. Da der Begriff der Innovation anlässlich der jüngsten technologischen

Entwicklungssprünge breit diskutiert und mindestens in der gleichen Pluralität interpretiert wird, ist ein gemeinsames Verständnis zur weiteren Analyse unabdingbar. Nach Rogers (2003, S. 57) ist eine Innovation eine Idee, Praktik oder ein Objekt, das von einem Individuum oder einer anderen Entität als neu empfunden wird. Dabei ist es nicht von Bedeutung, ob die präsentierte Innovation tatsächlich auf einer gänzlich neu kreierten Lösung beruht – die zeitliche Distanz zur eigentlichen Erfindung ist kein hinreichendes Kriterium. Die Neuartigkeit der Innovation kann ebenfalls bei bereits existierender Kenntnis über die Innovation neu bewertet werden, wenn der neue Ansatz oder die neue Einbettung der Innovation nun eine veränderte Überzeugungskraft oder gar einen Anpassungsdruck erzeugt.

Gerade in der heutigen Zeit, wo die exponentielle technische Weiterentwicklung entsprechend dem Mooreschen Gesetz erlebbar ist wie nie zuvor, wird der Begriff der Innovation oft synonym mit der Technologie verwendet. In den meisten illustrativen Innovationen, die das tägliche Leben am deutlichsten spürbar verändert haben, hat eine neue Technologie als Instrument dazu gedient, die Unsicherheit in einer Ursache-Wirkungs-Beziehung zu entfernen, um den Nutzer zu einem neuartigen Ergebnis zu führen. Gerade im Kontext einer neuen Vision für den Offline-Handel ist es dabei vonnöten, bei der Technologie/Innovation zwischen zwei Aspekten weiter zu unterscheiden: Hardware und Software. Die Hardware definiert das materielle, physische Objekt, während die Software aus den notwendigen, zu verarbeitenden Informationen die Basis bietet. Obwohl Innovationen mit Softwarefokus oft übersehen werden, so sind sie eine mindestens gleichberechtigte Art der Innovation (Rogers 2003, S. 58–59). Diese kategorische Unterscheidung hat einen greifbaren Mehrwert bei der Definition notwendiger Strategien an der Schnittstelle zwischen Offline- und Online-Handel.

Auch im Kontext der strategischen Ausrichtung des Offline-Handels zeigen die verschiedenen definitorischen Elemente einer Innovation, dass es bisher nicht an den mangelnden Einzelteilen scheitert, um Wachstumspotenziale zu erschließen. Die benötigten technischen Komponenten der Hardware zur schnellen Datenverarbeitung und Kommunikation sind auf einem weit entwickelten Niveau und erlauben hohe Produktivität, Kostensicherheit und Planungssicherheit. Unterstützt von der Rechenleistung und Vernetzung, gibt es auch eine Fülle an etablierten Softwarelösungen, die verschiedenste Bereiche der Wertschöpfungskette im Handel entweder isoliert oder gar in einer Gesamtlösung vereinen. Neben dominanten IT-Formen gibt es ebenfalls multiple Start-ups, die mit spannenden Konzepten versuchen, bisherige Lücken zu schließen oder Stärken zu bündeln. Besonders die verschiedensten Bezahlsysteme und die sich daraus ergebenden Datenquellen der FinTech-Start-ups sind ein aktuelles Thema, das nur ein Beispiel für die vielen Weiterentwicklungsmöglichkeiten im Handel darstellt. Auch jüngere Technologien wie der Bluetooth-Standard Beacon zur Navigation in geschlossen Räumen werden rege diskutiert und führen zu den antizipierten überhöhten Erwartungen, bevor die produktive Marktreife im Zyklus erreicht wird. Doch die oftmals mangelnde Innovationsfähigkeit im Handel liegt stärker darin begründet, dass die existierenden Technologien nicht zu neuen, disruptiven Use Cases für die Kunden verwendet und kombiniert werden, damit diese sie wirklich als neuartig und zugleich sinnstiftend empfinden. Um solche echten Innovationen im Handel visionär zu nutzen, ist vor allem die Kultur der Unternehmensführung der maßgebende Indikator und Treiber.

Obwohl der Begriff der Kultur ebenfalls häufig diskutiert wird, ist das Verständnis meist sehr subjektiv. Nach Giorgi et al. (2015, S. 4) ist Organisationskultur ein umfassendes System, verankert durch Werte oder geteilte Ansichten, in dem Kategorien, Rahmen und Geschichten als kulturelle Manifestation dienen und Engagement, Ideen oder Überzeugungen stimulieren oder ersticken. Kultur ist also stets stark von dem gemeinsamen Verständnis der Akteure geprägt und ist nicht auferlegt, sondern aktiv zu gestalten – gerade im betriebswirtschaftlichen Kontext. Sobald die Mitarbeiterzahl mehr als einen Mitarbeiter umfasst, gibt es eine Kultur im Unternehmen. Es geht also nicht um die Frage, ob das Unternehmen bereits eine Kultur hat – sondern was für eine es anstrebt und wie diese erreicht werden kann.

Die grundlegenden Unterschiede zwischen den dominierenden, polaren Ausprägungen des kulturellen Mindset zeigt ein direkter Vergleich zwischen dem kulturellen Selbstverständnis des Typs „Konzern" und des Typs „Start-up" in Abb. 1. Die Kultur im traditionellen Verständnis eines Konzernes – gerade im Offline-Handel – ist stark aus der Historie der jüngeren deutschen Wirtschaft geprägt. Nach dem starken Wachstum der 1950er und 1960er Jahre hat die Rezession der 1970er Jahre das Selbstverständnis verändert. Seit dieser Zeit liegt der ausgesprochene Fokus der meisten Handelsunternehmen auf einer Effizienzkultur, die als oberstes Gebot Kosten vermeidet und sich dem strengen Diktat der Wirtschaftlichkeit unter diesem Mantra verschrieben hat. Dieses Prinzip äußert sich seitdem in allen Elementen des analogen Mindset. In stark hierarchischen Unternehmensstrukturen gilt die Einhaltung des Plans als oberstes Indiz für Erfolg. Personal wird nicht als Talent, sondern als Kostenfaktor betrachtet und bewertet,

	Analoges Mindset: Typ „Konzern"		Digitales Mindset: Typ „Start-up"
Strategie	Effizienz	⟨⟩	Innovation
Indiz für Erfolg	Einhaltung Plan	⟨⟩	Passende Lösung
Kultur	Hierarchie	⟨⟩	Kollaboration
Talent	Geringe Kosten	⟨⟩	Große Fähigkeiten
Fähigkeitsentwicklung	Hoch & im Vorhinein	⟨⟩	Variabel & rechtzeitig
Technologie	Vermächtnis	⟨⟩	Cloud, Mobile, Apps & SaaS
Kundenerlebnis	Randerscheinung	⟨⟩	Missionskritisch
Projektmanagement	Wasserfall	⟨⟩	Iterativ & agil
Qualitätssicherung	Geplant & späterer Test	⟨⟩	Ständige Änderungen & Tests

Abb. 1 Kulturelles Selbstverständnis im Typ „Konzern" vs. Typ „Start-up". (Quelle: eigene Darstellung in Anlehnung an TechCrunch 2016)

Investitionen in Fortbildungen und Fähigkeitsentwicklungen werden meist als nicht notwendig erachtet: Ein stark episodenhaftes Denken herrscht vor, in dem die Ausbildung vor Berufseinstieg stattfindet. Die starke Innenorientierung auf Kennzahlen drückt sich ebenfalls im Fokus auf das Kundenerlebnis aus, das nur am Rande beachtet wird. Technologie als großer Investitionsblock wird meist über Abschreibungsdauern verwendet und nur nach ausgedehnten Debatten auf die neuere Version upgedatet. So wird das Projektmanagement in den Unternehmensbereichen auch isoliert im klassischen Wasserfallmodell aufgesetzt, bei dem vordefinierte Projektschritte eingehalten werden und zu einem Enddatum das Projekt in die Linie übergeben wird – unter der Gefahr, dass sich die eigentlichen Projektanforderungen seit der starren Definition geändert haben und das Ergebnis des Projekts darunter leidet.

Als starker Gegensatz dazu verpflichten sich die heutigen Start-ups mit digitalem Mindset einer Unternehmenskultur, die alles um die Innovation und deren Mehrwert konzentriert und Effizienz als Element der Unternehmensführung beachtet, aber nicht überbetont. Technologische Lösungen sind dabei ein wichtiger Enabler, aber nicht der alleinige Auslöser dieses Mindset, da die Technologien dem analogen Mindset ebenfalls zur Verfügung stehen. Da das digitale Mindset aber verstanden hat, dass die kreative und intelligente Anwendung oder Kombination von oftmals bestehenden Elementen zur Innovation führt, wird Kollaboration großgeschrieben und stetig in das eigene Talent investiert, da das Personal den Differenzierungsfaktor im Wettbewerb um Kapital und Aufmerksamkeit darstellt. Technologien werden flexibel und temporär eingesetzt, wie sie benötigt werden, die Zusammenarbeit ist ortsunabhängig, transparent und kollaborativ. Dies bedeutet nicht, dass Verantwortlichkeiten nichtexistent sind und Chaos vorherrscht – Aufgaben und Projekte bleiben weiterhin zugeordnet, es wird aber das gesamte Wissen der Mitarbeiter auf verschiedensten Wegen eingebunden, auch über das Projektteam hinaus. Mit dem Kundenerlebnis im Fokus aller Produktentwicklungen wird das Projektmanagement agil ausgelegt und definiert sich über modulare Sprints, die in ständigen Iterationen überprüfen, ob/wie sich das Ziel des Projekts verändert hat und wie man darauf reagiert.

Die Gegenpole dieser beiden Ausprägungen der Unternehmenskultur sind nicht per se aus der Unternehmensgröße abzuleiten und zuzuordnen. Firmen wie Apple, Amazon oder Google sind exponentiell gewachsen und richten auch heute noch einen besonderen Fokus in allen unternehmerischen Entscheidungen darauf, dass das ursprüngliche, digitale Mindset bewahrt wird, da es im Kern der Strategie steht und allen Share- und Stakeholdern die Vision des Unternehmens aufzeichnet. Diese Vision zielt deutlich auf ein starkes Wachstum in allen Geschäftsbereichen ab. Konträr dazu ist ein Großteil der Offline-Händler – gerade in Deutschland – nicht darauf ausgerichtet zu wachsen, da der unternehmerische Fokus anders gewichtet ist und so die Kultur prägt. Verbesserungen oder Weiterentwicklungen werden entsprechend dieses Selbstverständnisses so spät wie möglich eingesetzt, um die etablierten Margen oder Prozesse zu nutzen. Um heute erfolgreich Innovationen zu entwickeln und im Markt zu positionieren, müssen Offline-Händler dieses digitale Mindset entwickeln und sich vom rückwärtsgerichteten analogen

Mindset zunehmend distanzieren. Doch dies ist zweifelsohne leichter gefordert, als es in gewachsenen Organisationen mit Tausenden Mitarbeitern umgesetzt ist. Daher wäre es an dieser Stelle ein falscher Ansatz, die digitale Transformation des Offline-Handels zu fordern. Vielmehr ist eine digitale Adoption seitens der Unternehmen notwendig.

Der Unterschied zwischen den beiden Ansätzen ist signifikant und soll daher an dieser Stelle deutlich gemacht werden. Die digitale Transformation wird meist im Sinnzusammenhang mit disruptiven Veränderungen in Industrien verwendet und erfordert eine drastische und ruckartige Kurskorrektur, die alles Bisherige dem digitalen Dogma unterordnet. Nach Iansiti und Lakhani (2014, S. 93) ist die digitale Transformation die Digitalisierung ehemals analoger Herstellungs- und Dienstleistungsprozesse, organisatorischer Aufgaben und von Managementprozessen, die sowohl etablierte Firmen als auch Start-ups betrifft. Um wettbewerbsfähig zu bleiben, müssen Firmen in dieser Transformation ihr Geschäftsmodell ganzheitlich über- und umdenken, um neue Gelegenheiten zum Wachstum zu kreieren und besetzen. Konträr dazu definiert die digitale Adoption ein sequenzielles Vorgehen und keinen harten Bruch in der Digitalisierung. Digital Adoption wird als Digitalisierungsstrategie im organisatorischen Kontext noch nicht ausreichend diskutiert und beruht auf der individuellen Adoption von Innovationen nach Rogers (2003, S. 57) Diffusionstheorie. Segmentiert nach fünf verschiedenen sozialen Gruppen (von „Innovators" bis zu den „Laggards") entscheidet sich, wie schnell Innovationen adoptiert werden. Dabei stellt Rogers vor allem in den Mittelpunkt, dass Innovationen erst wahrgenommen werden, wenn ein echter Bedarf durch die präsentierte Lösung befriedigt wird. Überträgt man dies auf den Unternehmenskontext, so bedeutet die Digital Adoption, dass Unternehmenseinheiten oder Workstreams der Unternehmensstrategie als Pilotprojekte mit einem digitalen Mindset sich der Innovation widmen. Die Erfolge dieses divergierenden Ansatzes zur analogen Strategie dienen als Treiber der Adoptionsrate intern und ermöglichen eine fokussierte Umstellung ohne Überforderung des Gesamtsystems der bisher gelebten Strukturen und Prozesse. Gerade in Anbetracht der langsamen Innovationsrate im Offline-Handel bisher erlaubt die Digital Adoption eine der Ausgangssituation entsprechende Beschleunigung der Adoption Rate, die den Kunden zugleich die Chance gibt, den digitalen Weg gemeinsam mit dem Händler zu gehen (Collis 2016, S. 64).

Wie die aktuellen und diskutierten Marktdaten zeigen, hat der Online-Handel einen signifikanten Anteil am gesamten Handel erobert, dominiert ihn aber nicht. Das entsprechende Learning aus dieser Zahlengrundlage ist nun, dass die vorhandenen Vorzüge des stationären Geschäfts weiter betont werden, indem man sie mit innovativen Lösungen aus der digitalen Welt flankiert und anreichert. Diese Innovationen sind nicht nur neue Produkte oder Services, sondern gerade auch Prozesse, die den Offline-Händler von der Konkurrenz abgrenzen. Die gesamte Wertschöpfungskette des Handels (Distribution, Sortimentszusammenstellung, Beratung, Finanztransaktion und Aftersales-Services) bietet dafür vielversprechende Ansatzpunkte (Gehrckens und Boersma 2013). Solche Innovationen treiben die gesamte Handelsindustrie vorwärts und fordern den Wettbewerb zu mindestens gleichwertigen Lösungen heraus, was in neuen Qualitätssprüngen für den

Kunden mündet. Der falsche Rückschluss aus den präsentierten Daten wäre, dass die bisherigen, offline dominierten Strategien des Handels dort weiter funktionieren. Prominente Insolvenzen im In- und Ausland (beispielsweise Neckermann, Radio Shack oder die Borders Group) sollten dafür als warnende Beispiele dienen.

Gepaart mit einer digitalen Vision des Offline-Handels, die eine digitale Identität stiftet, die Mitarbeiter zur Identifikation anregt und aktiv in eine digitale Zukunft mobilisiert, können auch die klassischen Barrieren gegen (digitale) Innovationen in Organisationen präventiv gemanagt werden. Diese Barrieren sind oft fehlendes Engagement der Mitarbeiter bei strategischen Neuausrichtungen, hervorgerufen oder begünstigt durch inadäquate Planung des kulturellen Wandels oder falsche bzw. mangelnde Kommunikation. Wichtig ist allerdings, dass die Digital Adoption eine echte Integration und kein Feature Play entsprechend der bisherigen Detailverbesserungen im neuen Gewand darstellt (dgroup und Bergert 2015). Die bewusst zeitlich gegliederte Adoption der Digitalisierung erlaubt es, dass Lernkurven im Unternehmen erzielt werden und sich der Kulturwandel aus sich selbst beschleunigt, wenn eine interne kritische Masse erreicht ist. In der individuellen Adoption von Innovationen ist diese kritische Masse ab ca. zehn bis 20 % der gesamten Kunden erreicht (Rogers 2003, S. 57).

2 Eine aktuelle Standortbestimmung des Handels

2.1 Die neue Erwartungshaltung des Kunden

Um eine digitale Adoption des Offline-Handels von Pilotprojekten zu nachhaltigem Profit zu führen, ist die Kultur im Unternehmen ein bedingender Faktor, um die richtigen Fähigkeiten und Kapazitäten zu installieren. Der zweite notwendige Faktor ist die Adoptionsrate der anvisierten Kundensegmente, wie schnell sie die Innovation als solche wahrnehmen und diese aktiv nutzen.

Um die Kundensegmente schnell und in signifikanter Größenordnung mit der neuformulierten Vision im Offline-Handel anzusprechen, muss die neue Erwartungshaltung des Kunden in den Mittelpunkt gerückt werden. Durch die Übung des Kunden im Umgang mit dem Online-Handel hat sich sein Habitus geändert, da es nicht nur ein anderer Markt ist, sondern auch ein gänzlich neues Einkaufs- und Informationsverhalten kreiert wurde. Während der Kunde in früheren Zeiten zunächst den Anbieter (offline) besucht hat, um dann ein Produkt auszuwählen und anschließend zu erwerben, wurde durch den Online-Handel ein neuer Kaufprozess generiert. Hier hat sich die Produktauswahl an den Beginn des Kaufprozesses verschoben, noch bevor ein konkreter Anbieter aufgesucht wurde. Die multiplen Recherche- und Bewertungsmöglichkeiten im Internet haben dadurch die Bedeutung des Point of Decision verstärkt, der die vormals dominierende Rolle des Point of Sale übernommen hat (Gehrckens und Boersma 2013, S. 53). Doch selbst dieser neue Kaufprozess im Internetzeitalter entwickelt sich ständig weiter.

Durch die starke Dominanz von einzelnen Plattformen im Online-Handel könnte der neue Kaufprozess durch eine weitere Komponente zu Beginn ergänzt werden. Während Amazon diverse Produktkategorien als Online-Händler und Plattform dominiert, haben Spezialisten wie Zalando die Rolle als Startplattform im Modebereich inne. Durch die Bedeutung dieser großen Online-Händler starten Kunden ihr Kaufverhalten heute – auch oder gerade online – nicht mit einer objektiven Produktauswahl nach Kriterien beispielsweise über Suchmaschinen, sondern sie steuern gezielt diese Plattformen online als erste Informationsquelle an, bevor sie sich weiter über konkrete Produkte informieren. Der eigentliche Kauf kann dann sowohl online als auch offline stattfinden. Da diese Online-Händler aber andere Kerneigenschaften als Offline-Händler bieten (zum Beispiel das Angebot von Long-tail-Sortimenten), ist dies kein Rückschritt zum alten Kaufprozess. Amazon übernimmt in diesem Szenario die Rolle als *neuer* Kaufhof, der kein eigenes Sortiment kuratiert, sondern es online lediglich verwaltet und es mit Exzellenz mit den darum orchestrierten Funktionen anreichert (beispielsweise Geschwindigkeit, Sicherheit für den Kunden). Während der Kunde im alten Kaufprozess die Ware im Gewährleistungsfall beispielsweise beim Hersteller einschicken musste, sagt der Online-Händler mit Digital Mindset, dass er die Ware annimmt und dem Kunden eine Ersatzlösung präsentiert ohne umständliche Prozesse.

Die weiterhin starke, prognostizierte Rolle des Offline-Handels liegt vor allem darin begründet, dass Kunden heute den Kaufprozess über gänzlich individualisierte Wege beschreiten. Wie Abb. 2 aufzeigt, wird der Großteil der Käufe vom Kunden entweder

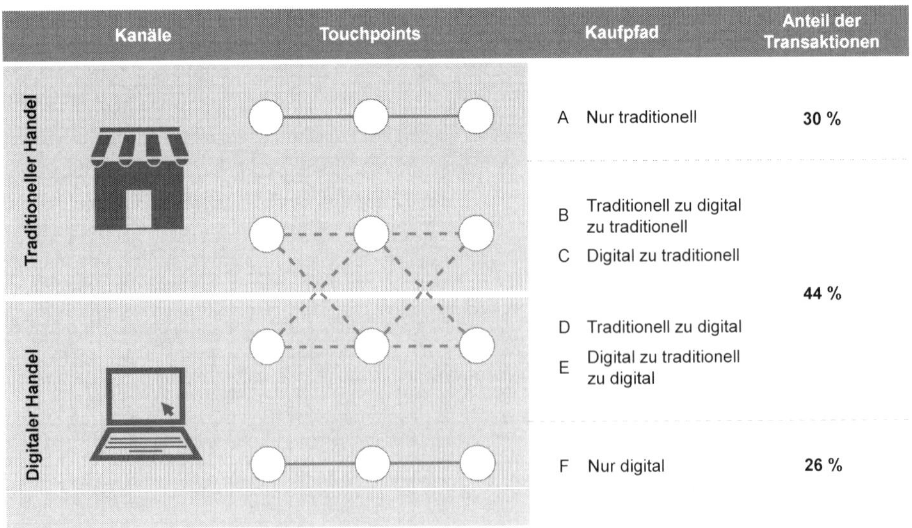

Abb. 2 Kunden wechseln frei zwischen den Kanälen. (Quelle: eigene Darstellung in Anlehnung an Google 2014/2015)

rein digital (26 %) oder rein stationär (30 %) abgeschlossen. Bereits heute werden aber 44 % aller Einkäufe über verschiedene Ablaufmuster an der Schnittstelle zwischen Offline und Online getätigt. Der Kunde nutzt dazu individuell das für ihn subjektiv Beste aus beiden Welten und entscheidet dies oftmals neu im konkreten Kaufszenario nach Präferenzen, Produktkategorie oder weiteren gänzlich eigenen Kriterien. Das innovative Zusammenspiel von Offline- und Online-Handel bietet auch perspektivisch ein vielversprechendes Wachstumspotenzial, wenn Kunden alle Optionen für ihre Einkäufe nutzen. Entsprechend der verschiedenen Nutzertypen nach Rogers unterscheidet sich die individuelle Adoption der Kunden mit der jeweiligen Innovation und bedeutet so ein weiteres Wachstum.

Auch die neue Rolle von Plattformen im Kaufprozess bedeutet keineswegs, dass der Offline-Handel hier keine Wettbewerbschancen gegen die Online Gatekeeper hat. Wie Verhoef et al. (2015, S. 178) aus Studien ableiten, so sind Kunden ihrem präferierten Online-Händler zwar in der ersten Phase der Online-Erfahrung loyal, mit steigender Online-Expertise wechseln diese aber kanal- und händlerübergreifend den Point of Purchase. Im Omni-Channel-Ansatz sind viele (neue) Händler und Dienstleister voll integriert, um den Kunden auf sämtlichen Kaufpfaden zu begleiten. Daher spielt vor allem die Marke des Händlers eine besondere Rolle, um Loyalität und damit die Frequenz an tatsächlichen Kaufabschlüssen zu erhöhen.

Auch die Präsentation des Sortiments ist – on- und offline – ein bedeutender Faktor im neuen Kaufprozess. Da der Kunde in Produkten denkt und nicht in den organisatorischen Silos der Händler oder Hersteller, möchte er ein kuratiertes, personalisiertes Angebot über alle Kanäle hinweg antreffen. Gerade hier bietet sich besonders dem Offline-Handel weiterhin ein attraktiver USP, um dem Kunden klar zu signalisieren, dass er seine Bedürfnisse versteht, ihn nicht der „Tyranny of Choice" aussetzt und den individuellen „Information Overload" verhindert. Besonders Services oder intensive Beratung in Ergänzung zum Kaufprozess haben eine hohe Wahrscheinlichkeit, die Loyalität des Kunden zu erhöhen, da er eine entsprechende Behandlung wertschätzt und sich psychologisch verpflichtet fühlt. Durch den Einsatz digitaler Beratungs- und Empfehlungssysteme kann so eine erhöhte Qualität im Kundenkontakt erreicht werden, ohne einen eklatanten Overhead im Personal aufzubauen.

Im Rahmen dieser Customer Centricity, die ein elementarer Bestandteil des Digital Mindset ist, erwartet der Kunde stets End-to-End-Prozesse ohne für ihn spürbare Brüche, die ihm Arbeitsschritte aufzwingen. Dadurch bietet sich aber ebenfalls die Chance für eine erhöhte Frequenz im Kundenkontakt und so präsent zu bleiben, da es keinen Unterschied zwischen Verkaufs- und Servicekontakten in der Wahrnehmung des Kunden gibt und so die Händlermarke positiv aufgeladen wird. Gerade in Kombination mit der immer mehr dominierenden Mobile-Nutzung der Kunden rückt dies in den Mittelpunkt einer digital ausgerichteten Vision des Handels.

2.2 Die Gegenstrombewegungen im Handel zwischen Offline und Online

Eine Offline und Online übergreifende Zukunft des Handels entsteht bereits an vielen ehemaligen Fronten. Da die Online-Händler ebenfalls festgestellt haben, dass die Kaufprozesse der Kunden immer individueller werden und keinesfalls ausschließlich in den Online-Kosmos migrieren, gibt es viele spannende Beispiele von Online-Händlern, die den Schritt aus dem Digitalen ins Analoge gewagt haben. Die Online-Händler wollen die virtuelle Präsenz nicht weiter als limitierenden Faktor verstehen, sondern um physische Filialen erweitern, um ihr digitales Mindset dort in neue, innovative Modelle zu übersetzen. Erfolgsgeschichten wie von Apple, die durch ihr globales Filialnetz neue Premiumstandards gesetzt haben und eine einzigartige Markenwirkung erzielt haben, zeigen das Potenzial des stationären Handels eindrucksvoll auf. Auch in der analogen Handelswelt versuchen die Online-Händler keinesfalls, die bisher bestehenden Modelle zu kopieren, vielmehr wollen sie ihre Learnings und einzigartigen Fähigkeiten in diese Welt übertragen, um den Kunden einen echten Mehrwert zu stiften und Marktanteile zu gewinnen. Da die bisherigen Wachstumsraten der Pure Player ebenfalls stagnieren und kein Zusatzwachstum generieren (Handelsjournal 2016), erscheint dieser Schritt attraktiver denn je zuvor.

Weil die Kundenwünsche so individuell und durch technologische Möglichkeiten granularer werden, experimentiert der Handel heute mit vielen Modellen, um den Kunden on- und offline abzuholen. Wie Abb. 3 zeigt, sind vielfältige Modelle möglich, die gerade das komfortable Online-Shoppingerlebnis in die Filialen der Händler verlängern und durch vermehrte Touchpoints diverse Vertriebs- und Servicemöglichkeiten bieten.

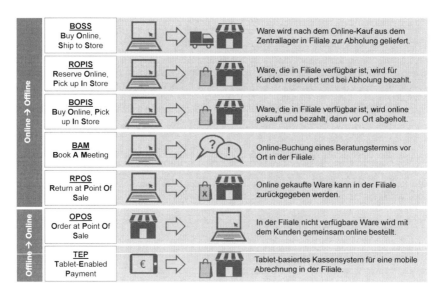

Abb. 3 Kanalübergreifende Serviceoptionen für ein nahtloses Kundenerlebnis. (Quelle: eigene Darstellung)

Gerade online bereits sehr erfolgreiche Start-ups haben diesen Schritt in den USA bereits vollzogen, wie die Beispiele Bonobos, Warby Parker oder Birchbox zeigen (Observer 2015). Der Herrenausstatter Bonobos beispielsweise hat in seinen *Guideshops* jedes Stück aus dem Online-Katalog lediglich in ein- oder zweifacher Größe und dementsprechend kaum Inventar. Vielmehr dient der Store als physische Repräsentanz der eigenen Kollektion und ist in kaufkräftigen Städten wie Boston, New York, Chicago oder San Francisco vertreten. Bei einem vereinbarten Termin mit einem *Guide* als persönlicher Shopping-Berater werden verschieden Größen anprobiert und Styles empfohlen, doch der Kaufprozess wird im Laden gemeinsam online getätigt. Der Kunde verlässt den Laden also ohne Tüte, aber mit der Ware bereits auf dem Weg zu seiner Heimadresse. Durch den Fokus auf die persönliche Beratung und das limitierte Inventar erlaubt es das Modell, sich auf den Kunden zu konzentrieren und ein Shoppingerlebnis zu erschaffen, ohne die verschiedensten operativen Prozesse eines gewöhnlichen Offline-Händlers parallel managen zu müssen. Ebenfalls gibt dieser Kaufprozess dem Unternehmen mehrere Touchpoints mit dem Kunden und verdoppelt vor allem seine erlebte Kauffreude – einmal beim persönlichen Abschluss im Laden und einmal bei der (zeitnahen) Lieferung zu Hause.

Warby Parker, ein Online-Händler spezialisiert auf eigene Brillen, führt seine Stores nach dem gleichen Vorbild und nutzt die 18 Ladenlokale, um den sehr persönlichen Auswahlprozess einer Brille als Erlebnis zu inszenieren. Dass diese Offline-Verlängerung ebenfalls für kreative Geschäftsmodelle offen steht, zeigt das Unternehmen Birchbox, welches in einem Store in New York seinen Kunden die im Abonnement erhältlichen Beauty-Boxen präsentiert. Neben monatlich wechselnden Motiven entsprechend der aktuellen Produkte liegen Tablets aus, um die Offline- und Online-Erfahrung und das Sortiment miteinander zu verbinden. Über diese Erfahrung hinaus offeriert Birchbox seinen Kunden Services im Store, die es online nicht leisten kann. Neben terminierten Produktberatungen gibt es ebenfalls Gruppenvorträge zu bestimmten Beauty-Themen oder Produkttests.

Auch in Deutschland haben Online-Händler wie Notebooksbilliger oder mymuesli Läden eröffnet, bieten aber bisher stets ebenfalls den Kauf vor Ort an, um dort Absätze zu generieren. Auch wenn diese Läden ebenfalls experimentelle Freiheit bieten, so zeigt der unterschiedliche strategische Einsatz, dass man sich der aktuellen Handelslandschaft offline eher anpassen möchte, um dem Kunden vertraut zu erscheinen und gleichzeitig die Markenreichweite kosteneffizient zu erhöhen. Im Beispiel von Warby Parker haben die Offline-Filialen die Costs per Visitor im Online-Shop reduziert (L2 2015).

Dass nicht nur Start-ups oder kleinere Online-Händler, sondern auch große Online-Händler diese Experimentfläche suchen, zeigt das Beispiel Amazon. Nachdem in den USA zunächst Pick-up-Filialen ohne Personal als Ergänzungen zur eigenen Logistik aufgebaut wurden, wo der Kunde nach dem Vorbild einer Packstation sein Paket aus einem Spind abholen kann, hat Amazon im November 2015 seine erste vollwertige Offline-Filiale in Seattle eröffnet. Dabei hat sich Amazon auf seine Online-Ursprünge besonnen und eine Buchhandlung in Betrieb genommen (Tagesspiegel Online 2015), die seitdem

Analysten und die Konkurrenz über die Motive und nächsten Schritte diskutieren lässt. Die gesamte Bedeutung für den Handel lässt sich aus dem medialen Trubel im Frühjahr 2016 ableiten, als Gerüchte um die Eröffnung von weiteren 300 bis 400 Filialen die Schlagzeilen global beherrschten (Knowledge Wharton 2016). Vor dem Hintergrund von Amazons digitalem Mindset lässt eine Analyse dieser bereit existierenden Filiale wertvolle Erkenntnisse generieren, wie eine digitale Vision des Handels aussehen kann.

In der Nähe der lokalen Universität hat Amazon – ironischerweise auf einem Zehntel der ehemaligen Filiale des Buchhändlers Barnes&Noble – in einem Einkaufscenter seine eigene Buchhandlung eröffnet, die ein stark kuratiertes Angebot umfasst (Knowledge Wharton 2016). In einer angenehm und einladend gestalteten Atmosphäre wird dem Kunden das Sortiment präsentiert, WLAN zur Verfügung gestellt und Sitzgelegenheiten dargeboten. Die Anzahl der Kunden ist auf 180 beschränkt, was gerade nach Eröffnung des Stores zu langen Schlangen führte. Das Kernsortiment beschränkt sich auf Bücher. Diese sind thematisch sortiert und werden in großzügigen Regalen präsentiert, stets mit dem Cover zum Kunden gerichtet, beinahe wie man Produkte in Online-Shops oder Filme bei Netflix präsentiert bekommt. Bereits hier wird deutlich, dass Amazon seine daten- und analysegetriebene Exzellenz aus der Online-Welt ebenfalls in den stationären Handel übersetzen will. Die Auswahl der Bücher beruht auf einer zielgruppenspezifischen Auswahl von Titeln mit positiven Bewertungen (Schnelldreher), die mit hoher Wahrscheinlichkeit vor Ort gekauft werden (Vox 2016). Aus diesem Grund enthält die Filiale auch eher ungewöhnliche Buch-Displays mit den *Top Yogabüchern* oder den *Meistverkauften Büchern auf Amazon im letzten Monat*.

Das klein gehaltene Sortiment reduziert die benötigte Lagerkapazität und somit die gesamte Grundfläche der Filiale. Neben den Büchern werden zusätzlich die eigenen Technikprodukte von Amazon präsentiert und zum Test angeboten. Eine weitere Besonderheit im Store ist es, dass kein einziges Produkt einen Preis darstellt. Unter jedem Titel ist stets eine (positive) Kundenbewertung prominent dargestellt. Um den Preis zu sehen, muss der Kunde die Amazon-App auf seinem Handy öffnen und den Artikel scannen (Vox 2016). So bricht Amazon mit der gelernten Wahrnehmung der Preise aus Kundensicht, die online stets günstigere Preise vermuten und so oft die Kaufentscheidung hinauszögern. Amazon kann also weiterhin sein dynamisches Pricing mit Dutzenden Änderungen am Tag beibehalten, gleichzeitig dem Kunden aber anbieten, die Ware zu eben diesem aktuellen Preis spontan im Geschäft zu erwerben. Amazon akzeptiert in seiner Filiale keine Barzahlung und wenn die Kreditkarte des Kunden bereits bei Amazon mit einem Konto verknüpft ist, so erscheinen der Kauf und die Rechnung umgehend in der Kundenhistorie. Um Fragen der Kunden zu dieser ungewöhnlichen Shoppingerfahrung zu beantworten oder nicht vorhandene Produkte zu bestellen, existiert eine Theke im Laden mit Beratern nach dem Vorbild der Genius Bar von Apple (Vox 2016).

Die Filiale von Amazon ist kein aktiver Schritt in den stationären Buchhandel, vielmehr ist es ein tägliches Marketingexperiment, das das Buchsortiment aus Gründen der Simplizität ausgesucht hat. Amazon verknüpft die bereits existierenden, vielfältigen Daten der Kunden aus der Region, um mit einem möglichst attraktiven Angebot

Spontaneinkäufe zu initiieren. Bei vergleichsweise geringen Kosten der Filiale hat Amazon eine enorme Werbewirkung und erweitert das eigene Ökosystem. Die schon heute große Strahlkraft des eigenen Bewertungssystems der Kunden wird in die stationäre Umwelt übertragen, bietet aber auch den physischen Mehrwert, das Produkt dazu ebenfalls in der Hand zu halten und vom Kunden selbst untersuchen zu lassen. Auch offline ist Amazon kein produktgetriebener Händler, sondern kann Filialen ebenfalls als Erweiterung der eigenen Supply Chain einsetzen. In Amazons Geschäftsmodell ist der Fokus des Managements stark auf den Lieferkosten, da diese den dominierenden Hauptteil der Kostenseite bilden, gerade bei kurzfristigen Lieferungen zu Amazon-Prime-Kunden. Der stationäre Laden bietet so die Chance eines Testballons, um die letzte Meile im Versand zum Kunden entweder durch Filialen abzukürzen oder durch Abholung des Kunden vor Ort sogar ganz zu eliminieren, gerade um einzelne Produkte effizient zu verschicken. Besonders vor dem Hintergrund der bisher noch geringen Online-Frequenz an Lebensmittelkäufen könnten Filialen eine attraktive Option sein, um den Kunden damit vertraut zu machen. Auch sperrige oder große Produkte – wie beispielsweise Möbel – würden sehr hohe Kosteneinsparungen in der Logistik versprechen, wenn sie in eine Filiale geliefert werden. Amazon bewahrt den Kern des digitalen Mindset und experimentiert mit allen Aspekten des Verkaufskanals. Durch Leerstand in vielen Einkaufscentern und Innenstadtlagen wäre auch für den einen großflächigen Eintritt in den Offline-Handel ein attraktiver Zeitpunkt, doch Amazon wird erst die Ergebnisse des Pilot-Stores in Seattle auswerten und darauf basierend die nächsten Schritte ableiten. Denn auch für Amazon wäre ein Aufbau von 300 bis 400 Stores mit all den verbundenen Prozessen ein aufwendiger Prozess von wahrscheinlich mehreren Jahren. Da Amazon aber bereits ein Patent angemeldet hat, dass Kunden in einer Filiale automatisch per Datenübertragung identifiziert und so eine kassenlose Shoppingerfahrung mit automatischer Abbuchung beim Verlassen des Ladens verspricht, hat Amazon für den Offline-Handel noch große Pläne (Knowledge Wharton 2016).

In der anderen Richtung der Digitalisierung, von Offline zu Online, bietet der Großteil der Offline-Händler keine spannenden Beispiele einer innovativen strategischen Neuausrichtung. Oftmals stellt der Online-Kanal lediglich einen weiteren Absatzkanal dar und tritt oft gar in direkte Konkurrenz zum Filialnetz. Dabei bieten gerade die durch die verschiedenen Kaufprozesse (vgl. Abb. 3) initiierten Kundenkontakte eine besondere Möglichkeit, um innovative technische Lösungen in der Filiale einzusetzen und online zu verlängern. Besonders die Bedeutung von Services wird nun von etablierten Offline-Händlern in ihrer Vision festgeschrieben, um (online) wettbewerbsfähig zu bleiben oder gar erst werden. Die amerikanische Kaufhauskette Nordstrom, die seit jeher einen besonderen Fokus auf hochpreisige Produkte begleitet von einem einzigartigen Serviceerlebnis hat, versucht dies nun durch entsprechende Online-Angebote zu verlängern (Nordstrom 2015). Auch der deutsche Elektronikhändler Media Saturn soll nach Plänen der Metro Group einen starken Servicefokus entwickeln, der den Kunden über alle Kanäle hinweg eine klare Identifikation und einen Mehrwert bietet. Um das digitale Mindset in die traditionellen Strukturen zu injizieren, wurde ein Start-up-Programm ins Leben gerufen, das bei geringem Investitionsrisiko einzigartige Services in das eigene Ökosystem einbringen soll (Metro Group 2015). Doch die Mehrheit der Offline-Händler lässt im aktuellen Status quo eine kreative oder ambitionierte Vision vermissen und konzentriert sich im alten analogen Denken auf die versuchte Verteidigung bisheriger Marktanteile, ohne sich den vielfältigen Chancen der Digitalisierung durch einen dezidierten Ansatz zu öffnen.

3 Adäquate Handlungsoptionen für den Offline-Handel

3.1 Vom Sortimentsdenken zur echten Customer Centricity

Als elementarer Bestandteil eines Digital Mindset muss der Offline-Handel sich von seiner bisherigen Praktik lösen und den Kunden in den Mittelpunkt aller Unternehmensaktivitäten stellen. Anhand dieser Neuausrichtung kann die Digital Adoption Wachstumspotenziale im Kerngeschäft erschließen und die Vorteile des existierenden Offline-Geschäfts innovativ mit Online-Potenzialen verweben. Dabei gilt ein besonderer Augenmerk den Hauptgründen, warum der Einsatz von Online-Technologien oftmals scheiterte und Offline-Händler keine innovativen Lösungen kreiert haben. Zuerst muss die Technologie die Kunden primär beim Anlass ihres Filialbesuchs – Produkte zu finden und zu erleben – unterstützen. Ergänzend muss der Return on Investment für den Händler klar aufgezeigt werden, damit er die Lösung holistisch einbettet und strategisch nutzt (TechCrunch 2015). Die altmodische Customer Experience in vielen Offline-Händlern ist das zentrale Bottleneck, da neue Technologien bisherige Schritte im Kaufprozess eliminieren, substituieren oder anreichern können (Ersek et al. 2015, S. 103). Konträr zum bisher gelebten Sortimentsdenken mit einem starken Fokus auf Finanzkennzahlen muss der Kunde an dessen Stelle treten, da seine Zufriedenheit die Basis für langfristigen wirtschaftlichen Erfolg darstellt.

Gerade aus Kundenperspektive ist eine mangelnde Differenzierung der Offline-Händler eine Chance, die sich hinsichtlich der Digital Adoption erschließen lässt. Mit einer echten Customer Centricity ist kein Re-Design der Ladenfläche oder eine Neuanordnung des Sortiments gemeint – die echten Bedürfnisse des Kunden müssen durch digitale Technologien innovativ erschlossen werden, wie es dem Offline-Handel bislang nicht möglich war. Diese Markenidentität und -wahrnehmung hat einen nachweislichen Impact auf die Profitabilität, der den bisherigen Haupthebel Preis bei Weitem übersteigt. Gänzlich engagierte Kunden haben durchschnittlich einen Aufschlag von 23 % im Share of Wallet, der Profitabilität, dem Umsatz und der Dauer der Kundenbeziehung gegenüber regulären Kunden (Gallup 2014, S. 5).

Grundlage dieser Customer Centricity, die sich an den echten Bedürfnissen und Kaufprozessen des Kunden orientiert, sind echte Kundendaten, die nicht anhand von traditioneller Marktforschung wie Fokusgruppen abgeleitet werden. Dabei können diese Daten entweder in der Kundenhistorie über sämtliche Touchpoints des Unternehmens abgebildet werden oder der Kunde kann ergänzend über seine Vorlieben und Shoppingrituale gezielt online befragt werden. Auch Produktbewertungen des Kunden liefern eine wertvolle Datenquelle. Durch die stark technologisch getriebenen, digitalen Prozesse haben Online-Händler diesen Datenpool den meisten Offline-Händlern voraus und damit einen signifikanten Vorsprung gewonnen.

Ein Beispiel für einen Offline-Händler, der über seine Kundenkarten bereits heute über eine entsprechende Datengrundlage für eine echte Orientierung an den Kundenbedürfnissen verfügt, ist die amerikanische Lebensmittelsupermarktkette Kroger. Durch die bewusste Incentivierung der Kunden zur Registrierung und stetigen Verwendung der eigenen Kundenkarte, die beispielsweise wöchentlich verschiedene Artikel rabattiert oder Sonderaktionen ermöglicht, hat das Unternehmen exklusive Daten, die schon heute aktiv im Category-Management eingesetzt werden, um den Kunden in den Mittelpunkt der gesamten Sortimentspolitik zu rücken. Die Kunden bekommen beispielsweise personalisierte Coupons zugesendet, deren Verwendung dann weitere Analysen auslöst. Kroger hat erkannt, dass die bisherige Fokussierung auf demografische Kundendaten wenige konkrete Erkenntnisse zum tatsächlichen Kaufverhalten bietet. Auch die tatsächliche Anordnung des Sortiments, nicht nur die reine Auswahl der Produkte, basiert auf den regionalen Kundenerfahrungen (Forbes 2013). Kroger hat sich dieses digitale Mindset zunächst in einem Joint Venture in das Unternehmen geholt, bevor es nun eine eigene Geschäftseinheit aufgebaut hat, die diese digitale Kompetenz intern vorantreibt. Durch diese merkliche und für den Kunden spürbare Differenzierung konnte Kroger eine in im Handel einzigartige Loyalität aufbauen. Seitdem Kroger 2003 mit dieser kundenzentrischen Analytik begonnen hat, hat es 46 Quartale in Folge den Umsatz steigern können (Kroger 2015). Mit dieser analytischen Kompetenz, dem digitalen Mindset, den vorhandenen Kundendaten und einem weitgefächerten Filialnetz zur Unterstützung der Logistik im Online-Geschäft ist Kroger bestmöglich auf eine weitere Verknüpfung von Offline und Online gewappnet.

Im Gegensatz zur Wahrnehmung des analogen Mindset im Handel, dass der Kunde ein Kostenträger ist, der durch Outsourcing reduziert werden soll, ist das digitale Mindset ganzheitlich an seinen Bedürfnissen ausgerichtet. Oftmals muss in der Digital Adoption des Offline-Handels das gesamte Produkt vom Grunde neu erfunden werden, um diesen neuen Anforderungen Rechnung zu tragen. In Abb. 4 wird deutlich, welche Dimensionen und Kompetenzen die Entwicklung digitaler Produkt- und Servicedimensionen der Offline-Handel dafür leisten muss. In der Kreation neuer Produkte und Dienstleistungen müssen alle Prozesse radikal auf den Kunden ausgerichtet sein, und ihm sowohl eine einzigartige User Experience bieten als auch eine klare Value Proposition aufzeigen, die den Händler vom Wettbewerb unterscheidet. In den kurzen Innovations- und Produktlebenszyklen ist daher das ständige Scannen der Umwelt unabdingbar, um Geräte, Kanäle und das Nutzerverhalten digital nutzbar zu machen. Doch diese Erkenntnisse sind nur in Innovationen zu übersetzen, wenn die eigene Organisation die richtigen Fähigkeiten des digitalen Mindset leisten kann und die Leistungsfähigkeit flexiblen Raum zur Improvisation für kurzfristige Entwicklungen schultern kann. In diesem digitalen Mindset nutzt der Händler alle Kanäle (*„always on"*), damit der Kunde zu jeder Zeit seine individuellen Shoppingroutinen vollziehen kann.

Dimension	Gebiet	Scope	Element
Produkt & Services	User Experience	Digitale Produkte und Services erfordern das höchste Niveau in Usability, ansprechende Ästhetik im Design und lösen nachhaltig Engagement aus.	Usability / Ästhetik / Engagement
	Value Proposition	Digitale Innovation basiert auf einer dezidierten Value Proposition, die Kundensegmente nutzt, um Services zu bündeln und Margen zu erzielen.	Segmentierung / Bundling / Margen
Umwelt	Digital Evolution Scan	Um Chancen für Innovationen zu identifizieren, ist ein kontinuierliches Scannen der digitalen Umwelt unabdingbar.	Geräte / Kanäle / Verhalten
Organisation	Fähigkeiten	Die Akquisition neuer Fähigkeiten und der interne Aufbau der Rollen ist notwendig, um digitale Kompetenz aufzubauen und agil zu leben.	Lernen / Rollen / Teams
	Improvisation	Geschwindigkeit und geringe Kosten bedingen ständige Improvisation, die flexible Strukturen benötigt, um Kreativität zu ermöglichen.	Raum / Zeit / Koordination

Abb. 4 Bedingungen und Elemente der Entwicklung digitaler Produkt- und Serviceinnovationen. (Quelle: eigene Darstellung in Anlehnung an Nylén und Holmström 2015)

Die gesamte Notwendigkeit dieser Anpassungsfähigkeit selbst von sehr erfolgreichen Offline-Händlern wird am Beispiel von Ikea deutlich. Nachdem Ikea über Jahrzehnte eine strikte Strategie zu einer global einzigartigen Wettbewerbspositionierung vollzogen hat, hat das Management dort erkannt, dass sich die Ansprüche der Kunden wandeln und Anpassungen notwendig sind, um keine Umsätze und Margen zu verlieren. So weicht man erstmalig von der bisherigen Planung von großformatigen Filialen an Verkehrsknotenpunkten außerhalb von Innenstädten ab und experimentiert global mit neuen Filialtypen. Ikea führt nicht flächendeckend neue Pick-up-Points ein, wo Kunden die online gekaufte Ware abholen können. Um in Regionen verkaufen zu können, die nach den klassischen Kennzahlkriterien keine eigene Filiale wirtschaftlich getragen hätten, baut Ikea nun deutlich kleinere Filialen mit der Hälfte der sonst üblichen Fläche – gerade für dieses Möbelhaus eine strategisch bedeutende Umkehr. Um auch dem Megatrend der Urbanisierung mit den modernen Kaufprozessen strategisch zu begegnen, experimentiert Ikea sogar erstmalig mit einem neu konzipierten Store im direkten Stadtgebiet von Hamburg (Financial Times 2015).

Ausgehend von der besonderen Exzellenz von Ikea im gesamten Supply-Chain-Management von der Produktion bis hin zu den Warenhäusern zeigt sich, dass kein Händler heute mehr erfolgreich sein kann, ohne die Logistik im Unternehmen neu zu überdenken. Händler mit einer effizienten Supply Chain haben einen mehr als vierfachen Umschlag des Inventars als weniger effiziente Konkurrenten, zugleich erhöhen sie den Druck auf die Wettbewerbsfähigkeit der gesamten Handelsindustrie. Dabei ist nicht nur die Logistik an sich betroffen, sondern auch alle weiteren Unternehmensfunktionen von HR bis zur IT spielen dabei eine elementare Rolle. Da sie in vielen heutigen Use Cases des Kaufprozesses die Filiale als Touchpoint zum Kunden ersetzen, definieren sie die Kundenzufriedenheit maßgeblich (Kozlenkova et al. 2015, S. 586–587).

Aus der eigenen Evaluation von Online-Services ist es der Kunde gewohnt, dass alle Phasen des Kaufprozesses End-to-End an seinen Bedürfnissen ausgerichtet sind. Besonders das Design der Website, der Fulfilment-Prozess und der Kundenservice sind online die bedeutendsten Kriterien in der Kundenerfahrung, die seinen Eindruck prägen (Blut et al. 2015, S. 690). Diese Kriterien sind aus Sicht des Offline-Handels nicht kanalspezifisch zu betrachten und rein in der Online-Sphäre zu verbessern, vielmehr muss eine Adoption dieser Dimensionen auch in den Filialen stattfinden, um auch dort das besondere Qualitätsempfinden der eigenen Handelsmarke gegenüber dem Wettbewerber zu besetzen und vom Kunden damit intuitiv verbunden zu werden. Auch wenn sich die vom Kunden angelegten Qualitätskriterien in vielen Phasen on- und offline generell gleichen, so ist gerade der persönliche Kontakt in der Filiale ein wichtiger und weiterhin zu betonender Differenziator, da er das empfundene Kaufrisiko und Datenschutzbedenken des Kunden signifikant beeinflusst (Blut et al. 2015, S. 679). Es ist eine heute wichtigere Aufgabe des Managements als je zuvor, durch einen Fokus auf die Customer Centricity die einzelnen Elemente des Kaufprozesses ganzheitlich zu betrachten und durch gezielte interne Analysen und Benchmarks zu entscheiden, welche Investments priorisiert getätigt werden müssen, um Kundenzufriedenheit, Wiederkaufabsicht und Word of Mouth zu stärken (Blut et al. 2015, S. 697). Durch die heute stärkere, datenbasierte Messbarkeit von solchen Investments und der damit gewachsenen Bedeutung eines positiven Return on Investment ist die Stimulation von Word-of-Mouth besonders wichtig im Handel, da es sowohl eine Konsequenz von Kundenzufriedenheit ist als auch die Akquisekosten für Neukunden signifikant reduziert (und damit Umsatz und Gewinne steigert) (Wangenheim und Bayón 2007, S. 233). Über Word of Mouth organisch gewonnene Neukunden sind zusätzlich langfristig profitabler, da sie ebenfalls geringere Kosten für Retention-Maßnahmen erfordern als beispielsweise über Werbung aktivierte Kunden (Villanueva et al. 2008, S. 58).

Hat der Händler verschiedene Sortimente und bespielt mehrere Kanäle, so hat eine intensivierte Kundenbeziehung weitere exzellente Gelegenheiten in der Kundenanalytik zur Folge. Durch die Kombination der verschiedenen Daten im CRM-System kann der Händler nicht nur den Share of Wallet pro Produktart oder Kanal bestimmen, sondern ebenfalls fundierte Rückschlüsse über die Size of Wallet der Kunden ableiten. Anhand dieser Datengrundlage sind Marketingmaßnahmen und -strategien in neuen Sphären möglich, da die Profitabilität eines jeden Kunden mit entsprechenden Services und Angeboten versehen werden kann. Gerade die idealen Kunden – mit einem bereits großen Share of Wallet und einer ebenfalls großen Size of Wallet – sind priorisiert anzugehen, da sie den größten Return on Investment versprechen (Du et al. 2007).

Mit dieser Ausrichtung kann der Offline-Handel eine gesteigerte Wertschöpfung vor allem im Up- und Cross-Selling erreichen. Auf der einen Seite benötigt er valide Daten über den individuellen Kunden oder die regionale Kohorte, um eine Personalisierung im Angebot ableiten zu können und im individuellen Verkaufskontakt per Next Best Activity die Bedürfnisse des Kunden mit hoher statistischer Wahrscheinlichkeit voraussagen zu können. Dafür sind praktikable und intelligente CRM-Systeme mit kanalübergreifendenden Schnittstellen unabdingbar, die die technologische Grundlage für diese Fähigkeiten im konkreten Kaufkontakt bilden. Gerade der Offline-Handel muss hier von den Kompetenzen erfolgreicher Onliner lernen und seine IT-Systeme modernisieren. Mit dieser Grundausstattung ist es möglich, den Dialog mit dem Kunden zu antizipieren und regelgeleitet durch das CRM-System zu steuern (Bartikowski 2006, S. 69). Im Idealfall betritt der Kunde die Filiale und der Mitarbeiter im Verkauf hat auf seinem digitalen Verkaufsassistenten bereits alle verfügbaren Daten des Kunden vorliegen. Die demografischen Daten erlauben es nicht nur, den Kunden persönlich anzusprechen, anhand der Kaufhistorie können ebenfalls passende Produktvorschläge gemacht werden, die sogar zu bereits gekauften Produkten kompatibel ist. Auch für überregionale Händler ist es so möglich, im Kaufkontakt eine persönliche Kundenbindung herzustellen und die Online-Kompetenz für sinnvolle Kaufberatung einzusetzen, die über langwierige und oberflächliche Verkaufsgespräche hinausgeht und individuelle Schwerpunkte setzt. Durch seine Loyalität zum Händler und die damit stetig eingespeisten Datenpunkte in das System erlaubt der Kunde diese individuelle CRM-Behandlung, der Händler kreiert aber gleichzeitig Switching Costs für den Kunden, da er eine ähnliche Behandlung bei einem anderen Händler nicht ohne Vorlauf und Dutzende Kontaktpunkte bekommen kann. Vor diesem Nachteil steht der Offline-Handel jetzt gegenüber Online-Händlern mit starkem Technologiefokus, doch noch gibt es keine entsprechende Verlängerung dieser Kompetenz in die physischen Handelspräsenzen.

Zusätzlich benötigt der Handel innovative und kreative Angebote, die Verkäufe über den Erstverkauf hinaus erlauben. Das Sortiment muss zusätzlich cross-channel-fähig sein, um das Kundenerlebnis über alle Kanäle gewährleisten zu können. Dabei gilt ein pragmatischer Ansatz in der Datenauswertung, der unter steten Beachtung der bisherigen Learnings den organisatorischen Fokus auf sinnstiftende Analysen legt und die *Paralysis by Analysis* vermeidet, die der Akzeptanz der strategischen Datennutzung nachhaltig im Ansehen schadet.

Auch die Mitarbeiter auf der Ladenfläche – im Verkauf und Service – sind als strategische Ressource im Offline-Handel zu managen, die sich situativ unterscheidet. Auch hier gibt es nicht einen goldenen Pfad, um ihren Einfluss auf die verschiedenen Stakeholder bestmöglich zu intensivieren. Durch die emotionale Komponente im zwischenmenschlichen Kontakt ist es nicht genug, den Kundenfokus als logische Schlussfolgerung intern zu kommunizieren, um die Performance zu verbessern (Plouffe et al. 2016, S. 119). An dieser Stelle kommt erneut die identitätsstiftende und mobilisierende Wirkung der dringend benötigten Vision zur Geltung, die für eine erfolgreiche Digital Adoption unabdingbar ist.

Durch einen steigenden Anteil der Technologie im Einkaufserlebnis im Offline-Handel werden Kunden zukünftig aktiver und selbstständiger mit digitalen Verkaufssystemen am Touchpoint agieren, als sie es bisher gewohnt sind. Doch anders als das Beispiel der mangelnden Akzeptanz von Selbstbedienungskassen bisher belegt, die aus Händler- und nicht Kundenperspektive design wurden, kann die Kundeneinbindung aktiv gemanagt werden. Wird den Kunden der Wert klar kommuniziert und ist dieser intuitiv für sie erlebbar, sinkt die Kontakthemmung signifikant. Gerade durch zunehmend autarke Fulfilment-Systeme mit Pick-up-Points ohne Personal wird die Wahrnehmung des Kunden besonders wichtig. Zusätzlich bieten sie für die Händler eine Chance, mit innovativen Service- oder Support-Lösungen echte Differenzierung zu erlangen (Haumann et al. 2015, S. 29).

Hammerschmidt et al. (2016, S. 90) definieren vier Kriterien, die die Kundenzufriedenheit über Kanäle hinweg während des Kaufprozesses determinieren (Auswahl, Kosten, Convenience und Vertrauen), und ein Kriterium, dass außerhalb wirkt (Betreuung). Gerade im Wettbewerb zum Online-Handel ist die subjektiv empfundene Auswahl ein entscheidendes Kundenkriterium, welches sich zusätzlich über Kundendaten nach Region oder Kundenkohorte differenzieren lässt. Die neue Dimension der Preistransparenz über alle Touchpoints hinweg prägt den Kunden, sodass er stets Kosten und Nutzen angesichts der verfügbaren Produktqualität abwiegt und kritischer entscheidet denn je. Sowohl online als auch offline erwartet der Kunde ein hohes Maß an Convenience, welche den Kaufprozess effizient und mühelos für ihn gestaltet. Gerade im europäischen Kontext ist zudem das Vertrauen entscheidend für die Kundenwahrnehmung, da digitale Zahlungsformen mit Datenschutzbedenken und kriminellen Einfalltoren assoziiert werden. Über den eigentlichen Kaufprozess hinaus bietet das Level an Betreuung über Pre- und After-Sales-Services dem Handel die Chance, dem Kunden individuelle und margenträchtige Versprechen zu machen, die er anhand der Performance bewertet. Anhand dieser Dimensionen muss der Offline-Händler sowohl seine digitalen Initiativen als auch seine individuelle Customer Centricity ausrichten, um die Digital Adoption erfolgreich zu steuern.

Angesichts dieser Herausforderungen für viele Offline-Händler wird die volle Relevanz der Digital Adoption deutlich, da eine langfristige Orientierung zu diesem Mindset den kurzfristigen Aktionismus schlägt. Doch gerade in der heutigen Online-Welt kann der große strategische Fokus auf die Customer Centricity nur erfolgreich sein, wenn diese langfristige Ausrichtung von kurzfristigen Initiativen begleitet wird, die den Mentalitätswechsel einläuten: Schnell schlägt Langsam. Offline-Händler, die diese Herausforderung bewältigen, sind in der Lage, das digitale Mindset innerhalb des Unternehmens zu adoptieren und eine neue Perspektive abseits von gewohnten Mustern und Prozessen zu gewinnen. Dabei gilt es aber stets, den individuellen Einzelfall des Handels und des Unternehmens zu betonen, da selbst Best Practices im Online-Bereich nicht als stereotyp übertragbar sind (Blut et al. 2015, S. 697). Angesichts vertikal integrierender und immer selbstbewusster Händler in vielen Produktkategorien bleibt dem Online-Handel aber keine andere Option, als den Kunden bestmöglich zu versorgen und so den Kaufprozess nachhaltig prominent zu besetzen.

3.2 Digital Thinking in einer agilen Organisation

Damit der Offline-Händler diese anspruchsvolle Ausrichtung am Kunden leisten kann, muss sich die Organisation neu ausrichten und ein digitales Mindset erlangen. Im Zentrum dieser Adoption steht dabei das agile Denken der Organisation, das das bisherige, rein statische Projektmanagement obsolet werden lässt, da es den interaktiven, kollaborativen und dynamischen Ansprüchen der digitalen Handelslandschaft nicht mehr gerecht wird.

Im Einklang mit der Digital Adoption muss der Offline-Handel die Fläche der Filialen von Grunde auf neu denken und mit derselben Neugier und Forschheit die bisherigen Prozesse hinterfragen. Basierend auf modernen und intelligent vernetzten IT-Systemen und -Tools, die eine ständige Überprüfung der Initiativen erlauben, können verschiedene digitale Strategien per A/B-Testing auf kausale Implikationen überprüft werden, bei denen Filialen ohne Anwendung der neuen Technologien als Kontrollgruppe dienen. In diesem Zustand des *Constant Beta* ist jede Implementierung nur ein Zwischenschritt zur nächsten Verbesserung. Diese Schnelligkeit ist ein entscheidender Faktor im Wettbewerb, um genauso auf die Konkurrenz reagieren zu können wie eigene Innovationen zu installieren.

Um die Organisation des Offline-Händlers nicht mit einer ruckartigen und umfassenden Ausrichtung auf Innovationen zu überfordern, kann auch eine interne Unterscheidung zwischen verschiedenen Graden von Innovationen sinnvoll unterstützen. Diese verschiedenen Arten können auch zyklisch und bewusst gesteuert werden. Beispielsweise können geringfügigere und günstigere komfortorientierte Innovationen nachgelagert nach einer signifikanten Produkt- oder Serviceinnovation vorgestellt werden, um deren Neuheit und den Impact auf die Markenwahrnehmung zu verstärken (Heath et al. 2015, S. 71).

Das digitale Mindset der Start-ups, was als verinnerlichtes Digital Thinking alle Ebenen des Offline-Handels perspektivisch durchziehen muss, lebt vom besonderen Unternehmergeist dieser jungen Gründergeneration, welcher neue Perspektiven und disruptive Innovationen in allen Industrien erlaubt. Die besondere Herausforderung in der Digital Adoption liegt darin, den Bottom-up-Ansatz dieses Start-up-Mindset mit der Top-down-Orientierung des strategischen Managements zu kombinieren. Collis (2016, S. 63–64) empfiehlt dafür den Lean Strategy Process, der in Abb. 5 illustriert ist. Innerhalb dieses Framework fungiert die Strategie sowohl als Maßstab für neue Ideen und Innovation als auch als Gestaltungsraum für Anpassungen nach agilen Experimenten. Denn auch in der Anwendung agiler und kurzfristiger Projekt- und Managementzyklen sind stets Investitionen damit verbunden, die aufgrund limitierter Ressourcen Entscheidungen verlangen. Auch wenn etablierte und große Offline-Händler über einen anderen Kapitalzugang verfügen als Start-ups, müssen auch sie im Rahmen der Strategie bewusst nach Prioritäten entscheiden, welche Projekte nicht verfolgt werden sollen. Das agile Management und digitale Denken erlauben anschließend aber, die sich aus jedem Projektsprint ergebenden

Abb. 5 Lean Strategy. (Quelle: eigene Darstellung in Anlehnung an Collis 2016)

und unvorhersehbaren Ergebnisse an den aktuellsten Markttrends und Kundenbedürfnissen auszurichten. Innerhalb des an Komplexität zunehmenden Multi-Channel-Umfelds haben Offline-Händler so die Chance, aus der Vielfalt an Innovationen ein Ökosystem über alle Touchpoints zum Kunden zu entwickeln.

Die besondere Bedeutung der bislang fehlenden Vision des Offline-Handels wird anhand von Abb. 5 deutlich, da sie Ausgangspunkt der gesamten *Lean Strategy* ist. Als Pfeiler der gesamten Digitalisierung des Unternehmens ist sie die einzige permanente Komponente. Sie formuliert die Existenzberechtigung des Unternehmens in einem selbstbewussten Ton, in dem sie den langfristigen Fokus aufzeigt und sogar bewusst überambitioniert oder utopisch ausfallen darf. Entlang einer umfassenden internen Analyse des Unternehmens, des Marktes und der Umwelt wird aus dieser Vision die Strategie abgeleitet. Diese hat drei Kernelemente: Ziele, Scope und den anvisierten Wettbewerbsvorteil (Collis 2016, S. 66). Die Ziele definieren die kurzfristigen Schwerpunkte durch den Fokus auf bestimmte Kennzahlenkategorien, die auch die Auswahl der ersten, agilen Experimente prägt. Der Scope dieser Strategie als kritischer Bestandteil legt fest, in welchem Geschäft das Unternehmen agieren will, und zieht Grenzen für Projektentscheidungen und Investments. Auch wenn dies für den Handel zunächst als rhetorische Frage erscheint, so ist dieser Selbstfindungsprozess in der Digital Adoption bedeutend. Abgrenzend vom historischen Selbstzweck muss der Offline-Handel aktiv entscheiden, in welchen Kanälen, Sortimenten oder Services er Exzellenz oder Kostenvorteile strategisch nutzen kann. Der Scope geht so eng einher mit dem strategischen Wettbewerbsvorteil. Dieser bringt Klarheit und Fokus, wo und warum der Händler dem Kunden einen (digitalen) Mehrwert bieten kann, den der Wettbewerb nicht hat. Die stagnierenden Wachstumsraten im Online-Handel zeigen, dass es sowohl Kunden mit bislang nicht angesprochenen Bedürfnissen als auch Kunden mit akuter Frustration gibt, die zum Wachstum erschlossen werden können.

Dem agilen Charakter der Digital Adoption trägt die *Lean Strategy* Bedeutung bei, indem die erstmalig abgeleitete Strategie durch die täglichen Entscheidungen des Managements geprägt und iterativ weiterentwickelt werden. Die Learnings aus den agilen Experimenten schärfen oder korrigieren die drei Elemente der Strategie und führen so zu einer stets zeitgemäßen Ausrichtung des Händlers an den aktuellen Kundenbedürfnissen und technologischen Möglichkeiten. So wird die bislang dominante Gefahr der *Sunk Cost* im Offline-Handel ausgeschlossen, da der stetige Blick nach vorne es verhindert, dass Investitionen aus der Vergangenheit das Unternehmen langfristig in eine falsche Richtung führen. Nur der klare und gelebte Prozess der Anpassung der Strategie erlaubt es dem Unternehmen, von den Experimenten zu lernen und auch aus Fehlschlägen die richtigen Schlüsse und Handlungshypothesen abzuleiten, um digital wettbewerbsfähig zu sein. Doch durch den stets klaren Fokus auf die Ziele und USPs des Händlers erlaubt die iterative Kombination aus Vision, Strategie und Kultur, langfristig innovativ und erfolgreich zu sein (Collis 2016, S. 68).

Das in dem digitalen Mindset so elementare Lernen aus Fehlern ist ebenfalls ein wichtiger Ansatzpunkt in der Unternehmenskultur, der sich im Management widerspiegeln muss, um nach Jahren anderer Praktiken von den Mitarbeitern ernst genommen und geglaubt zu werden. Edmondson (2011, S. 52–53) legt die Schritte für die Führungskräfte dar, die dafür notwendig sind. Übereinstimmend mit der Vision des Unternehmens müssen die Mitarbeiter zunächst verstehen, welche unterschiedlichen Fehler entstehen können (Produktion versus Innovation) und wieso Transparenz und Kollaboration unabdingbar sind, um offen über Fehler zu sprechen und die Atmosphäre zu entgiften. Um diese Kultur zu katalysieren, ist es anschließend wichtig, Mitarbeiter mit schlechten Nachrichten, Sorgen oder Fehlereingeständnissen zu loben und sich anschließend um die Behebung zu kümmern. Die Offenheit, auch persönliche Grenzen oder Wissenslücken im Team einzugestehen bestärkt Kollegen ebenfalls. Um bisher unentdeckte Fehler in Prozessen zu erkennen, ist es wichtig, Gelegenheiten zu kreieren, die die kritische Auseinandersetzung mit dem Status quo fördern und zu intelligenten Experimenten führen, wie diese behoben werden können. Natürlich heißt eine offene und agile Fehlerkultur nicht, dass keine Konsequenzen gezogen werden sollten, doch gilt es die Entscheidungen beispielsweise bei Kündigungen aktiv zu begründen, um die weiteren Initiativen nicht zu beeinträchtigen. Gerade in der konservativen Kultur vieler Offline-Händler stellt dieses unabdingbare Element des Digital Thinking eine zentrale Herausforderung dar.

In den meisten Fällen der Implementierung solch eines digitalen Mindset in der Organisation ist der Ursprung weder *top-down* noch *bottom-up,* er ist „*outside-in*". Aus diesem initialen Mindset erwächst die gesamte Unternehmenskultur, die sich den agilen Prinzipien verschreibt (Denning 2015, S. 12). Im Rahmen des agilen Projektmanagements gibt es klar definierte Regeln und Ablaufprozesse, die in die DNA des Unternehmens übergehen und aktiv gelebt werden müssen. Sie bilden eine sich wieder verstärkende Sequenz, die die Basis des kulturellen Wandels der Organisation bildet. Das agile Mindset ist betont auf den Kunden und an seinen Bedürfnissen ausgerichtet, nicht an dem eigenen Selbstverständnis des Unternehmens. Keines der dort formulierten Prinzipien ist für sich selbst betrachtet neu, aber die disziplinierte und sequenzielle Anwendung führt zu günstigeren, schnelleren und besseren Ergebnissen (Denning 2015, S. 13–14). Gerade die kurzen Etappen und iterativen Überprüfungen erlauben den Projekten eine bis dato nicht mögliche Fokussierung auf die größtmögliche Nutzenstiftung anhand des Pareto-Prinzips.

Durch strategische Handlungen kann auch der Geschäftsführer des Unternehmens die Adoption der digitalen und agilen Fähigkeiten unterstützen. Wenn er die Erwartung aktiv definiert, dass Innovationen einen höheren prozentualen Anteil an Umsatz und Profit haben sollen, dann fördert er die ersten agilen Initiativen und Teams und schafft durch eine höhere Visibilität eine gesteigerte Adoptionsrate. Ergänzend zu dieser Zieldefinition kann der Geschäftsführer innovative Teams in diesen Strukturen identifizieren lassen und ihnen den Support des Topmanagements garantieren, um etwaige Hindernisse nicht erst entstehen zu lassen und den Fortschritt zu erleichtern. Ebenfalls kann die bisherige Vergütungspraxis von der individuellen auf die Teambewertung umgestellt werden, um Kooperationen und Synergien zu fördern (Davidson und Klemme 2016, S. 36).

Angesichts dieser hohen organisatorischen Anforderungen, die das digitale und agile Denken mit sich bringt, hat besonders die Unternehmenskultur einen immensen Einfluss auf die erfolgreiche Adoption dieser Prinzipien im Offline-Handel. Eine negative oder der Adoption abweisend gegenüberstehende Kultur wird das Unternehmen nicht unmittelbar scheitern lassen, aber es ist eine Frage des *Wann* und nicht des *Ob*. Daher ist es von besonderer Bedeutung, in einer transparenten Art die Vision aufzuzeigen und die Adoption so zu unterstützen. Je weiter diese gemeinsame Identifikation im Unternehmen verzögert wird, desto eklatanter sind später die Folgen. Daher ist ein ständiger Dialog – ganz nach den agilen Prinzipien – über die Kultur sowohl in allen Ebenen des Managements als auch übergreifend unabdingbar. Die bisher gelebten bürokratischen Regeln des analogen Mindset haben eine Scheinsicherheit verbreitet, die die Adoption des Offline-Handels gelähmt hat. Vielmehr war diese Denkschule ein Korsett, das Innovationen bereits im Keim erstickt hat. Komplexität ist aus Managementperspektive eine simple und beinahe angenehme Angelegenheit, da sie dem System stetig und von verschiedensten Entscheidern hinzugefügt werden kann – Einfachheit hingegen bedingt, dass Elemente entfernt werden, sie kann nicht einfach addiert werden. Dies kann nur gelingen, wenn das verantwortliche Personal entsprechende digitale und agile Kompetenzen hat, damit eine Absprungbasis für die Weiterverbreitung des Wissens im gesamten Unternehmen gegeben ist (dgroup und Bergert 2015).

Auch wenn die Weiterentwicklung der digitalen Kompetenz für den Offline-Handel gerade in der Verlängerung der digitalen Fähigkeiten in die Filialen besteht, so muss das Management stets ebenfalls die Online-Aktivitäten der Händler als existenzielle Kanäle vorantreiben. Investments zur Verbesserung der Online-Präsenzen haben Wirkung auf die finanziellen Ergebnisse, da Kunden selbst bei positiven Erfahrungen vor Ort keine Online-Käufe in Betracht ziehen, wenn die Website nicht überzeugt. Diese Bedeutung erschwert die Entscheidungen der effizienten Ressourcenallokation für das Management, die auch für agile Projekte notwendig ist. Nachdem sich Kunden an kanalübergreifenden Charakteristika wie Sortiment, Preis und Verfügbarkeit orientieren, evaluieren sie kanalspezifische Indikatoren wie Wartezeit offline oder Systemstabilität online. Daher gilt es, zunächst die übergreifenden Charakteristika auf ein wettbewerbsfähiges oder gar -überlegenes Niveau zu heben, um Kanalsynergien effektiv zu nutzen (Hammerschmidt et al. 2016, S. 88–89). Eine vergleichbare Grundperformance über die Kanäle hinweg verhindert, dass unterperformante Kanäle die Leistung der überlegenen beeinträchtigen. Die konkrete Gewichtung der Investments sollte auf dem unerschlossenen Potenzial des Kanals beruhen, die Kundenzufriedenheit zu erhöhen. Da der Offline-Kanal einen stärkeren Einfluss auf die Kundenwahrnehmung hat, kann eine positive Differenzierung hier das Gros der Kunden gewinnen, die durch bisherige Online-Angebote nicht entsprechend ihrer Ansprüche bedient werden (Hammerschmidt et al. 2016, S. 98).

Gelungene, agile Projekte als Testballons der digitalen Adoption bestärken die Akzeptanz im gesamten Unternehmen und erleichtern die Digitalisierung aller Ebenen des Offline-Händlers. Die besondere Bedeutung von erfolgreichen Leuchtturmprojekten generiert sich aus ihrer repräsentativen Funktion in der Abkehr von alten Verhaltensmustern. Dieser selbstverstärkende Zyklus erfasst ebenfalls das Topmanagement, da risikoreichere Entscheidungen – die für Innovationen notwendig sind – nach erlangten Erfolgen psychologisch einfacher zu treffen und legitimieren sind als nach vorherigen Rückschlägen (Kumar et al. 2015, S. 2112). Diese intuitiv stimmige Erkenntnis ist in ihrer Tragkraft für eine erfolgreiche, schrittweise Adoption nicht zu unterschätzen, da sie die Identifikation mit der digitalen Vision und Strategie maßgeblich prägt und eher übersehen als entsprechend gewürdigt wird. Und auch die Auswirkungen auf die digitale Kultur und das Mindset des Offline-Händlers sind nicht zu unterschätzen. Gerade in der Phase des Wachstums – was der Offline-Handel nach Jahren von Stagnation wieder als Ziel auserwählen sollte und kann – ist die Kultur besonders bedeutend. Die Erfolge der ersten agilen Projekte stärken die digitale Adaption, da sie eine klare Botschaft intern kommunizieren. Sie legt ebenfalls den kollaborativen und kommunikativen Grundstein des ständigen und siloübergreifenden Austauschs, der für echte Innovationen des Geschäftsmodells unabdingbar ist (Gulati und Desantola 2016, S. 60).

4 Digital Adoption Retail: Zusammenfassung und Ausblick

Die Digitalisierung hat den Handel vollständig erfasst und macht eine adäquate Reaktion des Offline-Handels notwendig. Doch während eine Dominanz des Online-Handels über alle weiteren Kanäle bislang als kurzfristiges Szenario prognostiziert wurde, so führen sich abschwächende Wachstumsraten zu einem anderen Bild. Die vermehrten Eröffnungen von physischen Kanälen erfolgreicher Online-Händler zeigen auf, dass nur eine holistische Multi-Channel-Präsenz dem Kunden alle gewünschten Anforderungen bieten kann. Daraus ergibt sich für den Offline-Handel die große Chance, über eine intelligente Nutzung seiner Filialen dem Kunden ein differenziertes Leistungsspektrum zu bieten, das ihn langfristig und profitabel an ihn bindet. So kann der Offline-Handel in seinem Kerngeschäft wieder Wachstum erreichen. Doch da die Kundenerwartungen mit dem erweiterten Optionenraum ebenfalls angestiegen sind, sind nicht nur Detailveränderungen, Marketingkampagnen oder Preisangebote erforderlich. Vielmehr muss der Offline-Handel seine jahrzehntelang gelebte Effizienzkultur um die Betonung und Belohnung von digitalen Innovationen erweitern, damit er den Kunden einen echten Mehrwert bieten kann.

Um die Unternehmensorganisation auf diesem Weg nicht zu überfordern, ist die Digital Adoption der richtige Weg, der im Kontrast zur Digital Transformation eine Entwicklungskurve nutzt und keine radikale Umstellung erzwingt, die intern und extern die falschen Signale sendet. Die Digitalisierung darf dabei allerdings keine beiläufige Initiative sein, sondern muss zum zentralen Element der Unternehmensvision und -strategie werden. Der Offline-Handel muss erkennen, dass er im Gegensatz zu erfolgreichen Pure Playern im Internet organisatorisch nicht aufgestellt ist, um die kurzfristigen Produkt- und Servicezyklen innovativ weiterzuentwickeln und so zu wachsen. Doch basierend auf dieser Selbsterkenntnis kann er die notwendigen Schritte einleiten. Der Offline-Handel muss seine digitale Evolution auf einer neuen Vision begründen, die es erlaubt, den Kunden in den Mittelpunkt zu stellen und bisherige Prozesse darauf auszurichten. Dafür müssen Produkte und Services vom Grunde neu erdacht werden und ein agiles Management die notwendige digitale Kultur in die bisherigen Strukturen übersetzen. Agile und kurzfristige Projektintervalle mit einer offenen Fehlerkultur und einem dominierenden Technologiefokus in allen Unternehmensebenen sind der Weg, um die echten Bedürfnisse des Kunden zu befriedigen und sich gemeinsam mit ihm weiterzuentwickeln.

Die besonders große Wachstumsperspektive wird deutlich, wenn man erkennt, dass der Handel im B2C und B2B in dieser Phase der Digitalisierung sehr ähnlich verläuft und die gleichen Kompetenzen, Strategien und Kulturaspekte erfordert. Richtet der Offline-Handel seine Produkte und Services ganzheitlich an den beiden Kundengruppen aus, so kann er die nächsten Erfolgsgeschichten und Best Practices Industrie übergreifend schreiben.

Literatur

Bartikowski, B. (2006). Critical events and next best activities in relationship marketing: Best practices beyond advanced analytics. *Global Business and Orgnizational Excellence.* doi:10.1002/joe.20122.

Blut, M., Chowdhry, N., Mittal, V., & Brock, C. (2015). E-service quality: A meta-analytic review. *Journal of Retailing, 91*(4), 679–700.

Collis, D. (2016). Lean strategy. *Harvard Business Review, 2016*(March), 62–69.

Davidson, A., & Klemme, L. (2016). Why a CEO should think like a Scrum Master. *Strategy & Leadership, 44*(1), 36–40.

Denning, S. (2015). How to make the whole organization agile. *Strategy & Leadership, 43*(6), 10–17.

dgroup & Bergert E-Search + Consulting. (2015). *Organisations-Studie: Digitale Transformation 2015 – Status und Herausforderung der digitalen Transformation in deutschen Unternehmen.* Hamburg: dgroup & Bergert E-Search + Consulting.

Du, R. Y., Kamakura, W. A., & Mela, C. F. (2007). Size and share of customer wallet. *Journal of Marketing, 71*(4), 94–113.

Edmondson, A. C. (2011). Strategies for learning from failure. *Harvard Business Review, 2011*(April), 48–55.
Ersek, B., Weisenbach Keller, E., & Mullins, J. (2015). Break your industry's bottlenecks. *Harvard Business Review, 2015*(July-August), 98–105.
Financial Times. (2015). Ikea thinks outside the big box. http://www.ft.com/intl/cms/s/2/44a495f6-9a68-11e5-bdda-9f13f99fa654.html. Zugegriffen: 16. Febr. 2016.
Forbes. (2013). Kroger knows your shopping patterns better than you do. http://www.forbes.com/sites/tomgroenfeldt/2013/10/28/kroger-knows-your-shopping-patterns-better-than-you-do/#2bad7240396d. Zugegriffen: 28. Febr. 2016.
Fortune. (2015). This chart shows just how dominant Amazon is. http://fortune.com/2015/11/06/amazon-retailers-ecommerce/. Zugegriffen: 12. Febr. 2016.
Gallup. (2014). State of the American consumer report. http://products.gallup.com/171722/state-american-consumer.aspx. Zugegriffen: 18. März 2016.
Gehrckens, M., & Boersma, T. (2013). Zukunftsvision Retail – Hat der Handel eine Daseinsberechtigung? In G. Heinemann, K. Haug, & M. Gehrckens (Hrsg.), *Digitalisierung des Handels mit ePace* (S. 51–74). Wiesbaden: Springer Gabler.
GfK. (2015). Ecommerce: Wachstum ohne Grenzen? White Paper. GfK GeoMarketing GmbH. http://www.gfk-geomarketing.de/fileadmin/gfkgeomarketing/de/beratung/20150723_GfK-eCommerce-Studie_fin.pdf. Zugegriffen: 12. Febr. 2016.
Giorgi, S., Lockwood, C., & Glynn, M. A. (2015). The many faces of culture: Making sense of 30 years of research on culture in organization studies. *Academy of Management Annals, 9*, 1–54. http://www.tandfonline.com/doi/pdf/10.1080/19416520.2015.1007645.
Google. (2014/2015). The consumer barometer survey 2014/2015. https://www.consumerbarometer.com/en/graph-builder/?question=S17&filter=country:germany. Zugegriffen: 12. Jan. 2016.
Gulati, R., & Desantola, A. (2016). Start-ups that last. *Harvard Business Review, 2014/2015*(March), 54–61.
Hammerschmidt, M., Falk, T., & Weijters, B. (2016). Channels in the mirror: An alignable model for assessing customer satisfaction in concurrent channel systems. *Journal of Service Research, 19*(1), 88–101.
Handelsjournal. (2016). Onlinehandel: Grenzen des Wachstums in Sicht. http://handelsjournal.de/2016/01/06/markt/dwolf/onlinehandel-grenzen-des-wachstums-in-sicht/. Zugegriffen: 30. Mär. 2016.
Haumann, T., Güntürkün, P., Schons, L. M., & Wieseke, J. (2015). Engaging customers in coproduction processes: How value-enhancing and intensity-reducing communication strategies mitigate the negative effects of coproduction intensity. *Journal of Marketing, 79*(11), 17–33.
Heath, T. B., Chatterjee, S., Basuroy, S., Hennig-Thurau, T., & Kocher, B. (2015). Innovation sequences over iterated offerings: A relative innovation, comfort, and stimulation framework of consumer responses. *Journal of Marketing, 79*(11), 71–93.
Hungenberg, H. (2014). *Strategisches Management in Unternehmen*. Wiesbaden: Springer Gabler.
Iansiti, M., & Lakhani, K. R. (2014). Digital Ubiquity. *Harvard Business Review, 2014*(November), 90–99.
Knowledge Wharton. (2016). How Amazon could reinvent the brick-and-mortar store experience. http://knowledge.wharton.upenn.edu/article/nicholson-raff-amazon-brick-and-mortar-stores/. Zugegriffen: 28. Febr. 2016.
Kozlenkova, I. V., Hult, G. T. M., Lund, D. J., Mena, J. A., & Kekec, P. (2015). The role of marketing channels in supply chain management. *Journal of Retailing, 91*(4), 586–609.
Kroger. (2015). Kroger reports record third quarter results. http://ir.kroger.com/Cache/1500078352.PDF?O=PDF&T=&Y=&D=&FID=1500078352&iid=4004136. Zugegriffen: 26. Febr. 2016.
Kumar, S. M. V., Dixit, J., & Francis, B. (2015). The impact of prior stock market reactions on risk taking in acquisitions. *Strategic Management Journal, 36*, 2111–2121.

L2. (2015). Warby Parker is the future of retail. https://www.l2inc.com/warby-parker-is-the-future-of-retail/2015/blog. Zugegriffen: 12. Febr. 2016.
Metro Group. (2015). FY 2014/15 results presentation. http://www.metrogroup.de/assets/mag/documents/investor-relations/results-presentation-fy-2014-15_en.pdf?dl=1. Zugegriffen: 19. Febr. 2016.
Nordstrom (2015). Investor Presentation December 2015. http://investor.nordstrom.com/phoenix.zhtml?c=93295&p=irol-audioArchives. Zugegriffen: 19. Febr. 2016.
Nylén, D., & Holmström, J. (2015). Digital innovation strategy: A framework for diagnosing and improving digital product and service innovation. *Business Horizons, 58,* 57–67.
Observer. (2015). Long live retail: Fashion startups finally learned why physical stores still matter. http://observer.com/2015/01/long-live-retail-fashion-startups-finally-learned-why-physical-stores-still-matter/. Zugegriffen: 12. Febr. 2016.
Plouffe, C. R., Bolander, W., Cote, J. A., & Hochstein, B. (2016). Does the customer matter most? Exploring strategic frontline employees' influence of customers, the internal business team, and external business partners. *Journal of Marketing, 80*(1), 106–123.
Rogers, E. M. (2003). *Diffusion of innovations.* New York: Free Press.
Tagesspiegel Online. (2015). Amazon eröffnet seinen ersten echten Buchladen. http://www.tagesspiegel.de/wirtschaft/offline-store-in-seattle-amazon-eroeffnet-seinen-ersten-echten-buchladen/12537838.html. Zugegriffen: 22. März. 2016.
TechCrunch. (2015). E-commerce isn't everything. http://techcrunch.com/2015/12/21/e-commerce-isnt-everything/. Zugegriffen: 8. Febr. 2016.
TechCrunch. (2016). Digital transformation requires total organizational commitment. http://techcrunch.com/2016/01/31/digital-transformation-requires-total-organizational-commitment/. Zugegriffen: 5. Febr. 2016.
Verhoef, P. C., Kannan, P. K., & Inman, J. J. (2015). From multi-channel retailing to omni-channel retailing introduction to the special issue on multi-channel retailing? *Journal of Retailing, 91*(2), 174–181.
Villanueva, J., Yoo, S., & Hanssens, D. M. (2008). The impact of marketing-induced versus word of-mouth customer acquisition on customer equity growth. *Journal of Marketing Research, 45*(1), 48–59.
Vox. (2016). I thought the Amazon store was a terrible idea. Then I actually went there. http://www.vox.com/2015/11/7/9687852/amazon-store. Zugegriffen: 28. Febr. 2016.
Wangenheim, F., & Bayón, T. (2007). The chain from customer satisfaction via word-of-mouth referrals to new customer acquisition. *Journal of the Academy of Marketing Science, 35*(2), 233–249.

Über die Autoren

Dr. Marc André Micha promovierte am Max-Planck-Institut in Physik. Seinen Berufseinstieg fand er in einer führenden internationalen Strategieberatung, bei der er mehr als zehn Jahre lang Strategieprojekte im Spannungsfeld zwischen Business und Technologie verantwortete. Es folgten fünf Jahre als COO und Vorstandsmitglied bei APCOA Parking, wo er die digitale Transformation vorantrieb, bevor Dr. Micha wieder in die Beratung zurückkehrte. Heute setzt er als Partner der dgroup seinen Schwerpunkt im Bereich der digitalen Transformation und der Entwicklung von Cross-Channel-Geschäftsmodellen.

**Sebastian Koppers (M. Sc.)** ist als Experte für Digitales für die dgroup tätig. Im Rahmen dessen beschäftigt er sich mit verschiedenen Strategie-, Operations- und Change-Management-Projekten der digitalen Transformation. Bereits während seines Masterstudiums der Betriebswirtschaftslehre mit dem Schwerpunkt der „marktorientierten Unternehmensführung" an der Katholischen Universität Eichstätt-Ingolstadt konnte er (internationale) Erfahrungen als Praktikant und im MBA-Programm der Xavier University sammeln. Ebenfalls unterstützte er als wissenschaftliche Hilfskraft am Lehrstuhl für Dienstleistungsmanagement in Ingolstadt die Erforschung der Dienstleistungsproduktivität im BMBF-Verbundprojekt PROMIDIS.

Agilität im Kontext der digitalen Transformation – Kernanforderung an die Organisation von morgen

H. Mathias Gehrckens

Zusammenfassung

Globalisierung, Digitalisierung und der Eintritt in ein neues Bewusstseinsparadigma der Menschen erhöhen die Agilitätsanforderungen an Unternehmen und deren Organisation. Bisherige Organisationsansätze sind stark durch Hierarchie, Trennung von Denken und Handeln, Komplexitätsmanagement mittels Kontrollspannendenke, Steuerung über Top-down Budget- und Planungsprozesse und den damit verbundenen Zielsystemen sowie einer Fehlervermeidungskultur geprägt. All das führt nicht zu einer schnellen und flexiblen Reaktion auf Marktveränderungen und Wettbewerbsverhalten. Über das Drehen an einer überschaubaren Anzahl von Stellschrauben („Agilitäts-Enabler") können Organisationen deutlich an Agilität und damit Wettbewerbsfähigkeit gewinnen. Es gibt hierfür auch bereits erfolgreiche Rollenmodelle, die den Transformationsprozess eingeleitet oder durchschritten haben. Die größte Herausforderung ist – wie bei jedem Veränderungsprozess – der Mensch.

Inhaltsverzeichnis

1	Einleitung und Übersicht	80
2	Gründe für die digitale Transformation der Organisation	80
	2.1 Herkunft der aktuellen Organisationsmodelle	80
	2.2 Wesentliche Veränderungen der Rahmenbedingungen	84
	2.3 Agilität	85
3	Praxisbeispiele agiler Organisationen im Zeitalter der Digitalisierung	91
	3.1 Zappos: Mit Happiness, Kundenfokus und Holacracy zur Selbststeuerung	92
	3.2 Spotify: Squads and Tribes als Schlüssel für Agilität	96

H.M. Gehrckens (✉)
dgroup GmbH, Düsseldorf, Deutschland
E-Mail: mathias.gehrckens@d-group.com

3.3	W. L. Gore & Associates: seit 1958 mit geteilter Verantwortung.	98
3.4	Haier Group: Die chinesische Variante mit flachen Hierarchien	100
4	Zusammenfassung und Ausblick	104
Literatur		105
Über den Autor		108

1 Einleitung und Übersicht

Die Digitalisierung bzw. die Folgen des technologischen Wandels haben geholfen, die Restriktionen der analogen Welt des 20. Jahrhunderts zu überwinden. Im Wesentlichen sind es die Themen Vernetzung, Transparenz, Interaktivität, Personalisierung und Echtzeit, die die Treiber der Veränderung der neuen Realität unseres privaten und geschäftlichen Lebens am besten beschreiben. Informationen, Produkte und Services sind miteinander vernetzt und werden personalisiert in Echtzeit über stationäre und mobile Kanäle angeboten bzw. zur Verfügung gestellt. Die neuen Möglichkeiten der digitalen Welt haben schon heute das menschliche Verhalten privat und geschäftlich nachhaltig verändert, und dieser Veränderungsprozess steht erst ganz am Anfang. Durch die Digitalisierung steigen die Anforderungen an die Anpassungs- und Veränderungsfähigkeit. Für die Durchführung von Transformationsprozessen und für die Gestaltung der Organisation von morgen wird damit der Begriff „Agilität" an zentraler Bedeutung gewinnen. Das trifft für alle Branchen in unterschiedlicher Ausprägung und mit unterschiedlichem Zeitdruck zu. Für den traditionellen Handel ist es allerdings höchste Zeit, denn er ist bereits in einem Maße von der digitalen Transformation erfasst worden, dass die heutigen Strukturen es ihm nicht erlauben werden, dauerhaft im digitalen Wettbewerb zu bestehen.

Im Folgenden wird eine zeitgemäße und im Kontext der Digitalisierung relevante Definition für Agilität als Begriff der Organisationslehre dargestellt. Dabei sollen die Gründe für die wachsende Bedeutung agiler Organisationsformen als notwendige Reaktion auf die Digitalisierung erläutert und die damit verbundenen Veränderungen auf das Wirtschafts- und Privatleben beschrieben werden. Darüber hinaus werden beispielhaft Organisationsansätze vorgestellt, die den Transformationsprozess zu einer agilen und kundenzentrierten Organisationsform eingeleitet bzw. von vornherein einen agilen Organisationsansatz gewählt haben.

2 Gründe für die digitale Transformation der Organisation

2.1 Herkunft der aktuellen Organisationsmodelle

Die Entwicklung der Organisationsformen hat sich entlang der menschlichen Geschichte und damit entlang des jeweils maßgeblichen Weltbildes bzw. der jeweils relevanten menschlichen Problemlösungskonzepte vollzogen (Laloux 2015).

Es soll hier aber auf eine detaillierte Beschreibung der menschlichen und organisatorischen Entwicklungsgeschichte verzichtet und im Folgenden nur auf die in der heutigen zivilisierten Welt relevanten Organisationsformen eingegangen werden. Auch muss darauf hingewiesen werden, dass jede Organisation Prägungen aus unterschiedlichen Weltanschauungen und Problemlösungskonzepten der menschlichen Entwicklungsgeschichte aufweisen kann. Zunächst geht es nur darum, an organisatorischen Wesenstypen die Herkunft, die Entwicklung und die Limitationen aufzuzeigen.

Traditionelle und moderne Organisation
Ein Teil unserer heutigen wirtschaftlichen Organisationsmodelle kommt aus der Zeit der Industrialisierung und dem frühen 20 Jahrhundert. Die Organisationen, aber auch das allgemeine menschliche Bewusstsein aus dieser Zeit waren durch Hierarchie, Autorität, klare Regeln, Ordnung und dem Streben nach Stabilität geprägt (Laloux 2015). Beispiele für diesen Organisationstyp findet man in der Reinform immer seltener. Wenn dann kommen sie gelegentlich noch im inhabergeprägten Mittelstand oder in staatlichen Betrieben, kirchennahen Organisationen oder dem Militär vor.

Nach dem Zweiten Weltkrieg wurde der Einfluss der Moderne deutlich größer auf die Organisationsentwicklung. Das Miteinander in und zwischen Organisationen bekam dadurch einen stärkeren Wettbewerbscharakter. Das Streben, besser und erfolgreicher als andere zu sein und die Möglichkeiten, die einem gegeben sind, bestmöglich zu nutzen, wurde das wesentliche Lebensziel vieler Menschen und der Treibstoff der modernen Organisationsformen (Laloux 2015).

Moderne Organisationen folgen dem Leistungsprinzip, was bedeutet, dass jeder in der Organisation aufsteigen kann, aber auch für jeden die Möglichkeit besteht, zu scheitern und den Job zu verlieren. Menschen übernehmen dadurch mehr Verantwortung für sich und die Aufgabe. Außerdem öffnen moderne Organisationen unter Beibehaltung der Pyramide als Grundstruktur die Grenzen einer festen funktionalen und hierarchischen Aufbauorganisation durch Projekt- und virtuelle Teams, funktionsübergreifende Initiative, Expertenfunktionen sowie interne Beratungseinheiten mit dem Ziel, die interne Kommunikation zu verbessern und Innovation zu fördern. Auch bedienen sich moderne Organisationen zur stärkeren Delegation von Verantwortung und einer damit verbundenen deutlich besseren Nutzung des Human Capital der Führungsinstrumente des Managements durch Zielvorgaben, zum Beispiel dem von Peter Drucker in den 50er Jahren entwickelten Konzept des Managements by Objectives (Laloux 2015; Drucker 1998). Darüber hinaus wurde in der Nachkriegszeit bis heute eine Vielzahl anderer Führungs- und Steuerungskonzepte (u. a. Kennzahlensysteme, Balance Score Card etc.) entwickelt, die die Präzison und Verlässlichkeit von Organisationen und deren Ergebnisse im 20. Jahrhundert erheblich gesteigert haben. Beispiele von modernen Organisationen findet man im Wesentlichen bei den multinationalen Konzernen, wie zum Beispiel Nestlé, Unilever, P&G, aber auch Bosch, Henkel und Siemens.

Trotzdem ähneln sich die Rahmenbedingungen bei der Entstehung der meisten traditionell geprägten und modernen Organisationsformen. Drei gemeinsame Faktoren scheinen dabei besonders relevant:

- Eine breite Masse von Mitarbeitern hatte eher niedrigen Ausbildungsstandard.
- Ein großer Teil der Wertschöpfung wurde mit physischer Arbeit oder einfachen angelernten Tätigkeiten erbracht.
- Die Zukunft war aufgrund der positiven Wachstumsperspektive und der noch eingeschränkten Globalisierung relativ planbar.

Da in der Praxis das moderne leistungsorientierte Paradigma die traditionelle und konformistische Weltsicht nicht grundsätzlich aufgelöst hat, finden wir in den meisten heutigen Organisationen Stilelemente aus beiden Epochen. Strukturell und arbeitsorganisatorisch sind die folgenden gemeinsamen Stilelemente in der traditionellen und der modernen Organisationsperspektive zu finden:

- Beide Organisationsformen bedienen sich im Wesentlichen einer hierarchischen Aufbauorganisation. Damit liegen die Führung und Verantwortung in den Händen weniger, während die operative Ausführung (mit graduellen Unterschieden zwischen den Organisationsformen) auf eine große Anzahl von Menschen verteilt wird.
- Das Management von Aufgaben und deren Ausführung und somit das Denken und das Handeln sind insbesondere in den traditionell organisierten, aber auch in vielen modernen Unternehmen noch stark voneinander getrennt.
- Die Anzahl der zu führenden Mitarbeiter je Manager wird in erster Linie über das Thema „richtige Kontrollspanne" und nicht über Sinnzusammenhänge gelöst.
- Veränderungsprozesse sind meistens die Folge von größeren Reorganisationen und nicht das Ergebnis kontinuierlicher Veränderungen.
- Die Steuerung beruht in erster Linie auf Planungs- und Budgetprozessen sowie Soll-Ist-Abweichungsanalysen und weniger auf dem Konzept „Experimentieren und Adaptieren".
- Veränderungsdruck und Spannungen in der Organisation und den Kernprozessen werden in der Regel als störende Probleme angesehen, die man umgehend aus dem Weg schaffen muss, und nicht als Chance für Verbesserung.
- Die Hierarchie fördert die informelle Organisation und damit auch Ego, Politik, Silodenken sowie taktisches Flattieren im täglichen Miteinander.

Während die mehrheitlich traditionell geprägten Organisationen ihre Einschränkungen stark durch mangelnde Durchlässigkeit, viele Hierarchie-Levels und Kleinteiligkeit in der Arbeitsorganisation in der institutionellen Bürokratie erfahren, liegen die Einschränkungen der rein leistungsorientierten Organisationen in erster Linie in den sozioökonomischen Widersprüchen (u. a. grenzenloses Wachstum versus Umwelt, Ratio versus Emotion) und der Fragestellung nach dem Sinn des Handelns, den sich immer mehr Menschen in diesem Kontext heute stellen.

Werteorientierte und partizipative Organisation
In diesem Zusammenhang beschreiben mehrere Organisationswissenschaftler Ansätze von sehr viel stärkerer Einbindung der Mitarbeiter in die operativen Entscheidungen, in

die Beurteilungsprozesse von Vorgesetzten, aber auch in den Strategieprozess des Unternehmens (Deep White und HGB 2010). Auch wird das Thema „Werteorientierte Kultur" (u. a. Value Based Leadership) und eine stärkere Orientierung am Sinn und Zweck des unternehmerischen Handelns mehr in der Vordergrund gerückt.

Wissenschaftliche Studien seit den 90er Jahren zeigen auf, dass Unternehmen mit starken Wertekulturen und einem höheren Partizipationsgedanken deutlich bessere Ergebnisse bei Wachstum und Ertrag erzielen als andere (Deep White und HGB 2010).

Trotzdem findet man gerade in Deutschland nur wenige Unternehmen, die auf lange Sicht konsequent einem partizipativen und werteorientierten Organisationsansatz erfolgreich gefolgt sind. Eine in Deutschland durchgeführte Studie von Rochus Mummert aus dem Jahre 2012 lässt vermuten, dass es deutschen Unternehmen mit den Werten nicht so wichtig zu sein scheint. Jedenfalls geben 50 % der befragten Mitarbeiter und leitenden Angestellten an, dass sie von einer Umsetzung der postulierten Werte im täglichen Arbeitsleben nichts merken (Rochus Mummert 2012).

In Deutschland ließe sich in diesem Zusammenhang als breit bekanntes Unternehmen mit insgesamt neun Milliarden Euro Umsatz zum Beispiel Deutschlands größte Drogeriekette dm-drogerie markt nennen. dm hat es bereits über 40 Jahre geschafft, sich in einer stark gelebten Wertekultur stetig weiterzuentwickeln und dem Arbeiten einen tieferen Sinn zu geben. Man stellt bei dm schon seit Gründung den Menschen – als Kunde, Partner und Mitarbeiter – in den Mittelpunkt des Handelns. Gewinnmaximierung ist nach dm-Geschäftsführung ein nicht adäquates Ziel, weil sie letztlich nicht dem Kunden dient. Bei dm werden alle Gewinne über eine einprozentige Rendite hinaus in die Entwicklung der Mitarbeiter, der Infrastruktur und des Filialnetzes gesteckt (absatzwirtschaft 2011). Das Führungskonzept wird „Dialogische Führung" genannt und basiert auf den Grundwerten von Verständnis und Respekt. Man arbeitet bei dm in der Führung weniger mit Anweisungen, dafür aber mit Empfehlungen und gemeinschaftlich erarbeiteten Vereinbarungen. Eigens für die dezentrale Führungskultur hat dm die Wertbildungsrechnung ausgearbeitet, die den Mitarbeitern Transparenz für selbstständige Entscheidungen gibt (Kulus 2010). Die Wertbildungsrechnung (WBR) ist ein Instrument des unternehmensinternen Rechnungswesens, das die unternehmensweite Zusammenarbeit unterstützt. Sie fungiert als monatliche Ergebnisrechnung für das gesamte Unternehmen und lässt sich für alle Abteilungen differenziert betrachten. Die WBR wurde von dm-drogerie markt in Deutschland über einen Zeitraum von fünf Jahren entwickelt und 1993 eingeführt, um eine monatliche Ergebnisrechnung bereitzustellen, die nicht bloß die im Unternehmen entstehenden Kosten auf alle Kostenträger verrechnet, sondern die Prozesse des Unternehmens transparent abbildet. Hierdurch sollte den Filialen des Handelsunternehmens eigenständiges und autonomes Handeln ermöglicht und so ein Entscheidungen dezentralisierendes System der Selbststeuerung unterstützt werden (Malter 2011). Das Einkommen der Mitarbeiter wird nicht als Personalkosten aufgeführt, sondern als Bestandteil der Eigenleistung. Prämiensysteme gibt es nicht, sie gelten als permanentes „Misstrauen" gegenüber der Leistungsbereitschaft der Mitarbeiter. Innovationsfitness, also die Bereitschaft und die Fähigkeit, sich auf Neues einzulassen, ist das Schlüsselwort der dm-Strategie (Kulus 2010).

2.2 Wesentliche Veränderungen der Rahmenbedingungen

Die zunehmende Globalisierung und noch viel mehr die stetig zunehmende Digitalisierung von Arbeits- und Privatleben, aber auch der sich ankündigende Paradigmenwechsel in der Bewusstseinsentwicklung der Menschen ändern die Anforderungen an Organisationssysteme und -strukturen erheblich.

Die Globalisierung eröffnet neue regionale Absatzmärkte für das bestehende Angebot. Gleichzeitig bringt sie aber auch neuen Wettbewerb und damit steigenden Innovations- und Kostendruck sowie eine höhere Komplexität durch andere wirtschaftliche, rechtliche und kulturelle Gegebenheiten mit sich.

Mit der Digitalisierung haben sich die Marktspielregeln verändert. Höhere Markttransparenz demokratisiert Wissen. Dadurch veränderte sich der Kaufprozess von „Push zu Pull" und der Kunde wird zum bestimmenden Akteur. Die Rechnerleistung verdoppelt sich alle 18 Monate und entsprechend leistungsfähiger werden Computersysteme, digital gesteuerte Maschinen und Roboter. Dies führt zu erheblichen Effizienz- und Effektivitätspotenzialen. Außerdem bekommen Daten aufgrund der schier unermesslichen Möglichkeit, diese auch unstrukturiert zu verarbeiten und auszuwerten, ein neue Bedeutung: Daten sind das neue Öl! Auch hat sich durch die Flut von Risikokapital, gepaart mit der neuen Perspektive des „Customer Life Time Value" das unternehmerische Denken von einer Profitabilitätsorientierung hin zu einer Marktdominanzorientierung an der Kundenschnittstelle geändert. Das ist letztendlich auch der Treiber für die neue „For Free Economy", bei der Unternehmensprodukte gratis erhältlich sind (siehe Facebook, WhatsApp, Google, Skype, Dropbox, Youtube etc.).

Die neuen Spielregeln der digitalen Welt bieten enorme Chancen, mit Produkt- und Serviceinnovationen sowie alternativen Geschäftsmodellen neue Märkte zu erschließen. Aber sie erhöht – wie kein anderer Faktor – den Druck auf Geschwindigkeit und Adaptionsfähigkeit von Organisationen.

Arbeit erreicht durch Digitalisierung eine ähnliche Mobilität wie Kapital. Zunehmende Komplexität sowie Geschwindigkeits- und Adaptivitätsanforderungen verändern bereits heute den Typ der Arbeit hin zu immer mehr Projekt- und Teamarbeit. Laut einer Studie von Hays liegt der Anteil an Projektarbeit heute bereits bei 35 %. Das ist eine Zunahme von 60 % in den letzten zwei bis drei Jahren (Schnabel et al. 2015). Diese Veränderungen entstehen jedoch meist noch in den klassischen Organisationskonzepten mit einem hierarchischen Ordnungsprinzip.

Der dritte Faktor für die Veränderung der Rahmenbedingungen ist der Übergang der westlichen Welt in ein neues Bewusstseinsparadigma. Frederic Laloux nennt es im Kontext der Organisationslehre in seinem Buch „Reinventing Organization" das integrale evolutionäre Paradigma (Laloux 2015).

Die Wesenselemente der sich dadurch erweiternden Bewusstseinssphäre im Organisationskontext sind:

- Das bestehende Weltbild wird mit wachsender Intensität um Spontanität und Flexibilität erweitert.
- Formale machtorientierte Hierarchien werden zunehmend durch natürliche Hierarchien als Resultate von Wissen und Kompetenz ersetzt bzw. ergänzt.
- Es wächst die ganzheitliche Sicht auf die komplexen Zusammenhänge und es entwickelt sich eine höhere Bereitschaft, in Netzwerken zu denken.

Dieses deutlich erweiterte menschliche Bewusstsein bietet für Organisationen große Chancen, sich der wachsenden Komplexität des Wirtschafts- und Privatlebens zu stellen. Laut einer Hypothese von Tim Höttges, CEO der deutschen Telekom, werden die „Nerds" die Unternehmensspitze erobern (Höning 2016). Sie werden aufgrund ihrer inhaltlichen (in der Regel technischen) Orientierung und ihrer Unabhängigkeit von Statussymbolen stark zum Paradigmenwechsel beitragen oder tun dies bereits.

Der in diesem Zusammenhang eingeleitete Bewusstseinswandel ist eine der größten Herausforderungen der aktuellen Organisationsentwicklung und damit der digitalen Transformation.

2.3 Agilität

Agilität als ein Konzept der Organisationslehre ist nicht in der Praxis entstanden. Es handelte sich zunächst um einen theoretischen Ansatz zur Behebung einer wirtschaftlichen Stagnation in den USA. Die US-Wirtschaft hatte in den 70er Jahren die Grenzen der reinen Massenproduktion zu spüren bekommen. 1986 wurde zur Ursachenforschung und zur Entwicklung von Gegenmaßnamen am Massachusetts Institute of Technology (MIT) eine Kommission gegründet, die zunächst die Ursachen analysierte und dann Empfehlungen ausprach (Förster und Wendler 2012).

In einem Bericht des Iaccoca Institute „21st Century Manufacturing Enterprise Strategy" von 1991 wurden Forschungsergebnisse und wesentliche Empfehlungen der MIT-Kommission zusammengefasst. Sie lauteten:

- eine deutliche Verbesserung von Qualität, Zeit und Kosten,
- engere Kunden- und Lieferantenbeziehungen,
- flachere Hierarchien und eine innovativere Personalpolitik.

Diese drei Elemente wurden in dem oben angeführten Bericht unter dem Begriff „Agilität" subsumiert (Förster und Wendler 2012). Der Bericht schlussfolgert auf Basis der Ergebnisse weiter, dass getrieben durch computerbasierte Technologien, Produktionsformen und Kommunikationsmöglichkeiten die Form der Integration von menschlichen, physischen und wissensorientierten Ressourcen neu gestaltet werden muss (Duguay et al. 1997).

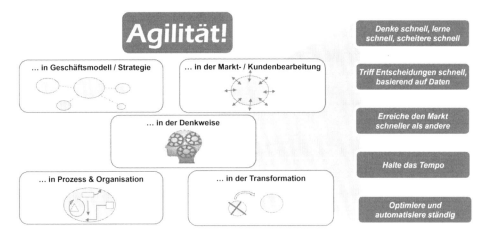

Abb. 1 Der Agilitätsbegriff. (Quelle: Eigene Darstellung)

Definition von Agilität

Verfolgt man die Literatur zum Begriff Agilität im Kontext der Organisationslehre, findet man in der Zeit von 1990 bis heute eine Vielzahl von Definitionen. Wesentliche Basis aller Definitionen sind die Elemente Schnelligkeit, Flexibilität, Innovation, Qualität. Ergänzt wird der Begriff Agilität von dem einen oder anderen Autor durch Elemente wie Kundenorientierung, Profitabilität, Proaktivität. Auch kommt in späteren Definitionen eine gewisse Prozessorientierung dazu (Förster und Wendler 2012).

Für die weitere Diskussion soll der Begriff Agilität wie folgt interpretiert werden (vgl. auch Abb. 1):

> Agilität ist die Fähigkeit einer Organisation, frühzeitig Markt- und Kundenveränderungen zu erfassen, Entscheidungen schnell auf der Basis vom Daten auch unter Unsicherheit zu treffen, mit neuen Geschäftsmodellen, Produkten oder Services und den hierfür erforderlichen Prozess- und Strukturanpassungen schneller als andere Marktteilnehmer auf den Markt zu kommen und diese hohe Geschwindigkeit und Anpassungsfähigkeit über Zeit durch konstante Verbesserung, Automatisierung und eine konsequente Einbeziehung aller Mitarbeiter aufrecht zu erhalten

Agilität findet also übergreifend in der Gestaltung des Geschäftsmodells und der Unternehmensstrategie, in der Markt- und Kundenbearbeitung, bei der Prozess- und Organisationsgestaltung, in der Gestaltung von Veränderungsprozessen und am allermeisten in der Weiterentwicklung der Denkweise und Geisteshaltung der handelnden Personen statt.

Enabler der Agilität

Die wesentlichen Enabler von Agilität lassen sich aus den Zielen einer agilen Organisation ableiten. Diese haben wiederum ihren Ursprung in den oben beschriebenen veränderten Rahmenbedingungen (vgl. Abschn. 2.2).

Mit einer agilen Organisation werden in der Regel folgende Ziele verfolgt:

- Schnelle Reaktion auf sich ergebende Marktchancen und -risiken,
- Adaptionsfähigkeit an veränderte Rahmenbedingungen,
- hohe Innovationskraft,
- kontinuierliche Verbesserung,
- höhere Effizienz und Effektivität sowie Erhalt der Wettbewerbsfähigkeit.

Wie aber lassen sich diese Ziele in einer Organisation am besten verwirklichen bzw. was befähigt eine Organisation, agil zu sein?

Die Erfahrung zeigt, dass es sich bei der Beantwortung dieser Frage um die richtige Kombination der folgenden fünf Enabler dreht:

1. Dezentralisierung von Entscheidung und Verantwortung als wesentliches Element der Selbststeuerung.
2. Neues Ordnungsprinzip mit flexibler Ressourcenallokation und Verantwortungen auf der Basis von Aufgabenerfordernissen, Kompetenz und Wissen mit ganz flachen Hierarchien.
3. Hoher Grad der cross-funktionalen Vernetzung innerhalb der Organisation und extern mit Partnern und Mitbewerbern.
4. Einsatz von Daten und Technologien zur Entwicklung von innovativen Lösungen, zur Entscheidungsfindung und zur Prozessoptimierung, insbesondere in Richtung Kunden und Markt.
5. Eine Unternehmenskultur, die
   - Unsicherheit bei der Entscheidung akzeptiert und tolerant gegenüber Fehleinschätzungen ist,
   - disruptives Denken und Handeln stärker fördert als den Erhalt einer erfolgreichen Vergangenheit,
   - den Einsatz von neuen Werkzeuge und Arbeitsweisen zu Förderung von Innovationen nutzt,
   - ein inspirierendes Arbeitsumfeld schafft.

Die meisten Organisationen arbeiten in festen Hierarchien, die in der einen oder anderen Weise meist auch in die Projektarbeit übertragen werden. So dauern Entscheidungsprozesse, egal ob in der klassischen funktionalen Aufgabenwahrnehmung oder in einer Projektsituation, zu lange. Auch werden die Entscheidungen sehr häufig nicht von den Personen gefällt, die eigentlich die Kompetenz und das Wissen dafür hätten. Diese traditionellen organisatorischen Schwächen werden durch eine Dezentralisierung von Entscheidungsgewalt und Verantwortung, aber auch durch eine Rollenverteilung auf der Basis von Wissen und Kompetenzen und nicht Zugehörigkeit oder regelmäßigem Flattieren auf der nächsthöheren Führungsebene überwunden.

Feste Personalzugehörigkeiten und starre Budgetprozesse führen in der Regel zu einer Fehlallokation von Mitarbeitern und finanziellen Mitteln unter komplexen, sich schnell verändernden Marktbedingungen. Daher muss es zukünftig möglich sein, finanzielle Mittel und Mitarbeiter kurzfristig von einem Vorhaben abzuziehen und auf ein anderes zu verlagern – entweder, weil es die aktuelle Marktsituation erfordert, oder weil sie ganz simpel nach neusten Erkenntnissen anders eingesetzt einen viel höheren Effekt haben. Dies geht nur unter dem größtmöglichen Verzicht auf Hierarchien, starre Personalzuordnungen und traditionelle Budgetdenke.

Auch fordert die Suche nach der richtigen Lösung in einem komplexen Marktumfeld heute deutlich mehr Disziplinen und Kompetenzen. Oft ist aus Zeit- oder Know-how-Gründen eine Vernetzung über die Unternehmensgrenzen hinaus (in Partner- und Mitbewerbernetzwerke) erforderlich, um in dynamischen Marktprozessen erfolgreich zu sein. Es ist also in einer zukunftsgerichteten Organisation elementar, Lösungen für eine flexible Vernetzung von Kompetenzen über alle Unternehmensbereiche und Funktionen hinweg und darüber hinaus in Kooperationspartnernetzwerken zu finden. Das erfordert im Innenverhältnis mehr Offenheit und vernetztes Denken und im Verhältnis zur klassischen Wettbewerbsorientierung sowie im Umgang mit Lieferanten und Dienstleistern ein Umdenken in Richtung Partnerschaft bzw. „organisierter Coopetition". Dabei darf selbst die Kooperation mit dem direkten Wettbewerb auf der Suche nach der richtigen, schnellen Lösung bzw. nach echten Innovationen in einer Organisation des 21. Jahrhundert kein Tabu mehr sein. Im Bereich Innovation gibt es bereits viele gute Beispiele für Konzepte mit externer Vernetzung und Kooperationen – u. a. Open Innovation, Crowdsourcing, Co-Innovation, Co-Creation oder strategische Innovationspartnerschaften. Bei der Chip-Entwicklung kooperieren u. a. Hersteller wie IBM, Sony und Toshiba im Sinne eines Ideenwettbewerbs auf der Suche nach neuen Chip-Generationen. Auch in der Automobilindustrie gibt es diverse Kooperationen zwischen Wettbewerbern im Bereich der Motorenentwicklung oder neuer Antriebsverfahren. Ein Beispiel ist die enge Zusammenarbeit von Audi, VW und Porsche bei der Entwicklung des Hybridantriebs (Reiss und Neumann 2012).

In der Vergangenheit wurden Entscheidungen sehr häufig auf der Basis von Erfahrungen der handelnden Personen getroffen. Im Handel war es zum Beispiel hauptsächlich der klassische Einkäufer, der über Lieferant und Sortiment entschied. Er glaubte zu wissen, was die Kunden wollen, und lag damit in einer Zeit von mehr Stabilität oft richtig. In einer digitalen Welt mit deutlich höherer Transparenz und einer schier unbegrenzten Auswahl im Online-Kanal wird der Kunde zum „Bestimmer". Er entscheidet flexibel über den Kanal, das Sortiment, die Beschaffungsquelle und den Zeitpunkt des Kaufaktes. In diesem neuen Spiel sind (Kunden-)Daten ein wesentlicher Schlüssel zum Erfolg, um schnell und flexibel auf Kundenbedürfnisse zu reagieren und die wachsende Komplexität zu managen. Auch wird der Handel im Offline-Kanal nur dann erfolgreich bleiben, wenn er über die Skalierung von Services und Optimierung der Fläche durch moderne Technologien die Kosten in den Griff bekommt (u. a. „Digital-Instore-Konzepte") und über eine bessere Kanalvernetzung (Multi-Channel-Konzepte) den Kunden auf der Customer Journey „seamless" und agil begleitet (Gehrckens und Boersma 2013).

„Kultur isst Strategie zum Frühstück" wird als Zitat dem Managementpapst Peter Drucker zugeschrieben, aber auch anderen, wie zum Beispiel Petter Stordalen, Gründer & CEO der „Home Invest Holding" als Mutter der erfolgreichen Hotelkette „Nordic Choice". Stordalen sagt, es sei ein Irrtum, dass Menschen die Kultur machen. Es sei genau anders herum. Die Kultur formt die Menschen (Pietsch 2013).

Wenn das so ist, müssen im Zuge der „Agilisierung" einer Organisation zunächst die kulturellen Rahmenbedingungen geschaffen werden, bevor sich die in ihr handelnden Menschen auch agil verhalten können. Ganz besonders wichtig ist der richtige Umgang mit Unsicherheit und Fehlern und der Akzeptanz von Veränderung und disruptivem Denken. In der Mehrzahl der Unternehmen, die länger am Markt sind, gibt es in diesem Zusammenhang zwei Tendenzen: Zum einen überwiegt der Wunsch, die erfolgreiche Vergangenheit zu erhalten statt der Bereitschaft, genau diese aufzugeben und etwas ganz Neues zu wagen. Zum anderen fehlt sehr häufig die Fähigkeit, Entscheidungen unter Unsicherheit zu fällen und eine „Try often and fail fast"-Mentalität zu etablieren.

Gern zitierte Negativbeispiele sind in diesem Kontext die US-Videokette Blockbuster oder auch die zweitgrößte US-Buchhandelskette Borders und last but not least Kodak als der weltweit größte Filmhersteller der 90er Jahre. Was allen drei Beispielen gemeinsam ist: Marktveränderungen durch neue disruptiv handelnde Spieler wie Netflix im Falle von Blockbuster oder Amazon im Falle von Borders bzw. der technische Sprung zur Digitalkamera im Falle von Kodak – gepaart mit dem Wunsch des Erhalts der erfolgreichen Vergangenheit sowie einem selbstgefälligen und erfolgsverwöhnten Management – haben dazu geführt, dass drei der erfolgreichsten Unternehmen ihrer Branche heute in der Bedeutungslosigkeit bzw. ins „Chapter 11" verschwunden sind (Bishop 2014).

Ein weiteres Kulturelement zur Unterstützung von Agilität besteht im Einsatz von neuen Arbeitsweisen und Werkzeugen zur Förderung von Teamarbeit, Kreativität und schneller, transparenter Kommunikation.

Bis in die späten 90er Jahre wurde in den meisten Entwicklungsabteilungen, aber auch in der klassischen Projektarbeit sequenziell gearbeitet. Das sequenzielle Modell lässt sich wie folgt beschreiben: Je nach Größe wird ein Projekt in Abschnitte bzw. Phasen gegliedert. Diese Abschnitte oder Projektphasen enden jeweils mit einem Meilenstein, dessen Erreichen ein Maß für den Fortschritt des Projekts ist. Eine zeitliche und inhaltliche Überlappung von Projektphasen ist möglich, aber nicht üblich. Finden die verschiedenen Phasen der Projekterstellung komplett sequenziell statt, so spricht man von einem Wasserfallmodell. In der Praxis hat sich ein wasserfallartiges – also komplett sequenzielles – Vorgehen insbesondere für langlaufende Projekte oder für Projekte in komplexen, sehr schnell sich ändernden Marktumgebungen als ungünstig herausgestellt. Neben dem starren und unflexiblen Vorgehen haben sequenzielle Vorgehensmodelle ein kumuliertes Risiko am Projektende (Big Bang). Grund dafür ist, dass sich die Anforderungen an ein Projekt bzw. das Ergebnis einer Projektphase im Laufe der Zeit durch

Erkenntnisgewinn oder Marktdynamiken verändern. Dies erfordert dann nachträgliche Änderungen in schon abgeschlossenen Projektphasen oder führt zu der späten Erkenntnis in der Projektabschlussphase, dass das Ergebnis keine Marktrelevanz hat oder nicht funktioniert – wie so häufig bei der Implementierung von neuen Softwareprodukten. Iterative Modelle optimieren dieses Vorgehen, indem Teilfunktionalitäten nacheinander oder zumindest versetzt durch das Phasenmodell gesteuert werden. Hierbei werden beispielsweise zuerst die vermutlich stabilen Kernkomponenten entwickelt und die „Zusatzfeatures" werden erst viel später umgesetzt, um die aktuellen Marktgegebenheiten zu berücksichtigen. Agile Modelle erweitern die iterative Vorgehensweise noch, in dem die Iterationen dynamisch geplant werden und schon in einer sehr frühen Phase mit Prototypen gearbeitet wird (Koch 2007).

Viele der neuen agilen Arbeitsmethoden haben sich zunächst im Bereich Softwareentwicklung und auch in der Start-up Community entwickelt. Es gibt alleine für die Softwareentwicklung weit über 30 unterschiedliche agile Methodenansätze (Computerwoche 2013). Scrum und Kanban, aber auch Extreme Programming sind hier wahrscheinlich im deutschsprachigen Raum die bekanntesten im Bereich der Softwareentwicklung. Bei den meisten agilen Methoden verbindet sich dabei die Idee, ein Projekt oder Produkt Schritt für Schritt mit einem sich selbst organisierenden, interdisziplinären Team zu entwickeln. Der Sinn ist, einen Auftrag durch Priorisierung schlank zu halten, Kundenwünsche rasch umzusetzen und auch in späten Projektphasen noch flexibel auf Veränderungen eingehen zu können (Bock 2013). Eine weitere Methode, die in die gleiche Richtung geht und bereits heute breitere Anwendung auch außerhalb der Softwareentwicklung findet, ist „Design Thinking". Design Thinking basiert auf der Annahme, dass Probleme besser gelöst werden können, wenn Menschen unterschiedlicher Disziplinen in einem die Kreativität fördernden Umfeld zusammenarbeiten, gemeinsam eine Fragestellung entwickeln, die Bedürfnisse und Motivationen von Menschen berücksichtigen, und dann Konzepte entwickeln, die mehrfach geprüft werden (Innovation Through Design Thinking 2006).

Neben den neuen Arbeitsmethoden gibt es eine Fülle von webbasierten Support Tools für agile Zusammenarbeitsformen (u. a. JIRA, InVision, Asana, Trello, Slack). Alle helfen auf unterschiedliche Weise, Projekt- und Teamarbeit in den Dimensionen Kommunikation, Aufgaben- und Aufgabenstatustransparenz, Ressourceneinsatz und Fehler- und Problembehandlung zu unterstützen.

Ein weiteres, eher unterstützendes Kulturelement ist ein inspirierendes Arbeitsumfeld. In einer klassischen Büroatmosphäre spielen Hierarchie und die Symbolik des traditionellen Organisationsparadigmas noch eine große Rolle. Die Chefetage ist oben. Vorstände und Geschäftsführer residieren in riesigen Einzelbüros mit Vorzimmerdamen und eigenen Sanitäreinrichtungen, Speisesälen und Konferenzbereichen. Die leitenden Angestellten haben Einzelbüros, die den Rest der Belegschaft säumen, die wiederum im Großraum in „Cubicles" oder kleinen Arbeitsinseln sitzen. Dabei wird weniger Wert auf Kommunikation, motivierende Atmosphäre und aufgabenadäquate Arbeitsbedingungen gelegt. Kostenoptimale Raumausnutzung und hohe Stabilität der Büromöbel sowie klare Differenzierung nach Hierarchie stehen im Vordergrund. In agilen Organisationen sind dagegen häufig „Spielecken", Lounge-Landschaften, Strandkörbe, Wandflächen mit Tafelfarbe, Telefonzellen zur ruhigen Einzelkommunikation, Ruhezonen, Begegnungsflächen etc. zu finden. Der Arbeitsplatz sollte sich zum Support einer agilen Kultur sowie inspirierenden Wohlfühlorten entwickeln. Dabei werden Begegnungen und Kommunikation genauso gefördert wie agiles, kreatives, cross-funktionales Arbeiten in Teams. Wichtig ist auch, dass eine Differenzierung der Bürosituation nicht auf Basis von Hierarchie, sondern auf Basis von den jeweiligen Notwendigkeiten der aktuellen Arbeitssituation erfolgt. Nicht nur Chefs benötigen Ruhe, wenn sie telefonieren oder intellektuell anspruchsvolle Aufgaben lösen (WirtschaftsWoche 2015).

Konkrete Zahlen des Fraunhofer-Instituts für Arbeitswirtschaft und Organisation (IAO) in Stuttgart stützen die These, dass ein inspirierendes Arbeitsumfeld die Arbeitsproduktivität steigert.

Der webbasierte Büro-Selbstbewertungstest „Office Excellence Check", an dem sich seit 2006 mehr als 5200 Menschen beteiligt haben, ergab, dass sich die Produktivität im Büro um bis zu 36 % steigern lässt, sofern den tätigkeitsspezifischen Bedürfnissen der Mitarbeiter Rechnung getragen wird.

Auch hat das Massachusetts Institute of Technology (MIT) nachgewiesen, dass 85 % aller Ideen durch ungeplante Kommunikation der Mitarbeiter entstehen.

Das Institut für Arbeitsforschung und Organisationsberatung (iafob) empfiehlt daher, Büros so zu gestalten, dass die Kommunikation zwischen den Mitarbeitern gefördert wird. Wichtig ist dabei, dass sich die Mitarbeiter begegnen und miteinander ins Gespräch kommen könnten. Entsprechend wichtig sind nach iafob „zentrale Wegepunkte und Anlaufstellen", an denen Mitarbeiter auch jenseits ihrer Jobroutine aufeinandertreffen können (Dommer 2011).

3 Praxisbeispiele agiler Organisationen im Zeitalter der Digitalisierung

Viele Unternehmen versuchen mit unterschiedlichsten Elementen, ihre Organisationen agiler zu gestalten. Die Ansätze variieren dabei vom oberflächlichen „Window Dressing" mit kosmetischen Veränderungen im Arbeitsumfeld oder mit verstärkter Auslagerung von übergreifenden Fragestellungen in Projektteams bis hin zu fundamentalen Veränderungen in Richtung völlig neuer Organisationskonzepte.

Die nachstehenden Beispiele zeigen, wie Unternehmen aus Handel und Produktion und unterschiedlichem kulturellen Background einen echten Paradigmenwechsel wagen bzw. gewagt haben. Dabei setzten die Beispiele in differenzierter Weise an den Enablern der Agilität an (vgl. Abschn. 2.3).

3.1 Zappos: Mit Happiness, Kundenfokus und Holacracy zur Selbststeuerung

Zappos ist einer der größten Online-Händler für Schuhe und Schuhzubehör und gehört seit 2009 zu Amazon. Seit der Übernahme veröffentlicht Zappos keine eigenen Zahlen mehr. Zum Verkaufszeitpunkt setzte das Unternehmen bereits über eine Milliarde US-Dollar um und beschäftigte mehr als 1500 Mitarbeiter. Das Unternehmen wurde 1999 von Nick Swinmurn gegründet. Dieser konnte sehr früh den damals 24-jährigen Tony Hsieh als Risikokapitalgeber und späteren CEO mit an Bord holen. Hsieh sorgte 1998 schon für Furore, nachdem er sein Start-up „LinkExchange" für 265 Mio. US$ an Microsoft verkaufte (Wikipedia 2015). Hsieh hatte aus dem Aufbau von LinkExchange Erfahrungen mit großer eigener Arbeitsunzufriedenheit gemacht. Obwohl er Inhaber war und das Unternehmen gut lief, hatte er oft Motivationsschwierigkeiten, morgens zur Arbeit zu fahren. Hieraus resultierte der Vorsatz, mit Zappos ein Unternehmen zu entwickeln, welches das Team, intrinsische Motivation und Lebensqualität am Arbeitsplatz in den Mittelpunkt stellt (Storz und Willkommer 2013). Die „Core Values von Zappos" sind das Extrakt von mehreren Mitarbeiterbefragungen und kommen daher aus der Mitte der Organisation und nicht vom Management. Sie lauten in Originalsprache (Storz und Willkommer 2013):

1. Deliver WOW Through Service.
2. Embrace and Drive Change.
3. Create Fun and A Little Weirdness.
4. Be Adventurous, Creative and Open-Minded.
5. Pursue Growth and Learning.
6. Build Open and Honest Relationships With Communication.
7. Build a Positive Team and Family Spirit.
8. Do More With Less.
9. Be Passionate and Determined.
10. Be Humble.

Schon in der Startphase war Zappos in der Positionierung mit dem Claim „We are a service company that happens to sell shoes ..." anders. Service bzw. das perfekte Kundenerlebnis war und ist der Kern des Leistungsangebots, wobei Service noch vor dem eigentlichen Sortiment steht. Mitarbeiter im Service haben die Freiheit, einem Kunden auch eine andere Kaufquelle zu empfehlen oder sogar beim Einkauf dort zu unterstützen, wenn Zappos selbst das Produkt nicht führt oder out of stock ist. Unter anderem wird auch erzählt, dass Hsieh selbst einmal nachts zu Testzwecken im Customer Service eine Pizza geordert hätte. Die Pizza selbst wurde zwar nicht von Zappos geliefert, aber sehr wohl bekam er aus dem Service alle Hilfestellungen, die erforderlich waren (Storz und Willkommer 2013). Auch sind die KPIs im Customer Service anders als in anderen Unternehmen. Man fokussiert sich nicht auf Gesprächsdauer bzw. abgeschlossene

Verkäufe, sondern auf Kundenzufriedenheit. Alle Mitarbeiter bei Zappos durchlaufen ein Customer Service Training, damit das Kernelement der Strategie von jedem verinnerlicht wird. Wer bei Zappos ein Arbeitsangebot bekommt, erhält gleichzeitig das Angebot, für einen Scheck von 2000 US$ nicht bei Zappos anzufangen. Die gleiche Option gibt es später noch einmal – allerdings bekommt man dann 3000 US$, wenn man wieder aussteigen will. Die Idee ist, nur die Menschen zu beschäftigen, die auch wirklich für das Unternehmen arbeiten wollen (Storz und Willkommer 2013).

Die Mitarbeiter sind in der Wahl der Kleidung und der Gestaltung ihres Arbeitsplatzes völlig frei. Die Arbeit findet in Großraumbüros statt. Hsieh selbst hat sein Büro offen und in der Mitte eines Großraums, um immer greifbar und zugänglich zu sein (Werner 2014). Zappos beschäftigt auch einen Life Coach, bei dem sich jeder zu beruflichen oder persönlichen Zielen Unterstützung einholen kann (Storz und Willkommer 2013). Auch arbeitet Zappos an vielen internen und externen Kommunikationsinstrumenten, um die Philosophie und die Kultur zu transportieren und zu unterstützen. Intern gibt es u. a. den „Recognition Hallway" mit Erinnerungsstücken und Meilensteinen des Unternehmenserfolgs. Auch gibt es das „Cultur Book", im dem die Mitarbeiter jährlich zu den folgenden zwei Fragen Stellung nehmen (Rüther 2010):

- „Wenn Du die Kultur Deines Unternehmens beschreiben solltest, was würdest Du sagen?
- Wenn Du Deine Kollegen bitten würdest, das gleiche zu tun, wie ähnlich oder unterschiedlich wäre Eure Antworten?"

Die Antworten werden dann unzensiert (offen oder anonym – je nach Wunsch des Mitarbeiters) im „Culture Book" zusammengestellt, um so ein greifbares und differenziertes Abbild der Zappos-Kultur offenzulegen (Zappos 2013).

Nach außen kommuniziert das Unternehmen neben den eigenen Internetauftritten zum einen über Veröffentlichung auf Social-Media-Plattformen und zum anderen durch Vorträge und das Buch „Delivering Happiness" von Hsieh. Darüber hinaus vermarktet Zappos seinen Unternehmensansatz über ein Consulting und Trainingsprogramm unter dem Namen „Zappos Insights" (www.zapposinsights.com). Zu den Kunden gehören u. a. auch Google und Chase.

Hsieh scheint aber noch lange nicht am Ende mit der organisatorischen Entwicklung seines Unternehmens. Seit Anfang 2014 implementiert Zappos „Holacracy" als neues „Ordnungsprinzip". Für Hsieh ist dieser Schritt ein weiterer Meilenstein zu einem autonomen und selbstorganisierten Arbeiten der Zappos-Mitarbeiter (Hsieh 2010).

„Holacracy" wurde von Brian Robertson in seiner Firma Ternary Software Corporation entwickelte. Es handelt sich um ein Governance-Modell, das Entscheidungsfindungen mit hoher Transparenz und partizipativen Beteiligungsmöglichkeiten in großen Netzwerken und vielschichtigen Unternehmen strukturiert und möglich macht (Wikipedia 2016a).

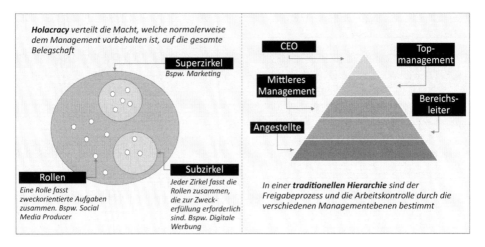

Abb. 2 Vergleich zwischen den Organisationsmodellen „Holacracy" und „Hierarchie". (Quelle: Eigene Darstellung in Anlehnung an Lee und Feloni 2016)

Die vier wesentlichen Prinzipien des Ansatzes sind (in Anlehnung an Wittrock 2015):

1. Zweckorientierte, evolutionäre Organisation und fraktale Selbstorganisation der organisationellen Hierarchie,
2. Distribution von Autorität und integrative Entscheidungsfindung,
3. systematische Prozessierung von Spannungen und iteratives organisationelles Lernen,
4. natürliche Leadership durch den Governance-Prozess.

Statt einem klassisch hierarchischen Organisationsmodell arbeiten Unternehmen, die Holacracy eingeführt haben, mit sogenannten Zirkeln (Circles). Hieran lässt sich auch die Namensgebung von Holacracy erklären. Ein „Holon" ist abgeleitet aus dem altgriechischen Wort hólos (das Teil eines Ganzen seiende). Im Sinne von Holacracy ist ein Zirkel im übertragenen Sinne eine unabhängige, eigenständige und voll funktionsfähige Einheit, die wiederum Teil einer größeren Einheit ist (Hughes und Klein 2015; vgl. Abb. 2).

Holacracy differenziert als größte Einheit den Ankerzirkel (Ancor Circle), der die Unternehmensführung zusammenfasst, und den hierzu zählenden Subzirkel „General Company Circle" (GCC), in dem die Unternehmensführungsfunktionen wahrgenommen werden. Daneben gibt es eine Vielzahl unternehmensindividueller sich teilweise berührender bzw. überlappender Subzirkel, in denen wesentliche Unternehmensfunktionen und Aufgaben zusammengefasst sind. Jeder Zirkel besteht wiederum aus einer Mehrzahl von für die Aufgabenverrichtung wesentlichen Rollen. Die Verantwortlichkeiten werden nicht, wie in einer herkömmlichen Organisation, über Beförderung oder Ernennung an eine Person geknüpft, sondern an eine Rolle, und die Rollen werden den unterschiedlichen Zirkeln zugeordnet, sofern diese für die Aufgabenerfüllung bzw. die Ziele des Zirkels erforderlich sind. Personen können in mehreren Zirkeln arbeiten und dort unterschiedliche Rollen ausführen, je nach ihren Fähigkeiten und den Erfordernissen der Aufgabe.

Rollen können sich im Zeitablauf aufgrund der jeweiligen Erfordernisse verändern, was auch bedeutet, dass eine geänderte Rolle unmittelbar durch eine andere Person wahrgenommen werden kann, weil diese Person die besseren Voraussetzungen für die Rollenausführung mit sich bringt.

So lässt sich auch der Unterschied zwischen einer Abteilung in einer klassischen Organisation und einem Zirkel leicht erklären. Ein Zirkel ist per Definition viel flexibler und kann durch das Rollenkonzept auch schnell Anpassungen vornehmen und auf Basis der richtigen Kompetenzen zu Entscheidungen kommen.

Da Zirkel und Rollen sich stetig den Umfelderfordernissen anpassen und dadurch Mitarbeiter dynamisch Arbeitsplatz und Aufgabe ändern, ist ein Management-Tool erforderlich, um die Kommunikation und die Ressourcenallokation transparent zu machen. Holacracy One – die Firma, die das Holacracy-Konzept stetig verbessert – hat hierfür die Software GlassFrog entwickelt, die auch Zappos für sich nutzt (Hsieh 2010).

Neben der Bedeutung von Zweckorientierung, dynamischer Steuerung, stetiger flexibler Anpassung und dezentraler verteilter Verantwortung gibt es noch zwei Wesenselemente, die sehr wichtig sind, um zu verstehen, mit welchen Elementen Holacracy Agilität der Organisation fördert – die Nutzung von Spannungen und eine natürliche Leadership durch strukturierten Governance-Prozess.

Spannungen bzw. Probleme werden nicht wie in klassischen Organisationen als ein Übel gesehen, das man sofort abstellen muss, damit alles so weiterläuft wie bisher, sondern als etwas Positives, eine Chance, etwas zum Besseren zu verändern. Die Kombination aus der anderen Einstellung zu Spannungen (Problemen) in Kombination mit den verteilten Verantwortungen macht es erst möglich, schnell auf Veränderungen oder Kundenwünsche zu reagieren.

Ein klar definierter Governance-Prozess mit einer geordneten Meetingstruktur und Meetingregeln ist der Schmierstoff für Agilität und Effizienz. Regelmäßige taktische Meetings ermöglichen einem Zirkel die Transparenz über getane und geplante Aufgaben, über bestehende Spannungen und bilden die Plattform für integrative Entscheidungen. In größeren Abständen oder bei akutem Bedarf einberufene Governance-Meetings schaffen den Überblick über Zielerreichung und ermöglichen Anpassungen in der Zweckdefinition des Zirkels, der Zuweisung und Anpassung von Rollen bzw. Verantwortungen sowie dem Aufsetzen von neuen Projekten.

Die Erfahrungen mit Holacracy bei Zappos sind gemischt. Sie zeigen auf, wie schwierig es selbst in einer jungen, dynamischen und sehr modernen Unternehmenskultur ist, ein Organisationsmodell einzuführen, in dem Menschen sich von alten Bewusstseinsparadigmen lösen müssen.

Aus einem Schreiben von Hsieh an die Zappos-Mitarbeiter aus dem März 2015 lassen sich einige Transformations- bzw. Implementierungsherausforderungen ableiten (Hsieh 2010).

In der Übergangsphase scheint Zappos mit einem Fuß in der alten hierarchischen und managementgeprägten Welt stehen geblieben zu sein. Damit war es schwieriger, die neuen Zirkel zu etablieren und auch eine Verhaltensänderung zur distribuierten Verantwortung und dezentralen Entscheidungsfindung herbeizuführen. Auch lässt sich aus dem Schreiben folgern, dass durch mangelnde Übernahme der neuen Governance- und Support-Systeme (u. a. GlassFrog) ein hohes Maß an Intransparenz und Verunsicherung entstanden ist (Hsieh 2010).

Laut Frederic Laloux, den Hsieh in seinem Mitarbeiterschreiben zitiert, sollte Zappos im Organisationsübergang deshalb zwei Dinge besonders im Auge behalten (Hsieh 2010):

1. Nicht jeder Manager möchte gerne seine Rolle als Manager aufgeben und nicht jeder Mitarbeiter möchte gerne die volle Verantwortung für sein Handeln in einer neuen Rolle übernehmen. Auch kann es vorkommen, dass bei dem Wegfall der klassischen Mitarbeitersteuerung durch Manager Mitarbeiter ihren Vorteil aus der falsch verstandenen neuen Freiheit ziehen.
2. Es muss einen klar kommunizierten und einfach zu verstehenden Konfliktlösungsprozess im Organisationsübergang geben, damit jeder Mitarbeiter weiß, was er zu tun hat und an wen er sich wenden muss.

Um den Punkt 1 bei Zappos besser in den Griff zu bekommen, machte das Unternehmen allen Managern und Mitarbeitern im Frühjahr 2015 ein aus amerikanischer Perspektive großzügiges Abfindungsangebot, sofern sie sich entscheiden sollten, den Weg zu einer „Self Management Organisation" nicht mitgehen wollen (Hsieh 2010). 14 % der Mitarbeiter haben das Angebot angenommen, im Vergleich der sonst bei einem Prozent liegenden Kündigungsrate ist das viel (Denning 2015). Auch ist Zappos in der „Fortune's 100 Best Companies to Work For" Liste von Platz 38 auf Platz 86 gefallen (Forbes 2015).

3.2 Spotify: Squads and Tribes als Schlüssel für Agilität

Auch bei Spotify, dem größten Musik-Streaming-Dienst der Welt, versucht man weitestgehend ohne Manager auszukommen. Das Unternehmen wurde 2006 von dem Schweden Daniel Ek gegründet, beschäftigt heute über 1500 Mitarbeiter und machte 2014 einen Umsatz von über einer Milliarde Euro, bedient aktuell rund 75 Mio. Internetnutzer, davon 20 Mio. als Premiumkunden, und hat eine Bewertung von 8,53 Mrd. US$ (Wikipedia 2016b).

Warum auch hier keine Chefs? Aus der Perspektive von Spotify treffen die Mitarbeiter in 70 % der Fälle die gleiche Entscheidung wie ihr Chef, in 20 % aus Know-how-Gründen eine bessere und nur in zehn Prozent der Fälle eine schlechtere Entscheidung. Daher will man die Mitarbeiter befähigen, selbstständig zu handeln und zu entscheiden (Ramge 2015).

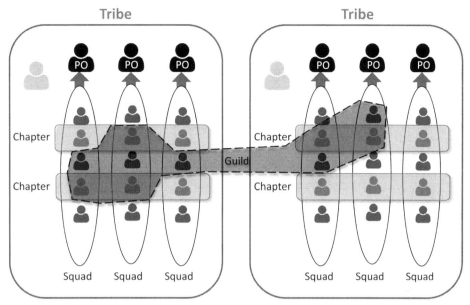

Angelehnt an die Spotify Organisationstruktur (Quelle: Spotifiy 2015)

Abb. 3 Der Spotify-Organisationsansatz. (Quelle: Eigene Darstellung in Anlehnung an Kniberg und Ivarsson 2012; Spotify 2015)

Spotify arbeitet fast ohne Hierarchien und mit einem Höchstmaß an Autonomie in cross-funktionalen Teams (vgl. Abb. 3) so nahe wie möglich an der eigentlichen Wertschöpfung des Unternehmens. Auch gibt es ein klares Bekenntnis zum „Try often and fail fast"-Ansatz, weil man nur im Wettbewerb bestehen kann, wenn man etwas ausprobiert und die Fehler vor den Mitbewerbern macht (Ramge 2015).

Die Basiseinheit bei Spotify ist ein Squad – vergleichbar mit einem Scrum-Team –, bestehend aus sechs bis 20 Mitarbeitern. Jedes Squad soll wie ein Mini-Start-up funktionieren, hat eine Aufgabe mit längerfristiger Perspektive zu erfüllen und wird daher mit allen für die Aufgabe erforderlichen Fähigkeiten und Werkzeugen ausgestattet. Die nächste Ordnungseinheit ist ein Tribe. Ein Tribe fasst mehrere Squads mit ähnlich gelagerten oder ineinander greifenden Aufgabengebieten zusammen und kann wie ein Inkubator für die Squads gesehen werden. Die Koordination erfolgt über einen Tribe Lead. Die Größe der Tribes orientiert sich an der „Dunbar-Zahl" (sie beschreibt die theoretische kognitive Grenze der Anzahl an Menschen, mit denen eine Einzelperson soziale Beziehungen unterhalten kann) auf rund 150 Mitarbeiter (Kniberg und Ivarsson 2012), weil diese Größenordnung es erlaubt, in sinnvollen Beziehungsstrukturen miteinander zu arbeiten und zu kommunizieren, ohne dabei zu viele Regeln und Hierarchien einzuführen oder mit Politik und informellen Strukturen umgehen zu müssen (in Anlehnung an Koogh 2014; Kniberg und Ivarsson 2012).

Die Steuerung der Squads erfolgt im Team koordiniert durch einen sogenannten Product Owner, der die vom Squad zu bearbeitende Aufgabenreihenfolge festlegt, und einem Chapter-Verantwortlichen, der wiederum koordiniert, wie bestimmte Aufgaben in einem Expertengebiet angegangen werden (Kniberg und Ivarsson 2012; Ramge 2015).

Durch die hohe Autonomie in den Squads und Tribes verzichtet Spotify auf „Economies of Scale and Scope" zugunsten von schnellen Entscheidungen und Selbststeuerung. Um dem entgegenzuwirken, ohne dabei die Agilität zu gefährden, gibt es neben den Squads und Tribes auch noch Chapters und Guilds. Die squad-übergreifenden Chapters fassen Spezialisten/Experten über die Aufgabenstränge (Squads) hinweg zusammen, bei denen zum Beispiel eine Einigung auf bestimmte Standards oder Konventionen wichtig für das Gesamtergebnis eines Tribes ist. Jedes Chapter hat einen Chapter Lead, der die Koordination übernimmt. Die Gilden wiederum fassen Wissen, das unternehmensübergreifend vernetzt werden soll, zusammen. Bei Spotify sind das Themen wie zum Beispiel Testing, Agiles Coaching, Webtechnologie. Jede Gilde hat einen Koordinator, der den Wissenstransfer organisiert. Auch gibt es regelmäßige „Squad Dependencies Surveys", in denen die Abhängigkeiten zwischen den Squads ermittelt werden, um dadurch Blockaden und insbesondere tribe-übergreifende Abhängigkeiten zu erkennen und aufzulösen (Kniberg und Ivarsson 2012).

Die oberste Steuerung bei Spotify erfolgt durch den System Owner und den Chief Architect. Übergreifende System- und Produktänderungen müssen mit diesen beiden Rollen abgestimmt werden (Ramge 2015).

Was im Holacracy-Konzept mit „Tension" bzw. Spannung erreicht werden soll (vgl. Abschn. 3.1), soll bei Spotify das „Demoing" bewirken. Die Entwickler eines Squads führen regelmäßig vor, was sie erarbeitet haben. Diese Arbeit wird im gesamten Team kritisch hinterfragt. Regelmäßige Feedbackschleifen zwischen allen Squad-Mitgliedern ersetzten die Hierarchie und verbessern das Arbeitsergebnis.

Auch bei Spotify hat man erkannt, dass Hierarchiefreiheit nicht jedermanns Sache ist. Ohne Management muss das Team sich Grenzen setzen und Ziele vereinbaren. Schaffen die Teams das nicht, droht ein Zustand ständiger Über- oder Unterforderung und im schlechtesten Falle auch eine relative Verschlechterung der Wettbewerbsposition oder des Produkts (Ramge 2015).

Daher hat Spotify „Agile Coaches", die darauf achten, dass in den Squads die Regeln eingehalten werden und die Hilfestellung geben, sofern die Teams sich nicht selbst organisiert bekommen. Die Arbeit der Coaches wird durch quartalsweise „Squad Surveys" unterstützt (Kniberg und Ivarsson 2012).

3.3 W. L. Gore & Associates: seit 1958 mit geteilter Verantwortung

W. L. Gore & Associates ist den meisten durch ihre wasserdichten und atmungsaktiven Textilien bekannt, doch der größte Teil der Umsätze und Erträge kommt aus anderen Bereichen des weitverzweigten Produktportfolios von Spezialfiltern über

Kabelisolierungen bis zu medizinischen Implantaten. Das Unternehmen wurde 1958 von William L. Gore und dessen Frau Genevieve Gore gegründet und hat heute rund 10.000 Mitarbeiter in 30 Ländern mit einem Umsatz in 2014 von rund 3,2 Mrd. US$ (Wikipedia 2016c).

Auch dieses Unternehmen, das allerdings bereits seit fast 60 Jahren erfolgreich am Markt agiert, kommt mit minimalen Managementhierarchien aus, hat eine niedrige Fluktuation und steht seit 1998 weit oben auf der „Fortune's 100 Best Companies to Work For"-Liste (Koogh 2014) – aktuell Platz 17 (Forbes 2015).

Die Wertekultur und auch die Kernstrukturen haben sich seit Gründung nur unwesentlich verändert. Die Grundidee des Gründers war ein Task-Force-Model, welches er als Arbeitnehmer von DuPont her kannte. Er wollte, dass die ganze Firma aus kleineren cross-funktionalen Teams mit klaren Zielvorgaben ohne formale Hierarchien funktionierte (Koogh 2014). Für ihn sollten sich die Führungspersönlichkeiten durch ihr Können und Handeln und nicht durch eine ihnen gegebene Position herausbilden. Das Unternehmen setzt seit jeher auf Teamgeist, Eigenverantwortung und Kreativität als Treiber von Innovation (Hegmann 2015).

Die Zielfindung erfolgt durch einen Buttom-up Commitment-Prozess ohne willkürliche Zielvorgaben von oben. Dabei gibt jeder Mitarbeiter sein eigenes persönliches Commitment ab. Die Einzel-Commitments werden dann in Forecasts zusammengefasst (Koogh 2014).

Es gibt bei Gore keine formalen Titel. Jeder Mitarbeiter ist ein Teilhaber und wird „Associate" genannt. Jedes Jahr wird ein Teilbetrag des Bruttogehalts in Unternehmensaktien angelegt – in Deutschland sind es jährlich elf Prozent (Hegmann 2015).

Statt Vorgesetzten gibt es bei Gore sogenannte Sponsor und Leader. Jeder Angestellte hat einen oder mehrere Sponsoren. Ihre Aufgabe ist es, zu beraten und coachen, aber auch mittels Feedback und Unterstützung bei der richtigen Vernetzung im Unternehmen den Mitarbeiter zum Erfolg zu bringen. Sie habe aber dabei kein Weisungsrecht und keine Disziplinarverantwortung (Koogh 2014).

Neben den Sponsoren gibt es zehn unterschiedliche Leader-Rollen (vgl. Abb. 4).

Wichtig für das Verständnis des Führungsmodells bei Gore ist, dass Leader sich in erster Linie dadurch qualifizieren müssen, dass sie Follower und nicht Untergebene haben. Leader ist bei Gore keine Vollzeitbeschäftigung. Die Rolle wird auch nicht aus Senioritätsgründen oder auf Dauer vergeben, sondern sie bildet sich auf der Basis der natürlichen Leadership des Leaders (Koogh 2014).

Auch bei Gore gibt es einen CEO. Dieser wird von der ganzen Belegschaft gewählt. Damit hat er eine starke Legitimation aus dem Unternehmen heraus. Aber auch er hat bei Gore keine direkte Weisungsbefugnis. CEO ist seit 2005 Terri Kelly, eine Frau, die ihr gesamtes Arbeitsleben bei Gore verbracht hat und die das Ansehen der Mitarbeiter genießt (Roberts 2015).

Zusammengefasst wird die Gore-Organisation durch sechs Elemente definiert (in Anlehnung an Manz et al. 2009):

Leader-Type-Bezeichnung	Rollenbeschreibung
1. Technical Leader	Hat ein relevantes technisches Spezial-Know-how und gibt seinem Team in diesem Gebiet Orientierungshilfe
2. Commitment Seeker	Wird vom Team ausgesucht, um den Commitment-Prozess für eine erfolgsorientierte gemeinsame Zielfindung zu begleiten
3. Objective Leader	Wird vom Team zugestanden, einen guten Überblick über die Unternehmensziele zu haben und damit im Commitment-Prozess sicherstellt, dass die erarbeiteten Ziele auch im Unternehmenskontext passen (oft die gleiche Person wie der Commitment Seeker)
4. Contribution Leader	Ermittelt den relativen Ergebnisbeitrag jedes Teammitglieds in Abstimmung mit den Sponsoren und berichtet diesen an das „Compensation Committee"
5. Product Specialist	Koordiniert Forschung, Produktion und Marketing für eine Produktgruppe. Wird wegen seines Produkt-Know-hows und seiner Hingabe zum Produkt ausgewählt
6./7./8. Plant/Business/Function Leaders	Koordiniert die Aktivitäten der Menschen in Fabrik, Geschäftsfeld oder Funktion
9. Corporate Leaders	Koordinieren die Aktivitäten über die Geschäftsbereiche und Funktionen und fördern die cross-funktionale Kommunikation
10. Intrapreneuring Associate	Organisieren die Weiterentwicklung der Firma (neue Teams, neue Geschäftsfelder, neue Produkte, verbesserte Prozesse, neue Systeme, neues Marketingaktivitäten) und versuchen Menschen in der Organisation zur Mitarbeit an ihren Themen zu begeistern

Abb. 4 Die zehn Leader-Rollen bei Gore. (Quelle: Eigene Darstellung in Anlehnung an Manz et al. 2009; Koogh 2014)

- Sehr direkte Kommunikation zwischen den Mitarbeitern/Associates,
- keine festen oder von oben vergebene Autoritäten (nur definierte Rollen),
- keine Vorgesetzten, sondern Sponsoren,
- natürliche, durch Follower legitimierte Leadership bis hin zum CEO,
- Zieldefinition durch die Personen, die diese auch erarbeiten und erreichen müssen,
- Aufgaben und Funktionen werden durch persönliches Commitment organisiert.

Aber auch bei Gore stößt man nach 58 Jahren trotz sehr hoher Selbststeuerungselemente durch die sehr niedrige Fluktuation und die damit verbundenen langen Mitarbeiterzugehörigkeiten an Grenzen – in einer Zeit, in der Digital Natives gefragt sind, um die Digitalisierung des Unternehmens voranzutreiben. Die junge Generation turnt die Vorstellung „Ein Leben lang Gore" eher ab und man sucht daher auch bei Gore neue Wege, die Organisation an das sich wandelnde Umfeld anzupassen (Roberts 2015).

3.4 Haier Group: Die chinesische Variante mit flachen Hierarchien

Das Unternehmen mit Sitz in Qingdao, China, wird seit seiner Entstehung 1984 von Zhang Ruimin, dem heutige CEO der Haier Group geführt. Er machte Haier zum weltgrößten Hersteller für weiße und braune Ware. Das Unternehmen entstand aus einer Kooperation mit der deutschen Firma Liebherr und war bei Amtsantritt von Zhang ein Sanierungsfall (The Economist 2013). Das Unternehmen beschäftigt heute über 70.000 Mitarbeiter und erwirtschaftet einen Umsatz von rund 33 Mrd. US$. Haier übernahm Anfang 2016 die Hausgerätesparte von General Electric für 5,4 Mrd. US$. Damit kommen noch mal rund sechs Milliarden US-Dollar Umsatz und 12.000 Mitarbeiter dazu (Spiegel 2016).

Bis 2004 hat das Unternehmen in einer klassisch hierarchischen Organisation mit typischen Managementstrukturen und strikten Top-down Planungs- und Commitment-Prozessen gearbeitet. Zwischen 2005 und 2012 verabschiedete sich das Unternehmen in Schritten von der alten Organisationsstruktur, um als Wettbewerbsdifferenzierung eine am Kunden ausgerichtete Qualitätsstrategie zu verfolgen (The Economist 2013) und trat in die erste Transformationsphase „Rendanheyi 1.0" (Rendanheyi = das aktive Verbinden vom Mitarbeiter mit dem Nutzer und dem Unternehmen mit dem Kunden) ein (PR Newswire 2015). Das Unternehmen richtete sich entlang der Wertschöpfungskette in Teams aus. Dabei wurden drei Ebenen (Tier 1 bis 3) von Teams nach ihrer Nähe zum Kunden unterschieden. Tier 1 waren die drei Wertschöpfungscluster Produkt (Entwicklung), Produktion und Vermarktung, die unmittelbar auf den externen Kunden ausgerichtet wurden. Die Ziele dieser Wertschöpfungsteams wurden so eng wie irgend möglich mit den Kundenerwartungen verknüpft. Die Ausrichtung nennt Haier „Zero Distance to Customer". Die Teamgröße war auf maximal 20 Mitglieder beschränkt und die Teams arbeiteten weitestgehend autonom. Schnell wachsende Teams wurden geteilt, um die Teamdynamik kleinerer, schnellerer Einheiten aufrecht zu erhalten (Campbell et al. 2015).

In 2012 arbeiteten die über 70.000 Haier-Mitarbeiter in rund 2000 Tier-1-Teams. Davon waren ca. 1540 Vermarktungsteams, die aus einem Teamleiter und jeweils fünf bis sieben Produkt- und Marktspezialisten bestanden, von denen die ersteren den Kontakt zu den Produktteams und die letzteren eine enge Beziehung zum Kunden herstellten (Campbell et al. 2015).

Die Tier-1-Teams wurden im Hintergrund durch funktional orientierte Tier-2-Serviceteams (HR, Finanzen, Logistik, IT, R&D etc.) im Sinne eines Market-Place-Modells auf Basis von Service-Level-Agreements unterstützt: Jeder kaufte nur den Service, den er wirklich benötigt! Auf der letzten Ebene (Tier 3) wurden die Führungsteams zusammengefasst, die für die strategische Ausrichtung und Entwicklung von Haier verantwortlich waren (Campbell et al. 2015, vgl. Abb. 5).

Die Grundidee dieser Struktur war durch einen unternehmerischen Ideenwettbewerb zwischen den Teams und Mitarbeitern um Ressourcen analog eines abgespeckten Venture-(Capital-)Prozesses begleitet. Sobald einzelne Mitarbeiter oder Teams eine Verbesserungsidee entwickelt hatten, um entweder in der Vermarktung neue Kunden und Regionen anzusprechen oder in der Entwicklung neue Produkte einzuführen oder in der Produktion neue Wege zu gehen, wurden diese „Optionen" auf einer internen Auktionsplattform ausgeschrieben und vermarktet. Ziel der Maßnahme war es, aktiv um HR- und Finanzressourcen zu werben. Potenzielle Teamleiter und Ideen wurden auf Basis von Business-Plänen und einer Präsentation von einem Komitee kritisch hinterfragt und dann zur Umsetzung ausgewählt. Die auserkorenen Teamleiter konnten anhand der vorgestellten Business-Pläne gemessen werden (Campbell et al. 2015).

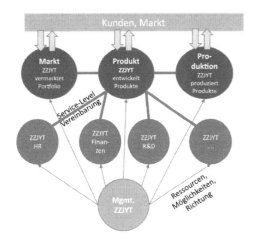

Kundenfokus entlang der Wertschöpfung
Ausrichtung kleiner Teams auf den Kunden über die drei Wertschöpfungsstufen Produktentwicklung, Produktion und Vermarktung

Abb. 5 Haier-Organisationsstruktur nach Rendanheyi 1.0. (Quelle: Eigene Darstellung in Anlehnung an Campbell et al. 2015)

Das Modell wurde von drei relevanten Kulturelementen flankiert:

1. Leadership der Idee („Das Bessere ist der Feind des Guten"),
2. unternehmensweiter Wettbewerb um Talente und finanzielle Ressourcen,
3. harte Differenzierung zwischen Erfolg und Misserfolg bei der Bezahlung.

Durch diese Rahmenbedingungen entstand eine ganz natürliche Ressourcenallokation zu Projekten mit hohen Erfolgsaussichten bzw. steigendem Erfolg. Auch führten sie dazu, dass Projekte, bei denen sich im Projektverlauf zeigte, dass ihre Erfolgschance doch geringer waren als ursprünglich angenommen, schnell aufgegeben wurden.

Die wesentlichen Erfolgstreiber von Rendanheyi 1.0 kann man wie folgt zusammenfassen:

- Schnelle Allokation von Ressourcen für vielversprechende Ideen,
- schnelle Entscheidungen durch autonome kleine Teams,
- adaptive Struktur durch den Selbstregulationsmechanismus (Behandlung bei Erfolg und Misserfolg),
- schlanke Serviceeinheiten durch die Market-Place-Struktur,
- flache Managementstrukturen durch Selbststeuerungsmechanismen.

Ab 2012/2013 ist Haier in eine weitere, noch stärker unternehmerisch geprägte Transformationsphase – „Rendanheyi 2.0" – eingetreten (vgl. Abb. 6). Weiterentwicklungsziel der Transformation ist der Aufbau einer plattformorientierten Struktur, wobei die einzelnen Plattformen als Ökosystem eng verknüpft sind mit einer User Community für Best-in-Class User Experience und Unternehmertum. Sie funktionieren auf der Basis

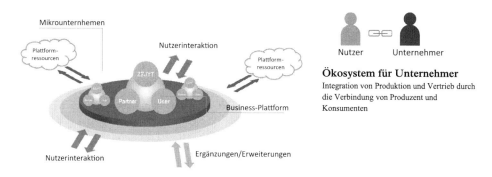

Abb. 6 Haier-Organisationsansatz nach Rendanheyi 2.0. (Quelle: Eigene Darstellung in Anlehnung an Zhang 2015; Haier 2016)

von „Co-Creation" und gemeinsamem Erfolg. Auf den Plattformen werden Entwicklung, Vertrieb und Vermarktung sowie Produktion noch enger zusammengeführt. Außerdem wird die Plattform auch für Dritte geöffnet, um die Innovationsgeschwindigkeit zu erhöhen (Zhang 2015).

Es gibt nach der vollständigen Umsetzung von Rendanheyi 2.0 nur noch drei Rollen bei Haier (Zhang 2015):

- den Plattform-Owner, der die Anzahl der erforderlichen Teams (Mikrounternehmen) definiert, die für einen Erfolg des Plattformziels erforderlich sind, und die einzelnen Teams unterstützt, erfolgreich zu sein,
- den Mikrounternehmer, der ein unternehmerisches Team anführt, das sich auf der Plattform entwickelt,
- und die unternehmerischen Mitarbeiter im Mikrounternehmen, die sich um Best-in-Class User Experience kümmern.

Die funktionalen Aufgaben (HR, Finanzen, IT, strategische Ausrichtung etc.) werden auch auf Plattformen bereitgestellt. Haier unterscheidet hier zwei Typen von funktionalen Plattformen: eine für skalenorientiertes „Sharing" wie u. a. Finanzen und eine für „Motivation" mit der Aufgabe für strategische Planung und der Ausrichtung auf Wachsen und Gewinn (Zhang 2015).

Zusammengefasst lassen sich vier wesentliche Elemente der organisatorischen Weiterentwicklung von Rendanheyi 2.0 herausarbeiten (in Anlehnung an Zhang 2015):

1. Vom Eigenfokus zum Netzwerkgedanken als Wettbewerbselement: In der Vergangenheit haben sich die Teams mit ihren Grenzen von Mitarbeitern, Kapazität und finanziellen Ressourcen noch stark auf sich selbst und den Haier-Konzern konzentriert, während die neuen Mikrounternehmen immer mehr zu einem Knotenpunkt in einem

Netzwerk von durch die Plattform verknüpften Unternehmen – auch externen – werden sollen.
2. Vom Kundenfokus zum Nutzerfokus als neue Wertorientierung: Statt den Blick auf den Kunden und die Transaktion (Geld gegen Ware) zu haben, ist es in der neuen Ausrichtung wichtiger, über wiederkehrende Nutzungsanlässe im Sinne eines durch Customer Experience getriebenen Ökosystems für den Endverwender nachzudenken (zum Beispiel automatisch nachbestellender Kühlschrank).
3. Von der Zielausrichtung am Mitarbeiter zur Motivation von Unternehmern für ein Ziel: Statt die richtigen Ziele für ein Team und dessen Fähigkeitsprofil zu finden, sollen auf den Plattformen die für das Ziel relevanten und motivierten Menschen mit den richtigen Fähigkeiten zusammengeführt werden.
4. Vom Einzelunternehmen mit engagierten Teams zu einer Plattform mit Partnern: Die neue Ausrichtung soll den gemeinsamen Erfolg aller Stakeholder auf der Plattform und damit die Zusammenarbeit, das Teilen (Sharing) und das gemeinsame Entwickeln von Geschäften fördern. Mitarbeiter sind keine Angestellten, sondern Unternehmer, und Mikrounternehmen keine Wettbewerber, sondern Partner, die Best-in-Class User Experience entwickeln.

Inwieweit sich diese mutige Weiterentwicklung des CEO Zhang Ruimin zu noch größerem Markterfolg von Haier umsetzen lässt, muss die Zukunft beweisen. Rendanheyi 2.0 ist auf jeden Fall einer der radikalsten Veränderungsansätze im Rahmen der Transformation hin zu einer agilen und kundenzentrierten Organisationsform.

4 Zusammenfassung und Ausblick

Agile, kundenzentrierte Organisationen sind, wie die obigen Beispiele zeigen, kein theoretisches Sandkastenspiel von Professoren und Wissenschaftlern, sondern die gelebte Praxis von zukunftsorientierten Unternehmen und Visionären, die die organisatorischen Veränderungsnotwendigkeiten in einer zunehmend digitalen, vernetzten und transparenten Welt erkannt haben.

Die Beispiele zeigen auch, dass hierarchiefreie, sich selbst steuernde Organisationen kein Privileg von kleinen Start-ups, eines bestimmten Kulturraums oder bestimmter Branchen bzw. bestimmter dem Geschäft zugrunde liegenden Margenstrukturen sind. Sie sind vielmehr das Ergebnis eines mutigen Schritts, begleitet von einem starken Glauben an die Macht des Kunden/Users und die Kraft des Menschen, sich den Herausforderungen eines sich schnell und stetig verändernden Markt- und Wettbewerbsumfeldes zu stellen.

Auch wenn die Lösungskonzepte hin zu einer agilen Organisation unterschiedlich sind, so folgen sie doch alle einem Muster:

- Teile das Unternehmen in überschaubare Einheiten, um ein persönliches Kommunikations- und Beziehungsgeflecht zwischen den handelnden Personen sicherzustellen und um damit Managementstrukturen weitestgehend überflüssig zu machen.

- Schaffe innerhalb der Einheiten kleine Teams, die mit den Kompetenzen bestückt sind, um die jeweilige Aufgabe zu erfüllen und auch die hierfür relevanten Entscheidungen zu treffen.
- Setze auf sich aus Kompetenz und Fähigkeiten ergebende Hierarchie und nicht auf durch Managementstrukturen verliehene Macht.
- Stelle Eigenverantwortung und Selbststeuerung in den Vordergrund.
- Entwickle ein kulturelles Umfeld, das sicherstellt, dass Selbststeuerung ergebnis- und erfolgsorientiert ist.

Aus den Praxiserfahrungen wird deutlich, dass dabei die größte Herausforderung darin besteht, alte Bewusstseinsparadigmen zu überwinden. Manager müssen verstehen, dass ihre Aufgabe in agilen Organisationen nicht mehr darin besteht, andere Menschen zu führen und für diese die Entscheidungen zu treffen, sondern eine für die Aufgabenerfüllung erforderliche Rolle mit Kompetenz und Einsatz auszuführen und darüber Anerkennung und natürliche Autorität zu erlangen. Und Mitarbeiter müssen verstehen, dass es niemanden mehr gibt, der ihnen ihre Aufgaben vorstrukturiert und ihnen die Entscheidungen abnimmt, sondern dass sie selber für die Aufgabenstrukturierung und die Herbeiführung von Entscheidungen verantwortlich sind.

Für den klassischen (stationären) Handel wird der erforderliche Transformationsprozess außergewöhnlich hart werden. Hat man doch in den letzten Jahrzehnten durch „Rillenoptimierung" der bestehenden Systeme – insbesondere an der Schnittstelle zum Kunden – alles dafür getan, Mitarbeitern die Flexibilität und Entscheidungsfreiheit zu nehmen. Starre, klar definierte Prozesse, einseitig bis gar nicht ausgebildete, aber dafür schlecht bezahlte Angestellte treffen auf gut informierte und immer mündigere Kunden mit unzähligen alternativen Beschaffungsquellen zur Bedürfnisbefriedigung. Es gibt zurzeit in Deutschland nur sehr wenige Ausnahmen im Handel (siehe dm-drogerie markt), bei denen ein Umdenkprozess bezüglich einer agilen Organisationsform stattgefunden oder zumindest begonnen hat – und die Zeit wird knapp.

Literatur

Absatzwirtschaft. (2011). Neuer dm-Chef pflegt Erfolgskurs als Teamwork. *Absatzwirtschaft, 2011*(3). http://www.absatzwirtschaft.de/neuer-dm-chef-pflegt-erfolgskurs-als-teamwork-10721/. Zugegriffen: 29. Febr. 2016.

Bishop, E. (2014). Lessons from three big business failures. http://www.jeffbullas.com/2014/05/16/lessons-from-three-big-business-failures/. Zugegriffen: 29. Febr. 2016.

Bock, J. (2013). Agiles Projektmanagement: Scrum, Kanban und Scrumbuts im Einsatz. *t3n Magazin, 31*(02), 94–97.

Campbell, D., Meyer, M., Xin Li, S., & Stack, K. (2015). *Haier: Zero Distance to the Customer (HBS No. 9 115-006)*. Boston: Harvard Business School.

Computerwoche. (2013). Agile Methoden im Vergleich. http://www.computerwoche.de/a/agile-methoden-im-vergleich,2352712. Zugegriffen: 29. Febr. 2016.

Deep White, & HGB (Hamburger Geschäftsberichte). (2010). Die Wertekultur als unternehmerischer Erfolgsfaktor – Der Wettbewerbsvorteil des Wertekapitals. Ein neues Thema für die Unternehmensberichterstattung. http://www.hgb.de/uploads/tx_news/HGB_DeepWhite_Vortrag_Wertekapital_DIRK210.pdf. Zugegriffen: 29. Febr. 2016.

Denning, S. (2015). Is holacracy succeeding at Zappos? http://www.forbes.com/sites/stevedenning/2015/05/23/is-holacracy-succeeding-at-zappos/#300cf45d40bb. Zugegriffen: 29. Febr. 2016.

Dommer, M. (2011). Das grenzenlose Büro. http://www.faz.net/aktuell/beruf-chance/arbeitswelt/arbeitsumfeld-das-grenzenlose-buero-1641815.html. Zugegriffen: 29. Febr. 2016.

Drucker, P. F. (1998). *Die Praxis des Managements*. Düsseldorf: Econ.

Duguay, C. R., Landry, S., & Pasin, F. (1997). From mass production to flexible/agile production. *International Journal of Operations & Production Management, 17*(12), 1183–1195.

Forbes. (2015). 100 Best companies to work for. http://fortune.com/best-companies/. Zugegriffen: 29. Febr. 2016.

Förster, K., & Wendler, R. (2012). Theorien und Konzepte zu Agilität in Organisationen. *Dresdner Beiträge zur Wirtschaftsinformatik, 63*.

Gehrckens, M., & Boersma, T. (2013). Zukunftsvision Retail – Hat der Handel eine Daseinsberechtigung? In G. Heinemann, K. Haug, & M. Gehrckens (Hrsg.), *Digitalisierung des Handels mit ePace*. Wiesbaden: Gabler.

Haier. (2016). Organizational innovation. http://www.haier.net/en/about_haier/one_person_alone/. Zugegriffen: 29. Febr. 2016.

Hegmann, G. (2015). Die seltsamste Firma in Deutschland kommt ohne Chef aus. http://www.welt.de/wirtschaft/article142907029/Die-seltsamste-Firma-in-Deutschland-kommt-ohne-Chef-aus.html. Zugegriffen: 29. Febr. 2016.

Höning, A. (12. Januar 2016). Telekom-Chef: Grundeinkommen für alle. *Rheinische Post*.

Hsieh, T. (2010). *Delivering happiness – A path to profits, passion, and purpose*. New York: Grand Central.

Hughes, B., & Klein, S. (2015). *Blinkracy – A light version of Holacracy to make any company management-free and 100% results-oriented*. Berlin: Blinks Labs.

Innovation Through Design Thinking. (2006). [Mitschnitt], MIT World. http://video.mit.edu/watch/innovation-through-design-thinking-9138/. Zugegriffen: 29. Febr. 2016.

Kniberg, H., & Ivarsson, A. (2012). Scaling Agile @ Spotify – with Tribes, Squads, Chapters & Guilds. https://dl.dropboxusercontent.com/u/1018963/Articles/SpotifyScaling.pdf. Zugegriffen: 29. Febr. 2016.

Koch, N. (2007). Methoden des Software-Engineering. http://www.pst.ifi.lmu.de/lehre/WS0607/mse/material/25-MSEF1-WebEngineering-v2.pdf. Zugegriffen: 29. Febr. 2016.

Koogh, E. van der. (2014). Profile: W. L. Gore & Associates. http://21stcenturymba.com/pioneers/profile-gore/. Zugegriffen: 29. Febr. 2016.

Kulus, K. (2010). dm-drogerie markt: eine soziale Unternehmensphilosophie. *Karlsruher Wirtschaftsspiegel 2009/2010, Nr. 52*. http://web3.karlsruhe.de/Wirtschaft/img/standort/profile/down631.pdf. Zugegriffen: 29. Febr. 2016.

Laloux, F. (2015). *Reinventing Organizations – Ein Leitfaden zur Gestaltung sinnstiftender Formen der Zusammenarbeit*. München: Vahlen.

Lee, S., & Feloni, R. (2016). Here's how Zappos' wacky self-management system works. http://www.businessinsider.de/how-zappos-wacky-self-management-system-works-2016-1?r=US&IR=T. Zugegriffen: 29. Febr. 2016.

Malter, M. A. (2011). Die Wertbildungsrechnung – Eine Sozialorganisches Instrument des internen Rechnungswesen. http://www.alanus.edu/fileadmin/downloads/fachbereiche_und_studienanbegote/fb_wirtschaft/fachbereich/Institut_fuer_Sozialorganik/Aufsatz_WBR.pdf. Zugegriffen: 29. Febr. 2016.

Manz, C. C., Shipper, F., & Stewart, G. L. (2009). Everyone a team leader: Shared influence at W. L. Gore & Associates. *Organizational Dynamics, 38*(3), 239–244.

Pietsch, C. (2013). Kultur isst Strategie zum Frühstück. http://blog.grey.de/allgemein/kultur-isst-strategie-zum-fruhstuck/#.V8BV1SiLRhE. Zugegriffen: 29. Febr. 2016.

PR Newswire. (2015). Haier Group Announces Phase 2.0 of its Cornerstone ‚Rendanheyi' Business Model. http://www.prnewswire.com/news-releases/haier-group-announces-phase-20-of-its-cornerstone-rendanheyi-business-model-300146135.html. Zugegriffen: 29. Febr. 2016.

Ramge, T. (2015). Nicht fragen. Machen. *brand eins, 17*(3), 88–93. http://www.brandeins.de/archiv/2015/fuehrung/spotify-nicht-fragen-machen/. Zugegriffen: 29. Febr. 2016.

Reiss, M., & Neumann, O. (2012). Konkurrierende Partner, aber kooperierende Wettbewerber. *wissensmanagement, 7.*

Roberts, D. (2015). At W. L. Gore, 57 years of authentic culture. http://fortune.com/2015/03/05/w-l-gore-culture/. Zugegriffen: 29. Febr. 2016.

Rochus Mummert. (2012). Wertekultur in Unternehmen ist oft nur Schall und Rauch. http://www.rochusmummert.com/downloads/news/57_rm_121115_pi_4_8kl-studie_final.pdf. Zugegriffen: 29. Febr. 2016.

Rüther, C. (2010). Zappos – Fun and Family. http://www.christianruether.com/2010/12/zappos-fun-and-family-2/. Zugegriffen: 29. Febr. 2016.

Schnabel, F., Möckel, K., & Stiehler, A. (2015). *Von Starren Prozessen zu agilen Projekten*. Mannheim: Hays.

Spiegel. (2016). Milliardenübernahme: Haier deckt sich mit Hausgeräten von GE ein. http://www.spiegel.de/wirtschaft/unternehmen/haier-uebernimmt-general-electrics-hausgeraete-sparte-a-1072210.html. Zugegriffen: 29. Febr. 2016.

Spotify. (2015). Organisationsstruktur. https://labs.spotify.com/2014/03/27/spotify-engineering-culture-part-1/. Zugegriffen: 29. Febr. 2016.

Storz, S., & Willkommer, J. (2013). Zappos.com – Ein Blick hinter die Kulissen eines der erfolgreichsten Online-Händlers. *eStrategy, 2.*

The Economist. (2013). Haier and higher. http://www.economist.com/news/business/21587792-radical-boss-haier-wants-transform-worlds-biggest-appliance-maker-nimble. Zugegriffen: 29. Febr. 2016.

Werner, K. (2014). Zappos, das bessere Zalando. http://www.sueddeutsche.de/wirtschaft/boersengang-des-modehaendlers-zappos-das-bessere-zalando-1.2153368. Zugegriffen: 29. Febr. 2016.

Wikipedia. (2015). Zappos. https://de.wikipedia.org/wiki/Zappos. Zugegriffen: 29. Febr. 2016.

Wikipedia. (2016a). Holacracy. https://en.wikipedia.org/wiki/Holacracy. Zugegriffen: 29. Febr. 2016.

Wikipedia. (2016b). Spotify. https://en.wikipedia.org/wiki/Spotify. Zugegriffen: 09. März 2016.

Wikipedia. (2016c). W. L. Gore. https://de.wikipedia.org/wiki/W._L._Gore_%26_Associates. Zugegriffen: 29. Febr. 2016.

WirtschaftsWoche. (2015). So sieht ein inspirierendes Arbeitsumfeld aus. http://www.wiwo.de/erfolg/beruf/buero-so-sieht-ein-inspirierendes-arbeitsumfeld-aus/11844202.html?p=10&a=false&slp=false#image. Zugegriffen: 29. Febr. 2016.

Wittrock, D. (2015). Wie verbreitet ist Holakratie/Holacracy®? http://shiftconsulting.de/kulturshift/holakratie-im-uberblick/. Zugegriffen: 29. Febr. 2016.

Zappos. (2013). Culture Bool. http://www.zapposinsights.com/culture-book/international/. Zugegriffen: 29. Febr. 2016.

Zhang, R. (2015). Zhang on Rendanheyi 2.0, 2nd Haier Global Forum on Business Model Innovation, Beijing am 19 September 2015. https://www.druckerforum.org/fileadmin/user_upload/2015/files/zhang_ruimin_speech.pdf. Zugegriffen: 29. Febr. 2016.

Über den Autor

H. Mathias Gehrckens, Jahrgang 1962, machte seinen Abschluss als Schifffahrtskaufmann und Wirtschaftsassistent in Hamburg im Rahmen des Hamburger Modells und studierte anschließend Betriebswirtschaftslehre an der Friedrich-Alexander Universität Erlangen-Nürnberg, wo er auch seinen Abschluss als Diplom-Kaufmann machte. Danach begann er seinen beruflichen Werdegang bei Gruber, Titze & Partner als Unternehmensberater. 1992 wechselte er zu Booz Allen & Hamilton. Zuletzt war er dort als Principal und Mitglied der Geschäftsleitung tätig. Anschließend wechselte er in die Geschäftsführung der Döhler Gruppe und fungierte als Mitglied des Executive Boards für Marketing und Vertrieb. 2000 begann er, sich als Unternehmer an E-Commerce-Start-ups zu beteiligen und gründete 2004 gemeinsam mit Kollegen die diligenZ management Consulting GmbH, den Nukleus der heutigen dgroup.

Teil II

Digitale Disruption

Tierfutter geht disruptiv – Die Erfolgsstory zooplus

Andrea Skersies, Kai Hudetz und Judith Hellhake

Zusammenfassung

Der Markt für Heimtierbedarf entwickelt sich seit vielen Jahren sehr dynamisch: Zwischen 2000 und 2014 war ein bemerkenswertes Marktwachstum von 22 % zu verzeichnen (IFH Köln, Branchenreport Online-Handel, 2015). Insbesondere die führenden Anbieter für Heimtierbedarf verzeichnen Rekordumsätze. Dabei nehmen auch die durch den Online-Verkauf erwirtschafteten Umsätze stark zu. Das vorliegende Kapitel gibt zunächst einen Überblick über die deutsche Heimtierbranche im Allgemeinen. Weiterhin werden kennzeichnende Besonderheiten der Branche benannt und traditionelle Angebotsformen aufgezeigt. Zooplus ist heute der europaweit führende Online-Händler im Segment Heimtierbedarf. Nach der Etablierung im deutschen Heimatmarkt wurde vor allem die Erschließung neuer europäischer Märkte in Frankreich, Italien, Spanien, den Niederlanden, Großbritannien und Polen forciert. Bis zum Jahr 2014 erwirtschaftete die AG einen Zuwachs in den Gesamtleistungen (von 617 %) auf 571 Mio. EUR. Heute ist das Unternehmen in 28 Ländern präsent und verdeutlicht, dass sich auch bei Tierfutter eine disruptive Entwicklung abzeichnet.

A. Skersies (✉)
zooplus AG, München, Deutschland
E-Mail: andrea.skersies@zooplus.de

K. Hudetz · J. Hellhake
IFH Institut für Handelsforschung GmbH, Köln, Deutschland
E-Mail: k.hudetz@ifhkoeln.de

J. Hellhake
E-Mail: j.hellhake@ifhkoeln.de

Inhaltsverzeichnis

1 Der Markt für Tierbedarf – Zahlen, Daten, Fakten 112
   1.1 Besonderheiten 113
   1.2 Traditionelle Angebotsformen 114
2 Zooplus.de als digitaler und disruptiver Pionier 114
   2.1 Ausgangssituation 115
   2.2 Historie, Zahlen, Fakten, Status quo 115
   2.3 Geschäftsidee, Geschäftsmodell und Monetarisierung 116
   2.4 Internationalisierungsstrategie und Scale-up 118
   2.5 Operative Ausgestaltung und Umsetzung 119
   2.6 Erfolgsfaktoren 123
3 Schlussfolgerungen und Ausblick 123
   3.1 Resümee und Lessons Learned 123
   3.2 Ausblick und Zukunftsplanung 124
Literatur 124
Über die Autoren 125

1 Der Markt für Tierbedarf – Zahlen, Daten, Fakten

Die deutsche Heimtierbranche entwickelt sich weiterhin positiv. Nach Angaben des Industrieverbands Heimtierbedarf (IVH) e. V. wurden im Jahr 2014 in 38 % aller deutschen Haushalte Tiere gehalten. Insbesondere bei Familien mit Kindern sind Heimtiere gefragt: Mehr als die Hälfte besitzt mindestens ein Haustier. Am häufigsten entscheiden sich Deutsche hierbei für Katzen oder Hunde, gefolgt von Kleintieren. Nach der Anschaffung folgt bei fast 20 % der Kauf eines zweiten Haustiers. Und diese lassen sich die Deutschen einiges kosten: So wurde im Jahr 2014 mit entsprechenden Artikeln im Fach- und Lebensmitteleinzelhandel ein Umsatz von 4023 Mio. EUR erwirtschaftet. Dies entspricht einem Umsatzplus von fast drei Prozent im Vergleich zum Vorjahr. Der Fachhandel bleibt dabei mit einem Umsatzanteil von 80 % der wichtigste Absatzweg für das Segment „Bedarfsartikel und Zubehör". Der Lebensmitteleinzelhandel (Drogeriemärkte und Discounter eingeschlossen) behauptet sich weiterhin als zentraler Absatzweg für Heimtierfertignahrung (IVH 2014). Zudem zeigt sich, dass der Online-Handel auch in der Branche Heimtierbedarf zunehmend an Bedeutung gewinnt: Seit 2011 ist ein kontinuierliches, zweistelliges Umsatzwachstum zu verzeichnen. Mit einem Umsatzplus von fast 24 % im Vergleich zum Vorjahr zeichnete sich im Online-Handel für Heimtierbedarf in 2012 eine besonders positive Entwicklung ab. Nach Berechnungen des IFH Köln wurden 2014 bereits 485 Mio. EUR durch den Online-Verkauf von Heimtierprodukten erwirtschaftet (IFH Köln 2015). Abb. 1 zeigt die Entwicklung der Online-Umsätze seit 2009.

Als Top-Player für den Online-Heimtierbedarf lassen sich zooplus, Fressnapf und der Internetriese Amazon identifizieren, die neben Vet-Concept, ZooRoyal und Hagebau vorrangig den Markt bestimmen.

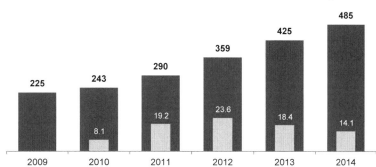

Abb. 1 Online-Umsätze im Markt für Heimtierbedarf in Deutschland. (Quelle: IFH Köln 2015)

1.1 Besonderheiten

Zugehörig zur Branche der Fast Moving Consumer Goods zeichnet sich der Heimtiermarkt besonders im Bereich der Tiernahrung aufgrund wiederkehrender Bedarfsmuster durch eine geringe Saisonalität aus. Hierdurch begründet ist die Nachfragestruktur als stabil einzustufen. Im Wesentlichen ist der Heimtiermarkt durch zwei Entwicklungen geprägt, die den Aufwärtstrend der letzten Jahre begünstigt haben: Die „Humanisierung" von Haustieren und die Verschiebung hin zur „Premiumisierung". Haustiere, wie beispielsweise Hunde, werden längst nicht mehr bloß als Beschützer wahrgenommen. Vielmehr nehmen sie heute die Rolle eines treuen Begleiters ein oder stellen gar eine Ersatzfunktion für Kinder oder Freunde dar. Die Vermenschlichung hin zum Familienmitglied und die Entwicklung zum Statussymbol münden in einem hohen Maß an Emotionalität – und dieses spiegelt sich in der Kaufbereitschaft der Haustierbesitzer wider. Zum Wohle des Tieres greifen Konsumenten immer häufiger zu hochwertigen Produkten. Der Trend bedeutet für den Heimtiermarkt letztlich eine erhöhte Preisbereitschaft der Konsumenten. Premiumanbieter machen von dieser Entwicklung Gebrauch und bedienen die Bedürfnisse der Tierhalter, die über die reine Bedarfsdeckung deutlich hinausgehen. Angebote wie die von wunschfutter.de unterstreichen diesen Trend. Angelehnt an die Idee von mymuesli wirbt der Anbieter damit, dass Hundebesitzer personalisiertes Futter nach eigenen Vorstellungen zusammenstellen können. So lassen sich äquivalent zur favorisierten Müslisorte des Tierhalters auch die Vorlieben des Vierbeiners in Form eines Wunschfutters bedienen.

Die Verzahnung von Mensch und Tier ist darüber hinaus auch dahin gehend zu vermerken, dass Produkte des Heimtierbedarfs als „Frequenzbringer" für Supermärkte dienen. In der Regel wird ein Randsortiment an Heimtierbedarf bereitgestellt, das in Verbindung mit dem klassischen Supermarktsortiment ein attraktives Angebot für Einkäufer darstellt. Der Besuch in einem Supermarkt lässt sich aufgrund dessen einfach mit der Versorgung des Haustiers kombinieren – ein Mehrwert für den tierliebenden Konsumenten.

Darüber hinaus spielt das Thema Gesundheit im Kontext von Haustieren eine immer größere Rolle. Beratungsintensive Themen wie diese verlangen geeignete Reaktionen in der Angebotsgestaltung der Anbieter. Die Anforderungen des Konsumenten werden anspruchsvoller. Zudem ist durch die zunehmende Einbindung des Internets in den Kaufprozess eine Vergleichbarkeit der Produkte und Preise einfacher geworden. Der Konsument wägt Angebote aufmerksam ab. Gewinner können an dieser Stelle Anbieter sein, die im Vergleich das preisgünstigste Angebot für das gewünschte Produkt liefern.

1.2 Traditionelle Angebotsformen

Hauptabsatzkanäle für Heimtierbedarfsprodukte sind in allen europäischen Ländern vor allem der stationäre Zoofachhandel, Garten- und Heimwerkermärkte sowie klassische Supermärkte und Discounter. Wesentliches Unterscheidungsmerkmal der einzelnen stationären Handelskonzepte sind Sortimentsbreite und Produktpositionierung. Gegenüber großflächigen Supermärkten und Discountern – die sich üblicherweise auf ein Randsortiment von ca. 150 bis 200 Produktvarianten fokussieren – decken Zoofachhandelsketten ein breiteres Produktspektrum ab. Im Bereich Futter sind dort gewöhnlich Produkte aus der Eingangspreisstufe bis hin zum Premiumsegment zu finden. Ähnlich breit gefächert ist das Angebot im Zubehörbereich: Die Nachfrage von Spielzeug, Hygieneprodukten, Technik, aber auch Tiermöbeln wird von Fachhandelsketten umfassend bedient. Im stationären Handel hat sich das erst 1990 gegründete Franchise-Unternehmen Fressnapf als europäischer Marktführer etabliert und ist inzwischen mit rund 1350 Geschäften in zwölf Ländern vertreten (FOCUS Online 2015). Doch die traditionellen Handelskonzepte werden durch die zunehmende Bedeutung des Online-Vertriebs unter Druck gesetzt. Vorteile wie Sortimentsbreite und Einkaufskomfort machen das Internet immer häufiger zu einer attraktiven Alternative zum Einkauf in Ladengeschäften. Daher wundert es nicht, dass auch namhafte stationäre Händler entsprechende Anpassungen in der Infrastruktur vornehmen, um im Online-Umfeld Präsenz zu zeigen und den aktuellen Entwicklungen Rechnung zu tragen.

2 Zooplus.de als digitaler und disruptiver Pionier

Im Online-Handel für Heimtierbedarf hat sich der international tätige Anbieter zooplus als Marktführer etabliert. Kap. 2 zeigt zunächst Entwicklung und Status quo des Unternehmens auf, bevor die zentralen Merkmale des Geschäftsmodells aufgeführt werden. Besonderes Augenmerk liegt dabei auf der Internationalisierungsstrategie des Unternehmens und der Umsetzung auf operativer Ebene. Abschließend werden die zentralen Erfolgsfaktoren des Online Pure Players zusammengefasst.

2.1 Ausgangssituation

Lange Zeit haben Vertreter traditioneller Anbieter für Tierbedarf den Einstieg in den Online-Handel gescheut. Das bemerkenswert schnelle Wachstum der Online-Akteure zeigt allerdings, dass sich die Entscheidung vorreitender Player durchaus lohnen kann. Insbesondere durch die Beschaffenheit vieler Produkte rund um Heimtierbedarf und Futter (standardisiert, sperrig, schwer etc.), wird der Mehrwert des Online-Kaufs sichtbar und schlägt sich folglich in positiven Umsatzentwicklungen nieder. So zeigt auch das Wachstum des Online-Pioniers zooplus, dass Wettbewerber inzwischen zum Nachziehen gezwungen werden. Dies verdeutlicht sich insbesondere anhand des ursprünglich stationär verorteten Players Fressnapf, der heute nicht mehr nur auf den Verkauf in Ladengeschäften setzt und zu einer Multi-Channel-Strategie übergegangen ist. Neben den genannten Playern, die maßgeblich den Markt bestimmen, erkennen auch Jungunternehmen das Potenzial des Geschäfts mit dem Online-Vertrieb von Artikeln für Tierbedarf.

2.2 Historie, Zahlen, Fakten, Status quo

Zooplus wurde 1999 in München gegründet und ist heute der europaweit führende Online-Händler im Segment Heimtierbedarf. Nach der Etablierung im deutschen Heimatmarkt erfolgte die Umsetzung einer stark wachstumsorientierten Internationalisierungsstrategie. Dabei wurde vor allem die Erschließung neuer europäischer Märkte in Frankreich, Italien, Spanien, den Niederlanden, Großbritannien und Polen forciert. Seit 2005 steht länderübergreifend ein englischsprachiger Webshop zur Verfügung. Im Jahr 2008 erfolgte mit 85 Mio. EUR die Börsennotierung des Unternehmens. Bis zum Jahr 2014 erwirtschaftete die AG einen Zuwachs in den Gesamtleistungen (von 617 %) auf 571 Mio. EUR. Die Erschließung neuer europäischer Märkte durch eine gezielte frühzeitige internationale Expansion sowie der Börsengang und die daran anschließende Aufnahme in den SDAX waren wichtige Schritte im Wachstumsprozess des Pure Players.

Heute ist das Unternehmen in 28 Ländern präsent und konnte sich die Spitzenposition als europaweiter Online-Marktführer im Bereich Heimtierbedarf sichern. Ähnlich gut sieht es im europäischen Gesamtmarkt unter Einbeziehung des stationären Handels aus. Dort ist zooplus – bezogen auf den Gesamtumsatz in 2014 – nach Fressnapf und Pets at home auf dem dritten Platz zu verorten. Entscheidend für den Erfolg am Markt ist dabei nicht zuletzt die logistische Aufstellung in Europa. Das Unternehmen verfügt über insgesamt vier Logistikzentren in Deutschland, den Niederlanden, Polen und Frankreich. Von diesen Standorten gelangen die rund 8000 Produkte zu den Endverbrauchern in allen europäischen Märkten. Das Sortiment stützt sich im Wesentlichen auf die Bereiche Tierfutter (Trocken- und Nassfutter, Futterbeigaben) und Zubehör (Kratzbäume, Hundekörbe oder Spielzeug) in allen Preiskategorien.

Die Anzahl aktiver Kunden konnte sich von 2009 bis 2014 verdreifachen und beträgt momentan gut 3,3 Mio., wobei Erstkunden und Einmalgeschäfte eingeschlossen sind. Insbesondere im Jahr 2014 konnte eine positive Entwicklungen in Hinblick auf die Neukundengewinnung verzeichnet werden: Mit 1,8 Mio. Neukunden erzielte zooplus den Höchstwert im Jahresvergleich. Zugleich erhöhte sich die Kundenbindungsquote auf 91 %. Ursächlich hierfür ist eine Steigerung bei den Ausgaben pro Kunde. Während der durchschnittliche Umsatz pro Kunde in 2009 noch bei 121 EUR lag, beläuft sich dieser in 2014 auf 162 EUR. Durch die zusätzliche Verbesserung der Gesamtkostenquote auf erstmals unter 30 % konnte zooplus in 2014 ein positives Vorsteuerergebnis von 8,8 Mio. EUR erreichen. Im Vergleich zum Vorjahr hat sich dieses Positivergebnis mehr als verdoppelt. Aufgrund des anhaltenden Wachstums im Internethandel, verbunden mit der fortschreitenden „Humanisierung" von Haustieren in den meisten Ländern, gilt der Markt als wachsend und stabil. Daher rechnet zooplus auch für das Jahr 2015 mit einem weiteren Zuwachs in den jährlichen Gesamtleistungen.

2.3 Geschäftsidee, Geschäftsmodell und Monetarisierung

Seit Gründung im Jahr 1999 setzt das Unternehmen auf das rein internetbasierte Endkundengeschäft für Produkte im Segment Heimtierbedarf. Derzeit wird dieses Geschäftsmodell europaweit umgesetzt und hat zooplus zur Marktführerschaft in diesem Gebiet verholfen. Die zentralen Hauptabsatzmärkte sind weiterhin Deutschland, Österreich, Großbritannien, Frankreich und die Niederlande, allerdings werden auch kleinere Märkte wie beispielsweise Dänemark, Tschechien, Ungarn oder Slowenien bedient. Die zukünftige Wachstumsstrategie des Unternehmens fußt auf dem Vorhaben, die derzeitige Position in Deutschland weiter auszubauen und bereits bestehende internationale Märkte weiter zu durchdringen. Das Unternehmen verspricht seinen Kunden nicht nur eine schnelle Warenlieferung, die durch eine exzellente Verbundlogistik ermöglicht wird. Das angebotene Produktspektrum ist sehr breit und deckt die Wünsche der Kunden über alle Haustiergattungen und Produktkategorien ab. Einen besonderen Schwerpunkt bei den rund 8000 Futter- und Zubehörartikeln bilden Produkte aus den Bereichen Hund und Katze. Besitzer dieser Haustiergattungen weisen als Kunden einen vergleichsweise hohen Customer Lifetime Value auf und bieten aufgrund des regelmäßigen Bedarfs an Produkten ein hohes Potenzial bezüglich der Kundenbindung. Neben Produkten des täglichen Bedarfs, wie beispielsweise fachhandelsübliches Markenfutter oder Katzenstreu, ergänzen Spezialartikel wie Pflegeprodukte, Einstreu, Spielzeuge und sonstiges Zubehör für Hund und Katze das Sortiment. Artikel für Kleintiere, Vogel, Aquaristik und Pferd runden das Angebot ab. Innerhalb der Unternehmens- und Sortimentsstrategie kommt den Eigenmarken von zooplus zunehmend eine wichtigere Rolle zu. Im Jahr 2014 konnte durch das Geschäft mit Private-Label-Produkten ein Umsatzanteil von neun Prozent erzielt werden. Für die Zukunft ist ein Ausbau des Eigenmarkenportfolios vorgesehen. Derzeit umfasst dieses Premiumtrocken- und -nassfutter für Hunde und Katzen der Marken

Rocco, Lukullus, Cosma, Smilla und Tigerino sowie weitere Marken. Hierbei legt zooplus besonderen Wert auf die Entwicklung von klaren Markenprofilen, die die Akzeptanz beim Kunden fördern, um diesen auch langfristig an das Unternehmen zu binden. Das weitreichende Produktangebot wird in den einzelnen europäischen Märkten durch lokale Sortimente und Marken ergänzt. Dies rundet das Gesamtkonzept des Unternehmens ab, das auf eine internationale Marktpräsenz ausgerichtet ist. Von großer Bedeutung ist für den Internethändler daher auch die Anbindung an nationale und internationale Zahlungssysteme. Zooplus bietet fast alle führenden europäischen Zahlungsmethoden an.

Um ein marktführendes Preis-Leistungs-Verhältnis gewährleisten zu können, setzt das Unternehmen auf den Direktbezug vom jeweiligen Hersteller. Dabei greift zooplus international auf mehr als 100 Lieferanten zurück. Aber nicht nur das weitreichende Angebot an Tierfutter und Zubehör zeichnet das Modell von zooplus aus. Neben ca. 8000 Produkten stehen den Kunden außerdem interaktive Content- und Community-Angebote, wie etwa tierärztliche Beratung und Diskussionsforen, zur Verfügung. Zooplus hat den Trend der zunehmenden Humanisierung erkannt und bietet Website-Besuchern einen Service, der über die reine Bedarfsdeckung erkennbar hinausgeht.

Bei der Ausgestaltung von Marketingmaßnahmen beschränkt sich zooplus gezielt auf Online-Marketing. Um einen „Medienbruch" zu vermeiden, werden konventionelle Webmaßnahmen wie im Print- oder TV-Bereich bewusst ausgeklammert. Zielsetzung ist es, den potenziellen Kunden dort anzusprechen, wo ihm ein direkter Zugang zu zooplus ermöglicht wird – im Internet. Neben klassischen Instrumenten wie Suchmaschinenmarketing und Affiliate Marketing setzt zooplus zusätzlich auf Aktivitäten im Social-Media-Bereich. Facebook, Twitter und YouTube dienen dabei primär zur Abrundung des Kommunikationsmix. Die Social-Media-Auftritte von zooplus werden international an den jeweiligen Markt angepasst, damit eine bestmögliche Zielgruppenansprache erzielt werden kann. Um aus der Vielzahl neuer Kunden eine möglichst hohe Quote an zufriedenen Wiederkäufern zu generieren, steht bei zooplus die Optimierung der Kundenbindung bei allen Vermarktungsaktivitäten im Vordergrund. Durch ein konstant attraktives Preisniveau, zielgruppenspezifische Promotions und CRM-Maßnahmen sowie breit angelegte Loyalitätsprogramme wirbt der Pure Player um neue Stammkunden. Eine erneute Verbesserung der Kundenloyalität und die Wiederkaufsrate bestehender Kunden unterstreichen die Nachhaltigkeit des Geschäftsmodells.

Im Gegensatz zu Online-Händlern anderer Segmente ist zooplus von einer nur sehr niedrigen Retourenquote betroffen. Bei den ausgewählten Produkten spielen Faktoren wie individuelle Geschmacksvorstellungen eine untergeordnete Rolle. Eine Retourenquote von etwa zwei Prozent schlägt sich in einer nur geringen Kostenbelastung nieder. Zudem unterhält zooplus keine Filialgeschäfte und bedient seine Kunden aus den zuvor benannten Zentrallagern. Gegenüber stationären Händlern kann daher ein deutlich größeres Sortiment angeboten werden. Durch eine zentralisierte Struktur des Unternehmens und weitgehend automatisierte Geschäftsprozesse begründet, gilt zooplus aktuell als Kostenführer im Online-Handel für Heimtierbedarf.

2.4 Internationalisierungsstrategie und Scale-up

Heute führt zooplus fast 70 % der Umsatzgenerierung auf den internationalen Unternehmenserfolg zurück. In den vergangenen Geschäftsjahren hat sich der Anteil international erwirtschafteter Umsätze fortwährend erhöht und der Unternehmensfokus deutlich erweitert. Hierunter fallen neben Deutschland auch die sechs größten europäischen Volumenmärkte Frankreich, Italien, Spanien, Niederlande, Großbritannien und Polen. Zielsetzung des Pure Players ist es, das internationale Wachstum weiter voranzutreiben und möglichst alle zugänglichen Märkte innerhalb Europas zu bedienen. Entscheidend ist dabei eine gute logistische Anbindung und Erreichbarkeit, um ein professionelles Fulfillment zu gewährleisten und damit auch zur weiteren Optimierung des europaweiten Logistiknetzes beizutragen. Die Erweiterung um einen neuen Markt nimmt durchschnittlich etwa sechs bis neun Monate in Anspruch. Die Zeitspanne ist dabei in Abhängigkeit zur Landessprache und dem damit möglicherweise verbundenen Mehraufwand zu sehen. Die Zugehörigkeit zur EU erleichtert die Erschließung eines neuen Marktes maßgeblich – Synergieeffekte können genutzt und Zeitaufwendungen eingespart werden.

Die internationale Aufstellung des Unternehmens wird heute als wichtiger Wettbewerbsvorteil wahrgenommen. Doch wie ist es zooplus gelungen, eine dominierende Position im Online-Handel für Tierbedarf einzunehmen? Als tragender Erfolgsfaktor für die internationale Ausrichtung des Unternehmens ist zunächst die Logistik- und Fulfillment-Struktur zu nennen. Durch vier zentral gelegene Logistikzentren wird es ermöglicht, Endkunden europaweit zu beliefern. Die hochmoderne und effiziente Vernetzung stellt das Grundgerüste des Geschäftsmodells dar. Doch die Ausrichtung auf das internationale Geschäft bringt auch die Herausforderung mit sich, unterschiedlichen Länderspezifika gerecht zu werden und den teils unterschiedlichen Kundenbedürfnissen adäquat zu begegnen. Aus diesem Grund betreibt zooplus bereits in 23 Ländermärkten Online-Auftritte in der jeweiligen Landessprache (vgl. Abb. 2).

In Liechtenstein, Luxemburg, Estland, Lettland und Litauen ist zooplus aktuell in englischer oder russischer Sprache verfügbar. Nach Möglichkeit wird das bestehende Sortiment durch regionale Heimtierprodukte angereichert, um die länderspezifische Nachfrage optimal anzusprechen. Nicht weniger relevant ist die Anpassung des Pricings hin auf das lokale Marktpreisniveau. Weitere Kernelemente der Internationalisierungsstrategie von zooplus stellen ein vielsprachig aufgestellter Kundenservice sowie das Angebot der wichtigsten internationalen Zahlungssysteme dar.

Der Feinschliff des jeweiligen Angebots erfolgt letztlich über die Optimierung der Website zur erfolgreichen Ansprache der Zielgruppe in den jeweiligen Märkten. Kernbereiche des Unternehmens wie Logistik und Distribution, Marketing, Einkauf und Finanzen etc. werden zentral vom Unternehmenssitz in München gelenkt. Eine individuelle Steuerung der größten europäischen Ländermärkte wird durch internationale Standorte in sechs Ländern ermöglicht. Im Fokus der Wachstumsstrategie

Länderspezifische Internetpräsenzen

Stand Ende 2014

Deutschland	Österreich
Schweiz	Niederlande
Belgien	Großbritannien
Irland	Finnland
Schweden	Frankreich
Dänemark	Spanien
Italien	Polen
Portugal	Slowakei
Tschechische Republik	Bulgarien
Ungarn	Slowenien
Rumänien	Türkei
Kroatien	

Abb. 2 Länderspezifischer Internetauftritt zooplus. (Quelle: zooplus AG 2014)

des Unternehmens steht die Durchdringung der bereits bestehenden internationalen Märkte. Neben dem Ausbau der Marktposition in Deutschland sind darin noch große Marktpotenziale zu erwarten.

2.5 Operative Ausgestaltung und Umsetzung

Die Anforderungen an Online-Händler nehmen mit den zunehmenden Erwartungen der Konsumenten weiter zu. Mit Hinblick auf die hohe Dynamik am Markt ist es daher erforderlich, dass sich die Anbieter stetig weiterentwickeln, um im Wettbewerb bestehen zu können. Betreiber von Online-Shops sind daher vermehrt angehalten, sich an den Erwartungen der Kunden zu orientieren, um eine möglichst hohe Zufriedenheit zu erzielen. Wie Abb. 3 zu entnehmen ist, hat sich somit auch die Qualität der Online-Auftritte verbessert, sodass es zunehmend zur Herausforderung wird, die Ansprüche der Zielgruppe am besten zu bedienen (vgl. Abb. 3). Es verdeutlicht sich: Der Wettbewerb um die Kunden wird zukünftig noch intensiver.

Nicht zuletzt deshalb rückt für Online-Händler immer stärker die Frage in den Fokus, welche Stellschrauben zur erfolgreichen Umsetzung und langfristigen Kundenbindung zu drehen sind. In der vierten Auflage der Studie „Erfolgsfaktoren im E-Commerce – Deutschlands Top-Online-Shops" untersuchte das ECC Köln im Jahr 2015

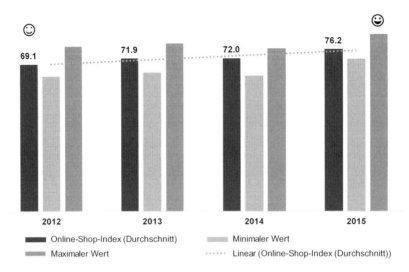

Abb. 3 Online-Shop-Index im Zeitverlauf. (Quelle: ECC Köln 2015)

in Zusammenarbeit mit Hermes, SAP und Yapital die zentralen Erfolgsfaktoren im E-Commerce. Unter den mehr als 100 berücksichtigten Online-Shops wurde auch der Pure Player zooplus unter die Lupe genommen. Gemeinsam mit Shop-Apotheke nimmt zooplus kategorieübergreifend den dritten Platz unter allen analysierten Online-Shops ein. Somit zählt zooplus zu den Anbietern, die die Kundenerwartungen über die geprüften Einzelkriterien hinweg am besten erfüllen. Am meisten punktet der Pure Player bei seinen Kunden mit *Preis-Leistung* und in der Kategorie *Versand & Lieferung*. Somit wird zooplus im Rahmen der Studie als Gesamtsieger in der Bewertungsdimension *Preis-Leistung* ausgezeichnet. Hierunter fallen die Einzelkriterien „*Gutes Preis-Leistungs-Verhältnis*", „*Kostenlose Lieferung ab Mindestbestellwert*", „*Rabatte*" und „*Sonderangebote*". Im Durchschnitt erhält zooplus in Hinblick auf diese Bewertungskriterien das beste Kundenfeedback. Mitunter wird dabei positiv vernommen, dass den Kunden ab einem Mindestbestellwert von 19 EUR eine kostenfreie Lieferung angeboten wird. Diese Information wird dem Website-Besucher durch eine prominente Platzierung einfach zugänglich gemacht. Aus gutem Grund: Neben einem ansprechenden Preis-Leistungs-Verhältnis stellt eine kostenlose Lieferung ab Mindestbestellwert ein aus Kundenperspektive wichtiges Einzelkriterium dar. Abb. 4 zeigt die untersuchten Einzelkriterien der Kategorie *Preis-Leistung* und die jeweilige Bedeutsamkeit unter den Befragten (vgl. Abb. 4).

Mit dem Preis-Leistungs-Verhältnis von zooplus sind 81,8 % der Befragten zufrieden. Weiterhin fällt der Internethändler besonders positiv durch einen ausführlich gestalteten Online-Servicebereich auf. Gemeinsam mit myTime.de erzielt zooplus in dieser Einzelkategorie des Bereichs „*Service*" die besten Kundenbewertungen. Im „*Hilfe-Bereich*" der Website finden zooplus-Kunden umfassende Informationen zu einer Vielzahl möglicher Fragestellungen, die im Vorfeld, während oder im Nachgang eines Online-Kaufs

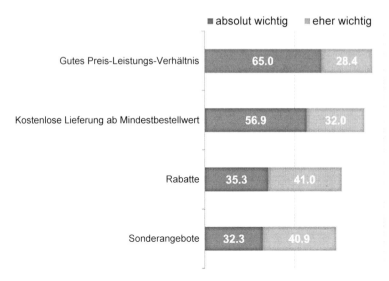

Abb. 4 Bedeutsamkeit der Einzelkriterien in der Kategorie Preis-Leistung. (Quelle: ECC Köln 2015)

auftreten können. Beispielsweise sind dort Anleitungen zur Durchführung des konkreten Kaufprozesses (Auswahl gewünschter Produkte, Umgang mit dem Warenkorb etc.) zu finden. Eine übergeordnete Auflistung der *„Top-Themen"* im Hilfebereich schafft Orientierung für den Hilfe suchenden Kunden. Zudem unterstützen übergeordnete Kategorien wie *„Technische Hilfe", „Ihre Bestellung"* oder *„Bestellung und allgemeine Lieferbedingungen"* die Suche nach relevanten Informationen. Der Hilfebereich beschränkt sich allerdings nicht nur auf Textelemente, sondern überzeugt zudem durch eine übersichtliche Aufbereitung in grafischer Form. Hierdurch wird beispielsweise die Suche nach der Bestellnummer vereinfacht.

Weiterhin punktet zooplus bei der operativen Umsetzung in Sachen Lieferung. Neben Musikhaus Thomann geht zooplus hinsichtlich der Pünktlichkeit der Lieferung als Gewinner in dieser Unterkategorie hervor. 67 % der Online-Shopper sind mit der pünktlichen Lieferung in einem angegebenen Zeitfenster absolut zufrieden. Ein weiterer Pluspunkt aus Sicht der Konsumenten: Bei zooplus sind Informationen zur Sendungsverfolgung besonders kundenfreundlich aufgemacht. Für jeden Versanddienstleister wird auf der Website im Servicebereich aufgeführt, wie der Kunde den Status seiner Sendung in Erfahrung bringen kann. Zudem trägt die transparente Auflistung möglicher Lieferanten dazu bei, dass zooplus als Gewinner aus der Kategorie *„Versand & Lieferung"* hervorgeht. Eine tabellarische Übersicht über die unterschiedlichen Zusteller in den jeweiligen Ländern (vgl. Abb. 5) erleichtert die Entscheidungsfindung der Kunden und bietet Orientierung. Informationen zu den entsprechenden Versandkosten und Lieferzeiten machen den gesamten Prozess rund um *„Versand & Lieferung"* zu einem Vorzeigebeispiel in Sachen Kundenorientierung.

Land	Versandkosten	Portofrei ab	Zusteller
Deutschland	2,99 €	19,00 €	DHL, GLS, Hermes
Österreich	3,99 €	39,00 €	Österreichische Post, DPD
Belgien	6,99 €	99,00 €	DHL, PostNL
Dänemark	11,99 €		GLS, DPD
Estland	7,99 €	99,00 €	DPD
Frankreich	7,99 €		GLS, Chronopost
Griechenland	9,99 €		DHL
Großbritannien	6,99 €	99,00 €	DHL, DPD
Irland	9,99 €		DHL, DPD
Italien	9,99 €		GLS, Bartolini
Kroatien	9,99 €		DHL
Lettland	7,99 €	99,00 €	DPD
Liechtenstein	4,99 €	49,00 €	DHL
Litauen	7,99 €	99,00 €	DPD
Luxemburg	2,99 €	29,00 €	GLS, DPD
Niederlande	6,99 €	99,00 €	DHL, PostNL
Polen	6,99 €	69,00 €	GLS
Schweiz (aus der EU)	9,99 €		DHL
Slowenien	6,99 €		DHL, DPD
Spanien	6,99 €		Correos, Celeritas
Balearische Inseln	6,99 €		Correos
Tschechische Republik	6,99 €		DPD

Abb. 5 Auflistung relevanter Lieferkonditionen bei zooplus. (Quelle: zooplus AG 2015)

Darüber hinaus liefern die Studienergebnisse interessante Erkenntnisse in Hinblick auf das Bewertungskriterium *„Bezahlung & Check-out"*. Während der Sieger in dieser Kategorie einen auffällig breiten Mix an Zahlungsverfahren anbietet, beschränkt sich zooplus als Zweitplatzierter auf eine reduzierte Auswahl von Verfahren (EVL, Kreditkarte, Rechnung, Paypal und Vorkasse). Dennoch zeigen sich die Kunden zufrieden. Dies lässt darauf schließen, dass der optimale Zahlungsmix stets in Abhängigkeit zu den Präferenzen der Zielkundengruppe zu sehen ist. Die Nachfrage der zooplus-Kunden wird demnach mit den richtigen Zahlungsoptionen bedient.

Des Weiteren reagiert zooplus bei der Umsetzung des Webshops auf die zunehmende Bedeutung der Nutzung mobiler Endgeräte im Kaufprozess. Um den Kunden einen möglichst barrierefreien Zugang zum Shop zu ermöglichen, erhalten diese auch Zugangsmöglichkeiten über Smartphones, Tablets oder eine zooplus-App.

2.6 Erfolgsfaktoren

Eine detaillierte Betrachtung der „Erfolgsstory zooplus.de" zeigt, dass die Entwicklung des in Europa führenden Online Pure Players für Tierbedarf auf drei zentralen Faktoren fußt. Dies ist zum einen die Internationalisierung des Unternehmens, die eine deutliche Abgrenzung zum Wettbewerb schafft und weiterhin im Fokus zukünftigen Vorhabens steht. Zum anderen spielt die Kostenführerschaft eine zentrale Rolle. In Kombination mit einer ansprechenden Sortimentsbreite bildet sich ein Angebot heraus, das Tierfreunde anspricht. Wie aus den Ausführungen zur operativen Umsetzung hervorgeht, steht für zooplus zudem im Vordergrund, klare Mehrwerte für die Kunden zu schaffen. Besonders gut aufgestellt ist der Anbieter dabei in den Kategorien *Preis-Leistung* und *Versand & Lieferung*. Doch auch der Servicegedanke wird großgeschrieben und zeichnet das stark wachsende Unternehmen aus. Nicht zuletzt deshalb nimmt zooplus rund um den Themenkomplex des Online-Handels eine Vorreiterposition ein.

3 Schlussfolgerungen und Ausblick

Mit Fug und Recht kann zooplus als einer der wenigen Pioniere im deutschen Online-Handel aus der Zeit vor der Dot.com-Blase gelten, die sich nachhaltig im Markt etablieren konnten. Zwei zentrale Erfolgsfaktoren sind dafür ursächlich: Die konsequente Optimierung des Shops auf die Kundenbedürfnisse, die sich in einer hohen Kundenzufriedenheit und -loyalität widerspiegelt, und die schnelle internationale Expansion, um rasch eine kritische Masse zu erreichen. Zukünftig geht es vor allem um ein Wachstum innerhalb der Länder, in denen zooplus bereits vertreten ist, wofür die weitere Optimierung der Shops auf die jeweiligen Kundenbedürfnisse erforderlich ist.

3.1 Resümee und Lessons Learned

Bei zooplus wird das Erfolgsmuster anderer großer, erfolgreicher Online-Händler von Amazon bis Zalando erkennbar: ein schnelles Wachstum, das gerade in der ersten Phase zulasten der Rentabilität geht, bei gleichzeitiger Entwicklung hin zu einer Prozess- und Kostenführerschaft sowie rascher, aber gezielter Internationalisierung.

Bei der Internationalisierung zeigt sich: Es gibt kein „plug-and-play"-Modell, bei dem alle Länder mit identischen Konzepten und Shops erfolgreich besetzt werden können. Andere Länder haben andere Konsumentengegebenheiten und teilweise sehr unterschiedliche Anforderungen, beispielsweise was die Zahlungsmöglichkeiten angeht. Es bietet sich an, nach dem deutschsprachigen Raum zunächst innerhalb der EU zu expandieren, wobei jeweils die spezifischen Marktgegebenheiten und die logistischen Anforderungen berücksichtigt werden müssen. Der Ansatz von zooplus – Länder zunächst auch mit suboptimalen Lösungen zu bedienen und dann Konzept und Shop sukzessive im laufenden Betrieb zu optimieren – hat sich bewährt.

Bei steigenden Kosten für die Online-Kundengewinnung wird die Kundenbindung im Online-Handel zum zentralen Erfolgsfaktor. Der Online-Kunde wird immer anspruchsvoller und ist zugleich doch preissensibel. Die Ergebnisse der ECC-Erfolgsfaktorenstudie belegen, dass es zooplus in besonderem Maße gelungen ist, seine Kunden mit seinem Leistungsangebot zu überzeugen und zu binden. Diese Positionierung stellt die Basis für weiteres Wachstum dar.

3.2 Ausblick und Zukunftsplanung

Nach wie vor befindet sich der deutsche Online-Markt im Aufwärtstrend, auch wenn die prozentualen Zuwachsraten im Online-Handel allmählich zurückgehen. Noch immer ist aber kein Ende des Online-Wachstums in Sicht, wovon nicht zuletzt zooplus als klarer Marktführer im Online-Segment des Heimtierbedarfs profitieren könnte. Allerdings wird der Online-Markt auch immer umkämpfter: So hat nicht nur Fressnapf seine Online-Aktivitäten mittels einer neuen technischen Plattform intensiviert, auch die Rewe Group engagiert sich mit dem Erwerb von Zooroyal mit seinem Online-Shop stärker im Online-Geschäft. Neben den vermehrten Online-Aktivitäten der traditionellen Anbieter bis hin zu den Drogeriemärkten verdienen auch die innovativen Ansätze des Online-Giganten Amazon, zuletzt beispielsweise mit Pantry, Beachtung. Der bisherige „Jäger" zooplus wird zunehmend zum „Gejagten".

Der deutsche Online-Markt wird daher in den nächsten Jahren zwar weiter wachsen, gleichzeitig aber härter umkämpft sein denn je. Für zooplus gilt es daher, seine Stärken weiter zu optimieren, um den immer anspruchsvolleren Online-Kunden noch stärker an sich zu binden.

Darüber hinaus wird die Internationalisierung der entscheidende Wachstumstreiber bei zooplus bleiben. Hier gilt es einerseits, neue Länder ins Visier zu nehmen. Angesichts der zu erwartenden Herausforderungen wird sich das diesbezügliche Wachstum entscheidend verlangsamen. Großes Wachstumspotenzial besteht hingegen in zahlreichen Ländern, in denen zooplus bislang zwar vertreten ist, aber noch nicht mit wirklich spezifischen Konzepten. Hier wachsen zum einen noch die Online-Märkte sehr schnell, zum anderen bestehen erhebliche Potenziale in der Kundenansprache. Die Zukunft von zooplus wird somit von den Fähigkeiten zum weiteren Ausbau des internationalen Geschäfts terminiert – und von der weiteren Optimierung der Kanalexzellenz.

Literatur

ECC Köln. (2015). *Erfolgsfaktoren im E-Commerce – Deutschlands Top Online-Shops* (Bd. 4). Köln: ECC Köln.

FOCUS Online. (2015). Marktführer Fressnapf rechnet mit stabilen Preisen im Heimtiermarkt. http://www.focus.de/finanzen/news/wirtschaftsticker/unternehmen-marktfuehrer-fressnapf-rechnet-mit-stabilen-preisen-im-heimtiermarkt_id_4415413.html. Zugegriffen: 15. Dez. 2015.

IFH Köln. (2015). *Branchenreport Online-Handel, Jahrgang 2015*. Köln: IFH Köln.
IVH. (2014). Der deutsche Heimtiermarkt. Struktur & Umsatzdaten. IVH e. V. http://www.ivh-online.de/fileadmin/ivh/user_upload/Daten_und_Fakten/Der_Deutsche_Heimtiermarkt_2014.pdf. Zugegriffen: 20. Dez. 2015.
zooplus AG. (2014). Geschäftsbericht 2014. http://investors.zooplus.com/downloads/zooplus_Geschaeftsbericht_2014.pdf. Zugegriffen: 20. Dez. 2015.
zooplus AG. (2015). Versandkosten und Lieferzeit. http://www.zooplus.de/content/shippingcosts. Zugegriffen: 20. Dez. 2015.

Über die Autoren

Andrea Skersies, CMO, verantwortet als Vorstandsmitglied der zooplus AG die Aufgabenbereiche Sales & Marketing. Sie hat an den Universitäten Mannheim und Bocconi/Mailand Betriebswirtschaftslehre studiert und mit Diplom-Kauffrau abgeschlossen. Nach ihrem Studium war sie zunächst bei Roland Berger Strategy Consultants tätig, bevor Frau Skersies im Jahr 2000 zu zooplus wechselte.

Dr. Kai Hudetz ist seit August 2009 Geschäftsführer der IFH Institut für Handelsforschung GmbH Köln. Zuvor leitete er das dort angesiedelte E-Commerce-Center (ECC Köln), dessen Gründung er 1999 mit initiierte. Mit seiner langjährigen Expertise ist Dr. Hudetz einer der gefragtesten E-Commerce-Experten in Deutschland. Als Autor von Studien und zahlreichen Fachartikeln beschäftigt er sich mit aktuellen Fragen des Handels im digitalen Zeitalter. Neben seiner Tätigkeit als Gastdozent an verschiedenen Hochschulen ist Kai Hudetz gefragter Speaker und Moderator auf hochkarätigen Branchenevents. Darüber hinaus ist Dr. Hudetz Mitglied in verschiedenen Beiräten und Aufsichtsräten.

Judith Hellhake (M. Sc.) ist seit März 2015 als Junior-Projektmanagerin am IFH Köln sowie der dort angesiedelten Marke ECC Köln in der qualitativen und quantitativen Marktforschung tätig. Am IFH Köln beschäftigt sie sich schwerpunkmäßig mit dem Thema Markenmonitoring. Bereits während ihres Bachelorstudiums der Wirtschaftspsychologie mit den Schwerpunkten „Marketingmanagement" und „Markt-, Werbe- und Medienpsychologie" sowie dem Masterstudium der Markt- und Medienforschung war sie als Praktikantin und Masterandin in der Marktforschung tätig.

Digitales Wachstum in China am Beispiel von Alibaba

Patrick Boos und Christina Peters

Zusammenfassung

China ist auf dem besten Weg, die USA nicht nur bei der Wirtschaftsleistung, aber auch Innovationsfähigkeit an der Spitze abzulösen. Die fortschreitende Urbanisierung und Digitalisierung Chinas wird das wirtschaftliche Wachstum des Landes in den nächsten Jahren weiter vorantreiben. Die digitale Agenda Internet Plus der chinesischen Regierung, groß angelegte Förderprogramme für Innovationen und Unternehmertum sowie das Leapfrogging tragen dazu bei, dass digitale Unternehmen in China heute die besten Rahmenbedingungen vorfinden. Alibaba Group, die größte Online-Handelsgruppe weltweit, ist ein Paradebeispiel für digitales Wachstum. Innerhalb der letzten elf Jahre entwickelte Alibaba ein in sich geschlossenes Ökosystem aus vielen aufeinander abgestimmten digitalen Produkten und Dienstleistungen. Obwohl der chinesische Binnenmarkt für viele Unternehmen immer noch der Fokus ist, ist zu erwarten, dass chinesische Unternehmen in Zukunft weltweit Märkte und Kundenbedürfnisse prägen werden. Westliche Unternehmen sollten vom dynamischen chinesischen Markt und seinen Unternehmern lernen und das Potenzial des chinesischen Marktes für sich prüfen. Wichtig ist jedoch auch hier, die lokalen Kundenbesonderheiten und Marktmechanismen im operationellen digitalen Geschäft zu verstehen, um kurz- und langfristig Erfolg zu haben.

P. Boos (✉) · C. Peters
dgroup GmbH, Hamburg, Deutschland
E-Mail: patrick.boos@d-group.com

C. Peters
E-Mail: christina.peters@d-group.com

Inhaltsverzeichnis

1	Einleitung...	128
2	Rahmenbedingungen des digitalen Wachstums.................	129
	2.1 Wirtschaftliches Umfeld...........................	129
	2.2 Staatliche Einflussnahme..........................	133
	2.3 Unternehmertum..................................	136
3	Fallstudie Alibaba.....................................	138
	3.1 Unternehmensgründung und -aufbau.................	138
	3.2 Unternehmensmission und -werte...................	139
	3.3 Geschäftsmodell und Performance...................	139
	3.4 Unternehmensstruktur.............................	140
	3.5 Expansion und Ausblick............................	141
	3.6 Erfolgsfaktoren...................................	143
4	Implikationen für westliche Unternehmen...................	146
	4.1 Einfluss der chinesischen Unternehmen...............	147
	4.2 Chancen für westliche Unternehmen.................	147
Literatur..		148
Über die Autoren...		151

1 Einleitung

Als weltweit führende Region für die Entwicklung des disruptiven Digitalsektors galt bisher das „Silicon Valley" im US-Bundesstaat Kalifornien. Die meisten der global führenden Technologiekonzerne und viele disruptive Internetunternehmen wie eBay, Airbnb und Uber haben dort ihren Ursprung. Wesentliche Gründe für diese Clusterbildung sind die hohe Verfügbarkeit von Risikokapital, erstklassige Universitäten und die hohe Lebensqualität.

Während die führende Rolle des Silicon Valley weitgehend bekannt und ausgiebig analysiert worden ist, ist das einzigartige Wachstum der Digitalwirtschaft in China hierzulande bislang nur wenigen Insidern bekannt. Dabei sind die Dimensionen der digitalen Entwicklung in China mindestens so beeindruckend wie jene in den USA. 2013 schon überholte China die USA als größter E-Commerce-Markt weltweit nach Umsatz (eMarketer 2015). Das jährliche Bruttohandelsvolumen (der Gesamtwert der über die Marktplätze gehandelten Waren) des chinesischen E-Commerce-Marktführers Alibaba Group (im Weiteren nur noch Alibaba genannt) übersteigt das weltweite Handelsvolumen von eBay und Amazon zusammen (Forrester Research 2014). Doch nicht nur der Handel ist von der Disruption betroffen. Zunehmend erfasst sie auch den Servicesektor. Didi Kuaidi, die marktführende Taxi-App in China, vermittelt täglich nach eigenen Angaben etwa dreimal so viele Taxifahrten wie Uber auf der ganzen Welt (Techcrunch 2015). Die umfangreichen digitalen Angebote in China sind vor allem wegen der sehr intensiven Nutzung des mobilen Internets möglich: China hatte im Jahr 2015 geschätzte 525 Mio. Smartphone-Nutzer (eMarketer 2016a). Dies sind mehr Nutzer als in Europa und den USA zusammen.

Bei der Analyse des chinesischen Digitalmarktes stellt sich heraus, dass sich die Rahmenbedingungen von denen in den USA in vielen Bereichen unterscheiden. Während die Größe des Binnenmarktes und die hohe Verfügbarkeit von Kapital in beiden Märkten eine wesentliche Rolle spielen, existieren in China weitere Faktoren, die das sehr starke Wachstum ermöglichen. Durch die Schnelligkeit der Veränderung der chinesischen Kaufkraft, das wachsende Unternehmertum und die staatliche Förderung überspringen Produkte, Technologien und Geschäftsmodelle oft gleich mehrere Entwicklungsstufen.

Keinem anderen Unternehmen ist es so gut gelungen wie Alibaba, die Rahmenbedingungen des digitalen Wachstums durch die Wahl des richtigen Geschäftsmodells, den Aufbau eines wirkungsvollen Ökosystems und eines flexiblen Managements derart erfolgreich zu nutzen.

Im Folgenden werden zunächst die besonderen chinesischen Rahmenbedingungen für das Wachstum des Digitalmarktes erläutert. Anschließend wird das Unternehmen Alibaba anhand einer Fallstudie beschrieben und die besonderen Erfolgsfaktoren des digitalen Marktführers herausgearbeitet. Zum Abschluss wird auf die Implikationen für westliche Unternehmen eingegangen.

2 Rahmenbedingungen des digitalen Wachstums

Alibaba ist ein Paradebeispiel für digitale Disruption und digitales Wachstum. Für den Aufstieg des Internetgiganten Alibaba waren einige Rahmenbedingungen besonders ausschlaggebend: die Dimensionen der wirtschaftlichen Entwicklung des Binnenmarktes, die staatliche Einflussnahme sowie die Förderung des Unternehmertums (vgl. Abb. 1).

2.1 Wirtschaftliches Umfeld

Die wirtschaftlichen und demografischen Dimensionen in China sind beeindruckend. Dies beginnt bei der Bevölkerung: In China lebt fast ein Fünftel der Weltbevölkerung. Mit 1,37 Mrd. Menschen (IMF 2016) ist China nicht nur das bevölkerungsstärkste Land der Welt, sondern auch das Land mit der größten Anzahl sehr großer Städte: 88 chinesische Städte haben mehr als fünf Millionen Einwohner. Das Land ist einzigartig, nicht nur

Rahmenbedingungen des digitalen Wachstums in China

Wirtschaftliches Umfeld	Staatliche Einflussnahme	Unternehmertum
• Urbanisierung • Wachstum durch Digitalisierung • Leapfrogging	• Chinesische Wirtschaftspolitik • Agenda Internet Plus • Abschottung vom Wettbewerb	• Die Rolle des Unternehmers • Start-up-Inkubatoren und Innovationszentren

Abb. 1 Rahmenbedingungen des digitalen Wachstums in China. (Quelle: Eigene Darstellung)

in seiner Größe, sondern auch in der Geschwindigkeit seiner Veränderung. Besonders relevant für die Entwicklung sind die Urbanisierung, die Rolle der Digitalisierung für das Wachstum der Volkswirtschaft und das sogenannte „Leapfrogging"-Phänomen, das ein Überspringen ganzer Entwicklungsstufen beschreibt.

Urbanisierung
Die Urbanisierung in China ist der Kerntreiber des Wirtschaftswachstums. Zur Aufrechterhaltung des Wachstums werden in den Städten immer mehr Arbeitskräfte und gleichzeitig Konsumenten benötigt. Auch in Zukunft werden weitere Millionen von Chinesen daher in den nächsten Jahren auf der Suche nach Arbeit, Bildung und Wohlstand vom Land in die Stadt ziehen. Derzeit liegt der Anteil der urbanen Bevölkerung in China bei 54 %. Der Anteil ist zwar seit der Jahrtausendwende um ca. 20 % gestiegen, liegt heute jedoch immer noch deutlich unter dem Wert in entwickelten Märkten: Hier beträgt der Anteil der Stadtbevölkerung durchschnittlich etwa 80 % (Weltbank 2016a).

Mit der Urbanisierung einher geht auch die Entwicklung der Einkommen in China. Der Wandel vollzieht sich jedoch nicht über Nacht und die Extreme zwischen Arm und Reich sind überall sichtbar. So leben in China nach den USA inzwischen weltweit die meisten Millionäre. Beeindruckend ist auch hier das Wachstum: Waren es 2012 noch rund 1,5 Mio., so gab es im Jahr 2014 in China bereits vier Millionen Millionäre (Fortune 2015; Boston Consulting Group 2014).

Hinsichtlich der anderen Bevölkerungsschichten sind Chinas Städte zweigeteilt. Zum einen gibt es die chinesische Mittelklasse mit Immobilienbesitz und gewissen wirtschaftlichen und sozialen Möglichkeiten, wie beispielsweise der Möglichkeit von Reisen nach Europa. Zum anderen gibt es die Unterschicht und Wanderarbeiter, die in Fabriken arbeiten und keinen Zugang zu öffentlichen Services haben, da sie noch auf dem Land gemeldet sind. Beide Bevölkerungsklassen haben vom Wachstum stark profitiert (Economist 2014). Da Bildung, Arbeit und Wachstum weiterhin größtenteils in den Städten stattfinden, plant die Regierung in den folgenden fünf Jahren weitere sechs Prozent der chinesischen Landbevölkerung (Ziel 2020 sind 60 % Stadtbevölkerung) zu urbanisieren (Botschaft der Volksrepublik China in der Bundesrepublik Deutschland 2014).

Wachstum durch Digitalisierung
Die Wirtschaft Chinas ist wie kaum eine andere in den letzten Jahrzehnten gewachsen. Allerdings hat sich das Wachstum in der jüngsten Vergangenheit verlangsamt. Stieg das BIP zwischen 1995 und 2010 noch durchschnittlich um 9,9 %, so waren es zwischen 2011 und 2015 nur noch 8,6 %. Schätzungen gehen von einer weiteren Reduzierung des Wachstums auf durchschnittlich sieben Prozent bis 2020 aus. China benötigt jedoch weiterhin ein Wachstum oberhalb von sieben Prozent, um das Beschäftigungsniveau aufrecht zu erhalten, Ausbildung zu fördern und die Menschen am Wohlstand teilhaben zu lassen (Marketwatch 2016a).

Ein Anstieg der Arbeitslosenquote (momentan bei ca. vier Prozent) in China um nur wenige Prozent hat große Auswirkungen auf soziale Strukturen und wird deshalb von der Regierung gefürchtet. Während eine Veränderung der Arbeitslosenquote in Deutschland von 0,1 % etwa 80.000 Menschen in Existenzängste stürzt, so wären dies in China bei 0,1 % gleich 1,4 Mio. Menschen. Um dies zu vermeiden, muss die Wirtschaft weiter wachsen. Ein großer Hebel hierfür sind die digitalen Medien und Technologien.

In 2015 hatten schon 50 % aller Chinesen Zugang zum Internet (eMarketer 2016b) und über 40 % nutzten dabei einen mobilen Zugang (CNNIC 2016a). Bei der genaueren Analyse zeigt sich jedoch eine immer noch starke Diskrepanz zwischen der Internetpenetration in urbanen und ländlichen Gegenden. In den Städten liegt die Internetpenetration schon bei über 70 %, während auf dem Land lediglich etwa 30 % Zugang zum Internet haben. Hier gibt es demnach noch großes Potenzial.

Diese Dimensionen und Potenziale machen sich Unternehmen wie zum Beispiel Alibaba zunutze. Sie unterstützen den Aufbau der fehlenden Infrastruktur, vor allem, um in eigenem Interesse weiteres Kundenwachstum zu ermöglichen. Im März 2015 verzeichnete Alibaba über 350 Mio. aktive Kunden mit einem Durchschnitt von 58 Bestellungen pro Kunde und Jahr (Alibaba Group 2015b). Alibaba verschickt durchschnittlich 24 Mio. Pakete am Tag (in 2015) und steuert den größten Anteil am Online-Handel bei, der mittlerweile etwa 16 % des gesamten Einzelhandels in China repräsentiert. Der Anteil des Online-Handels wird nach Schätzungen von eMarketer in den nächsten vier Jahren auf 29 % anwachsen (vgl. Abb. 2).

Auch beim Vergleich der Top-E-Commerce-Unternehmen weltweit (vgl. Abb. 3) zeigt sich deutlich, wie Unternehmen wie Alibaba und auch JD.com ein fast exponentielles Wachstum beim Bruttohandelsvolumen (den über die Plattform verkauften Warenumsätzen) verzeichnen. Verantwortlich hierfür ist unter anderem das sogenannte „Leapfrogging". Das Überspringen von Stufen in einem Entwicklungsprozess ist in China in vielen Bereichen zu beobachten, u. a. auch im Einzelhandel.

Leapfrogging

Unter „Leapfrogging" (engl. Bockspringen) wird im wirtschaftswissenschaftlichen Kontext ein Phänomen bezeichnet, bei dem einzelne Stufen innerhalb eines Entwicklungsprozesses ausgelassen bzw. übersprungen werden.

Die ursprüngliche Beschreibung des Phänomens geht zurück auf das Konzept der „kreativen Zerstörung" des Wirtschaftswissenschaftlers Josef Schumpeter. Schumpeter postulierte, dass Unternehmen mit beherrschender Marktstellung geringere Anreize zur Umsetzung bahnbrechender Innovationen hätten als angreifende Rivalen. Während laut dieser Auffassung monopolartige Unternehmen eher inkrementelle Innovationen hervorbrächten, kämen disruptive Innovationen, die eine oder mehrere Entwicklungsstufen überspringen, vor allem von kleineren, risikofreudigeren Unternehmen (Schumpeter 1934).

In der Praxis lässt sich Leapfrogging bei Konsumenten (nachfrageorientiertes Leapfrogging) und bei Unternehmen (angebotsorientiertes Leapfrogging) beobachten.

Abb. 2 China E-Commerce-Umsatz und -Wachstum 2014 bis 2018. (Quelle: eMarketer 2015)

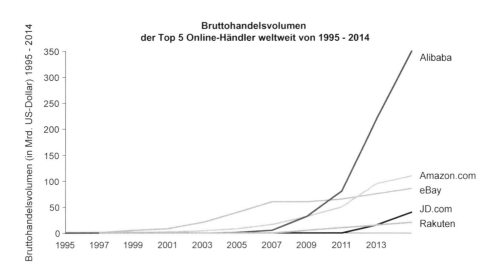

Abb. 3 Bruttohandelsvolumen der Top 5 Online-Händler weltweit von 1995 bis 2014. (Quelle: KPCB 2015)

Auf der Nachfrageseite wird Leapfrogging insbesondere im Technologieumfeld deutlich, weil hier Innovationen in kurzen Zyklen stattfinden. Aus Konsumentensicht kann es beispielsweise sinnvoll sein, den Kauf einer Soft- oder Hardwareversion zu verschieben, wenn die Veröffentlichung einer neuen Generation bereits absehbar ist.

Angebotsorientiertes Leapfrogging ist u. a. im Handel zu beobachten. Bauern und Händler in ländlichen Gebieten Chinas konnten ihre Produkte ehemals nur über Märkte vertreiben, da überwiegend keine für entwickelte Märkte typischen Handelsstrukturen mit Großhändlern und stationären Einzelhändlern existierten. Durch die Verfügbarkeit von Smartphones und Online-Marktplätzen wie Taobao können kleine Erzeuger nun direkt an den Endkunden verkaufen. Die Entwicklungsstufe des „stationären Handels" konnten sie somit überspringen.

Für die dynamische Entwicklung des chinesischen Digitalmarktes hat das Leapfrogging-Phänomen nicht nur mikroökonomisch, sondern auch makroökonomisch besondere Bedeutung. Deutlich wird dies u. a. in den Bereichen Telekommunikation und Internetzugang.

In westlichen Märkten migrierten Telefonkunden in den vergangenen Jahren üblicherweise von der Festnetz- auf die Mobilfunktelefonie. Trotz einer aktuell sehr hohen Mobilfunkpenetration nutzen in Deutschland beispielsweise noch viele Menschen das Fest- und Mobilfunknetz parallel. In China hingegen hatten nicht alle der momentanen Mobilfunknutzer jemals einen Festnetzanschluss. Auf 1034 Mio. Mobiltelefone kamen in 2015 nur 233 Mio. Festnetzanschlüsse (National Bureau of Statistics of China 2016). Für die überwiegende Mehrheit der Menschen dort ist demnach das Mobiltelefon das erste Telefon überhaupt. Hinzu kommt, dass 86 % der chinesischen Internetnutzer das World Wide Web ausschließlich über ihr Mobiltelefon nutzen (CNNIC 2016b). Damit hat ein großer Anteil der Chinesen nicht nur das Festnetztelefon, sondern auch den Personal Computer als Gerät für den Zugang zum Internet „übersprungen".

Infrastrukturell ist das Leapfrogging insoweit relevant, als dass sämtliche Ressourcen für die Telekommunikationsinfrastruktur in den Ausbau von Mobilfunknetzen und Datenleitungen investiert werden können und keine Mittel mehr in die Instandsetzung veralteter Netze investiert werden müssen.

2.2 Staatliche Einflussnahme

Für die meisten Außenstehenden ist China eine Nation voller Widersprüche. Dies gilt vor allem für die Wirtschaftspolitik und die staatliche Einflussnahme. Einerseits weist China mit dem Fokus auf bedingungslosem Wachstum eindeutig kapitalistische Strukturen auf, andererseits wird das Land durch eine kommunistische Regierung geführt. Dies ist jedoch nur auf den ersten Blick ein Widerspruch. Gerade bei der rasanten Transformation von Wirtschaft und Gesellschaft zeigt sich, wie effektiv eine zentrale staatliche Führung und Förderung sein kann.

Chinesische Wirtschaftspolitik
Die Ursprünge des Zusammentreffens von Kommunismus und Kapitalismus reichen in die 60er Jahre zurück. Nach dem Tode Mao Zedongs lag China am Boden. Die Versorgungslage war kritisch, politisches System und Wirtschaft waren nicht koordiniert. Der Nachfolger Mao Zedongs, Deng Xiaoping, glaubte, dass in China nur ein System erfolgreich sein könnte, dass an den Ideen des Sozialismus anknüpft, sich jedoch Reformen hinsichtlich Eigentumsrechten und Privatwirtschaft öffnet. So war es Bauern Ende der 70er Jahre wieder erlaubt, auf eigene Rechnung zu wirtschaften und Privatpersonen konnten Unternehmen gründen.

In den darauffolgenden Jahrzehnten entwickelte sich China vom Entwicklungsland zur Produktionsstätte der Welt. Wesentlicher Treiber dieser Entwicklung war die Einrichtung von Sonderwirtschaftszonen in Küstenregionen und die daraus resultierende Ansiedlung von Unternehmen. Ausländische Unternehmen bekamen den Zugang zum Markt jedoch zumeist nur, indem sie ihr Know-how und ihre Technologie mit den chinesischen Partnern in Joint Ventures teilten.

Heute ist China, kaufkraftbereinigt, die größte Volkswirtschaft der Welt (Business Insider 2014). Mit einem Wirtschaftswachstum von 7,4 % erzielte China jedoch im Jahr 2014 den geringsten Wert innerhalb der vergangenen 24 Jahre und steht damit vor einer großen Herausforderung (Reuters 2015b). Wegen steigender Lohnkosten und günstigerer Konkurrenz aus Südostasien und Afrika sowie einer alternden Bevölkerung funktioniert das Wirtschaftsmodell „Produktionsstätte der Welt" nicht mehr so effizient wie früher (Zeit 2015).

Der geplante Umbau der chinesischen Wirtschaft von der staatlich gesteuerten Massenproduktion zur Hochtechnologie- und Dienstleistungsökonomie ist nun im vollen Gange. Der Anteil des Tertiärsektors nimmt stetig zu und betrug 2014 schon fast die Hälfte des Bruttoinlandsproduktes (Weltbank 2016b).

Innovation lässt sich nicht amtlich verordnen, aber China tut alles dafür, um geeignete Rahmenbedingungen zu schaffen. So wie die USA in den 50er und 60er Jahren die Grundlage für ihre heutige Innovationsfähigkeit legten, so investiert China seit den 90er Jahren und verstärkt ab 2006 mit dem 15-Jahresplan in Forschung und Entwicklung (F&E) (Tse 2015). Dies zeigt sich in den fast exponentiell wachsenden Ausgaben für F&E der letzten zwei Jahrzehnte (vgl. Abb. 4). Im Jahr 2014 überholte China die Europäische Union bei den Ausgaben für F&E mit 345 Mrd. US$.

Agenda Internet Plus
Ein weiterer Impuls für die Förderung von Innovationen ist mit dem Programm „Made in China 2025", einem 10-Jahresplan für die Automatisierung und Digitalisierung der Industrie, gelegt. Mit dem Plan „Internet Plus" will die chinesische Regierung nun auf die führenden Industrienationen USA, Deutschland und Japan aufschließen und digitaler Innovationsführer werden.

Da „Digital" der Schlüssel zu weiterem Wirtschaftswachstum, internationaler Wettbewerbsfähigkeit und einer konsumbasierten Wirtschaft sein wird, stellte der Premier Li Keqiang im März 2015 den „Internet Plus"-Plan vor. Dieser sieht vor, „das mobile

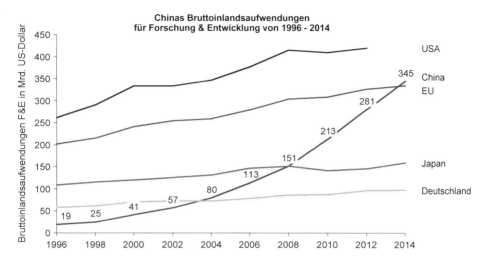

Abb. 4 Chinas Bruttoinlandsaufwendungen für Forschung und Entwicklung 1996 bis 2014. (Quelle: OECD 2016)

Internet, Cloud Computing, Big Data und das Internet der Dinge mit modernen Herstellungsverfahren zu verbinden und das Wachstum im Bereich E-Commerce, Industrie 4.0 und Internet Banking zu fördern, sowie die Präsenz der Internet-Unternehmen im internationalen Wettbewerb zu stärken" (China Daily 2015). Der Fokus der Strategie liegt auf der Digitalisierung der Branchen: Produktion, Finanzen, Gesundheit, Regierung und Landwirtschaft. Ganz konkret äußert sich diese Förderung zum Beispiel in der Vergabe von zweistelligen Milliardenkrediten an die Telekommunikationsunternehmen Huwei und ZTE sowie den Aufbau von Start-ups und Innovationszentren.

Abschottung vom Wettbewerb
Zwischen 1997 und 2009 erfuhr das Internet in China einen sprungartigen Anstieg und damit wuchs auch der Wunsch der chinesischen Regierung nach Kontrolle. Über das Internet sollen keine unzensierten Inhalte zur Verfügung gestellt werden, die die Staatssicherheit gefährden.

Die Kontrolle des Internets erfolgt über drei Ebenen (Wired 2015). Die erste Ebene ist die große Firewall. Mit ihrer Hilfe werden komplette Services wie zum Beispiel Facebook, Google und Dropbox geblockt oder sind nur sporadisch verfügbar. Auch VPN-Protokolle (die mittlerweile ca. 25 % der Chinesen nutzen) wurden mittlerweile zum Teil geblockt. Die zweite Ebene sind Keyword-Filter. Inhalte mit bestimmten Keywords werden automatisch gelöscht und Suchen über chinesische Suchmaschinen sind nicht möglich. Dies betrifft hauptsächlich politische Inhalte. Als dritter Filter fungiert die manuelle Kontrolle (Wired 2015). Insgesamt werden laut einer Forschung des Politikwissenschaftlers Gary Kind rund 13 % der chinesischen Internet-Posts gelöscht. Hierbei geht es jedoch nicht unbedingt nur um politisch motivierte Kommentare, sondern hauptsächlich um Inhalte, die das kollektive Handeln anregen, unabhängig davon ob politisch oder nicht.

Die Zensur führte über Jahre hinweg auch zu einer Abschottung vom digitalen westlichen Wettbewerb. Google, eBay und einige weitere große amerikanische und internationale Unternehmen versuchten den Markteintritt und scheiterten. Hierbei war jedoch nicht immer nur die Zensur ausschlaggebend, sondern auch fehlende Marktkenntnis und Kundenverständnis sowie fehlende Unterstützung der Regierung. 2004 versuchte eBay mit seinem in den USA erfolgreichen Marktplatz-Geschäftsmodell, hohen Online-Werbeinvestitionen und westlichem Management den Markteintritt in China. Drei Entscheidungen, die sich als falsch herausstellen sollten. Alibabas Taobao setzte der produktorientierten Strategie eBays die Kenntnis des Marktes und seiner Nutzer entgegen. Zur selben Zeit investierte Alibaba in TV-Werbung, kostenlose Angebote und die mobile Weiterentwicklung seiner Plattform. Diese Strategie überzeugte vor allem kleine Händler und Privatpersonen. In 2006 gewann Alibabas Taobao mit 67 % Marktanteil gegen eBay mit 29 % (Forbes 2010).

Der Kundenfokus, die Marktkenntnis, aber auch die Abschottung vom internationalen Wettbewerb ermöglichten den Aufbau von Alternativen zu Google, Amazon, eBay und PayPal. Gleichzeitig sind dabei Ökosysteme entstanden, die ihresgleichen suchen.

2.3 Unternehmertum

Das Ansehen des Unternehmers war in den sozialistischen Staaten lange Jahre sehr negativ geprägt. Die landläufige Auffassung war, dass Unternehmer Kapitalisten waren und ihr Geld auf Kosten anderer Menschen verdienten. Erst mit den Wirtschaftsreformen Ende der 70er Jahre gab es wieder erste Selbstständige und Privatunternehmer. Sie mussten unter schweren und unsicheren Bedingungen hohe Risiken in Kauf nehmen. Weil Unternehmer in China jedoch immer populärer und ökonomisch notwendiger wurden, bemühte man sich um eine neue Definition des Unternehmers als „Reformer" der Gesellschaft. Wirtschaft und Politik blieben jedoch weiterhin eng verwoben und stützen sich gegenseitig.

Die Rolle des Unternehmers
Man unterscheidet in vier Dekaden von Unternehmern (Tse 2015). Die 80er Jahre brachte die ersten erfolgreichen Unternehmen wie zum Beispiel Haier (mittlerweile Weltmarktführer für große Haushaltsgeräte), gegründet durch Zhang Ruimin, hervor. Unternehmer zu dieser Zeit hatten oft keinen akademischen Hintergrund oder Geschäftserfahrung. In den 90er Jahren waren es dann schon vermehrt Angestellte des Staates und Akademiker, die den Sprung in die Selbstständigkeit wagten, nachdem Deng Xiaoping die ersten Wirtschaftsreformen umsetze. Fosun, das heute größte chinesische Konglomerat mit Beteiligungen in Industrie und Finanzen, wurde 1992 von Guo Guangchang gegründet. Die dritte Welle zu Beginn des neuen Jahrhunderts begleitete den Einstieg Chinas in die Weltwirtschaftsorganisation im Dezember 2001 und die Öffnung des chinesischen Marktes. Viele der heute erfolgreichen Internetgiganten stammen aus dieser Zeit und Unternehmer wie zum Beispiel

Alibabas Gründer Jack Ma oder Tencents Gründer Pony Ma hatten nicht nur eine fundierte Ausbildung, sondern waren bereits international orientiert. Die Unternehmer aus den späten 2000er Jahren wurden oftmals schon im Ausland ausgebildet. Viele ihrer Unternehmen fokussieren sich darauf, die Potenziale des mobilen Internets und der neuen chinesischen Kaufkraft zu nutzen. Ein Beispiel hierfür ist Xiaomi. 2011 von Lei Jun gegründet, ist das Unternehmen heute chinesischer Marktführer in der Smartphone-Herstellung (Tse 2015).

Während Staatsunternehmen weiterhin Arbeitskräfte entlassen müssen, entwickelte sich der private Sektor zum Motor für Wachstum und Beschäftigung. Waren es 1998 noch ähnliche Umsätze, die durch Staatsunternehmen und private Unternehmen getätigt wurden, so erwirtschaftete der Privatsektor 2013 dreimal so viel Umsatz wie die staatlichen Unternehmen (Tse 2015). Viele junge Chinesen spürten die Aufbruchsstimmung und wollten selber mitgestalten, und diese Aufbruchsstimmung ist auch auf dem Land zu spüren. Um die Landbevölkerung am Wohlstand und Wachstum teilhaben zu lassen und die digitale Lücke zu schließen, investieren große Unternehmen wie Alibaba in Internetbreitband, Logistik, Hardware und Training in ländlichen Regionen, insbesondere im Norden Chinas. Hierbei geht es zum einen um das Anwerben neuer Verkäufer für den Online-Marktplatz. Jede Einzelperson kann als Verkäufer in nur wenigen Schritten und ohne viel Startkapital zum Unternehmer werden. Zum anderen geht es um das Stärken der Nachfrage. Wer mehr verdient, kann auch mehr nachfragen und konsumieren (TechinAsia 2014).

Start-up-Inkubatoren und Innovationszentren
Ein starkes unternehmerisches Ökosystem entsteht entweder in Krisenzeiten, praktisch notgedrungen, oder aber – wie in der momentanen Situation – durch vielversprechende Gewinnbeteiligungen. Hierbei benötigt das System sowohl Unternehmer als auch Förderung und Risikokapital. In China ist momentan beides hinreichend vorhanden. Deshalb verwundert es nicht, dass die chinesische Regierung die digitale Agenda und Unternehmensgründungen stark fördert.

Durch die staatliche Unterstützung von Start-ups und chinesischen Innovationszentren (The Telegraph 2015) versucht die Regierung, die chinesische Wirtschaft innovativer und unabhängiger von Exporten und ausländischen Investitionen zu machen und ihrerseits die Technologieinfrastruktur weltweit mitzugestalten. Auch hierbei arbeiten Regierung und große Unternehmen wie Alibaba zusammen.

Zum einen gibt es staatliche Servicecenter, bei denen Start-ups innerhalb von vier Tagen gründen können. Alle wichtigen Schritte kann man dann an einem Ort und in kürzester Zeit erledigen. Im selben Gebäude können Start-ups nach der Gründung auf Buchhaltungs-, Rechts- und andere Dienstleister zugreifen und zugleich um Investoren werben (Dream Town Administration 2015).

Ein Beispiel hierfür ist Dream Town in Hangzhou. Innerhalb von sieben Monaten haben Regierung und private Investoren (u. a. Alibaba) einen Campus für nun schon fast 400 Start-ups errichtet, in denen 4000 Mitarbeiter an ihrem Traum arbeiten, „das nächste Alibaba zu werden". Hier bekommen die Start-ups alles, was sie benötigen: kostenlosen

Büroraum, Rechtsberatung und sonstige Unterstützung. Das investierte öffentliche und private Kapital in den Start-ups in der Dream Town beläuft sich schon heute auf über vier Milliarden US-Dollar (Dream Town Administration 2015).

Schon seit den 90er Jahren gibt es diese Entwicklung, die nun aber einen „Boom" erreicht hat. Die neuen Unternehmer haben die Internetgiganten Alibaba, Tencent und Baidu mit aufgebaut. Sie sind finanziell unabhängig und arbeiten an Themen, für die sie eine wirkliche Leidenschaft entwickelt haben. In 2015 setzte die chinesische Regierung zudem einen eigenen Venture Capital Fond über 6,5 Mrd. US$ auf, um innovative Unternehmungen weiter zu fördern (Reuters 2015a).

3 Fallstudie Alibaba

Alibaba ist nach Bruttohandelsvolumen 2014 die größte Online-Handelsgruppe weltweit und ein Paradebeispiel für digitales Wachstum in China. Insbesondere im Hinblick auf die angekündigte internationale Expansionsstrategie des Unternehmens scheint dieses Beispiel besonders relevant – auch für deutsche und europäische Unternehmen.

3.1 Unternehmensgründung und -aufbau

Als der Chinese Jack Ma, Gründer von Alibaba und damals noch Englischlehrer, 1995 das erste Mal die USA besuchte, beschäftigte er sich eingehend mit den Möglichkeiten des Internets. Er ist von der Idee des World Wide Web beeindruckt und überrascht, dass dieses kaum Informationen über China enthält. Zurück in China gründete er China Pages, ein Branchenverzeichnis für chinesische Firmen, die mit dem Ausland Geschäfte machen wollen. China Pages scheitert jedoch und Jack Ma gründet 1999 mit 17 Freunden und 60.000 EUR Startkapital in Hangzhou sein zweites Internetunternehmen: Alibaba.com.

Über den Business-to-Business Marktplatz Alibaba.com können seitdem Unternehmen aus aller Welt mit chinesischen Firmen Handel betreiben. Im Jahr 1999 erhielt das junge Unternehmen seine erste externe Finanzierung in Höhe von 25 Mio. US$ von Goldmann Sachs, SoftBank und Fidelity. Nach fünf Jahren ist das Unternehmen profitabel (Tse 2015).

Die Expansion von Alibaba zu einem umfassenden E-Commerce-Ökosystem schreitet schnell voran: Das Kernprodukt Alibaba wird ergänzt um Taobao, einem Online-Marktplatz für Kleinunternehmer und Privatleute in China; ferner das mit PayPal vergleichbare Zahlungssystem Alipay, das Online-Kaufhaus Tmall und die Cloud Solution Alicloud (Alibaba Group 2014b). Die für die Expansion erforderlichen finanziellen Mittel stammen zunächst vom Gesellschafter Yahoo. Weiteres Kapital wurde im Jahr 2007 durch den Börsengang in Hong Kong eingeworben. Im September 2014 ging Alibaba an die New Yorker Börse und schaffte mit Einnahmen von 21,8 Mrd. US$ den größten amerikanischen Börsengang der Geschichte (Reuters 2014). Zum Zeitpunkt des IPO wurde das Unternehmen Alibaba bereits mit fast 230 Mrd. US$ bewertet (Time 2014).

3.2 Unternehmensmission und -werte

Zu Beginn galt Alibaba noch als „Underdog". Jack Ma wird jedoch als charismatische Person mit großen Ambitionen und einem unkonventionellen Führungsstil beschrieben. Dies drückt sich auch in den sechs Unternehmenswerten aus: Customer first, Teamwork, Wandel, Integrität, Leidenschaft und Engagement (Alibaba Group 2016a). „Customer first" erinnert sehr an Amazon, wohingegen „Wandel" deutlich macht, wie sehr sich nicht nur das Umfeld, sondern auch das Unternehmen im Laufe der digitalen Transformation weiter verändern muss. Seit 2013 prägt Jack Ma das Unternehmen nicht mehr als CEO, sondern als Chairman. Heute, im Jahr 2016, ist Alibaba ein globaler Konzern mit 25.000 Mitarbeitern.

Die Mission ist jedoch weiterhin dieselbe: „Menschen zu ermöglichen, weltweit auf einfache Art und Weise Geschäfte zu machen" (Alibaba Group 2016a). Für Kunden bedeutet dies die Möglichkeit, alles, zu jeder Zeit und so einfach wie möglich kaufen zu können. Dabei stehen im Fokus ein gutes Preis-Leistungs-Verhältnis, Personalisierung, einfache Bezahlung sowie Verlässlichkeit und pünktliche Lieferung. Dem Verkäufer ermöglicht Alibaba einen kosteneffizienten und skalierbaren Zugang zu Kunden, operativen Support, eine Einkaufsplattform und umfassende Finanzprodukte (Alibaba Group 2015b).

3.3 Geschäftsmodell und Performance

Von Beobachtern wird Alibaba gerne mit Amazon verglichen. Tatsächlich haben die Unternehmen Gemeinsamkeiten, aber auch wesentliche Unterschiede. Wichtigstes Unterscheidungsmerkmal ist, dass der größere Anteil der bei Amazon verkauften Produkte direkt von Amazon als Händler angeboten wird, während die Alibaba-Verkaufsplattformen ausschließlich Käufer und Verkäufer zusammenbringen und keine Produkte auf eigene Rechnung verkaufen. Amazon bietet ebenfalls ein Marktplatzmodell an, verdient dabei jedoch vor allem durch die vom Anbieter zu entrichtenden Verkaufsprovisionen. Alibaba hingegen finanziert sich hauptsächlich durch „Pay for Performance", Marketingserviceleistungen und Display-Marketing. Weitere Umsatztreiber sind vor allem Provisionszahlungen, Mitgliedsbeiträge und Cloud-Dienste (Alibaba Group 2015b).

Obwohl Alibaba bei den internen Umsätzen (Umsätze, die ein Unternehmen selber erwirtschaftet) hinter Amazon und eBay zurückliegt, so schneidet es doch bei den wichtigen Performance-Indikatoren Handelsumsatz (Umsatz, welcher durch andere Unternehmen auf dem Marktplatz erwirtschaftet wird), Gewinn und aktive Nutzer (Käufer) insgesamt besser ab. In 2014 wurden über Alibaba-Plattformen 370 Mrd. US$ Handelsumsätze abgewickelt (vgl. Abb. 5). Amazon erzielte im gleichen Jahr mit 175 Mrd. US$ nur weniger als die Hälfte und eBay mit 83 Mrd. US$ weniger als ein Viertel. Beim Gewinn fällt das Ergebnis nicht ganz so deutlich aus. Alibaba erzielte 4,35 Mrd. US$ Gewinn (EBITDA) in 2014, eBay 5,04 Mrd. US$ und Amazon 4,49 Mrd. US$ (Marketwatch 2016b). Bei der aktiven

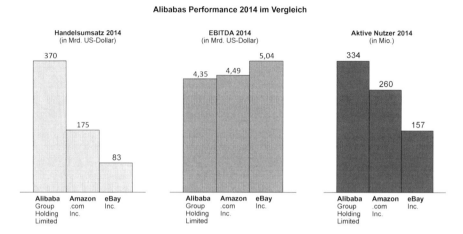

Abb. 5 Alibabas Performance 2014 im Vergleich. (Quelle: Alibaba Group 2015a; Amazon 2016; Businesswire 2015; eBay 2016; Marketwatch 2016b; Onlinemarktplatz.de 2016)

Nutzerzahl liegt das chinesische Unternehmen mit 350 Mio. jedoch eindeutig vorne und verzeichnet weiterhin jährliche zweistellige Wachstumszahlen (Alibaba Group 2015a).

3.4 Unternehmensstruktur

Alibabas Eigner-, Management- und Unternehmensstruktur ist ungewöhnlich. Dies ist sowohl der ursprünglichen Gründerstruktur als auch dem rechtlichen chinesischen Rahmen und dem Börsengang geschuldet.

Hauptanteilseigner sind der japanische Telekommunikations- und Medienkonzern SoftBank (37 %), Yahoo (24 %), Jack Ma und das Management (zehn Prozent). 29 % befinden sich in Streubesitz (Forbes 2014).

An der Spitze des Unternehmens steht der Vorstand unter der Leitung von CEO Daniel Yong Zhang sowie acht weiteren Vorstandsmitgliedern. Darunter gibt es die Alibaba-Partnerschaft. Diese Partnerschaft besteht aus aktuell 34 Partnern und ist während des schnellen Wachstums der Firma auch für den Erhalt der Alibaba-Kultur und die Wahl des Vorstandes verantwortlich (Alibaba Group 2016b). Die Idee ist es, Kontrolle und nachhaltige Weiterentwicklung des Unternehmens nicht in die Hände einiger weniger zu legen, sondern auf eine breitere Basis zu verteilen. Ein wichtiger Grund für die Notierung Alibabas an der New Yorker Börse ist genau diese Partnerschaftsstruktur, die in Hong Kong nicht möglich ist.

Der Ursprung der Alibaba Group liegt im E-Commerce. Deshalb zählen auch immer noch sieben der zehn Unternehmensbereiche hierzu (vgl. Abb. 6). Um die ambitionierte Vision Alibabas umzusetzen, baut die Alibaba Group jedoch mit China Smart Logistics, Alibaba Cloud Computing und Ant Financial Services Group auch weitere ergänzende Geschäftsbereiche aus (Alibaba Group 2016c).

Mittlerweile zählen nicht nur die oben genannten Unternehmen zur Alibaba-Gruppe, sondern weitere Internetfirmen, die zum Teil in sich geschlossene Ökosysteme bilden (vgl. Abb. 7). Eine dieser Internetfirmen ist Alipay. Alipay, vergleichbar mit PayPal, ermöglicht die Online-Zahlung in China, einem Land mit sehr geringer Kreditkartenpenetration. Das Unternehmen wurde 2015 als eigenes Finanzökosystem ausgegliedert und befindet sich im Besitz von Jack Ma und weiteren chinesischen Investoren. Dadurch, dass Alipay das Kernstück des Alibaba-Ökosystems ist, profitiert das Unternehmen von großen Netzwerk- und Skaleneffekten. Alle Alibaba-Services nutzen Alipay und jegliche

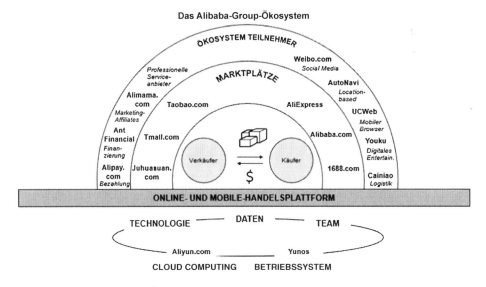

Abb. 6 Unternehmensbereiche der Alibaba Group. (Quelle: Alibaba Group 2016c)

Abb. 7 Das Alibaba-Group-Ökosystem. (Quelle: Alibaba Group 2014a)

Transaktionsdaten laufen über diese Plattform. Dieses Unternehmen vor dem Börsengang auszugliedern war ein strategisch wichtiger Zug für Alibaba.

Darüber hinaus hält die Alibaba Group weitere Beteiligungen an unterschiedlichen Unternehmen im Digitalsektor, zum Beispiel in den Bereichen Mobile-Internet-Services, Entertainment und Healthcare. Alibaba ist außerdem an Medienunternehmen, wie zum Beispiel der China Morning Post aus Hong Kong beteiligt.

3.5 Expansion und Ausblick

Die Vision von Alibaba ist es, die „Infrastruktur des Handels der Zukunft aufzubauen" und „mindestens 102 Jahre alt" zu werden (Alibaba Group 2016b).

Die Vision beinhaltet zum einem den Anspruch, Knotenpunkt eines globalen Ökosystems zu sein, Menschen zu vernetzen und ihnen die Infrastruktur zu geben, um Geschäfte einfach abzuwickeln und ein essenzieller Bestandteil des Lebens vieler Menschen zu sein. Zum anderen geht es darum, die notwendige Nachhaltigkeit des starken Wachstums zu gewährleisten. Nicht nur die moderne IT- und Marketinginfrastruktur tragen zum Erfolg von Alibaba bei. Auch der starke Fokus auf Big Data, der Analyse und der Nutzung von in Echtzeit erhobenen Daten ist ein Wettbewerbsvorteil.

Alibaba möchte hiermit nicht nur kurzfristiges starkes Wachstum verzeichnen, sondern über drei „Jahrhunderte" lang bestehen (von 1999 bis mindestens 2101). Diese Vision ist damit schon lange nicht mehr auf den chinesischen Markt begrenzt. Alibaba plant, den internationalen Handel noch weiter zu verändern und in den nächsten zehn Jahren ein globales Ökosystem mit globalen Händlern und globalen Kunden aufzubauen. Hierzu sind Kultur, Geschäftsmodell und Systeme ausschlaggebend, aber auch die Erfolgsfaktoren, die im Anschluss in Abschn. 3.6 beschrieben werden.

Um einen langfristigen Unternehmenserfolg sicherzustellen, beinhaltet die strategische Planung folgende Ziele: weitere Marktanteile zu gewinnen, die Sortimentskategorien auszubauen, Mobile-Services weiter zu verbessern, Daten- und Cloud-Computing-Services weiterzuentwickeln, das internationale Geschäft weiter auszubauen und die Mitarbeiter weiter auszubilden (Alibaba Group 2015b).

Im Folgenden werden nun die Erfolgsfaktoren für das bisherige und zukünftige Wachstum diskutiert.

3.6 Erfolgsfaktoren

Der große Erfolg von Alibaba beruht zum einen auf den bereits beschriebenen sehr vorteilhaften Rahmenbedingungen in China. Diese Rahmenbedingungen gelten jedoch auch für andere Unternehmen. Im Vergleich ist es Jack Ma und dem Alibaba-Management jedoch gelungen, die Voraussetzungen besonders gut zu nutzen und das Unternehmen auf diese Weise zum aktuellen Erfolg zu führen. Die wesentlichen Erfolgsfaktoren liegen dabei in der Wahl des am besten geeigneten Geschäftsmodells, dem Aufbau eines mächtigen Ökosystems sowie einem besonderen Managementstil.

Wahl des Geschäftsmodells

Während in Deutschland der größte Teil des E-Commerce-Umsatzes direkt über Online-Händler (Direct to Consumer = D2C) und nur in geringem Maße über Marktplätze abgewickelt wird, ist dieses Verhältnis in China umgekehrt: Der Anteil des Online-Handelsumsatzes über Marktplätze beträgt dort etwa 80 % und entfällt fast ausschließlich auf Alibaba (iResearch 2014). Der wichtigste Grund für den geringen Anteil des D2C-Geschäftes in China ist ein im Verhältnis zu anderen Märkten unterentwickelter und sehr fragmentierter stationärer Handel. Marktführende Handelsunternehmen wie in Deutschland und den USA, die mithilfe ihrer großen Bekanntheit und umfangreicher finanzieller Mittel die Transformation zum Online-Handel umgesetzt haben, sind in China unterrepräsentiert.

Alibaba hat sich mit dem Aufbau von Marktplätzen von vornherein für ein skalierbareres Geschäftsmodell entschieden. Der Wettbewerber JD.com hingegen legte den Fokus eher auf das D2C-Geschäft, beschränkte damit das Wachstum und konnte bislang lediglich einen kleinen einstelligen Marktanteil am E-Commerce erzielen.

Die wesentlichen Gründe für den Erfolg des Marktplatzmodells liegen gleichzeitig auf Seiten der Verkäufer und Käufer. Auf der Seite der Verkäufer adressiert das Marktplatzmodell vor allem das in Abschn. 2.3 beschriebene Unternehmertum der Chinesen. Jeder Chinese mit einem Internetzugang kann über die Alibaba-Plattformen Handel betreiben, ohne vorher klassischer Händler gewesen zu sein. Auch Anbieter spezieller Produkte können umgehend Millionen von Kunden erreichen. Der Aufbau einer selbstständigen Tätigkeit in China ist über keinen Weg einfacher als über die Alibaba-Plattform.

Auch auf der Käuferseite berücksichtigt das Marktplatzmodell die Besonderheiten von Markt, Mentalität und Kultur in China. Im Vergleich zu Kunden in westlichen Ländern gelten chinesische Käufer als weniger loyal gegenüber Anbietern und in höherem Maße preisbewusst. Der Umstand, dass auf einem Markplatz wie Taobao eine hohe Anzahl von Verkäufern identische Produkte anbietet und dadurch eine maximale Preistransparenz entsteht, kommt diesen Käuferpräferenzen entgegen.

Kaum ein anderes Geschäftsmodell ermöglicht derart starke Netzwerkeffekte wie ein Online-Marktplatz. Netzwerkeffekte entstehen, wenn die geringen Markteintrittsbarrieren für das Verkaufen zu einer großen Anzahl von Händlern führen. Dies führt wiederum zu einem breiteren Angebot und größerer Attraktivität für die Käufer. Die wachsende Nachfrage auf Kundenseite führt wiederum dazu, dass noch mehr Händler angezogen werden.

Ein weiterer Vorteil des Marktplatzmodells liegt im relativ geringen Kapitalbedarf und der Generierung eines hohen Cashflows. Da sich Alibaba, anders als zum Beispiel Amazon, auf das Zusammenbringen von Verkäufern und Käufern beschränkt, werden keine Investitionen in Ware, Lagerhaltung und Logistik nötig und die verfügbaren finanziellen Mittel können für die Optimierung der Plattform, Kundenbetreuung und Marketing eingesetzt werden. Auch die Margen der Modelle sind sehr unterschiedlich: Während Amazon im 4. Quartal 2014 eine Marge von 6,3 % veröffentlichte, betrug die Marge von Alibaba im gleichen Zeitraum 58 %

und lag damit noch deutlich über den 29 %, die eBay mit einem ähnlichen Marktplatzmodell erzielte (Market Realist 2015).

Die Entscheidung Jack Mas, in China auf das eBay-Geschäftsmodell anstatt auf das Amazon-Modell zu setzen, stellte sich somit als die richtige Strategie heraus.

Bildung von Ökosystemen
Während Unternehmen in traditionellen Industrien oft noch die Strategie der Konzentration auf Kernkompetenzen verfolgen, bietet die Digitalisierung die Möglichkeit, Kerngeschäftsmodelle einfacher in andere Segmente weiterzuentwickeln. Insbesondere die direkte Endkundenbeziehung erleichtert es, Nutzern einer Plattform weitere Services anzubieten und somit zu wachsen.

Westlichen Internetunternehmen ist es allerdings bislang nur selten gelungen, führende Web-Applikationen zu Ökosystemen auszubauen und die Nutzer damit innerhalb geschlossener Welten zu binden. So war beispielsweise Google trotz marktbeherrschender Stellung bei Internetsuche und Gmail nicht in der Lage, die massive Reichweite für den erfolgreichen Aufbau des sozialen Netzwerkes Google+, das Zahlungssystem Google Wallet und weiterer Angebote zu nutzen.

In China ist die Bildung umfassender Ökosysteme neben dem Internetunternehmen Tencent und dem Hardwarehersteller Xiaomi vor allem Alibaba gelungen. Zusätzlich zum Kerngeschäftsmodell von Alibaba, dem Betrieb von E-Commerce-Marktplätzen, wurden mit der Zeit weitere Angebote entwickelt. Diese Services waren auf der einen Seite in sich tragfähige Geschäftsmodelle (vgl. Abb. 7). Auf der anderen Seite machten sie das Kernprodukt von Alibaba sowohl für Käufer als auch für Verkäufer laufend attraktiver und erfüllten somit die Mission des Konzerns: „to make it easier to do business anywhere" (Alibaba Group 2016a).

Die wesentlichen Pfeiler des Ökosystems von Alibaba sind E-Commerce, Financial-Services, Logistik, IT-Infrastruktur und Marketingdienstleistungen.

Die wichtigste Erweiterung des Alibaba-Geschäftsmodells ging in Richtung Finanzdienstleistungen. Ähnlich wie eBay zur Jahrtausendwende stand auch Alibaba am Anfang vor der Herausforderung, dass chinesische Käufer in der Regel keine Möglichkeiten hatten, Zahlungen an kleine Händler online abzuwickeln. Die Notwendigkeit zur Integration eines eigenen Zahlungssystems lag damit auf der Hand. Während eBay den Weg der Akquisition des bereits etablierten Unternehmens PayPal ging, entwickelte Alibaba das Zahlungssystem Alipay selbst. Über die reine Online-Zahlungsfunktion hinaus bietet Alipay jedoch mit der Anwendung Alipay Wallet weitere Services an, unter anderem ein Zahlungssystem für Offline-Transaktionen.

Die Finanzdienstleistungen von Alibaba sind starker Wachstumstreiber des Alibaba-E-Commerce-Geschäftes und gleichzeitig ein eigenes Finanzökosystem. Schon bevor in den USA die gesellschaftsrechtliche Trennung von eBay und PayPal umgesetzt wurde, fand im Jahr 2011 eine Abspaltung der Finanzdienstleistungen aus der Alibaba Holding in die neu gegründete Ant Financial Services Group (AFSG) statt. Der wesentliche Grund für die Abspaltung dürfte in der Überzeugung liegen, dass das Geschäft mit digitalen Finanzdienstleistungen zukünftig ein größeres Potenzial hat als das E-Commerce-Segment. Dies ist darin begründet, dass die AFSG auch in die Kerngeschäfte von Retail- und Geschäftskundenbanken vordringt. So werden von der AFSG u. a. auch

Kredite an Privatpersonen und Unternehmen vergeben, vor allem an Händler, die über die Alibaba-Plattformen verkaufen. Bereits im Jahr 2013 hatte die AFSG über 300.000 Kreditkunden mit kleinen und mittelgroßen Unternehmen. Durch umfangreiche Daten der Handelsaktivität der Kreditnehmer konnte ihre Kreditwürdigkeit besser und deutlich schneller ermittelt werden als durch etablierte Bankinstitute.

Die Kreditvergabe an Händler verdeutlicht das Potenzial des Alibaba-Ökosystems und die enormen Netzwerkeffekte sehr gut. Die Kenntnis der Geschäftszahlen von Händlern führt zur Vergabe von Krediten, die Händler in die Lage versetzen, mehr Ware einzukaufen, welches in der Folge zu mehr Nachfrage seitens der Käufer führt, die wiederum ihre Transaktion mit Alipay bezahlen.

Ein weiterer Baustein des Alibaba-Ökosystems ist das Cloud Computing. Durch die Notwendigkeit des Aufbaus einer gigantischen Server-Infrastruktur zur Abwicklung der Transaktionen auf den Alibaba-Marktplätzen (in der Spitze bis zu 85.900 Transaktionen pro Sekunde am „Singles Day" 2015, Technode 2015) konnte das Cloud Computing zu einem eigenständigen Geschäftsmodell entwickelt werden. Cloud Computing hat hohe Skaleneffekte. Dies führt dazu, dass Alibaba den weiteren Ausbau der Infrastruktur zu sinkenden Grenzkosten vornehmen kann und Dritten somit Server-Kapazitäten zu geringen Preisen anbieten kann – nicht zuletzt auch den Alibaba-Händlern, womit sich auch hier der Kreis schließt.

Managementstil und Agilität
Zwischen China und der westlichen Welt bestehen fundamentale Unterschiede in Bezug auf Kultur und Mentalität. Dies betrifft natürlich auch Unternehmenskulturen und Managementstile.

Jack Ma kennt beide Welten: Einerseits ist er in China aufgewachsen und somit geprägt vom Einparteiensystem. Dieses System hat verschiedene Aspekte: Es basiert auf 5-Jahresplänen und einer raschen Umsetzung dieser Pläne, bei der Individualinteressen im Rahmen einer autokratischen Führung untergeordnet werden. Diese Art der Führung auf politischer Ebene findet in China auch häufig bei Unternehmen statt, insbesondere bei Staatsunternehmen. Analog zur Politik bedeutet dies, dass Manager ihre Entscheidungen meist ohne die Einbeziehung der untergeordneten Mitarbeiter fällen und umsetzen. Als Jack Ma Alibaba gründete, führte er das Unternehmen zunächst in einem autokratischen Stil (Tham Jo Ee und Yazdanifard 2015).

Aber Jack Ma kennt auch moderne Unternehmenskulturen der westlichen Welt, die auf partizipativen Managementstilen basieren. Ihm ist bewusst, dass verschiedene Phasen in der Unternehmensentwicklung unterschiedliche Führungsstile erfordern und darüber hinaus auch innerhalb einer Entwicklungsphase Führungsstile situativ angepasst werden sollten. Sowohl in der Frühphase der Entwicklung von Alibaba als auch in Situationen, in denen schnelle Entscheidungen getroffen werden müssen, wendet Jack Ma einen autokratischen Stil an. In späteren Phasen, in denen der Anteil an gut ausgebildeten und anspruchsvollen Managern steigt, sowie in Situationen, in denen Komplexität einen kontroversen Diskurs im Führungsteam erfordert, schwenkt Ma zum demokratischen Führungsstil (Tham Jo Ee und Yazdanifard 2015).

Zusätzlich zum Führungsstil Jack Mas ist die agile Organisationsstruktur von Alibaba ein weiterer Erfolgsfaktor des Unternehmens. Alibaba ist in 25 Business Units aufgeteilt, von denen jede einzelne ein in sich tragfähiges Geschäftsmodell repräsentiert. Die Eigenständigkeit jeder Einheit stellt eine maximale Flexibilität und Agilität sicher, gleichzeitig ermöglicht der Konzernverbund die Realisierung von Netzwerk- und Skaleneffekten (InternetRetailer 2013).

Der Erfolg von Alibaba im Hinblick auf Organisation und Führung besteht somit einerseits in der Beherrschung einer Bandbreite situativ eingesetzter Führungsinstrumente, die Jack Ma zu einer effizienten und respektierten Führungspersönlichkeit gemacht hat. Hinzu kommt eine glaubhaft vertretene Vision, in deren Mittelpunkt Menschen stehen, sowie eine auf Unternehmertum und Agilität basierende Organisation und Akkuratesse in der Umsetzung.

4 Implikationen für westliche Unternehmen

Abschließend stellt sich die Frage, welche Implikationen die Entwicklung der Digitalwirtschaft in China auf westliche Märkte wie Deutschland und die USA hat. Hierbei ist zwischen kurz-, mittel- und langfristigen Auswirkungen zu unterscheiden.

4.1 Einfluss der chinesischen Unternehmen

Kurzfristig ist davon auszugehen, dass die geografische Expansion für chinesische Unternehmen aufgrund des sehr großen und nach wie vor mit zweistelligen Raten wachsenden Binnenmarktes keine absolute Priorität haben wird. Die Größenverhältnisse verdeutlicht folgender Vergleich: Beim aktuell zweistelligen Wachstum von Alibaba wird der absolute Zuwachs des Alibaba-Handelsvolumens im Jahr 2016 zum Beispiel größer sein als der gesamte E-Commerce-Markt in Deutschland (ca. 40 Mrd. EUR in 2015, HDE 2016). Durch die Fokussierung auf den Binnenmarkt hat Alibaba demnach einen sehr viel größeren Hebel auf Umsatz und Gewinn als durch die Internationalisierung. Dieser Umstand wird voraussichtlich mindestens für die nächsten ein bis drei Jahre Bestand haben.

Mittelfristig werden sich auch chinesische Digitalunternehmen wie Alibaba zunehmend auf die Internationalisierung fokussieren. Es ist davon auszugehen, dass diese Expansion weniger organisch als durch Zukäufe umgesetzt werden wird. Um bei dem aktuellen Alibaba-Handelsvolumen einen spürbaren Effekt für das Gesamtgeschäft zu erzielen, kämen als Übernahmekandidaten mit ähnlichem Geschäftsmodell nur wenige Unternehmen wie etwa eBay und Rakuten in Betracht. Aufgrund der sehr hohen Marktkapitalisierung und des hohen Cashflows von Alibaba wären derartige Akquisitionen durchaus denkbar. Mit der Übernahme von eBay würde Alibaba sich hohe Marktanteile vor allem in den USA und Europa sichern, und der Kauf von Rakuten würde die Marktführerschaft in Japan und Südkorea ermöglichen.

Langfristig ist davon auszugehen, dass die Bedeutung Chinas für die weltweiten Digitalmärkte signifikant zunehmen wird. Die durch den großen Binnenmarkt ermöglichten Dimensionen führen zu Netzwerkeffekten bei Technologie und Kundenbeziehungen, die uneinholbare Wettbewerbsvorteile auf globaler Ebene nach sich ziehen könnten. Dabei ist es wahrscheinlich, dass die E-Commerce-Plattformen schneller an Wachstumsgrenzen stoßen als das Geschäft mit Finanzdienstleistungen. Mit dieser Überlegung hat bereits die Abspaltung von PayPal (stark wachsende Finanzdienstleistungen) und eBay (schwach wachsendes E-Commerce-Marktplatzgeschäft) stattgefunden. Und dieser Hintergrund dürfte auch dazu geführt haben, dass das Geschäft von Alibaba nicht Teil des Börsenganges an der New York Stock Exchange war. Es ist wahrscheinlich, dass Umsätze und Gewinne von Alipay langfristig deutlich höher sein werden als bei Alibaba.

4.2 Chancen für westliche Unternehmen

Auch für westliche Unternehmen kann China ein interessanter Markt sein. Sind es in China meist nur die Luxusmarken, die eigenes E-Commerce betreiben, so sind doch viele westliche internationale Marken auf den populären Marktplätzen und sozialen Medien vertreten. Für Deutschland ergeben sich weiterhin Chancen für den Export deutscher Produkte. Die Marktplätze von Alibaba und anderen Anbietern ermöglichen den Zugang zu momentan 700 Mio. Internetnutzern, von denen die Mehrheit bereits zur Mittelschicht gehört. Sie verfügen über eine ausreichende Kaufkraft und sind somit interessante Kunden für Produkte, die in China eine hohe Nachfrage haben. Dies gilt insbesondere für Produkte, die in China bislang nur mit minderwertiger Qualität hergestellt werden oder bei denen die Gefahr von Fälschungen besteht, wie etwa bei Babynahrungsmitteln und Hygieneartikeln. Hier existieren große Geschäftspotenziale.

Hierbei gilt es vor allem, den chinesischen Konsumenten und die stark variierende Nachfrage und Preis- und Angebotspolitik der Marktplätze zu verstehen und seine Organisation und Supply Chain so flexibel wie möglich aufzustellen, um eine potenziell sehr große Nachfrage schnell bedienen zu können.

Literatur

Alibaba Group. (2014a). Our thriving marketplaces, platforms and ecosystems. https://d1h69ey09xg1xv.cloudfront.net/wp-content/uploads/2014/09/Screen-Shot-2014-09-11-at-12.49.45-PM-720x450.png. Zugegriffen: 29. Febr. 2016.

Alibaba Group. (2014b). From start-up to billion dollar online marketplace: Insights from Alibaba.com 20.02.2014. http://de.slideshare.net/WongSookYen/alibaba-vision-and-mission-jack-ma. Zugegriffen: 29. Febr. 2016.

Alibaba Group. (2015a). Cumulative number of active buyers across Alibaba's online shopping properties from 2nd quarter 2012 to 4th quarter 2015 (in millions). http://www.statista.com/statistics/226927/alibaba-cumulative-active-online-buyers-taobao-tmall/. Zugegriffen: 29. Febr. 2016.

Alibaba Group. (2015b). Annual report 2015. http://ar.alibabagroup.com/2015/assets/pdf/20-F.PDF. Zugegriffen: 29. Febr. 2016.

Alibaba Group. (2016a). Website. Mission, leadership and governance. http://ar.alibabagroup.com/2015/leadership.html. Zugegriffen: 29. Febr. 2016.

Alibaba Group. (2016b). Website. Leadership. http://www.alibabagroup.com/en/about/leadership. Zugegriffen: 29. Febr. 2016.

Alibaba Group. (2016c). Website. Our businesses. http://www.alibabagroup.com/en/about/businesses. Zugegriffen: 29. Febr. 2016.

Amazon. (2016). Anzahl aktiver Kunden-Accounts von Amazon weltweit in den Jahren 1997–2015 (in Millionen). http://de.statista.com/statistik/daten/studie/297615/umfrage/anzahl-weltweit-aktiver-kunden-accounts-von-amazon/. Zugegriffen: 2. März 2016.

Boston Consulting Group. (2014). Global wealth 2014: Riding a wave of growth. https://www.bcgperspectives.com/content/articles/financial_institutions_business_unit_strategy_global_wealth_2014_riding_wave_growth/?chapter=2. Zugegriffen: 29. Febr. 2016.

Botschaft der Volksrepublik China in der Bundesrepublik Deutschland. (2014). China gibt ersten Urbanisierungsplan bekannt. 19.03.2014. http://www.china-botschaft.de/det/zgyw/t1138571.htm. Zugegriffen: 29. Febr. 2016.

Business Insider. (2014). China just overtook the US as the world's largest economy. 08.02.2014. http://www.businessinsider.com/china-overtakes-us-as-worlds-largest-economy-2014-10?IR=T?IR=T. Zugegriffen: 29. Febr. 2016.

Businesswire. (2015). eBay Inc. reports full quarter and full year results. 21.01.2015. http://www.businesswire.com/news/home/20150121006398/en/eBay-Reports-Fourth-Quarter-Full-Year-Results. Zugegriffen: 2. März 2016.

China Daily. (2015). Report on the work of the government (draft). http://www.chinadaily.com.cn/china/2015twosession/2015-03/05/content_19729663.htm. Zugegriffen: 28. Dez. 2015.

CNNIC. (2016a). Anzahl der Nutzer des mobilen Internets in China in den Jahren 2007 bis 2014 (in Millionen). http://de.statista.com/statistik/daten/studie/39488/umfrage/mobiles-internet-nutzer-des-mobilen-internets-in-china/. Zugegriffen: 29. Febr. 2016.

CNNIC. (2016b). Penetration rate of mobile internet users in China from 2007 to 2014. http://www.statista.com/statistics/255552/penetration-rate-of-mobile-internet-users-in-china/. Zugegriffen: 29. Febr. 2016.

Dream Town Administration. (2015). Visit to dream town with German delegation. 28.09.2015.

eBay (2016) in Statista. (2016). Anzahl der aktiven Kunden von eBay vom 1. Quartal 2010 bis zum 4. Quartal 2015 (in Millionen). http://de.statista.com/statistik/daten/studie/311423/umfrage/aktive-kunden-von-ebay/. Zugegriffen: 2. März 2016.

Economist. (2014). China's losers. 19.04.2014. http://www.economist.com/news/china/21601007-amid-spreading-prosperity-generation-self-styled-also-rans-emerges-chinas-losers. Zugegriffen: 29. Febr. 2016.

eMarketer. (2015). E-commerce drives retail sales growth in China. 25.09.2015 http://www.emarketer.com/Article/Ecommerce-Drives-Retail-Sales-Growth-China/1013028. Zugegriffen: 29. Febr. 2016.

eMarketer. (2016a). Prognose zur Anzahl der Smartphone-Nutzer in China von 2013 bis 2019 (in Millionen). http://de.statista.com/statistik/daten/studie/374625/umfrage/prognose-zur-anzahl-der-smartphonenutzer-in-china/. Zugegriffen: 29. Febr. 2016.

eMarketer. (2016b). Anteil der Internetnutzer an der Bevölkerung in China in den Jahren 2011 bis 2014 sowie eine Prognose bis 2019. http://de.statista.com/statistik/daten/studie/219916/umfrage/prognose-zum-anteil-der-internetnutzer-an-der-bevoelkerung-in-china/. Zugegriffen: 29. Febr. 2016.

Forbes. (2010). How eBay failed in China. 12.09.2010. http://www.forbes.com/sites/china/2010/09/12/how-ebay-failed-in-china/#2075646d7abf. Zugegriffen: 29. Febr. 2016.

Forbes. (2014). Anteilseigner von Alibaba im April 2014. http://de.statista.com/statistik/daten/studie/301685/umfrage/eigentuemerstruktur-von-alibaba/. Zugegriffen: 29. Febr. 2016.

Forrester Research. (2014). Alibaba vor Börsengang profitabler als Amazon und eBay. https://de.statista.com/infografik/2223/alibaba-ebay-und-amazon-im-vergleich/. Zugegriffen: 29. Febr. 2016.

Fortune. (2015). Millionaires now control an even bigger share of the world's wealth. 15.06.2015. http://fortune.com/2015/06/15/millionaires-wealth-china/. Zugegriffen: 29. Febr. 2016.

HDE. (2016). B2C-E-Commerce-Umsatz in Deutschland in den Jahren 1999 bis 2014 sowie eine Prognose für 2015 (in Milliarden Euro). http://de.statista.com/statistik/daten/studie/3979/umfrage/e-commerce-umsatz-in-deutschland-seit-1999/. Zugegriffen 29. Febr. 2016.

IMF. (2016). China: Gesamtbevölkerung von 2004 bis 2015 (in Millionen Einwohner). http://de.statista.com/statistik/daten/studie/19323/umfrage/gesamtbevoelkerung-in-china/. Zugegriffen: 29. Febr. 2016.

InternetRetailer. (2013). China's e-commerce giant aims to remain agile. 11.01.2013. https://www.internetretailer.com/2013/01/11/chinas-e-commerce-giant-aims-remain-agile. Zugegriffen 29. Febr. 2016.

iResearch. (2014). Market share of China online shopping websites by transaction value in Q3 2014. http://img.chinainternetwatch.com/wp-content/uploads/china-online-shopping-websites-market-share.png. Zugegriffen: 29. Febr. 2016.

KPCB. (2015). Internet Trends 2015 – Code Conference. http://www.kpcb.com/internet-trends. Zugegriffen: 29. Febr. 2016.

Market Realist. (2015). Alibaba's operating margins could decline in the future. 23.03.2015. http://marketrealist.com/2015/03/alibabas-operating-margins-decline-future/?utm_source=yahoo&utm_medium=feed&utm_content=graph-1&utm_campaign=alibabas-operating-margins-decline-future#317080. Zugegriffen: 29. Febr. 2016.

Marketwatch. (2016a). China estimates 7% economic growth last year. 11.01.2016. http://www.marketwatch.com/story/china-estimates-7-economic-growth-last-year-2016-01-11. Zugegriffen: 29. Febr. 2016.

Marketwatch. (2016b). Amazon, Alibaba, eBay annual financials. http://www.marketwatch.com/investing/stock/amzn/financials. Zugegriffen: 29. Febr. 2016.

National Bureau of Statistics of China. (2016). Number of fixed telephone lines from November 2014 to November 2015 (in millions). http://www.statista.com/statistics/278202/china-number-of-fixed-telephone-lines-by-month/. Zugegriffen: 29. Febr. 2016.

OECD. (2016). OECD Data: Gross domestic spent on R&D. https://data.oecd.org/rd/gross-domestic-spending-on-r-d.htm. Zugegriffen: 29. Febr. 2016.

Onlinemarktplatz.de. (2016). Warenumsätze (GMV) von Alibaba, eBay und Amazon. http://www.onlinemarktplatz.de/zahlen-rund-um-amazon-und-ebay-umsatz-ertrag-same-store-sales-auktionen/umsatz-und-ertragsvergleich-amazon-und-ebay/. Zugegriffen: 2. März 2016.

Reuters. (2014). Alibaba IPO prices at top of range, raising 21.8 billion. 18.09.2014. http://www.reuters.com/article/us-alibaba-ipo-idUSKBN0HD2CO20140918. Zugegriffen: 29. Febr. 2016.

Reuters. (2015a). China to create 6.5 billion venture capital fund to support start-ups. 14.01.2015. http://www.reuters.com/article/us-china-venturecapital-idUSKBN0KO05Q20150115. Zugegriffen: 29. Febr. 2016.

Reuters. (2015b). Indien überholt China beim Wirtschaftswachstum – 7,4 %. 30.11.2015. http://de.reuters.com/article/indien-bip-idDEKBN0TJ1MW20151130. Zugegriffen: 29. Febr. 2016.

Schumpeter, J. (1934). *The theory of economic development*. Cambridge: Harvard University.

Techcrunch. (2015). Uber's biggest rival in China claims it handles 3 million rides a day. 29.06.2015. http://techcrunch.com/2015/06/29/didi-kuaidi-three-million-rides-per-day/. Zugegriffen: 29. Febr. 2016.

TechinAsia. (2014). Jack Ma talks about Alibaba's plans for rural commerce. 19.12.2014. https://www.techinasia.com/jack-ma-talks-alibabas-plans-rural-ecommerce. Zugegriffen: 29. Febr. 2016.

Technode. (2015). Nine mind-blowing things we learnt on China's Single's Day 2015 mega-sale. 12.11.2015. http://technode.com/2015/11/12/top-10-mind-blowing-facts-singles-day-2015-sales/. Zugegriffen: 29. Febr. 2016.

The Telegraph. (2015). China logs onto Internet Plus. 25.04.2015. http://www.telegraph.co.uk/sponsored/china-watch/technology/11563092/china-internet-plus.html. Zugegriffen: 29. Febr. 2016.

Time. (2014). China's Alibaba finds riches on the Wall Street. 19.09.2014. http://time.com/3404714/alibaba-ipo-jack-ma-wall-street/. Zugegriffen: 29. Febr. 2016.

Tse, E. (2015). *China's disruptors. How Alibaba, Xiaomi, Tencent and other companies are changing the rules of business*. New York: Penguin Portfolio.

Weltbank. (2016a). China: Grad der Urbanisierung von 2004 bis 2014. http://de.statista.com/statistik/daten/studie/166163/umfrage/urbanisierung-in-china/. Zugegriffen: 29.02.2016.

Weltbank. (2016b). China: Anteile der Wirtschaftssektoren am Bruttoinlandsprodukt (BIP) von 2004 bis 2014. http://de.statista.com/statistik/daten/studie/167156/umfrage/anteile-der-wirtschaftssektoren-am-bruttoinlandsprodukt-in-china/. Zugegriffen: 29. Febr. 2016.

Wired. (2015). Made in China. Zensur ist nicht gleich Zensur. 29.07.2015. https://www.wired.de/collection/life/wie-die-neue-zensur-chinas-funktioniert. Zugegriffen: 29. Febr. 2016.

Yazdanifard, R., & Tham Jo Ee, C. (2015). The review of Alibaba's operation management details that have navigated them to success. *Global Journal of Management and Business Research, 15*(4). (Version 1.0.) https://globaljournals.org/GJMBR_Volume15/8-The-Review-of-Alibabas-Operation.pdf. Zugegriffen: 29. Febr. 2016.

Zeit. (2015). Chinas Umbau kostet Wachstum. http://www.zeit.de/wirtschaft/2015-10/konjunktur-china-wachstum-sechsjahrestief. Zugegriffen: 28. Dez. 2015.

Über die Autoren

Patrick Boos ist Associate Partner bei der dgroup. Hier leitet er digitale Transformationsprojekte für deutsche Konzerne und den Aufbau eines internationalen digitalen Thought Leadership Network. Zuvor war Patrick Boos u. a. Geschäftsführer bei eBay Deutschland und Chief Digital Officer bei der Ringier Axel Springer AG. Herr Boos war ebenfalls Gründer des an Bertelsmann veräußerten Online-Bonusprogramms webmiles und ist Investor bei diversen E-Commerce-Start-ups.

Christina Peters ist Manager für digitale Transformation bei der dgroup. Sie leitet dort kundenorientierte digitale Strategie- und Aufbauprojekte mit Fokus auf FMCG, Fashion, Handel und Pharma. Weitere internationale Erfahrung hat sie bei der digitalen Marketingberatung Blue Latitude und der Modegruppe Pentland Brands in London gesammelt. Im Jahr 2015 war sie für das digitale Thought Leadership Event der dgroup in Shanghai/Hangzhou verantwortlich.

So kauft man Brillen heute – Die Erfolgsgeschichte von misterspex.de

Mirko Caspar

Zusammenfassung

Der Brillenkauf weist einige Besonderheiten auf und ist geprägt durch hohes Involvement sowie Unsicherheit beim Kauf. Deswegen hielt sich lange Zeit auch das Vorurteil, dass Brillen nur stationär verkauft werden können. Mister Spex hat das Gegenteil bewiesen und ist mittlerweile der größte Online-Optiker Europas. Das Unternehmen gilt deswegen als disruptiver Pionier, dessen Erfolgsgeschichte Gegenstand des folgenden Beitrages ist.

Inhaltsverzeichnis

1	Der deutsche Optikmarkt	154
	1.1 Zahlen, Daten, Fakten	154
	1.2 Besonderheiten	155
	1.3 Traditionelle Angebotsformen	156
2	Mister Spex als disruptiver Pionier	157
	2.1 Historie, Zahlen, Fakten und Status quo	158
	2.2 Geschäftsidee, Geschäftsmodell und Monetarisierung	160
	2.3 Operative Ausgestaltung und Umsetzung	162
	2.4 Wachstumshebel	163
3	Schlussfolgerungen und Ausblick	165
	3.1 Erfolgsfaktoren	165
	3.2 Resümee und Lessons Learned	166
	3.3 Ausblick und Zukunftsplanung	167
Literatur		167
Über den Autor		168

M. Caspar (✉)
Mister Spex, Berlin, Deutschland
E-Mail: mirko.caspar@misterspex.de

© Springer Fachmedien Wiesbaden 2016
G. Heinemann et al. (Hrsg.), *Digitale Transformation oder digitale Disruption im Handel*,
DOI 10.1007/978-3-658-13504-1_7

1 Der deutsche Optikmarkt

Im Folgenden wird zunächst ein Überblick über den europäischen Augenoptikmarkt und die Besonderheiten des Brilleneinkaufs gegeben, die bisher eher für traditionelle Angebotsformen gesprochen haben.

1.1 Zahlen, Daten, Fakten

Der europäische Augenoptikmarkt entwickelt sich seit Jahren stabil mit leichtem Wachstum im einstelligen Prozentbereich und bewegt sich bei mittlerweile deutlich über 30 Mrd. EUR Umsatz (vgl. Abb. 1). Rund 60 % der Bevölkerung in Deutschland tragen eine Brille, fünf Prozent sind Kontaktlinsenträger. Inklusive Sonnenbrillen ist der gesamte deutsche Markt ungefähr fünf Milliarden Euro groß. Die Brillen stellen die größte Kategorie dar (SPECTARIS et al. 2015). Die Branche ist im Vergleich zum klassischen Handel von hohen Margen gekennzeichnet. Die großen Händler und Hersteller haben zweistellige EBITDA-Quoten.

Fielmann ist mit ca. 66 % Marktanteil – nach Stück – mit Abstand größter Brillenanbieter in Deutschland, gefolgt von Apollo. Der Rest des Marktes ist stark fragmentiert mit wenigen lokalen Filialisten und sehr vielen kleinen Betrieben mit einem bis vier Läden. Die letzte große Umwälzung des Marktes trieb Fielmann in den 80er Jahren voran, indem er mit preiswerten Eigenmarkenbrillen und einer raschen Expansion seines Filialkonzeptes den Markt neu strukturierte. Aufgrund des hohen Service- und Individualisierungsanteils bei den augenoptischen Produkten begann die Digitalisierung erst spät und wird in Deutschland seit 2008 besonders von Mister Spex und Brille24 vorangetrieben.

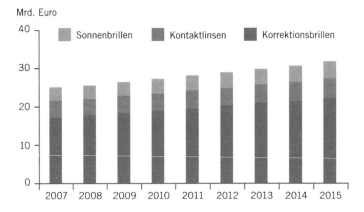

Abb. 1 Die Entwicklung des europäischen Augenoptikmarktes. (Quelle: SPECTARIS et al. 2015)

1.2 Besonderheiten

Die drei Hauptproduktkategorien Brillen, Sonnenbrillen und Kontaktlinsen unterscheiden sich recht stark in Bezug auf die Produkteigenschaften, das Konsumentenverhalten und die Umsatz- und Kostenstrukturen.

Der Brillenkauf ist geprägt durch hohes Involvement und Unsicherheit beim Kauf, da Aussehen und Sehkorrektur stimmen müssen. Denn zum einen zeichnet sich die **Brille** dadurch aus, dass sie häufig identitätsbildenden Charakter hat. Das Brillengestell (englisch „Frame") rahmt das Gesicht bzw. die Augen ein. Sie wird häufig getragen, wenig gewechselt: 39 % der Brillenträger haben nur eine einzige Brille, mit der sie gut sehen können (SPECTARIS et al. 2015). Sie wird zu einem Teil des Trägers. Zum anderen hat die Brille durch die medizinische Komponente der geschliffenen, optischen Gläser einen hohen Individualisierungsgrad. Im Einkaufsprozess für eine Brille sucht der Kunde den Rahmen aus, die Gläser werden dann auf Basis seiner Sehschwäche ausgewählt und eingeschliffen bzw. bei anspruchsvollen Werten auch individuell angefertigt. Das prägt den Kaufprozess und die Kostenstrukturen. Der Kunde hat zu Beginn des Kaufprozesses klassischerweise keine Transparenz über die ihn erwartenden Kosten. Für das Brillengestell gibt es eine klassische Preisauszeichnung. Je nach Bedarf wird dann ein Sehtest durchgeführt. Daraufhin empfiehlt der Optiker passende Gläser. Erst im Anschluss erfährt der Kunde den Gesamtpreis. Der Durchschnittspreis einer Brille lag 2014 bei ca. 358 EUR. Laut Gesellschaft für Konsumforschung liegt dabei die Fassung bei rund 86 EUR zuzüglich 136 EUR pro Korrekturglas (SPECTARIS et al. 2015, S. 17). Aufgrund der hohen Margen bei den Gläsern liegen die Rohmargen für klassische Optiker bei über 70 %. Fielmann hatte 2014 in Deutschland eine Rohmarge von ca. 76 % (Fielmann 2014, S. 57). Da in Deutschland die gesetzlichen Krankenkassen im Allgemeinen keine Erstattung mehr gewähren – 2014 betrug der Anteil des Krankenkassenumsatzes am Gesamtumsatz der Branche lediglich 1,2 % – zahlt der Kunde den Preis meist komplett selbst (SPECTARIS et al. 2015).

Der aufwendige Prozess, die gefühlt hohe Unsicherheit über Qualität aufgrund der Erfahrungs- und teilweise Glaubenseigenschaften sowie über das Aussehen („steht mir die Brille?") und der letztendlich hohe Endpreis führen dazu, dass die Wiederkaufszyklen sehr lang sind. Im Median liegen diese bei ca. vier Jahren in Deutschland, berechnet anhand der Anzahl der Brillenträger und der verkauften Brillengläser und kompletten Brillen. Die große Mehrheit der Deutschen kauft eine Brille, weil eine neue gebraucht wird, weil die Werte sich geändert haben oder weil die alte kaputt ist.

Die **Sonnenbrille** – mit „normalen" Gläsern ohne Stärke – ist am ehesten vergleichbar mit klassischen Fashion-Accessoires. Das Mode-, Trend- und Markeninteresse ist recht hoch. Die Margen sind vergleichbar mit denen der Modeindustrie und auch die für die E-Commerce-Branche oft wichtige Retourenquote ist relativ hoch. Allerdings hilft den Optikern und Händlern hier u. a. der hohe Anteil an „NOS"-Artikeln (never out of stock), die auch in der nächsten Saison noch verkauft und damit nicht abgeschrieben werden müssen. Die Wiederkaufszyklen sind etwas länger als in der

Bekleidungsindustrie – sie liegen bei ca. 18 Monaten im Durchschnitt. Da ein Großteil des Abverkaufs in den klassischen Bekleidungskanälen stattfindet, den Mono- und Multibrand Outlets der Modeindustrie, ist der Wettbewerb für die Optikindustrie in dieser Kategorie recht hoch.

Die **Kontaktlinse** ist – einmal vom Optiker angepasst und für gut befunden – fast eine Commodity. Denn angepasst werden jeweils eine spezifische Linse eines bestimmten Herstellers und einer bestimmten Marke. Damit wird sie zur klassischen Handelsware. Da jeder Händler identische Produkte anbietet und das wahrgenommene Risiko sehr gering ist, wird der Preis zu einem sehr bedeutenden Kauffaktor. Zudem macht es den Einkauf über das Internet sehr attraktiv. Die Wiederkaufszyklen sind hier vergleichbar kurz mit drei bis sechs Monaten – je nach Verpackungsgröße und Linsentyp. Die Margen sind durch die Preistransparenz, die Macht der Markenhersteller und dem sehr kleinen Anteil von Eigenmarken im Vergleich eher klein. Erstaunlich ist, dass in Deutschland die Penetration von Kontaktlinsen mit fünf Prozent der Bevölkerung vergleichsweise gering ist. In Ländern wie der Schweiz oder Schweden ist sie mit 18 bzw. 17 % mehr als dreimal so hoch (SPECTARIS et al. 2015). Das mag u. a. mit mangelnder Aufklärung über die Vorteile und die richtige Verwendung von Kontaktlinsen zusammenhängen und mit der im Vergleich geringeren aktiven Vermarktung von Kontaktlinsenanpassungen.

1.3 Traditionelle Angebotsformen

In Deutschland dürfen Sehtests nicht nur von Augenärzten, sondern auch vom Optiker durchgeführt werden. Letztere nehmen auch die Mehrzahl der Sehtests vor und verkaufen häufig im Anschluss direkt die Brille und/oder Kontaktlinsen.

Die traditionellen Angebotsformen bezüglich Handelsstrukturen sind größtenteils geprägt durch die beiden großen Ketten Fielmann und Apollo, die zwischen ca. 600 und 800 Filialen haben. Sie bewerben stark ihre Eigenmarken und tun das aufgrund ihrer Größenvorteile sehr profitabel. Der Rest des Marktes ist geprägt von traditionellen Optikern und lokalen Ketten und mit mehr als 10.000 Outlets recht stark fragmentiert. Die lokalen und regionalen Optiker setzen eher auf Markenbrillen, vor allem der großen italienischen Hersteller. Aufgrund des Preisniveaus und der hohen Margen reicht es einem durchschnittlichen Optiker aus, zwei bis drei Brillen am Tag zu verkaufen, um sein Geschäft profitabel betreiben zu können.

An dieser Struktur hat sich nach dem nationalen Roll-out Fielmanns nicht viel getan. Neue Ketten setzen häufig auf größere Preistransparenz bei den Gläsern und bieten Fixpreise in Kombination mit Eigenmarkenfassungen an. Darunter fallen zum Beispiel Krass Optik, Eyes & More oder Smart Eyes. Von den traditionellen Anbietern haben bis zum Jahr 2015 weder die großen Filialisten noch die regionalen Ketten und lokalen Optiker bisher nennenswerte Internetangebote. Man findet im Internet im Wesentlichen Informationen rund um das Thema „Sehen" und kann nach einigen Brillengestellen suchen – ein Verkauf über das Internet findet bisher mit wenigen lokalen oder regionalen Ausnahmen nicht statt.

Abb. 2 Die virtuelle Anprobe bei Mister Spex, Stand Januar 2016. (Quelle: Mister Spex 2016)

2 Mister Spex als disruptiver Pionier

Mister Spex ist 2015 dem Umsatz nach der größte Online-Optiker Europas. Er bietet das umfangreichste Sortiment an direkt verfügbaren Marken- und Sonnenbrillen sowie Kontaktlinsen an, und das zu deutlich günstigeren Preisen als die traditionellen Anbieter. Eine weitere Besonderheit von Mister Spex ist ein bundesweites Netz an Partneroptikern, wodurch das Unternehmen alle Services anbieten kann, die Kunden ggf. benötigen. Diese reichen vom Sehtest bis zur Anpassung der fertigen Brille.

Aus Kundensicht stellt sich der Kaufprozess so dar, dass der Kunde sich auf der Webseite über Filter, Suche oder Trendvorschläge passende Brillenmodelle aussucht. Mithilfe einer Webcam oder eines Fotos kann er die Brillenrahmen dann sogar virtuell anprobieren (vgl. Abb. 2). Ist er sich noch unsicher, darf er sich bis zu vier Brillenrahmen kostenlos nach Hause schicken lassen und sie dort in Ruhe anprobieren. Ist die Wunschbrille gefunden, sucht sich der Kunde aus drei Glaspaketen das passende heraus. Hochwertige 1,5er Kunststoffgläser – extra gehärtet und entspiegelt – sind ohne Aufpreis im Rahmenpreis bereits enthalten. So sparen die Kunden im Schnitt zwischen 30 und 60 % im Vergleich zum Brillenkauf beim traditionellen Optiker. Traditionelle Augenoptiker bepreisen Brillenfassungen und Korrektionsgläser in der Regel getrennt und berechnen hohe Margen bei den Gläsern. Interne Preistests des Optikers Mister Spex haben gezeigt, dass entspiegelte und gehärtete Kunststoffgläser mit einem Brechungsindex von 1,5 bei Fielmann 2015 im Durchschnitt ca. 90 EUR gekostet haben. Bei Mister Spex hingegen sind diese im Standardpreis enthalten.

Wird ein Sehtest oder eine Zentrierung benötigt, bekommt der Kunde einen Gutschein und kann sich direkt online einen Partneroptiker für die Services aussuchen. Auch ein Anpassgutschein liegt jeder fertigen Brille bei. In der zentralen Optikerwerkstatt in Berlin werden die individuell geschliffenen Gläser der großen internationalen Marktführer mit den bestellten Brillengestellen zusammengesetzt, qualitätskontrolliert und verschickt. So erreichen sie versandkostenfrei den Kunden – meist innerhalb von drei bis sechs Tagen.

2.1 Historie, Zahlen, Fakten und Status quo

Mister Spex wurde im Dezember 2007 von Dirk Graber, Thilo Hardt, Philipp Frenkel und Björn Sykora in Berlin gegründet. Frühe Investoren waren klassische „Business Angels", u. a. Lukasz Gadowski (Team Europe), Oliver Beste und Karsten Schneider, gefolgt von den deutschen Venture Capital Fonds (VCs) Grazia Equity und dem High-Tech Gründerfonds, welche Risikokapital investiert haben. Heute sind die größten Investoren internationale VCs und Wachstumskapitalgeber wie Scottish Equity Partners und Goldman Sachs.

Zur Zeit der Gründung starteten ähnliche Modelle in England (Glasses Direct, heute die MyOptique Group) sowie Brille24 in Deutschland. International erfolgreiche Vorbilder für Online-Optiker mit Fokus auf das gesamte Produktspektrum inklusive Brille und Sonnenbrille gab es nicht. Lensway aus Skandinavien sowie 1-800 Contacts in den USA hatten aber bereits erfolgreiche Kontaktlinsengeschäfte online aufgebaut.

Das Wachstum von Mister Spex entwickelte sich grob in vier Phasen: Nach einer ersten Phase des frühen, schnellen Wachstums in den Kategorien Kontaktlinsen und Sonnenbrillen wurden in einer zweiten Phase mit Frankreich, UK und dann Spanien die ersten internationalen Länder realisiert.

In den Jahren 2011 bis 2012 folgte dann eine Phase der Fokussierung auf das zukünftige Kerngeschäft der Brille. Die Brille stellt durch ihren hohen Grad der Individualisierung deutlich größere Anforderungen an die Kommunikation und die Abwicklungsprozesse. Die Phase war geprägt durch.

- die Umstellung der Positionierung und Kommunikationsstrategie,
- die Einführung der virtuellen Anprobe mithilfe einer Webcam oder eines hochgeladenen Fotos im Shop,
- die Einführung des Partneroptikerprogramms für Sehtests und Brillenanpassung.

So konnten dreistellige Wachstumsraten im Kerngeschäft erzielt werden und der Umsatz wuchs auf 26 Mio. EUR Ende 2012.

Mit der Übernahme der skandinavischen Shops Lensstore und Loveyewear 2013 begann die aktuelle Phase des „Buy and Build", in der Mister Spex das organische Wachstum durch internationale Zukäufe in attraktiven Märkten ergänzt. So wurde im Januar 2015 als weitere Übernahme das norwegische Lensit hinzugekauft.

Zu Beginn des Jahres 2016 ist Mister Spex Europas größter Online-Optiker und in elf europäischen Ländern mit dedizierten Webseiten vertreten (vgl. Abb. 3). In den

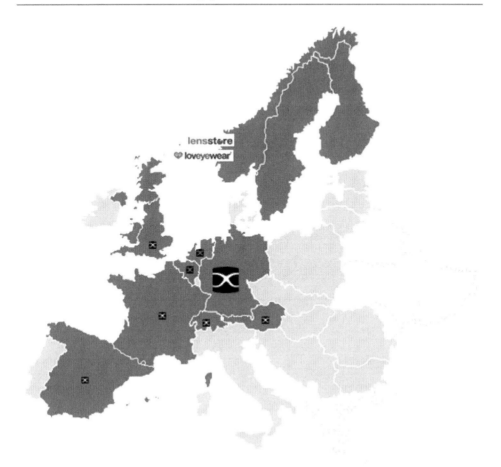

Abb. 3 Übersicht der Länder, in denen Mister Spex aktiv ist, Stand Januar 2016. (Quelle: Mister Spex 2016)

organisch gewachsenen Ländern ist die Brille mittlerweile die stärkste Produktkategorie, gefolgt von der Sonnenbrille und Kontaktlinse in etwa gleichen Größenordnungen. In den zugekauften Unternehmen hat die Kontaktlinse noch den größten Umsatzanteil, die vergleichsweise neuen Produktkategorien Brille und Sonnenbrille wachsen jedoch stark.

Mister Spex hat in 2016 über 350 Mitarbeiter. Die meisten befinden sich am Standort Berlin – mit eigener Logistik, eigenem Kundenservice und eigener Optikerwerkstatt. Zudem ist das Partnernetzwerk auf über 550 Optiker in Deutschland, Österreich und der Schweiz erweitert worden und bietet neben Sehtests, Zentrierungen und Brillenanpassungen an vielen Standorten auch mittlerweile Kontaktlinsenanpassungen an.

So werden über 1,5 Mio. Kunden in Europa betreut. Der durchschnittliche Kunde ist Anfang 30, die Anzahl der älteren Konsumenten in den Alterskohorten über 50 Jahren wächst jedoch überproportional. In fast allen Kundenzufriedenheitsumfragen ist Mister Spex führend, und zwar von Schweden bis Deutschland.

2.2 Geschäftsidee, Geschäftsmodell und Monetarisierung

„To Become Europe's favourite way and place to buy eyewear" bringt Leitbild und Anspruch von Mister Spex auf den Punkt. Diese zweigeteilte Vision beschreibt zum einen die Grundidee, mithilfe eines zunächst klassischen E-Commerce-Modells eine neue Art und Weise des Einkaufens in der traditionellen und aufgrund der Margen hochattraktiven Optikbranche zu etablieren. Zum anderen wird der Anspruch formuliert, zum favorisierten Anbieter in Europa zu werden.

Das Geschäftsmodell hat sich im Laufe der Jahre Schritt für Schritt weiterentwickelt. Im Zentrum steht aber immer noch ein klassisches E-Commerce-Modell mit folgender Ausrichtung:

Zielgruppe Mister Spex richtet sich im Kern an Online-Shopper auf der Suche nach qualitativ hochwertigen, attraktiven augenoptischen Produkten – im Wesentlichen Brillen und Sonnenbrillen – zu sehr guten Preisen. Die Zielgruppe ist recht gleichmäßig aufgeteilt nach Männern und Frauen.

Angebot und Positionierung Dieser Zielgruppe bietet Mister Spex das größte direkt verfügbare Sortiment an Markenbrillen und Sonnenbrillen sowie Kontaktlinsen. Besonders die Brille offeriert Mister Spex mit Preisvorteilen von im Durchschnitt 30 bis 40 %. Zudem bietet Mister Spex mit den Partneroptikern alle Services rund um Augenoptik für Kunden kostenlos an und hat damit eine einzigartige Position in Europa. Die Online-Wettbewerber fokussieren sich bisher hauptsächlich auf Eigenmarken (Brille24, Glasses Direct) und können keine lückenlose Servicekette entlang der Customer Journey anbieten. Die Customer Journey bzw. „Consumer Decision Journey" beschreibt dabei den Weg eines (potenziellen) Kunden von der Erstberührung mit einem Produkt oder einer Marke bis hin zum Kauf.

Die Mehrzahl der Brillen und Sonnenbrillen im Sortiment sind Markengestelle etablierter Brillen- und Modemarken, hergestellt meist von den großen italienischen Herstellern wie Luxottica oder Safilo. Das Sortiment von Mister Spex umfasst so über 80 Marken von Tommy Hilfiger über Ray-Ban bis zu Prada oder Gucci. Zudem hat Mister Spex mit der Mister Spex Collection und der Smart Collection Rahmenkollektionen von Eigenmarken im Sortiment. Die Smart Collection bietet ein preisgünstiges Basissortiment, die Mister Spex Collection hochwertige Brillen mit einem sehr guten Preis-Leistungs-Verhältnis. Das Besondere beim Glasangebot: Die im Handel meist sehr teuren Gläser sind bei Mister Spex im Standardpreis enthalten. Zwei weitere Pakete – Komfort und Premium – zeichnen sich im Wesentlichen durch dünnere Gläser aus und sind über Aufpreise von ca. 50 bis 100 EUR erhältlich. Eine ähnliche Paketlogik für Gläser gibt es auch bei den Gleitsichtbrillen. In Kombination aus Rahmen und Gestell ergibt sich dann für den Kunden die große Ersparnis im Vergleich zu den Angeboten im klassischen Handel. Qualitativ stehen die angebotenen Gläser denen des traditionellen Handels in nichts nach – sie stammen von den gleichen Herstellern (vgl. Abb. 4).

	STANDARD	KOMFORT	PREMIUM
Brechungsindex	1,5	1,6	1,67
Kunststoffgläser (Dicke)	Standard	Dünn	Extradünn
Glasart	Qualitätsgläser	Qualitätsgläser	Premiumgläser
Superentspiegelung	✓	✓	✓
Extrahärtung	✓	✓	✓
UV-Filter	✓	✓	✓
Clean Coat (schmutzabweisend)		✓	✓
Asphärische Brillengläser			✓
	im Preis inklusive	Einstärke: **nur 49 EUR** Gleitsicht: **nur 59 EUR**	Einstärke: **nur 99 EUR** Gleitsicht: **nur 109 EUR**

Abb. 4 Die angebotenen Glaspakete bei Mister Spex, Stand Januar 2016. (Quelle: Mister Spex 2016)

Erweiterung des klassischen E-Commerce-Geschäftsmodells Die schon beschriebenen Produkteigenschaften der Brille mit dem hohen Anteil an Erfahrungs- und Glaubenseigenschaften sowie der Notwendigkeit, Gläser individuell anfertigen zu müssen und ggf. das Gestell der Kopfform anzupassen, haben dazu geführt, dass Mister Spex das klassische E-Commerce-Modell adaptiert sowie erweitert hat. Um den Kunden eine bessere Vorstellung davon zu geben, wie gut die Gestelle zu ihrem Gesicht passen und ob sie ihrem Geschmack entsprechen, hat Mister Spex schon früh eine virtuelle Anprobe angeboten. Die Kunden können ein Foto hochladen oder einfach live die Webcam nutzen und so die Brille virtuell anprobieren. Einige Kunden wünschen sich jedoch, die Brille vor dem Kauf einmal „real" aufzusetzen und zu probieren. Mister Spex offeriert daher die sogenannte Ansichtsbestellung, bei der die Kunden bis zu vier Brillen kostenlos und unverbindlich zu Hause ausprobieren können. Nur die Wunschbrille wird dann individuell verglast. Das führt zu einem völlig neuen Prozessschritt im Vergleich zum klassischen E-Commerce-Modell, aber auch zu weniger Retouren der Gestelle mit individuell angefertigten Gläsern. Dies ist für Mister Spex besonders wichtig, da der Online-Optiker im Gegensatz zu den Wettbewerbern auch bei Brillen mit geschliffenen Gläsern ein volles Retouren- bzw. Rückgaberecht kostenlos anbietet. Um bei Bedarf bundesweit Sehtests und Anpassungen anbieten zu können, hat Mister Spex das reine Online-Geschäft um eine weitere Dimension erweitert. Das Unternehmen ist Partnerschaften mit über 550 lokalen Optikern eingegangen, die Services für Kunden von Mister Spex anbieten und dafür vergütet werden. Das Besondere des Geschäftsmodells ist damit mittlerweile, dass Mister Spex die Vorteile des E-Commerce mit Beratungsangeboten und Dienstleistungen beim Optiker vor Ort verbinden kann. Für ein größeres Angebot zu besseren Preisen, rund um die Uhr und mit allen Services, die die Konsumenten benötigen.

Monetarisierung und Kostenstrukturen Das Geschäftsmodell von Mister Spex zeichnet sich im Vergleich zu anderen Online-Anbietern u. a. durch die höheren Warenkörbe und höhere Kundenwerte („Customer Lifetime Values") aus. Das hochwertige Sortiment führt zu hohen Warenkörben, die Positionierung als vollwertiger Optiker mit einem Sortiment inklusive Sonnenbrillen und Kontaktlinsen ermöglicht Cross Selling und eine Erhöhung des Kundenwertes. Durch die Größenvorteile gegenüber den meist kleineren lokalen, traditionellen Anbietern und die gute Kooperation mit den Herstellern, die auch eine engere IT-Anbindung umfasst, ist Mister Spex in der Lage, das große Sortiment ohne zu hohes Umlaufkapital auf Lager zu haben sowie zu sehr guten Konditionen anzubieten. Zudem können mit den Warenkörben und dem Kundenwert die Investitionen in die umfassenden, kostenlosen Serviceleistungen finanziert werden.

2.3 Operative Ausgestaltung und Umsetzung

Mister Spex hat von Beginn an daran gearbeitet, die zentralen wertschöpfenden Prozesse im eigenen Unternehmen abzubilden. Dieser Ansatz lässt sich nach Kernfunktionen wie folgt beschreiben:

Logistik/Werkstatt Die Brillengläser müssen auf Basis der Werte und ggf. der Rahmenform und des individuellen Sitzes der Brille angefertigt, in den Rahmen eingesetzt und kontrolliert werden. Diese Leistung wurde und wird standardmäßig nicht von Logistikdienstleistern angeboten – genauso wenig wie der Prozess der Ansichtsbestellung. Angesichts der hohen Qualitätsanforderungen, die Mister Spex hat, und des Anspruchs, führend bei der Kundenzufriedenheit zu sein, hat sich das Unternehmen entschlossen, die für den reibungslosen Ablauf wichtigen Prozesse in Logistik und Werkstatt selbst wahrzunehmen. Dafür wurden am Standort Berlin schon früh Logistik- und Werkstatt-Know-how und Ressourcen aufgebaut.

IT und Produktmanagement Bestehende Softwarepakete für E-Commerce waren zur Zeit der Gründung nicht in der Lage, die spezifischen Prozesse eines Online-Optikers ohne Weiteres abzubilden. Statt einer umfangreichen Anpassung bestehender Shop-Systeme entschied sich Mister Spex für die Eigenentwicklung. Das eigene System konnte vergleichsweise schnell entwickelt werden, schon vier Monate nach der Gründung ging Mister Spex live. Die Usability und Nutzererfahrung im Shop gewann schnell national und international Preise (Gesamtsieger des Shop Usability Awards 2012, Online Shop des Jahres 2012). Je flexibler und mächtiger Standardsoftwarepakete wurden, desto stärker wurde in den späteren Jahren die eigene Software Schritt für Schritt ersetzt. An der Philosophie, die Entwicklung im eigenen Haus zu haben und nahe am Kunden und den Spezifika des Marktes zu sein, ist aber bis heute (2016) festgehalten worden. Am Standort Berlin werden Shop-System, ERP und Data Warehouse von den eigenen Mitarbeitern weiterentwickelt.

Marketing Auch beim Marketing setzt Mister Spex im Wesentlichen auf eigene Mitarbeiter. Die spezifischen Herausforderungen sind auch hier vielfältig. Der Markt existierte zur Gründung von Mister Spex nicht. Das Suchvolumen online war kaum vorhanden. So musste der Markt von Grund auf entwickelt werden. Das Angebot musste on- und offline erklärt und bekannt gemacht werden, die entstehenden Suchvolumen mussten abgegriffen und dann onsite konvertiert werden. Mit welchen Botschaften in welchen Kanälen mit welchen Budgets gearbeitet werden musste, entwickelte Mister Spex inhouse. Lediglich bei Logoentwicklung und der Erstellung von TV-Spots sowie den ersten Mediaplänen im TV wurde auf die Hilfe von Agenturen zurückgegriffen.

CRM und Kundenservice Brillen sind komplexe Produkte, der Kaufprozess war in den ersten Jahren nach Gründung noch nicht vollständig bekannt, viele der Fragen und Kontaktgründe der Kunden hatten mit den speziellen Angeboten von Mister Spex oder optischen Themen zu tun. Man entschied sich auch hier, das nötige Know-how intern aufzubauen. Auch die Kundenbindungsmaßnahmen und die Kommunikation mit den Bestandskunden werden von einem Inhouse-Team vorgenommen. Das kommt offensichtlich gut an: Die Stiftung Warentest hat Ende 2014 das Angebot und das Servicelevel von Mister Spex und weiteren neun Optikern inklusive der großen Filialisten getestet und bestätigt, dass der neue Spieler im Optikmarkt die gleiche Qualität wie die Traditionalisten bietet – auch bei komplexen Gleitsichtbrillen (Stiftung Warentest 2015). Das Ganze zu deutlich günstigeren Kosten und bei teilweise besserem Beratungsservice.

Finanzierung Das Unternehmen ist im Wesentlichen von klassischen Risiko- und Wachstumskapitalgebern Eigenkapital-finanziert. Mit zunehmender Größe und steigenden Deckungsbeiträgen wurde die Eigenkapitalfinanzierung durch Venture Debt und klassische Bankkredite ergänzt.

Internationalisierung Das organische Wachstum betreibt Mister Spex mit einem internationalen Team aus Berlin heraus. Zudem gibt es Büros in Schweden und Norwegen, die aus den Zukäufen entstanden sind und die lokalen Märkte bearbeiten. Je nach der nationalen Rechtslage gibt es internationale Firmen – so zum Beispiel in Frankreich. Die Bearbeitung des Marktes erfolgt aber auch in diesen Fällen aus Berlin heraus.

2.4 Wachstumshebel

Für 2016 gelten – wie auch in den letzten Jahren davor – als zentrale Wachstumshebel die Weiterentwicklung des Kerngeschäftes, die Internationalisierung sowie der Ausbau von Multi-Channel.

Das **Kerngeschäft** bietet nach wie vor in Deutschland, Österreich und der Schweiz große Wachstumsmöglichkeiten. Mister Spex ist zwar mittlerweile unter den größten drei oder vier Anbietern von Markenbrillen in Deutschland – im stark fragmentierten Markt ist damit aber noch kein kritisch großer Marktanteil erreicht. Mister Spex wächst daher deutlich zweistellig auch im Kernmarkt. Nach der schrittweisen Umstellung der IT-Systeme treibt das Wachstum zum einen die Weiterentwicklung und stetige Verbesserung der Kundenerfahrung. So werden die Usability und das Angebot im Shop stetig verbessert, Lieferzeiten durch Investitionen in die Logistik reduziert und die Services für Kunden fortwährend ausgebaut – so zum Beispiel die Servicezeiten der kostenlosen Hotline. Zum anderen wird die Bekanntheit der Marke durch Marken- und Performance-Marketing vorangetrieben. Schon heute ist Mister Spex im Hinblick auf die Bekanntheit die drittstärkste Handelsmarke nach Fielmann und Apollo.

In Bezug auf die **Internationalisierung** hat Mister Spex 2015 das Angebot auf die Niederlande und die Schweiz ausgedehnt und die Wachstumsquoten des internationalen Geschäfts weiter gesteigert. Das Angebot wird vom internationalen Team aus Berlin immer stärker den regionalen Bedürfnissen angepasst und die Marketingkanäle schrittweise ausgerollt und skaliert. Nach dem Launch eines Landes wird zunächst der „Product-Market Fit" angestrebt. Das heißt, das regionale Angebot muss im Wettbewerbsumfeld so positioniert werden, dass es attraktiv ist. Bis die Konversionsraten im Shop (Verhältnis Verkäufe zu Besuchern) die Ziellinie erreicht haben, werden nur Performance-Marketingkanäle gespielt – auf vergleichsweise kleinem Niveau. Preis- und Angebotspolitik, Bezahlsysteme, Logistikanbieter sowie die lokale Adaption der Webseite stehen im Vordergrund. Sind die Zielniveaus bei der Konversionsrate erreicht, werden die Performance-Marketingkanäle Schritt für Schritt skaliert – in späteren Phasen ggf. durch meist teurere und mit Fixkosten verbundene Offline-Kanäle ergänzt. Dann wird Schritt für Schritt das Team ausgebaut und das Angebot immer weiter lokalisiert.

Die Auswahl der Zielmärkte in Europa wird von zwei zentralen Dimensionen bestimmt. Die erste Dimension ist die Attraktivität des Optikmarktes. Ist er groß genug, stimmen die Margen, ist er nicht zu stark rechtlich reguliert? Porters „Five Forces" helfen bei der Analyse und Erklärung der Attraktivität des Marktes (Magretta 2011). Die zweite Dimension ist die Verbreitung des Internets als Kaufkanal – im Wesentlichen also die Online-Affinität der Konsumenten in den Ländern. Beim hohen Involvement und der anfänglichen Unsicherheit beim Brillenkauf ist Mister Spex zunächst auf erfahrene Internetkäufer für eine schnelle Marktpenetration angewiesen.

Das organische Wachstum ergänzt Mister Spex durch gezielte Zukäufe in attraktiven Märkten, in denen ein organischer Geschäftsaufbau zu teuer oder zu lange dauern würde. In den sehr internetaffinen skandinavischen Märkten, die zudem eine zwei- bis dreimal so hohe Penetration an Kontaktlinsen wie Deutschland haben, hatten sich bereits 2013 starke E-Commerce-Anbieter etabliert und der Anteil des Online-Handels lag bei über 30 %. Mister Spex entschied sich daher dazu, durch den Kauf der Shops Lensstore und Loveyewear in den skandinavischen Markt einzutreten.

Auch **Multi-Channel** stellt einen Wachstumshebel dar. Wie bereits beschrieben, ergänzt Mister Spex das reine Online-Angebot durch Services vor Ort. Die zentrale Rolle spielt dabei das 2011 gestartete Partnerprogramm mit lokalen Optikern. Die Kunden profitieren so von den klassischen E-Commerce-Vorteilen, müssen aber auf den Service vor Ort nicht verzichten. Die Partneroptiker lasten ihre Ressourcen mit Services an neuen

Kundensegmenten besser aus und haben eine zusätzliche Verdienstquelle. Zudem profitieren sie von mehr Laufkundschaft und können die Reichweiten- und Kommunikationspotenziale des Internets im Wettbewerb mit lokalen Optikern und vor allem den großen Filialisten nutzen. Mister Spex kann die adressierbare Zielgruppe erweitern und die Kundenzufriedenheit und damit die Loyalität der Stammkunden steigern.

Nach der schnellen nationalen Ausweitung des Programms in 2012 (die Anzahl der Partneroptiker wurde innerhalb von zwölf Monaten auf über 300 erhöht) schloss sich die verstärkte Kommunikation der Services an – onsite, online und offline. Nun erfolgt das Wachstum entlang von zwei Dimensionen. Zum einen wird die Partnerschaft mit den Optikern schrittweise intensiviert. So werden mittlerweile bei über 300 Partneroptikern Kontaktlinsenanpassungen angeboten. Zum anderen erfolgt die Ausdehnung in internationale Kernmärkte. Ende 2015 ist die Betreuungsdichte in Österreich und der Schweiz schon fast auf dem Niveau Deutschlands.

3 Schlussfolgerungen und Ausblick

3.1 Erfolgsfaktoren

Neben den Erfolgsfaktoren für das „Gelingen" eines Start-ups, die sich auf die Fähigkeiten, Fertigkeiten und Persönlichkeitsmerkmale des Gründerteams beziehen, oder solchen Faktoren, welche eher den Kontext bzw. das Gründungsumfeld (von der Branche bis zum Gründungsort) betreffen, soll im Folgenden vor allem auf Managementgrundhaltungen bzw. Handlungsmaximen eingegangen werden, die besonders das marktorientierte unternehmerische Handeln von Mister Spex betreffen.

Sowohl in den kodifizierten Unternehmenswerten als auch in dem unternehmerischen Handeln zeigen sich Kundenorientierung, Datengetriebenheit und Agilität.

Die **Kundenorientierung** äußert sich u. a. in den stetigen Anstrengungen von Mister Spex, die Kundenbedürfnisse entlang der „Customer Journey" zu verstehen und das Angebot sowie das Kundenerlebnis mit Blick auch auf den Wettbewerb kontinuierlich zu verbessern (Court et al. 2009). Regelmäßige quantitative und qualitative Studien in Form von Befragungen und Nutzertests zeichnen Mister Spex aus. Obwohl das Unternehmen teilweise mit ähnlichen Technologien (zum Beispiel der virtuellen Anprobe) arbeitet wie der Wettbewerb sowie die gleichen Marketingkanäle nutzt, zeichnet sich Mister Spex bis heute durch bessere Usability und Zufriedenheitsbewertungen aus und folgerichtig durch höheres organisches Wachstum.

Von Anbeginn an arbeitet Mister Spex **datengetrieben.** Schon früh investierte Mister Spex in ein eigenes DWH (Data Warehouse), um die Kernprozesse und Marketingmaßnahmen quantitativ zu erfassen und optimieren zu können. A/B-Tests von neuen Features, Werbewirkungstests oder Kampagnentests prägen die tägliche Arbeit. Doch wo viele Daten sind, da besteht auch die Gefahr, dass wichtige Signale im Rauschen untergehen oder fehlinterpretiert werden. Durch ein klares Kennzahlensystem sowie die aus den kundenorientierten Analysen abgeleiteten Hypothesen wird eine reine Zahlen- und Datenorientierung inhaltlich flankiert. Die großen Vorteile, qualitative Informationen mit rein datengetriebenen Modellen zu kombinieren, beschriebt u. a. Nate Silver (2012) in „The Signal and the Noise".

Vor allem **agiles** Projekt- und Prozessmanagement ist ein entscheidender Erfolgsfaktor, um in dynamischen, unsicheren Kontexten anpassungs- und lernfähig zu sein. Mister Spex baut auf „Scrum" als klassische agile Entwicklungsmethode bezüglich Software (Schwaber 2007). Aber auch in anderen Abteilungen und der gesamten Führung des Unternehmens setzte das Management auf cross-funktionale Teams sowie schnelle Feedback- und Lernschleifen. So werden etwa die Quartalsziele für das Unternehmen und alle Abteilungen einmal pro Quartal in einem gemeinsamen Workshop festgelegt. Das ca. zehnköpfige Managementteam rund um die Geschäftsführung trifft sich täglich zu einem kurzen Abstimmungsmeeting, in dem u. a. die Zahlen des Vortages besprochen und ggf. vorliegende Hürden beim Erreichen der selbst gesteckten Ziele aufgezeigt und idealerweise direkt aus dem Weg geräumt werden. So kann das Unternehmen schnell auf Marktveränderungen oder unerwartete Projektentwicklungen reagieren und ist jederzeit abgestimmt.

Als Beispiel für ein agiles Vorgehen außerhalb der IT-Abteilung kann das Partneroptikerprogramm dienen. Die Hypothese war, dass durch das Angebot an zusätzlichen lokalen Services das Marktpotenzial erweitert werden könnte und dass die lokalen Optiker bereit wären, in einer Partnerschaft mitzuwirken. Das Projekt wurde sofort ohne viel Aufwand praktisch „manuell" in einem kleinen lokalen Piloten umgesetzt – ohne große Softwareentwicklung. Mitarbeiter schrieben Gutscheine, E-Mails, Abrechnungen „per Hand". In enger Abstimmung mit Kunden und Optikern wurde das Programm besprochen, angepasst und gemeinsam optimiert. So konnte kostengünstig und schnell getestet werden, bis das Programm dann innerhalb eines Jahres bundesweit ausgerollt werden konnte und die Kernprozesse softwaregestützt abgebildet wurden.

3.2 Resümee und Lessons Learned

Mister Spex ist in einem sehr anspruchsvollem Markt und Umfeld innerhalb weniger Jahre zur drittgrößten Handelsmarke in Deutschland und zum Marktführer in Europa geworden. Dies gelang u. a. durch den Aufbau eines innovativen Geschäftsmodells, welches die Vorteile des klassischen E-Commerce mit einem lokalen Serviceangebot vor Ort verbindet. Dabei positioniert sich Mister Spex als Premiumanbieter von Qualitäts- und Markenprodukten in allen drei zentralen Kategorien Brille, Sonnenbrille und Kontaktlinse – mit signifikant besserem Preis-Leistungs-Verhältnis als im traditionellen Handel und dem umfangreichsten Serviceangebot innerhalb der Online-Konkurrenz (Harnish 2002).

Von Anfang an wurde auf den Aufbau eigener Fähigkeiten und Fertigkeiten gesetzt und die zentralen wertschöpfenden Prozesse im eigenen Unternehmen verankert und aufgebaut. So konnten die spezifischen Lösungen zielgerichtet und effizient entwickelt und dann permanent weiter optimiert werden. Neben der Weiterentwicklung des Kerngeschäfts setzt Mister Spex auf Internationalisierung und den Ausbau des

Multi-Channel-Ansatzes als zentrale Wachstumshebel, wobei die Internationalisierung sowohl organisch als auch durch Übernahmen vorangetrieben wird.

Zentrale Erfolgsfaktoren in einem innovativen, dynamischen Umfeld mit hoher Unsicherheit sind für das Unternehmen die Kundenorientierung, Datengetriebenheit und Agilität, die sich durch alle Abteilungen und das gesamte Management ziehen.

3.3 Ausblick und Zukunftsplanung

Die Optikindustrie wurde u. a. aufgrund der hohen Anforderungen an die Individualisierung der Produkte erst spät von den Veränderungen durch das Internet erfasst. Der Marktanteil der neuen Online-Anbieter wie Mister Spex ist daher noch verhältnismäßig klein, wächst aber stetig. Die zukünftige Entwicklung wird von den großen allgemeinen technologie- und konsumentengetriebenen Trends geprägt werden. Online-Sehtests sind in einigen Staaten der USA bereits zugelassen, die Applikationen der „Virtual Reality" oder „Augmented Reality" wie die virtuelle Anprobe verbessern sich ständig. Zudem lernen die Konsumenten mehr und mehr die neuen Angebote zu schätzen, stellen die Anbieter aber auch durch den Trend zu immer mehr mobilen Internetanwendungen vor neue Herausforderungen.

Auch die Branche entwickelt sich aus sich heraus weiter. Eine erste Konsolidierungswelle bei den Online-Anbietern hat schon begonnen. Kleinere Anbieter werden aufgekauft, einige müssen aufgeben. Irgendwann werden auch die großen Filialisten wie Fielmann und Apollo in den Markt eintreten. Mister Spex arbeitet daran, seine führende Stellung durch weitere Investitionen in das Kerngeschäft auszubauen. So wird ein neues Logistikzentrum gebaut und neue Features für ein noch besseres Kundenerlebnis entwickelt. Zudem soll in weiteren internationalen Märkten eine dominierende Stellung unter den Onlinern – ähnlich wie in der DACH-Region – erreicht werden. Durch die Multi-Channel-Aktivitäten ist das Potenzial von Mister Spex auch nicht auf das reine Online-Geschäft begrenzt. Kurz: Das Unternehmen plant weiteres Wachstum.

Literatur

Court, D., Elzinga, D., Mulder, S., & Vetvik, O. (2009). The consumer decision journey. http://www.mckinsey.com/insights/marketing_sales/the_consumer_decision_journey. Zugegriffen: 14. Jan. 2016.

Fielmann. (2014). *Geschäftsbericht 2014 – Fielmann* (S. 57). Hamburg: Fielmann.

Harnish, V. (2002). *Mastering the Rockefeller habits: What you must do to increase the value of your growing firm*. New York: SelectBooks.

Magretta, J. (2011). *Understanding Michael Porter: The essential guide to competition and strategy*. Boston: Harvard Business School.

Mister Spex. (2016). Online Shop von Mister Spex. http://www.misterspex.de. Zugegriffen: 14. Jan. 2016.

Schwaber, K. (2007). *Agiles Projektmanagement mit Scrum*. Unterschleißheim: Microsoft Press Deutschland.

SPECTARIS, ZVA, & GfK. (Hrsg.). (2015). *Branchenstudie Augenoptik – Deutschland und die Welt – Märkte, Consumer und Trends 2014/2015*. Berlin: SPECTARIS.

Silver, N. (2012). *The signal and the noise: Why so many predictions fail – But some don't*. New York: Penguin Books.

Stiftung Warentest. (2015). *Optiker: Was günstige Brillen aus Onlineshops taugen* (test 1/2015, S. 86–91). Berlin: Stiftung Warentest.

Über den Autor

Dr. Mirko Caspar studierte BWL an der Westfälischen Wilhelms-Universität Münster, wo er anschließend bei Prof. Dr. Dr. h. c. mult. Meffert promovierte. Seine bisher wichtigsten beruflichen Stationen absolvierte er als Unternehmensberater mit Schwerpunkt Marketing und Strategie bei McKinsey, als Senior Director Business Development und Geschäftsführer der Mailorder-Töchter bei Universal Music sowie als Gründer und Geschäftsführer beim Virtual-World-Unternehmen Metaversum. Als Geschäftsführer bei Mister Spex verantwortet Caspar die Bereiche Marketing, Produkt- und Category Management, Public Relations sowie die Steuerung der internationalen Märkte.

Fahrrad einstufig digital und disruptiv? – Erfolgsstory fahrrad.de und internetstores

Ralf Kindermann und Patrick Leib

> **Zusammenfassung**
>
> Im Online-Handel konnte sich fahrrad.de als Marktführer etablieren. Der Online Pure Play gilt als Pionier beim Online-Verkauf für Fahrräder, der stark zunimmt. Nach Start, Aufbau und Expansion steht nunmehr die forcierte Internationalisierung im Fokus der Unternehmensaktivitäten. Der vorliegende Beitrag gibt zunächst einen Überblick über die deutsche Fahrradbranche und die Besonderheiten des Online-Handels in diesem Sektor. Danach werden die Aufbauphasen und Erfolgsfaktoren von fahrrad.de dargestellt.

Inhaltsverzeichnis

1	Der Fahrradmarkt in Deutschland – Zahlen, Daten, Fakten	170
2	Fahrrad.de als Online-Pionier	171
	2.1 Vision und Start	171
	2.2 Aufbau und Expansion	172
	2.3 Wachstum und Internationalisierung	174
	2.4 Aktuelle Marktposition und Erfolgsbeweise	175
3	Erfolgsfaktoren und Key Driver	177
	3.1 Positionierung als Category-Killer	177
	3.2 Kundengerichtete Prozesse	178
	3.3 Skalierbare Best-in-Class Operations	179

R. Kindermann (✉) · P. Leib
internetstores GmbH, Esslingen, Deutschland
E-Mail: ralf.kindermann@internetstores.com

P. Leib
E-Mail: patrick.leib@internetstores.com

© Springer Fachmedien Wiesbaden 2016
G. Heinemann et al. (Hrsg.), *Digitale Transformation oder digitale Disruption im Handel*,
DOI 10.1007/978-3-658-13504-1_8

3.4 Hochkarätiges Team mit E-Commerce-DNA............................ 179
3.5 Unternehmensphilosophie von internetstores............................ 180
4 Zusammenfassung und Ausblick.. 181
Literatur.. 183
Über die Autoren.. 183

1 Der Fahrradmarkt in Deutschland – Zahlen, Daten, Fakten

Mit einer Verbreitung von 72 Mio. Exemplaren ist das Fahrrad hierzulande weiter verbreitet als jedes andere Verkehrsmittel (Zweirad-Industrie-Verband 2015). Fahrradfahren liegt im Trend und wird durch den Hang zu einem gesundheitsbewussten, aktiven Lebensstil beflügelt. Für immer mehr Deutsche ist das Fahrrad unverzichtbares Fortbewegungsmittel und Sportgerät. Der jährliche Umsatz der Fahrrad-, Teile- und Komponentenindustrie beläuft sich auf geschätzte vier Milliarden Euro. Der anteilige Umsatz mit Fahrrädern und E-Bikes beträgt rund 2,16 Mrd. EUR und hat sich somit in 2014 um 9,6 % gesteigert. Auch beim Absatz, der sich auf 4,1 Mio. verkaufte Fahrräder und E-Bikes belief (+ 7,9 %), konnte die Fahrradindustrie deutlich zulegen und wird nicht zuletzt durch das E-Bike zusätzlich befeuert (vgl. Abb. 1) (Zweirad-Industrie-Verband 2015).

Bei Fahrrädern ist der Konsument zunehmend bereit, etwas mehr Geld für Produkte mit hoher Qualität und Wertigkeit auszugeben. Der Durchschnittspreis von 528 EUR (inklusive E-Bikes) für Endverbraucher im vergangenen Jahr bestätigt diesen Trend. Hinsichtlich der Modellgruppen (nach Absatz) lässt sich anteilsmäßig ein leichter Rückgang bei City- und Urban-Rädern zugunsten von Trekkingrädern, sonstigen Modellen (zum Beispiel Lastenräder, Liegeräder oder Singlespeed) und natürlich E-Bikes feststellen. In der Kategorie E-Bikes verzeichnete die Branche im Jahr 2014 zweistellige Zuwachsraten. Gegenüber dem Vorjahr konnte somit der E-Bike-Absatz um 17 % auf 480.000 Stück gesteigert werden und wird in 2015 auf rund 600.000 E-Bikes ansteigen (Zweirad-Industrie-Verband 2015).

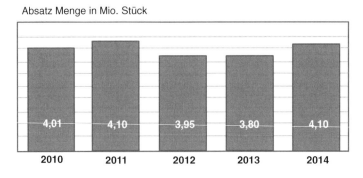

Abb. 1 Fahrradabsatz in Deutschland in Mio. Stück. (Quelle: Zweirad-Industrie-Verband 2015)

Abb. 2 Anteil der Vertriebswege im Fahrradbereich in Deutschland in Prozent. (Quelle: Zweirad-Industrie-Verband 2015)

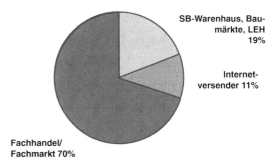

Vertriebswege	2010	2011	2013	2014
Fachhandel/Fachmarkt	69%	70%	70%	70%
Internetversender	6%	9%	10%	11%
SB-Warenhaus, Baumärkte LEH	25%	21%	20%	19%

Allerdings ist eine schleichende Veränderung der Absatzkanäle festzustellen. So konnte der Fachhandel zwar seinen Marktanteil in Höhe von rund 70 % über die letzten Jahre stabil halten. Stark verloren haben jedoch die nicht fachbezogenen stationären Händler, also SB-Warenhäuser, Baumärkte sowie der Lebensmitteleinzelhandel. Ihr Marktanteil ging von 25 % in 2010 auf nur noch 19 % in 2014 zurück. Stark zulegen konnten vor allem die Internetversender, die in 2014 bereits auf elf Prozent Anteil kamen (vgl. Abb. 2).

2 Fahrrad.de als Online-Pionier

Im Online-Handel konnte sich fahrrad.de als Marktführer etablieren. Das folgende Kapitel zeigt zunächst Start, Entwicklung und Status quo des Unternehmens auf, bevor die Erfolgsfaktoren herausgearbeitet werden.

2.1 Vision und Start

Am Anfang stand eine Vision: Der Gründer René Marius Köhler wusste schon als Schüler, was er wollte: „Ich möchte einmal ein eigenes Unternehmen leiten." Dieser Traum ließ den Jugendlichen nicht mehr los. Um seinen Zukunftsentwurf möglichst schnell realisieren zu können, verließ er nach der zehnten Klasse das Gymnasium und begann eine Ausbildung zum Groß- und Außenhandelskaufmann beim Fahrradfachmarkt ROKO in Stuttgart, den Köhler Senior Anfang der 80er Jahre gegründet hatte. Dieser hatte das Sortiment bereits um Artikel rund ums Thema Skifahren für die Wintermonate erweitert, weil der Verkauf von Fahrrädern und Zubehörteilen überwiegend in der warmen Jahreszeit stattfindet. Mit dem väterlichen Betrieb war René Marius Köhler, Jahrgang 1982, die Liebe zum Fahrrad quasi in die Wiege gelegt worden. Nach dem erfolgreichen Abschluss der kaufmännischen Ausbildung nutzte er schon während seines Zivildienstes jede freie Minute, um sich intensiv mit der Frage zu beschäftigen, wie die Verkaufszahlen der Fahrräder aus dem Fachmarkt seines Vaters gesteigert werden könnten. In den Abendstunden entwickelte der damals 20-Jährige diverse Expansionsmodelle. So kam ihm u. a. auch der Gedanke, Fahrräder über das Internetauktionsportal eBay anzubieten, was er dann auch in die Tat umsetzte und damit ganz am Anfang die ersten Bikes online verkaufte. Dies war für ihn nicht nur ein wichtiges Indiz dafür, dass der Verkauf von Fahrrädern übers Internet tatsächlich ein zukunftsfähiges Modell sein kann, sondern gewissermaßen auch eine Initialzündung. Folgerichtig fasste er den Entschluss, einen eigenen Online-Shop zu gründen, entgegen aller gängigen Vorurteile damals: „Fahrräder übers Internet verkaufen? Das kann doch nicht funktionieren! Die Leute wollen doch in jedem Fall Probe fahren." Derartige Meinungen brachten ihn allerdings nicht von seinem Weg ab. „Zu Beginn hat mir eigentlich jeder von diesem Schritt abgeraten. Mein Ziel war es aber von Anfang an, irgendwann mein eigenes Ding zu machen. Und damals war die Zeit einfach reif dazu", erinnert sich Köhler. Ein schon fast genialer Schachzug auf dem weiteren Weg in die Selbstständigkeit war der Kauf der Domain fahrrad.de. Mit der Gründung des gleichnamigen Online-Shops fahrrad.de als Einzelunternehmen im April 2003 kam die Erfolgsgeschichte mit Nachdruck ins Rollen. Noch am Ende desselben Jahres erfolgte die Umwandlung in eine Gesellschaft mit beschränkter Haftung. Das junge E-Commerce-Unternehmen firmierte fortan unter dem neuen Namen fahrrad.de internetstores GmbH. Zunächst umfasste das Sortiment ausschließlich Fahrräder, ohne irgendwelche Zubehörteile. Im ersten Jahr erwirtschaftete die fahrrad.de internetstores GmbH mit gerade einmal zwei Mitarbeitern einen Umsatz von 0,4 Mio. EUR und war aus dem Stand heraus profitabel. Das Sortiment blieb auch nach dem ersten Jahr erfolgreicher Arbeit noch sehr überschaubar und fokussierte sich ausschließlich auf Fahrräder. Der Umsatz entwickelte sich trotzdem rasant und übertraf im zweiten Jahr bereits die 2,4-Mio.-EUR-Marke. Einen wichtigen Schritt stellte damals die Entscheidung dar, das Produktangebot um Artikel aus der Fitnessbranche zu erweitern. Dadurch gelang es, die in den Wintermonaten rückläufigen Umsätze im Fahrradgeschäft aufzufangen. Mit der Gründung des Online-Shops fitness.de als zweites Firmenstandbein vollzog internetstores im Frühjahr 2006 den Wandel zu einem „Multishop-E-Commerce-Unternehmen". Der erfolgreiche Start von fitness.de sowie die Anbindung an die Plattform von Amazon sorgten für einen weiteren Entwicklungsschub.

2.2 Aufbau und Expansion

Die Erweiterung der Vertriebskanäle in 2007 ist als ein wichtiges strategisches Ziel anzusehen. Durch weitere Kooperationen mit der Quelle GmbH und der neckermann. de GmbH konnte internetstores reichweitenstarke Verkaufsplattformen erschließen. Große Projekte waren 2007 auch die Relaunches der Webauftritte von fahrrad.de und fitness.de. Das steile Wachstum von internetstores auf mittlerweile 12 Mio. EUR erforderte bereits 2007 einen weiteren Umzug, denn die Kapazitäten der Lagerhallen in Waiblingen-Hegnach waren weitgehend erschöpft. Bei der Suche nach einem neuen Standort wurde Firmenchef René Marius Köhler nach langer Recherche fündig: „Esslingen ist für uns der ideale Standort. Das Warten und die aufwändige Suche haben sich gelohnt", so Köhler. Das Geschäftsjahr 2007/2008 war nicht nur im Hinblick auf das Wachstum (80 Mitarbeiter, 22 Mio. EUR Umsatz) außerordentlich erfolgreich. In dem Jahr erhielt fahrrad.de auch den „Shop Usability Award". Zugleich stand fahrrad.de unter den sechs Finalisten des „Deutschen Internetpreises". Darüber hinaus wurde internetstores-Gründer Köhler bei der Mittelstandskampagne „Mutmacher der Nation" Landessieger 2008 in Baden-Württemberg. Spannend war für internetstores aber nicht nur die Zukunft auf internationalem Parkett. Auch auf lokaler Ebene konnte das Unternehmen einiges bewegen: Mit der Eröffnung eines stationären Fachmarktes für Fahrrad und Fitness in den ehemaligen Räumen der ROKO GmbH im Stuttgarter Westen schloss sich im März 2009 gewissermaßen ein Kreis. Nach dem Tod seines Vaters kehrte René Marius Köhler quasi zum Ausgangspunkt seiner noch jungen Unternehmerkarriere zurück. Pünktlich zum Start der Radsaison erhielt fahrrad.de Anfang 2010 ein neues Design. Auch fitness.de bekam einen neuen Look und es erfolgte eine Sortimentserweiterung um Sportarten wie Badminton, Yoga, Boxsport oder Tischtennis. Zudem wurden neue Shops ins Portfolio aufgenommen. Mit Bikeunit und Brügelmann konnten solche Sortimente angeboten werden, die spezielle Zielgruppen im Fahrradbereich fokussieren. Bikeunit richtete sich hauptsächlich an eine recht junge Zielgruppe, die sich für Dual/Dirt und Downhill interessierte. Ein junges Layout, zielgruppengerechte Ansprache und angepasste Angebote machten den Shop zu einem echten Szeneshop. Brügelmann war Deutschlands ältester Radversender, der 2010 von fahrrad.de aus der Insolvenz aufgekauft wurde, und deckt besonders die Zielgruppe der aktiven Radsportler ab, die im Fahrradfahren mehr als nur ein Hobby sieht.

Nicht nur die Shops, sondern auch die Büroflächen wurden erweitert. In 2011 wurde eine neue Verwaltung eingerichtet. Die Mitarbeiter saßen nun verzahnt, was zu besserer Kommunikation unter den Angestellten und zu kürzeren Abstimmungswegen führte. Dabei wurde die Philosophie von internetstores eingehalten: Vorstand und Management sollten mit den anderen Mitarbeitern im Großraumbüro sitzen und für jeden jederzeit ansprechbar sein. Die neue Bürostruktur bot Platz für weitere Mitarbeiter, die für die Expansion der internetstores dringend benötigt wurden. Um im Online-Marketing weitere Spezialisten für internetstores zu begeistern, eröffnete das Unternehmen ein Büro in Berlin. Dadurch wurde die Mitarbeiterakquisition internationaler Talente weiter vereinfacht. Das Berliner Büro bietet seit 2011 hauptsächlich Platz für internationale Experten aus Online-Marketing, Customer Care und IT.

Aus mehreren Gründen war insbesondere 2012 ein besonderes Jahr für internetstores, denn in diesem Jahr stieg ein neuer Investor ein. Darüber hinaus wurde dem Unternehmen eine neue Rechtsform gegeben. Auch erfolgte die Aufnahme neuer Marken im Sortiment sowie eine Fokussierung auf das Kerngeschäft. Zudem wurde die weitere Internationalisierung forciert. Gleich zu Beginn wurde das Markenportfolio deutlich erweitert: Sowohl Fixie Inc. als auch Votec wurden erworben und gehören fortan zum Multishop-E-Commerce-Unternehmen. Beide Marken wurden von internetstores weitergeführt und im August des Jahres erschienen bereits die ersten eigens konzipierten Votec-Bikes auf dem Markt. Das Folgejahr 2013 stand im Zeichen der weiteren strategischen Fokussierung. Das entscheidendste Ereignis 2013 war sicherlich die Übernahme des führenden schwedischen Outdoor-Online-Händlers Addnature. „Der Zusammenschluss von internetstores und Addnature ist ein entscheidender Schritt für die weitere Entwicklung beider Unternehmen. Gemeinsam werden wir unser Bike- und Outdoor-Sortiment maßgeblich weiterentwickeln und unsere Marktposition in Europa kontinuierlich ausbauen", so René Marius Köhler. Durch die Fusion profitierte internetstores von großen Synergiepotenzialen, um weiter zu expandieren und ein noch stärkeres Standing im Bike- und Outdoor-Segment in Europa zu entwickeln.

2.3 Wachstum und Internationalisierung

VOTEC präsentierte als die neue High-End-Marke rechtzeitig zur Eurobike 2013 sechs neue Modelle, davon fünf Mountainbikes und ein Rennrad. Dies setzte auch für die weitere Internationalisierung ein Zeichen. Durch die Modelle wurde die VOTEC-Range weiter abgerundet, sodass den internetstores-Kunden ein breites und attraktives Portfolio angeboten werden konnte. Nicht zuletzt durch die Übernahme von Addnature und die damit verbundene Vergrößerung sowie die deutlichen Umsatzsteigerungen des Unternehmens und den Ausbau des VOTEC-Sortiments kam es zu einer Erweiterung in der Geschäftsführung der internetstores Holding GmbH.

Zum 1. November stieg Bernd Humke als neuer CFO ins Unternehmen ein und wurde neben CEO und Gründer René Marius Köhler sowie COO Ralf Kindermann zum dritten Geschäftsführer bestellt. Markus Winter folgte zum 1. Dezember 2013 als CMO. „Wir sind in den letzten Jahren bereits sehr stark gewachsen, sowohl im Umsatz, als auch in unserer Mitarbeiteranzahl", so René Marius Köhler.

> Als spezialisierter E-Commerce Player erwarten wir in unseren Segmenten auch in den nächsten Jahren ein sehr starkes Wachstum, welches wir unter anderem durch weitere Internationalisierung erreichen wollen. Durch die Erweiterung unseres Produktportfolios, den weiteren Ausbau unseres qualifizierten Mitarbeiterteams sowie den Ausbau unserer logistischen Kapazitäten, haben wir uns gezielt darauf eingestellt. Mit Bernd Humke und Markus Winter haben wir nun die perfekte Ergänzung für unsere Geschäftsführung bekommen. Beide verfügen über exzellentes E-Commerce Know-How und sind echte Branchen-Kenner.

Auch die Nachfrage in den skandinavischen Ländern stieg zusehends. Weil das Lager in Stockholm zu klein wurde, zog die Niederlassung Mitte Oktober 2015 mit dem kompletten Bestand in ein neues, größeres Logistikzentrum nach Helsingborg. Mit dem Umzug einher ging auch die Partnerschaft mit dem Logistikdienstleister PostNord. Ziel dieser Zusammenarbeit war es, langfristig der Nachfrage aller nordischen Länder

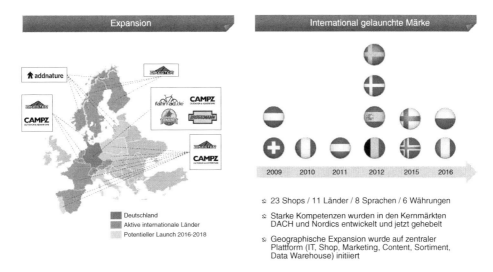

Abb. 3 Wachstumspotenzial: Internationale Expansion. (Quelle: Eigene Darstellung)

gerecht zu werden und weiterhin besten Service und noch kürzere Lieferzeiten bieten zu können. „Wir haben vor zwei Jahren in Stockholm ein starkes und super motiviertes Team vorgefunden und es gemeinsam in dieser kurzen Zeit geschafft, zusammen zu wachsen, nützliche Tools zu entwickeln und eine gute Zusammenarbeit in großartige Ergebnisse umzuwandeln. Der Umzug ist nur eine Konsequenz unseres gemeinsamen Erfolges! Darauf sind wir sehr stolz", so René Marius Köhler, CEO und Gründer von internetstores.

Der Stand der Internationalisierung ist in Abb. 3 dargestellt. Demnach werden mittlerweile 23 Shops in elf Ländern in acht Sprachen sowie in sechs Währungen betrieben. Starke Kompetenzen wurden in den Kernmärkten DACH und Nordics entwickelt und jetzt gehebelt. Die geografische Expansion wurde auf einer zentralen Plattform (IT, Shop, Marketing, Content, Sortiment, Data Warehouse) initiiert.

2.4 Aktuelle Marktposition und Erfolgsbeweise

Aktuell betreibt die internetstores GmbH über 20 Online-Shops in den Branchen Fahrrad und Outdoor. Durch eine internationale Ausrichtung, das Multishop-Konzept und die langjährige Branchenerfahrung bietet das E-Commerce-Unternehmen den Kunden stets aktuelle Bike- und Outdoor-Trends, kombiniert mit einem „State-of-the-Art"-Online-Shoppingerlebnis. Neben der ungewöhnlich starken Kundenorientierung und dem Direktpreiskonzept steht die internetstores Gruppe außerdem für eine außergewöhnliche Qualität der Produkte und Dienstleistungen.

Abb. 4 Umsatzentwicklung internetstores-Gruppe 2003 bis 2016 in Millionen Euro. (Quelle: Eigene Darstellung)

In 2015 konnten mehr als 1,4 Mio. EUR Tagesumsatz erzielt und über 135.000 Fahrräder verkauft werden. Insgesamt hat sich der Umsatz von 2003 bis 2015 rasant entwickelt (vgl. Abb. 4); fahrrad.de gilt als Marktführer im deutschen Online-Markt.

Für die Leistungen wurde internetstores deshalb bereits mehrfach ausgezeichnet (Internetstores 2016). Neben den Auszeichnungen für hervorragende Online-Shops zählen dazu der „Landespreis für junge Unternehmen" und der „Deutschen Gründerpreis".

Bereits in 2007 wurde fahrrad.de zum besten „Onlineshop des Jahres" ausgezeichnet und war 2008 Finalist des „Deutschen Internetpreises". Ebenfalls im Jahr 2008 wurde René Marius Köhler Landessieger Baden-Württemberg beim Mittelstands-Wettbewerb „Mutmacher der Nation". Außerdem erhielt der Onlineshop fahrrad.de von internetstores den „Shop Usability Award" 2008. In 2009 stand René Marius Köhler im Finale des „Entrepreneur des Jahres". 2010 wurde internetstores zu einem „Top 100" Unternehmen in Deutschland gekürt und gewann außerdem den äußerst renommierten „Deutschen Gründerpreis". Der „Deutsche Gründerpreis" ist die wohl wichtigste Auszeichnung für Unternehmen in Deutschland. Anfang 2011 erhielt internetstores die Auszeichnung „Top Job" und stand damit in der Liste der besten Arbeitgeber Deutschlands. Im September 2011 wurde René Marius Köhler zum zweiten Mal Finalist der Auszeichnung „Entrepreneur des Jahres". Bei der Preisverleihung in Frankfurt war er unter den besten drei Unternehmern, die den Award unter sich ausmachten. Ebenfalls als Finalist ging internetstores aus dem Wettbewerb „Großer Preis des Mittelstandes"hervor, der zudem im September 2011 verliehen wurde.

Auch 2012 zählte René Marius Köhler zu den Finalisten beim „Entrepreneur des Jahres" und wurde so erneut für seine unternehmerischen Leistungen ausgezeichnet. 2012 belegte internetstores auch den zweiten Platz beim Landespreis für junge Unternehmen, der jährlich vom Land Baden-Württemberg und der L-Bank verliehen wird. Auszeichnungen bei Businesswettbewerben sind zweifellos eine besondere Form der Bestätigung für erfolgreich geleistete Arbeit. Ein wichtiges Feedback für das gesamte Mitarbeiterteam, dass jeder Einzelne in seinem Bereich einen ganz hervorragenden Job macht.

3 Erfolgsfaktoren und Key Driver

Der Erfolg von fahrrad.de beruht auf fünf Faktoren, die im Folgenden genauer dargestellt werden: Die klare Positionierung als Category-Killer, die Ausrichtung aller Unternehmensprozesse auf den Kunden, skalierbare Best-in-Class Operations, ein hochkarätige Führungs- und Mitarbeiterteam mit E-Commerce-DNA sowie die Unternehmensphilosophie von internetstores.

3.1 Positionierung als Category-Killer

Wesentlicher Erfolgsfaktor von fahrrad.de und auch internetstores ist zweifelsohne die glaubhafte Positionierung als Category-Killer mit umfassender Produktpalette und breit aufgestellten Eigenmarken. Dazu gehört auch die Premiummarke Votec, die als Testsieger eine zunehmende Reputation in der Bike-Szene besitzt. Als internationaler Bike-Online-Shop bietet fahrrad.de seinen Kunden jede Menge Vorteile, so umfasst das Sortiment über 40.000 Artikel von rund 750 Marken, davon 500 Fahrradmarken und sieben preisgekrönte Eigenmarken. Abgestimmt auf die Marktpositionierung erfolgt auch der entsprechende Marktauftritt in den Medien. So wirbt fahrrad.de regelmäßig mit Werbespots im deutschen Fernsehen. Unter dem Motto „Dein Fahrrad kommt zu dir" wurde auf Pro7, Sat1, Eurosport, Servus TV und vielen Sky-Sendern Lust aufs Radfahren gemacht. Zentrales Element sind die allein fahrenden Fahrräder, die ganz einfach direkt nach Hause kommen – ein Vorteil des Fahrradkaufs im Internet eben! Im weiteren Fokus stehen die schnelle Lieferzeit und der Service, der dem lokaler Händler in nichts nachsteht: „Die Fahrräder erreichen die Kunden vormontiert und perfekt eingestellt. Vielen potentiellen Kunden ist das bisher nicht klar", so Markus Winter, Geschäftsführer Marketing von internetstores. Darüber hinaus lancierte internetstores das „fahrrad. de Magazin", die „Brügelmann Radwelt" und das Schweizer „Bikester Magazin" mit einer Gesamtauflage von knapp 200.000 Exemplaren. Die drei Kundenmagazine richten sich insbesondere an Bestandskunden. Für die unterschiedlichen Shop-Zielgruppen werden von einem internen Redaktionsteam auf jeweils 100 Seiten aktuelle sowie relevante Inhalte und das entsprechende Produkt eng miteinander verbunden. Das Ergebnis ist ein hochwertiges Printmedium in einem zeitgemäßen Design. Fahrradbegeisterte Kunden erhalten neben einem echten redaktionellen Mehrwert interessante Einblicke in die Teams hinter den Fahrrad-Online-Shops. In Kaufberatungen, Servicetipps, Reise- und Hintergrundberichten werden die Fachkompetenz und Fahrradbegeisterung der Macher ebenso deutlich wie die Vielfalt und Tiefe des Shop-Sortiments.

3.2 Kundengerichtete Prozesse

Garant für den Erfolg von fahrrad.de sind auch die kundenzentrierten Prozesse: So profitieren Kunden u. a. von modernen mobilen Versionen der Online-Shops und weiterhin vom Versandversprechen, das für große Zustimmung beim Kunden sorgt und ohne Extragebühr eingelöst wird. Denn wenn vor 16 Uhr bestellt wird, verlässt die Lieferung noch am selben Tag das Zentrallager in Esslingen. Das Versandversprechen wird eingehalten, da internetstores über eine hochmoderne, automatisierte Logistik verfügt und alle in den Online-Shops präsentierten Produkte tatsächlich auf Lager hat. Diese Faktoren sorgen in Kombination mit dem professionellen Kundenservice vor und nach der Bestellung für höchste Zufriedenheit beim Kunden, was sich in immer wieder neuen Rekordzahlen eindrucksvoll widerspiegelt.

Weiterhin ist die permanente Weiterentwicklung des Online-Auftritts ebenfalls ein wichtiger Erfolgsgarant. Bereits seit dem Jahr 2003 arbeitet das Team täglich daran, das Einkaufserlebnis ein Stück zu verbessern. Sowohl in der Kategorie Fahrrad als auch in der Kategorie Outdoor gelten die Online-Shops der internetstores Gruppe als State of the Art.

Bei fahrrad.de wird zudem Wert auf besten Service gelegt. So profitieren Kunden u. a. von einem verlängerten Rückgaberecht auf 100 Tage und einem Versandversprechen auf das gesamte Sortiment. Darüber hinaus bietet der Online-Shop seinen Kunden das sogenannte „3-Stufen-Servicekonzept", wodurch bei einem Gewährleistungsfall verschiedene Lösungen angeboten werden, um den Kunden zufriedenzustellen. Ganz individuell auf den Wunsch des Kunden angepasst.

„Wir haben das Ziel, unseren Kunden besten Service zu bieten. Die bisherigen Auszeichnungen sind eine Bestätigung für unsere bisherige Arbeit und der Ansporn, genau so weiter zu machen", sagt René Marius Köhler, Gründer und CEO von fahrrad.de. „Besonders im E-Commerce ist es wichtig, Kunden hervorragenden Service zu bieten. Denn der Kunde hat nur wenig persönlichen Kontakt zum Online-Shop – dieser muss perfekt sein."

Obwohl internetstores von Anbeginn stark gewachsen ist und der Fokus immer auch auf Internationalität gelegt wurde, wurde die Servicequalität stets im Auge behalten: Dementsprechend erreichte fahrrad.de den Goldmedaillenrang im Gesamtranking der über 1500 untersuchten Unternehmen aus 180 Branchen bei den Service-Champions. Darüber hinaus wurde fahrrad.de zur Nr. 1 der Branche „Online-Fahrrad-Shops" gewählt. Auch 2014 blieb nicht ohne Auszeichnung: Zum zweiten Mal in Folge steht der etablierte Online-Shop von internetstores, fahrrad.de, bei den Service-Champions in der Kategorie „Online-Fahrrad-Shops" ganz oben auf dem Treppchen.

3.3 Skalierbare Best-in-Class Operations

Die Logistik ist skalierbar ausgelegt und stellt in der Fahrradbranche zweifelsohne ein Best-in-Class-Niveau dar: Aktuell liegt die kombinierte Kapazität bei rund 12.000 Lieferungen pro Tag im Einschichtbetrieb mit einer Kapazität für bis zu 42.000 Pakete pro Tag, was auch zukünftiges Wachstum ermöglicht (1,4 Mio. Lieferungen in 2014). Zugleich wurde sukzessive die Fähigkeit zur internationalen Zustellung aufgebaut, inklusive logistisch und legislativ herausfordernder Märkte wie die Schweiz. Von allen vor 16 Uhr platzierten Bestellungen werden 95 % am selben Tag versandt, inklusive vormontierter Fahrräder. Niedrige Retourenquoten zeugen von einer exzellenten Operations. Auch alle anderen Funktionsbereiche arbeiten mit entsprechendem Exzellenzanspruch. Ein extensives Data Warehousing ermöglicht sehr effiziente und detaillierte Planungen sowie Prozessautomatisierung, die durch substanzielle Investments forciert wird.

Insgesamt gibt es drei Logistikstandorte, die insbesondere auch die Versorgung für die Auslandsmärkte sicherstellen. Durch eine sinnvolle Bündelung der Aktivitäten konnten enorme Skaleneffekte in den Logistikkosten realisiert werden.

3.4 Hochkarätiges Team mit E-Commerce-DNA

Auch das Team von fahrrad.de stellt zweifelsohne einen zentralen Erfolgsfaktor dar. Dies gilt sowohl für das Leadership-Team als auch für das internetstores-Team. Das Leadership-Team besteht aus vier erfahrenen E-Commerce-Spezialisten:

René Marius Köhler, CEO & Founder, gründete fahrrad.de in 2003 im Alter von 20 Jahren, auf Erfahrung im Fahrradsektor des Familienbetriebes basierend. Er ließ internetstores um den Erfolg von fahrrad.de herum wachsen, war Gewinner des Deutschen Gründerpreises in 2010 und Finalist Entrepreneur des Jahres 2009, 2011 und 2012.

Ralf Kindermann, COO, ist verantwortlich für Einkauf und Customer Care. Mit 25 Jahren Berufserfahrung bringt er vor allem Expertise im Global Sourcing und Entwicklung von Produktlinien und Marken mit. Er war früheres Mitglied des Management-Boards der Eurobike AG, Geschäftsführer Geschäftsführer von Giant Deutschland und der Bike & Outdoor GmbH (B.O.C.).

Bernd Humke ist Diplom-Jurist und Diplom-Kaufmann und war zuvor CFO und Geschäftsführer bei Europas führendem E-Commerce-Partner für die Fashion- und Lifestyle-Branche. Mit 19 Jahren Berufserfahrung ist er bei internetstores neben dem Finanzbereich auch für die Logistik verantwortlich.

Markus Winter ist CMO in der Geschäftsführung. Der 33-Jährige war zuvor u. a. Geschäftsführer & CMO bei Fashion for Home und Gründer und Geschäftsführer der Cashback-Plattform tamola und verfügt über zwölf Jahre Berufserfahrung. Er verantwortet die Bereiche Marketing, Webshop/UX, IT und BI und ist zudem Leiter des Berliner Büros, von wo aus rund 40 internationale Mitarbeiter und Mitarbeiterinnen die europaweite Expansion vorantreiben.

Das internetstores-Team besteht aus einem hoch talentierten 2nd-Level-Management. Die Mitglieder sind durchschnittlich seit über sechs Jahren im Unternehmen tätig. Von den rund 400 Mitarbeitern (per April 2015) arbeiten 38 % in den Operations, 18 % im Marketing/IT, elf Prozent im Einkauf sowie elf Prozent im Customer Care. Der Rest verteilt sich u. a. auf Content, Finance und andere Bereiche. Weiterhin arbeiten 22 % der Mitarbeiter im Ausland (Schweden).

3.5 Unternehmensphilosophie von internetstores

Passend zur Positionierung als führender Online-Händler für Fahrräder und Outdoor ist auch die Philosophie auf Erfolg ausgerichtet und damit wesentlicher Key Driver. Folgende Eckpunkte kennzeichnen die Unternehmensphilosophie von internetstores (internetstores.com 2016):

Identifikation Wir wollen, dass unsere Mitarbeiter täglich gerne zur Arbeit kommen. Unsere Überzeugung: Wer Spaß an seinen Aufgaben hat, identifiziert sich mit seinem Arbeitgeber. Wir wünschen uns Unternehmer im Unternehmen.

Flache Hierarchien Unsere besondere Unternehmensstruktur macht's möglich: Unsere Mitarbeiter können schnell und direkt Entscheidungen treffen und übernehmen Verantwortung.

Mit den Aufgaben wachsen Die Arbeitswelt wird immer komplexer – das trifft insbesondere für ein E-Commerce-Unternehmen wie internetstores zu. Herausforderungen begreift unser Team aber nicht als Last, sondern als Chance und besondere Motivation.

Dynamik Das rasante Tempo unseres Firmenwachstums stellt uns permanent vor neue Herausforderungen. Kein Arbeitstag gleicht dem anderen. Unser Mitarbeiterteam liebt diese stetige Abwechslung und besondere Form der Flexibilität.

Gemeinsam sind wir stark Unsere Mitarbeiter sind Experten in ihren jeweiligen Bereichen. Allen ist aber bewusst: Stark und konkurrenzfähig sind wir nur im Team. Diesen Teamgeist leben wir jeden Tag. Im Großraumbüro kann jeder ohne lange Wege mit jedem kommunizieren. Alle zusammen statt jeder für sich.

Kreativität und eigene Ideen Die Meinungen unserer Mitarbeiter sind uns wichtig. Daher bieten wir Freiräume für kreative Ideen und Anregungen aller im Team.

Respekt Ein offener, freundlicher und fairer Umgang unter den Kollegen ist bei internetstores eine Selbstverständlichkeit.

Wissen, was im Unternehmen läuft Wir machen neue Firmenentwicklungen für unsere Mitarbeiter transparent. Die Kenntnis des Ganzen macht Prozesse und Entscheidungen plausibel.

Qualität Restlos zufriedene Kunden sind das Ziel von jedem einzelnen in unserem Team.

4   Zusammenfassung und Ausblick

Dreizehn Jahre ist es her und viel ist passiert, seitdem René Marius Köhler am 14. April 2003 fahrrad.de als Einzelunternehmen am Stuttgarter Westbahnhof im Fahrradladen seines Vaters gründete. Eine Erfolgsgeschichte, in der aus dem Ein-Mann-Betrieb ein internationaler E-Commerce-Player wurde, der mittlerweile über 400 Mitarbeiter beschäftigt und im Kalenderjahr 2015 rund 139 Mio. EUR erwirtschaftet. „Wir blicken auf eine interessante und unglaublich ereignisreiche Zeit zurück", so René Marius Köhler. „Viele Erlebnisse sind in Erinnerung geblieben, seien es die Umzüge von Stuttgart nach Waiblingen-Hegnach und kurz darauf weiter nach Esslingen, der Gewinn des deutschen Gründerpreises, die Einführung unseres Versandversprechens. Oder auch ganz aktuell der Ausbau unserer Logistik, durch den wir heute noch mehr Bestellungen in noch kürzerer Zeit abwickeln." Das Zusammenspiel von exzellenten Back-End-Funktionen und modernstem Shop-Auftritt in allen Front-Office-Funktionen versteht fahrrad.de neben den skizzierten Erfolgsfaktoren quasi schon als Pflichtprogramm gegenüber seinen Kunden. Dies zeichnete sich schon früher ab. So schreibt Gerrit Heinemann schon 2009 in der ersten Auflage seines Buches „Der neue Online-Handel", dass Fahrrad.de (www.fahrrad.de) als Best Practice gilt und sich als eines der führenden deutschen E-Commerce-Portale zum Thema Fahrrad versteht, das mit über 10.000 Vertriebspartnern in ganz Deutschland kooperierenden Online-Handel betreibt. Fahrrad.de gehört zur Stuttgarter internetstores AG, die in 2007 rund 21 Mio. EUR umsetzte. Das Geschäftsmodell sieht eine Nachfragebündelung vor, durch die Markenartikel mit deutlichen Preisvorteilen angeboten werden können („Killer-Preis"). Dabei wird auch mit Amazon und Neckermann kooperiert. Fahrrad.de gilt als lebender Beweis dafür, dass jedes Produkt für das Internet geeignet ist, da gerade Fahrräder als extrem erklärungsbedürftig gelten. Erfolgsrezept von fahrrad.de ist das Social Targeting unter weitgehender Nutzung von Web-2.0-Funktionalitäten, die mit dem Verkauf verbunden werden (Heinemann 2008). Der Shop sei stark auf seine Community ausgerichtet. Das Societing mit der Kombination aus Shopping und Community würde exzellent und mit großem Aufwand betrieben und kann in der Anwendung von „User Generated Content" zweifelsohne als führend in der deutschen Online-Handelsszene angesehen werden. So fänden die Internet-User neben Neuproduktvorstellungen auch Foren und Blogs zum Austausch von Insider-Tricks, wobei sich bisher über 1500 Mitglieder registriert und mehr als 3000 Beiträge geschrieben hätten. Darüber hinaus könnten sie mit Fotos und Videos ihre individuell zusammengesetzten Räder vorführen. Außerdem schlägt fahrrad.de mithilfe von GPS-Daten Radtouren vor (Internet World Business vom 12. November 2007). Damit einher ginge auch die konsequente Segmentierung in mehrere zielgruppengerechte Shops. Ein ausgeklügeltes Logistiksystem ermögliche mittels eines eigenen Logistikcenters und einer High-Performance IT-Infrastruktur innovative und maximal kundenorientierte Services, wobei ebenfalls unter Servicegesichtspunkten Wert darauf gelegt würde, dass die Kunden schnell und bequem auf umfangreiche Produktportfolien zugreifen können. Demnach seien als zentrale Erfolgsfaktoren von fahrrad.de auch die Service-Solutions sowie System- und Supply-Chain-Excellence anzusehen. Neben der konsequenten Kundenorientierung und einem Direktpreiskonzept versuche fahrrad.de den Kundenmehrwert durch „außergewöhnliche Qualität" seiner Produkte und Dienstleistungen zu steigern. Dazu passen würden auch die guten Features des E-Shops, der nach Expertenmeinung logisch aufgebaut ist, leicht navigiert werden kann und direkt Beratung per Mausklick ermöglicht. Dabei würde eine telefonische Hotline offensiv ausgelobt. Die Shop-Attraction könne ebenfalls als Erfolgsfaktor angesehen werden, der durch Bilder mit einer hervorragenden Detailfotografie sowie multimedialen Online-Techniken genährt wird. „Opulente bildliche Animation", so urteilen Experten (Versandhausberater 2007, S. 11). Auch das Online-Marketing gelte als vorbildlich, sowohl in Hinblick auf das Empfehlungsmarketing als auch bezüglich des Suchmaschinenmarketings, da selbst kryptische Suchworte bei Falschbeschreibung zu richtigen Ergebnissen bei der Google-Suche führen. Um den adressierbaren Markt weiter zu vergrößern, seien Kooperationen mit stationären Handelsketten und auch der B2B-Vertrieb weitere strategische Stellschrauben, welche in den kommenden Jahren an Bedeutung gewinnen könnten.

Literatur

Der Versandhausberater. (2007). Sonderheft: Katalog und Onlineshop des Jahres 2007.
internetstores.com. (2016). Über uns, Homepage fahrrad.de. http://www.internetstores.de/ueber-uns.html. Zugegriffen: 2. Febr. 2016.
Heinemann, G. (2008). *Der neue Online-Handel – Erfolgsfaktoren und Best Practices*. Wiesbaden: Gabler.
Internetstores. (2016). Presse. http://www.internetstores.de/presse. Zugegriffen: 30. März 2016.
Zweirad-Industrie-Verband (ZIV). (2015). Mitglieder & Kennzahlen 2015. Bad Soden: ZIV (Jahresbericht).

Über die Autoren

Ralf Kindermann zeichnet als Geschäftsführer bei internetstores für die Bereiche Einkauf, Customer Care, B2B und stationären Handel verantwortlich. Vor seiner Tätigkeit für internetstores sammelte er umfangreiche Branchenerfahrung als Vorstand der Eurobike, Geschäftsführer von Giant Deutschland sowie Geschäftsführer der Bike & Outdoor Company (B.O.C.). Er verfügt über 25 Jahre Erfahrung im Einkauf und Vertrieb von Bike- und Outdoor-Produkten. Sein Schwerpunkt liegt dabei auf der Entwicklung preisgekrönter Eigenmarken und Sortimente.

Patrick Leib unterstützt als Assistent die Geschäftsführung der internetstores Gruppe bei allen strategischen und operativen Aufgaben. Ein Schwerpunkt liegt in der Pflege und dem Aufbau des Netzwerkes aus Banken, Investoren und Beiräten. Nach abgeschlossener Berufsausbildung im Hotelbereich erwarb er 2013 ein Doppeldiplom in „International Management" an der ESB Business School in Reutlingen und der Reims Management School. Im Rahmen mehrjähriger Studienaufenthalte und Praktika in Frankreich und den USA sammelte er umfangreiche Auslandserfahrung. Seine Kenntnisse im Bereich Wirtschaftspsychologie vertieft er derzeit berufsbegleitend in einem Masterstudium.

Le Fashion Disrupteur – Die Erfolgsgeschichte von vente-privee

Catherine Spindler und Gerrit Heinemann

Zusammenfassung

Vente-privee steht für ein neues Verkaufskonzept, das es erlaubt, Überproduktionen und Restposten von bekannten Marken abzusetzen. Das Konzept sieht ständig wechselnde, zeitlich begrenzte Verkaufsaktionen mit verschiedenen Produktgruppen im Schwerpunkt Fashion vor. Es ist in den vergangenen Jahren gelungen, mit dem Online-Shopping-Club-Konzept von Frankreich aus ein neues Geschäftsmodell und ein eigenständiges Marktsegment im E-Commerce zu etablieren. Dementsprechend konnte vente-privee in 2015 einen europaweiten Umsatz von zwei Milliarden Euro erzielen. Das Online-Unternehmen arbeitet profitabel und peilt als Marktführer eine fortgesetzte Umsatzexpansion an. Im Folgenden werden das Geschäftsmodell, die DNA des Unternehmens sowie die Entwicklungs- und Expansionsschritte detailliert erläutert.

C. Spindler (✉)
vente-privee.com, La Plaine Saint-Denis, Frankreich
E-Mail: rschumann@vente-privee.com

G. Heinemann
Hochschule Niederrhein, Mönchengladbach, Deutschland
E-Mail: professor@gerritheinemann.de

Inhaltsverzeichnis

1	Geschäftsidee und Geschäftsmodell von vente-privee.	186
2	Historie, Philosophie und Vision	188
3	Entwicklung und Expansionsschritte	189
	3.1 Start-up-Phase.	189
	3.2 Expansions- und Internationalisierungsphase	189
	3.3 Konsolidierungs- und Diversifikationsphase	190
4	Aktuelle Situation und Erfolgsfaktoren	191
	4.1 Zahlen, Daten, Fakten.	191
	4.2 Erfolgsfaktoren.	193
	4.3 Potenzial and Next Steps	196
	4.4 Lessons Learned – der B2B2C Inhouse Approach.	196
5	Fazit und Ausblick	197
Literatur.		197
Über die Autoren.		198

1 Geschäftsidee und Geschäftsmodell von vente-privee

Vente-privee (www.vente-privee.com) ist Erfinder der sogenannten Online-Flash-Sales und weltweiter Marktführer in diesem Bereich. Das französische Unternehmen mit einer Dependance in Düsseldorf verkauft Warenüberhänge von mehr als 3700 nationalen und internationalen Premiummarken. Über 30 Mio. Mitglieder profitieren von starken Preisnachlässen zwischen 50 und 70 % gegenüber der unverbindlichen Preisempfehlung. Das Warenangebot umfasst Mode, Accessoires, Schuhe, Kosmetik, Hightech, Möbel, Deko, Sportequipment, Entertainment- und Fitnessangebote, Wein und Reisen. Die vente-privee-Mitglieder haben die Möglichkeit, Produkte ihrer Lieblingslabels zu shoppen, oder neue, trendige Marken zu entdecken. Jeder Tag bietet ein neues Einkaufserlebnis zu smarten Preisen, die Männer und Frauen zum Impuls-Shopping verführen. Die Bandbreite reicht vom klassischen Gebrauchsgegenstand bis zum edlen „Wollt ich schon immer haben"-Luxusartikel. Für Markenhersteller ist die Website zudem mehr als ein Online-Shop. Als B2B2C-Unternehmen mit millionenstarkem Publikum gilt vente-privee als aufmerksamkeitsstarkes Medium, das Marken bei ihren Abverkäufen unterstützt, die Bekanntheit fördert und als zusätzliches Marketing-Tool dient.

Registrierte Mitglieder haben bei vente-privee Zugang zu ständig wechselnden Angeboten mit Markenprodukten, die in zeitlich begrenzten Verkaufs-Aktionen zu Festpreisen angeboten werden und in der Regel günstiger als die regulären Artikel sind. Die Produkte werden in jedem Fall im Vergleich zum handelsüblichen Preis mit Nachlässen angeboten. Bei den betroffenen Artikeln handelt es sich um mängelfreie Neu- und Originalware. Diese stammt aus Restposten und Überschussmengen. Immer häufiger werden aber auch spezielle Kapselkollektionen für vente-privee bereitgestellt. Nach Abschluss der jeweiligen Abverkaufsaktion erhält der Hersteller oder Großhändler die gesammelten Bestellungen des jeweiligen Artikels. Dadurch ergibt sich in der Regel

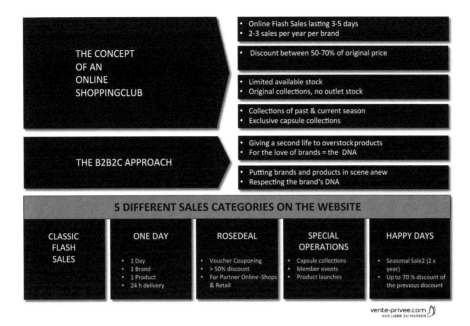

Abb. 1 Geschäftsmodell von vente-privee. (Quelle: Eigene Darstellung)

eine längere Lieferzeit für den Endverbraucher als im „normalen Online-Handel" (Wikipedia 2016).

Die Sales-Events starten täglich um sieben. Seit 2016 öffnen ausgewählte Sales-Aktionen schon um 19 Uhr, an Wochenenden und Feiertagen um neun Uhr. 24 h vor Verkaufsstart werden die Mitglieder per E-Mail über neue Sales-Events informiert. Darin werden die aktuellen Marken angekündigt. Die Verkäufe sind limitiert und zeitlich auf drei bis fünf Tage begrenzt. Aber mit Schnelligkeit und ein paar taktischen Shopping-Tricks können sich Mitglieder ihre Must-haves auch bei großer Nachfrage sichern. Um keine Lieblingsmarke zu verpassen, können sich Mitglieder über den Service „Meine Memos" gezielt an Verkaufsstarts der gewünschten Marken und Produktbereiche erinnern lassen. Wer besonders smart shoppen möchte, nutzt die vente-privee Applikationen für iPhone, Android, Windows Phone, iPad oder die Webanwendung, um mobil die Lieblingsprodukte zu shoppen. In 2015 erfolgte der Launch der Apple Watch App. Über 50 % der Verkäufe werden mittlerweile von unterwegs getätigt.

Zu den Online-Aktionen haben nur eingeschriebene Mitglieder Zugang. Die Mitgliedschaft ist kostenlos und unverbindlich und jeder Interessent kann sich registrieren. Freundschaftswerbung führt zu einer Gutscheinbelohnung. Die Kunden können alle Produkte retournieren und sich das Geld erstatten lassen, was in Deutschland durch das Fernabsatzgesetz sogar garantiert ist.

In Abb. 1 ist das Geschäftsmodell von vente-privee zusammenfassend dargestellt.

2 Historie, Philosophie und Vision

Das Unternehmen wurde 2001 in Paris von CEO Jacques-Antoine Granjon und sieben Partnern gegründet. Alle Gründer waren bereits ab Anfang der 1980er Jahre im Lagerabverkaufsgeschäft tätig. Jacques-Antoine Granjon, im Unternehmen auch als JAG abgekürzt, gründete bereits sein erstes eigenes Unternehmen unmittelbar, nachdem er 1985 sein Diplom an der European Business School in Paris absolviert hatte. Er und seine Partner erfanden Ende 2000 eine Online-Innovation, die es erlaubte, Überproduktionen und Restposten von bekannten Marken bei zeitlich begrenzten Verkäufen über das Internet abzusetzen. Das Konzept sieht ständig wechselnde, limitierte Verkaufsaktionen mit verschiedenen Marken vor. Vente-privee organisiert täglich derartige Aktionen in direkter Zusammenarbeit mit den Markenherstellern. Die Anzahl der Verkaufsaktionen belief sich in 2015 auf 13.600 Die Erfindung des neuen Vermarktungskonzeptes führte dann 2001 zur Gründung der vente-privee.com S. A. mit Sitz in Saint-Denis bei Paris. Es handelt sich um ein französisches Unternehmen, das als „Online Pure Player" eine Verkaufsplattform in Form einer geschlossenen Shopping-Community betreibt und damit seit 2006 auch auf dem deutschen Markt und in anderen Ländern in Europa tätig ist. Mittlerweile sind täglich 2800 Mitarbeiter aus 40 Nationen für das Unternehmen im Einsatz. Ein kreatives Team von 270 Designern, Fotografen, Maskenbildnern, Hairstylisten, Shooting-Managern und Retuscheuren arbeitet in der Pariser Zentrale in 30 Foto- und

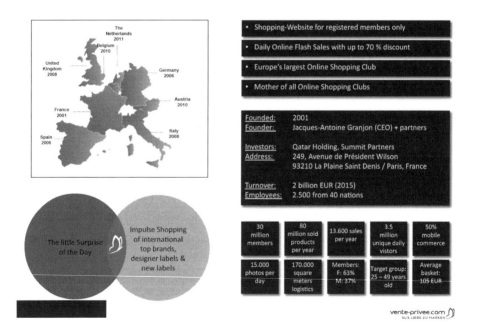

Abb. 2 What is… vente-privee? (Quelle: Eigene Darstellung)

Videostudios sowie fünf Tonstudios. Bei den angebotenen Markenartikeln handelt es sich um Produkte aus den Bereichen Fashion, Accessoires, Spielzeug, Sportswear, Uhren, Haushaltswaren, Hightech, Wein, Gartenmöbel und Autos. Fashion und Sportswear vereinen den größten Umsatzanteil auf sich.

In Abb. 2 sind alle wichtigen Zahlen und Fakten zu vente-privee dargestellt.

3 Entwicklung und Expansionsschritte

Die Start-up Phase von vente-privee war mühsam, aber erfolgreich. Sie lieferte die Basis für eine zügige Expansions- und Internationalisierungsstrategie, die nicht frei von Rückschlägen war. Derzeit wird nach erfolgter Konsolidierung und Diversifikation die nächste Expansionsphase vorbereitet.

3.1 Start-up-Phase

Die Website vente-privee.com ging 2001 in Frankreich online. Die ersten drei Jahre waren durch Investitionen und eine Weiterentwicklung der Prozesse geprägt. Nach Gründung des Unternehmens gelang erst nach mühsamen, kontinuierlichen Systemoptimierungen in 2004 der Durchbruch mit dem Verkauf einer bekannten Dessousmarke. Dieser hing auch mit dem DSL-Highspeed Internet zusammen, das den Upload von größeren Bilddateien ermöglichte und daher zu besseren Online-Abbildungen und höheren Kaufintentionen führte.

Bei den dadurch in Gang gesetzten Aktionen handelt es sich um sogenannte Online-Flash-Sales (deutsch etwa: Blitz-Verkauf). Dem Prinzip nach wird die Lagerware des Markenherstellers dabei schnell abgebaut, ohne das Image des Herstellers zu schädigen oder den traditionellen Vertriebskanal zu kannibalisieren.

3.2 Expansions- und Internationalisierungsphase

Mit lokalen Webseiten wurden Ende 2006 zunächst der deutsche und dann der spanische Markt erschlossen. Im Folgejahr 2007 gab vente-privee 20 % seiner Geschäftsanteile an den US-amerikanischen Finanzinvestor Summit Partners, um vente-privee bei seinen internationalen Entwicklungsbestrebungen zu unterstützen. Ein Jahr später kamen in 2008 Italien und Großbritannien als Absatzmärkte hinzu. Seit 2011 gehören die Niederlande auch zum Kundenkreis von vente-privee. Fast zeitgleich mit der Erschließung des niederländischen Marktes wurde auch über ein Joint Venture mit American Express der US-amerikanische Markt in Angriff genommen. Die

Entwicklung dort war aber nicht wie erwartet, da der US-Markt völlig anders funktioniert als die europäischen Märkte. Dementsprechend wurde das Joint Venture Ende 2014 beendet. Aktuell fokussiert sich vente-privee auf Europa. Neben Frankreich, wo noch 80 % der Umsätze erzielt werden, ist das Unternehmen derzeit in Deutschland, Spanien, Italien, Großbritannien, Österreich (seit 2010), Belgien (seit 2010) und den Niederlanden aktiv. In 2015 erwarb vente-privee die Mehrheit an vente-exclusive.com, dem führenden Online-Anbieter für Event-Sales in den Beneluxländern. Mit dieser Übernahme baute der französische Online-Pionier seine Aktivitäten und Entwicklung in Nordeuropa weiter aus.

3.3 Konsolidierungs- und Diversifikationsphase

Vente-privee konzentriert sich nunmehr auf den europäischen Markt. Im Frühjahr 2016 verzeichnete der Online-Shoppingclub 30 Mio. Mitglieder in Europa, darunter 1,6 Mio. in Deutschland. Im Oktober 2013 startete der Online Pure Player mit einem Gastronomieangebot auf der französischen Plattform. Unter dem Namen Miam Miam werden dort regionale Gourmet-Lebensmittel verkauft. Ende 2013 stieg die Qatar Holding, Teil der Qatar Investment Authority, als Investor und Minderheitsaktionär bei vente-privee mit ein. Zugleich stockte Firmengründer Granjon seine Anteile von 20 auf 25 % auf. Sukzessive werden die Geschäftstätigkeiten neben der Shopping-Club-Plattform diversifiziert. So verfügt vente-privee über einen Consultingservice, vente-privee Consulting, der zur Unterstützung anderer Firmen im Bereich des E-Commerce gegründet wurde. Bis 2012 konnten vierzig Projekte bei Unternehmen wie beispielsweise Lacoste umgesetzt werden. CEO von vente-privee Consulting ist seit 2013 Ilan Benhaim, Mitbegründer von vente-privee und seit 2006 Director Strategy & Innovation. Anfang 2013 konnte vente-privee das Théâtre de Paris, im Frühjahr 2014 das Théâtre de la Michodière und im März 2016 das Théâtre de Bouffes erwerben, um über die eigene Verkaufsplattform nicht nur Eintrittskarten für das Theater zu verkaufen, sondern diese Bühnen auch als Event- und Entertainmentfläche zu nutzen. Ende 2014 startete das Unternehmen mit einer Internet-Plattform namens Kooroo auf dem französischen Markt, um damit neue Produkte für Hersteller wie L'Occitane oder Starbucks zu vermarkten. Der 2010 lancierte Geschäftsbereich vente-privee Le Voyage hat sich als echter Wachstumsmotor herausgestellt und stellt die Medienpower von vente-privee in den Dienst der Tourismusmarken mit einem täglichen Angebot von Online-Shopping-Events im Segment Reise. Seit 2015 besteht eine Minderheitsbeteiligung an der Aktiengesellschaft MisterFly, einem neuen Akteur auf dem Online-Flugmarkt. Ebenfalls in 2015 wurde eine Beteiligung an Weezevent, einem französischen Start-up und Pionier im Bereich des Self-Ticketing erworben.

Neben den Akquisitionen wird auch das Kernsegment sukzessive ausgebaut und den neuesten Erfordernissen angepasst.

4 Aktuelle Situation und Erfolgsfaktoren

Vente-privee ist Synonym für Online-Shopping-Portale, die eine besondere Form des Marktplatzgeschäftes darstellen. Die Erfolgsfaktoren lassen sich klar an den Killer-Differenzierungsfaktoren festmachen. Das Potenzial für die nächsten Expansionsschritte ist zweifelsohne gegeben.

4.1 Zahlen, Daten, Fakten

Vente-privee ist es in den vergangenen Jahren gelungen, mit dem Online-Shoppingclub-Konzept von Frankreich aus ein neues Geschäftsmodell und ein eigenständiges Marktsegment im E-Commerce zu etablieren. Dementsprechend konnte vente-privee in 2015 seinen europaweiten Umsatz von 1,7 auf 2 Mrd. EUR steigern. Das Online-Unternehmen arbeitet profitabel und peilt als Marktführer eine fortgesetzte Umsatzexpansion an. Es ist eine – nicht an der Börse gelistete – Aktiengesellschaft und daher nicht zur umfangreichen Publikation der Geschäftsdaten verpflichtet. Der Unternehmenssitz befindet sich in La Plaine Saint-Denis, im Norden von Paris und besteht aus insgesamt fünf Gebäuden:

Die vente-privee Zentrale Wilson 1 ist der Name für ein Verwaltungsgebäude, das nach der Straßenadresse Avenue du Président Wilson benannt ist. Es wurde 2001 in der alten Druckerei der französischen Tageszeitung Le Monde errichtet. Wilson 2 wurde als Gebäude 2010 angebaut, um den Sitz zu vergrößern. In diesem Gebäudekomplex sind unterschiedliche Abteilungen von vente-privee untergebracht, so wie u. a. die Produktion, die IT oder auch das Personalwesen.

Die Mitgliederbetreuung Rund 110 Mitarbeiter kümmern sich in einem separaten Gebäude in Saint-Denis um die täglichen Kundenanfragen, und zwar zentral für alle acht europäischen Länder, in denen vente-privee tätig ist.

Digital Factory Ende 2010 wurde ein 3800 qm großes Gebäude unweit der Firmenzentrale errichtet, das eines der größten Fotostudios in Europa sein dürfte. Die Digital Factory ist größter Auftraggeber für französische Modelagenturen und beschäftigt rund 270 Mitarbeiter, um virtuelle Schaufenster für die Markenpartner zu kreieren. Im Gebäude finden nicht nur Fotoshootings, sondern auch die Postproduktionen statt. Darüber hinaus sind dort neben der Regie, die alle Prozesse plant und begleitet, auch verschiedene Kreativabteilungen sowie das Home und Motion Design angesiedelt.

Le Verone Das Gebäude zählt mit 350.000 vorbeifahrenden Fahrzeugen pro Tag zu den meistgesehenen der Welt. Die Eröffnung dieses Gebäudekomplexes am Stade de France erfolgte im Januar 2016. Es handelt sich um ein neunstöckiges Bürogebäude, das der

Abb. 3 Interaktive Marktplätze und Shopping-Portale. (Quelle: Eigene Darstellung in Anlehnung an Heinemann und Boersma 2014)

ehemalige Sitz der Redaktion der französischen Tageszeitung L'Humanité war. Dafür wurde eine neue Fassade mit der größten Outdoor-HD-Leinwand Europas errichtet, die 102 qm misst. Aufgrund des weiteren Wachstums und der Auslagerung unterschiedlicher Bereiche wie Marketing, Brand Management, PR, Buchhaltung etc. wurde das Gebäude, das vom Architekten Jean-Michel Wilmotte geplant war, umgestaltet.

Blanc Mesnil Dieses Gebäude ist Sitz des Logistikzentrums in Paris, das neben den anderen Logistikzentren Lyon und Beaune (vorzüglich Miam Miam Angebote, das heißt Wein und Feinkost) die Logistik-Infrastruktur bildet.

Im Grunde genommen handelt es sich bei vente-privee um ein typisches Online-Shopping-Portal, das eine spezielle Marktplatzform darstellt (vgl. Abb. 3). Marktplätze und Shopping-Portale haben eine herausragende Bedeutung im Online-Handel erlangt. Da diese sich sowohl nach Art der Wettbewerbsbeziehung als auch nach Intensität der Kundenbeziehung sehr unterschiedlich darstellen können, bietet es sich an, die entsprechenden Formen differenziert zu betrachten (Boersma 2014):

- **Marktplatzformen mit direkter Wettbewerbs- sowie indirekter Kundenbeziehung** stellen Shopping-Portale dar. Ihr ergänzender Marktplatz steht für die Marktplatzpartner zugleich auch in direktem Wettbewerb, wodurch auf derselben Plattform in der Regel auch überschneidende Sortimente angeboten werden. Wie in Abb. 3 dargestellt, lassen sich Amazon, Otto, Zalando und Rakuten beispielsweise als Shopping-Portale kennzeichnen. Sie erlauben den Partnerfirmen deswegen keine direkte Kundenbeziehung auf dem Marktplatz, da sie selbst die Transaktion kontrollieren bzw. betreiben. Dazu verwalten sie auch die Kundendaten, was ein hohes Vertrauen erfordert. Shopping-Portale zeichnen sich durch ein sehr hohes Traffic-Volumen und ein umfassendes Angebot in gemischten Segmenten aus.

- **Marktplatzformen mit direkter Wettbewerbs- als auch direkter Kundenbeziehung** stellen die Plattformen der Verbundgruppen dar, die nicht selten als Kombination aus zentral betriebenem Online-Shop der Verbundgruppe und dezentral individualisierten Shops der Mitglieder diese Form eines geschlossenen Marktplatzes abbilden. Im Vordergrund muss aber stehen, dass es sich um Plattformlösungen für Mitglieder handelt, da das Konfliktpotenzial sonst unverträglich mit dem genossenschaftlichen Grundgedanken einer Verbundgruppe ist.
- **Als Marktplatzformen mit indirekter Kundenbeziehung und indirekter Wettbewerbsbeziehung** können Auction-Broker wie das eBay-Auktionsgeschäft oder virtuelle Marktplätze wie Etsy, Dawanda bzw. der eBay-Marktplatz angesehen werden. Mit 80 % Festpreisanteil überwiegt bei eBay mittlerweile ganz klar das Marktplatzgeschäft. Auction-Broker haben bisher zwar überwiegend eine Discount-Positionierung, verfolgen zunehmend aber eine Neupositionierung über Markenshops. Dawanda und Etsy vermitteln auf ihren Marktplätzen Unikate und/oder Kleinserien mit Community-Orientierung, verfügen aber über ein vergleichsweise geringes Traffic-Volumen.
- **Ausschließlich indirekte Kunden- und Wettbewerbsbeziehungen** weisen private Shopping-Portale auf. Sie verfolgen meist eine Positionierung im Markenartikel Schnäppchenjäger-Segment, wofür in der Regel Restanten relevant sind. Neben vente-privee lassen sich Brands4Friends, BuyVip (heute Amazon ViP), Limango, BestSecret.de und Zalando Lounge als Beispiele für private Online-Shoppingclubs nennen. Diese sind überwiegend Community-basiert und damit in hohem Maße als interaktiv zu betrachten.

Private Shopping und auch virtuelle Marktplätze können durchaus auch als eine Form des Social Commerce angesehen werden, sind also nicht ganz überschneidungsfrei mit den Social-Commerce-Plattformen zu betrachten. Dies gilt vor allem für virtuelle Marktplätze wie Etsy und/oder Dawanda (Heinemann 2016). Es geht bei beiden Marktplatzformen aber weniger um Social-Media-Aspekte als vielmehr um die Art des Produktprogramms.

4.2 Erfolgsfaktoren

Das Konzept von vente-privee ist ein Musterbeispiel für einen der wichtigsten Erfolgsfaktoren im Online-Handel, nämlich die Shop-Attraction und Selling-Proposition (Heinemann 2016). So stellt die hoch attraktive und zugleich stark reduzierte Markenware ein

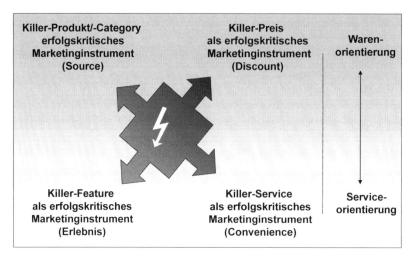

Abb. 4 Killer-Differenzierungsfaktoren im Online-Handel. (Quelle: Heinemann 2016)

hervorragendes Killer-Produkt dar, das mit einem Killer-Preis ausgezeichnet wird. Zugleich wird die Attraction-Wirkung durch das Closed-Shop-Prinzip noch verstärkt (vgl. Abb. 4).

Elementare Grundlage für eine klare Differenzierung wird in den kommenden Jahren die Polarisierung des Konsumentenverhaltens bilden. Wie aus Abb. 4 hervorgeht, muss es aufgrund der strategischen Ausrichtung in Discount, Source, Erlebnis und Convenience insbesondere bei den Online-Händlern zu einer Erweiterung ihres bisher überwiegend praktizierten Target-Marketing zu einem Attraction-Marketing kommen. Nur diejenigen Online-Händler werden nachhaltig Erfolg haben können, die mindestens einen der vier „Killer-Differenzierungsfaktoren" Killer-Preis, Killer-Produkt/-Category, Killer-Service und Killer-Feature aufweisen. Dabei sollte der Online-Handel das Attraction-Marketing unter Berücksichtigung psychografischer Kunden- und Lebensstiltypen weiterentwickeln, um damit kundenübergreifend Anziehungskraft in Hinblick auf die strategischen Differenzierungsfaktoren zu erzeugen. Diese Anziehungskraft ist durch eine Schaffung neuer sowie die Entdeckung bisher unbefriedigter Motivationslagen und Kundenbedürfnisse zu erreichen. Dabei zeigt sich, dass vor allem die Online-Händler Erfolg haben, die möglichst viele der in Abb. 4 aufgezeigten Killer-Differenzierungsfaktoren simultan verfolgen. Diesbezüglich geht es auch um die Schaffung besonderer Mehrwerte, die den Kunden zeitnah angeboten werden. Insofern kann Attraction-Marketing nicht losgelöst von einer Customer-Value-Orientierung praktiziert werden. Als Beispiele lassen sich vereinfachte Kaufvorgänge („mit drei Klicks zum Ziel"), günstige Preise (zum Beispiel Shopping-Börsen) oder ein hochmodisches und zugleich attraktives Angebot (zum Beispiel Liveshops) nennen. Im Sortiment des Online-Händlers müssen sich die kommunizierte E-Marken-Positionierung und der Mehrwert des Kunden widerspiegeln. Insbesondere aufgrund der räumlichen „Unbegrenztheit" neigen Online-Händler dazu, auch Sortimente anzubieten, die nicht mehr unbedingt zum klassischen Markenprofil passen. Entscheidend ist, ob der Online-Händler in der Lage ist, seinen Kunden ein attraktives Sortiment („Killer-Category") in der erforderlichen Breite und Tiefe zu einem guten Preis-Leistungs-Verhältnis anzubieten. Dabei ist nicht allein die absolute Anzahl der angebotenen Artikel entscheidend, sondern vor allem das Angebot der für die Kunden passenden Artikel. Erfolgreiche Online-Händler konzentrieren sich dabei eher auf wenige Artikel, die zum richtigen Zeitpunkt die entsprechenden Kundenbedürfnisse decken bzw. wecken. Sie bieten regelmäßig Killer-Produkte an, also Angebote, die sich durch ein besonderes Preis-Leistungsverhältnis in Verbindung mit einer trendigen Ausstattung auszeichnen (zum Beispiel iPad in Spezialfarben bzw. mit Initialen, die wöchentliche Tchibo-World, der Top-1-Hitlistenartikel etc.). Killer-Produkte erzeugen beim Kunden eine hohe Begeisterung und führen zu intensiver Mund-zu-Mund-Propaganda, forcieren also auch Viralmarketingmaßnahmen. Gleiches gilt für Killer-Preise, die mindestens „Aldi-Niveau" haben sollten, wenn der Positionierungsschwerpunkt in Richtung Discount angelegt ist. Ähnlich den Killer-Produkten und Killer-Preisen können auch Killer-Features und Killer-Services eine Sogwirkung entwickeln. Als Killer-Feature wird eine Eigenschaft bezeichnet, die dafür sorgt, dass der Nutzer eines Internetkanals einen Mehrwert hat. Dieser Mehrwert kann sehr unterschiedlich ausgeprägt sein und von der Lösung eines programmatischen Problems bis hin zu einer Beziehungsfindung reichen. Er ist als Auslöser für die Bildung einer Online-Community gedacht und ist zugleich auch Bedingung dafür. Das Merkmal („Feature") der Groupware muss einen direkten Nutzen für die Anwender geben. Allerdings reicht die pure Existenz eines derartigen Merkmals für die Bildung einer Community nicht aus. Genauso wichtig sind die Bereiche Awareness, Stabilität und Benutzerschnittstelle. Ein Nutzer sollte bereits einen Mehrwert haben, wenn er sich auf der Community-Website alleine anmeldet. Der Mehrwert vervielfältigt sich dann, wenn sich zusätzlich noch andere Nutzer anmelden. Killer-Services kommen neben Schnelligkeit, Usability sowie Reklamations- und Retourenkulanz vor allem in herausragenden Self-Service-Funktionalitäten zum Ausdruck. Durch Limitierung und intensive multimediale Herausstellung der verfügbaren Produkte kann auch durch die Attraktivität des Angebots ein Sogeffekt erzielt werden. Diese Sogwirkung hat wiederum positive Ausstrahlung auf die Online-Store-Brand. Wesentliches Erfolgsrezept von Yoox.com ist zum Beispiel das limitierte Angebot hochwertiger Luxuslabels wie Armani aus der Vorsaison, die preisreduziert erhältlich sind. Auch Net-a-Porter bietet ausgewählte Artikel in limitierten Stückzahlen im Online-Shop an und wurde nicht zuletzt deswegen in 2015 von Yoox.com übernommen.

Die Kundengewinnung erfolgt bei vente-privee effektiv, effizient und organisch, auch über die bestehenden Mitglieder selbst. Damit wird ein weiterer Erfolgsfaktor im Online-Handel erfüllt, nämlich das Social-Targeting und Societing (Heinemann 2016). Per Ende 2015 konnte die Verkaufsplattform erstmals die 30-Mio.-Mitgliedergrenze innerhalb Europas überschreiten. Bei den Kampagnen bzw. „Sale-Events", die sich im letzten Jahr auf 13.600 Verkaufsaktionen beliefen, wurden insgesamt 80 Mio. Produkte in Europa verkauft (Wikipedia 2016). 60 % im Bereich Mode. Täglich finden sich bis zu 120 Flash-Sales auf der Webseite. Vente-privee ist neben Frankreich mittlerweile auch in Deutschland, Österreich, Spanien, Italien, Großbritannien erfolgreich tätig und ist in Frankreich drittgrößter Modeanbieter. Zudem wurde vente-privee zum dritten Mal in Folge zur beliebtesten Online-Fashion-Website der Franzosen und zu zweitbeliebtesten Website für Wein in Frankreich gewählt.

4.3 Potenzial and Next Steps

Um das Wachstum in Europa weiter voranzutreiben hat vente-privee seit 2009 weitere Büros in Spanien (Barcelona) und Deutschland (Düsseldorf) eröffnet. Es folgten 2010 Büros in Italien (Mailand) und Spanien (Madrid). Für eine reibungslose Logistik bzw. Supply Chain, in der über 460 Mitarbeiter tätig sind, hat das Unternehmen insgesamt sechs Lager- und Versandhäuser in Frankreich installiert. Darüber hinaus wurden in Deutschland (Germesheim, Michelstadt), in Spanien (Madrid) und in Italien (Turin) Logistikzentren errichtet, um auch den lokalen Gegebenheiten entsprechen zu können.

Vente-privee setzt quantitativ und qualitativ mit seinen Mitgliederzahlen neue Maßstäbe. Der Marktführer verzeichnet im Durchschnitt 3,5 Mio. Unique Visitors am Tag auf seiner Webseite. Darüber hinaus hat vente-privee als erster Anbieter von Online-Flash-Sales 2010 eine mobile Applikation für das iPhone gelauncht. Heute stehen außerdem Apps für iPad und Android, sowie eine mobile Webanwendung zum Download bereit. Zudem ist die Website auf der Apple-Watch präsent. Mittlerweile generiert das Unternehmen über 50 % seines Umsatzes über den mobilen Absatzkanal. Damit ist das B2B2C-Unternehmen mehr als ein Online-Shop, sondern ein aufmerksamkeitsstarkes Medium, das Marken bei ihren Abverkäufen unterstützt, die Bekanntheit fördert und als Marketing-Tool dient.

4.4 Lessons Learned – der B2B2C Inhouse Approach

Vente-privee hat den Fashion-Einkauf disruptiv revolutioniert. Als Nummer 3 im französischen Fashion-Handel ist der Modepionier nicht mehr wegzudenken. Den Schlüssel zum Erfolg bildet zweifelsohne das Sourcing und die Sicherstellung der Beschaffung hochwertiger Marken. Im Mittelpunkt steht deswegen neben einem hochprofessionellen Einkauf das sogenannte „Stock Sourcing" und die „Stock Validation", die Grundlage für alle Verkaufsaktionen und Styling-Konzepte sind. Erst dann, also nach professioneller B2B-Arbeit, kann die B2C-Vermarktung in Form der Foto-Shootings, des Webdesign, der Verkaufsbeschreibungen sowie der Newsletter-Produktion beginnen. Dieses ist der sogenannte B2B2C Inhouse Approach: Erst wenn die Beschaffung und Versorgung sichergestellt und ausverhandelt sind, kann die Verkaufsmaschinerie in Gang gesetzt werden. Diese sehen im Vorfeld einen begrenzten

Verkaufszeitraum vor, über den zunächst alle Orders eingesammelt werden. Diese werden dann gesammelt an den Lieferanten gegeben, der den Lieferprozess und die Logistik in Gang setzt, bis das Mitglied von vente-privee dann die Ware erhält.

5 Fazit und Ausblick

Vente-privee steht für ein disruptives Online-Verkaufskonzept, das es erlaubt, Überproduktionen und Restposten von bekannten Marken abzusetzen. Das Konzept sieht ständig wechselnde, zeitlich begrenzte Verkaufsaktionen mit verschiedenen Produktgruppen im Schwerpunkt Fashion und Lifestyle vor. Das Angebot reicht von Damen-, Herren- und Kindermode über Sportswear, Uhren, Schmuck, Spielzeug bis Hightech, Events, Reisen, Haushaltswaren oder Food. In den drei- bis fünftägigen Verkaufs-Events internationaler Topmarken profitieren Mitglieder von starken Preisnachlässen zwischen 50 und 70 % gegenüber der Preisempfehlung des Herstellers. Die Mitgliedschaft bei vente-privee ist kostenlos und unverbindlich. Die Sales-Events starten täglich um sieben bzw. 19 Uhr an Wochenenden und Feiertagen um neun Uhr. 24 h vor Verkaufsstart werden die Mitglieder per E-Mail über neue Sales-Events informiert. Dabei erfahren sie die aktuellen Marken. Seit dem Launch der deutschen Website im September 2006 hat vente-privee mehr als 1,6 Mio. deutsche Smart Shopper überzeugt. Auch die Anzahl der Partnermarken, die vente-privee ihr Vertrauen schenken, steigt stetig. Seit September 2009 ist das Unternehmen mit einem Büro in Düsseldorf auch lokal im deutschen Markt präsent. In den vergangenen Jahren ist es gelungen, mit dem Club-Shop-Konzept von Frankreich aus ein neues Geschäftsmodell und ein eigenständiges Marktsegment im E-Commerce zu etablieren. Dementsprechend konnte vente-privee in 2015 einen europaweiten Umsatz von 2 Mrd. EUR erzielen. Das Online-Unternehmen arbeitet profitabel und peilt als Marktführer eine fortgesetzte Umsatzexpansion an.

Literatur

Heinemann, G. (2014). Innovative Formen der Offsite-Downstream-Kundeninteraktion. In T. Boersma, M. Bruhn, & K. Hadwich (Hrsg.), *Forum Dienstleistungsmanagement 2015 – interaktive Wertschöpfung durch Dienstleistungen*. Wiesbaden: Springer-Gabler.

Heinemann, G. (2016). *Der neue Online-Handel – Geschäftsmodell und Kanalexzellenz im Digital Commerce* (7. Aufl.). Wiesbaden: Springer-Gabler.

Wikipedia. (2016). vente-privee. http://en.wikipedia.org/wiki/vente-privee. Zugegriffen: 10. Febr. 2016.

Über die Autoren

Catherine Spindler ist seit 2014 leitende Marketingdirektorin bei vente-privee und zeichnet für den Aufbau und die Entwicklung der B2B/B2C-Marketingstrategie für Frankreich und Europa verantwortlich. Sie begann ihre Karriere beim Weltmarktführer für Luxusgüter LVMH als International Product Manager für die Parfümlinien der Marke Guerlain. Vor ihrem Einstieg bei vente-privee war sie für die Yves Rocher Gruppe im Bereich Marketing für die Regionen Europa und China tätig und bekleidete später die Position als Marketingdirektorin und International Brand Communication für die Marke Dr. Pierre Ricaud.

Prof. Dr. Gerrit Heinemann leitet das eWeb Research Center der Hochschule Niederrhein, wo er auch BWL, Managementlehre und Handel lehrt. Er hat BWL in Münster studiert, war danach Assistent bei Heribert Meffert, und promovierte über das Thema „Betriebstypenprofilierung textiler Fachgeschäfte" mit summa cum laude. Nach fast 20-jähriger Handelspraxis u. a. in Zentralbereichsleiter-/ und Geschäftsführerpositionen bei Drospa/Douglas und Kaufhof/Metro wurde Gerrit Heinemann 2005 an die Hochschule Niederrhein berufen. Er bekleidet verschiedene Aufsichtsratsfunktionen in E-Commerce- bzw. Handelsunternehmen, war lange Jahre stellvertretender Aufsichtsratsvorsitzender der buch.de internetstores AG und begleitet Start-ups – wie die Good to Go Inc. in Sausalito – als Advisory Board. Daneben ist Prof. Heinemann Autor von rund 200 Fachbeiträgen und 15 Fachbüchern zu den Themen Digitalisierung, E-Commerce, Online- und Multi-Channel-Handel. Sein Buch „Der neue Online-Handel" kommt Anfang 2017 in achter Auflage heraus und erschien bereits in englischer sowie auch chinesischer Version.

Teil III

Digitale Adoption

Mönchengladbach bei eBay – Wie Online-Marktplätze dem Handel helfen, den digitalen Wandel zu meistern

Stephan Zoll und Steven Marks

Zusammenfassung

Konsumenten kaufen immer öfter online. Läden verlieren Laufkundschaft, Geschäfte müssen schließen, Innenstädte veröden und der Einkaufsbummel verliert endgültig seinen Reiz. Dies ist ein Teufelskreis, der vor allem kleineren und mittelgroßen Städte droht. Nur wenn es lokalen Einzelhändlern gelingt, neue Zielgruppen und zusätzliche Umsatzquellen zu erschließen, können sie die Attraktivität ihres stationären Angebots – und damit letztlich das eigene Überleben – nachhaltig sichern. Im Pilotprojekt „Mönchengladbach bei eBay" verknüpfen Händler ihr stationäres Angebot mit einem Shop auf dem Online-Marktplatz. Damit folgen sie den Empfehlungen eines Forschungsprojekts der WFMG Wirtschaftsförderung Mönchengladbach und des eWeb Research Center der Hochschule Niederrhein, das die „Auswirkungen des Online-Handels auf Städte und Gemeinden in NRW am Beispiel der Stadt Mönchengladbach" untersucht hat. Viele der teilnehmenden Händler konnten schon nach kurzer Zeit signifikante Umsatzzuwächse verzeichnen.

S. Zoll (✉) · S. Marks
eBay GmbH, Europarc Dreilinden, Deutschland
E-Mail: presse@ebay.de

S. Marks
E-Mail: presse@ebay.de

Inhaltsverzeichnis

1 Handel im Umbruch... 202
2 Bedeutung und Chancen von Online-Marktplätzen im Handel.................... 203
　2.1 Chancen für kleine und mittelgroße Händler............................. 204
　2.2 Partnerprogramm für Marken... 204
　2.3 Vorteile für Händler aller Größen...................................... 205
　2.4 eBay: In 20 Jahren zum weltweit lebendigsten Online-Marktplatz......... 206
3 Das Pilotprojekt „Mönchengladbach bei eBay".................................. 207
　3.1 Einzelhandel in Mönchengladbach: Ausgangslage und Ziele................ 207
　3.2 Handlungsperspektiven für den Handel................................... 208
　3.3 eBay als strategischer Partner des Einzelhandels....................... 212
4 Die Umsetzung von „Mönchengladbach bei eBay"................................. 213
　4.1 Zielsetzung und Konzeptidee.. 213
　4.2 Eine erste Bilanz: Erfahrungen auf Seiten der Projektpartner........... 214
　4.3 Zwischenbilanz in Zahlen: Händler realisieren Umsatzzuwachs........... 218
5 Fazit und Ausblick.. 219
Literatur... 220
Über die Autoren.. 222

1 Handel im Umbruch

Der deutsche Einzelhandel verzeichnet seit Jahren nur noch geringe Wachstumsraten: 2014 stieg der Einzelhandelsumsatz in Deutschland um 1,9 %, für 2015 erwartet der Handelsverband Deutschland (HDE) ein Plus von zwei Prozent (HDE 2015a). Insbesondere jüngere Käufer fühlen sich von traditionellen Geschäftsmodellen nicht mehr angezogen, Ladenbesitzer verlieren Laufkundschaft, die Attraktivität von Innenstädten sinkt. Nach Angaben des HDE verzeichnen fast drei Viertel aller stationären Einzelhändler sinkende Kundenfrequenzen in ihren Geschäften (HDE 2014).

Konsumenten kaufen anders
Gleichzeitig setzt sich der Siegeszug des E-Commerce fort: Bis 2020 wird der Online-Handel seinen Marktanteil nach Prognose des HDE auf 20 % verdoppeln. Ein Fünftel der Innenstadtbesucher in Deutschland gibt an, verstärkt online einzukaufen und daher seltener die Innenstadt zum Einkauf zu besuchen (HDE 2015b, S. 2). Zudem ist das Internet nicht einfach nur ein weiterer Zugangsweg zum gesuchten Produkt, sondern wird als Informationskanal häufig mit dem Kauf im Ladengeschäft vor Ort kombiniert – etwa in Form einer Online-Recherche vor dem Shoppen in der Innenstadt. Von weiterhin wachsender Bedeutung ist auch das Thema Mobile: 26 % der Handy-Nutzer geben an, per Smartphone im Ladengeschäft Preise zu vergleichen (HDE 2015b, S. 15). Online-Marktplätze sind Vorreiter dieser Entwicklung: Im vierten Quartal 2015 entfielen bei eBay auf den mobilen Kanal bereits 43 % des globalen Handelsvolumens.

Ein weiterer Aspekt des veränderten Kaufverhaltens sind die unterschiedlichen Schwerpunkte bei der Nutzung der Einkaufskanäle Online und Offline. Eine repräsentative Umfrage im Auftrag von eBay zeigt (eBay 2014): Wiederkehrende Alltagseinkäufe möchte das Gros der Kunden (77 %) auch zukünftig in stationären Ladengeschäften tätigen. Aber 76 % der Befragten bevorzugen das Internet, um Produkte zu kaufen, die im Ladengeschäft entweder nicht vorrätig oder aber online besonders günstig zu erwerben sind. Wiederum 67 % sind der Ansicht, in manchen Produktbereichen könnten Einkäufe zukünftig fast ausschließlich online erfolgen (eBay 2014).

Die Studie „Die Chance Omnichannel" (Deloitte 2014) stellt fest, dass Konsumenten heute überall und jederzeit einkaufen wollen und ein vernetztes Einkaufserlebnis von stationär und online erwarten. Die wachsende Zielgruppe der Omni-Channel-Konsumenten ist für Händler besonders interessant. So zeigt eine im Rahmen der Studie durchgeführte Konsumentenbefragung, dass heute bereits einer von drei Konsumenten mehrere Kanäle nutzt. Vielkäufer sowie Käufer hochpreisiger Produkte nutzen für ihren Einkauf besonders häufig verschiedene Kanäle. Insgesamt sind Personen, die mindestens einmal pro Woche im Internet einkaufen, für bis zu 70 % der gesamten Einzelhandelsumsätze verantwortlich (Deloitte 2014). Die Studie zeigt auch, dass es sich bei ca. 95 % der analysierten Online-Verkäufe von Omni-Channel-Händlern um zusätzlichen Absatz zum stationären Geschäft handelte.

Vorurteile gefährden Existenz
Stationäre Händler müssen sich folglich darauf konzentrieren, durch eine eigene Präsenz im Internet Umsätze zu generieren und gleichzeitig die Kunden zu erreichen, die sich beispielsweise vor einem Einkauf im Ladengeschäft mobil informieren wollen. Doch obwohl das Schlagwort „Multi-Channel" längst in aller Munde ist, nutzten 2014 laut IFH Köln 56 % der deutschen Einzelhändler das Internet noch immer nicht als Vertriebskanal.

Der Handlungsdruck für den stationären Handel steigt. Doch ein großer Teil der Händler sucht noch nach der richtigen Antwort auf die aktuellen Herausforderungen. Ein Grund für den Nachholbedarf des Einzelhandels in puncto Digitalisierung sind oftmals Ängste und Vorurteile seitens der Händler. Vielen scheint der Aufwand für die Einrichtung eines Online-Shops zu hoch. Sie fürchten, den Aufwand für die Führung und Pflege eines zusätzlichen Kanals personell nicht leisten zu können. Außerdem hält sich vielerorts hartnäckig die Idee, stationäre Geschäftsmodelle seien mit dem Handel im Internet nicht vereinbar. Durch diese Vorurteile und Missverständnisse gefährdet der Einzelhandel jedoch die eigene Existenz. Denn auch in den kommenden Jahren werden Umsatzzuwächse im Handel vor allem online und mobil erzielt werden. Händler können ihre Zukunft nur nachhaltig sichern, wenn sie die Digitalisierung nicht als Bedrohung, sondern als Chance begreifen.

2   Bedeutung und Chancen von Online-Marktplätzen im Handel

Online-Marktplätze bieten eine ideale Basis für die intelligente Verknüpfung von stationärem und Online-Verkauf. Ein Shop auf Online-Marktplätzen wie eBay lässt sich auch von Laien einrichten und in der Regel (abhängig von der IT-Systemlandschaft) unkompliziert in die eigene Warenwirtschaft integrieren. So können auch Einzelhändler ohne entsprechendes Know-how und ohne größere Startinvestitionen durch einen zusätzlichen Verkaufskanal im Internet neue Zielgruppen über regionale und nationale Grenzen hinaus erreichen. Nicht selten entsteht für lokale Einzelhändler über den Marktplatzverkauf in kurzer Zeit ein sehr interessantes zweites Standbein. Das veranschaulicht der Erfolg von Händlern unterschiedlicher Größe bei eBay bereits seit vielen Jahren. Bei einer Befragung aus 2012 gaben 48 % der eBay-Händler an, auch ein stationäres Ladengeschäft zu betreiben. Für vier von zehn Multi-Channel-Händlern in Deutschland ist der Online-Handel inzwischen das Hauptstandbein (eBay 2015). Das sehr gute Geschäftsklima unter den Marktplatzhändlern belegt der regelmäßig von eBay und ECC Köln erhobene Marktplatz-Konjunkturindex (Marktplatz-KIX): Ende 2015 schätzten 72,2 % die Zukunft von Online-Marktplätzen positiv ein (ECC Köln 2015, S. 6).

2.1 Chancen für kleine und mittelgroße Händler

Die Firma Garnwelt aus Riedlingen beispielsweise eröffnete 2010 einen Shop bei eBay, um einen großen Bestand an Garn zu verkaufen. Von den beiden Unternehmensgründern unerwartet stellte sich rasch eine sehr starke Nachfrage ein, da auf dem Online-Markplatz – anders als im Ladengeschäft – die Zielgruppe nun direkt und bundesweit bedient werden konnte. Seit 2010 ist das Unternehmen um durchschnittlich 200 % jährlich gewachsen. Zuletzt setzte das Unternehmen mit 40 Mitarbeitern rund fünf Millionen Euro im Jahr um und strebt eine Expansion ins Ausland an.

Der Verkauf auf Online-Marktplätzen ist für kleine und mittelgroße Händler ebenso attraktiv wie für große Verkäufer und Marken. Insbesondere in Deutschland sind die Small and Medium-sized Businesses (SMBs) bei eBay äußerst erfolgreich: Zwischen 2010 und 2014 konnten deutsche SMBs ihren Umsatz auf dem Online-Marktplatz jährlich um durchschnittlich 20 % steigern, wie die Studie „Small Online Business Trade Summary 2015" von Sidley Austin LLP im Auftrag von eBay ergeben hat (Austin 2016).

Ein weiteres Beispiel, wie Einzelhändler durch eine Multi-Channel-Ausrichtung gewinnen können, ist die Firma pro aurum aus München. Der Edelmetallhändler begann bereits 2005 mit einem eigenen Shop den Internetverkauf. Seit 2015 ergänzt pro aurum diesen zudem mit einem Shop bei eBay. Das Ergebnis: Der Kundenstamm konnte nochmals deutlich ausgebaut werden, da viele Konsumenten, die auf dem Online-Marktplatz bei pro aurum einkaufen, nicht zu den Bestandskunden zählten.

2.2 Partnerprogramm für Marken

Nicht nur für Händler, sondern auch für Markenhersteller sind Online-Marktplätze wie eBay wichtige Partner. Im Rahmen des Partnerprogramms für Marken können Hersteller eine eigene Markenwelt bei eBay erstellen und ihre Produkte in einer individualisierten

Darstellung präsentieren. Zudem können die Hersteller Händler benennen, die für den Verkauf ihrer Produkte autorisiert sind. Die entsprechenden Verkaufsangebote dieser Händler erhalten das Logo des Herstellers, das sie als autorisierte Händler für die jeweilige Marke auszeichnet. Das Logo ist bei eBay dann beispielsweise direkt in die Suchergebnisseite oder die Artikelseite eingebunden. Für Käufer ist so auf einen Blick ersichtlich, dass es sich bei dem entsprechenden eBay-Verkäufer um einen autorisierten Händler handelt, was in vielen Fällen mit zusätzlichen Serviceangeboten wie zum Beispiel erweiterten Herstellergarantien verbunden ist. Gleichzeitig können die Käufer auf eine attraktive Präsenz der Marke zugreifen, die von eBay an den passenden Stellen und in den passenden Situationen beworben wird, zum Beispiel, wenn ein Nutzer bei eBay nach einer bestimmten Marke sucht. So können Markenhersteller eine hochwertige Verkaufspräsenz bei eBay einrichten, ohne selbst als Verkäufer tätig zu werden. Eine dreistellige Anzahl namhafter Markenpartner hat bereits eine eigene Markenwelt auf dem Online-Marktplatz eröffnet. Ebenfalls dreistellig ist die Summe der Markenhersteller, die am Programm „Autorisierte Händler" teilnehmen.

2.3 Vorteile für Händler aller Größen

Online-Marktplätze bieten zahlreiche Vorteile für Händler aller Größen. Plattformen wie eBay sind ein attraktiver zusätzlicher Absatzweg, um Produkte auch außerhalb eines regionalen oder nationalen Einzugsbereichs zu vertreiben und so den Umsatz zu steigern. Zudem können E-Commerce-Neulinge auf Online-Marktplätzen die eigenen Produkte sowie die eigene Preis- und Marketingstrategie testen, ohne viel Geld für den Aufbau und die Vermarktung eines eigenen Online-Shops in die Hand nehmen zu müssen.

Vom Mobile-Trend profitieren
Neben der hohen Reichweite profitieren Händler bei eBay insbesondere auch vom bereits beschriebenen Mobile-Trend: Die Shops der Händler werden automatisch in die maßgeschneiderten und plattformübergreifenden Apps von eBay integriert, sodass die Kunden auf das Angebot von überall zugreifen können. eBay hat bereits 2008 eine App gestartet, die permanent überarbeitet und auf die aktuellen Bedürfnisse der Kunden zugeschnitten wird.

Mit mehr Marketing die eigene Bekanntheit steigern
Darüber hinaus kommen Händlern die Marketingaktivitäten von Online-Marktplätzen zugute. Dazu zählen bei eBay Maßnahmen, die den Marktplatz insgesamt bekannter machen, sowie Kampagnen- und Kategorieseiten, die eigens beworben werden. Mit speziellen Formaten wie den „WOW!"-Angeboten erreichen Verkäufer, die ausgewählte Artikel zu besonders günstigen Preisen anbieten, große Kundengruppen, generieren hohe Absatzzahlen und steigern die eigene Bekanntheit. Marken haben die Möglichkeit, sich in einem eigenen Look & Feel darzustellen, und Händler können ihre Artikel in gesonderten Bereichen mit einem individualisierten Erscheinungsbild präsentieren.

Bei Abholung zusätzliche Verkäufe generieren
Deutlich gestiegen ist die Nachfrage nach flexiblen Lösungen wie Click & Collect. Mehr als die Hälfte der Konsumenten bezeichnet die Abholung von online gekaufter Ware im Ladengeschäft als einen zukünftig wichtigen Service, wie eine repräsentative Umfrage im Rahmen des eBay-Projekts „Zukunft des Handels" (eBay 2014) belegt. Die Vorteile der Symbiose von Online und Offline werden hier besonders deutlich: Durch die Abholung vor Ort steigt die Kundenfrequenz im Ladengeschäft und damit auch das Cross-Selling-Potenzial. Indem Händler in ihrem eBay-Shop Click & Collect anbieten, können sie auch offline zusätzliche Verkäufe generieren.

Die Servicequalität bei Versand und Rückgabe verbessern
Insbesondere in Deutschland ist ein hervorragender Service bei Versand und Rückversand ein wichtiges Kaufkriterium. Untersuchungen von eBay haben ergeben, dass für 31 % der deutschen Online-Käufer einfache Rückgabemöglichkeiten das wichtigste Entscheidungskriterium für die Auswahl eines Online-Shops sind. Vor diesem Hintergrund hat eBay in Deutschland im Jahr 2015 das Programm eBay Plus gestartet, das genau auf die Präferenzen deutscher Kunden zugeschnitten ist und gegen eine geringe Jahresgebühr unter anderem einen besonders schnellen und kostenfreien Versand und kostenfreien Rückversand bietet. Bei eBay können Händler, die an dem eBay-Plus-Programm teilnehmen, somit von gesteigerter Kundetreue profitieren und sich positiv von anderen Marktplatzteilnehmern abheben.

Ohne Grenzen handeln
Online-Marktplätze ermöglichen Handelstransaktionen über Ländergrenzen hinweg. Weltweit werden bereits 20 % des Handelsvolumens bei eBay im grenzüberschreitenden Handel erzielt. Insgesamt soll der Anteil des grenzüberschreitenden Handels – besonders in Europa – in den kommenden Jahren noch deutlich wachsen (Deloitte 2014). Durch die Partnerschaft mit einem global agierenden Online-Marktplatz wie eBay können Einzelhändler von dem Zugang zu 162 Mio. aktiven Käufern weltweit profitieren und ohne umfangreiche Investitionen das eigene Geschäft internationalisieren. Bereits 96 % der gewerblichen Händler bei eBay in Deutschland verkaufen Waren ins Ausland.

2.4 eBay: In 20 Jahren zum weltweit lebendigsten Online-Marktplatz

Vor etwas mehr als 20 Jahren war es eine revolutionäre Idee, die 1995 den Grundstein für die Entstehung von eBay legte: Das Internet als Verkaufsmedium zu nutzen, hieß, jeden Nutzer zu einem potenziellen Käufer und auch Verkäufer zu machen. Damit führte eBay das heute allgegenwärtige Konzept von Peer-To-Peer-Transaktionen ein und machte einem breiten Publikum die Online-Auktion als neues Handels- und Preisfindungsformat zugänglich. Zwei Jahre nach der Gründung durch Pierre Omidyar in den

USA, damals noch unter dem Namen AuctionWeb, verzeichnete eBay bereits 200.000 Auktionen im Monat. Das weitere Wachstum von eBay wurde unter anderem durch die schnelle Expansion in Märkte außerhalb der USA beflügelt. Nach Deutschland kam eBay im Jahr 1999. Inzwischen ist eBay über seine mobilen Apps in 190 Ländern verfügbar und erzielt 57 % des Umsatzes außerhalb der USA.

Mit weltweit 162 Mio. aktiven Käufern und einem Handelsvolumen von 82 Mrd. US$ im Jahr 2015 ist eBay heute eines der wichtigsten Unternehmen im E-Commerce. Allein in Deutschland erreichen 175.000 bei eBay aktive Händler mehr als 17 Mio. aktive Käufer im Jahr. In den letzten Jahren hat sich eBay vom Auktionshaus zum weltweit lebendigsten Online-Marktplatz entwickelt. Damit ist eBay ein wesentlicher Verkaufskanal für gewerbliche Händler und ein immer bedeutenderer Baustein in der Multi-Channel-Strategie großer Marken. Enge Partnerschaften pflegt eBay sowohl mit bekannten Markenherstellern und mit Filialisten als auch mit kleineren Ladenbesitzern und mit Online-Händlern. Sie alle schätzen, dass eBay – anders als Mitbewerber – keine eigenen Produkte verkauft. Dadurch tritt eBay nie in Konkurrenz zu seinen Partnern.

Heute werden bei eBay 85 % aller Artikel zum Festpreis von gewerblichen Händlern angeboten. Das daraus resultierende Sortiment von einzigartiger Breite und Tiefe ist das Markenzeichen von eBay: Weltweit haben eBay-Käufer jederzeit die Wahl zwischen 800 Mio. Angeboten.

3 Das Pilotprojekt „Mönchengladbach bei eBay"

Das Pilotprojekt „Mönchengladbach bei eBay" soll den stationären Einzelhändlern in Mönchengladbach eine Möglichkeit geben, über den Marktplatz eBay am Online-Trend stärker zu partizipieren. Das Projekt zeigt, wie die Verbindung von lokalem und Online-Handel in der Praxis funktionieren kann, an welchen Stellen Multi-Channel den lokalen Handel nachhaltig stärkt und welche Unterstützung Händler benötigen, damit der Wandel gelingt.

Die im Oktober 2015 gestartete Kooperation zwischen eBay, der Wirtschaftsförderung Mönchengladbach GmbH (WFMG) und dem eWeb Research Center der Hochschule Niederrhein will lokale Händler dabei unterstützen, ihr Sortiment auch online und über mobile Kanäle verfügbar zu machen. Das Projekt ist zunächst bis Mitte 2016 angelegt. Weitere Projektpartner sind u. a. der HDE, die IHK, die Mönchengladbacher City Management e. V., die Rheydter City-Management Interessengemeinschaft e. V. und die Marketing Gesellschaft Mönchengladbach mbH (vgl. Abb. 1).

3.1 Einzelhandel in Mönchengladbach: Ausgangslage und Ziele

Die IFH-Studie „Stadt, Land, Handel 2020" prognostiziert, dass bis zum Jahr 2020 in Deutschland rund 45.000 stationäre Geschäfte vor dem Aus stehen. Das entspricht etwa jedem zehnten Einzelhandelsgeschäft. Einzelne Landkreise müssten demnach einen

ÜBER MÖNCHENGLADBACH BEI EBAY

Projektpartner:	Wirtschaftsförderung Mönchengladbach GmbH,
	eWeb Research Center der Hochschule Niederrhein,
	eBay GmbH
Projektzeitraum:	Oktober 2015 bis Mitte 2016
Webseite:	www.mg-bei-ebay.de
Teilnehmende Händler:	über 70
Angebotene Produkte:	ca. 200.000
Branchen:	Beauty & Gesundheit, Elektronik, Fashion, Feinkost,
	Freizeit & Sport, Haus & Garten, Motors,
	Sammeln & Antiquitäten

Stand: Januar 2016

Abb. 1 Grundinformationen zu Mönchengladbach bei eBay. (Quelle: Eigene Darstellung)

Rückgang des Einzelhandelsumsatzes von bis zu 27 % hinnehmen. Als Treiber sieht die Studie das Wachstum des Online-Handels und daraus resultierende Kannibalisierungseffekte für den stationären Handel (IFH Köln 2015). Typischerweise sind es nicht die großen Städte, wie Berlin, Hamburg oder München, die unter dem Strukturwandel des Handels besonders leiden, sondern kleine und mittelgroße Städte, deren Innenstädte zum Beispiel in puncto Warenangebot an Attraktivität verlieren. So bewerteten im Rahmen einer Konsumentenbefragung in Mönchengladbach 43 % ihre Innenstadt als weniger attraktiv (mg.retail2020 2015a, b). Online einzukaufen sei „für alle Befragten attraktiver als Einkaufen in der Innenstadt von Mönchengladbach oder Rheydt", erklärt Silvia Zaharia, Geschäftsführerin des eWeb Research Center (mg.retail2020 2015b).

3.2 Handlungsperspektiven für den Handel

Um dieser Entwicklung entgegenzusteuern, hat die Stadt Mönchengladbach das Projekt mg.retail2020 ins Leben gerufen. Es hat die „Auswirkungen des Online-Handels auf Städte und Gemeinden in NRW und Handlungsperspektiven für den innerstädtischen stationären Einzelhandel" untersucht. In einem Zeitraum von 18 Monaten wurden Handlungsempfehlungen und ein Maßnahmenprogramm ausgearbeitet, das auf den Ergebnissen von Konsumentenbefragungen und Expertenpanels basiert.

Handlungsempfehlung I: Online-Präsenz aufbauen, Online-Marktplätze nutzen
Die erarbeiteten Lösungsansätze zielen zum einen auf den Ausbau rein stationärer Stärken und zum anderen auf die Digitalisierung des Handels. Die Händler werden im

Gruppe 1:	Gruppe 2:	Gruppe 3:	Gruppe 4:
Händler, die in keiner Form im Internet vertreten sind und auch keine Bereitschaft dazu aufweisen.	Händler, die bisher in keiner Form digital vertreten sind, jedoch die Bereitschaft aufweisen, sich im Internet zu engagieren.	Händler, die bereits in Anfängen digital vertreten sind und dies weiter ausbauen wollen und die Voraussetzungen dazu erfüllen.	Händler, die bereits vielfältig im Internet vertreten sind, erste Multichannel-Ansätze erfüllen und sich weiterentwickeln wollen.

Abb. 2 Digitale Transformationsfähigkeit der Händlergruppen. (Quelle: mg.retail2020 2015a, S. 9)

Rahmen der Studie nach ihrer digitalen Transformationsfähigkeit in vier Gruppen unterteilt (vgl. Abb. 2).

Die Händler der Gruppe 1 haben keine Perspektiven auf Entwicklung im digitalen Zeitalter und damit langfristig auch kaum Überlebenschancen. Daraus folgt im Sinne der Studie auch, dass nur die Händler der Gruppen 2 bis 4 von den Empfehlungen der mg.retail2020 profitieren können. Im Kern wird Händlern empfohlen, die Vernetzung von online und stationär im Rahmen einer Multi-Channel-Strategie in den eigenen Prozessen umzusetzen, um für Konsumenten digital erreichbar zu sein und ihnen darüber hinaus auch den Online-Kauf zu ermöglichen.

Die Untersuchung empfiehlt u. a. folgende Vernetzungsmaßnahmen (mg.retail2020 2015a, S. 11):

Die Händler müssen online sichtbar sein und dafür sorgen, dass sie im Netz auch gefunden werden (zum Beispiel Suchmaschinenoptimierung), außerdem sollten sie sich dem Mobile-Trend nicht verschließen und ihre Angebote entsprechend optimieren. Zur besseren Verzahnung von stationärem und Online-Handel führen Maßnahmen wie die Online-Verfügbarkeitsabfrage von Waren im stationären Sortiment, die Online-Bestellung im stationären Shop (virtuelle Sortimentserweiterung) oder die Retourenabwicklung von online gekauften Waren im Geschäft. Die Einführung innovativer Funktionen wie Click & Collect (online bestellen und vor Ort abholen) und „Same Day Delivery" schafft Händlern zusätzliche Wettbewerbsvorteile.

Dem Multi-Channel-Ansatz folgend sollten Händler auf möglichst vielen Kanälen für Kunden erreichbar bzw. auffindbar sein. Neben dem eigenen Online-Shop bieten sich hier besonders Online-Marktplätze als zusätzlicher Kanal an. Als Vorteile für Händler nennt die Studie die hohe Reichweite der Online-Marktplätze sowie die geringen Einstiegskosten. Zudem könne der Einzelhandel am steigenden Anteil von Online-Marktplätzen am gesamten Internethandel partizipieren. Darüber hinaus eigneten sich Online-Marktplätze auch als digitale Einstiegshilfe, indem sie viele der oben genannten Vernetzungsmaßnahmen für den Händler vereinfachten oder sie ihm gänzlich abnähmen.

AUSWAHL DER MARKTPLÄTZE

„Nur Auswahl von reinen Marktplätzen mit Umsatzorientierung – Stadtportale und/oder internationale Shopping-Portale wie Amazon nicht im Fokus"

	eBay	Simply Local	Locafox	Atalanda / OCW	Sugar-trends	Hier-bei-dir	Unitcity
Gründungsjahr	1995	2013 (Launch 2014)	2013 (Launch 2015)	2013 (Launch OCW 2014)	2013	2013 (Launch 2014)	2013 (Launch steht noch aus)
Börsennotiert	✓	x	x	x	x	x	x
Shareholder	Aktionäre	Metro-Group, Lokalzeitungen	Holtzbrinck Ventures, Rocket Internet	Crowdfunding; Wirtschaftsförderung W	Gründer	Gründer	-
Visits[2]	130.500.000	15.000	55.000	25.000	65.000	0	0
Artikel	70.000.000	3.000.000	3.000.000	5.500[3]	1.500[3]	4.500[3]	0
Händler (in Deutschland)	175.000	145[4]	350	31[4]	140[4]	35[4]	22[4]
Bemerkung	Mit neuem Fokus auf den lokalen Markt noch stärker	Dient ausschließlich als Vermittler (Leadgenerator)	Agiert ausschließlich als Vermittler zum lokalen Geschäft	Same-Day-Delivery; Fokus auf den Händler	Fokus klar auf besondere Produkte von ausgefallenen Geschäften	SDD (besonders umweltfreundlicher Transport)	Viele interessante Ideen, aber noch keine voll funktionstüchtige Umsetzung

* Die Daten stammen soweit möglich von der jeweiligen Unternehmensseite
[2] Die Daten stammen von similarweb.com und geben die „estimated Visits" für den Monat Februar 2015 an
[3] Die Artikel wurden händisch gezählt
[4] Die Händler wurden händisch gezählt

Abb. 3 Vergleich der Online-Marktplätze. (Quelle: mg.retail2020 2015a, b)

Die Landschaft der Online-Marktplätze ist jedoch mittlerweile vielschichtig. Daraus resultiert für die Händler die Herausforderung, den für sie geeigneten Markplatz zu finden.

Handlungsempfehlung II: Auf die Stärken von eBay setzen, die eigene Zukunft sichern

Im Rahmen von mg.retail2020 wurde eine Bewertung relevanter Online-Marktplätze durchgeführt, um einen geeigneten Partner für den stationären Einzelhandel zu identifizieren und eine konkrete Handlungsempfehlung an Händler in Mönchengladbach und darüber hinaus geben zu können.

Basierend auf zahlreichen Recherchen und anhand der Kriterien Medienpräsenz, Marktrelevanz sowie Suchvolumen und Trends wurde eine Longlist aus über 100 Marktplätzen erstellt. Nachdem reine Stadtportale sowie Plattformen ohne Transaktionsorientierung aussortiert wurden, ergab sich eine Shortlist mit sieben Online-Marktplätzen. Ferner wurde die generelle Eignung als Partner des Handels bewertet (vgl. Abb. 3).

Händlersicht	Kundensicht
1. Bekanntheit	1. Besuchsattraktivität
2. Business-Planung	2. Sortimentsabdeckung
3. Händlergebühren	3. Zahlungsmöglichkeiten
4. Investorenkonstrukt	4. Multichannel-Services
5. Einstiegserleichterung	5. Mehrwert für Kunden
6. Technische Vorraussetzungen	6. Art des Kontakts zum Händler
7. Mehrwert für Händler	7. Vertrauenswürdigkeit
8. Anbindung zu bestehendem Shop	8. Alleinstellungsmerkmal
9. Online-Affinität des Kundenstamms	9. Darstellungsqualität
10. Präsenz von Anker-Filialisten	10. User Experience

Abb. 4 Bewertungskriterien für Online-Marktplätze. (Quelle: mg.retail2020 2015a, b)

Ein Expertenpanel aus Vertretern aus Wirtschaft und Forschung unter der Leitung des eWeb Research Center hat die letztlich relevanten sieben Online-Marktplätze anhand eines Kriterienkataloges bewertet. Jeweils zehn Kriterien aus Händler- bzw. Kundensicht, die gleichermaßen berücksichtigt wurden, sind in Abb. 4 dargestellt.

Die einzelnen Bewertungen wurden durch ein Scoring-Model des eWeb Research Center zu einem finalen Ranking und schließlich zu einer finalen Handlungsempfehlung aggregiert. Die Ergebnisse sind in Abb. 5 zusammengestellt.

Insbesondere unter dem Aspekt der Planungssicherheit für Händler wurden lokale Marktplätze kritisch bewertet. Sämtliche lokalen Marktplätze wurden zum Zeitpunkt der vorgenommenen Bewertung als Start-ups klassifiziert und sind damit nach Aussage des Leiters der Studie, Gerrit Heinemann, noch als „Testballons" zu bezeichnen. Dem Handel bleibe jedoch keine Zeit für ergebnisoffene Tests (Heinemann 2015).

Im Ergebnis hat das Expertenpanel eBay sowohl aus Händler- als auch aus Kundensicht mit Abstand am besten bewertet. Händler profitieren besonders von eBays hoher Bekanntheit und dem großen Kundenstamm. Sehr gut bewertet wurden auch die technischen Vorraussetzungen (zum Beispiel die Ausgereiftheit der Schnittstellen zu Warenwirtschaftssystemen). Ebenfalls eine wichtige Rolle spielte die Planungssicherheit für Händler, weil der Online-Marktplatz noch auf Jahre hinaus bestehen bleiben werde. Außerdem wird besonders geschätzt, dass eBay – anders als Mitbewerber – keine eigenen Produkte verkauft und dadurch nie in Konkurrenz zu seinen Partnern tritt. Aus Kundensicht punktet eBay mit großer Sortimentsabdeckung, hoher Vertrauenswürdigkeit und komfortabler User Experience, zu der beispielsweise auch die mobile Optimierung zählt.

Zusammenfassend wurde eBay damit als der bevorzugte Partner für den stationären Einzelhandel in Mönchengladbach und darüber hinaus empfohlen.

Abb. 5 Auszug aus der Punktebewertung der Online-Marktplätze. (Quelle: mg.retail2020 2015a, b)

3.3 eBay als strategischer Partner des Einzelhandels

Die Idee einer Zusammenarbeit mit dem lokalen Einzelhandel in Mönchengladbach fand bei eBay rasch ein positives Echo. Das Projekt passt gut zur händlerseitigen Strategie des Unternehmens: Kleine und mittelgroße Händler (SMB) sind die Treiber der einzigartigen Sortimentsbreite und -tiefe bei eBay und verantworten einen Großteil der Umsätze des Online-Marktplatzes.

Seit Jahren gestaltet eBay den Omni-Channel-Trend maßgeblich mit und versteht sich als Wegbereiter und Technologiepartner für den stationären Handel. So hat eBay 2014 beispielsweise die Funktion Click & Collect auf dem deutschen Markplatz eingeführt. eBay-Kunden können online beim stationären Händler bestellen und die Ware vor Ort im Geschäft abholen. Kunden können bequem von zu Hause die lokale Verfügbarkeit prüfen, Versandkosten sparen und den gewünschten Artikel in der Regel bereits wenige Stunden nach Bestellung in den Händen halten. Gestartet ist das Programm mit namhaften Filialisten, wie zum Beispiel Saturn, Gravis oder auch ATU. Auch wenn das Programm noch jung ist, beobachtet eBay über das Jahr 2015 gemittelt bei einigen Partnern bereits Click & Collect-Raten von über 30 %. Auch deshalb wächst die Zahl der Filialisten mit Click & Collect-Service bei eBay stetig. Das Kooperationsprojekt in Mönchengladbach bietet eine ideale Möglichkeit, diesen Trend nun auch auf die kleinen und mittleren Händler zu übertragen.

Die Tatsache, dass sich viele Stakeholder der Region unter dem gemeinsamen Dach der mg.retail2020 aktiv an der Kooperation beteiligen, ist aus Sicht von eBay ein besonderer Pluspunkt.

Insbesondere die Wirtschaftsförderung Mönchengladbach (WFMG) verfügt, neben dem Willen und dem nötigen Know-how, auch über die notwendigen Ressourcen, um gemeinschaftlich ein regionales Projekt zu starten. Zudem verfügt die WFMG über gute und direkte Kontakte zu den Mönchengladbacher Händlern. Auch die von den Partnern im Vorfeld selbst initiierte Marktplatzanalyse schafft aus Sicht von eBay besonders gute Voraussetzungen für ein Gelingen der Zusammenarbeit.

Weil unter den Kooperationspartnern von Anfang an über die Ziele des Projekts große Einigkeit herrschte, konnte das Projekt „Mönchengladbach bei eBay" letztlich in Rekordzeit umgesetzt werden.

4 Die Umsetzung von „Mönchengladbach bei eBay"

Im Oktober 2015 startete das Pilotprojekt mit mehr als 50 Händlern und fünf Filialisten sowie über 200.000 Produkten mit lokaler Verfügbarkeit. „Mit ‚Mönchengladbach bei eBay' erhalten die lokalen Händler die einmalige Chance, nicht nur kräftig vom boomenden Online-Handel zu profitieren, sondern auch ihren Kunden auf Dauer einen echten Mehrwert gegenüber anderen Marktteilnehmern bieten zu können" (Heinemann 2015).

4.1 Zielsetzung und Konzeptidee

Das Kooperationskonzept von „Mönchengladbach bei eBay" hat zum Ziel, Händlern den Einstieg in den Online-Handel zu erleichtern. Das Projekt sollte belegen, wie die Verbindung von lokalem und Online-Handel in der Praxis funktionieren kann, an welchen Stellen Multi-Channel den lokalen Handel nachhaltig stärkt und welche Unterstützung Händler benötigen, damit der Wandel gelingt.

Die Kooperation war von Anfang an als Pilotprojekt mit einer begrenzten Dauer von ca. zehn Monaten angelegt. In der geplanten Laufzeit von Oktober 2015 bis Sommer 2016 sollten Erkenntnisse über Kunden- und Händlernutzen gesammelt werden. Ob und in welcher Form der Markplatz anschließend weitergeführt oder auf andere Städte ausgeweitet werden kann, wurde zum Projektstart bewusst offengelassen. Gleichzeitig wurde im Sinne der Nachhaltigkeit und mit Blick auf eine mögliche Weiterführung darauf geachtet, bestimmte Kernverantwortlichkeiten lokal zu verankern. Dazu gehören insbesondere die Händlerakquise, die Organisation des Austauschs mit teilnehmenden Händlern sowie das lokale Konsumentenmarketing. Daneben stellte eBay die technische Komponente des Online-Marktplatzes zur Verfügung, initiierte für die Händler eine Startberatung, übernahm die Kosten für ein zwölfmonatiges Basis-Shop-Abonnement und erstellte eine eigene Einstiegsseite mit lokalem optischem Bezug unter der URL www.mg-bei-ebay.de (vgl. Abb. 6).

4.2 Eine erste Bilanz: Erfahrungen auf Seiten der Projektpartner

Basierend auf einer ersten Reflexion des Pilotprojekts werden nachfolgend einige der zentralen Aspekte zusammengefasst, die für den bisherigen Erfolg von „Mönchengladbach bei eBay" als maßgeblich identifiziert werden konnten.

Den Wandel akzeptieren
Als Schlüssel für die erfolgreiche Partizipation an „Mönchengladbach bei eBay" zeigte sich auf Seiten der Händler die Einsicht, dass „Online" ein unumkehrbarer Trend ist. Ist dieses Verständnis grundsätzlich vorhanden, besteht auch die Bereitschaft, Präsenz auf allen Kanälen zu zeigen, auf denen sich auch der Konsument aufhält. Eine teilnehmende Händlerin stellt fest: „Der Markt wandelt sich und das Verbraucherverhalten wandelt sich. Da muss man entweder mitmachen, oder untergehen."

Von Agilität profitieren
Geschwindigkeit und Flexibilität sind die Vorteile kleiner Einzelhändler gegenüber großen Filialisten. Nach der Entscheidungsfindung konnten viele der kleineren Händler innerhalb weniger Tage oder Wochen einen Großteil ihres Sortiments bei eBay verfügbar machen. Filialisten benötigen für solche Prozessumstellungen deutlich länger. „Die Mönchengladbacher Händlerinnen und Händler haben nun die Chance, sich mit diesem Projekt an die Spitze eines Trends zu setzen, der unaufhaltsam ist" (Andree Haack, Geschäftsführer IHK Mittlerer Niederrhein Existenzgründung und Unternehmensförderung).

Reichweite von Online-Marktplätzen nutzen
Sobald ein Händler seinen Online-Shop bei „Mönchengladbach bei eBay" erstellt hat, erreicht er auch eBay-Nutzer in Berlin, London oder New York. Der Mehraufwand besteht lediglich im Verpacken und Verschicken der Artikel, der zusätzliche Umsatz ist signifikant. 20 der teilnehmenden Händler haben Verkäufe in über 50 Länder zu verzeichnen, darunter Österreich, Italien, Frankreich – aber auch Réunion, Guadeloupe und Neuseeland.

Auf etablierte Partner bauen
Den Kosten, die Händlern durch die Digitalisierung ihres Angebots entstehen, sollten so schnell wie möglich auch Umsätze gegenüberstehen. Auf einem etablierten Online-Marktplatz mit niedrigen Einstiegshürden können diese kurzfristig generiert werden. Ein teilnehmender Händler aus Mönchengladbach fasst diesen Aspekt wie folgt zusammen: „Durch die Präsenz bei eBay konnten wir uns einen größeren Kundenkreis erschließen.

Mönchengladbach bei eBay – Wie Online-Marktplätze dem Handel ... 215

Abb. 6 Die Einstiegsseite von „Mönchengladbach bei eBay". (Quelle: Eigene Darstellung)

Natürlich profitieren wir dabei auch vom Namen ‚eBay' und der Reichweite, die uns durch die Online-Präsenz geboten wird. Wir haben uns dadurch ein Schaufenster geschaffen, das wir vorab nicht hatten" (eBay 2016).

Mit Warenwirtschaftssystem Effizienzvorteile gewinnen
Das wichtigste Servicemerkmal eines lokalen Online-Markplatzes ist die Information zur lokalen Warenverfügbarkeit (KPMG 2015). Im Pilotprojekt zeigt sich jedoch ein gewisser Nachholbedarf bei Warenwirtschaftssystemen, die Online- und Offline-Sortiment integriert erfassen. Viele der neuen Händler arbeiten ausschließlich mit den eBay-Verkäufertools. Das bedeutet, dass keine automatisierte Synchronisation mit den Ladenbeständen stattfindet. Ein Einstieg bei eBay ohne vollständige Warenwirtschaftsintegration ist zwar zumindest für begrenzte Zeit möglich. Aus Sicht der Projektpartner sollte die Einführung eines solchen Systems für die Pilothändler jedoch ein nächster Schritt sein, um Doppelverkäufe zu vermeiden und Effizienzvorteile zu gewinnen. Partner im Rahmen des Projekts ist hier Inventorum, ein iPad-basiertes Kassen- und Warenwirtschaftssystem.

Niedrige Einstiegsschwellen schaffen
„Niedrige Eintrittsschwellen machen es auch Online-Laien leicht, sich bei ‚Mönchengladbach bei eBay' zu engagieren", sagt Peter Achten, Hauptgeschäftsführer Handelsverband Nordrhein-Westfalen e. V. (eBay 2015). So wurden beispielsweise die Kosten für den eBay-Auftritt (im ersten Jahr) erlassen und professionelle Fotos der Händler in ihren Ladengeschäften für die Präsentation auf dem Online-Marktplatz finanziert. Des Weiteren erhielten die Händler eine kostenfreie eBay-Startberatung in Form von Live-Webinaren. „Die Unterstützung von eBay hat uns das Einstellen der Artikel sehr einfach gemacht. Das hat die Lust, den Online-Verkauf auszuprobieren, nochmals gesteigert", sagt eine teilnehmende Händlerin.

Lokalen Kontakten vertrauen
Nur durch das bestehende Vertrauen der Händler in die Projektpartner vor Ort konnten in kurzer Zeit über 50 Händler zum Start des Projektes gewonnen werden. Speziell bei den Neueinsteigern in den Online-Handel war der persönliche Dialog im Rahmen von Workshops, Besuchen im Ladengeschäft und Telefonaten für beide Seiten sehr zielführend. Ein teilnehmender Händler äußert sich: „Wir sind seit dem Start des Pilotprojekts mit dabei und hatten zuvor keinen Onlineshop. ‚Mönchengladbach bei eBay' ist deshalb für uns der erste Schritt in die Online-Welt" (vgl. Abb. 7).

Einen „Kümmerer vor Ort" etablieren
Die WFMG hat für „Mönchengladbach bei eBay" einen Mitarbeiter abgestellt, der in Vollzeit für das Projekt tätig sein konnte. Bei Bedarf wurden zeitweise weitere Kollegen der WFMG zur Unterstützung eingebunden. Der „Kümmerer vor Ort" war elementar für den Projekterfolg. Darüber hinaus wird das im Projekt aufgebaute Expertenwissen bezüglich E-Commerce, Multi-Channel und eBay der Stadt langfristig erhalten bleiben und eine kompetente Handelsberatung ermöglichen. Der „Kümmerer" war und ist zum Beispiel verantwortlich für Händlerakquise und -dialog, Planung von lokalen Topangeboten sowie Koordination von lokalen PR- und Marketingaktivitäten. Dr. Ulrich

Mönchengladbach bei eBay – Wie Online-Marktplätze dem Handel … 217

Abb. 7 Landingpage mit Händlershops. (Quelle: Eigene Darstellung)

Schückhaus, Geschäftsführer der Wirtschaftsförderung Mönchengladbach GmbH: „Wir freuen uns, dass Mönchengladbach der erste Ort ist, mit dem eBay in Deutschland ein lokales Kooperationsprojekt dieser Art startet" (Moenchengladbach.de 2015).

Mit Vollsortiment ins Netz gehen

Die reine Präsenz bei „Mönchengladbach bei eBay" ist noch kein Umsatzbringer, der über den sogenannten „ROPO-Effekt" hinausgeht (Research Online, Purchase Offline). Die Strategie, zunächst einige wenige Artikel einzustellen und bei beginnendem Erfolg weitere hinzuzufügen, kann nicht aufgehen. Der nachhaltige Verkaufserfolg der Pilothändler setzte in der Regel bei einer Artikelanzahl von mindestens 50 bis 100 ein. Das Ziel sollte es grundsätzlich sein, online das volle Sortiment abzubilden.

Den engen Austausch mit Händlern pflegen

Als gewinnbringend werden von allen Beteiligten die direkten und institutionalisierten Kommunikationswege zwischen Händlern und Projektpartnern bezeichnet. Über regelmäßige Händlerfrühstücke, einen E-Mail-Newsletter oder die regelmäßige persönliche Kontaktaufnahme standen Händler, die WFMG und eBay in ständigem Austausch. Die gelungene Zusammenarbeit äußert sich auch in zahlreichen Presseberichten, in denen teilnehmende Händler zu Wort kommen. Ein Händler konstatiert: „Bislang sind wir mit dem Verlauf sehr zufrieden. Das liegt auch an der Unterstützung durch eBay, gerade zum Start des Pilotprojekts. Dafür können wir eBay und die Wirtschaftsförderung aus Mönchengladbach ausdrücklich loben."

Lokale Marketingkanäle nutzen

Um „Mönchengladbach bei eBay" konsumentenseitig bekannt zu machen und Nachfrage zu erzeugen, wurden von Beginn des Projekts an die lokalen Marketingkanäle bespielt – online, aber insbesondere auch offline. Unter anderem dafür wurde die Marketinggesellschaft Mönchengladbach (MGMG) stark in das Projekt eingebunden. So berichteten bestehende Kanäle wie zum Beispiel mönchengladbach.de und das Printmagazin „MG Aktuell" bereits mehrfach über das Projekt. Zudem wurde auf Plakaten und Stickern, die den Händlern zur Verfügung gestellt wurden, öffentlichkeitswirksam und lokal für das Pilotprojekt geworben. Grundsätzlich sind ausdauernde Marketingmaßnahmen notwendig, um eine neue Shopping-Alternative nachhaltig zu etablieren (vgl. Abb. 8).

4.3 Zwischenbilanz in Zahlen: Händler realisieren Umsatzzuwachs

Bereits drei Monate nach dem Start von „Mönchengladbach bei eBay" verzeichnete das Projekt 70 teilnehmende Händler. Die Mehrheit der neuen Verkäufer auf dem Online-Marktplatz engagiert sich zum ersten Mal im E-Commerce.

Viele der teilnehmenden Händler konnten schon nach kurzer Zeit signifikante Umsatzzuwächse verzeichnen. In den ersten drei Monaten seit Projektstart haben die 70 teilnehmenden Einzelhändler 32.000 Artikel verkauft und dabei über 1,1 Mio. EUR auf dem Online-Marktplatz umgesetzt. Dabei lieferten die Händler ihre Artikel nicht nur nach Deutschland, sondern in 53 unterschiedliche Länder, darunter Schweden, Italien,

Abb. 8 Marketingmaßnahmen in der Stadt. (Quelle: Eigene Darstellung)

Frankreich und Österreich, aber auch wesentlich weiter entfernte Märkte wie Guadeloupe oder Neuseeland. Auf das Jahr hochgerechnet (inklusive saisonaler Effekte) ergibt sich ein Gesamtumsatz von vier bis fünf Millionen Euro. Im Durchschnitt haben die aktiven Händler ca. 450 Artikel im Angebot und kommen damit auf einen Umsatzerlös von ca. 90.000 EUR p. a. bei eBay. Für die Top 3 der Einsteiger prognostizieren wir sogar Jahresumsätze im deutlich sechsstelligen Bereich. Ein Händler sagt: „Unsere ersten Erfahrungen mit dem Projekt sind sehr positiv. Wir konnten mehr Traffic generieren und haben insgesamt viel mehr Artikel verkauft als ohne die Plattform. Einige davon sogar bis nach Schweden."

5 Fazit und Ausblick

In den vergangenen Jahren haben sich die technologischen Möglichkeiten, die Erwartungen der Konsumenten und damit die Welt des Handels insgesamt nachhaltig verändert. Online-Marktplätze wie eBay haben diesen Prozess maßgeblich geprägt. eBay ist heute als Online-Marktplatz ein starker Partner von Händlern jeder Größe. Das Pilotprojekt „Mönchengladbach bei eBay" setzt diese Partnerschaft mit dem Handel auf lokaler Ebene um. Nach den ersten drei Monaten dieses Projekts lässt sich ein positives Fazit ziehen. Trotz fehlender Erfahrung vieler teilnehmender Händler gab es kaum Anlaufschwierigkeiten. Im Rahmen von „Mönchengladbach bei eBay" konnten Interneteinsteiger signifikante Umsatzzuwächse erzielen und sich über eine Präsenz bei eBay schnell ein zweites Standbein im Online-Handel aufbauen.

Die folgenden Hypothesen sollen als Grundlage für die weitere Diskussion und als Ausblick auf zukünftige Entwicklungen dienen:

1. Die Digitalisierung drückt weiter aufs Tempo. In den nächsten drei Jahren werden sich die technologischen Möglichkeiten schneller entwickeln als in den 15 Jahren zuvor. Jenseits vom reinen Online-Handel wird in Deutschland heute schon jeder dritte Einkauf digital angestoßen. Dieser Trend wird sich noch beschleunigen, wenn die „Digital Natives" ab 2018 die Mehrheit der Bevölkerung stellen. Konsumenten wollen nicht nur immer und überall shoppen, sondern auch mühelos von Kanal zu Kanal wechseln. Letztlich ist ihnen der Kanal aber egal, sie erwarten ein perfektes Einkaufserlebnis zu jeder Zeit an jedem Ort.
2. Auch in den nächsten Jahren wird das Wachstum im Handel vorwiegend online generiert und mobile Zugangswege setzen sich auf breiter Front durch. Händler, die sich diesem Trend verweigern, haben kaum Überlebenschancen. Umgekehrt hat der stationäre Einzelhandel durchaus Zukunft, wenn er Digitalisierung endlich als Chance und nicht als Bedrohung begreift. Auch kleine Händler können gewinnen, wenn sie ihre Agilität und Schnelligkeit nutzen und wenn sie kreativ werden, um Offline-, Online- und Mobile-Zugangswege intelligent zu verzahnen.
3. Bekannte Online-Marktplätze mit hoher Reichweite und niedrigen Einstiegshürden bieten Einzelhändlern ideale Bedingungen, um ohne großes Risiko Online Erfahrungen zu sammeln und in kurzer Zeit substanzielle Umsätze zu generieren. Wer diese Multi-Channel-Chance nicht nutzt, verschenkt Umsätze, Kunden und Entwicklungsmöglichkeiten. Konsumenten kaufen in erster Linie auf nationalen Plattformen. Aus Händlersicht kann deshalb lokal nur in Kombination mit national (oder auch international) nachhaltig funktionieren. Gemeinsam mit eBay können Händler beide Perspektiven ideal verknüpfen.

In dem Pilotprojekt stellt eBay seinen Anspruch unter Beweis, als starker Partner des Handels auch auf lokaler Ebene zu agieren. Viele der teilnehmenden Händler konnten schon nach kurzer Zeit signifikante Umsatzzuwächse verzeichnen und ihren Kundenkreis deutlich erweitern.

Literatur

Austin, S. (2016). Studie „Small Online Business Trade Summary 2015" von Sidley Austin LLP im Auftrag von eBay.
Deloitte. (2014). Die Chance Omnichannel. http://www.zukunftdeshandels.de/sites/all/themes/feed/img/Omnichannel-Report.pdf. Zugegriffen: 27. Nov. 2015.
eBay. (2014). Verbraucherumfrage (Innofact). http://www.zukunftdeshandels.de/erwartungen. Zugegriffen: 27. Nov. 2015.

eBay. (2015). Pilotprojekt „Mönchengladbach bei eBay": Lokal bei eBay in Mönchengladbach einkaufen. Pressemitteilung. http://presse.ebay.de/pressrelease/pilotprojekt-%E2%80%9Em%C3%B6nchengladbach-bei-ebay%E2%80%9C-lokal-bei-ebay-m%C3%B6nchengladbach-einkaufen. Zugegriffen: 31. Dez. 2015.

eBay. (2016). Zitate von teilnehmenden Händlern. Gesprächsprotokolle, die eBay vorliegen.

ECC Köln. (2015). Konjunkturumfrage unter Online-Marktplatzhändlern. Berichtsband. http://presse.ebay.de/sites/default/files/Berichtsband_eBay_ECC%20Koeln_Marktplatz-KIX_Q4_komplett.pdf. Zugegriffen: 27. Nov. 2015.

Handelsverband Deutschland. (2014). Handel fordert bessere Erreichbarkeit der Innenstädte. Pressemitteilung. http://www.einzelhandel.de/index.php/presse/pressearchiv/item/124102-handel-fordert-bessere-erreichbarkeit-der-innenst%C3%A4dte. Zugegriffen: 27. Nov. 2015.

Handelsverband Deutschland. (2015a). Handelsverband hebt Prognose an. Pressemitteilung. http://www.einzelhandel.de/index.php/presse/aktuellemeldungen/item/125825-handelsverband-hebt-prognose-an. Zugegriffen: 27. Nov. 2015.

Handelsverband Deutschland. (2015b). Onlinemonitor 2015. http://www.einzelhandel.de/index.php/online-monitor/item/download/8247_cdbb8a279e36d12e581dd9536b40429a. Zugegriffen: 27. Nov. 2015.

Heinemann, G. (2015). eWeb Research Center der Hochschule Niederrhein. Bewertung von Online-Marktplätzen. Presseevent „Mönchengladbach bei eBay" am 2. Okt. 2015.

IFH Köln. (2014). Jeder zweite Einzelhändler 2014 ohne Online-Vertrieb. Pressemitteilung. http://www.ifhkoeln.de/News-Presse/Jeder-zweite-Einzelhaendler-2014-ohne-Online-Vertrieb. Zugegriffen: 27. Nov. 2015.

IFH Köln. (2015). Fast jedes zehnte Ladengeschäft von Schließung bedroht – alle Regionen betroffen. Pressemitteilung. http://www.ifhkoeln.de/News-Presse/Fast-jedes-zehnte-Ladengeschaeft-von-Schliessung-bedroht–all. Zugegriffen: 31. Dez. 2015.

KPMG. (2015). Thema lokale Onlinemarktplätze, *KPMG Consumer Barometer – Trends und Treiber im Sektor Consumer Markets, 2015*(4). https://home.kpmg.com/de/de/home/themen/2015/11/consumer-barometer-4-2015-thema-lokale-onlinemarktplaetze.html. Zugegriffen: 31. Dez. 2015.

mg.retail2020. (2015a). Maßnahmenprogramm und Guidelines – Auswirkungen des Online-Handels auf Städte und Gemeinden in NRW und Handlungsperspektiven für den innerstädtischen stationären Einzelhandel. http://mgretail2020.de/fileadmin/user_upload/documents/mgretail2020_Massnahmenprogramm.pdf. Zugegriffen: 31. Dez. 2015.

mg.retail2020. (2015b). „Auswirkungen des Online-Handels auf den stationären Handel in Städten und Gemeinden in NRW und Handlungsempfehlungen für den innerstädtischen stationären Einzelhandel" am Beispiel von Rheydt und Mönchengladbach (mg.retail2020). Pressemitteilung. http://mgretail2020.de/detail/article/auswirkungen-des-online-handels-auf-den-stationaeren-handel-in-staedten-und-gemeinden-in-nrw-und-han/. Zugegriffen: 31. Dez. 2015.

Moenchengladbach.de. (2015). Kunden erwarten vom Handel mehr und bessere Online-Präsenz – Projekt mg.retail2020: Auswirkungen des Online-Handels auf den stationären Handel/ WFMG und Hochschule Niederrhein legen Ergebnisse einer Kunden- und Händlerumfrage vor. Pressemitteilung. https://www.moenchengladbach.de/index.php?id=95&tx_ttnews[tt_news]=10658&tx_ttnews[year]=2015&tx_ttnews[month]=07&cHash=266bea98a45a58b18bf754b2afca3373. Zugegriffen: 6. Jan. 2015.

Über die Autoren

Dr. Stephan Zoll ist Vice President eBay Germany. In dieser Funktion ist der gebürtige Hamburger für das Marktplatzgeschäft von eBay in Deutschland zuständig. Der promovierte Jurist ist seit Oktober 2007 für den eBay-Konzern tätig und war bereits zwischen 2009 und 2011 Geschäftsführer der eBay GmbH. Vor seinem Wechsel zurück an die Spitze des deutschen Kerngeschäfts von eBay war Zoll Geschäftsführer des eBay-Unternehmens brands4friends sowie General Manager von eBay Inc. Retail & Emerging Markets, für Tradera und GittiGidiyor – die Plattformen von eBay in Schweden und in der Türkei. Bevor er zu eBay kam, war Stephan Zoll Mitglied der deutschen Geschäftsleitung der Unternehmensberatung Mercer Management Consulting, heute Oliver Wyman. Weitere Stationen waren Diamond Cluster International und Booz Allen & Hamilton. Dr. Stephan Zoll, geboren 1970, studierte Rechtswissenschaften an den Universitäten von Heidelberg und München. Er promovierte auf dem Gebiet des internationalen Steuerrechts.

Steven Marks ist Head of Shipping & Local eBay Germany. In dieser Funktion liegt der Schwerpunkt seiner Arbeit auf Innovationsprojekten und dem Thema lokaler Handel bei eBay. Der gebürtige Hannoveraner ist seit 2008 für eBay tätig. Davor war Steven Marks Managementberater bei Accenture. Steven Marks, geboren 1978, studierte Wirtschaftsingenieurwesen an der Technischen Universität Berlin und schloss sein Studium mit einem Diplom ab.

Manufacturer goes Online – Der Aufbau eines globalen digitalen Ökosystems für NIVEA

Martin Wulle

Zusammenfassung

Hautpflege und Digital haben mehr miteinander zu tun, als man annehmen könnte. Die Online-Suche nach „Hautpflege" ergibt Treffer im dreistelligen Millionenbereich, die fünf größten Beauty-Marken auf Facebook kommen zusammen auf über 100 Mio. Fans und mit 45,4 Mrd. Views zählen Hautpflege und Beauty zu den beliebtesten Themen bei YouTube. Zugleich boomt auch der Online-Handel: Mittlerweile kauft ein Viertel der deutschen Internetnutzer Kosmetik und Parfüm über digitale Kanäle. Für die weltweit größte Hautpflegemarke NIVEA der Beiersdorf AG ergeben sich durch dieses veränderte Kommunikations- und Kaufverhalten der Verbraucher viele neue Herausforderungen, aber noch viel mehr Möglichkeiten. Denn die Digitalisierung ermöglicht es NIVEA wie nie zuvor, die Bedürfnisse der Verbraucher in Bezug auf Hautpflege besser zu verstehen, mit ihnen eine persönliche Beziehung aufzubauen und ihren Kaufentscheidungsprozess positiv zu beeinflussen. Dieser Artikel zeigt auf, wie Beiersdorf die Notwendigkeit der Digitalisierung konsequent aufgegriffen und diese mit dem Aufbau eines globalen digitalen Ökosystems für NIVEA strategisch, organisatorisch, technologisch und räumlich umgesetzt hat.

M. Wulle (✉)
Beiersdorf A6, Hamburg, Deutschland
E-Mail: Martin.Wulle@Beiersdorf.com

Inhaltsverzeichnis

1	Ausgangssituation und Zielsetzung	224
2	Die Digitalstrategie von NIVEA	225
	2.1 NIVEA und Digital passen perfekt zusammen	225
	2.2 Die drei Säulen der NIVEA-Digitalstrategie: Content, Consumer Relations und Commerce	226
	2.3 Die Basis der NIVEA-Digitalstrategie: die technologische Infrastruktur	227
3	Die Operationalisierung der Digitalstrategie	228
	3.1 Die Verankerung von Digitalisierung in der Organisation – die Globale Business Unit Digital & E-Commerce	228
	3.2 Die Basis eines globalen digitalen Ökosystems – eine zentrale, zukunftsrobuste und skalierbare Plattform für alle Länder	229
	3.3 Auch eine digitale Plattform braucht eine physische Heimat – die NIVEA Digital Factory	237
4	Schlussfolgerungen und Ausblick	238
	Literatur	239
	Über den Autor	240

1 Ausgangssituation und Zielsetzung

NIVEA – die weltweit größte Hautpflegemarke

Die Beiersdorf AG ist ein führender Anbieter innovativer und hochwertiger Hautpflegeprodukte und verfügt über mehr als 130 Jahre Erfahrung in diesem Marktsegment. Das Unternehmen hat seinen Hauptsitz in Hamburg und ist im deutschen Leitindex für Aktien, dem DAX, gelistet. Die weltweit größte Hautpflegemarke NIVEA (Euromonitor 2014) ist das Herzstück des Markenportfolios, zu dem darüber hinaus Marken wie Eucerin, La Prairie, Labello und Hansaplast zählen. NIVEA ist eine Markenikone mit weltweiter Strahlkraft, der jeden Tag mehr als 500 Mio. Menschen in mehr als 200 Ländern vertrauen. Seit 1911 assoziieren Verbraucher in aller Welt allerhöchste Hautpflegekompetenz mit NIVEA: In Deutschland hat NIVEA einen Bekanntheitsgrad von nahezu 100 % und genießt europaweit so großes Vertrauen wie keine andere Hautpflegemarke. 2015 wurde NIVEA in Folge zu Europas Most Trusted Brand im Bereich Haut- und Haarpflege gekürt (Reader's Digest Deutschland 2015).

„Close to the Consumer" – ein Kernstück der NIVEA-Markenstrategie

Weltweit steht die Marke NIVEA für Nähe, Geborgenheit und zuverlässige Pflege. Nah am Markt und damit nah am Verbraucher zu sein war von Beginn an einer der entscheidenden Erfolgsfaktoren von NIVEA. „Close to the Consumer" ist deshalb auch ein Kernstück der NIVEA-Markenstrategie. Mit der zunehmenden Digitalisierung ergaben und ergeben sich für NIVEA laufend neue Möglichkeiten, nah am Verbraucher zu sein. Gleichzeitig muss NIVEA auch ständig neue Herausforderungen meistern, da sich durch die Digitalisierung das Kommunikations- und Einkaufsverhalten der Verbraucher entscheidend verändert hat. Heute haben Konsumenten die Möglichkeit, sich jederzeit und an jedem Ort umfassend über Marken zu informieren, sich mit anderen Konsumenten über Marken auszutauschen, Marken öffentlich zu bewerten, direkt mit Marken in persönliche Interaktion zu treten und natürlich auch Marken sofort zu kaufen. Die Digitalisierung führt weiterhin auch dazu, dass Konsumenten ihre Kaufentscheidungen heute nicht mehr allein im stationären Handel treffen. So lässt sich feststellen, dass neun von zehn Verbrauchern sich vor oder nach dem Einkauf online informieren oder dies mit ihrem Mobiltelefon währenddessen tun (Google 2015).

Wenn Verbraucher digital sind, muss auch Nivea digital sein
Nähe zum Verbraucher bedeutet für NIVEA, dass NIVEA da sein muss, wo auch die Verbraucher sind. Und wenn diese in ihrer Consumer Journey verstärkt digital unterwegs sind, muss auch NIVEA verstärkt digital unterwegs sein, um ihnen an den entsprechenden Touchpoints mit entsprechenden Markenbotschaften zu begegnen. Denn genau die Technologien, wie zum Beispiel Social Media, die es den Verbrauchern ermöglichen, mit Marken in Interaktion zu treten, erlauben es gleichzeitig auch NIVEA, die Wünsche und Bedürfnisse der Verbraucher in Bezug auf Hautpflege besser zu verstehen, darauf entsprechend zu reagieren und mit ihnen direkt in Kontakt zu treten. So hat NIVEA frühzeitig auf die digitale Nähe zu den Verbrauchern gesetzt. Schon 1996 war NIVEA eine der ersten Konsumgütermarken mit einer eigenen Website. Heute ist NIVEA über digitale Plattformen und Medien sowie über Social Media weltweit mit den Verbrauchern vernetzt und steht mit ihnen in einem ständigen Dialog. Für NIVEA gibt es Webseiten in 98 Ländern, 57 Facebook-Seiten mit über 17 Mio. Facebook-Fans sowie 35 YouTube-Channels in verschiedenen Sprachen – die NIVEA-YouTube-Videos wurden bis heute rund 300 Mio. mal aufgerufen.

Zielsetzung ist der Aufbau eines globalen digitalen Ökosystems
Eine der Zielsetzungen der Digitalisierung von Beiersdorf sind Aufbau und Betrieb eines globalen digitalen Ökosystems für NIVEA – mit eigener digitaler Infrastruktur zum Betreiben von Webseiten, CRM und E-Commerce, mit Echtzeitschnittstellen zu externen digitalen Plattformen wie Search, Social oder Messenger sowie mit Anbindung an Multi-Channel-Händler, Online-Marktplätze und digitale Retailer.

Wie Beiersdorf die Notwendigkeit der Digitalisierung konsequent aufgegriffen und diese mit dem Aufbau eines globalen digitalen Ökosystems für NIVEA strategisch, organisatorisch, technologisch und räumlich umgesetzt hat, soll dieser Artikel aufzeigen.

2 Die Digitalstrategie von NIVEA

2.1 NIVEA und Digital passen perfekt zusammen

Die Online-Suche nach „Hautpflege" bzw. „Skin Care" ergibt Treffer im dreistelligen Millionenbereich. Bei der Suche nach „Beauty" erhöht sich die Zahl der Treffer auf über eine Milliarde. Das Online-Suchvolumen nach Hautpflege-und Beauty-Themen ist seit

Jahren kontinuierlich gestiegen und hat inzwischen ein jährliches Volumen von über vier Milliarden Suchanfragen erreicht. Auch in den Social Networks suchen Verbraucher verstärkt nach Information zu und Interaktion mit Marken. So kommen allein die fünf größten Beauty-Marken auf Facebook zusammen auf über 100 Mio. Fans (Statista 2016). Mit 45,4 Mrd. Views von 1,8 Mio. Videos und über 123 Mio. Abonnenten zählen Hautpflege und Beauty zu den beliebtesten Themen bei YouTube (Pixability 2015). Zugleich boomt der Online-Handel im Markt für Beauty und Kosmetik. Mit Umsätzen in Höhe von 4,3 Mrd. US$ repräsentiert E-Commerce 6,5 % der Gesamtumsätze der Kategorie der Beauty und Hautpflege in den USA, wobei Hautpflegeprodukte einen überproportionalen Anteil von 12 % haben (Kearney 2014). Mittlerweile kauft ein Viertel der deutschen Internetnutzer Kosmetik und Parfüm über digitale Kanäle. Damit hat jeder Deutsche online durchschnittlich 9,91 EUR für Körperpflege- und Kosmetikprodukte ausgegeben. 2014 erzielte der deutsche Markt für Kosmetik und Parfüm einen Online-Umsatz von 800 Mio. EUR – das entspricht einer Steigerung von beachtlichen 223 % im Vergleich zu 2008 (IFH Köln 2015).

Die NIVEA-Digitalstrategie übersetzt die NIVEA-Markenstrategie ins Digitale
Die Zielsetzung der NIVEA-Digitalstrategie ist die Verwirklichung der NIVEA-Markenstrategie in allen digitalen Kanälen, Plattformen und Aktivitäten. NIVEA, das bedeutet „Nähe", „Vertrauen" und „Pflegekompetenz". Diese globalen Kernwerte werden weltweit von allen Verbrauchern geschätzt. Für eine konsistente Markenführung muss daher sichergestellt sein, dass die Markenidentität – also Markenwerte und Markenauftritt – in allen Kanälen alle diese Werte widerspiegelt. Die Digitalstrategie übersetzt deshalb die Markenidentität so in alle digitalen Kanäle, Plattformen und Aktivitäten, dass die erfolgreichen NIVEA-Kernwerte für Verbraucher digital erlebbar gemacht werden.

2.2 Die drei Säulen der NIVEA-Digitalstrategie: Content, Consumer Relations und Commerce

Um die NIVEA-Kernwerte auch digital konsistent erlebbar zu machen, müssen erstens die Konsumenten da angesprochen werden, wo immer sie sich mit Hautpflege beschäftigen: bei der Online-Suche nach entsprechenden Themen und Produkten, beim Rezipieren von relevantem digitalen Content, beim Meinungsaustausch auf Social Media oder beim Produzieren von eigenem Content. Zweitens bedeutet das, eine persönliche Beziehung zu den Konsumenten aufzubauen – durch individuelle Ansprache, persönlichen Dialog und innovative digitale Produkte und Services. Drittens bedeutet das aber auch, den Konsumenten die Möglichkeit zu geben, NIVEA-Produkte online kaufen zu können. Zu jeder Zeit, an jedem Ort, mit jedem digitalen Gerät!

Die drei Säulen Content, Consumer Relations und Commerce definieren deshalb die Prioritäten der NIVEA-Digitalstrategie.

Content: NIVEA wird zur bevorzugten Informationsquelle für Hautpflege
Strategische Zielsetzung ist es, NIVEA als die bevorzugte Informationsquelle zur Hautpflege zu positionieren. Dies soll dadurch erreicht werden, dass NIVEA nutzerrelevanten Content entwickelt und diesen zur richtigen Zeitpunkt auf richtigen Kanälen und Plattformen an die richtigen Zielgruppen bereitstellt. So soll einerseits die Bindung zwischen NIVEA und den Verbrauchern erhöht und andererseits der Kaufentscheidungsprozess in jeder Phase der Consumer Journey positiv beeinflusst werden.

Consumer Relations: NIVEA baut eine persönliche Beziehung zu Verbrauchern auf
Strategische Zielsetzung ist es, durch Aufbau und Stärkung einer persönlichen Beziehung zu den Verbrauchern NIVEA als die emotional bevorzugte Marke im emotionalen Mindset der Verbraucher zu positionieren. Dies soll dadurch erreicht werden, dass NIVEA den Aufbau eines persönlichen Dialogs initiiert, innovative digitale Produkte und Services bereitstellt sowie die Verbraucherinteraktion auf allen digitalen Kanälen möglichst tief greifend personalisiert.

Commerce: NIVEA-Produkte kaufen ist nur einen Klick entfernt
Strategische Zielsetzung ist es, dass NIVEA die Konsumenten während ihres Kaufentscheidungsprozesses begleitet und NIVEA-Produkte auf Wunsch auch sofort online gekauft können. Jedes NIVEA-Produkt soll für jeden Konsumenten in Zukunft in Reichweite eines Klicks sein – analog zum Mantra eines bekannten amerikanischen Softdrink-Herstellers, der sein Produkt „Within arm's reach of desire" verfügbar machen möchte. Dies soll dadurch erreicht werden, dass NIVEA seine Beziehungen zu den digitalen Handelspartnern konsequent weiter ausbaut, selbst mit einem digitalen Flagshipstore seine Produkte digital erlebbar macht sowie ein integriertes Einkaufserlebnis durch eine Mischung aus Produkten und passendem Content schafft.

2.3 Die Basis der NIVEA-Digitalstrategie: die technologische Infrastruktur

Strategische Zielsetzung ist es, eine technologische Infrastruktur zu entwickeln und weltweit zur Verfügung zu stellen, die die drei Säulen Content, Consumer Relations und Commerce in einem System vereint. Diese digitale Infrastruktur muss gleichzeitig robust und flexibel sein. Sie muss so robust sein, dass sie eine globale Last von rund 200 Ländern mit Tausenden von Usern im Backend und Millionen Usern im Frontend problemlos managen kann. Gleichzeitig muss sie aber so flexibel sein, dass sie sich der rasant ändernden digitalen Entwicklung permanent anpassen kann.

Auf den folgenden Seiten wird aufgezeigt, wie die NIVEA-Digitalstrategie konsequent organisatorisch, technologisch und räumlich operationalisiert wurde.

3 Die Operationalisierung der Digitalstrategie

3.1 Die Verankerung von Digitalisierung in der Organisation – die Globale Business Unit Digital & E-Commerce

Beiersdorf hat die Notwendigkeit der Digitalisierung frühzeitig erkannt und hat sich in den letzten Jahren allen Unternehmensbereichen inhaltlich und personell entsprechend aufgestellt. So wurden u. a. in Marketing, Marktforschung, Supply Chain, Sales und IT unterschiedlichste digitale Initiativen gestartet und Projekte umgesetzt. Die Bandbreite dieser Projekte reicht von digitalen Kampagnen und Mobile Apps, über Online-Retailer- und Business-Intelligence-Initiativen bis zur Entwicklung unternehmensinterner Kommunikations- und Kollaborations-Tools, um nur einige zu nennen. Der Vorteil dieser Herangehensweise – digitale Projekte in den operativen Einheiten umzusetzen – hat zugleich auch einen gewissen Nachteil, da eine unternehmensweite Zusammenarbeit sowie ein bereichsübergreifender Know-how-Transfer oft nur schwer zu realisieren sind.

Digitalisierung ganzheitlich betrachten, gestalten und strukturiert in die Länder bringen
Mit der zunehmenden Bedeutung von E-Commerce sowie den enormen Veränderungen des Konsumentenverhaltens durch Online-Suche und Social Media wurde schnell klar, dass sich die digitale Zukunft von Beiersdorf nicht alleine auf abteilungsgetriebenen Einzelinitiativen bauen lässt. Um die Digitalisierung innerhalb von Beiersdorf ganzheitlich zu betrachten, zu gestalten und strukturiert in die Länder zubringen, wurde deshalb im Jahre 2013 die Business Unit Digital ins Leben gerufen. Sie ist direkt unter dem Vorstand angesiedelt und hat die Aufgabe, bereichsübergreifender Treiber der Digitalisierung für das ganze Unternehmen zu sein.

Alle relevanten digitalen Funktionen und Bereiche in einer zentralen Einheit
Um dies zu gewährleisten, wurden in der Business Unit Digital alle relevanten digitalen Funktionen und Bereiche entsprechend der NIVEA-Digitalstrategie zentral zusammengefasst: digitales Marketing, CRM, E-Commerce sowie die technologische Infrastruktur. Die entsprechenden Mitarbeiter sowie laufende Projekte und Programme wurden von ihren damaligen Abteilungen in die Business Unit Digital transferiert. Durch diese Vorgehensweise war die Business Unit Digital sofort einsatzfähig und hatte auch die notwendige Erfahrung, Manpower und Schwungmasse, um auch große Strukturprojekte angehen zu können. Ein weiterer Vorteil war, dass die Mitarbeiter der Business Unit Digital nicht nur ihre Expertise, sondern auch ihr Netzwerk innerhalb von Beiersdorf in die neue Abteilung miteinbrachten. Obwohl neu gegründet, war dic Business Unit Digital von Anfang fest in der Organisationsstruktur integriert und vernetzt.

Die aktuellen Aufgabenschwerpunkte der Business Unit Digital

- Strategien und Konzepte für Content-Marketing,
- Zusammenarbeit und Unterstützung mit den Produktmarketingabteilungen,
- Unterstützung bei der strukturierten digitalen Entwicklung der Ländergesellschaften,
- Strategien und Konzepte für E-Commerce,
- Zusammenarbeit und Unterstützung der digitalen Retail-Partner,
- Entwicklung von digitalen Scorecards und KPI-Frameworks,
- Entwicklung von digitalen Reportings und Dashboards für alle Managementebenen,
- Aufbau von zentralen Data-Governance-Richtlinien,
- systematische Generierung, Analyse und Bereitstellung von Daten aus digitalen Quellen,
- Aufbau von Trainingskonzepten für alle Mitarbeiter,
- Aufbau und Betreiben eines User-Experience-Testlabors,
- zentrale Bereitstellung von technologischer Infrastruktur,
- Aufbau und Betreiben einer zentralen digitalen Plattform für Content, Consumer Relations und Commerce.

Und genau mit dem letzten Punkt, der Entwicklung einer zentralen digitalen Plattform, beschäftigt sich der nächste Abschnitt.

3.2 Die Basis eines globalen digitalen Ökosystems – eine zentrale, zukunftsrobuste und skalierbare Plattform für alle Länder

Eine zentrale Plattform anstelle lokaler Einzellösungen

Nah am Markt und damit nah am Konsumenten zu sein gehört zu den Erfolgsfaktoren von NIVEA. Dies führt in der Konsequenz auch dazu, dass die digitalen Initiativen in den NIVEA-Ländern zumeist stark an lokalen Bedürfnissen und Anforderungen ausgerichtet sind. Doch Digital macht nicht an Ländergrenzen halt! Digitale Entwicklungen sind grenzüberschreitend, nehmen schnell hohes Tempo auf und benötigen zumeist hohe Investitionen, um sie aktiv gestalten zu können. Für ein global tätiges Unternehmen wie Beiersdorf war es deshalb naheliegend, zentral eine digitale State-of-the-Art-Plattform aufzubauen und sie den Ländern zur Verfügung zu stellen. Anstelle einer Struktur, in der jedes Land selbst seine eigene Website, seinen eigenen Online-Shop, sein eigenes CRM-Programm entwickelt, baut und betreibt, wird ihnen zentral eine hochmoderne Plattform zur lokalen Nutzung zur Verfügung gestellt. Um eine möglichste hohe Nutzungsrate in den Ländern zu erreichen, war es zwingend notwendig, die zentrale Plattform und die dazugehörige Infrastruktur so modular, flexibel und skalierbar aufzubauen, dass jedes Land diese einfach auf seine lokalen Bedürfnisse anpassen und mit eigenen Ausprägungen zum Aufbau seines digitalen Ökosystems nutzen kann. Zentrale Entwicklung und

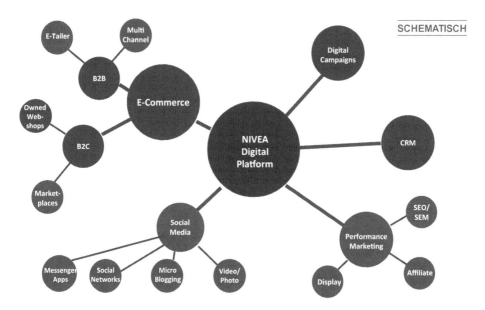

Abb. 1 Die digitale Plattform steht im Zentrum des digitalen Ökosystems von NIVEA. (Quelle: Eigene Darstellung)

Bereitstellung, lokale Anpassung und Nutzung, das waren dementsprechend auch die Anforderungen an die neu zu entwickelnde Plattform (vgl. Abb. 1).

Das Konzept: Content, Consumer Relations und Commerce in einer Plattform
Wie schon erwähnt, soll die Plattform als Fundament des globalen digitalen Ökosystems NIVEA und die drei Pfeiler der NIVEA-Digitalstrategie vereinen: Content, das Management von Kundenbeziehungen sowie E-Commerce. Im Frontend, also sichtbar für Verbraucher, sollte eine vollkommen neu konzipierte Website sein, mit vielen hilfreichen und inspirierenden Informationen rund um das Thema Hautpflege, ein NIVEA-Online-Flagshipstore, in dem sofort alle NIVEA-Produkte gekauft werden können, sowie viele Möglichen zu Interaktion wie zum Beispiel die Möglichkeit, Mitglied in der NIVEA-Vorteilswelt „NIVEA für mich" zu werden. Grundsätzlich sollte es bei der Neukonzeption darum gehen, die NIVEA-Produkte mit hochwertigen und relevanten Inhalten zu verknüpfen und zugleich eine digitale Umgebung zu schaffen, die Verbraucher dazu einladen soll, Inhalte zu nutzen, zu teilen und an andere weiterzuempfehlen.

Für den Bereich Content bedeutet das

- Hohen organischen Traffic auf Google zu erreichen, durch Erstellung von nutzwertigem Produkt-Content in allen Formaten (Text, Bild, Video),
- NIVEA.de als erste Anlaufstelle für Hautpflege im Netz zu positionieren, durch Erstellung von inspirierendem redaktionellen Content zu allen relevanten Hautpflegethemen,

- NIVEA als die Nummer Eins in der Hautpflege zu positionieren, durch aufmerksamkeitsstarke digitale Marken- und Produktkampagnen, die zur Webseite führen bzw. in die Website integriert sind.

Für den Bereich Consumer Relations bedeutet das

- Konsumenten individuell zu beraten, durch aktive Consumer Services wie Servicecenter, Callback-Funktionen, Social Listening und aktiven Dialog, Live-Chat etc.,
- den persönlichen Dialog mit den Verbrauchern aufzubauen, durch innovative Services rund um das Thema Hautpflege sowie diverse Kundenbindungsprogramme,
- mit dem Einverständnis der Konsumenten Daten über ihr Verhalten auf der Website, ihre Produktinteressen und ihre Wünsche an NIVEA zu generieren, um Kommunikationsinhalte und Angebote möglichst individuell ausspielen zu können.

Für den Bereich E-Commerce bedeutet das

- ein integriertes Einkaufserlebnis zu schaffen durch eine aufmerksamkeitsstarke und involvierende Mischung aus NIVEA-Produkten und relevantem Content,
- einen digitalen Flagshipstore bereitzustellen mit allen NIVEA-Produkten sowie exklusiven Online-only-Produkten mit direkter Bestellmöglichkeit über NIVEA oder über digitale Retail-Partner,
- zeitgemäß E-Commerce-Produkte zu präsentieren, was sowohl die Marke NIVEA stärkt als auch den Abverkauf unterstützt.

Die Designprinzipien: Content and Commerce, Cards und Mobile First

Zur gestalterischen Umsetzung des Konzeptes im Frontend-Design der Plattform wurden nach ausführlichen Konsumententests folgende vier Designprinzipen entwickelt (vgl. Abb. 2).

Der Content-and-Commerce-Mix

Die meisten Online-Anwendungen trennen Content von Commerce, also die Website-Inhalte vom Online-Shop. Das geht aber am Such- und Einkaufsverhalten der Konsumenten vorbei, die sich ein integriertes Informations- und Einkaufserlebnis wünschen. NIVEA setzt deshalb auf eine vollkommen neue Art des Online-Shoppings, indem konkrete Produktinformationen, wissenswerte Artikel sowie die entsprechenden Produkte dem Website-Besucher in einer relevanten Mischung ausgespielt werden. Auf der neuen Website kann der Verbraucher in jedem Bereich Einkaufen gehen, ohne die Seite verlassen oder einen separaten Online-Shop aufrufen zu müssen. Die Zielsetzung ist es, die Webseite so zu gestalten, dass sie die User inspiriert und sich in Echtzeit an ihre Bedürfnisse anpasst.

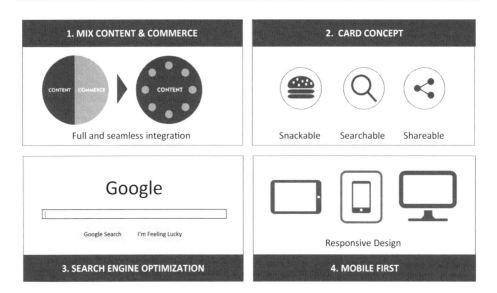

Abb. 2 Die vier Designprinzipien für die gestalterische Umsetzung des Plattformkonzeptes. (Quelle: Eigene Darstellung)

Das Kartenkonzept

Um in der heutigen Zeit die Aufmerksamkeit der Verbraucher zu gewinnen, braucht eine Website digitale Inhalte, die zwar inhaltlich relevant, aber zugleich einfach zu konsumieren sind – Inhalte sollten als „mundgerechte Häppchen" präsentiert werden. Bei der Neugestaltung der Website ging es darum, die NIVEA-Produkte mit solchen hochwertigen und relevanten Inhalten zu verknüpfen und eine Umgebung zu schaffen, die dazu einlädt, Inhalte zu teilen und an andere weiterzuempfehlen. Doch wie lassen sich Produkte und Inhalte auf jedem beliebigen Gerät modern und „mundgerecht" präsentieren? Hier kommt das sogenannte Kartenkonzept ins Spiel: Karten bilden die Bausteine der neuen Website. Jede Karte enthält ein kleines Häppchen an Informationen – das gleichzeitig einlädt, sich tiefer mit dem Inhalt zu beschäftigen. So können die Nutzer interessante Informationen spielerisch leicht mit Freunden per Mail oder Messenger sowie in den sozialen Netzwerken teilen. Das Webseiten-Design mit Karten ist der neueste Trend in der Gestaltung von responsiven Webseiten und wird beispielsweise von Plattformen wie YouTube und Instagram genutzt.

Suchmaschinenoptimierung

Beinahe jeder Einkauf im Internet beginnt mit einer Online-Suche. Um dieser hohen Bedeutung der Online-Suche auch im Plattformkonzept gerecht zu werden, werden die NIVEA-Website sowie alle Artikel, Produkte, Texte und Videos für Suchmaschinen optimiert. Sucht ein Verbraucher im Internet beispielsweise nach einem Hautpflegethema oder einem Hautpflegeprodukt, soll er schneller auf NIVEA-Produkte und entsprechende Artikel stoßen, da die NIVEA-Website einen höheren Platz im Google-Ranking belegt.

Mobile First

Moderne Webseiten müssen heute responsive sein, das heißt, sie müssen auf jedem digitalen Endgerät optimal dargestellt werden – auf PC, Tablet und auf allen Smartphones. Das stellt enorme Herausforderungen an das Frontend-Design, denn es muss gewährleisten, dass den Verbrauchern auf jedem Gerät das gleiche Markenerlebnis geboten wird. Ganz besonders bei E-Commerce-Anwendungen ist eine gleiche User-Führung auf allen Geräten entscheidend, um Abbrüche während des Kaufentscheidungsprozesses zu vermeiden. Um der wachsenden Bedeutung von mobiler Nutzung gerecht zu werden, wurde für die Design-Entwicklung ein „Mobile First"-Ansatz verfolgt. Das heißt, das Design wird zuerst für die Nutzung auf mobilen Endgeräten entwickelt und danach erst für Tablet und PC responsive gemacht. Das oben erwähnte Konzept der Karten kommt einer mobilen Nutzung sehr entgehen, da diese auf den meisten mobilen Netzwerken, wie Instagram, YouTube oder Facebook verwendet werden und dem Nutzungsverhalten auf Smartphones entsprechen.

Die IT-Architektur: Best in Class, skalierbar, sicher und zukunftsrobust

Die IT-Architektur der neuen Plattform musste verschiedene Anforderungen erfüllen – einerseits Anforderungen auf Grundlage des Plattformkonzeptes, andererseits Anforderungen auf Grundlage der bestehenden Beiersdorf-IT-Systeme. Zielsetzung war es, Best-in-Class-Technologien für Content-Management (CMS), Shop-Management und Customer-Relationship-Management, ergänzt um Produktinformationsmanagement- (PIM) und Media-Asset-Management- (MAM) Software sowie unterschiedliche Tools für Onsite Search, Testing und Analytics zu einer leistungsstarken Plattform zu verbinden und diese in die bestehenden IT-Systeme von Beiersdorf, wie zum Beispiel das ERP, zu integrieren (vgl. Abb. 3). Für die Shop-Funktionalität mussten zudem externe Partner für Payment, Fulfillment und Logistik ebenfalls in die Plattform integriert werden. Durch die Möglichkeit, unterschiedliche Tracking-Tools in die IT-Architektur zu integrieren, sollten noch genauere Einblicke in die Gewohnheiten und Verhaltensweisen des Verbrauchers gewonnen werden und Daten als Basis für eine personalisierte Kommunikation genutzt werden.

Die Anforderungen an die IT-Architektur der neuen Plattform

- Best in Class: Für die Kerntechnologien kamen nur erprobte und marktführende Technologien auf Enterprise-Level infrage.
- Robust: Wichtig war, dass die Plattform so ausgelegt sein musste, dass ein internationaler Roll-out und eine gleichzeitige Weiterentwicklung möglich sein musste.
- Skalierbar: Die IT-Architektur sollte einen so hohen Skalierungsgrad aufweisen, dass ein Wachstum durch mehr angeschlossene Länder, mehr Nutzer im Backend und mehr Besucher und Käufer möglich sein musste.
- Modular: Die Plattform sollte so modular aufgebaut sein, dass einerseits die NIVEA-Länder die Plattform an ihre lokalen Bedürfnisse anpassen können, andererseits aber auch lokale Tools und Anwendungen angeschlossen werden können.

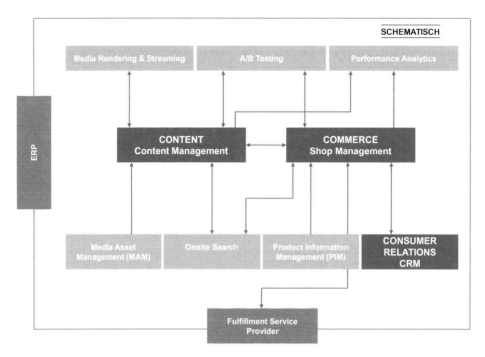

Abb. 3 Die vereinfachte Darstellung der IT-Architektur für die technologische Umsetzung des Plattformkonzeptes. (Quelle: Eigene Darstellung)

- Sicher: Es musste sichergestellt sein, dass alle Verbraucherdaten nach höchsten Datenschutzkriterien sicher aufbewahrt werden.

Die Methodik: agile Entwicklung für einen schnelleren Markteintritt
Für die Entwicklung wurde eine Methode gewählt, die von vielen Start-ups und Technologiefirmen verwendet wird: agile Entwicklung – ein kontinuierlicher Entwicklungsansatz basierend auf einem „Build-Measure-Learn"-Kreislauf. Anstatt monatelang ein Produkt zu entwickeln und zu perfektionieren, ohne es je den Konsumenten gezeigt zu haben, war es das Ziel, möglichst schnell mit einer einsatzfähigen Version in einem Pilotmarkt zu sein, die alle Kernfunktionen und Funktionalitäten enthält. Diese Version sollte dann auf Grund der konkreten Erfahrungen durch Nutzer und Konsumenten kontinuierlich weiterentwickelt werden. Für den Entwicklungsprozess bedeutet das, dass in monatlichen Releases, in sogenannten Sprints, entwickelt wird. Es werden monatlich auf Basis von Konsumentenbedürfnissen und Marktanforderungen neue Features und Funktionalitäten festgelegt, entwickelt und in die bestehende Plattform integriert. Gleichzeitig werden die Akzeptanz durch die User sowie der Einfluss auf die Geschäfts- und Markenziele kontinuierlich gemessen – die Learnings daraus fließen in die nächsten Entwicklungen mit ein. Mit diesem Ansatz soll gewährleistet werden, dass die Plattform einen

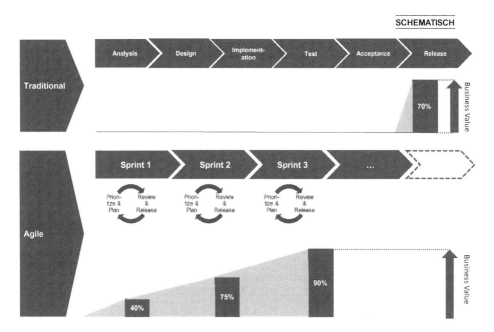

Abb. 4 Agile Entwicklung in Sprints erzielt im Vergleich mit traditioneller Entwicklung einen schnelleren Markteintritt. (Quelle: Eigene Darstellung)

schnelleren Business Value erreicht und schon in einem Markt viele Anforderungen von NIVEA und den Konsumenten erfüllt hat, bevor sie in andere Länder ausgerollt wird (vgl. Abb. 4).

Die Umsetzung, Teil 1: ein gemeinsamer Pilot mit dem deutschen Markt
Um von Anfang an nicht nur in der Theorie, sondern auf Basis lokaler Anforderungen und mit lokaler Expertise zu arbeiten, wurde die Entwicklung der neuen Plattform als gemeinsamer Pilot mit dem deutschen Markt aufgesetzt. Damit war für die Business Unit Digital die Chance gegeben, gemeinsam mit dem größten NIVEA-Markt die gesamte digitale Infrastruktur von Grunde auf neu zu definieren, alle digitalen Systeme und Tools global zu vereinheitlichen, die Website um CRM- und E-Commerce-Funktionalitäten zu ergänzen und so die deutsche Plattform als Pilot für die globale Plattform neu aufsetzen (vgl. Abb. 5).

Am 11. Mai 2015 ging die neue NIVEA.de an den Start. Nur zehn Monate nach dem Livegang kann festgestellt werden: Für alle drei strategischen Bereiche „Content", „Consumer Relations" und „Commerce" konnten die neue Plattform und damit auch NIVEA Deutschland seine Zielsetzungen erreichen und die Vorjahresergebnisse signifikant übertreffen.

Abb. 5 Der deutsche Pilot der globalen NIVEA-Plattform im Responsive-Design. (Quelle: Eigene Darstellung)

So konnten u. a. der Organic Traffic, die Anmeldungen für die NIVEA-Vorteilswelt „NIVEA für mich", die Anzahl der der Produktbewertungen sowie die Umsätze des eigenen Online-Shops deutlich gesteigert werden. Alle Erfahrungen und Erkenntnisse des deutschen Piloten wurden genutzt, um ein sogenanntes „Master-Template" der Plattform für den internationalen Roll-out zu entwickeln. Das „Master-Template" ist die komplette Webseite mit allen Funktionen und Funktionalitäten sowie einer Basisbefüllung von Inhalten, aber ohne landesspezifische Produkte und Inhalte.

Die Umsetzung, Teil 2: internationaler Roll-out mit „Platform as a Service"
In 2016 soll die Plattform in weiteren Ländern ausgerollt werden. Die Länder profitieren von der Bereitstellung der zentralen Plattform, da sie damit von Start an auf alle Funktionalitäten, Technologien, Prozesse und Services zurückgreifen können. Außerdem können die Länder die Plattform dank ihres modularen Aufbaus für ihre lokalen Gegebenheiten einfach anpassen. So lässt sich quasi auf Knopfdruck ganz einfach ein eigener Online-Shop aufsetzen – die wichtigen Themen wie Produktdaten, Payment, Logistik und Bestellprozesse sind schon organisiert und im Backend angelegt. Neben ihren lokalen Inhalten können die Länder auf Google Search optimierte Inhalte (Texte, Bilder, Videos) zurückgreifen. Ein weiterer Vorteil der globalen Plattform ist der Einsatz von länderübergreifenden Tracking Tools sowie ein standardisiertes Reporting, das den Ländern hilft, von den Erfahrungen anderer Länder zu profitieren. Ein wichtiger Bestandteil des Plattformkonzeptes ist die permanente zentrale Weiterentwicklung. So werden in den monatlichen Releases neue Features und Funktionalitäten in die Plattform integriert sowie bestehende Features und Funktionalitäten laufend optimiert. Anstelle selbst Änderungen durchführen zu müssen, können die Länder ihre Anforderungen an die Weiterentwicklung der Plattform stellen. Nach dem Prinzip von „Software as a Service" – die

Software wird zentral bereitgestellt und laufend upgedatet – profitieren die Länder von der permanenten Optimierung und Weiterentwicklung im laufenden Betrieb – Platform as a Service eben.

Mit Österreich wurde im März 2016 das erste Land nach Deutschland mit einem eigenen Online-Shop über die Plattform gelauncht, weitere Länder sind in der sogenannten „Bootcamp-Phase". Zielsetzung der „Bootcamps" ist es, einerseits die Plattform vorzustellen und die Länder dafür zu begeistern, andererseits aber auch gleichzeitig die speziellen Anforderungen der Länder für die Weiterentwicklung der Plattform aufzunehmen. Für Länder ohne eigenen Online-Shop, besteht in der Plattform die Möglichkeit, dass die Einkäufe von NIVEA-Produkten über angeschlossene Online-Shops abgewickelt werden können.

3.3 Auch eine digitale Plattform braucht eine physische Heimat – die NIVEA Digital Factory

Eines der wichtigsten Learnings bei der Entwicklung der neuen digitalen Plattform war es, dass physische Nähe aller Beteiligten den Prozess enorm beschleunigen kann. Oder anders ausgedrückt: Auch Digital braucht Analog, eine physische Heimat für alle Beteiligten! Während am Anfang das Programmteam noch zahlenmäßig klein war, kamen durch den deutschen Piloten sowie den danach folgenden internationalen Roll-out immer mehr neue Personen zum Plattformteam.

Ziel war deshalb, dem Plattformteam auch eine physische Heimat zu geben, damit auch möglichst alle Beteiligten an einem Ort zusammenarbeiten können. Es ergab sich die gute Gelegenheit, auf das Werksgelände von NIVEA zu ziehen. Digitale in der Fabrik, die Fabrik für Digitales, die Digital Factory!

In der NIVEA Digital Factory arbeiten heute Mitarbeiter aus unterschiedlichen Bereichen von Beiersdorf in einem interdisziplinären Team an einem Ort zusammen: aus Marketing, Sales, Supply Chain, Finanzen und IT, aus der Business Unit Digital, aus dem deutschen NIVEA-Team sowie auch Mitarbeiter externer Umsetzungspartner. Dazu kommen immer wieder abwechselnd neue Teammitglieder aus den aktuellen Roll-out-Ländern.

Eine offene Architektur fördert Zusammenarbeit und Kommunikation
Die Digital Factory hat das ursprüngliche Raumkonzept des Produktionsstandortes übernommen und ist somit ideal dafür geeignet, die agile Entwicklungsmethodik auch räumlich umzusetzen. Statt Büros gibt es einen großen Raum mit Arbeitsinseln für vier oder sechs Mitarbeiter sowie kleine Rückzugsräume für schnelle Meetings oder Telefonate. Die offene Architektur hat das Ziel, die Zusammenarbeit und die Kommunikation innerhalb des Teams zu fördern. Um flexibel auf die sich schnell ändernden Arbeits- und Teamanforderungen eingehen zu können, gibt es in der Digital Factory keine festen Arbeitsplätze. So können genau die Personen zusammensitzen, die auch gerade an einem

Projekt zusammenarbeiten. Das kann sich täglich ändern. Die Wände in den Rückzugsräumen funktionieren als Whiteboards und können beschrieben werden. Für alle Mitarbeiter sichtbare Bildschirme zeigen in Echtzeit die aktuelle Performance der Plattform. So sind alle im Team immer über den aktuellen Stand informiert und können entsprechende Aktionen ableiten.

4   Schlussfolgerungen und Ausblick

Resümee und Lessons Learned
Beiersdorf hat die Notwendigkeit der Digitalisierung konsequent aufgegriffen und diese für NIVEA auch genauso konsequent strategisch, organisatorisch, technologisch und räumlich umgesetzt. Mit dem deutschen Piloten wurde eindrucksvoll bewiesen, dass das Konzept einer zentralen digitalen Plattform für die lokale Nutzung in den Ländern für den Aufbau eines globalen digitalen Ökosystems für NIVEA erfolgreich funktioniert. Folgende Key Learnings können heute gezogen werden:

- Die Digitalstrategie einer Marke muss sich gleichzeitig an der Markenstrategie und an der Consumer Journey der Verbraucher orientieren.
- Die Verbraucher stehen im Zentrum der Entwicklung. Nur wer versteht, wie Verbraucher nahtlos on- und offline unterwegs sind und welche Anforderungen sie an den jeweiligen Touchpoints an Marken stellen, kann sie erfolgreich erreichen.
- Wer seine Digitalstrategie mit eigenen Technologien wie einer Plattform umsetzt, wird plötzlich selbst zu einem Technologieunternehmen. Das hat enorme Implikationen auf die Organisation, das Team und die Arbeitsweise.
- Eine agile Entwicklung nach dem „Build-Measure-Learn"-Prinzip sichert den schnellen Markteintritt und eine kontinuierliche Weiterentwicklung.
- Die Digitalisierung führt zwangsläufig zu einer Veränderung der Arbeitskultur. Die prägenden Elemente dieser Kultur sind Transparenz, Eigenverantwortung, Flexibilität, Teamarbeit und Agilität.
- Die Daten sind der Treibstoff der Transformation. Es kommt nicht nur darauf an, Daten zu sammeln und sie auszuwerten, sondern auch die relevanten Rückschlüsse daraus abzuleiten.
- Last but not least: What would Rocket do? Denke und handle wie ein Start-up!

Ausblick und Zukunftsplanung
Die Basis für das globale digitale Ökosystem von NIVEA ist gelegt. Nach und nach werden immer mehr NIVEA-Länder die zentrale Plattform für ihre lokale Digitalisierung nutzen und durch ihre Anwendungen und Erfahrungen helfen, die digitale Plattform kontinuierlich weiterzuentwickeln. Denn auch das digitale Ökosystem muss sich weiterentwickeln. In der aktuellen Entwicklungsphase geht es vor allem darum, die eigene Plattform global aufzubauen und mit externen Plattformen wie Suchmaschinen,

Social Media oder Messenger Apps zu vernetzen, eigenen Content über andere Kanäle zu sharen sowie Anbindungen an alle relevanten Multi-Channel-Händler, Online-Marktplätze und digitale Retailer zu erreichen.

In der nächsten Phase der Entwicklung wird es sicherlich auch darum gehen, neue Technologien in das Ökosystem zu integrieren. Schon heute sind die sogenannten Wearables, also tragbare Technologien wie Smart Watches oder Fitness Tracker, so nahe an den Verbrauchern, wie es keine Technologie vor ihnen konnte. Wer wäre besser dazu geeignet als die weltweit führende Hautpflegemarke, ihre wissenschaftliche Kompetenz und ihr tiefes Wissen über die menschliche Haut mit State-of-the-Art-Technologien zu kombinieren, um innovative digitale Hautpflegeservices zu entwickeln? Es ist davon auszugehen, dass Digital eine enorme Rolle bei zukünftigen Innovationen in der Hautpflege spielt. Hochsensible Sensoren in tragbaren Geräten werden in der Lage sein, den aktuellen Zustand der Haut zu messen, das persönliche Stresslevel und das Schlafverhalten zu tracken, die Umwelteinflüsse auf die Haut wie Luftverschmutzung, Sonnenstrahlung oder Luftfeuchtigkeit zu messen und zu bewerten. Kombiniert man diese Daten mit den persönlichen Daten der Verbraucher sowie dem Wissen über die menschliche Haut und Pflege von NIVEA, können daraus vollkommen neue innovative digitale Produkte und Services entwickelt werden.

Was auch immer Nähe zum Verbraucher in Zukunft bedeutet, wie auch immer die digitale Zukunft sein wird, NIVEA wird sie auch weiterhin aktiv mitgestalten.

Literatur

Euromonitor. (2014). NIVEA als Dachmarke in den Kategorien Gesichts-, Körper- und Handpflege; Handelsumsatz 2013. London: Euromonitor International.

Google. (2015). New research shows how digital connects shoppers to local stores. https://www.thinkwithgoogle.com/articles/how-digital-connects-shoppers-to-local-stores.html. Zugegriffen: 16. März 2016.

IFH Köln. (2015). Branchenstudie Körperpflege und Kosmetik Online. Jahrgang 2015. Köln: IFH.

Kearney, A. T. (2014). Beauty and the e-commerce beast. www.atkearney.com/documents/10192/5357723/Beauty+and+the+E-Commerce+Beast+-+2014+Edition.pdf/dcb3ec25-7274-484d-a9d2-a8f3fe488e4f. Zugegriffen: 12. März 2016.

Pixability. (2015). Beauty on YouTube 2015. http://www.pixability.com/industry-studies/new-beauty/. Zugegriffen: 12. März 2016.

Reader's Digest Deutschland. (2015). European Trusted Brands 2015: Who-is-Who der vertrauenswürdigsten Marken. http://www.rd-presse.de/pressemitteilungen/european-trusted-brands/european-trusted-brands-2015-who-is-who-der-vertrauenswurdigsten-marken. Zugegriffen: 12. März 2016.

Statista. (2016). Top 5 beliebteste Kosmetikmarken auf Facebook nach Anzahl der Fans im Juni 2015. http://de.statista.com/statistik/daten/studie/424858/umfrage/beliebteste-koerperpflegemarken-auf-facebook-nach-anzahl-der-fans/. Zugegriffen: 12. März 2016.

Über den Autor

Martin Wulle, Jahrgang 1965, ist seit 2013 Corporate Vice President Global Business Unit Digital & E-Commerce bei Beiersdorf. Der Experte für digitale Transformation für FMCG-Unternehmen studierte Marketing an der HSBA Hamburg School of Business Administration in Hamburg. Martin Wulle bekleidete unterschiedliche Positionen in Marketing und Sales bei Beiersdorf in Hamburg, bevor er führende Auslandspositionen für Beiersdorf in den USA und in Osteuropa innehatte. So war Herr Wulle General Manager von Beiersdorf in der Ukraine. Nach zwei Stationen im Corporate Marketing als Corporate Marketing Director für die Markenkategorien NIVEA Bath Care und NIVEA Deo übernahm er 2013 die neu geschaffene Position des Vice President Digital & E-Commerce.

Location-based Services – Paradebeispiel für digitale Adoption im stationären Einzelhandel

Gerrit Heinemann und Christian Gaiser

Zusammenfassung

Eine enorm wachsende Zahl an Kunden erwartet, auf dem Smartphone Informationen über ihre stationären Händler abrufen und den Besuch von Geschäften damit vorbereiten zu können. Insofern sind Location Based Services eine große Chance für stationäre Händler, den sich ändernden Kundenerwartungen Rechnung zu tragen und den digitalen Trend für ihr Geschäft nutzen zu können. Sie stellen damit auch eine große Chance für stationäre Händler dar, die digitale Adoption in Angriff zu nehmen. Denn aus Kundensicht werden Händler zunehmend nur noch als „Point of Sale" wahrgenommen, aber nicht mehr als „Point of Decision". Das vorliegende Kapitel erläutert zunächst Location-based Services als innovative Form des Handelsmarketings, bevor der Kunde als Haupttreiber der Digitalisierung untersucht wird. Dabei geht es vor allem um neue Kundenerwartungen, die den stationären Handel zunehmend unter Druck setzen. Abschließend wird dargelegt, was der Handel tun kann, um Location-based Services als Chance für sich zu nutzen.

G. Heinemann (✉)
Hochschule Niederrhein, Mönchengladbach, Deutschland
E-Mail: professor@gerritheinemann.de

C. Gaiser
Bonial International GmbH/kaufDA, Berlin, Deutschland
E-Mail: christian.gaiser@bonial.com

Inhaltsverzeichnis

1	Location-based Services als innovative Form des Handelsmarketings	242
2	Disruptive Veränderung von Kaufverhalten und Handelsstrukturen	245
3	Neue Kundenerwartungen im Zusammenhang mit der mobilen Internet-Nutzung	247
4	Lokalbezug von Informationen und Angeboten aus Nutzersicht	250
5	Digitale Adoption mit Location-based Services für den Handel der Zukunft	253
Literatur		255
Über die Autoren		257

1 Location-based Services als innovative Form des Handelsmarketings

Zweifelsohne ist der stationäre Handel noch immer der größte Absatzkanal, auch wenn der Online-Handel stark wächst (Online-Monitor 2015). Er hat große Vorteile insbesondere für die Kunden, die eine sofortige Verfügbarkeit der Ware, Haptik, qualifizierte persönliche Beratung und eine reale Shopping-Welt wünschen. Auf der anderen Seite wachsen hybride Handelsumsätze rasant, die zugleich online als auch offline zustande kommen. Sie ergeben sich aus der Möglichkeit, mithilfe eines Multi-Channel-Konzeptes die Potenziale des E-Commerce mit in die Läden zu transportieren (DPDHL 2014). Dementsprechend bieten neue Technologien und Formate in Filialen Zusatzservices und Interaktionsmöglichkeiten an. Dies ist zum Beispiel über Mobile Apps oder Instore-Terminals möglich (Heinemann und Gaiser 2015). Vor allem kanalübergreifende Services wie u. a. Online-Informationen über Filialbestände, das Zusammenstellen individueller Sortimente, die Abholung sowie Rückgabemöglichkeit im Store, bieten den Kunden echte Mehrwerte, verglichen mit dem Pure-Online-Wettbewerb. Die kanalübergreifende Kundensteuerung kann dem Händler eine Steigerung der Kundenausschöpfung ermöglichen. Dazu kann er vor allem standortbezogene Dienste – auch Location-based Services (LBS) – einsetzen. Diese erlauben dem stationären Handel sogar eine Verbesserung von Service und Erlebnis bei gleichzeitiger Senkung des Mittelaufwands. Dadurch können sich auch die Kundenloyalität und die Bildung von Stammkundschaft erhöhen. Studien belegen, dass Multi-Channel-Kunden mit dem jeweiligen Unternehmen deutlich zufriedener sind, wenn es Channel Hopping oder zumindest den Einstieg in den Einkaufsprozess in digitaler Form ermöglicht (Heinemann und Gaiser 2015). Zudem ist die Kaufbereitschaft bei Multi-Channel-Kunden größer (InternetRetailer 2012; Haug 2013). Denn moderne und technikaffine Kunden sind mit ihrem Smartphone „always on". Sie begeben sich zu jeder Zeit ins Internet, rufen kaufrelevante Informationen ab, interagieren mit Freunden diesbezüglich und kaufen dabei „nebenbei" auch noch mehr ein. Zugleich werden soziale Vernetzung und Empfehlungsprozesse wichtige Einflussfaktoren für die Kundenentscheidungen. Dabei sucht der Kunde immer stärker nach personalisierten, passgenauen Informationen und Produkten. Ein Grund liegt sicherlich in der fast unüberschaubaren Vielfalt alternativer Angebote. Auf Basis dieser Entwicklungen werden folgende Anforderungen und Chancen für den stationären Handel abgeleitet (Haug 2013):

Neue Kommunikations- bzw. Transaktionsstätten mit lokalem Bezug Die internetfähigen mobilen Geräte ermöglichen es den Kunden, an jedem Ort zu jeder Zeit Produktrecherchen durchzuführen oder einen Kauf abzuschließen. Deswegen werden Anbieter auch offline vermehrt in Transferräumen verfügbar sein. Das sind zum Beispiel U-Bahnstationen, Bushaltestellen oder Hauswände. Händler werden dabei ihre Produkte über Plakatwerbung mit QR-Codes zum Kauf anbieten.

Effizientes Mobile-Marketing Offline-Händler adressieren Kunden zunehmend über mobile Anwendungen wie Apps oder Aggregatorenplattformen. Dies ermöglicht kontextuelle und lokale Relevanz, was wiederum weniger Streuverluste bei der Zielgruppenadressierung zur Folge hat.

Lokale Sortimente Warengruppen mit lokalem Bezug werden über Markplatzanwendungen wie zum Beispiel Milo und eBay online verfügbar gemacht. Auch Google dürfte diesbezüglich in Zukunft eine große Rolle spielen, indem Produktverfügbarkeitsdaten systematisch in die lokale Suche integriert werden. Der Handel wird darüber mobile und stationär attraktive Angebote anbieten können.

Attraktive Echtzeitangebote Echtzeitangebote werden mobil über Apps oder Plattformen wie kaufDA einer breiten Masse zugänglich gemacht. Technologische Lösungen wie Shopkick bieten auch instore die Möglichkeit zur Aussendung personalisierter Angebote an die Smartphones der Kunden.

Systematische Kundendatenerfassung Kundendaten können in allen Kanälen systematisch erfasst werden, um moderne und integrierte Kundenbindungssysteme aufzubauen. Diese sind im Zeitalter des Multi-Channeling und Multiscreening nicht mehr kanalzentriert, sondern kundenzentriert aufgesetzt und ermöglichen damit ein personalisiertes Kundenerlebnis.

Sozialer Bezug Das Einbeziehen von Social Media erfolgt kanalübergreifend. Produktbewertungen und Empfehlungen werden auch stationär verfügbar gemacht, so wie erste Händler das bereits mit den aktuellen Like-Zahlen für Produkte machen. Sie schaffen damit neue Anreizsysteme für ihre Kunden, um in sozialen Netzwerken – sei es Facebook, Yelp oder Foursquare – eine noch stärkere Verbreitung zu finden.

Attraktivere und komfortable Einkauferlebnisse Einkauferlebnisse in den stationären Geschäften werden durch Einbeziehung von Digital-in-Store-Leistungen noch attraktiver. Filialen werden auch zu Event- und Erlebnisräumen mit höher qualifizierten Fach- und Style-Beratern. Über digitale Info-Displays, mobile Zahlungsmöglichkeiten oder

Abb. 1 Mobile Maßnahmen und Anwendungen für den stationären Handel. (Quelle: Eigene in Anlehnung an Haug 2013)

In-Store-Navigationsanwendungen erhöhen technologische Innovationen den Komfort des Offline-Einkaufs.

Smarte Kanalsynergien Auch Multi-Channel-Händler werden ihre Kanäle stärker verknüpfen, deren spezifische Vorteile schärfen und den Kunden ein integriertes, barrierefreies Multi-Channel-Erlebnis bieten müssen. Geschickte Kanalverknüpfung machen zum Beispiel über den Einsatz von Tablets, Infoterminals, QR-Codes an Regalen und/oder In-Store-Apps Online-Vorteile auch am POS verfügbar. Dies betrifft u. a. eine große Produktauswahl, zusätzliche und umfangreichere Produktinformationen oder Kundenempfehlungen.

Lieferzeitenwettbewerb Etablierte und innovative Logistikanbieter wie Shutl oder Tiramizoo machen es auch dem stationären Handel möglich, Kunden die Produkte in kürzester Zeit zu liefern. Dies stellt für den lokalen Handel eine wichtige Profilierungsmöglichkeit dar, um sich im Wettbewerb mit den großen Online Pure Playern behaupten zu können. So baut nicht nur Amazon derzeit zusätzliche Logistikzentren auf, um die Lieferzeit weiter zu reduzieren und Same Day Delivery weiter voranzutreiben.

Neben den Location-based Services sind sicherlich auch andere mobile Maßnahmen wie zum Beispiel Couponing, Cross Promotions oder Online-Kundenkarten möglich (vgl. Abb. 1). Angeraten ist jedoch in jedem Fall ein aufeinander abgestimmtes und konsistentes Mobile-Marketing-Konzept, das den disruptiven Veränderungen des Kaufverhaltens Rechnung trägt.

2 Disruptive Veränderung von Kaufverhalten und Handelsstrukturen

Für die Mehrzahl der Kunden bietet das Auffinden der richtigen Information im Internet mittlerweile den größten Nutzen im neuen Kaufprozess (kaufDA 2015). Für die Mehrzahl der Kunden bietet das Auffinden der richtigen Information im Internet mittlerweile den größten Nutzen während einer Kaufentscheidung (kaufDA 2015). Die dadurch induzierte Veränderung des Kaufprozesses führt dazu, dass das einzelne Geschäft für die Kunden an Bedeutung verliert und im Extremfall nur noch als „Point of Sale" wahrgenommen wird, während der „Point of Decision" sich zunehmend ins Netz verlagert. Hier sind auch die benötigten Informationen zur Produktauswahl in viel größerem Umfang vorhanden. Auf dem Smartphone recherchieren dementsprechend bereits 71 % der User nach kaufrelevanten Produktinformationen. Von ihnen können sich bereits 55 % vorstellen, das recherchierte Produkt unter gegebenen Umständen sofort zu kaufen (vgl. Abb. 2).

Im stationären Handel ist immer wieder die Rede von „Beratungsklau", wonach der „Point of Decision" das stationäre Geschäft und der „Point of Sale" das Internet ist. Dieser Beratungsklau ist jedoch ein Mythos. Nur maximal 1,6 % der Kunden handeln nach diesem Muster (Online-Monitor 2015). Grundsätzlich ist dazu noch zu sagen, dass auch nicht in der Internet-Vorzeit die Kunden nach der Beratung zum Kauf gezwungen werden konnten. Kunden konnten sich immer schon in einem Laden informieren und in einem anderen Laden bzw. beim Wettbewerber kaufen. Die Mehrzahl der Kunden lässt sich gar nicht mehr beraten, sondern recherchiert alle notwendigen Produktinformationen vor

Abb. 2 Der neue Kaufprozess. (Quelle: Eigene auf Basis von kaufDA 2015)

dem Geschäftsbesuch im Internet. Zunehmend kaufen die Kunden auch dann sofort im Internet, wenn sie zum Beispiel am nächsten Tag keine Zeit haben, in die Stadt zu fahren. Insofern kommt dem Online-Shop für bisherige Stationärkunden eine Servicefunktion zu. Oft können und wollen sich Kunden noch nicht im Laden entscheiden, aber zu Hause im Online-Shop des Händlers den Kauf fortsetzen. Dieser „Store-to-Web"-Aspekt wird am häufigsten vernachlässigt. Auch von Multi-Channel-Händlern, wenn sie im Online-Shop nur Rumpfsortimente anbieten und damit im Zweifel den Kunden zu Amazon schicken.

Die skizzieren Veränderungen des Einkaufsverhaltens führen dazu, dass Kunden immer mehr online einkaufen. Der dadurch ausgelöste Siegeszug des Online-Handels hat bei insgesamt stagnierenden Einzelhandelsumsätzen bereits zu massiven Umsatzverlusten auf den stationären Einzelhandelsflächen geführt (WDR 2015; eWeb Research Center 2014). Insofern ist es dringend geboten, den stationären Handel neu zu erfinden und in eine Gesamtlösung mit dem Online-Angebot zu bringen. Zentraler Anknüpfungspunkt ist die parallele Nutzung der unterschiedlichen Einkaufs- und Informationskanäle seitens der Konsumenten (Heinemann und Gaiser 2015). Am weitesten verbreitet sind solche Kunden, die sowohl Online- als auch Offline-Kanäle für ihren Einkauf nutzen (kaufDA 2015; Online-Monitor 2015). Zu ihnen zählen Showroomer, die sich vor ihrem Online-Kauf noch einmal im Laden informieren, sowie Kanalwechsler. Letztere bereiten in der Regel ihren stationären Einkauf im Netz vor und folgen damit dem sogenannten ROPO-Muster („Research Online – Purchase Offline"). Diese Kunden werden aufgrund der zunehmenden Mobile-Nutzung für Produktrecherchen mittlerweile auch als ROMPOS bezeichnet (Bruce 2011; Go-Smart-Studie 2012). Ihre Anhängerschaft vergrößert sich unentwegt und damit ebenfalls der potenzielle Nutzerkreis von Location-based Services (LBS). Deswegen ist es durch eine adäquate Präsenz im Netz für stationäre Händler auch möglich, von den stark zunehmenden „Multi-Channel-Umsätzen" zu profitieren, die aus der wechselseitigen Nutzung von Online- und Offline-Kanälen resultieren und nicht mehr online oder offline zugeordnet werden können. Rund zwei Drittel dieser Multi-Channel-Umsätze im Non-Food-Handel werden stationär ausgeführt, kommen aber eigentlich online zustande (Gehrckens und Boersma 2013). Da die Recherche für den Einkauf zunehmend auf Mobiles gestartet wird, erfordern mobile Kanäle deswegen auch eine besondere Aufmerksamkeit (kaufDA 2015; Heinemann und Gaiser 2015). Insofern sollten sich die stationären Händler mit der Optimierung hin zu mobilgerechten Inhalten und formatgerechten Websites auseinandersetzen. Gleiches gilt für das Angebot von Mobile-Diensten bzw. Anwendungen sowie die digitale Ausstattung des Ladens („Digital-in-Store"). Im Grunde geht es für den stationären Handel darum, die Rolle der Smartphones und des mobilen Internets für den Einkauf der Kunden zu erkennen und für das eigene Geschäft zu nutzen (brand eins 2014, 2015; Heinemann 28. Oktober 2014). Angeraten sind diesbezüglich auch adäquate Digital-in-Store-Techniken. Diese sind allerdings nur sinnvoll, wenn sie den Kunden konkrete Mehrwerte verschaffen. Deswegen sollten Inhalt und Funktionalität des Digital-in-Store-Konzeptes möglichst eng abgestimmt werden. Folgende Inhalte und Funktionalitäten bieten den Kunden Vorteile (Crossretail 2013):

1. **Servicequalität:** Positiven Einfluss auf die Servicequalität hat zum Beispiel eine schnelle und einfache Bezahlung. Auch Multi-Channel-Leistungen wie Bestellmöglichkeiten für Artikel und Liefermöglichkeiten an einen beliebigen Ort werden zunehmend geschätzt. Abholung, Umtausch und Online Collect – also Artikel in einen Online-Warenkorb legen lassen – ebenso. Treueprogramme, Gutscheineinlösung sowie Newsletter-Anmeldung gehören auch zum Standardservice des modernen Einkaufs.
2. **Brand Content:** Zu jeder Marke gehört eine Geschichte. Digital-in-Store-Anwendungen können interessante Gelegenheiten bieten, die Marke in Szene zu setzen und mit Content und Erzählungen anzureichern.
3. **Entertainment:** Das stationäre Geschäft bietet nach wie vor hervorragende Möglichkeiten für eine positive Anreicherung des Einkaufserlebnisses (vgl. Heinemann 1989). Vor allem der Verkaufsraum birgt zahlreiche Gelegenheiten zur Unterhaltung: Gewinnspiele oder Verbindung zu sozialen Netzwerken, um seinen Einkauf mit Freunden zu teilen zu können, sind nur zwei Beispiele.

Neben diesen Mehrwerten muss der Mechanismus der Anwendungen dafür sorgen, dass eine Applikation nicht nur interessant für den Kunden ist, sondern auch zur Erreichung der Marketingziele beiträgt. Deswegen bietet es sich an, dass eine In-Store-Applikation auch über Gamification angereichert wird (Crossretail 2013). Darüber hinaus sollte ein Digital-in-Store-Einsatz vor allem auch das Multi-Channel-Konzept unterstützen.

3 Neue Kundenerwartungen im Zusammenhang mit der mobilen Internet-Nutzung

Die mobile Internet-Nutzung führt zu einer rasanten Veränderung der Kundenerwartungen. Während die Internet-Nutzung zu Hause stagniert, explodiert der Gebrauch des mobilen Internets außer Haus. Dieser geht mit einem zunehmenden Bedürfnis der Konsumenten einher, ihren Ladenbesuch jederzeit im mobilen Internet vorbereiten zu können. Kunden gebrauchen ihr Gerät zunehmend zur Suche von Produktinformationen oder zum unmittelbaren Online-Kauf. Insofern treffen Kunden immer häufiger bereits Kaufentscheidungen, die zum Teil im Online-Shop oder am nächsten Tag in einem stationären Geschäft zum Vollzug kommen. Dies führt auch zu veränderten Erwartungen der Kunden an stationäre Händler (Heinemann und Gaiser 2015; kaufDA 2015). So ermöglicht das Smartphone von unterwegs aus die Produktrecherche sowie die Artikelauswahl „anytime and anywhere". Wie auch im stationären Internet zu Hause kann sich der Kunde mithilfe von Preissuchmaschinen, E-Marktplätzen, Social-Shopping-Diensten oder Communities einen exzellenten Überblick über interessante Produkte verschaffen, ohne dazu ein Geschäft betreten zu müssen. Herstellerseiten, Testberichte, Meinungsportale oder soziale Netzwerke ermöglichen darüber hinaus einen schnellen Produktvergleich sowie auch eine Produktauswahl, und zwar unabhängig vom stationären Händler. Erst danach muss der Kunde den aus seiner Sicht optimalen Anbieter für den Kauf auszusuchen, sei es im Internet oder im Laden. Dabei entscheidet er häufig preisorientiert und relativ losgelöst von Online- oder Offline-Kanälen (Gehrckens und Boersma 2013).

Die Mehrzahl der deutschsprachigen Wohnbevölkerung nutzt mittlerweile internetfähige Mobiles für den Zugang ins World Wide Web (kaufDA 2015). In kürzester Zeit hat sich das mobile Internet unangefochten zum Medium für unterwegs entwickelt: Gut 94 % der Befragten (92 % in 2014) nutzen das Smartphone als Informationsquelle außer Haus. Das sind 65 % der erwachsenen Bevölkerung. Zugleich wird auch immer häufiger via Smartphone oder Tablet-PC eingekauft: Die Informationssuche auf dem mobilen Endgerät führt 2015 bereits in zwölf Prozent aller Fälle zum unmittelbaren Kauf (gegenüber fünf Prozent in 2013). Vor allem aber haben Mobiles sowohl für den Online-Shop als auch für stationäre Formate eine herausragende Rolle als „Zubringer- und Servicefunktion". Insofern geht es vor allem auch darum, den Kunden die Nutzung des mobilen Internets „anytime and anywhere" ermöglichen. Sie wollen die digitale Realität und ihre damit einhergehende digitale Anspruchshaltung zu jeder Zeit leben können, wo auch immer sie sich gerade aufhalten. Das gilt ebenfalls für das Einholen zusätzlicher Produktinformationen im stationären Laden. Die emanzipierten Kunden möchten auf Basis der neuen Technologien und Tools die Möglichkeiten der modernen Kommunikation auch in den Läden nutzen können. Dies erfordert von stationären Händlern eine Aufrüstung bei der sogenannten „Digital-in-Store"-Ausstattung (kaufDA 2015).

Um die neuen Kundenerwartungen im Zusammenhang mit der mobilen Internet-Nutzung zu identifizieren, wurde vom Verbraucherinformationsdienst kaufDA, dem Handelsverband Deutschland HDE sowie dem eWeb Research Center der Hochschule Niederrhein in Kooperation zum dritten Mal eine repräsentative Verbraucherbefragung zum Thema Location-based Services (LBS) durchgeführt. Im Rahmen der Studie wurde die grundsätzliche These „Mobiles Internet fördert die Wiederentdeckung des stationären Handels" analysiert sowie ein Zeitreihenvergleich zu den Studienergebnissen aus dem Vorjahren 2013 und 2014 realisiert.

Im Fokus stand die Analyse der Kenntnisse über Location-based Services (LBS) sowie deren Nutzung auf Konsumentenseite. Darüber waren das Produktrechercheverhalten sowie auch die Erwartungshaltung der Kunden in Hinblick auf deren Smartphone-Nutzung von Interesse. Für die bundesweit repräsentative Untersuchung befragte das Marktforschungsunternehmen INNOFACT AG in einer zweistufigen Erhebung insgesamt 2018 Personen ab 14 Jahren.

Die erste Befragungsrunde (n = 1000) fand in Form einer CATI-Befragung (Computer Assisted Telephone Interview) statt. Dabei wurde eine bevölkerungsrepräsentative Stichprobe von Verbrauchern aus dem INNOFACT-Telefonstudio angerufen und befragt. Es kamen ausschließlich erfahrene Interviewer(innen) zum Einsatz, die spezifisch für das Projekt geschult wurden und unter laufender Kontrolle und Anleitung des jeweiligen INNOFACT-Projektleiters standen.

Als zweite Befragungsrunde erfolgte eine Online-Befragung. Die Probanden wurden aus dem Consumer-Panel der INNOFACT AG rekrutiert. Eine zufällige Stichprobe wurde per E-Mail eingeladen mit n = 1018. Der Zugang zur Online-Befragung war für jeden dieser Teilnehmer nur über eine individuelle Transaktionsnummer möglich, Mehrfachteilnahmen waren somit ausgeschlossen.

Das Studiendesign sah vor, dass in der ersten Befragungsrunde im Zeitraum vom 21. Juli 2015 bis 30. Juli 2015 per Telefonbefragung 1000 Personen nach ihrem Nutzungsverhalten im Umgang mit internetfähigen Endgeräten befragt wurden. Die Personen im Alter ab 14 Jahren standen in bevölkerungsrepräsentativer Struktur für die Merkmale Geschlecht, Alter und Berufstätigkeit. Die zweite Online-Befragungsrunde wurde ebenfalls mit Personen im Alter ab 14 Jahren durchgeführt. Die Stichprobe von 1018 Befragten, die Smartphone-Nutzer bzw. Tablet-PC-Nutzer sind, wurde parallel zur ersten Befragungsrunde vom 21. Juli 2015 bis 23. Juli 2015 durchgeführt. Es erfolgte eine Gewichtung der Online-Stichprobe anhand der Verteilung der CATI-Befragung der Smartphone- bzw. Tablet-PC-Nutzer für die Merkmale Geschlecht, Alter und Berufstätigkeit.

Ziel der Studie war es, die Hypothese „Mobiles Internet fördert die Wiederbelebung des stationären Handels" zu überprüfen. Dies sollte in einem Zeitreihenvergleich mit den Ergebnissen einer identischen Untersuchung aus den beiden Vorjahren erfolgen, um Rückschlüsse in Hinblick auf der Veränderungsdynamik der Smartphone-Nutzung ziehen zu können (kaufDA 2015). Erste Erkenntnis war, dass sich die Zahl der Smartphone-User zwischen 2013 und 2015 nahezu explosionsartig entwickelt hat und in diesem Zeitraum um mehr als 52 % gestiegen ist, in der Entwicklung von 2014 auf 2015 mit plus 1,6 % allerdings Sättigungstendenzen erkennen lässt (kaufDA 2015). Damit nutzen per Ende 2014 mehr als 70 % der deutschsprachigen Wohnbevölkerung über 14 Jahre Smartphones für den Zugang ins World Wide Web (vgl. Abb. 3). Das entspricht 49,2 Mio. Usern, zu denen eigentlich die jüngeren „Smart Natives" noch hinzugerechnet werden müssten. Die dadurch ausgelöste Nutzung des mobilen Internets stand im Vordergrund der Untersuchung. Dabei ging es auch um die Erfassung der Kundenerwartungen, die Folge der – relativ jungen und mit hoher Geschwindigkeit um sich greifenden – Smartphone-Nutzung sind. Sie führt vor allem auch dazu, dass etliche Handelsunternehmen offensichtlich mit der Entwicklung überfordert sind (brand eins 2014, 2015). Selbst die relativ innovativen Handelsunternehmen mit einem Online-Shop, die im deutschsprachigen Raum rund 30 % der Händler ausmachen sollen (Online-Monitor 2015), verschlafen offensichtlich diese Entwicklung. Nach Erhebungen der dgroup sowie auch des eWeb Research Centers der Hochschule Niederrhein sind derzeit nur rund 50 % der deutschsprachigen Online-Shops mobile-optimiert (Heinemann 2015; brand eins 2014; Heinemann 2013). Deutsche Händler müssen insofern dringend digital aufrüsten. Denn 54 % der Deutschen informieren sich sehr oft online über ein Produkt und kaufen dieses dann auch im Internet. Vergangenes Jahr lag dieser Anteil noch bei 42 %. Rund

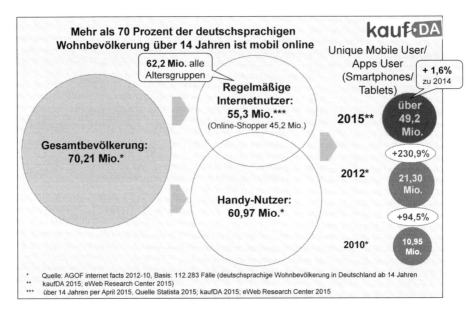

Abb. 3 Das digitale Universum in Deutschland 2015. (Quelle: Eigene auf Basis von kaufDA 2015)

13 % der Smartphone-User informieren sich sehr oft offline und kaufen dann online. Dabei handelt es sich um sogenannte Showroomer. Dieser Wert hat sich in den vergangenen Jahren kaum geändert. Dagegen ist der Anteil der ROPOs (Research Online – Purchase Offline) wieder gestiegen: 17 % kaufen Waren sehr oft im Laden ein, nachdem sie im Internet dazu recherchiert haben – 2014 waren es nur 14 %. Der Anteil der reinen Offliner, die das Internet grundsätzlich nicht zur Kaufvorbereitung oder zum Einkauf nutzen, hat sich dagegen halbiert: Vergangenes Jahr haben sich 30 % der Befragten sehr oft offline informiert und auch dort gekauft. Dieses Jahr liegt der Wert nur noch bei 16 % (kaufDA 2015).

4 Lokalbezug von Informationen und Angeboten aus Nutzersicht

Zwar steigt einerseits der Anteil der reinen Online-Kunden. Andererseits wollen immer mehr Offline-Kunden mobile Geräte auch im stationären Handel nutzen: Vor zwei Jahren wollten dies nur fünf Prozent öfter tun, 2014 waren es schon 17 %. In 2015 lag der Wert bereits bei 24 %. Von ihnen wollen 11 % in Zukunft öfter Produkte im Geschäft auf dem eigenen Gerät und 14 % auf einem Terminal oder Gerät im Geschäft kaufen (kaufDA 2015).

Die Nutzung des eigenes Gerätes am POS wird allerdings gehemmt: 34 % antworten, dass mangelnder Empfang sie an der Smartphone-Nutzung im Geschäft hindert. Hier ist ein auffälliger Anstieg um 140 % zu bemerken. Dies bedeutet, dass die eigentliche Nutzung zur Informationsrecherche im Internet am POS höher wäre, würde es dort ausreichende Zugriffsmöglichkeit auf das Internet geben (kaufDA 2015).

Zugleich nimmt die Intensität der Smartphone-Nutzung dramatisch zu: Deutlich mehr Befragte geben an, das Smartphone mehrmals wöchentlich und auch täglich zu nutzen. So steigt der Kauf via Smartphone oder Tablet-PC von 55 auf 59 % in 2015 weiter an (48 % in 2013). Die Implikationen für den Handel sind gewaltig, vor allem weil auch die Erwartungen der Kunden in Hinblick auf Nutzungsmöglichkeiten des mobilen Internets enorm ansteigen (kaufDA 2015).

Die Mehrzahl der Kunden beansprucht mittlerweile, vor dem Besuch von Geschäften auf dem Smartphone Informationen über ihre stationären Händler abrufen und damit den stationären Einkauf vorbereiten zu können. Diesbezüglich lassen sich auch Veränderungen bei den genutzten Kanälen für die mobile Produktinformation ausmachen. Bei der Frage nach den genutzten Kanälen – zur Suche nach Produktinformationen auf mobilen Geräten – rangiert das soziale Netzwerk mit 24 % weiterhin an letzter Stelle (24 % in 2014). Somit bestätigt die aktuelle Befragung das Ergebnis aus dem letzten Jahr, dass nämlich soziale Netzwerke zur Produktinformationssuche für Konsumenten von geringer Relevanz sind (kaufDA 2015). Von hoher Relevanz für die Produktsuche sind demgegenüber Suchmaschinen, Einkaufsplattformen und Preisvergleichsplattformen. Am häufigsten werden Suchmaschinen, das heißt Google, für Recherchen auf dem Smartphone

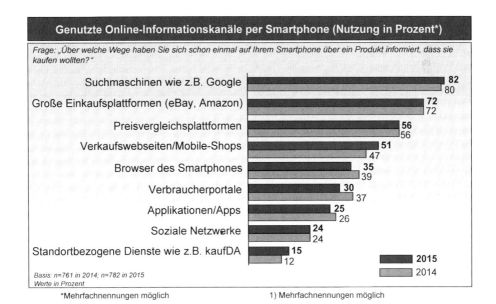

Abb. 4 Genutzte Informationskanäle bei standortbasierten Diensten. (Quelle: kaufDA 2015)

genutzt (kaufDA 2015). Es folgen Einkaufsplattformen und dabei vornehmlich Amazon und eBay, wobei im Vergleich zum Vorjahr vor allem aber Preisvergleichsplattformen wie Idealo stark zulegen konnten (vgl. Abb. 4). Zusätzlich steigt auch die Erwartung der Kunden, dass stationäre Händler mit eigenen Verkäufer-Websites/Shops im mobilen Internet präsent sind, auf 51 % an (gegenüber 47 % in 2014 und 44 % in 2013). Mobile Websites und Online-Shops von Händlern liegen damit trotz (noch) relativ geringer Durchdringungsquote im Handel auf Platz vier (kaufDA 2015). Dies sollte insofern Alarmsignal auch für stationäre Einzelhändler sein: Bezogen auf die rund siebzigprozentige Smartphone-Penetration per Ende 2015 handelt es sich dabei immerhin um mehr als ein Drittel der erwachsenen Wohnbevölkerung in Deutschland, das eine mobile Präsenz seines Händlers erwartet. Aus dieser Sichtweise ist ein Händler schlicht und ergreifend „von gestern", wenn das nicht der Fall ist. Daher erscheint es für alle Händler im Sinne eines „Hygienefaktors" unausweichlich, ihr Geschäft zumindest bei Suchmaschinen oder Empfehlungsplattformen zu registrieren, damit Kunden sich über den Standort oder die Öffnungszeiten informieren können. Die Mehrzahl der Mobile-Internet-Nutzer verwendet dazu Location-based Services à la kaufDA und nutzt standortbezogene Apps mit Lokalisierungsfunktion. Zur Kaufvorbereitung nimmt dementsprechend vor allem die standortbezogene Nutzung von Smartphones im Zeitreihenvergleich zu 2013 und 2014 zu.

Demnach verwenden die deutschen Kunden Location-based Services (LBS) vor allem zur kaufbezogenen Informationsbeschaffung: „Informationen zu Ladenöffnungszeiten und zur Entfernung" sind Kunden dabei besonders wichtig, auch wenn sie im Vergleich zum Vorjahr leicht an Bedeutung verlieren. Sie liegen mit 37 % vorne. „Läden/Händler einer bestimmten Kategorie in meiner Nähe suchen" steht mit 35 % auf Platz 2. Danach folgen „Information zu besonderen Angeboten in meiner Nähe suchen" und „Information zur Verfügbarkeit und Preis eines bestimmten Produktes suchen".

Vor allem die Relevanz von Informationen mit Lokalbezug steigt stark an. Die Vermutung, dass im stationären Geschäft Kundenrezensionen von geringerer Relevanz seien, scheint mit den Ergebnissen aus 2015 endgültig widerlegt: Der Anteil an Smartphone-Nutzern, die in einem stationären Geschäft Angebote im eigenen sozialen Netzwerk teilen möchten, erhöht sich auf 48 %.

Auffallend ist, dass bei der Produktinformationssuche auf mobilen Geräten die Relevanz der Verfügbarkeit von Waren ähnlich hoch wie im Vorjahr liegt. Die Information über Warenverfügbarkeit scheint für Konsumenten immer wichtiger zu werden. Dies zeigen ebenfalls die diesjährigen Antworten auf die Frage nach relevanten Inhalten von Location-based Services und Erwartungen an Location-based Services. Die Antwort „Informationen zur Verfügbarkeit im Laden" führt auch in diesem Jahr mit 82 % (77 % in 2013) das Ranking an. Vor allem Informationen zur Verfügbarkeit im Laden und Liefermöglichkeiten sind den Kunden sehr wichtig. „Ich möchte Informationen über Liefermöglichkeiten von Produkten" liegt bei 56 % (vgl. Abb. 5). Dementsprechend wünschen sich die Befragten Informationen zu lokalbezogenen Lieferservices: zu 61 % über die Lieferung nach Hause und zu 43 % über die Lieferung in ein Geschäft in der Nähe.

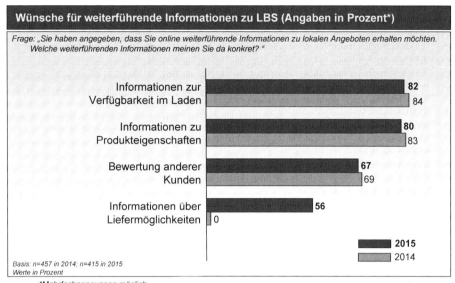

Abb. 5 Informationserwartungen an LBS. (Quelle: kaufDA 2015)

Hindernis für eine häufigere Produktinformationssuche auf mobilen Geräten ist vor allem die Unzufriedenheit mit der Netzabdeckung: „Zu geringe Übertragungsraten" (31 %), „Geringe Verbreitung von Hotspots" (25 %) sowie „Schlechte mobile Netzabdeckung bei Smartphones bzw. Tablet-PCs" (24 %). Diese Werte sind im Zeitreihenvergleich sogar angestiegen. Auch Sicherheitsbedenken stellen immer noch eine Barriere dar, und zwar zu 32 % (34 % in 2014).

5 Digitale Adoption mit Location-based Services für den Handel der Zukunft

Insgesamt gesehen bergen Location-based Services (LBS) vor allem aus Kundensicht enorme Potenziale. LBS stellen sicherlich eine naheliegende Form des Online-Marketings für stationäre Handler dar, allerdings für eine sehr späte Phase der Customer Journey (Heinemann 2015). Zunehmend werden Location-based Services als idealer Einstieg in die Digitalisierung für den stationären Handel angesehen (Haug 2013; WiWo 2015). Location-based Services wird diesbezüglich nicht selten sogar eine Schlüsselrolle für den stationären Handel der Zukunft zugeschrieben. Dass Location-based Services das Potenzial haben, dem digitalen Einkaufsverhalten von Konsumenten Rechnung zu tragen und deren Erwartungen an lokale Händler zu erfüllen, konnte in der kaufDA-Studie geklärt werden.

Im Zusammenhang mit Location-based Services zeichnet sich schon jetzt ab, dass sich das Shopping der Zukunft durch ein begleitendes Zusammenspiel von sozialer Vernetzung, Lokalisierung und mobiler Internetnutzung beim Ladenbesuch auszeichnet. Der Schlüssel für dieses Zusammenspiel, das in Fachkreisen als „SoLoMo" (Sozial, Lokal, Mobil) bezeichnet wird, liegt im Smartphone, das mittlerweile eine Art „multifunktionale Cross-Technology-Plattform" darstellt. Facebook wird heute mehrheitlich über Mobiles genutzt, die deswegen eine soziale Zubringerfunktion haben. Die Lokalisierungsfunktion ermöglicht dem lokalen Handel darüber hinaus eine neue Art der effektiven Vermarktung, und durch Location-based Services können die Nutzer des mobilen Internets ihre Ladenbesuche zeiteffizient vorbereiten. Wie sich durch Synergien des SoLoMo neue Möglichkeiten der Vermarktungseffizienz – insbesondere für stationäre Händler – erschließen lassen, zeigen vor allem die Warenhausunternehmen im englischsprachigen Raum: Während Warenhäuser in Großbritannien und Nordamerika bis zu 30 % ihres Umsatzes im Internet machen, haben die meisten der deutschen Traditionshändler diese Entwicklung völlig verschlafen (Heinemann 2015). Sie lassen sich damit von Amazon & Co. die Butter vom Brot nehmen. Die angelsächsischen Unternehmen haben sich dagegen regelrecht neu erfunden und massiv in neue Technologien investiert. Sie haben systemtechnisch geklotzt statt gekleckert. Vorreiter wie der britische Konzern John Lewis bedienen sämtliche Kommunikationskanäle: Kunden können online Beratungstermine und Artikel reservieren und dann am gleichen Tag noch im Kaufhaus abholen oder nach Hause liefern lassen. Der Druck auf Traditionalisten in deutschen Landen wird also weiter steigen. Für diese steht dabei eine erfolgserprobte Lösung zur Verfügung, ohne gleich mit einem risikobehafteten Online-Shop starten zu müssen: Bonial stellt mit kaufDA eine App-basierte Plattform mit standortbezogenen Diensten für den stationären Einzelhandel bereit. Diese bieten dem Handel einen Zugang zu Verbrauchern mit lokalem Bezug, indem das mobile Netzwerk von kaufDA Verbraucher bequem und tagesaktuell rund um den lokalen Einkauf informiert. Das funktioniert auf allen gängigen Betriebssystemen. Nutzer von kaufDA können Prospekte, Angebote und Öffnungszeiten aus ihrer direkten Umgebung online durchsuchen und vergleichen. Das Unternehmen ist Teil der Bonial.com Group, die mit einem Team von über 330 Mitarbeitern Verbraucher in elf Märkten erreicht: in den USA, Deutschland, Frankreich, Spanien, Schweden, Dänemark, Norwegen, Brasilien, Mexiko, Kolumbien und Chile. Das Unternehmen gehört zur Axel Springer SE.

Seit Gründung haben Verbraucher bis heute mehr als zwölf Milliarden digitale Prospektseiten bei kaufDA und der ebenfalls zur Bonial.com Group gehörenden Marke MeinProspekt aufgerufen. Dabei werden alleine in Deutschland die Informationen von rund 247.000 Einzelhandelsgeschäften in 12.000 deutschen Städten und Gemeinden ständig aktualisiert. Monatlich erreichen kaufDA und MeinProspekt acht Millionen Nutzer. Immerhin liegt der Bekanntheitsgrad von „kaufDA" nunmehr bei 46 % (per 2015). Die kaufDA-App nutzen 19 % der User, die sich dort auch regelmäßig informieren. Somit bestätigt sich auch hier die zunehmende Relevanz von Location-based Services im Kaufentscheidungsprozess.

Zusammenfassend sind dem stationären Handel fünf Empfehlungen an die Hand zu geben:

1. Stationäre Händler müssen sich neu erfinden und ihren Ladenraum digital ausrichten („Digital in Store"), zum Beispiel mit der Möglichkeit zur Bestellung von Waren per Smartphone im Geschäft. Dazu gehört auch, den Zugriff zum Internet sicherstellen, sei es mittels freiem WLAN/Beacon oder Verstärkung des Mobilfunknetzes.
2. Die Erwartungshaltung an verfügbare Informationen über Händler sowie Produktangebote hat sich im Vergleich zum Vorjahr dahin gehend geändert, dass die Verfügbarkeit und der Preis von Produkten deutlich an Relevanz gewonnen haben. Außerdem erwarten Konsumenten Informationen über Ladenöffnungszeiten, Standorte von Händlern, Liefermöglichkeiten und aktuelle Angebote. Händler sollten diese Informationen online und mobile entsprechend bereitstellen.
3. Des Weiteren ist bei Konsumenten vermehrt der Wunsch nach Serviceleistungen erkennbar: Lieferservice, Retourenabwicklung, Reservierung von Produkten und Buchung von Beratungsterminen stellen neue Anforderungen an den stationären Handel dar. Händler sollten mit Serviceangeboten bei Konsumenten punkten und können so möglicherweise die Kundenbindung erhöhen.
4. Sicherheitsbedenken gegenüber LBS gehören auch in diesem Jahr zu den häufigsten Hinderungsgründen für die Nutzung von LBS. Händler sollten daher durch entsprechende Unternehmenskommunikation und LBS-Angebote mit tatsächlichem Mehrwert, nicht einfach nur Werbung, das Vertrauen der Konsumenten in den Dienst und gleichzeitig in den Händler selbst gewinnen und stärken
5. Allgemeine Informationen über lokale Händler sind bei LBS-Diensten zu Hygienefaktoren geworden. Diese sollten Händler als Pflichtteil ansehen und weitere Angebote als Kür hinzufügen.

Literatur

AGOF. (2013). Dem mobilen User auf der Spur – Zahlen, Daten, Fakten. Vortrag von Steffen Bax auf dem Mobile-Gipfel 2013 am 28.05.2013 in Berlin.
brand eins. (2014). Das alles und noch viel mehr. Der Kunde ist ein unangenehmer Geselle. Und das ist gut so. Sagt der Handelsexperte Gerrit Heinemann, Interview. *brand eins, 2014*(05), 90–94.
brand eins. (2015). Wehrt Euch! Oder ist es dafür zu spät? Streitgespräch zwischen Jochen Krisch und Gerrit Heinemann. *brand eins, 2015*(04), 62–67 (Schwerpunkt Handel).
Bruce, A. (2011). Multi-Channeling der Zukunft – Multi-Channel-Erfolgsfaktoren im wachsenden Markt aus Sicht von Google. In G. Heinemann, M. Schleusener, & S. Zaharia (Hrsg.), *Modernes Multi-Channeling im Fashion-Handel* (S. 50–69). Frankfurt a. M.: Deutscher Fachverlag.
Crossretail. (2013). Digital-in-Store: Wie finde ich das richtige Konzept? http://crossretail.de/digital-in-store-wie-finde-ich-das-richtige-konzept/. Zugegriffen: 21. Aug. 2013.

DPDHL. (2014). Global E-Tailing 2025 – E-Commerce und Logistik weltweit auf Wachstumskurs. Studie von Deutsche Post DHL. http://www.dpdhl.com/content/dam/global-etailing-2025_de.html. Zugegriffen: 2. Aug. 2014.

eWeb Research Center. (2014). Die Online-Zahlen 2013, interne Studie zu den Umsätzen des Online-Handels in Deutschland.

Gehrckens, M., & Boersma, T. (2013). Zukunftsvision Retail – Hat der Handel eine Daseinsberechtigung? In G. Heinemann, M. Gehrckens, & K. Haug (Hrsg.), *Digitalisierung des Handels mit ePace – Innovative E-Commerce-Geschäftsmodelle unter Timing-Aspekten* (S. 51–76). Wiesbaden: Springer Gabler.

Go-Smart-Studie. (2012). Always-In-Touch. Studie zur Smartphone-Nutzung 2012. Google, Otto Group, TNS-Infratest, Trendbüro.

Haug, K. (2013). Digitale Potenziale für den stationären Handel durch Empfehlungsprozesse, lokale Relevanz und mobile Geräte (SoLoMo). In G. Heinemann, M. Gehrckens, & K. Haug (Hrsg.), *Digitalisierung des Handels mit ePace – Innovative E-Commerce-Geschäftsmodelle und digitale Zeitvorteile* (S. 27–49). Wiesbaden: Gabler.

Heinemann, G. (1989). *Betriebstypenprofilierung und Erlebnishandel*. Wiesbaden: Springer Gabler.

Heinemann, G. (2013). Multi-Channel ist das Ende der Bequemlichkeit (Interview mit Gerrit Heinemann). *Sales Management Review, 22*(11), 6–13.

Heinemann, G. (28. Oktober 2014). Der neue Kunde kommt mit Handy. *Frankfurter Allgemeine Zeitung, 250*, 22.

Heinemann, G. (2015). *Der neue Online-Handel – Geschäftsmodell und Kanalexzellenz im Digital Commerce* (6. Aufl.). Wiesbaden: Springer Gabler.

Heinemann, G., & Gaiser, C. (2015). *SoLoMo – Always-on im Handel – Die soziale, lokale und mobile Zukunft des Shopping* (2. Aufl.). Wiesbaden: Springer Gabler.

Internetretailer. (2012). John Lewis: uk-retailer-john-lewis-reports-big-increase-web-sales. Internet Retailer – portal to e-commerce intelligence vom 8. August 2012, 2:39 PM. http://www.iternetretailer.com/2012/08/08/uk-retailer-john-lewis-reports-big-increase-web-sales. Zugegriffen: 15. Aug. 2012.

kaufDA. (2013). *Studie zum Thema „Zukunft und Potenziale von Location-based Services für den stationären Handel"*. Mönchengladbach: kaufDA.

kaufDA. (2014). *Studie zum Thema „Zukunft und Potenziale von Location-based Services für den stationären Handel – Zeitreihenanalyse im Vergleich zu 2013"*. Mönchengladbach: kaufDA.

kaufDA. (2015). *Studie zum Thema „Zukunft und Potenziale von Location-based Services für den stationären Handel – Zeitreihenanalyse im Vergleich zu 2014 und 2013"*. Mönchengladbach: kaufDA.

Online-Monitor. (2015). Handel digital. Online-Monitor 2015, HDE/GfK, Handelsverband Deutschland (Hrsg.). Berlin: HDE/GfK, Handelsverband Deutschland.

WDR. (2015). Innenstädte werden immer leerer, Sendung vom 19. Januar 2015. http://www1.wdr.de/studio/siegen/nrwinfos/nachrichten/studios92638.html. Beitrag/Video der Sendung unter http://www1.wdr.de/studio/siegen/lokalzeit/index.html. WDR Lokalzeit Südwestfalen. Zugegriffen: 19. Febr. 2015.

WiWo. (2015). Druck der Online-Konkurrenz: Wie der lokale Handel gegen Amazon kämpft. Wiwo.de vom 18. Februar 2015. http://www.wiwo.de/unternehmen/handel/druck-der-online-konkurrenz-wie-der-lokale-handel-gegen-amazon-kaempft/11388068.html. Zugegriffen: 19. Febr. 2015.

Über die Autoren

Prof. Dr. Gerrit Heinemann leitet das eWeb Research Center der Hochschule Niederrhein, wo er auch BWL, Managementlehre und Handel lehrt. Er hat BWL in Münster studiert, war danach Assistent bei Heribert Meffert, und promovierte über das Thema „Betriebstypenprofilierung textiler Fachgeschäfte" mit summa cum laude. Nach fast 20-jähriger Handelspraxis u. a. in Zentralbereichsleiter-/ und Geschäftsführerpositionen bei Drospa/Douglas und Kaufhof/Metro wurde Gerrit Heinemann 2005 an die Hochschule Niederrhein berufen. Er bekleidet verschiedene Aufsichtsratsfunktionen in E-Commerce- bzw. Handelsunternehmen, war lange Jahre stellvertretender Aufsichtsratsvorsitzender der buch.de internetstores AG und begleitet Start-ups – wie die Good to Go Inc. in Sausalito – als Advisory Board. Daneben ist Prof. Heinemann Autor von rund 200 Fachbeiträgen und 15 Fachbüchern zu den Themen Digitalisierung, E-Commerce, Online- und Multi-Channel-Handel. Sein Buch „Der neue Online-Handel" kommt Anfang 2017 in achter Auflage heraus und erschien bereits in englischer sowie auch chinesischer Version.

Christian Gaiser ist Chief Executive Officer (CEO) und Gründer der Bonial.com Group, dem führenden Netzwerk für lokale Handelswerbung auf mobilen Geräten in elf Ländern. Er ist zudem Investor in mehr als 15 Unternehmen in den USA und Europa. Zuvor arbeitete Christian Gaiser in verschiedenen Positionen bei McKinsey & Company in Wien und Zürich, der Monitor Group/Ermgassen & Co in London und bei SAP Investor Relations in Walldorf. Er ist Absolvent der WHU Otto Beisheim School of Management und der HEC, Montréal.

Digitales Beteiligungsportfolio einer Familiengesellschaft am Beispiel der TriPos GmbH

Niko Pohlmann

Zusammenfassung

Der Bereich „Home & Living" ist spätestens seit der gezielten Bearbeitung durch Rocket Internet mit Westwing und home24 auch digital ein umkämpfter Markt. Für Familiengesellschaften wie die TriPos GmbH bedeutet dies, die Digitalisierung mit der langfristigen Kernideologie zu vereinen: Wie können bisherige Erfolg bringende Errungenschaften erhalten und ausgebaut werden, während gleichzeitig auf die digitalisierungsbedingten gesellschaftlichen Veränderungen eingegangen wird? Der vorliegende Artikel beschäftigt sich mit eben dieser Frage, beleuchtet dabei die Besonderheiten der TriPos GmbH als familiengeführte Gesellschaft und zeigt auf, mit welchem Vorgehen sie sich in dem Spannungsfeld zwischen der Bewahrung von Werten und der Adoption von nachhaltiger Innovation bewegt.

N. Pohlmann (✉)
TriPos GmbH, Werne, Deutschland
E-Mail: niko.pohlmann@tripos-gmbh.de

Inhaltsverzeichnis

1 Digitalisierung der Möbelbranche – eine Standortbestimmung 260
2 Unternehmenskulturen und Führungsprinzipien 261
   2.1 Otto Group als Vorbild für langfristige Kernideologie.................... 261
   2.2 Prinzipien der Unternehmensführung.................................. 263
3 Folgen und Chancen der Digitalisierung 264
4 Family Office – Besonderheiten und Organisation eines familiengeführten Unternehmens 265
   4.1 Mit dem Unternehmen (auf)wachsen.................................. 265
   4.2 Organisation einer nachhaltigen Unternehmung 265
5 Adoption von Innovation als sozialer Prozess................................. 269
   5.1 Innovation durch Start-ups 271
   5.2 Erfolgsbeispiel Cisco 271
6 Kooperation als Voraussetzung für erfolgreiche Adoption – was ertragreiche Unternehmen von jungen, innovativen und ideengetriebenen Unternehmen lernen können 273
7 Fazit 276
Literatur.. 277
Über den Autor 278

1 Digitalisierung der Möbelbranche – eine Standortbestimmung

Spätestens seit der von techcrunch.com im Oktober 2011 veröffentlichen „Blitzkrieg"-E-mail, in der Oliver Samwer seine Mitarbeiter dazu aufrief, mit höchster Aggressivität die Möbelbranche zu digitalisieren, ist die Home-and-Living-Branche als neues Schlachtfeld verstärkter Internetaktivität identifiziert geworden. Herr Samwer hat sicher recht, dass es nach Amazon (Digitalisierung des Buch- bzw. Medienmarktes) und Zappos (Digitalisierung des Schuh- bzw. Modemarktes) noch ein nennenswertes Marktsegment gibt, das noch nicht global von einem umfassenden Internetanbieter vereinnahmt wurde und bei dem die Eckdaten aus Einkaufskorbgröße, Online-Kundenakquisekosten und Kundenbarwert attraktiv erscheinen. Jedoch ist heute bekannt, dass sich gute fünf Jahre später mehr als nur eine Front eröffnet hat und die Komplexität der Produktvielfalt und der Zustelllogistik nicht ohne Weiteres mit erhöhten Investitionen und Kapitalzuflüssen durch Investoren zu regeln war. Home24 und Westwing sind als Speerspitze der Aktivitäten von Rocket Internet SE in Berlin unter den selbst ernannten „Proven Winners" immer noch mit imposantem zweistelligem Umsatzwachstum von über 60 % (home24) und über 30 % (Westwing) ausgestattet, jedoch hat sich auch die EBITDA-Marge weiter auf etwa minus 30 % verschlechtert (Rocket Internet 2015). Ein Wert, der Fragen zur Nachhaltigkeit des Umsatzwachstums aufwerfen muss. Entsprechend wurden auch die geplanten Börsengänge in 2015 zunächst verschoben, um sich auf das Kerngeschäft und Profitabilität zu konzentrieren.

Zudem nimmt keine der beiden Firmen die ursprünglich angestrebte Marktführerrolle ein – weder allein noch zusammengenommen. Bei Internetgeschäften, die mit hohen Umsatzwachstumszahlen nennenswerte Marktanteile für sich gewinnen sollen, würde normalerweise eine solch führende Position zum einen notwendige Skaleneffekte begünstigen, zum anderen eine höhere Attraktivität für weitere Investitionszuflüsse darstellen, um diese Marktposition auch nachhaltig zu verteidigen. Vielmehr gehen aktuell beide Unternehmen neue Wege und versuchen sich als Online-Plattform anstelle eines ursprünglich umfassenden Online-Shops (home24) oder als dauerhafter Online-Dekorationsanbieter anstelle eines ursprünglich exklusiven, aktionsbasierten Wohnaccessoire-Shoppingclubs (Westwing), um die teuer akquirierten Kunden zum erneuten oder ersten großen Kauf zu animieren. Es zeigt sich folglich, dass noch lange nicht klar ist, ob die Veränderung der Formate zu nachhaltiger Profitabilität und weiterem starken Umsatzwachstum führt.

Unter den weiteren Online-Anbietern im Einrichtungssegment konnte jedoch die Otto-Gruppe im gleichen Zeitraum ihre Führungsposition weiter ausbauen und ein profitables Rekordjahr im Living-Segment mit über 700 Mio. EUR Umsatz verkünden (Otto Group 2016). Auch hier werden dem Kunden in mehreren Spezialshops wie Schlafwelt. de, cnouch.de, ekinova.de, naturloft.de etc. Teilsegmente in den entsprechenden Warenkategorien angeboten. Noch darüber hinaus soll der im März 2016 gestartete Online-Shop yourhome.de mehrere Segmente unter einem „Dach" für den Kunden vereinen (Otto Group 2016). Die Otto-Gruppe hat sich konsequent und strategisch tief greifend mit der Digitalisierung des Versandhandels beschäftigt und – mal mit mehr oder mal weniger Erfolg – umfassend das Gesamtunternehmen Schritt für Schritt inhaltlich und personell neu auf diese Herausforderungen ausgerichtet und umorganisiert.

2   Unternehmenskulturen und Führungsprinzipien

2.1   Otto Group als Vorbild für langfristige Kernideologie

Ein Faktor, den Tripos als signifikant erachtet, ist die Tatsache, dass Otto – anders als ein private-equity-zentriertes Investitionsgeschäft oder ein shareholderorientiertes Börsenunternehmen – in der Gesellschafterfamilie grundlegende langfristige Entscheidungen treffen konnte, die in einer anderen Gemengelage von Fremdinvestoren unweigerlich zu Zielkonflikten geführt hätten. Dieser Aufbau als familiengeführter Konzern schafft hier deutliche Entscheidungsspielräume, die, gerade vor dem Hintergrund gravierender Veränderungen und Unsicherheit, in gleicher Weise wenigen Unternehmen zur Verfügung stehen. Hier liegt ein Kernaspekt des differenzierten Ansatzes, der auch bei unseren Entscheidungen und der Organisation des Investitionsportfolios eine große Rolle spielt. Vor dem Hintergrund kurz- und mittelfristiger Ertragsmaximierung oder schneller Gewinnung von Marktanteilen ist eine solche Herangehensweise nicht nachzuvollziehen. Es bedarf einer längerfristigen Betrachtungsweise, die automatisch bei Mehrgenerationenfamilien im Fokus stehen.

Wissenschaftlich haben sich mit diesem Thema Jim Collins und Jerry Porras in dem 1994 erschienenen Buch „Built to Last" beschäftigt (Collins und Porras 1994). Es geht Collins und Porras vornehmlich um die Analyse und die basalen Faktoren für den

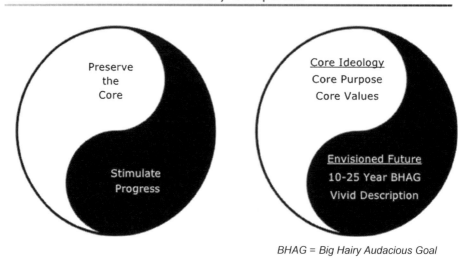

Abb. 1 Elemente visionärer Unternehmen. (Quelle: Collins und Porras 1994).

Aufbau von dauerhaften Spitzenunternehmen. Hierzu wurden über einen langen Zeitraum Markt- und Börsenpositionen erfolgreicher Unternehmen in Betracht gezogen und es wurden zahllose Interviews mit Topmanagern durchgeführt. Als Kernfaktor für eine dauerhafte Spitzenleistung identifizieren Collins und Porras die zentrale Ideologie des Unternehmens und ziehen Vergleiche zur Philosophie von Yin und Yang, dem Ausbalancieren von Gegensätzen: Bewahrende Elemente, wie zentrale Werte, und verändernde Elemente, wie eine Unternehmenskultur und deren Praktiken, existieren gemeinsam und beeinflussen sich gegenseitig (vgl. Abb. 1).

In den Worten vom Aufsichtsratsvorsitzenden Dr. Michael Otto lautet diese Überzeugung: „Rentabilität und Nachhaltigkeit gehören zusammen, wirtschaftliche Freiheit und Verantwortung für Mensch und Natur sind zwei Seiten derselben Medaille" (Otto Group 2015). Auch in der Mission Ottos „Die Kraft der Verantwortung" spiegelt sich dieser Anspruch wider, in der die vier scheinbar entgegengesetzten Verantwortungsfelder Wirtschaftlichkeit, Innovation, Vielfalt und Nachhaltigkeit in einem Leitsatz vereint werden (Otto Group 2015).

Es ist diese unumstößliche und langfristige Kernideologie, die sich jedoch gleichzeitig nicht wie ein Korsett um die Zukunft legt, sondern gleichsam unternehmerisches und innovatives Handeln für die Zukunft ermöglicht. Das Buch „Built to Last" hört hier nicht auf, sondern beschreibt noch weiter, wie diese Vision und Gesamtausrichtung mit Leben gefüllt und artikuliert werden kann. Hier mag die oben genannte Vision Ottos einem Außenstehenden unter Umständen nicht ohne Weiteres einleuchten, jedoch kommt es auf die Gesamtheit der eigenen Mitarbeiter an, die sich täglich und insbesondere bei unternehmerischen Entscheidungen an dieser Vision gesichert ausrichten können.

Abb. 2 Why some companies make the leap ... and others don't. (Quelle: Collins 2001)

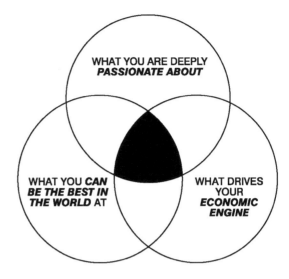

2.2 Prinzipien der Unternehmensführung

Ähnlich kryptisch klingt für Unbeteiligte der berühmt gewordene „HP-Way" von Hewlett und Packard, der einen Kanon unternehmenstypischer Werte beschreibt. Bill Packard erklärt in einem Interview, dass er rückblickend gerade auf den Aufbau dieser besonderen Werte, Geschäftspraktiken und Erfolge bei Hewlett Packard, die einen erheblichen Einfluss auf die Führungsmethoden in aller Welt ausgeübt hatten, am meisten stolz sei (Collins 2001).

Neben dieser Feststellung erarbeitet Jim Collins später in seinem 2001 erschienenen Buch „Good to Great" das sogenannte Igelprinzip, welches grafisch die Schnittmenge der Aspekte dreier Themenfelder darstellt (vgl. Abb. 2), derer sich ein Unternehmen bewusst sein muss, um am Markt erfolgreich zu sein. Es handelt sich also um keine Strategie, kein konkretes Vorhaben oder einen Plan, sondern um die Selbsterkenntnis, in welchem Bereich sich das Unternehmen eine nachhaltige Marktführerschaft erarbeiten kann. Es ist hier mehr eine aufmerksame und nach innen gerichtete Situationsanalyse und eine Abgrenzung von dem, was die Unternehmung weder kann, noch will, noch zu leisten vermag. Somit ist die Beschreibung und Festlegung innerhalb der drei Themenfelder auch gleichzeitig immer eine Negativabgrenzung von dem, was gerade nicht in Betracht gezogen wird.

Einen ähnlichen Wertekanon hat der Gründer von IKEA, Ingvar Kamprad, in seinem 1976 niedergeschriebenen „Testament eines Möbelhändlers" verfasst (Kamprad 1976). Dieses Testament ist – wie auch der HP-Way – bis heute ein lebendiger Teil der Unternehmenskultur von IKEA und wird insbesondere bei der Einstellung von Mitarbeitern und Führungspersonal herangezogen.

Vor diesem Hintergrund ist es gerade IKEA als Marktführer, der es sich leistet, sich ernsthaft in Kooperation mit Designagenturen, Zukunftsforschern und Trendanalysten mit den folgenden Fragen auseinanderzusetzen: Wie sehen zukünftige Fleischbällchen aus und was ist daraus für die Ernährungskonzepte zu lernen (Space10 2015)? Wie ist 3D-Drucktechnologie zu nutzen, um Massenprodukte oder Ersatzteile herzustellen (Truly Deeply 2014; 3ders.org 2016)? Oder IKEA Trendbook 2054: Wie leben wir morgen (IKEA 2014)?

3 Folgen und Chancen der Digitalisierung

Bevor solche Erkenntnisse in das tägliche Leben einfließen werden, besteht jedoch aktuell kein Zweifel mehr, dass sich der Handel grundsätzlich durch die Digitalisierung fundamental verändert hat und noch weiterhin substanziell verändern wird. Hat die Existenz des Internets zunächst einmal die Entstehung neuer Geschäftsfelder ermöglicht (Quelch und Klein 1996), so entstehen heute ganz neue Firmenkonstruktionen (Mols 2000), innovative Geschäftsmodelle (Sorescu et al. 2011) bis hin zu ganz neuen Formen des Handels überhaupt (Gloor 2000). War es zunächst nur die rasante Entstehung des E-Commerce, welche vornehmlich digitalisierbare Medienprodukte wie Bücher, Spiele und Tonträger online anbot und zur nachhaltigen Veränderung der Buch-, Spiel- und Musikeinzelhandelsbranche sowie auch der Buch-, Spiel- und Musikproduktion führte, so gingen die Innovationen in der Paketlogistik so weit, dass derzeit jedes Produkt, welches im gängigen Paketgurtmaß zu versenden ist, digitalisiert ist und wird. Auch hier ist die Veränderung noch nicht am Ende. Insbesondere durch die enorme Verbreitung der Smartphones besteht die Möglichkeit, viel umfassendere Dienstleistungsprodukte orts- und situationsbezogen in den Bereichen des Transports, der Reise und Gastronomie sowie der sogenannten Sharing Community entstehen zu lassen. Dabei geht eine Sharing Community über die basale Voraussetzung hinaus, dass die Wertgegenstände in der Gemeinschaft geteilt werden. Vielmehr zeigt sich hier die Manifestation einer ganz neuen globalen ideellen Wertegemeinschaft, in der Produktgrenzen selbst und der Besitz von diesen ganz neu definiert werden. Auch der stationäre Einzelhandel muss darauf angepasste Veränderungen in der Warenpräsentation (Showrooming), Warenverfügbarkeit (Click and Collect) und Beratungsleistung (Research Online, Purchase Offline) berücksichtigen, die heute erst in den Kinderschuhen stecken.

Die grundlegenden Pfeiler dieser Entwicklung sind die hohe Verfügbarkeit des Breitbandinternets, die Qualität digitaler Fotografie, die Verbesserung der Anwendungsbereiche der künstlichen Intelligenz und die Vernetzung sowie globale Positionierung bzw. Zuordnung eines eindeutigen Individuums. Der Netzwerkeffekt setzt in diesem Zusammenhang eine noch nie da gewesene exponentielle Geschwindigkeit frei, die aufgrund der beschränkten linearen Auffassungsgabe der Menschen sämtliche Prognosen und extrapolierte Entwicklungsverläufe in den Schatten stellen wird.

Vor diesem Hintergrund muss sich der Einzelakteur fragen, wie zum einen die Errungenschaften, welche bisher zum Erfolg geführt haben, noch weiterhin erhalten bleiben und ggf. ausgebaut werden können, und zum anderen, wie er Profiteur und Akteur in den Zeiten der substanziellen Gesellschaftsveränderungen durch die Digitalisierung wird.

Genau auf diese Frage muss die TriPos GmbH als unternehmerisch geführtes „Family Office" eine geeignete Antwort finden. Aber zunächst stellt sich die Frage, was ein unternehmerisch geführtes Family Office überhaupt ist.

4 Family Office – Besonderheiten und Organisation eines familiengeführten Unternehmens

4.1 Mit dem Unternehmen (auf)wachsen

Ähnlich wie viele Familienunternehmen arbeitet die TriPos operativ im Familienkreis. Der Grundstein dieser Zusammenarbeit wurde schon früh gesetzt. Die Kinder der Familie Pohlmann hatten schon von Kindesbeinen an ununterbrochen täglich das Leben einer Unternehmerfamilie erfahren. Die Mutter hatte die Aufgabe, das familiäre münsterländische Textilunternehmen zu führen, und der Vater hatte sich nach leitenden Funktionen in der Teppichproduktion zunächst im Großhandel und später im Einzelhandel selbstständig gemacht. Dies hatte zur Folge, dass schon die Kinder aus den Höhen und Tiefen, dem Verantwortungsbewusstsein und der Aufgabenbreite einer solchen Berufung Erfahrungen sammeln konnten. Die Eltern waren beruflich intensiv eingebunden und wurden aufgrund von Marktveränderungen und eigenen Karriere- und Investitionsentscheidungen zeitlich und teils auch nervlich stark beansprucht, sodass die Pohlmann-Kinder unter der Woche mit den Großeltern oder in Kinderbetreuung aufwuchsen.

Trotz einer klaren Trennung zwischen Unternehmen und Familie war den Kindern die Beschaffenheit der Firma, des elterlichen Arbeitsplatzes, der vertriebenen Produkte und der Belegschaft vertraut. Neben dem spielerischen Zeitvertreib zwischen Produktionsmitteln und Telexmaschinen bestand aber auch eine Ernsthaftigkeit, und die Wirkungszusammenhänge der Produktion und des Handels waren stets evident. Schlussendlich entstand durch die langjährige Arbeit ein kleines Einzelhandelsunternehmen in Bergkamen, welches zunächst Teppichböden und Teppiche vertrieb. Durch die Möglichkeit der Verkaufsflächenerweiterung vor Ort wurden arrondierende Sortimente im Bereich Renovieren wie Tapeten, Farben und Elektroinstallationsartikel hinzugenommen. Ein nächster Schritt war die Ausweitung im Bereich der Möbel und später der Küchen. Heute ist das aus diesen Anfängen entstandene Unternehmen POCO als Einrichtungsdiscounter flächendeckend nicht nur deutschlandweit, sondern auch im benachbarten Polen und den Niederlanden bekannt.

4.2 Organisation einer nachhaltigen Unternehmung ·

Es war auch nicht verwunderlich, dass mit dem Erreichen der Volljährigkeit der Kinder das Thema der Pflichtteilsverzichterklärung diskutiert wurde und das unternehmerische Vermögen von privatem Vermögen insofern getrennt sein sollte, sodass das Unternehmen durch den Erbfall und etwaige Anspruchsfragen niemals in die Schieflage gerät. Da alle

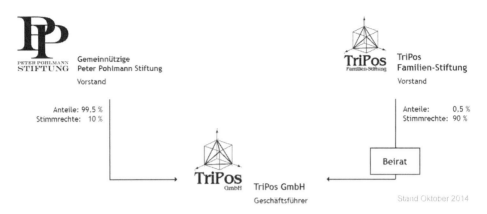

Abb. 3 TriPos-Organigramm. (Quelle: eigene Darstellung)

in der Pohlmann-Familie diesen Umstand nachvollziehen konnten, war die Umsetzung der Trennung dieser Vermögenswerte kein Konflikt. Im Gegenteil, es wird intern stets diskutiert, wie denn eine optimale Organisation einer nachhaltigen Unternehmensstruktur aussehen könnte. Durch einen Berater und Gespräche mit Reinhard Mohn wurde die Stiftungskonstruktion der Familie näher gebracht, bei der die Kapitalanteile der Unternehmung zum größten Teil in einer gemeinnützigen Stiftung verankert werden und es so zu keinem Erbfall und den damit verbundenen Problematiken kommen kann.

Offen jedoch blieb die wichtige Frage, wie das unternehmerische Element und die Führung auf Gesellschafterebene sinnvoll ausgeübt werden können, wenn der Stiftungsvorstand einer gemeinnützigen Stiftung ein Handelsunternehmen strategisch führen soll. Das Familienoberhaupt hatte gute Erfahrung mit einem Beirat gemacht, jedoch auch früh mögliche Komplikationen gesehen, falls ein solcher Beirat die volle unternehmerische Verantwortung und nicht nur eine beratende Funktion innehielt. Vor diesem Hintergrund schenkte er seinen Kindern das Vertrauen, die Stimmrechte und damit das unternehmerische Moment in einer Familiengesellschaft zu organisieren und diese als zweite Stiftung neben der gemeinnützigen Stiftung zu errichten. Damit war die Doppelstiftungslösung geboren, in deren Struktur die TriPos GmbH bis heute arbeitet (vgl. Abb. 3).

Zu diesem Zeitpunkt waren die Kinder alle in Vollzeitanstellungen in anderen Unternehmen beschäftigt oder am Ende einer akademischen Ausbildung. So dauerte die Umsetzung dieser Aufgabe etwa drei Jahre, in denen die Familie vorrangig den intensiven Diskurs mit anderen Familienunternehmen und Familienunternehmern suchte. Bis heute sind alle Familienmitglieder für den offenen und ergebnisorientierten Austausch mit großen namhaften Unternehmerfamilien dankbar, die mit Rat und tiefen Einblicken in ihre Verfassung und deren Umgang über mehrere Generationen zur Seite gestanden haben. Eine wichtige Rolle spielt nach wie vor ein Beirat, der als Sounding Board und Kontrollorgan fungiert. Er verwaltet sich weitgehend selbst und unterstützt die Geschäftsführer der operativ tätigten TriPos GmbH bei Investitionsentscheidungen und im Falle der Nachfolgesuche.

Diese Ausgestaltung ist sicher nicht unbedingt typisch für Familiengesellschaften und sollte auch nicht als genereller Lösungsansatz verstanden werden. Der Ausgangspunkt der Unterscheidung von Familiengesellschaften ist dabei viel weniger die Größenklasse, die sich ggf. in Umsätzen, Mitarbeitern oder der Bilanzsumme findet, sondern liegt vielmehr in den spezifischen Familienfaktoren im Kontext von Steuerungs-, Führungs- und Kontrollaspekten. Diese Typisierung des Selbstbildes der ausübenden Gesellschafterfamilie haben Arist von Schlippe, Tom Rüsen und Alberto Gimeno im Sinne einer mentalen Klassifizierung vorgenommen und vier mentale Modelle identifiziert. Neben dem patriarchalen Modell und dem Modell der professionellen Unternehmerfamilie befindet sich die TriPos GmbH auf dem Weg von einem Modell der aktiven Eigentümerfamilie hin zur Logik einer Investorenfamilie (Rüsen et al. 2012).

Schlussendlich spiegelt sich die Grundauffassung als Kernideologie im Sinne von Jerry Porras und Jim Collins (Collins und Porras 1994) nicht etwa in der rechtlichen Ausgestaltung wider, die sich mehr als Lösungsansatz vor dem Hintergrund einer bis heute öffentlich kontrovers diskutierten Erbschaftssteuerregelung manifestiert, sondern in den zeitunabhängigen Leitsätzen, welche in der Präambel der TriPos Stiftung niedergeschrieben sind. Hierzu zählt insbesondere dieser Satz: Ein Unternehmen ist eine Aufgabe und kein Besitz. Sowie die Verpflichtung, ein unternehmerisches Vermächtnis des Gründers weiterzuführen. Daneben soll aber die Geschäftsführung operativ stets in der Lage sein, sich unternehmerisch und flexibel den Herausforderungen der Zeit anzupassen. Dieses Spannungsfeld aus Bewahren, Weiterführen, dynamischer Ausgestaltung und situativer Anpassung ist ein starker und stabiler Referenzpunkt in der Ausgestaltung täglicher Entscheidungen und der Findung einer klaren strategischen Richtung.

Die flexible Ausgestaltung manifestiert sich im Investitionsansatz der TriPos GmbH (vgl. Abb. 4). Das ist quasi die Pohlmannsche Interpretation des Igelansatzes nach Collins. Die Passion der Familie gilt dem Endkonsumenten, also verfolgt sie vornehmlich einen „Business to Consumer"-Ansatz bei den Beteiligungen. Der Wirtschaftsmotor liegt sicher in der intimen Kenntnis des sich konsolidierenden Einrichtungseinzelhandels. Und der Exzellenzfaktor, der die TriPos GmbH von anderen Marktteilnehmern differenziert, ist die aktiv involvierte Beteiligung am Geschäft mit eigenen Ressourcen und Erfahrungen sowie die gewinnbringende Einbindung einer jeden Unternehmensbeteiligung auf freiwilliger Basis in das Firmennetzwerk. Diese Aspekte können sich im Laufe der Zeit anpassen und sind eigenverantwortlich von der jeweiligen Geschäftsführung zu regeln.

Insbesondere der Faktor Netzwerk/Mehrwert, den die TriPos GmbH bei den Investitionen und der aktiven strategischen Arbeit in den Unternehmensbeteiligungen als vorrangigen Erfolgsfaktor ansieht, gilt es hier näher zu beleuchten.

Aufgrund immer komplexerer Wirkzusammenhänge und sich schneller verändernder globaler Märkte und Kundenbedürfnisse glaubt die Familie Pohlmann immer weniger daran, dass sich ein Unternehmen oder ein Konzern allein erfolgreich den Aufgabenfeldern stellen kann. Neben den partnerschaftlichen Kunden und Lieferantenbeziehungen, die sich heute hinter den Schlagwörtern wie Prosumption (Toffler 1983) und Efficient Consumer Response (Seifert 2006) verbergen, wissen Händler und Kunde heute immer

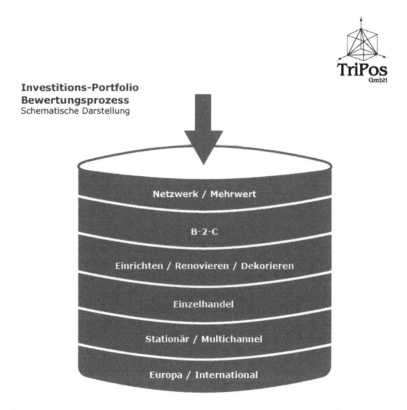

Abb. 4 Investitionsportfolio Bewertungsprozess. (Quelle: eigene Darstellung)

mehr voneinander. Sicher ist, dass es eine Fülle von Datenpunkten gibt, die einen Ein- oder Verkaufsprozess beschreiben und dessen zeitlichen Ablauf aufzeichnen. Nicht immer liefert die Analyse der Datenmengen (Stichwort: Big Data) sinnvolle Aussagen, da es am Ende immer darauf ankommt, ergebnis- und entscheidungsorientierte Schlüsse und eine klare Komplexitätsreduktion zu erreichen, damit alle Datenpunkte mit ausführbaren Handlungsanweisungen korrelieren (McKinsey & Company 2014).

Des Weiteren fällt auf, dass sich die Kanäle des Handels, welche sich im Sinne der New versus Old Economy in E-Commerce und Stationärgeschäft eingeteilt haben, immer weniger inhaltlich voneinander zu trennen sind und sich derzeit die größte Herausforderung hinter den synonymen Schlagworten Multi-Channel, Omni-Channel oder No-Line verbergen. Dabei steht fest, dass sich die unprofitablen Wachstumsraten im E-Commerce ebenso wenig nachhaltig fortsetzen werden wie der zunehmend uneingeschränkte Verkaufsflächenausbau bei abnehmender Flächenproduktivität. Auf der einen Seite proklamiert Steve Galloway „stores are the new black of eCommerce" (Galloway 2015), auf der anderen Seite bleibt die Frage, wie ein solches Ladengeschäft denn konkret aussehen soll und was der Kunde von einem solchen Standort erwartet (Salmon und HDE 2015). Nicht alle Einzelhandelsformen sind in der Lage, auf der Basis einer starken

Markenentwicklung wie bei Apple und Warby Parker Ladengeschäfte zu realisieren, die rekordverdächtige Quadratmeterumsätze erzielen.

Es geht also weniger um ein Gegeneinander als vielmehr um sinnvolle Kooperationen zwischen stationären Einzelhändlern und E-Commerce-Akteuren. Diese sind jedoch auf Basis der unterschiedlichen Unternehmensgrößen, Wettbewerbssituationen und differenzierten Definitionsweisen grundlegender Wertschöpfungsfaktoren (zum Beispiel Werbung versus Online-Marketing) schwer zu realisieren.

Beispiele für gescheiterte Alleingänge und Transformationsprozesse gibt es mannigfaltig. Zum einen aus dem Versandhandel (Quelle, Neckermann), dem Elektronikfacheinzelhandel (Saturn, Media Markt), zum anderen viele kleine Gehversuche von Online-Shops, die mithilfe von Pop-up Stores oder Interimanmietungen ihre Offline-Präsenz stärken wollen, aber an Themen des Ladenbaus, Beleuchtung, Kassenintegration, Verkaufspersonalauswahl und Standortsuche verzweifeln oder komplett scheitern.

Dennoch bleibt die Frage, aus welcher Blickrichtung eine Innovation des Handels zu erwarten ist. Werden die stationären Einzelhändler mit ihren Bestrebungen über die Digitalisierung der Verkaufsflächen durch Click-and-Collect-Anbindung, Showrooming-Bestandteilen und tabletbasierten Verkaufs- und Beratungshilfen am Ende den nachhaltigen Erfolg haben, oder sind derzeitige Internet Pure Player in der Lage, überzeugende Ladenlokale zu eröffnen, die mehr sind als ein Pseudomessestand oder ein Outlet, in dem Restposten, Rückläufer und Einzelprodukte angeboten werden, bei denen es sich nicht mehr lohnt, eine Artikeldarstellung auf der eigenen oder Marketplace Websites durchzuführen?

Egal wie sich dieses Unterfangen schlussendlich ausgestalten wird, wird nicht nur die Adoption der Kunden für Innovationen entscheidend sein, sondern insbesondere zunächst die Adoption neuer Erkenntnisse bei Unternehmen. Hier gilt es zwei Aspekte zu berücksichtigen:

1. Voraussetzungen für den Innovationsprozess an sich.
2. Die Art und Weise, wie neues Wissen in Unternehmen verarbeitet wird.

5 Adoption von Innovation als sozialer Prozess

Den Grundstein für diese Überlegungen hat Everett Rogers mit der empirisch erarbeiteten Diffusionstherorie (Rogers 1995) gelegt. Zentrale Erkenntnis dieser Theorie ist die Tatsache, dass die Annahme bzw. Adoption einer Innovation kein spontaner Akt, sondern vielmehr ein sozialer Prozess ist, der in fünf Phasen unterteilt werden kann.

Bei diesen Phasen geht es insbesondere um die Kommunikation und die Abwägung der Vor- und Nachteile der Innovation.

Die erste Knowledge-Phase beschreibt zunächst, wie sich Individuen der Existenz einer Innovation, deren Funktions- und Anwendungsweise und letztlich der zugrunde liegenden Prozesse bewusst werden. Daraufhin wird in der Persuasion-Phase eine

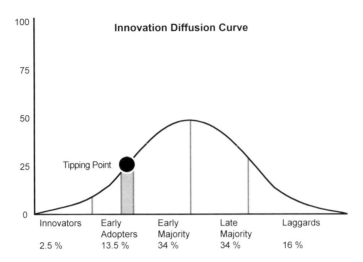

Abb. 5 Die Innovation Diffusion Curve nach Rogers. (Quelle: Rogers 1995)

Einstellung zu dieser Innovation beim Individuum erarbeitet, welche positiv, negativ oder gleichgültig sein kann. Diese subjektive Einstellung hängt insbesondere von den relativen Vorteilen, der Kompatibilität und der Komplexität der Innovation ab. Ist die Einstellung nun klar, folgt in der Decision-Phase die Annahme oder Ablehnung der Innovation, die durch Tests und Demonstrationen der Innovation untermauert wird. In der unmittelbar darauf folgenden Implementation-Phase nimmt das Individuum eine aktive Rolle ein und wendet die Innovation selbst an. Diese Phase ist der wirkliche Veränderungsprozess in Unternehmen und damit Dreh- und Angelpunkt bei Change-Managementprozessen. Hier ist zu beobachten, dass durch die intensive Anwendung über einen längeren Zeitraum die Innovation den Charakter des Neuen nach und nach verliert und schlussendlich komplett in die Organisation aufgeht. Die letzte Confirmation-Phase beschreibt die Tatsache, dass die Individuen trotz Annahme und Anwendung der Innovation stets bestrebt sind, durch neue Information in ihrer Entscheidung bestätigt zu werden. Über die Zeit mag das auch zur späteren Ablehnung der Innovation durch neue Erkenntnisse, eine Enttäuschung durch die Resultate oder den falschen Einsatz der Innovation selbst führen. Die Phasen sind individuell unterschiedlich und daher konnte Rogers die verschiedenen individuellen Akteure bzw. Entscheidungsgruppen in seiner berühmten Diffusionskurve typisieren (vgl. Abb. 5).

Um diese individuellen Unterschiede zu verbildlichen, schlägt der Zukunftsforscher Lars Thomsen den einfachen Versuch der Popcornherstellung mit der Pfanne in einer Gruppe vor (Thomsen 2013), bei dem ein Teil der Gruppe schon in einem sehr frühen Stadium das Poppen der Maiskörner erwartet, andere wiederum deutlich mehr Geduld aufweisen und es auch immer einen Teil von Menschen gibt, die der ganzen Sache eher skeptisch gegenüberstehen. Als Quintessenz der Beobachtung schließt Thomsen, dass Innovationen, die durch die Phasen der Diffusion von der Gesellschaft adoptiert werden, ähnlich wie bei der Popcornherstellung zunächst nicht wahrnehmbar angelegt sind, sich aber dann ganz plötzlich und mit unmittelbarer Schnelligkeit komplett ausbreiten. Diesen Zeitpunkt beschreibt Rogers in seinem Modell als den Tipping Point, der bei dem Übergang der Adoption von den Early Adopters zur Early Majority zu verorten ist. Sind jedoch die Parameter dieses Vorgangs bekannt – bei dem Popcornbeispiel wäre der Parameter die notwendige Öltemperatur, bei der Maiskörner explodieren –, so lässt sich der Adoptionsprozess auch bei exponentieller Ausbreitung mit relativer Wahrscheinlichkeit vorhersagen. Es bedarf also naturwissenschaftlicher und verlässlicher Mess- und Interpretationsmethodik sowie Erfahrung aus iterativen Prozessen, um zu einer Vorhersagefähigkeit zu gelangen.

5.1 Innovation durch Start-ups

Hinsichtlich der ersten Dimension, der Voraussetzung für Innovation, lässt die Betrachtung von Innovationsprozessen in anderen technischen und industriell geprägten Branchen den Schluss zu, dass umfassende Geschäftsveränderungen und tief greifende Produktions- und Produktinnovationen sehr selten aus großen Unternehmen mit vielen Hierarchiestufen, Stakeholdern und Abstimmungsprozessen zu erwarten sind. Meist sind es kleinere Start-up-Unternehmen, die erst kaum sichtbar am Markt agieren und später eine ganze Branche umkrempeln.

Einige Pharma-, Biotechnologie- und Hightech-Unternehmen machen sich dieses Phänomen zunutze und gründen proaktiv mit Unterstützung von eigenen Ressourcen Spin-offs mit teils eigenen Mitarbeitern und fördern den Austausch mit jungen Unternehmen bis hin zu vollständigen eigenen Investitionsvehikeln mit Venture-Kapital. Die Firma Cisco kann hier als besonderes Beispiel herausgestellt werden. Der gesamte Innovationsprozess wird von fünf Hebeln vorangetrieben: Eigenentwicklungen, Akquisitionen, partnerschaftliche Co-Entwicklungen in Joint Ventures, Investitionen in junge Unternehmen und schlussendlich offene, gemeinsame Forschungseinrichtungen (vgl. Abb. 6).

5.2 Erfolgsbeispiel Cisco

Cisco ist hier nicht nur innerhalb der eigenen Branche für Netzwerkhardware und Software aktiv, sondern bringt das Wissen und die Innovationsprozesse bei den späteren Applikationen ein und veranstaltet aktiv und medienwirksam sogenannte CHILL (Cisco Hyperinnovation Living Lab) Events mit Kunden, um Innovationen im Dialog und mit Unterstützung von Moderation und Design-Thinking-Methoden – quasi als Katalysator – schneller zu kristallisieren (Cisco Hyperinnovation Living Lab 2015; Quora 2015). So bekommen nicht nur Kunden Impulse und Inspirationen für mögliche Neuerungen, Prozesse, Produkte und Dienstleistungen, sondern auch Cisco versteht die Bedürfnisse, Perspektiven, Umsetzungsprobleme und Hintergründe der Kunden weit besser mit dem Ziel, einer der führenden Anbieter in dem Bereich Internet of Things (IoT) zu werden.

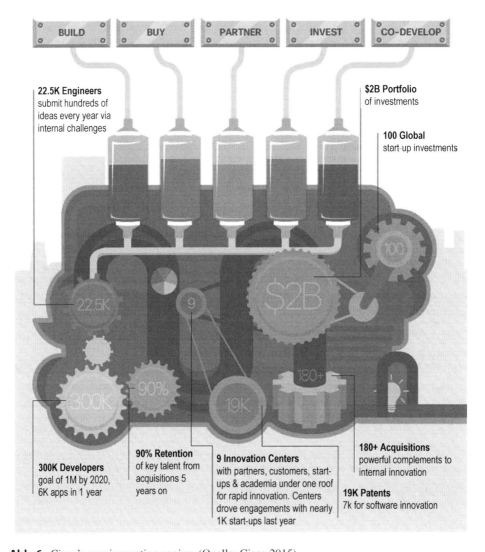

Abb. 6 Cisco's new innovation engine. (Quelle: Cisco 2015)

Nun ist nicht jedes Unternehmen und auch nicht TriPos, als kleines Family Office, in der Lage, solche CHILL Events zu organisieren oder ähnlich hohe Summen in Wagniskapital zu allokieren. Jedoch nutzt TriPos aktiv diese Erkenntnis und versucht, Voraussetzungen zu schaffen, in denen Innovationsprozesse schneller und nachhaltiger ablaufen können. Das Unternehmen hat hierzu aktiv sein Portfolio entsprechend des entwickelten Investitionsansatzes aufgebaut. Neben Aktienbeteiligung an vornehmlich stationären Großeinzelhändlern über die Steinhoff Gruppe, zu der auch mehrheitlich POCO gehört, hat TriPos auch in Later Stage Start-up E-Commerce-Unternehmen wie Urbanara.de, Springlane.de, Tripidi.com investiert. Des Weiteren interessieren TriPos Unternehmen, die das Metathema Retail 3.0 bearbeiten (t3n 2014). Das Unternehmen shop.co ist dafür ein Beispiel, in dem es um neue Wege der Customer Journey, der Consumer Analytics, der Nutzung von künstlicher Intelligenz in Verbindung mit Browser-Plugins geht.

Voll digitalisierte globale E-Commerce-Händler wie Amazon, Alibaba, Tencent, Jingdong (jd.com) bearbeiten diese Themen im Kernfokus und etablieren nachhaltige Wettbewerbsvorteile, die hinsichtlich tradierter Einzelhandelsunternehmen schon als blinde Flecken (Baecker et al. 2004) zu identifizieren sind. So radikal wie sich die Technologie in manchen Bereichen entwickelt hat, so radikal ändern sich die Muster und mentalen Modelle (Yarrow 2014), mit denen zukünftige Generationen den Einkaufsprozess – wenn überhaupt noch von einem solchen zu sprechen ist – durchlaufen.

Immer diffiziler ist in diesem Zusammenhang die Frage, wie der Handel und Konsum in Zukunft grundsätzlich ausgestaltet werden. Auf der einen Seite werden zentrale Wirtschaftstheorien vollkommen zurecht infrage gestellt (Senf 2007). Auf der anderen Seite scheint ein Perspektivenwechsel hin zur Sinnhaftigkeit und Nachhaltigkeit wirtschaftlicher Handlungen (Scharmer 2009) stattzufinden. Claus Otto Scharmer vom Massachusetts Institute of Technology hat 2009 mit seiner Theory U einen wissenschaftlichen Rahmen geschaffen, der insbesondere Handlungsempfehlungen bzw. Wahrnehmungsempfehlungen für Organisationen und deren Führungskräfte in diese Richtung offeriert. Er knüpft hierbei bei dem Ansatz und dem Gedankenmodell der „Fünften Disziplin" von Peter Senge (Senge 1990) an und führt diese in mehreren Bereichen über die Betrachtung der lernenden Organisation einen deutlichen Schritt weiter.

Ohne den Umfang und die Anwendungsbreite dieses umfassenden Ansatzes einzuengen, gibt er doch Hinweise darauf, warum das Verhalten in stark bürokratisch-hierarchischen Organisationen mit mehr verwaltendem bzw. effizienzoptimierendem Charakter zu schwerwiegenden Problemen hinsichtlich neuer Sichtweisen, alternativer Denk- und Handlungsmodelle führt. Gerade der notwendige Mut zum Risiko, der Voraussetzung für eine unternehmerische und innovative Gedanken- und Handlungskultur beim Individuum über funktionale Gruppen bis hin zu größeren Teams ist, wird so systematisch unterdrückt (vgl. Abb. 7).

6 Kooperation als Voraussetzung für erfolgreiche Adoption – was ertragreiche Unternehmen von jungen, innovativen und ideengetriebenen Unternehmen lernen können

TriPos geht es aber darum, gerade die Verbindung zu finden, wie ertragreiche, skalierbare und effizienzgetriebene Unternehmen von jungen, innovativen und ideengetriebenen Unternehmen lernen können und in einen Austausch kommen.

Um diesen Punkt umsetzen zu können, lohnt es sich, in den Ablauf der Wissensgenerierung bei Unternehmen einzutauchen. Bis heute sind hierzu die Arbeiten der japanischen Forscher Ikujiro Nonaka und Hirotaka Takeuchi (Nonaka und Takeuchi 1997) richtungsweisend. Das Modell der Wissensspirale (vgl. Abb. 8) eröffnet die Erkenntnis,

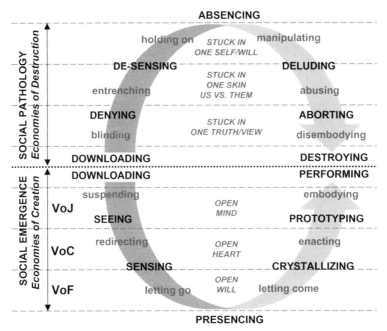

Abb. 7 Soziale Felder des kollektiven Schaffens und Zerstörens. (Quelle: Presencing Institute und Scharmer 2016)

wie neues, implizites Wissen zu teilbarem, explizitem Wissen wird und sich so über die vier Quadranten des SEKI-Modells bewegt: Sozialisierung, Externalisierung, Kombination und Internalisierung und wieder von Neuem. Im ersten Quadranten ist noch jedes Wissen implizit in Form von Erfahrungen existent. Um nicht nur durch impliziten Erfahrungsaustausch – alles also selber machen zu müssen –, sondern durch Kommunikation zu Wissensfortschritt zu gelangen, geht es im Bereich der Externalisierung um die Verwendung bildlicher Sprache, die durch Metaphern, Hypothesen oder Konzepte Erfahrungen mit Wortgebilden vergleicht, um so besser in den Austausch mit anderen Individuen der Organisation zu kommen. Im dritten Prozess wird dieses explizite Wissen untereinander gesammelt, kombiniert und editiert. Ergebnis dieses Kombinationsprozesses sind dokumentierte neue Technologien. Der finale Schritt beschreibt die intensive Auseinandersetzung des Individuums mit dem dokumentierten expliziten Wissen, sodass dieses wieder in implizites Wissen und damit quasi zur Gewohnheit umgewandelt wird. Durch die Weitergabe dieses impliziten Wissens startet der Prozess von Neuem. Besonderes Augenmerk muss hier den Übergängen zwischen den einzelnen Schritten

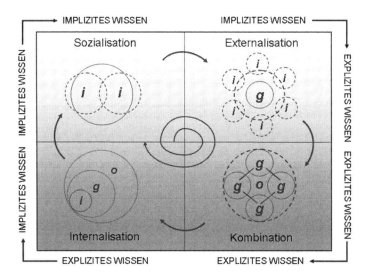

Abb. 8 Wissensspirale nach Nonaka und Takeichi (SEKI-Modell). (Quelle: Nonaka und Konno 1998)

geschenkt werden. Denn Innovationen können sich in einem Unternehmen oder organisationsübergreifend nur schnell entwickeln, wenn Kommunikation in den täglichen Abläufen integriert ist und aktiv gefördert wird. Anhand dieser Erkenntnisse ist vielleicht die 100 ft-Regel bei Google zu verstehen, dass Mitarbeiter nie weiter als 30 m von der nächsten Snackstation entfernt arbeiten sollen. Gleiches gilt für organisierte Hack-a-thons, Design-Thinking-Sprints und andere Kreativmethoden, die der Beschleunigung der Wissensspirale dienen. TriPos organisiert hierfür den sogenannten Network Day, in dem alle Unternehmen des Portfolios zusammenkommen, sich entweder frei oder anhand von vorgeschlagenen Themen kennenlernen, austauschen und zusammenarbeiten.

Das Thema der offenen Kooperation und Kommunikation im Netzwerk aus stationären Großeinzelhändlern (wie der Steinhoff-Gruppe) auf der einen Seite und innovativen E-Commerce-Unternehmen wie den genannten Start-ups auf der anderen Seite hält TriPos für eine notwendige und besonders nachhaltige Voraussetzung von Adoption. Unter der großen Überschrift der Digitalisierung ermöglicht der Austausch von Händlern, die im Endeffekt das gleiche Ziel des Verkaufs von Produkten an Kunden haben, erfolgreiche Ergebnisse mit ganz unterschiedlichen, aber insbesondere komplementären Erkenntnissen für beide Seiten entstehen zu lassen. Vor diesem Hintergrund ist auch die Frage der Wettbewerbs- bzw. Konkurrenzsituation nicht mehr vordergründig, da es sich zwar oft um ähnliche Produkte, aber dennoch vollkommen differenzierte Organisationsstrukturen, Entscheidungsprozesse, Warenpräsentation und Vermarktungsmodelle sowie Ressourcenvoraussetzungen handelt. Über die Verknüpfung von Marktwettbewerbern wird der Zustand der Coopetition erreicht, die Barry Nalebuff und Adam Brandenburger (Nalebuff und Brandenburger 2008) auf der theoretischen Basis der Spieltheorie erforschten. Aus biologischer Sicht sind Coopetition-Modelle zentraler Bestandteil der Evolution der funktionsgebundenen Anpassungsprozesse von Organismen. Im aktuellen Wirtschaftsalltag ist das Beispiel der Open-Source-Bewegung hierfür anzuführen.

Darüber hinaus ersteht durch Austausch miteinander zuweilen dennoch etwas komplett Unerwartetes und Neues, was durch die Neuinterpretation vorhandener Ressourcen, Kernkompetenzen oder Prozessen entsteht und damit über den Austausch von Wissen hinausgeht. Diese besonderen Formen der Innovation hat Stephen Jay Gould mit dem Terminus Exaptation (Gould und Vrbra 1982, S. 4–15) bezeichnet. Hier geht es gerade um die dem ursprünglichen Zweck entfremdete Funktionsübernahme durch eine zuvor anders genutzte Eigenschaft. Heute ist zunehmend zu erkennen, dass durch Adoptionsprozesse die Geschwindigkeit und der Umfang der Evolution mit ihren teils unvorhersehbaren Sprüngen nicht erklärbar sind und der Aspekt der Exaptation nicht von der Hand zu weisen ist. Beispiele für die Umnutzung von Technologien für andere Zwecke oder die Nutzung von Fähigkeiten für andere Problemfelder finden sich täglich in Unternehmen und schaffen so Wettbewerbsvorteile, die vorher nur mit hohen Kosten entstanden wären.

7   Fazit

Abschließend betrachtet ist es die Aufgabe der TriPos, durch aktives Involvement in den Portfoliounternehmen innerhalb des Netzwerks die offene und problemorientierte Kommunikation zu fördern und Kooperations- sowie Coopetition-Situationen zu schaffen, die einzigartige Voraussetzungen für nachhaltige Innovation durch den Wissensaustausch sind. Dies funktioniert nur auf der Basis einer klaren Perspektive, die das Unternehmen durch seinen definierten Investitionsansatz umsetzt, und der aktiven Suche auf dem Feld der neuen und jungen Unternehmen im Themenfeld Retail 3.0 – wobei gleichzeitig die effizienten und auf Skalenökonomie optimierten bestehenden Geschäftsmodelle im Portfolio gestärkt werden und Innovationsimpulse bekommen, die diese im offenen Austausch miteinander ohne Druck und auf Basis einer Win-win-Einstellung weiterentwickeln können. Hiermit wird eine nachhaltigere Adoption von Innovation geschaffen und eine kundenorientierte Verbindung von Online- und Offline-Bereichen innerhalb der Digitalisierung des Handels ermöglicht.

Natürlich ist der TriPos-Ansatz kein Patentrezept für erfolgreiche Adoption. Es kommt vielmehr auf die Menschen an und deren Einstellung zur Zusammenarbeit und gemeinsamen Lösungssuche. Die fünf Postulate an jeden einzelnen in der Zeit der Digitalisierung der Gesellschaft wurden im Rahmen der Day One Workshop-Konferenz (siehe auch: http://day1.website/) an der Universität Witten/Herdecke unter Mithilfe der Beratung business4brands entwickelt und lauten:

1. Put customers first.
2. Make moonshots.
3. Break the rules.
4. Be responsive.
5. Right culture – right people.

Literatur

3ders.org. (2016). Ikea to explore on-site 3D printer repair/recycle stations in new pilot program. http://www.3ders.org/articles/20160201-ikea-to-explore-on-site-3d-printer-repair-stations-in-new-pilot-program.html. Zugegriffen: 16. März 2016.

Baecker, D., Dievernich, F., & Schmidt, T. (2004). *Strategien der Organisation: Ressourcen – Strukturen – Kompetenzen*. Wiesbaden: Deutscher Universitätsverlag.

Cisco. (2015). Cisco's new innovation engine. http://newsroom.cisco.com/feature-content?articleId=1720841. Zugegriffen: 24. März 2016.

Cisco Hyperinnovation Living Lab. (2015). Cisco retail living lab – 2015. https://vimeo.com/143056748. Zugegriffen: 16. März 2016.

Collins, J. (2001). *Good to great: Why some companies make the leap ... and others don't*. New York: HarperBusiness.

Collins, J., & Porras, J. I. (1994). *Built to last: Successful habits of visionary companies*. New York: HarperBusiness.

Galloway, S. (2015). Physical stores „the new black" in e-commerce: Professor of marketing, Founder, L2. https://youtu.be/m8xNlHuaVKE. Zugegriffen: 16. März 2016.

Gloor, P. (2000). Dispelling the myths of e-business. In *Making the e-business transformation* (S. 13–27). London: Springer.

Gould, S. J., & Vrba, E. (1982). Exaptation – a missing term in the science of form. *Paleobiology, 8*(1), 4–15.

IKEA. (2014). IKEA Trendbook 2054. http://www.ikea.com/de/de/about_ikea/newsitem/trendbooksep14. Zugegriffen: 16. Mär. 2016.

Kamprad, I. (1976). Den vielen Menschen einen besseren Alltag schaffen. In Das Testament eines Möbelhändlers. http://www.ikea.com/ms/de_CH/pdf/reports-downloads/the-testament-of-a-furniture-dealer.pdf. Zugegriffen: 23. März 2016.

McKinsey & Company. (2014). How digital is transforming retail: The view from eBay. Interview with Devin Wenig, president of eBay Marketplaces. http://www.mckinsey.com/industries/retail/our-insights/how-digital-is-transforming-retail-the-view-from-ebay. Zugegriffen: 16. März 2016.

Mols, N. P. (2000). The internet and services marketing – the case of Danish retail banking. *Internet Research, 10*(1), 7–18.

Nalebuff, B. J., & Brandenburger, A. M. (2008). *Coopetition: kooperativ konkurrieren – Mit der Spieltheorie zum Geschäftserfolg*. Eschborn: Rieck.

Nonaka, I., & Konno, N. (1998). The concept of ‚Ba': Building a foundation for knowledge creation. *California Management Review, 40*(3), 40–54.

Nonaka, I., & Takeuchi, H. (1997). *Die Organisation des Wissens: wie japanische Unternehmen eine brachliegende Ressource nutzbar machen*. Frankfurt a. M.: Campus.

Otto Group. (2015). Otto Group Basispräsentation (Stand: Juni 2015). Abschnitt: „2. Vision und Mission". http://www.ottogroup.com/media/docs/de/Infomaterial/Otto-Group_Unternehmenspraesentation_2015_DE.pdf. Zugegriffen: 16. März 2016.

Otto Group. (2016). OTTO baut mit yourhome.de Führung im Einrichtensortiment aus. http://www.ottogroup.com/de/newsroom/meldungen/OTTO-baut-mit-yourhome.de-Fuehrungsposition-im-Einrichtensortiment-weiter-aus.php. Zugegriffen: 24. März 2016.

Presencing Institute & Scharmer. (2016). Principles and glossary of presencing. https://www.presencing.com/principles. Zugegriffen: 24. März. 2016.

Quelch, J. A., & Klein, L. R. (1996). The internet and international marketing. *Sloan Management Review, 37*(3), 60.

Quora. (2015). What is Cisco CHILL all about? https://www.quora.com/What-is-Cisco-CHILL-all-about. Zugegriffen: 16. März 2016.

Rocket Internet. (2015). 9M proven winners results. https://www.rocket-internet.com/sites/default/files/investors/2015-12-16_9M_Proven%20Winners%20Results_0.pdf. Zugegriffen: 24. März 2016.

Rogers, E. (1995). *The diffusion of innovations*. New York: Free Press.

Rüsen, T., Schlippe, A. v., & Gimeno, A. (2012). Strukturelles Risiko und Mentale Modelle in Familienunternehmen. *Familienunternehmen und Stiftungen, 2012*(3), 92–98.

Salmon, K., & HDE. (2015). The digitisation of physical retail: The new retail experience. http://www.kurtsalmon.com/global/Retail/vertical-insight/1305/The-Digitisation-of-Physical-Retail. Zugegriffen: 16. März 2016.

Scharmer, C. O. (2009). *Theorie U: Von der Zukunft her führen: Presencing als soziale Technik*. Heidelberg: Carl-Auer.

Seifert, D. (Hrsg.). (2006). *Efficient consumer response* (4. Aufl.). München: Hampp.

Senf, B. (2007). *Die blinden Flecken der Ökonomie: Wirtschaftstheorien in der Krise* (5. Aufl.). Kiel: Gauke.

Senge, P. M. (1990). *The fifth discipline: The art & practice of the learning organization*. New York: Currency Doubleday.

Sorescu, A., Frambach, R. T., Singh, J., Rangaswamy, A., & Bridges, C. (2011). Innovations in retail business models. *Journal of Retailing, 87*(1), 3–16.

Space10. (2015). Tomorrow's meatballs: A visual exploration of future food. https://www.space10.io/journal/tomorrow-s-meatball-what-we-all-could-be-eating-20-years-from-now. Zugegriffen: 16. März 2016.

t3n. (2014). Retail 3.0: Das bringt die Zukunft des Einzelhandels [SEO Campixx 2014]. http://t3n.de/news/retail-30-zukunft-einzelhandel-534643/. Zugegriffen: 16. März 2016.

Thomsen, L. (2013). Elektromobilität: Revolution der Automobilindustrie von Lars Thomsen. 26. Internationale „Motor und Umwelt"-Konferenz der AVL List GmbH am 12. Sep. 2013 in Graz, Österreich. https://www.youtube.com/watch?v=JHUzfw24oCk. Zugegriffen: 16. März 2016.

Toffler, A. (1983). *Die dritte Welle, Zukunftschance: Perspektiven für die Gesellschaft des 21. Jahrhunderts*. München: Goldmann.

Truly Deeply. (2014). The future of furniture from IKEA – connected homes & 3D printing. http://www.trulydeeply.com.au/brand-strategy/future-of-furniture-ikea-connected-homes-3d-printing-best-brand-agency/. Zugegriffen: 16. März 2016.

Yarrow, K. (2014). *Decoding the new consumer mind: How and why we shop and buy*. San Francisco: Jossey-Bass.

Über den Autor

Niko Pohlmann ist Geschäftsführer der TriPos GmbH, einem unternehmerisch geführten Family Office, welches in 2007 gegründet wurde. Er ist leidenschaftlicher Einzelhändler insbesondere mit Erfahrungen im Einrichtungs- und Textilbereich auf allen relevanten globalen Beschaffungsmärkten. Während seines Forschung- und Arbeitsaufenthalts im Silicon Valley entstanden das Interesse und das tiefe Verständnis für die Bedürfnisse und Zusammenhänge bei schnell wachsenden, dynamischen und innovativen Start-up-Unternehmen. Sein Diplom zum Ökonom erhielt er bei der Universität Witten/Herdecke.

Auch Möbel geht online – Cross-Channel-Vision und digitale Adoption der Pfister AG

Carlos Friedrich und Marcus Diekmann

> **Zusammenfassung**
>
> Nachfolgend geht es um den digitalen Adoptionsprozess des Schweizer Einrichtungsfachhändlers Pfister zum Cross-Channel-Händler. Pfister ist Marktführer in der Schweiz und leitet derzeit eine Online-Offensive ein. Vor allem die Online-Medien stehen dabei im Fokus, denn sie spielen eine immer wichtigere Rolle in der Vorkauf-, Informations- und Inspirationsphase der Kunden. Die Neuausrichtung orientiert sich an fünf Schritten, die bei der Entwicklung von E-Commerce-Strategien von traditionellen Händlern beobachtet wurden, und legt ein idealtypisches Sechs-Phasen-Modell zugrunde. Das Vorgehen, das im Möbelsektor einer Pioniertat gleichkommt, beruht auf Beobachtungen von 20 branchenübergreifenden Cross-Channel-Händlern, die als Best Practices für die Digitalisierung im Handel gelten können. Im ersten Kapitel werden Pfister und die Besonderheiten des Möbelmarktes dargestellt, bevor der Möbel-Online-Markt im Fokus steht. Auf Basis branchenübergreifender Beobachtungen und Erfahrungen aus anderen Branchen werden anschließend fünf Entwicklungsschritte des E-Commerce abgeleitet sowie sechs Phasen der digitalen Adoption zur Vorbereitung der digitalen Transformation dargestellt. Diese waren Basis für die Entwicklung der Cross-Channel-Vision sowie der digitalen Adoption von Pfister.

C. Friedrich (✉)
Möbel Pfister AG, Suhr, Schweiz
E-Mail: carlos.friedrich@mac.com

M. Diekmann
Coesfeld, Deutschland
E-Mail: md@marcusdiekmann.de

Inhaltsverzeichnis

1 Über Pfister 280
2 Status quo Möbel und E-Commerce 281
3 Fünf Entwicklungsschritte des E-Commerce 284
4 Sechs Phasen der digitalen Adoption zur Vorbereitung der digitalen Transformation ... 286
    4.1 Change-Management auf oberster Ebene 286
    4.2 Prozesse und Organisation 287
    4.3 Kultur 287
    4.4 Vom Profit-Center zu einem Gesamt-Center 288
    4.5 Digitale Exzellenz 289
    4.6 Neue Distributionspolitik 289
5 Cross-Channel-Vision und digitale Adoption von Pfister 290
    5.1 Die Cross-Channel-Vision von Pfister 290
    5.2 Vom ROPO zum IOROPOSO bei Pfister 291
    5.3 Die digitale Adoption bei Pfister 294
6 Fazit 297
Literatur 298
Über die Autoren 299

1 Über Pfister

Pfister ist der größte Einrichtungsfachhändler der Schweiz. In der Einrichtungsgruppe Pfister Arco Holding AG arbeiten rund 2000 Mitarbeiter. Als größte Tochtergesellschaft ist die Möbel Pfister AG mit 20 Filialen (Alchenflüh-Lyssach, Avry, Bern, Contone, Dübendorf, Emmen, Etoy, Genf-Meyrin, Luzern, Marin, Mels, Pratteln, Schaffhausen, Spreitenbach, St. Gallen, Suhr, Villeneuve, Winterthur, Zürich-Letzipark, Zürich-Walcheplatz) in allen Landesteilen der Schweiz präsent. Die Filialen reichen von kleineren Geschäften in Innenstädten bis hin zu großen Einrichtungshäusern in Stadt- und Autobahnnähe.

Angeboten werden bei Pfister mehr als 80 nationale und internationale Marken und über 100.000 Teppichunikate. Im Online-Shop werden aktuell mehr als 14.000 Produkte angeboten. Von Alessi über Gloster bis Zollanvari: Pfister zeigt eine breite Produktvielfalt. Einige Markenprodukte wie zum Beispiel Team 7 gibt es zudem nirgends günstiger – das wird garantiert. Neben Fremdmarken wird auch eine Vielzahl an Eigenmarken angeboten. Bei Pfister ist das kanalübergreifende Geschäft tief in der Unternehmensphilosophie verwurzelt. Bereits 1932 gab es den ersten, von da an jährlich erscheinenden Katalog. Der erste Printkatalog war jedoch so wertvoll, dass man ihn nach einigen Tagen zurückbringen musste, damit auch andere Kunden in den Genuss des Katalogs kamen, denn es existierten nur wenige Exemplare.

Die Pfister Holding setzte 2014 rund 609 Mio. Schweizer Franken um. Der Online-Anteil bewegt sich zwar noch immer im einstelligen Bereich, die Zuwachsraten aber sind seit dem ersten Online-Relaunch 2010 zweistellig. Zudem werden online mittlerweile mehr Besucher verzeichnet als offline. Die Online-Medien spielen vor allem in der für Möbel entscheidenden Vorkauf-, Informations- und Inspirationsphase eine immer wichtigere Rolle.

Mit über 130 Jahren Erfahrung steht Pfister heute in der Schweiz für eine große Auswahl an Einrichtungslösungen von Möbeln und Accessoires mit kompetenter Beratung und den besten Serviceleistungen wie zum Beispiel mit eigener Liefer- und Montageflotte. Alle anderen nationalen Einrichtungsfirmen haben diesen Service an Fremdfirmen delegiert.

Wie alle anderen Handelsunternehmen in der Schweiz ist auch Pfister derzeit von der Aufhebung des Mindestkurses für den Franken durch die Schweizerische Nationalbank (SNB) betroffen, die am 15. Januar 2015 erfolgte. Aufgrund der dadurch in Gang gesetzten, deutlichen Erstarkung des Schweizer Frankens erfolgte ein regelrechter Boom beim Einkaufstourismus im angrenzenden Ausland. Deswegen musste die gesamte Einrichtungsbranche, vor allem die Händler mit vergleichbaren Markenprodukten, darauf reagieren und die Preise senken. Folge ist ein anhaltender, starker Preisverfall im Schweizer Detailhandel, der den weiteren Ausblick alles andere als rosig erscheinen lässt. Laut einer Studie von Credit Suisse (2016) stammen die Schweizer Möbelimporte hauptsächlich aus den Nachbarländern sowie aus China und Osteuropa. Auf die zehn wichtigsten Herkunftsländer entfallen rund 88 % der gesamten Möbelimporte. Das mit Abstand wichtigste Herkunftsland – vor allem für Büro-, Laden-, Küchen- und Badezimmermöbel – ist Deutschland (43 % der Schweizer Möbelimporte).

2 Status quo Möbel und E-Commerce

Der Online-Möbelhandel steckt, im Vergleich zu anderen Branchen, noch in den Kinderschuhen. Gegen den Online-Kauf von Möbeln werden aus Anbietersicht immer wieder dieselben Gründe aufgeführt. Diese betreffen vor allem die Frage, ob langlebige und wertvolle Konsumgüter und E-Commerce überhaupt zusammenpassen. Darüber hinaus wird gefragt, wie wichtig die Funktion und Haptik beim Einkauf eines Sofas ist. Es wird angenommen, dass Kunden für den Möbelkauf sehen, fühlen, riechen und probesitzen wollen, bevor sie es erwerben. Der Beratungsaufwand bei Möbeln ist zudem um ein Wesentliches höher als bei anderen Produkten. Denn als Kunde beschäftigt man sich nicht täglich mit diesen Produktgruppen. Eine Matratze wird zum Beispiel in der Schweiz in der Regel nur alle 12 Jahre neu gekauft. Für einen besseren Schlaf ist der Kunde auf kompetente Beratung angewiesen. Und nur so wird er die richtige Matratze im großen Matratzenangebot finden.

Eine weitere Herausforderung für den E-Commerce stellt die Darstellbarkeit der mehr als einer Million möglichen Varianten dar, die aufgrund von Farben, Material und Funktionen/Einzelteilen vorliegen. Darüber hinaus ist es ein großer Aufwand, alle analogen Daten (zum Beispiel Texte, Bilder, Preise etc.) aus verschiedenen Datenquellen und von verschiedenen Partnern zu digitalisieren und auf eine digitale Plattform zu bringen.

Ferner ist E-Commerce vielfach noch produktorientiert getrieben. Das bedeutet, dass der Konsument seine Produktauswahl bereits getroffen hat und anschließend gezielt nach diesen oder ähnlichen Produkten sucht. Dabei ist egal, ob er es im stationären Handel, im Internet auf zum Beispiel Blogs oder auf Online-Magazinen tut. Die meisten Online-Shops inspirieren allerdings noch nicht, sondern bedienen weitgehend den Such- und Vergleichskauf.

Anders als zum Beispiel im Schuh- oder Elektroniksegment gibt es in der Möbelbranche allerdings nur wenig bekannte Marken. Laut einer Erhebung aus dem Jahr 2013 (Sempora 2013) haben lediglich Ikea, Hülsta, Musterring, Stressless und Rolf Benz einen Bekanntheitsgrad von über 30 % in Deutschland. In der Schweiz sieht das allerdings anders aus, denn hier sind vor allem die nationalen Möbelhändlermarken wie Pfister, Ikea, Micasa, Top Tip, Interio und Conforama bekannte Marken. Demgegenüber schafft es hier in der Möbelbranche kaum eine Möbelherstellermarke, auf einen spontanen Bekanntheitsgrad von 30 % zu kommen. Die Variantenvielfalt und die geringe Markenbekanntheit erschweren dabei noch den Such- und Vergleichskauf. Unterstützende Technologien, wie zum Beispiel ein Bildervergleichstool, andere Vergleichsservices und Curated-Shopping-Ansätze, wurden bisher noch nicht flächendeckend etabliert. Diese Situation erinnert an den Schuhhandel vor zehn Jahren. Zwar gab es in der Schuhbranche deutlich mehr bekannte Marken und auch die Vergleichbarkeit war deutlich besser. Aber der Markt war ebenfalls noch nicht etabliert und auch dort gab es damals gewichtige Gründe gegen das Thema-E-Commerce. Wesentliches Argument und vermeintlicher Bremser gegen den Online-Verkauf waren hier die Passformen und die Devise „Passform – Schuhe muss man doch vorher anprobiert haben".

Zalando löste diese Herausforderungen und etablierte E-Commerce im Fashion-Handel. Die Erfolgstreiber waren dabei enorme Media-Investitionen, eine sehr breite und tiefe Sortimentsauswahl und neue Services. Durch die Media-Maßnahmen konnte der Bedarf erfolgreich geweckt und ausreichend Traffic generiert werden. Das breite Sortiment bot einen völlig neuen und transparenten Auswahlprozess und mit dem 100-Tage-Umtauschrecht konnten die Sorgen bezüglich der Passformschwierigkeiten schnell genommen werden. Der Online-Anteil bei Schuhen beträgt heute über 25 bis Prozent in Deutschland (bevh 2016) und dürfte ähnlich sein in der gesamten DACH-Region, also auch in der Schweiz.

Auch der Online-Möbelhandel gewinnt stetig an Bedeutung und wird weiterhin wachsen (bevh 2016). Während eine Studie der Hochschule St. Gallen zur Internetnutzung in der Schweiz im Jahre 2011 noch darstellte, dass lediglich 1,2 % der Befragten Möbel über das Internet kauften würden, waren es 2015 bereits 5,8 % (HSG 2015) (vgl. Abb. 1). Die Anzahl der Verbraucher, die sowohl im Geschäft als auch im Internet Möbel kaufen, lag 2015 bei 16,7 %. 2011 waren es lediglich 8,5 %. Vor allem das mobile Internet verändert die Konsum-Spielregel (HSG 2015).

Der Möbelhandel in der Schweiz wurde bisher nicht derart revolutioniert wie zum Beispiel der Ferienreisehandel. Laut HSG-Studie kauft die Mehrheit ihre Ferienreisen über das Internet und eine Minderheit nur noch über eine Verkaufsstelle (HSG 2015).

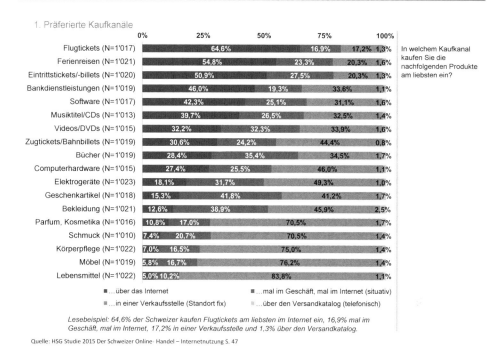

Abb. 1 Internetnutzung in der Schweiz. (Quelle: HSG 2015, S. 47)

Auch werden lediglich Lebensmittel noch weniger über das Internet gekauft als Möbel. Trotzdem sind die Online-Wachstumszahlen im Möbelhandel beträchtlich und wachsen im Vergleich zum stationären Möbelhandel kontinuierlich an (HSG 2015).

Eigentlich verheißt der Anstieg der Online-Umsätze für die bestehenden Marktstrukturen auf den ersten Blick wenig Gutes. Der Umsatz der Möbelbranche wird inflationsbereinigt in den kommenden Jahren kaum wachsen und die leicht rückläufige/stagnierende Entwicklung fortsetzen. Zeitgleich treten über den E-Commerce aber weitere Händler in den Markt ein, die mit vom „Online-Kuchen essen". Insgesamt muss der verfügbare Umsatz also auf mehr Marktteilnehmer aufgeteilt werden.

Durch die Digitalisierung verändern sich auch die Wertschöpfungsstufen. In fast allen Branchen ist bereits eine starke Strukturverschiebung hin zu Direktverkäufen an Endkunden und damit in Richtung Vertikalisierung zu beobachten. Die Auswirkungen zeigen sich dabei in der Auflösung des Zwischenhandels, da Endkunden durch Preis- und Produktsuchmaschinen auf viele klassische Handelskonzepte verzichten können und so attraktivere Angebote erhalten. Die große Mehrheit der Online-Modelle ist entweder erfolgreich, weil sie das preislich attraktivste Angebot vorhält, die größte Auswahl zu einem guten Preis anbietet oder eine Mischung aus den genannten Optionen darstellt. Ob auch Geschäftsmodelle, die nicht über Rabatte ihre Kunden locken, nachhaltig im Internet eine Chance haben, muss erst noch bewiesen werden (Heinemann 2016).

Die einzelnen Marktteilnehmer in der Möbelbranche wissen zwar, dass Online mehr und mehr an Bedeutung gewinnt, aber nur wenige kennen die Lösungen, um die Herausforderungen annehmen zu können. Für alle etablierten Unternehmen stellt sich die Frage, welche Faktoren für die Anpassung des Unternehmens in Richtung Digitalisierung entscheidend sind. Die große Schwierigkeit liegt dabei in der Vielzahl strategischer Optionen sowie digitaler Instrumente und Erfolgsfaktoren. Social Media, Real Time Advertising, Retargeting, Web Analytics und nicht zuletzt Big Data gelten als wichtige Schlagwörter (Heinemann 2016).

In der Vergangenheit konnte in den fortgeschrittenen B2C-E-Commerce-Konsumgüterbranchen (Elektronik, Medien, Bild und Tonträger, Fashion und Schuhe, Haushalts- und Spielwaren) eine ähnliche Entwicklung beobachtet werden. Es ist davon auszugehen, dass die Erfahrungen aus den anderen Märkten sich auch weitgehend auf die Entwicklung des Möbel-Online-Handels übertragen lassen. Damit die richtige Digitalstrategie entwickelt und umgesetzt werden kann, muss das richtige E-Commerce-Verständnis zugrunde gelegt und die Erfahrungen aus fortgeschritteneren Branchen herangezogen werden. Pfister beschäftigt sich deswegen intensiv mit der Entwicklung anderer Handelssegmente und versucht, die Erkenntnisse auf die Möbelbranche und auf die eigenen Herausforderungen anzuwenden.

3 Fünf Entwicklungsschritte des E-Commerce

Auf Basis branchenübergreifender Beobachtungen und Erfahrungen aus anderen Branchen lassen sich fünf Entwicklungsschritte des E-Commerce ableiten, und zwar die Ablehnung, Innovation, Reaktion bzw. Adoption, Überdistribution sowie Konsolidierung:

1. **Ablehnung:** Die jeweilige noch nicht fortgeschrittene Kategorie wird durch die traditionellen Marktteilnehmer als nur bedingt „E-Commerce-fähig" erklärt. Dadurch verhindern diese Unternehmen in der Frühphase die intensive Auseinandersetzung mit diesem Segment.
2. **Innovation:** Neue, pure Online-Formate drängen auf den Markt. Sie testen und etablieren neue Konzepte, wachsen und verändern das Einkaufsverhalten in der jeweiligen Kategorie. Neue Geschäftsmodelle erfordern nicht selten ein hohes Investment, um Reichweite aufzubauen, Killer-Sortimente zu entwickeln, eine aggressive Preispolitik durchzusetzen und/oder innovative Services und Features zu platzieren. Das Sourcing ist häufig noch nicht ausreichend feinjustiert. Im ersten Schritt geht es darum, die maximal mögliche Anzahl an Marken und Produkten innerhalb kürzester Zeit zu listen. Zugleich muss die digitale Organisation aufgebaut, konsolidiert und bei einsetzendem Wachstum konsequent ausgebaut werden. Die Innovationsphase zeichnet sich dadurch aus, dass sehr viele innovative Konzepte – auch einige Nischenkonzepte – entwickelt werden. Dabei müssen auch neue Erfahrungen gesammelt und neue Regeln gelernt werden. Der größte Anteil dieser Konzepte scheitert bereits innerhalb der ersten 12 bis 18 Monate.

3. **Reaktion und Adoption:** Die ersten traditionellen Unternehmen reagieren, nutzen aber nicht ihre bestehenden Stärken. Diese sind zum Beispiel Vorteile aus dem Bestandskundengeschäft und der Kundenbindung, aus dem Vorsprung im Sourcing und aus der Vernetzung mit den Offline-Kanälen. Sie bringen nicht selten Online-Shops hervor, die in Sachen Produkt, Preis, Technik, Features, Innovationen und Reichweite nicht wettbewerbsfähig sind im direkten Vergleich mit den neuen Online-Playern. Auch wird häufig die Organisation vernachlässigt und nicht bzw. nicht schnell genug aufgebaut. Die Konzepte sind häufig eine „schlecht" umgesetzte Kopie der jeweiligen Markt- und Innovationsführer. In dieser Phase reagieren die meisten traditionellen Unternehmen auf Basis falscher Prämissen. So werden die Umsatzziele und der dazu notwenige Media-Einsatz in ein falsches Verhältnis gesetzt, wobei die Potenziale aus dem natürlichen Traffic überschätzt sind. Auch wird in der Regel das bisherige Investitionsverhalten angewendet und damit eine kurzfristige Amortisierung zur Bedingung gemacht. Deswegen stehen in den meisten Fällen nicht genügend Investitionsmittel zur Verfügung gemäß dem Motto „Jumbo-Fliegen mit dem Tank einer einmotorigen Propellermaschine".
4. **Überdistribution:** Nach der ersten Wachstumsphase im E-Commerce tritt erfahrungsgemäß eine große Anzahl an Nachahmern auf. Die Konzepte verfügen kaum über echte eigene USPs (Unique Selling Proposition)und können sich häufig nur über den Preis definieren. Dabei erzielen sie aber dann nicht die erforderlichen Deckungsbeiträge (zu geringes Einkaufsvolumen für Bestkonditionen etc.). Außerdem investieren immer mehr KMU-Händler (kleine und mittlere Unternehmen) in Online-Shops, ohne weiterhin eine Antwort auf die Wettbewerbsnachteile zu haben. Zudem verstehen sie selten, dass bei vergleichbaren Sortimenten stationäre Konzepte nur durch die regionale Distributionspolitik differenziert sind. Während es in Innenstädten zahlreiche 1a-Lagen gibt, liegen diese im übertragenen Sinne nur auf der ersten Google-Seite, auf großen Marktplätzen sowie in Produkt- und Preissuchmaschinen. Das ist aber nicht umsonst zu bekommen und große Anbieter neigen zudem dazu, überdurchschnittlich stark in die Gewinnung von Marktanteilen zu investieren und dabei kurzfristige Ertragsziele zu vernachlässigen. Zeitgleich entwickeln sich die kleinen Online-Handelsformate zu einer Art Produktsuchmaschine für ihre Warenkategorie und werden so zu einem Synonym für ihre Gattung (zum Beispiel Koffer24). Die anderen Anbieter werden demgegenüber immer austauschbarer und profilloser.
5. **Konsolidierung:** E-Commerce-Märkte können sich nach Etablierung sehr gut weiterentwickeln und stark wachsen. Der Umsatz konsolidiert sich dann allerdings auf wenige Anbieter, während die traditionellen Händler schnell den Anschluss verlieren. Auch die vielen kleineren und mittleren Online-Shops können häufig nicht mithalten und überleben nicht. Nach einer Studie des ECC Köln werden in den nächsten Jahren deswegen auch bis zu 80 % der deutschen Online-Shops sterben (ECC Köln 2015). Letztendlich überleben in jeder Kategorie nur wenige große Universalanbieter (Amazon, Alibaba, Otto etc.), einige große Category-Killer (wie zum Beispiel Zalando, Reuter-Bad, Notebooksbilliger etc.), aber eine Vielzahl an Spezial-Shops. Letztere können auf Dauer aber nur existieren, wenn sie echte Alleinstellungsmerkmale generieren und

mit begrenztem Umsatzpotenzial zurechtkommen. Die Multi-Channel-Händler richten ihren Online-Shop stärker zu einer Art Service- und Marketingkanal aus, es sei denn, sie können durch starke Eigenmarken ebenfalls ein Alleinstellungsmerkmal generieren oder den Shop wie John Lewis stand-alone-fähig ausbauen. In nur wenigen Kategorien ist es einem stationären Händler jedoch gelungen, zeitgleich auch der Online-Marktführer zu werden, so wie zum Beispiel Douglas im Parfümeriemarkt.

Der Möbelmarkt befindet sich aktuell im Übergang von Reaktion bzw. Adoption zu Überdistribution. Handelsformate wie Otto, eBay, Home24 und Westwing konnten sich bereits nennenswerte Möbelmarktanteile im E-Commerce sichern. Bisher beherrscht aber noch kein Konzept die gesamte Gattung und auch keines der Online Pure Plays konnte sich zu der absolut dominieren Suchmaschine für Möbel entwickeln. Die Marktanteile sind also noch nicht verteilt. Die traditionellen Möbelhändler verfügen zwar grundsätzlich über gute Voraussetzungen, denn sie haben die branchenspezifischen Sourcing-Herausforderungen bereits gelöst. Allerdings wird es auch hier nur wenige dominierende Anbieter geben können, die sich als Cross-Channel-Händler perfekt aufstellen und damit sowohl off- als auch online Marktanteile generieren werden. Dies erfordert ein radikales Change-Management und eine hohe Investitionsbereitschaft. Wer hier konsequent agiert, kann im anhaltenden Verdrängungswettbewerb überleben und langfristig erfolgreich sein. Die Entwicklung in anderen Branchen macht deutlich, dass nicht mehr viel Zeit bleibt. Denn nach den Erfahrungen der anderen Branchen könnten die Umsatzanteile des Online-Marktes bereits in den nächsten vier Jahren verteilt sein.

4 Sechs Phasen der digitalen Adoption zur Vorbereitung der digitalen Transformation

Auf dem Weg vom klassischen Händler hin zum Cross-Channel-Anbieter durchlaufen Unternehmen verschiedene Schritte. Aus Beobachtungen gehen sechs Phasen hervor, die aufeinander aufbauen, sich aber auch parallel entwickeln können. Diese werden im Folgenden dargestellt.

4.1 Change-Management auf oberster Ebene

Der Ausgangspunkt eines jeden Digitalisierungsprozesses ist die strategische Erkenntnis der bestehenden Unternehmensführung für das Thema. Dieses muss von der Führung angenommen und zum eigenen gemacht werden. Dazu gehören die neuen Spielregeln, digitales Handeln, der neue Wettbewerb, das veränderte Kundenverhalten, die Erhöhung der Touchpoints hin zum Kunden und die damit einhergehende Investitionsbereitschaft. Diese Punkte müssen von der Führung konsequent nach vorne getrieben werden. Denn ein Adoptionsprozess in Richtung Cross- oder gar Omni-Channeling kann nicht delegiert werden. Nicht zu verleugnen gilt dabei, dass Online auch das eigene Stationärgeschäft kannibalisieren kann, was aber mit in der Digitalstrategie zu berücksichtigen ist. Während Online wachsenden Einfluss nimmt, stagnieren die meisten Handelssegmente in der Gänze.

4.2 Prozesse und Organisation

Ist die Führung von der Wichtigkeit der Transformation und dem notwendigen radikalen Handlungsbedarf überzeugt, müssen Prozesse und die Unternehmensorganisation weiterentwickelt werden. Ziel ist es, dass aus dem Filialisten im Rahmen des Prozesses auch ein Direktversender wird. Alle Prozesse müssen auf Einzelbelieferung ausgerichtet werden. Außerdem muss die gesamte dauerhafte und schnelle Lieferfähigkeit neu entwickelt werden. Die Filialen dürfen zukünftig nicht mehr auf das regionale Sortiment begrenzt werden, dafür müssen in dieser Phase die Grundlagen geschaffen werden. Dieses betrifft nicht nur die Beschaffungs-, Warehousing- und Logistikprozesse, sondern auch die interne Organisation. Im ersten Schritt muss eine eigene Abteilung für den Bereich E-Commerce aufgebaut werden bzw. diese einer bestehenden Abteilung zugeordnet werden. Dazu gehört, ein eigenes Team aufzubauen und in die bestehenden Strukturen einzubetten. Dieses Team hat am Anfang zwei relevante und meistens parallel verlaufende Herausforderungen:

1. Entwicklung und Umsetzung der ersten Phase des Online-Shops. Dabei erste Erfahrungen mit dem digitalen Verkaufen zu sammeln und daraus zu lernen. Dieser Online-Shop hat nicht die Aufgabe, wirtschaftlich erfolgreich zu sein, sondern ist mit einer „Testfiliale" zu vergleichen.
2. Eine interne Cross-Channel-Bewertung der bestehenden Organisationen, technischen Voraussetzungen und Prozesse durchzuführen und auf dieser Basis den langfristigen Handlungsbedarf festzustellen.

4.3 Kultur

Die gesamte Belegschaft muss auf das neue Thema eingestellt werden. Denn nur wenn alle an einem Strang ziehen, lässt sich das Projekt erfolgreich umsetzen. Dazu gehören neben Verkaufsschulungen für das digitale Zeitalter auch Anreizsysteme für die Mitarbeiter. Außerdem müssen sie die Angst vor digitalen Elementen verlieren und E-Commerce nicht als Filiale betrachten, sondern als Mantel aller Kanäle. Denn der Online-Auftritt ist sowohl Marketing wie auch Vertrieb. Damit gilt er auch als Unterstützung für das stationäre Geschäft und schützt vor Kannibalisierung durch den Wettbewerber. Auch das neu geschaffene E-Commerce-Team muss bei der Belegschaft nicht als Konkurrenz gesehen, sondern als Unterstützung verstanden werden.

Folgende Grundvoraussetzungen müssen geschaffen werden:

1. **Berührungsängste abbauen:** Den Mitarbeitern die Berührungsängste vor der digitalen Welt nehmen. Dieses kann nur durch intensive Schulungen erfolgen. Die Mitarbeiter müssen den eigenen Online-Shop als Testkunde perfekt bedienen können und sich dort sehr gerne aufhalten, um im Umgang mit dem Medium sicher zu werden. Nur dann werden sie den Online-Shop zukünftig in stationäre Kundengespräche (zum Beispiel über mobile Tablet-Lösungen) einbeziehen und ihn Kunden zur Nutzung empfehlen.
2. **Akzeptanz aufbauen:** Erst danach kann eine noch bessere Akzeptanz für den Cross-Channel-Handel durch Anreizsysteme für die Mitarbeiter geschaffen werden. Die Belohnungssysteme sollten dementsprechend um den Online-Verkauf erweitert werden. Allerdings muss als Voraussetzung dafür der Impuls für den Besuch des Online-Shops aus der Filiale ausgelöst werden. Ziel muss es sein, dass aus der Filiale heraus möglichst viele Informationen und Einverständniserklärungen generiert werden (Name, Vorname, E-Mail-Adresse, Handynummer, Doube Opt In etc.) und letztendlich daraus Traffic, digitale Kundendaten und eigene Cross-Channel-Kunden gewonnen werden.
3. **Kunde als Bestand:** Mit dem Aufbau des eigenen Online-Shops besitzt jeder Händler automatisch digitale Einzelkundendaten und Kaufhistorien. Die Erfahrungen aus Online-Verkaufsförderungs- und Kundenbindungsmaßnahmen müssen bereichsübergreifend geteilt und daraus neue Vertriebskonzepte für den Cross-Channel entwickelt werden. Die stationäre Kundenkarte muss mit dem Online-Kundenkonto zu einem Bestand verschmolzen werden. Vertriebsförderungsmaßnahmen müssen off- und online genutzt werden. Händler, die keine stationäre Kundenkarte besitzen, müssen im Verkaufsprozess Online-Vertriebsförderungsmaßnahmen integrieren, wie zum Beispiel einen Gutschein über fünf Prozent auf den nächsten Online-Einkauf, immer mit dem Ziel, möglichst viele Kundenregistrierungen zu erreichen.
4. **Recruiting:** Der Recruiting-Prozess muss auf diese Herausforderungen angepasst werden, zukünftig sollten zum Beispiel keine klassischen Einkanalverkäuferinnen, sondern Cross-Channel-Verkäuferinnen gesucht werden.
5. **Neuausrichtung des Marketing:** Das Marketing muss ebenfalls umdenken und Budgets neu verteilen. Die klassischen Printmedien sind rückläufig, online wächst. Klassische Wochenflyer und Kataloge verlieren bei vielen Zielgruppen sukzessive an Bedeutung, denn digital gewinnt. Der Online-Shop muss auch als Marketingmittel zur stationären Flächenfrequenzsteigerung erkannt werden.

4.4 Vom Profit-Center zu einem Gesamt-Center

Sind die ersten Schritte getan, gilt es das betriebswirtschaftliche Denken im Unternehmen radikal zu verändern. Zukünftig kann nicht mehr differenziert werden, ob der Umsatzimpuls stationär oder online ausgelöst wurde und warum wo der Kauf abgeschlossen wird. Handel der Zukunft bedeutet, dass der Händler dort verkauft, wo der Kunde ist und sich nicht durch „starre" Vertriebsgebiete und Provisionspolitik selbst ausbremst. Als Devise muss gelten „Hauptsache der Kunde kauft bei mir, egal ob off- oder online" (Heinemann 2016). Wenn der Kaufprozess nicht betriebswirtschaftlich sauber abgegrenzt werden kann, dann bedeutet das konsequenterweise das Ende der Profit-Center-Denkweise. Durch den Versuch, die Umsätze verursachungsgerecht einzelnen Filialen und dem Online-Geschäft zuzuordnen, werden kreative Möglichkeiten eher begrenzt. Schließlich geht es um die Optimierung der Gesamtumsätze. Demnach darf es nur noch ein Profit-Center für das eigene Off- und Online-Geschäft geben. Der Online-Shop und die Filialen sind eher Cost-Center, die nicht für den Umsatz verantwortlich gemacht werden können. Die Aufgabe lautet, den Cross-Channel-Umsatz in Gänze zu maximieren und dabei die Vertriebs- und Marketingkosten so effizient wie möglich auszusteuern. Daraus resultieren ebenfalls völlig neue Anforderungen, wie zum Beispiel an Provisionsmodelle für Mitarbeiter.

4.5 Digitale Exzellenz

Als weitere Stufe folgt die digitale Exzellenz. Alle Prozesse sollten weitgehend automatisiert und digitalisiert werden, ebenso alle Daten. Als Idealziel wären Verkäufer weitgehend überflüssig und dafür durch wenige Fachberater (zum Beispiel Style-Beratung, Innenarchitekturkonzept etc.) zu ersetzen. Die Fachberater werden digital aufgerüstet und können so auf deutlich mehr Informationen zurückgreifen. Der Kunde informiert sich ebenfalls direkt am Produkt, denn alle grundsätzlichen Produktinformationen und Daten können dort digital online abgerufen werden, auch mobil. Hierzu gehören sowohl Artikel- als auch Kundendaten. Ebenfalls sollten die klassischen Vertriebsförderungselemente, wie zum Beispiel auch Empfehlungsalgorithmen, „Just in Time Bundle-Angebote", Sonderrabatte und individuelle Stammkundenrabatte, mit berücksichtigt werden. In der Logistik ist die Digitalisierung bereits weitgehend erfolgt. Jetzt gilt es, die klassischen Händler auf das digitale Zeitalter einzustimmen. Nur wer möchte, muss seine Taschen tragen, alle anderen bekommen diese aus der Filiale (oder zentralen Standorten) direkt nach Hause geliefert. Es gibt keine klassische Kasse mehr im Laden, kein Geldzählen, sondern alles wird ebenfalls mobil am Produkt abgewickelt und auch die Sicherung am Produkt deaktiviert. Zeitgleich wird über die mobile Verbindung der Kunde erkannt und alle Bewegungsdaten erfasst und in seinem Kundenkonto gespeichert. Auf dieser Basis werden dann passgenaue Angebote off- und online ausgespielt, Kundenbindungs- und rückgewinnungsmaßnahmen durchgeführt und zum Beispiel über die Reportings die Sortimentspolitik für die stationären Flächen optimal geplant. Nur wer radikal digitalisiert und automatisiert, kann zukünftig seine Erträge optimieren und somit im starken Verdrängungswettbewerb und in einer transparenten Produkt- und Preiswelt wettbewerbsfähig sein.

4.6 Neue Distributionspolitik

In der sechsten Phase ist die Distributionspolitik des Unternehmens zu verändern. Sobald das Online-Geschäft bestmöglich aufgestellt ist, wird dieser Kanal immer den maximalen Bestand des Unternehmens führen. Der Online-Shop wird quasi zu einem

"Never-Out-of-Stock"-Lager – entgegen der heutigen Situation in den Filialen. Die Kunden und die Verkäufer können immer auf diese verlängerte Ladenfläche zurückgreifen und um Lösungen bitten. Die stationäre Fläche kann sich folglich auf die Ausstellung der Highlight-Artikel und Basic-Artikel konzentrieren, also lediglich einen Teilauszug der Artikel. Die Artikel werden so zusammengestellt, dass auf dieser Basis das Handelskonzept und die USPs erläutert und somit die Handelsmarke präsentiert werden kann und natürlich der Verkäufer die verschiedenen Produkttypen erläutern kann. Die Auswahl in Farbe und Größe in jeder Farbe wird lediglich digital präsentiert. Auch die vielfältigen Konfigurationen werden digital präsentiert. Die stationären Point of Sales werden zentral digital bespielt, inklusive der Schaufenster und somit situativ agieren können. Somit verändert sich das heute begrenzte Stationärgeschäft zum Showrooming hin zur qualifizierten Beratungs- und Abholstation. Auf deutlich kleineren Flächen kann viel mehr präsentiert werden, dadurch können Filialisten sich in ganz anderen Lagen präsentieren.

Die beschriebenen sechs Phasen der digitalen Adoption müssen noch nicht vollkommen abgeschlossen sein, bevor eine weitere Phase eingeleitet wird. Online Pure Player durchlaufen die Phasen teilweise in umgekehrter Reihenfolge. Diese sind häufig bereits sehr gut in den Automatisierungs- und Digitalprozessen und nicht auf stationäre Flächen begrenzt. Sie verfügen über ein sehr großes und tiefes Produktsortiment und eine dynamische sowie wettbewerbsfähige Preispolitik. Reine Online-Händler bewirtschaften keine Filialen und somit nicht die vielen „kleinen" und dezentralen Lagerflächen. Aber auch Pure Player wie Amazon und Zalando beginnen, Ladenlokale zu eröffnen und transformieren sich somit ebenfalls vom Einkanalhändler zum Cross-Channel-Anbieter. Stationäre Händler, die den Adoptionsprozess erfolgreich durchlaufen wollen, müssen bereit sein, die komplette Denkweise radikal zu verändern. Sie sollten damit in der Führung beginnen und langfristig nicht mehr in Standortpolitik denken, sondern überall und jederzeit präsent und verkaufsbereit zu sein.

5 Cross-Channel-Vision und digitale Adoption von Pfister

5.1 Die Cross-Channel-Vision von Pfister

Bereits seit 1932 gibt es einen jährlich erscheinenden Katalog von Pfister. Bestellungen konnten schon damals mittels Bestellkarte über die Filiale oder ab 1990 mittels eines Callcenters aufgegeben werden. Der Anteil war bisher allerdings eher gering. Mehrere Kanäle zu bespielen ist also kein neues Thema für Pfister, sondern tief in der Unternehmenspolitik verankert. Im Jahr 2014 gab es vier Kataloge pro Jahr. Dieser Rhythmus ist nun aber auf zwei Kataloge jährlich reduziert worden. Durch die medialen, relevanten Veränderungen werden die digitalen Kanäle stärker forciert. Die Kanalentwicklung bei Pfister ist in Abb. 2 dargestellt.

Obwohl bei Pfister alles mit dem Katalog begann, ist die Webseite heute zum wichtigsten Kanal avanciert. Der Katalog gilt zum aktuellen Zeitpunkt vielmehr als Marketingtool, um Traffic auf die Webseite und in die Filialen zu lenken. Über die Webseite werden Neukunden und junge Menschen erreicht. Daher gilt heute die Bestrebung,

Abb. 2 Kanalentwicklung bei Pfister. (Quelle: Eigene Darstellung)

den Online-Kunden in ein stationäres Beratungsgespräch zu überführen. Die Webseite ist somit nicht nur eine eigene Filiale, die Umsatz generiert, sondern vor allem Frequenz-Pusher für das Stationärgeschäft. Damit die Lead-Generierung auch von Online zu Stationär funktioniert, ist ein ordentliches Datenmanagement (Bilder, Texte etc.) eine Grundvoraussetzung. Denn nur wenn die Daten online gut aufbereitet sind, findet der Online-Kunde den Weg in den Laden. Hieran scheitern bereits viele Marktteilnehmer. Für eine erfolgreiche Cross-Channel-Strategie setzt Pfister auf folgende Punkte: Ein Verknüpfungsplan, der den Kaufentscheidungsprozess beim Konsumenten aufzeigt. Hier wird verdeutlicht, welche Rolle die einzelnen Kanäle spielen und wie diese zusammenspielen. Der Kanalwechsel soll attraktiv gemacht werden. Alle Kommunikationsmedien stehen zudem unter einer Führung. So sollen Interessenskonflikte vermieden werden. Als besonders wichtig gilt bei Pfister stets eine offene Kommunikationskultur. Dazu zählt auch der Ansatz, dass die bessere Idee und nicht die höhere Hierarchie gewinnt. Bei Cross-Channel heißt die Devise auch: Probieren geht über studieren. Es soll gelebt und ausprobiert werden. Die steigende Komplexität soll durch ein lernendes Team gemeistert werden. Bei allem heißt es, Mut zu haben, neue Wege zu gehen.

Heute gibt es bei Pfister keinerlei Bevorzugung eines Distributionskanals mehr. Stationär, via Katalog, online oder mobile gilt es stets, einheitliche Preise, einheitliche Lieferung und Montage sowie einheitliche Rabatte anzubieten (vgl. Abb. 3).

5.2 Vom ROPO zum IOROPOSO bei Pfister

Seit einigen Jahren wird der ROPO-Ansatz in der Marketingwelt als Schlagwort benutzt. Das ROPO-Modell greift aber zu kurz, um das Konsumentenverhalten zu erfassen. Bei Pfister wurde der ROPO-Ansatz erweitert, um näher an das reale Konsumentenverhalten zu gelangen. Denn dieses kann wertvolle Informationen bieten, um den Kaufprozess der Kunden besser zu verstehen, um danach wirkungsvolleres Marketing zu realisieren.

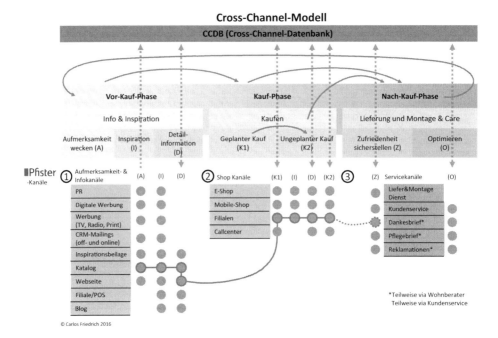

Abb. 3 Cross-Channel-Modell nach Pfister. (Quelle: Eigene Darstellung)

Das Akronym ROPO steht für Research Online und Purchase Offline (Suche Online und Kauf im stationären Handel). Laut einer Google-Studie von 2011 informieren sich 38 % aller Offline-Käufer online, bevor sie das Produkt im stationären Fachhandel kaufen (Bruce 2011). Die Studie belegt, dass der Offline-Verkauf positiv von SEO, SEA-Maßnahmen sowie Websites beeinflusst wird. Das sind eindrückliche Zahlen, welche für diesen Effekt sprechen. Mittlerweile ist jedem bekannt, dass die Online-Informationsphase die Offline-Frequenz positiv beeinflusst. Online ist kein böser Fremdkörper mehr in den modernen Unternehmen, sondern ein wichtiger Bestandteil des Unternehmens, um neue Kunden und Mehrfrequenz auch in den Offline-Kanälen zu generieren.

Der ROPO-Ansatz kann aber mehrere Wege abbilden und idealtypisch sechs verschiedene Informations- und Kaufwege der Konsumenten aufzeigen:

Weg 1: Von Research Online zu Purchase Offline.
Weg 2: Von Research Online zu Purchase Online.
Weg 3: Von Research Offline zu Purchase Offline.
Weg 4: Von Research Offline zu Purchase Online.
Weg 5: Von Research Online zu Research Offline und vice versa.
Weg 6: Von Purchase Online zu Purchase Offline und vice versa.

Beim ROPO-Ansatz fehlt aber ein wichtiger Schritt im Konsumentenverhalten. Denn bevor er online oder offline sucht, muss er Impulse erhalten, um überhaupt in die Suchphase zu gelangen. Diese Impulsphase findet oft situativ und unbewusst statt und ist oft der entscheidende Marketinganstoß. In dieser Initialphase spielt die Werbung eine wichtige Rolle. Eine ihrer Hauptaufgaben ist es, Aufmerksamkeit für eine Marke bzw. ein Produkt zu wecken. Einige reden dann auch gerne von der „Aufmerksamkeitsgesellschaft", denn nichts ist für sie wichtiger als das kostbare Gut Aufmerksamkeit. Ohne sie kommt eine Marke bzw. Produkt gar nicht in die nächste Kaufprozessphase. Um Bekanntheit und Aufmerksamkeit zu generieren, eignen sich die klassischen Massenmedien wie Plakat, Radio, TV oder Printwerbung besonders gut. In den letzten Jahren haben auch die digitalen Medien in dieser Initialphase an Bedeutung gewonnen. Sie haben den Vorteil, dass es eine Chance zur Messbarkeit dieser Medien gibt. Um die relevante Initialphase des Kaufprozesses zu integrieren, kann man beim ROPO-Ansatz die Phase davor integrieren mit IOROPO. IO steht für die wichtige Impulsphase, welche sowohl offline wie online stattfinden kann.

Für Marketingverantwortliche wird die Verknüpfung der verschiedenen Phasen immer relevanter und durch neue „Cross-Channel-Datenbanken" sind spannende Verknüpfungen der Phasen messbar geworden, womit auch effektiveres Marketing möglich wird. Diese Entwicklung steckt bei den meisten Händlern jedoch noch in den Kinderschuhen und noch keiner von ihnen hat den Stein des Weisen gefunden. Hinzu kommt, dass die Erfolgsformel sicherlich auch von der betroffenen Branche und des zu verkaufenden Produktes abhängig ist.

In der Impulsphase finden sich folgende vier mögliche Kundenwege im Hauptansatz:

1. Impuls Online zu Research Online.
2. Impuls Online zu Research Offline.
3. Impuls Offline zu Research Online.
4. Impuls Offline zu Research Offline.

Weitere zwei mögliche Nebenwege sind zu berücksichtigen:

1. ImOn zu ImOff zu ROn oder ROff.
2. ImOff zu ImOn zu ROn oder ROff.

Nach der Research- und Purchase-Phase schließt Pfister den Verkaufsprozess erst mit der Servicephase beziehungsweise Nachkaufphase (SO), also „Service Online"/„Service Offline" ab. Hier werden Kunden etwa nach einem Jahr an das Waschen der Gardinen erinnert oder dass ein neuer Matratzenkauf ansteht im Interesse eines guten Schlafs. Aber zu der Nachkaufphase gehört auch die Kundenbetreuung, indem der persönliche Wohnberater zum Beispiel persönlich nachfragt, ob alles gut funktioniert hat mit der Lieferung und Montage der neuen Möbel. Insgesamt entsteht so der neue Ansatz IOROPOSO: Weg vom allein kanalorientierten Denken, hin zu einem primär kundenorientierten Denken, indem seine Kundenreise abgebildet wird (vgl. Abb. 4).

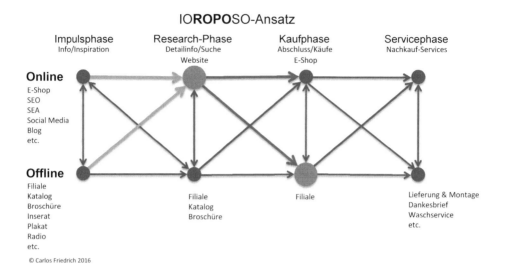

Abb. 4 IOROPOSO-Ansatz. (Quelle: Eigene Darstellung in Anlehnung an ECC Köln 2015)

5.3 Die digitale Adoption bei Pfister

Am Anfang stand für Pfister der Online-Kanal im Jahr 1996 lediglich für Information und Service. Die Produkte wurden in einem Showroom präsentiert, dazu kamen Artikel- und Sortimentsinformationen sowie Werbung. Eine Verkaufsfunktion gab es damals nicht. Es handelte sich also um eine reine Webinformationsseite. Grundsätzlich ist das Ausbleiben einer Verkaufsfunktion nicht weiter tragisch, solange der Preis kanalübergreifend derselbe ist. Kann ein stationärer Händler aber preislich nicht mit anderen Online-Händlern mithalten, bringt das reine Showrooming einen Nachteil mit sich: Die Kunden wandern ab und kaufen vergleichbare Produkte bei Amazon und Co. Bei Pfister war dieser Punkt von Anfang an gesichert. Die Devise lautete bereits zu Beginn: Alle Kanäle ein Preis. Auch bei den Lieferkonditionen gibt es seit jeher keine Abweichungen. Der Verwaltungsrat von Pfister stand von Anfang an hinter einer Online-Strategie. Die Debatte um einen Online-Shop war daher nicht schwer. Dies gilt als selten. Denn häufig ist der Kopf nicht online, weil er aus einem anderen Geschäftsbereich kommt. Viel Geld soll meist nicht investiert werden. Viele Firmen hadern darüber hinaus mit veralteter IT, der bestehenden Organisationskultur sowie mangelnden Ressourcen und Know-how. Nicht alle Mitglieder der Geschäftsleitung von Pfister waren von der Online-Strategie zu Beginn überzeugt. Als Argumente fielen nicht selten die Fragen, wieso Geld investiert werden sollte, wenn kein direktes Geld verdient wird. Auch die Aussage, wieso der Umsatz nicht besser in den Filialen zu tätigen ist. Oder warum die Preise transparent gemacht werden sollten. Für den finalen Entscheidungsprozess ist daher mindestens ein Jahr einzuplanen.

Vier Stufen kennzeichnen die digitale Adoption von Pfister, und zwar der erste Online-Shop, der erste Relaunch in 2011, der Mobile-Shop und schließlich der zweite Relaunch in 2014:

Der erste Online-Shop geht auf das Jahr 2007 zurück: Pfister hatte sich in dem Jahr für das Hinzufügen einer Kauffunktion auf der Website entschieden und ging somit erstmals mit einem Online-Shop an den Start. Dabei hatte der auf SAP-basierte Online-Kanal nur eingeschränkte Funktionalitäten. Für den Online-Verkauf standen zu dem Zeitpunkt lediglich 2000 Produkte zur Verfügung. Das Sortiment konzentrierte sich hauptsächlich auf Möbel. Kleinteile wie Gläser oder Dekoration standen nicht zum Angebot. Diese Entscheidung beruhte auf der damaligen Aufstellung von Pfister. Die Logistik etwa war mit einer eigenen Flotte lediglich auf Möbel ausgerichtet. Konfigurationen waren damals noch nicht möglich, ebenso fehlten Verlinkungen von Online zu Offline. Mit der Einführung der Online-Strategie ergaben sich auch Änderungen hinter den Kulissen. Projekte wurden ab sofort nach dem Scrum-Ansatz bearbeitet. Dies erforderte mehr Transparenz, mehr Austausch und Kritik und mehr Anpassung. Auch die IT-Abteilung mit den relevanten Hard- und Softwarepartnern wurde aktiv in die regelmäßigen Meetings mit dem Marketing inklusive E-Team und Webimplementierungsagentur einbezogen. Viel Kraft kostete es, die stationäre Belegschaft für das Thema Online zu gewinnen. Mittels Roadshows im 2010, bei denen auch der CEO teilnahm, wurden in 2011 die Mitarbeiter in den Filialen für das Thema Online und den wichtigen Online-Relaunch begeistert. Ängste wurden genommen. Um langfristig erfolgreich zu sein, gilt es nach vielen Hebeln zu suchen, wie auch stationäre Verkäufer eingebunden und motiviert werden können.

Erster Relaunch 2010 Beim ersten Relaunch bildete SAP weiterhin die Basis. Bei der Software wurde auf Hybris gesetzt. Der Vorteil von Hybris war, dass die Software sich besser anpassen und mehr Informationen transportieren kann. Die Artikelanzahl stieg mit der Umstellung auf rund 10.000. Ab sofort wurden auch kleinere Produkte verkauft, wie etwa Heimtextilien, Geschirr und Besteck sowie Accessoires und Dekoration. Für den Relaunch wurde ein Online-Experte als externer Projektleiter fest eingestellt. Das Team vergrößerte sich auf 14 Mitarbeiter. Hierzu gehörten Texter, Fotografen, Programmierer sowie ein Manager zur Koordination, die bewusst nur temporär eingestellt wurden. Von Anfang an stand fest: Irgendwann ist die Arbeit getan. Schlussendlich verblieben sechs Personen im Kernteam. Dieses bestand aus einem Leiter E-Commerce, einem Online-Marketingverantwortlichen, einem Programmierer, einem Grafiker für das Webdesign sowie einem Inhouse-Texter, einem Fotografen sowie einer Teilzeitkraft für den Bereich Social Media. Ziel war es, Umsatz zu generieren und den Shop in zwei bis drei Jahren in die schwarzen Zahlen zu bringen. Er sollte also genauso behandelt werden wie jede andere stationäre Filiale auch. Bereits im ersten Jahr konnte der Umsatz verdreifacht werden. Nach drei Jahren war der Shop profitabel.

Mobile-Shop Im Sommer 2011 ging Pfister auch mit einem Mobile-Shop samt App an den Start. Weil der Online-Shop zu diesem Zeitpunkt aber noch nicht Responsive war, zeigte sich nicht die erhoffte Wirkung. Mobiler Umsatz wurde 2011 keiner generiert. Erst mit dem folgenden Relaunch zum Responsive-Shop entwickelte sich dieser Kanal positiv. Heute kommen mehr als 50 % des Traffics von einer mobilen Seite, für Pfister ist dies überraschend viel. Der Online-Umsatz von mobilen Kanälen samt Tablet-Zugriff ist im zweistelligen Prozentbereich. Kritisiert wird allerdings, dass die mobilen Möglichkeiten stationär noch zu wenig eingebunden werden. Hier sollen künftig unter anderem Wohnberater mit Tablets ausgestattet werden, um etwa die Möbelkonfiguration vorzunehmen, ohne den Kunden aus dem Blick zu verlieren.

Zweiter Relaunch 2014 Der folgende Relaunch in 2014 sollte mit dem bestehenden Team bewerkstelligt werden. Eine Parallelorganisation sollte dieses Mal nicht entstehen, Outsourcing stand im Fokus. Ziel war es vor allem, einen Responsive-Shop darzustellen. Hierzu musste Hybris völlig neu programmiert werden. Dies erwies sich als großer Aufwand, der mehrere Monate in Anspruch nahm. Die Website wurde in der Gänze massiv entschlackt. Dies war das Ergebnis von diversen Usability-Tests mit Kunden. Zuvor gab es eine Vielzahl an Filtern, der Online-Shop war männlich strukturiert. Die Zielgruppe ist aber überwiegend weiblich und nutzt die Filtermöglichkeiten nur selten. Insgesamt wurde der Shop mehr auf die zum Großteil anspruchsvolle, weibliche Zielgruppe ausgerichtet. Die Umgebung wurde stilvoller und inspirierender gestaltet, Wohnwelten wurden dargestellt, Online-Beratung und Rund-um-die-Uhr-Information angeboten. Im Möbelbereich wurden mit dem Relaunch nach und nach gewisse Systeme angeboten. Eine Konfigurationsmöglichkeit gab es jedoch noch nicht. Die Artikelzahl wurde auf 14.000 Produkte erweitert. Heute lässt sich etwa nach Farben und Marken suchen. Außerdem werden Lösungsvorschläge bei der Eingabe gegeben. So sollen sowohl der funktional-orientierte als auch der visuelle Kunde bedient werden. Das Design wurde von klassisch ins Kacheldesign übertragen. Als Inspiration diente unter anderem die Fotoplattform Pinterest. Mit dem zweitem Relaunch 2014 war keine Roadshow mehr nötig. Die Wohnberater konnten bereits feststellen, dass Kunden mit einem konkreten Kaufwunsch in das Geschäft kamen und sich bereits online informiert hatten. Hier zeigten sich die ersten Erfolge des Cross-Channel-Ansatzes. Auch Terminvereinbarungen wurden online gepusht, etwa zum Probeliegen einer Matratze, und spiegelten sich so positiv bei den Filialmitarbeitern. Die Customer Journey zeigte schnell, dass Online nicht nur ein Kanal wie jede andere Filiale ist, sondern darüber hinaus auch Informations- und Inspirationsquelle und so auch Umsatzziele im Stationärgeschäft pusht. Dies wurde über alle Kanäle erkannt. Mit den ersten direkt spürbaren Ergebnissen der Online-Aktivitäten in den Filialen war so auch die Investmentbereitschaft für die Digitalstrategie größer. Und auch innerhalb der Organisation ergaben sich Änderungen. So wurde im Marketing sichergestellt, dass alle Kanäle im Dialog standen. Beim Pricing gab es mit dem Relaunch keinerlei Änderungen. Mit der Aufhebung des Euro-Mindestkurses 2015 aber mussten die Preise von vergleichbaren Markenprodukten gesenkt werden wie eingangs schon berichtet. Dies war ein strategischer Entscheid von Pfister, der durch Effizienzsteigerungen aufgefangen werden soll.

Online ist für Pfister schon heute in Sachen Produktmenge die größte Filiale, hier soll es bald auch die gesamte Produktvielfalt inklusive Konfigurationsmöglichkeiten zu sehen geben. Das Stationärgeschäft könnte künftig mehr als Showroom und zur persönlichen Beratung dienen. Dennoch wird die Filiale auch in Zukunft eine wichtige Rolle für den Kaufabschluss und zum Testen des Produkts einnehmen. Hier gilt, dass die Filiale der Moment der Wahrheit ist. Nichts ist stärker als die persönliche Beratung direkt am echten Produkt. Weiterhin wird an einer 360-Grad-Kundensicht gearbeitet. Dazu gehört die Effizienzsteigerung durch kostenbewusstes Touchpoint-Management. Hier sollen bestehende Kampagnen dank einer Kundendatenbank optimiert werden. Durch eine gezielte Ansprache der relevanten Touchpoints wird sich eine Effektivitätssteigerung versprochen. Neue Kampagnen sollen auf Basis des Kundenverhaltens erstellt werden. Darüber hinaus werden die Offline- und Online-Kommunikations- und Verkaufskanäle verknüpft. Dabei werden die Touchpoints gemessen, um die Customer Journey in der Cross-Channel-Datenbank (CCDB) abzubilden und daraus zu lernen. Das ultimative Ziel ist es, dass der Kunde über seinen gesamten Lebenszyklus begleitet werden kann. Dazu soll auch ein Kampagnen-, Analyse- und Reporting-Tool eingerichtet werden. Prozesse sollen durch bessere Planbarkeit, reduzierten Selektionsaufwand/einfache Potenzialangaben, Standard-Reportings, schnellere Ad-hoc-Analysen sowie professionellere Aussteuerung der Kanäle optimiert werden. Es gibt noch viel Potenzial und noch viel zu tun. Wunderbare Zukunft.

6   Fazit

Die wichtigsten Learnings aus der digitalen Adoption von Pfister lassen sich wie folgt zusammenfassen: Die volle Unterstützung der Geschäftsleitung ist nötig, um das Projekt bei allen internen Schnittstellen zu priorisieren. Als besonders wichtig erwies sich ein E-Commerce-Projektleiter mit ausgewiesener Erfahrung und professionelle Partneragenturen mit den richtigen Kernkompetenzen. Hier wurden zwei Agenturen engagiert – eine, die im Bereich Programmierung besser aufgestellt war, und eine, die kreativer arbeitete. Auch wenn andere davon abraten, aber der entstandene Konkurrenzdruck spiegelte sich auch im Resultat wider. Die aufwendigere Koordination wurde dafür in Kauf genommen. In jedem Fall sollte sich ausreichend Zeit gelassen werden. Denn hier gemachte Fehler werden noch lange eingebüßt. Außerdem ist wichtig, das Projekt zum Launch nicht zu bewerben. Sollte die Zeit nicht ausreichen, muss der Launch verschoben werden und die Nichteinhaltung des Kundenversprechens sorgt für Minuspunkte.

So auch beim ersten Pfister-Relaunch 2010 geschehen, wo das Projekt war zwei Monate nach Ankündigung fertiggestellt wurde, der Printkatalog mit Online-Verweis aber bereits beim Endkunden war. In Konsequenz wurden Links mit temporären Landing Pages sichergestellt und die Beziehung zur Agentur hat so gelitten, dass es zu einem Wechsel kam. Der zweite Relaunch machte vor allem deutlich, wie wichtig der regelmäßige Austausch zwischen den Parteien ist – in diesem Fall mit dem Online-Chef, der IT, den Agenturen sowie Hybris. Denn wenn nicht alle Beteiligten regelmäßig an einem Tisch sitzen und sich verpflichten, führt dies zu gegenseitigen Schuldzuweisungen, sollte nicht alles korrekt verlaufen. Als Problem zeigte sich die noch nicht ausreichende Digitalisierung der Produkte. So können noch nicht alle Artikel konfigurierbar gemacht werden. Dies ist bezeichnend für Händler, die nicht nur Hersteller sind, sondern auch zahlreiche Fremdmarken führen. Um dieses Thema anzugehen, wurde eine eigene Digitalabteilung gegründet. Während das Online-Geschäft bislang noch der Marketingabteilung zugeordnet war, gibt es seit kurzem einen eigenen Geschäftsbereich für das digitale Business. Ein Datenprofi mit Businesszielen kümmert sich nun innerhalb der Geschäftsleitung um die Ausgestaltung.

Das Thema Cross-Channel wird seit Jahren als „Allzweckwaffe" für stationäre Händler beworben, um Pure Playern die Stirn zu bieten. Dieses ist durchaus nachvollziehbar, da die Kunden zunehmend online einkaufen und/oder im Kaufentscheidungsprozess zunehmend mobile Geräte zur Informationsbeschaffung oder für Preisvergleiche nutzen. Der Händler muss daher sicherstellen, dass alle Produkte von den Kunden auf allen Kanälen und an allen wichtigen Positionen des Kaufprozesses gefunden werden. Einziger Knackpunkt an dieser Strategie ist jedoch, dass sie erhebliche Kosten verursacht, die fortlaufend anfallen wie u. a. für IT, Personal und Datenmanagement. Diesem Zusatzaufwand steht allerdings nur ein relativ kleiner Zusatzumsatz aus den Cross-Channel-Aktivitäten gegenüber, wenn die Marketing- und Zubringerfunktion des Online-Shops für das stationäre Geschäft unberücksichtigt bleibt.

Die Entwicklung in Richtung Cross-Channeling wird auch die Bewertung von Unternehmen verändern. Unternehmenswerte können durch diverse Assets gesteigert werden. Hierzu gehören nun sowohl Touchpoints (Offline und Online) als auch Kundendaten wie etwa persönliche Daten und das Nutzerverhalten, aber auch der Grad der Digitalisierung bzw. der Automatisierung, der sich von den Mitarbeitern über Daten sowie Prozesse erstreckt.

Literatur

bevh – Bundesverband des Versandhandels. (2016). Aktuelle Zahlen zum Interaktiven Handel – bvh-Studie 2015. http://www.bevh.org/markt-statistik/zahlen-fakten/. Zugegriffen: 18. März 2016.

Bruce, A. (2011). Multi-Channeling der Zukunft – Multi-Channel-Erfolgsfaktoren im wachsenden Markt aus Sicht von Google. In G. Heinemann, M. Schleusener, & S. Zaharia (Hrsg.), *Modernes Multi-Channeling im Fashion-Handel* (S. 50–69). Frankfurt a. M.: Deutscher Fachverlag.

ECC. (2015). *Erfolgsfaktoren im E-Commerce. Deutschlands Top-Online-Shops* (Bd. 4). Köln: ECC.

Feubli, P., Brändle Schlegel, N., Riss, J., Fuhrer, M., & Hotz, M. (2016). Wie viel Schweiz steckt im Schweizer Detailhandel? Retail Outlook 2016 (Januar 2016, S. 17). Zürich: Credit Suisse.

Heinemann, G. (2016). *Der neue Online-Handel – Geschäftsmodell und Kanalexzellenz im Digital Commerce* (7. Aufl.). Wiesbaden: Springer Gabler.

HSG. (2015). *Der Schweizer Online-Handel-Internetnutzung 2015* (S. 7–49). St. Gallen: Forschungszentrum für Handelsmanagement Universität St. Gallen (Thomas Rudolph, Oliver Emrich, Kristina Kleinlercher, Thilo Pfrang).

Sempora. (2013). *Bekanntheit von Möbelmarken und Nutzung des Mobilen Internet in der Möbelbranche. Studie von Sempora in Zusammenarbeit mit Research Now und möbel kultur.* Bad Homburg: Sempora.

Über die Autoren

Carlos Friedrich Geboren in Argentinien, wuchs Carlos Friedrich zwischen Europa und Südamerika auf. Er studierte Gesellschafts- und Wirtschaftskommunikation an der Universität der Künste Berlin und wählte den Einstieg ins Berufsleben 1996 als strategischer Kommunikationsplaner bei der Werbeagentur Advico Young & Rubicam in Zürich. 1998 wechselte er zur Agentur Honegger/von Matt als Berater für die Marke IKEA und andere. 2000 wurde er Leiter Strategische Planung und Mitglied der Geschäftsleitung bei der Agentur Jung von Matt/Limmat. 2003 vollzog er einen Wechsel von der Agentur- zur Unternehmensseite: Von 2003 bis 2009 fungierte er als Marketingleiter IKEA Schweiz und Mitglied der Geschäftsleitung. Ab 2007 übernahm er zusätzlich die Führung von internationalen Projekten für das globale IKEA-Marketing. Seit 2010 ist er CMO der Möbel Pfister AG und Mitglied der Unternehmensleitung. Friedrich ist Gastreferent am Forschungszentrum für Handelsmanagement der Universität St. Gallen. Die digitale Transformation hat im Möbelhandel erst angefangen. Für Friedrich gehört die Zukunft den Händlern, welche am besten die Offline- mit der Online-Welt und umgekehrt die Online- mit der Offline-Welt verbinden.

Marcus Diekmann ist Buchautor, selbstständiger E-Commerce-Strategie und Frontend-Berater, Gründer und stiller Gesellschafter von den Unternehmen Shopmacher und Kommerz. Der kaufmännische Analyst und Online-Stratege verfügt über mehr als zwölf Jahre Erfahrung im Handelssegment E-Commerce. Er berät vorwiegend erfolgreiche Marken und Händler wie den Schwab-Versand, Bechtle, Engbers, Matratzen Concord und andere bei der Entwicklung/Weiterentwicklung von Frontend-Strategien, erstellt Potenzialanalysen im Cross-Channel-Handel und zählt zu den führenden Beratern im Bereich Betriebswirtschaft im E-Commerce. Mit der „Potential Conversion" hat er ein eigenes Analyseverfahren zum Vergleich und zur

Bewertung des Online-Nachfrageverhaltens entwickelt. Marcus Diekmann zählt zu den bekanntesten Experten im deutschen E-Commerce-Markt. Er ist Herausgeber und Autor des erfolgreichen Fachbuches „eCommerce lohnt sich nicht" und gehört diversen Beiräten und Gremien im Bereich E-Commerce an. Unter anderem ist er Gründungsmitglied im Business-Beirat der Fachzeitschrift Internet World Business.

Teil IV

Digitale Transformation

Bücher digital transformiert – Das eReading-Konzept der Thalia-Gruppe

Michael Busch und Gerrit Heinemann

Zusammenfassung

Der digitale Wandel verdeutlicht den Zwang zur Neuausrichtung für den stationären Buchhandel so deutlich wie in kaum einer anderen Branche. Vor allem die Digitalisierung der Buchprodukte befeuert hier zusätzlich die disruptive Entwicklung. Diese erfordert sowohl eine grundlegende Restrukturierung des Filialnetzes als auch einen konsequenten Ausbau der Online- und Digitalaktivitäten. Das Abschmelzen der Margen machte darüber hinaus eine entsprechende Anpassung der Geschäftsmodelle und -prozesse notwendig. Der vorliegende Beitrag zeigt am Beispiel der Thalia-Gruppe auf, wie sich die digitale Transformation erfolgreich gestalten lässt. Im Folgenden werden zunächst die Ausgangssituation der Thalia-Gruppe und ihr Omni-Channel-Konzept dargestellt. Letzteres bildet die Basis für die Entwicklung des tolino-Konzeptes, dessen Evolutionsstufen im Fokus der Betrachtung stehen. Nach Lieferung des Erfolgsbeweises bilden die Erfolgsfaktoren und Lessons Learned den Abschluss des Beitrages.

M. Busch (✉)
Thalia Bücher GmbH, Hagen, Deutschland
E-Mail: M.Busch@Thalia.de

G. Heinemann
Hochschule Niederrhein, Mönchengladbach, Deutschland
E-Mail: professor@gerritheinemann.de

Inhaltsverzeichnis

1	Ausgangssituation und Vorstellung der Thalia-Gruppe	304
2	Omni-Channel-Konzept der Thalia-Gruppe	306
	2.1 Rahmenbedingungen des Omni-Channel-Konzeptes von Thalia	306
	2.2 Thalia-Leitbild als Omni-Channel-Kern	308
	2.3 Digital- und Omni-Channel-Strategie von Thalia	309
3	Tolino als Baustein des Omni-Channel-Konzeptes	311
	3.1 Konzept und Zielsetzung des tolino (Phase 0)	311
	3.2 Gründung und organisatorische Einbindung des tolino (Phase 1)	312
	3.3 Implementierung und Aufbau des tolino-Konzeptes (Phase 2)	313
	3.4 Ausbau und Internationalisierung des tolino-Konzeptes (Phase 3)	313
	3.5 Fazit: Der Fußmarsch vom OYO zum tolino	314
4	Lessons Learned – Digitaler Wandel ist Chefsache	315
	4.1 Die „digitale DNA" als Impuls für den digitalen Wandels	315
	4.2 „Trial & Learn" als Erfolgsbasis des tolino eReaders	317
	4.3 Aufbau von Fähigkeiten als zentraler Erfolgsfaktor einer digitalen Transformation	317
	4.4 Von digitaler Transformation zu digitaler Vision	318
	4.5 Omni-Channel-Kultur mit Kundenzentralität als zukünftiges Leitbild	318
5	Ergebnis und Ausblick	320
	Literatur	321
	Über die Autoren	321

1 Ausgangssituation und Vorstellung der Thalia-Gruppe

Die heutige Thalia-Gruppe stellt eine Zusammenführung der Buchhandelsaktivitäten der Hamburger Thalia-Buchhandlungen und der Hagener Douglas-Gruppe dar. Bereits 1919 gründete Thalia in Hamburg einen ersten Buchladen. Von 1945 bis 1974 eröffnete und übernahm der Hamburger Buchhändler mehrere Buchgeschäfte im norddeutschen Raum. In den Achtzigern startete Thalia schließlich als erster Buchhändler Deutschlands mit Buchhandlungen im Großformat. Die Eröffnung des 2000 m^2 großen Buchladens an den Großen Bleichen gilt als Pioniertat in der Buchhandelsbranche. Kurz darauf wurde 1991 die zweite Großbuchhandlung in Hamburg auf 2400 m^2 Verkaufsfläche eröffnet.

Im Gegensatz zu Thalia stieg die Douglas-Gruppe erst relativ spät in den Buchhandel ein und übernahm 1979 die Mehrheit an Montanus-Aktuell. Der Fachgeschäftskonzern erkannte den Konsolidierungsbedarf im lokalen Buchhandel und setzte in dem Zusammenhang ebenfalls auf großformatige Buchgeschäfte. Dem Erwerb der Bielefelder Phönix Sortimentsbuchhandlung in 1986 folgte sukzessive die Übernahme lokaler Platzhirsche im deutschsprachigen Raum. Im Jahre 1988 schlossen sich Phönix und Montanus zur Phönix-Montanus-Gruppe zusammen und erwarben in 1996 mehrere Herder-Buchhandlungen sowie in 2000 die Schweizer Buchhandlungen Jäggi (Basel) und Stauffacher (Bern). Fast zeitgleich beteiligte sich die Douglas-Holding 1999 am Online-Buchhändler buch.de und tat damit den Schritt in die Welt des Online-Buchhandels.

Die weiteren Konsolidierungstendenzen der Buchhandelsbranche führten 2001 folgerichtig zur Fusion zwischen Thalia und Phönix-Montanus und damit zur Gründung der Thalia-Holding, unter der sich die Hagener Phönix-Gruppe und die norddeutschen Thalia-Buchhandlungen zum größten Buchhandelsunternehmen im deutschsprachigen Raum zusammenschlossen. Durch weitere Übernahmen namhafter regionaler Buchketten konnte sich die Thalia-Holding bis 2009 zum Marktführer im deutschsprachigen Raum entwickeln. Die Eröffnung eines 3000 m^2 großen Einzelstandortes in Nürnberg Mitte der letzten Dekade sowie der Erwerb von Amadeus 2002 stellten den vorläufigen Höhepunkt der stationären Expansion dar.

Auch eine Expansion der neuen Thalia-Gruppe im Online-Buchhandel wurde ins Visier genommen, da Amazon als disruptiver Pure Play dem deutschen Buchhandel erheblich zuzusetzen begann. Weiterhin zeichnete sich ab, dass im deutschen Buchhandel eine Antwort auf das wachsende Online-Geschäft mit physischen Büchern notwendig wurde. Nicht zuletzt deswegen erwarb Thalia 2009 die Mehrheitsbeteiligung an buch.de, nachdem diese bereits die Schweizer buch.ch und die deutschen BOL übernommen hatte, und ging 2010 mit einem eigenen eReader sowie dem Thalia-eBook-Shop auf den Markt. Das eigene elektronische Lesegerät OYO war eine Reaktion auf den Kindle-Erfolg in den USA und in Deutschland noch vor dem Kindle am Markt, der im Frühjahr 2011 eingeführt wurde.

Für das eigene elektronische Lesegerät OYO und andere digitale Bücher wurde das Thalia-Angebot sukzessive ausgebaut und durch eigene Apps für iPhone & Co. erweitert. Zusätzlich nahm Thalia 2012 den eReader „Bookeen" mit ins Sortiment auf. Wesentliche Säule der Digitalstrategie bildete die Smart-Reading-Strategie, wonach die Kunden sowohl den Content als auch die Endgeräte frei wählen können. Mit verschiedenen eReadern, kostenlosen eReading-Apps, attraktiven eBook-Sortimenten sowie ergänzender persönlicher Beratung in stationären Buchhandlungen wollte Thalia ein umfassendes Angebot für das mobile Lesen bieten. Dementsprechend wurde auch das Berliner Unternehmen textunes, das zu den führenden Anbietern Plattformen übergreifender eBook-Apps gehört, mit an Bord geholt. Durch eine regelrechte Digitaloffensive konnte das Thalia-eBook-Angebot zu einem der größten seiner Art im deutschsprachigen Raum entwickelt werden.

Durch die enormen Umsatzverschiebungen von Offline zu Online wurde ab 2010 deutlich, dass stationäre Großbuchhandlungen in ihrer bisherigen Form keine Zukunft mehr hatten und einer Neuausrichtung bedurften. Auslöser war der Wandel im Kaufverhalten der Kunden: Buchkäufer wanderten zunehmend ins Internet ab oder stiegen gleich ganz auf elektronische Lesegeräte um. Zwar konnten die stark gestiegenen Online-Erlöse bei Thalia die Einbußen in den Filialen im Geschäftsjahr 2010/2011 noch überkompensieren. Obwohl in dem Zeitraum ein Umsatzplus von 3,2 % erzielt wurde, gaben die Ergebnisse wegen der niedrigeren Margen im Online-Handel deutlich nach. Die wachsende Konkurrenz aus dem Internet zwang Thalia schließlich zu einer Zäsur. Einst großzügig ausgebaute Filialen mussten angesichts schwindender Erlöse gezielt verkleinert werden. Die Kernstrategie für das stationäre Geschäft wurde deswegen dahin gehend geändert, die Buchhandlung der Zukunft wieder kleiner und intimer auszurichten. Bei Thalia waren es gerade die kleinen Filialen, die es schafften, ihren Umsatz zu behaupten. „Wir müssen uns leider darauf einstellen, dass die Umsätze im stationären Buchhandel auch in den nächsten Jahren weiter rückläufig sind", hieß es aus Unternehmenskreisen (DerWesten 2012).

Deswegen wurde in 2011 eine umfassende Restrukturierung eingeleitet. So kam es bereits zu einer „erste Downsizing-Runde", die zunächst maximal 900 m^2 Fläche pro Filiale vorsah. In einer zweiten Restrukturierungsphase wurde eine noch kleinere Obergrenze pro Buchladen festgelegt und dementsprechend die „optimale Filialgröße" für Thalia auf 500 bis 600 m^2 beziffert. „Wo es sinnvoll und möglich ist, werden wir Flächen herunterfahren" hieß es im Januar 2012 auf der Bilanzpressekonferenz (Börsenblatt 2012). Freie Flächen sollten für „attraktive Zusatzsortimente" genutzt oder wie zum Beispiel im Fall des Spielwarenhändlers Spiele Max weitervermietet werden. Kräftig ausgebaut werden sollten dagegen das eigene Online-Geschäft sowie das Leseangebot für digitale Bücher und Multimedia-Handys. „Wir möchten, dass der Kunde Bücher von Thalia auf unterschiedlichen Geräten lesen kann", hieß es (Börsenblatt 2012). „Multi-Channel-Strategie" lautete das Konzept für die Neuausrichtung, also vernetzter Vertrieb über alle bestehenden Verkaufskanäle.

Zur Neuausrichtung gehörte auch die Übernahme aller restlichen Anteile an der buch. de internetstores AG, um sich zu einem integrierten Omni-Channel-Unternehmen weiterentwickeln und den Kunden ein ganzheitliches Markenerlebnis über alle Kanäle anbieten zu können. Im April 2014 wurde von der Thalia auf der Hauptversammlung der buch. de internetstores AG ein Squeeze-Out eingeleitet, um das Unternehmen vollständig zu übernehmen und anschließend zu integrieren. Mit Wirkung zum 1. Oktober 2014 wurde schließlich die inzwischen hundertprozentige Tochtergesellschaft buch.de internetstores auf die Thalia-Holding GmbH verschmolzen, die 2015 zur Thalia Bücher GmbH umfirmierte. Damit war der Weg endgültig frei für eine konsequente Omni-Channel-Strategie (Thalia 2015).

2 Omni-Channel-Konzept der Thalia-Gruppe

2.1 Rahmenbedingungen des Omni-Channel-Konzeptes von Thalia

Die überproportionalen Umsatzzuwächse im Online-Handel für Bücher auf der einen Seite sowie die Abschmelzung von Flächenumsätzen im stationären Buchhandel auf der anderen Seite stellten eine wesentliche Rahmenbedingung für die Neuausrichtung und das Omni-Channel-Konzept der Thalia-Gruppe dar. Der Buchmarkt zeigt sich zwar insgesamt stabil und wächst nachhaltig, allerdings verhalten. Stationär verliert weiterhin gegenüber E-Commerce, bleibt aber mit weitem Abstand der dominante Vertriebskanal. Allerdings lag der Online-Anteil inklusive digitaler Produkte 2014 bereits bei circa

Bücher digital transformiert – Das eReading-Konzept ...

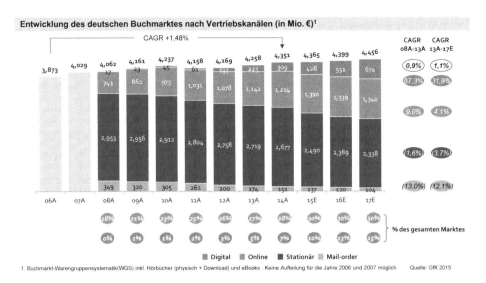

Abb. 1 Umsatzentwicklung Buch. (Quelle: Thalia 2015; GfK 2015)

35 %. Damit kommt dem Buch für andere Warengruppen eine Vorreiterrolle im Online-Handel zu (vgl. Abb. 1).

Für den gesamten deutschen Buchmarkt wird bis 2017 ein moderates Wachstum von 1,1 % (CAGR 2013–2017) auf rund 4,5 Mrd. EUR Umsatz erwartet. Dies steht im Einklang mit der historischen Wachstumsrate. Im stationären Bereich wird mit einer rückläufigen Entwicklung von minus 3,7 % p. a. gerechnet, wobei dieser mit 57 % per 2015 weiterhin den größten Marktanteil aufweist. Der Rückgang resultiert vor allem aus Schließungen kleiner Buchhändler ohne E-Commerce Angebot. Die steigende Nachfrage nach eBooks im Digitalbereich wird als Haupttreiber des Online-Wachstums angesehen. Für den Online-Kanal erwarten Experten ein Wachstum von 4,1 % p. a. Stationäre Buchhandlungen bleiben allen Studien nach attraktive Einkaufsorte, allerdings nur in Verbindung mit Online-Kanälen: Kunden wollen auch online kaufen können, schätzen digitale Inhalte und denken „Cross Channel". Durch Schließungen von kleinen und mittelgroßen Händlern wird sich das Filialgeschäft allerdings weiter konzentrieren. Auch der österreichische Buchmarkt weißt ähnliche Trends auf (CAGR 2012A–2017E von +1,8 %), im Vergleich zu Deutschland allerdings mit einer langsameren Verschiebung zu online und digital. Für den schweizerischen Buchmarkt wird ein geringes Wachstum von 0,4 % p. a. prognostiziert, bei gleichem Marktwandel wie in Deutschland und Österreich (Thalia 2015).

Die rasante und disruptive Entwicklung von Amazon im deutschsprachigen Raum in den letzten Jahren mit rund 75 % Marktanteil im Buch-Online-Handel sowie die in 2011 erfolgte Einführung des Kindle verdeutlichen den Zwang zur Neuausrichtung für den gesamten stationären Buchhandel in Deutschland. Diese erforderte sowohl eine grundlegende Restrukturierung des Filialnetzes als auch einen konsequenten Ausbau der Online- und Digitalaktivitäten. Das Abschmelzen der Margen machte darüber hinaus eine entsprechende Anpassung der Geschäftsmodelle und -prozesse notwendig. Auch wurde die Entwicklung und Herausstellung eines klaren Wettbewerbsvorteils bzw. Leitbildes gegenüber Amazon erforderlich.

2.2 Thalia-Leitbild als Omni-Channel-Kern

Im Zuge der „Neuerfindung" von Thalia wurde vor allem auch die Rolle des stationären Geschäftes überdacht und ein Leitbild entwickelt, das Kern der Omni-Channel-Strategie bilden sollte. Dieses besteht aus vier Säulen: Inspiration, Vielfalt, Qualität und Trendsetter (Thalia 2015):

- **Thalia ist Inspiration:** „Wir wollen für unsere Kunden ein Ort der Information und Faszination sein. Unseren Kunden öffnen wir neue Welten, bieten interessante Inszenierungen und Erlebnisse – zum Beispiel mit Lesungen aktueller Autoren, Veranstaltungen zu literarischen Neuentdeckungen und Klassikern, lokalen Aktionen für Kinder oder mit spannenden Literaturevents. Neben ihrem Zuhause und ihrer Arbeitsstätte möchten wir für unsere Kunden der ‚Dritte Ort' sein. Dabei halten wir die Balance zwischen dem Vertrauten und dem Unerwarteten, zwischen Kulturgut und aktueller Anregung und begleiten unsere Kunden als persönliche Berater vor Ort – kompetent, individuell und herzlich.
Unsere Unternehmensethik leben wir aktiv und machen sie für unsere Kunden greifbar, denn: Beim Marktführer zu kaufen heißt für unsere Kunden, dass sie bei uns einfach mehr erwarten können. An diesem Anspruch lassen wir uns messen."
- **Thalia ist Vielfalt:** „Mit dem Zusammenschluss erfolgreicher und unterschiedlicher Buchhandelsunternehmen sind wir zur heutigen Thalia-Gruppe geworden. In unseren rund 300 Fachgeschäften in Deutschland, Österreich und dem Joint Venture in der Schweiz sowie in unseren Online-Shops bieten wir unseren Kunden das Beste vieler Welten:
An unseren zahlreichen Standorten finden Sie ein breites Angebot an Büchern, Hörbüchern, Zeitschriften und Magazinen, Kalendern, CDs, DVDs, Spielen und Spielwaren, Geschenkartikeln, Schreibwaren, eBooks sowie eReader. Diese einzigartige Kombination aus unserem Online-Angebot, den vielfältigen Sortimenten, einer Atmosphäre zum Wohlfühlen in unseren Läden, freundlichem Service und kompetenter Beratung durch unsere Buchhändler machen den Besuch bei Thalia stets zu einem ganz besonderen Erlebnis. Das ist unser Leistungsanspruch."
- **Thalia ist Qualität:** „Ein erstklassiges und aktuelles Sortiment ist unser traditionelles Markenzeichen. Dabei sind wir ständig ‚up to date' und stellen neue, hochwertige Produkte im Internet ebenso wie auf unserer Verkaufsfläche und bei Aktionen vor. Neben attraktiven Angeboten runden echte Preis-Hits unsere Produktpalette ab. Eine angenehme Einkaufsatmosphäre und engagierter Service gehören ebenfalls zu unserem Qualitätsanspruch. Selbstverständlich gilt das neben unserem stationären Buchhandel auch online. Hier erleben Sie unseren Service rund um die Uhr an sieben Tagen in der Woche."

- **Thalia ist Trendsetter:** „Veränderung braucht Offenheit. Als Trendsetter, der neue Ideen aufgreift, halten wir diesen Anspruch an uns selbst hoch. Unsere Möglichkeiten, Trends zu schaffen, nutzen wir mit der Art und Weise, auf die wir Bücher und Themenwelten in Szene setzen. Bei diesen Inszenierungen, bei der Warenpräsentation sowie der Konzeption von Veranstaltungen möchten wir aus der Kundenperspektive heraus denken. Jeden Tag versuchen wir aufs Neue, die Anregungen unserer Kunden aufzunehmen und zu verwirklichen."

Das Leitbild von Thalia sollte Basis für die Forcierung eines vernetzten Verkaufs über alle bestehenden Absatzkanäle und Touchpoints sein, um damit insbesondere Amazon ein alternatives Konzept entgegenzusetzen.

2.3 Digital- und Omni-Channel-Strategie von Thalia

Als Multi-Channel-Händler mit einem integrierten Online-Shop und angeschlossenen Digitalkonzept bilden die rund 300 Filialen weiterhin die wesentliche Säule des „Omni-Channel-Buchgeschäftes" von Thalia. Dementsprechend durchlief das Unternehmen von 2012 bis 2013 eine tief greifende Restrukturierung und Neuausrichtung, um sich für die Zukunft neu aufzustellen. Darüber hinaus forcierte der Buchanbieter zugleich massiv das E-Commerce- und Digitalgeschäft. Deswegen launchte Thalia im März 2013 zusammen mit den Buchhandelspartnern Hugendubel, Weltbild, Club Bertelsmann sowie der Deutschen Telekom ein gemeinsames digitales Ökosystem inklusive Lesegerät – den tolino. Damit war die tolino-Allianz gegründet. Im Gegensatz zum Kindle von Amazon, der als geschlossenes Ökosystem gilt, stellt der tolino ein offenes eReading-System dar. Dieses konnte sich mittlerweile zur führenden eReading-Marke im deutschsprachigen Raum entwickeln.

Parallel zum Ausbau der Digitalaktivitäten wurden auch die stationären Geschäfte als wesentlicher Bestandteil des Omni-Channel-Konzeptes zu Inspirationshäusern umgewandelt. Diese sehen eine Erweiterung der Buchsortimente um neue bzw. den verstärkten Ausbau von zielgruppenaffinen Nicht-Buchangeboten wie beispielsweise Papeterie, Spiele, Spielwaren, DVDs, Geschenkartikel und Accessoires vor. Ziel ist es, den Umsatzanteil der bestehenden und neuen buchaffinen Zusatzsortimente auf bis zu 25 % auszubauen – im Kern steht jedoch weiterhin eine überragende Buchkompetenz. Auch wurden für Teilflächen Untermieter gesucht oder sogar der Umzug in kleinere Immobilien geprüft. Dementsprechend startete Thalia mit weiteren Shop-in-Shop-Partnerschaften, unter anderem mit YellowCorner und Rayher Hobbykunst.

Das Ladenkonzept wird derzeit komplett überarbeitet und wurde bereits an den Standorten Berlin, Ulm, Hamburg sowie Wien bzw. anderen österreichischen Standorten umgesetzt. Neben einer völlig neuen Ladengestaltung werden auch Digital-Signage-Elemente zur Unterstützung der Omni-Channel-Strategie eingesetzt. Dadurch wird die Vernetzung weiter forciert.

Zusammen mit den Online-Shops von thalia.at, thalia.ch, buch.de, buch.ch, bol.de sowie dem tolino-Konzept bilden die stationären Buchhandlungen auch weiterhin die wesentliche Basis für den Aufbau der Omni-Channel-Aktivitäten der Thalia-Gruppe (Thalia 2015). Sie ermöglichen kundengerechte Cross-Channel-Services, von denen folgende heute angeboten werden:

- Payback-Karte (Kunde/Discount), im Store oder online verfügbar
- Order online für „Store Pickup" möglich
- Online-Shop zeigt Produktverfügbarkeit der Produkte in den Läden an
- Retouren von online gekauften Produkten stationär möglich
- Order über eine Thalia-Shopping-App möglich
- großes Netzwerk von geschulten Thalia-Buchverkäufern für individuelle und contentbasierte Recommendations entweder online, mobil oder stationär
- „Same Day Delivery" zunächst an den Metropol-Standorten Berlin, Leipzig/Dresden, Hamburg, Nürnberg/Erlangen und zukünftig flächendeckend

Die Omni-Channel-Ausrichtung soll es Thalia ermöglichen, weitere Marktanteile zu gewinnen. Der Anteil der Omni-Channel-Kunden, die im Schnitt das 2,5-fache eines Single-Kunden ausgeben, soll auf 18 % verdreifacht werden.

Die Ausgangssituation kann als vielversprechend angesehen werden, denn Thalia weist mit ca. zehn Millionen stationären Kunden eine sehr hohe Markenbekanntheit auf. Auch das Ansehen im stationären Bereich ist überdurchschnittlich gut. Wie der OC&C-Kundenzufriedenheitsindex zeigt, lag Thalia in den letzten Jahren im Zufriedenheitsranking immer unter den Top-10 aller deutschen Händler (OC&C 2014). Von den stationären Thalia-Kunden kaufen ca. drei Millionen, also rund 30 %, online bei anderen Händlern als Thalia.de ein. Dieses Kaufverhalten begünstigte bisher vor allem Amazon, konnte aber in Richtung Thalia gedreht werden. So verliert Amazon derzeit Marktanteile im Buchsegment (GfK 2015). Größter Omni-Channel-Hebel liegt deswegen bei den bestehenden, reinen Stationärkunden von Thalia. Dies zeigt auch der Thalia-Marktanteil im ersten Halbjahr 2015 von 16 % im stationären Buchhandel, 20 % im digitalen Bereich und elf Prozent im Online-Bereich. Das Omni-Channel-Potenzial soll durch kanalübergreifende Angebote und Vernetzung gehoben werden. Als Beispiel lässt sich Thalia Next nennen, welches durch Dienstleistungs- und Empfehlungskompetenz in allen Kanälen den Umsatz steigern soll. Grundlage für Thalia Next ist die Kombination von Big Data und die Nutzung von Kunden- und Expertenempfehlungen. Sie setzt damit den Ansatz des Curated Shopping um (Heinemann 2016).

Die Expertenempfehlungen kombinieren Benutzerinformationen und das Expertenwissen der Buchhändler. Dies wird von Thalia-Kuratoren genutzt, um Bücher zu bewerten und nach dem Kriterium der „Ähnlichkeit" zu verknüpfen. Als zusätzliche Daten werden Trendanalysen und Klassifizierungen genutzt, wonach Benutzer Bücher klassifizieren und entsprechende Buchkataloge zusammenstellen.

Der Big-Data-Ansatz hat das Ziel, mit aktuellen Best Practices in dem Bereich gleichzuziehen, und wertet Gemeinsamkeiten im Sinne von „Kunden kauften auch…" aus. Dazu wird eine Benutzeridentifikation implementiert. Dies erfordert eine hohe Datenmenge, um Qualität zu gewährleisten.

3 Tolino als Baustein des Omni-Channel-Konzeptes

Wesentlicher Baustein des Omni-Channel-Ansatzes von Thalia stellt das Digitalkonzept und damit der tolino dar. Dieser gilt mittlerweile als Paradebeispiel für eine digitale Transformation, mit der eine Allianz stationärer Traditionshändler dem disruptiven Innovator Amazon die Stirn geboten hat. Das tolino-Beispiel bestätigt auch die Thesen von Joseph Schumpeter (1883–1950), der zweifelsohne zu den herausragenden deutschsprachigen Ökonomen des 20. Jahrhunderts zählt. Die von ihm begründete Innovationstheorie liest sich wie die Geschichte vom Amazon Kindle und tolino: Demnach wird ein innovativer Unternehmer durch seine Innovation zu einem Monopolisten, aber nur so lange, bis neue Nachahmer auftreten oder seine Innovation durch andere Entwicklungen verblasst. Schumpeter erkannte damit das Wechselspiel aus Innovation und Imitation als Triebkraft des Wettbewerbs. Seine Begriffe der schöpferischen, kreativen oder gar deskriptiven Zerstörung sind in der Makroökonomie bis heute aktuell. Die Betonung liegt auf dem Wechselspiel und der Bereitschaft der anderen Marktteilnehmer, die Innovation zu imitieren oder sogar zu übertrumpfen. Das war zweifelsohne bei Thalia und den anderen Allianzpartnern der Fall. Der tolino ist insofern kein Zufallsprodukt, sondern eine gezielte Antwort auf den Innovator Amazon mit dem Anspruch, diesem die Marktführerschaft im eBook-Segment streitig zu machen. Die Umsetzung lässt sich in vier Phasen unterteilen.

3.1 Konzept und Zielsetzung des tolino (Phase 0)

Für Thalia war schnell klar, dass die Entwicklung eines wirklich wettbewerbsfähigen eReaders als Antwort auf den Kindle von Amazon nur in einem Gemeinschaftsprojekt zusammen mit anderen Buchanbietern möglich war. Deswegen wurden zunächst Kooperationen mit international agierenden Anbietern im eReading-Segment angestrebt. Nachdem diese Bemühungen scheiterten, wurden Kooperationsverhandlungen mit DBH/Weltbild und der Deutschen Telekom (DT) aufgenommen. Die Stärken der DT wurden insbesondere in der Infrastruktur und der Unterstützung der Kooperation gesehen, auch wenn bereits aktive Anbieter mit ihrer fortgeschrittenen Hardware punkteten. Jedoch erschien das Bündnis mit der DT flexibler und beinhaltete offensichtlich geringere Umsetzungsrisiken. Darüber hinaus konnte die Telekom zusätzlich die Nutzung von 13.000 Hotspots mit ins Spiel bringen. Die DT bot nicht nur eine exzellente Cloud-Lösung an, sondern auch gute Konditionen und ein Modell für eine Stufenintegration. Deswegen wurde diese Lösung final empfohlen. Nach Entscheidung für das DT-Kooperationsmodell wurde eine Differenzierungsstrategie für die Marktpositionierung entwickelt. Als wirtschaftlicher Motor bzw. KPI wurde die installierte Basis an Clients und deren Multiplikation durch die Nutzungsintensität pro Kunde definiert. Dementsprechend wurden das offene System, die stationäre Präsenz sowie die User Experience als Schlüsselfaktoren herausgearbeitet. Wichtig erschien eine weitestgehende DRM-Freiheit. In Hinblick auf die User Experience wurde Emotionalisierung höher gewichtet als Usability. Im Endeffekt ging es darum, einen „Wow-Effekt" zu inszenieren und den tolino als sympathische Alternative zu positionieren. Dabei sollte tolino zugleich als Marke für Device und Nutzung ausgebaut werden und konsistent für ein neues Ökosystem stehen.

3.2 Gründung und organisatorische Einbindung des tolino (Phase 1)

In Hinblick auf die organisatorische Umsetzung der tolino-Allianz stand in der ersten Stufe die Dezentralität der angeschlossenen Händler im Vordergrund. Während die Telekom das Cloud-System – inklusive Adobe-DRM in Form von Hotspots und Hardware Sourcing – lieferte und darüber hinaus das Produktentwicklungsboard verantworte, sollten die beteiligten Handelspartner Thalia und DBH/Weltbild bei der Ausgestaltung ihrer Verkaufs- und Marketingkonzepte unabhängig voneinander agieren können. Eine zentrale Vorgabe von Shop & App, Content, Verkaufsförderung, Marketing/PR, Kundensupport und Accessoire Sourcing war nicht vorgesehen. Übergreifende Themen wie Geräte-Roadmap und Marketing-Guidelines sollten in einem separaten Marketing- und Entwicklungsboard diskutiert und entschieden werden, der sich aus den Kooperationspartnern zusammensetzte. Die DT sollte neben der entgeltlichen Zurverfügungstellung eines cloudfähigen Ökosystems auch dessen Integration auf die Geräte sicherstellen. Aufgabe der DT war auch die Weiterentwicklung des Ökosystems auf Amazon-Niveau, das Hardware Sourcing inklusive Einfuhr, Zertifizierung und Anlieferung. Dazu gehörte auch die Hotspot-Nutzung für alle Devices sowie das Pre-Embedding von Retailer Apps auf einen Teil der von der Telekom vertriebenen Android Devices.

Demgegenüber waren die Vermarktung der Leistungen, das gemeinsame Content Sourcing, die Übernahme des Dispositionsrisikos, die Übernahme aller Supportfunktionen sowie das gemeinsame Accessoire Sourcing Aufgabe der Handelspartner. Alle Kooperationspartner richteten ein Marketing- und Entwicklungsboard ein, um sich abzustimmen. Die angeschlossenen Händler sourcten zunächst eigenen Content zum Teil getrennt, der durch die Telekom-Cloud über alle Shops und Endgeräte verfügbar sein sollte. Später wurde das Content Sourcing bei Pubbles, heute tolino media gebündelt. Ferner war eine stufenweise Migration aller Kundenkontaktpunkte – also Web, Reader, App – vorgesehen, um allen Kunden vollumfängliche Cloud-Funktionalitäten mit einheitlichem Auftritt anzubieten.

3.3 Implementierung und Aufbau des tolino-Konzeptes (Phase 2)

Zur internen Umsetzung und Implementierung des tolino-Konzeptes wurde bei Thalia eine separate Projektstruktur aufgesetzt. Diese spiegelte die zuvor definierten Kernthemen IT, Vermarktung, Content, HW/Operations, Organisation, Legal und Business Case mit entsprechenden Reporting-Strukturen wider. Die Roadmap bis zum Launch des tolinos wurde auf fünf Monate festgesetzt. Als kritischer Pfad wurde der Entwicklungsstand von Hard- und Software erkannt und entsprechend berücksichtigt. Einen hohen Stellenwert nahmen auch die Entwicklung der eReader Landingpage und Microsites sowie die Umsetzung der

Bücher digital transformiert – Das eReading-Konzept … 313

Abb. 2 Die tolino-Allianz in Europa – Stand 2015. (Quelle: Thalia 2015)

Upsellings und Recommendations ein. Für die Implementierung wurde die Optimierung von Governance in vier Schritten angegangen, und zwar in Hinblick auf Prozesse, Entscheidungsrechte- bzw. -pflichten, Rollen/Gremien sowie die organisatorische Optimierung der Allianz. Weiterhin wurden ein Hardware-Optimierungsprozess festgelegt und der Software-Entwicklungsprozess sowie die Zusammenarbeit zwischen den Händlern und der DT entschieden.

Nach der Ausgestaltung des Governance-Modells wurde die Kunden-Conversion angedacht. Dazu wurde zunächst ein Überblick erarbeitet in Hinblick auf die Kundenanzahl, die aktiven Kunden sowie deren Verteilung nach Client-Nutzerart. Zwei Drittel der aktiven Kunden nutzten nur einen Client, also entweder nur den eReader, Webreader, App oder ein Tablet. Im Endeffekt konnte ermittelt werden, dass die eReader-Besitzer überdurchschnittlich weiblichen Geschlechts sind und Familie haben. Auch sind sie zwischen 30 und 59 Jahre alt. Sie gelten als gut situiert und gebildet.

3.4 Ausbau und Internationalisierung des tolino-Konzeptes (Phase 3)

Mit dem tolino konnte nicht nur der „disruptive Innovator" Amazon mit seinem E-Buch-Konzept, dem Kindle, geschlagen, sondern ebenfalls eine in Europa einzigartige Allianz aufgebaut werden. In sechs europäischen Ländern wird der tolino mittlerweile in rund 2000 Buchläden verkauft. Er ist in Deutschland sogar schon in jedem dritten Buchgeschäft erhältlich (vgl. Abb. 2).

Abb. 3 Der digitale Fußmarsch vom OYO I bis zum tolino page. (Quelle: Thalia 2016)

Nach erreichtem Stand stellt das tolino-Ökosystem eine weltweit einmalige „Whitelabel"-Lösung dar, die für eine weitere Internationalisierung in andere Länder geeignet ist. Mit dem Launch des tolino shine legte das Konsortium die Grundlage für eine europaweite Expansion. Es bietet eine günstige Möglichkeit für Buchhändler, in die E-Buch-Welt zu starten und zeichnet sich durch Standardisierung, individuelles Branding und ein hohes Maß an Synergien aus. Die Standardisierung wird durch eine unabhängige und offene E-Publishing-Distribution-Plattform möglich, die sämtliche Device-Nutzungen abdeckt und eine Übertragbarkeit von Content sowie eine Cloud-Verbindung ermöglicht. Individuelles Branding ist durch ein Co-Branding oder auch die vollständige Verwendung des eigenen Markennamens möglich. Zudem kann der Händler auch eigenen Content anbieten. Synergien ergeben sich aus dem gemeinsam genutzten gleichen Endgerät, der aktiven Einbringung in die zukünftige Geräteentwicklung, der Variabilisierung sämtlicher Kosten und Investments sowie der Kosteneffizienz durch gemeinsame System- und Servicenutzung.

3.5 Fazit: Der Fußmarsch vom OYO zum tolino

Mittlerweile steht mit dem tolino nicht nur ein wettbewerbsfähiger, sondern der als technisch führend geltende eBook Reader für den Verkauf bereit. Der „digitale Fußmarsch" vom ersten OYO I in 2010 bis zum heutigen tolino-Angebot ist in Abb. 3 dargestellt.

Mit dem tolino konnte nicht nur der „disruptive Innovator" Amazon mit seinem E-Buch-Konzept, dem Kindle, geschlagen, sondern ebenfalls eine in Europa einzigartige Allianz aufgebaut werden. Wichtigster Erfolgsfaktor dieser digitalen Transformation war vor allem der vollzogene Kulturwandel. Dieser muss von der Führung vorgelebt werden. Commitment heißt, als CEO auch bis zu 60 % der Arbeitszeit in ein wichtiges Zukunftsprojekt wie den OYO zu investieren und an allen operativen Meetings teilzunehmen. Dies verdeutlicht wie nichts anderes die Wichtigkeit der Thematik. Zugleich sind die Organisationsstrukturen sowie auch die IT-Systeme zu integrieren. Ziel einer integrierten Organisation muss es sein, das Kanaldenken zu vermeiden und die Kundenorientierung durch verbesserte Zusammenarbeit zu verbessern. Im Endeffekt geht es dabei um die Etablierung einer kundenorientierten Unternehmenskultur. Maßnahmen dafür sind kanal- und funktionsübergreifende Projektteams zum Beispiel bei der Erstellung von Basiskonzepten. Auch sind „Multiplikatoren" auf allen Organisationsebenen zur Verbreitung der kundenorientierten Denkweise zu installieren. Allerdings steht und fällt die Integration der Organisation mit der Zusammenführung der IT-Systeme. Eine einheitliche Datenplattform zur kanalübergreifenden Sammlung und Bereitstellung von Informationen (Produkte, Preise, Bestände etc.) für standardisierte Geschäftsprozesse ist von herausragender Wichtigkeit. Ebenso sind die Kundeninformationssysteme für kanalübergreifende Kundenanalysen und die Erstellung von 360°-Kundenprofilen zu vereinheitlichen. Zusätzlich muss eine ganzheitliche Abbildung von Customer Journeys erfolgen, zum Beispiel durch kanalübergreifende KPI-Messung und -Steuerung.

4 Lessons Learned – Digitaler Wandel ist Chefsache

4.1 Die „digitale DNA" als Impuls für den digitalen Wandels

Der Impuls des digitalen Wandels beruht auf den Erlebnissen eines Termins vor einigen Jahren zwischen dem jungen Internet- und Marketingteam der Thalia-Gruppe mit einigen Topmanagern von Apple in London. Die Gruppe wurde von den Apple-Leuten mit zwei Kommentaren begrüßt: „Two things are important: We, at Apple, don't need anybody and we don't give anything." Die Gäste waren überrascht. Am Ende des Meetings stellte der CEO von Thalia, Michael Busch, die folgende Frage, um auch etwas von dem Treffen mitzunehmen: „Could you just summarize your DNA in one sentence?" Apple antwortete: „Oh, that's easy. It's digital customer experience from end to end." Als die Thalia-Crew das Meeting verließ, kamen die meisten der Mitarbeiter zum Schluss, dass das Treffen offensichtlich Zeitverschwendung war. Buschs Fazit: „Nein, wir haben eine ganz grundlegende Erkenntnis gewonnen, wenn wir den letzten Satz mit den ersten beiden verbinden: Digital customer experience from end to end and we don't need anybody and we don't give anything. Das ist die DNA aller unserer Wettbewerber aus dem Silicon Valley und gleichzeitig der Ausgangspunkt für unsere Strategie, ebenfalls ein ganzheitliches, jedoch differenziertes Kundenerlebnis ‚from end to end' zu schaffen." Dieser

Austausch führte Thalia zur Entscheidung, eine sehr viel härtere Gangart einzulegen und einen eigenen eReader zu entwickeln, nämlich den OYO.

Entwicklung des OYO eReaders mit einem erfolgreichen Netzwerk von CEO-Partnern
Der Besuch in London führte zu ein paar Telefonaten mit anderen führenden europäischen Buchhändlern mit dem Vorschlag, einen eigenen eReader für das nächste Weihnachtsgeschäft zu entwickeln. Auf die Frage „Wer ist dabei?" kam von allen die Antwort: „Wir haben nicht die finanziellen Mittel dazu". So kam es zur Idee, die Ressourcen umsatzanteilig zu teilen, um schnell loslegen zu können. Dies wurde ohne irgendein Vertragswerk, sondern nur auf Basis von mündlichen Zusagen zwischen den involvierten CEOs der europäischen Buchanbieter entschieden. Allerdings wurden ein paar Regeln für die neue Allianz aufgestellt, nämlich dass nur der Topentscheider und eine einzige von ihm benannte Person aus jedem teilnehmenden Unternehmen an den Treffen oder Calls teilnehmen durften. Ferner war ein Call mit maximal 24 h im Voraus zu vereinbaren und die Abmachung getroffen, spätestens nach 30 min zu entscheiden. Daran hielten sich wider Erwarten alle Teilnehmer bis heute.

Beherztes Aktionsprogramm setzte kulturellen Wandel in Gang
Zu Beginn des OYO-Projekts schätzten die zunächst eingebundenen Experten, dass es mindestens 12 bis 18 Monate dauern würde, um das Team zusammenzusetzen, entsprechende Lieferanten zu finden und zu einem Ergebnis zu kommen. Nach fünf Monaten wurde der eReader dann gelauncht. Das scheinbar Unmögliche konnte dadurch möglich gemacht werden, dass das Team daran glaubte und bereit war, unter hoher Unsicherheit Entscheidungen zu treffen. Der Glaube an das Unmögliche gab dem Unternehmen das notwendige Selbstvertrauen, die ehrgeizigen digitalen Vorgaben tatsächlich zu erzielen und damit ebenfalls den digitalen Transformationsprozess eher aggressiv anzugehen. Das stellte sich im Nachhinein als wichtigster Erfolgsfaktor für den Wandel dar, nämlich diesen mit Risikobereitschaft und Aggressivität anzugehen: Alte Zöpfe, die Kunden nicht mehr wertschätzen, abzuschneiden und sich zugleich auf Dinge mit Zukunftspotenzial zu konzentrieren.

4.2 „Trial & Learn" als Erfolgsbasis des tolino eReaders

Thalia war das erste Unternehmen, das einen Sony eReader im deutschsprachigen Raum anbot, realisierte allerdings auch früh, dass es sich dabei eben nur um ein „nacktes Gerät" handelte. Es war bekannt, dass Amazon zum Start mit einem kompletten Ökosystem an den Markt gehen würde, so wie in den USA bereits praktiziert. Dementsprechend entwickelte Thalia mit den Allianzpartnern zusammen auch einen zum Gerät passenden eBook-Shop. Weiterhin wurde als Folgemodell der OYO 2 entwickelt, der allerdings Schwächen aufwies und nicht rechtzeitig fertiggestellt werden konnte.

Das Team merkte, dass es in technischer Hinsicht überfordert war und richtete sich in zwei Richtungen aus: Die eine war der Aufbau einer Allianz mit den Buchhandelspartnern Thalia, Weltbild, Hugendubel und Club Bertelsmann. Die andere bezog sich darauf, starke Technologiepartner im Sinne einer strategischen Partnerschaft zu finden. So kam es zur Zusammenarbeit mit der Deutschen Telekom, aus der der tolino eReader hervorging. Dies war ebenfalls der entscheidende Schritt zur Entwicklung eines gemeinsamen eReaders und des kompletten Ökosystems.

4.3 Aufbau von Fähigkeiten als zentraler Erfolgsfaktor einer digitalen Transformation

Der Erfolg einer digitalen Transformation bei Thalia hing wesentlich mit dem Zusammenspiel mehrerer Kräfte zusammen: Erstens bildete das tolino-Konzept mit der Allianz zusammen eine wesentliche Säule. Zweitens kam es für Thalia zunächst auf die richtige Zusammenstellung eines geeigneten Teams an, nämlich am besten einer kleinen schlagkräftigen Gruppe, die von der Idee bzw. Vision überzeugt ist, genug Flexibilität sowie Lernfähigkeit an den Tag legt und wirklich Biss zeigt. Diese Truppe hatte eine Vorbildfunktion für das gesamte Unternehmen, vor allem, wenn es erfolgreich alle Ziele erreichte oder sogar wie beim OYO-Projekt übererfüllte. Zweitens sollten externe Spezialisten hinzugeholt werden, die genug Erfahrung aus vergleichbaren Projekten mitbringen. Dadurch wurde keine unnötige Zeit für die Anlaufphase und das ständige Suchen nach Lösungen vergeudet. Allerdings setzte das voraus, dass die Mitarbeiter diesen Input akzeptieren und dafür offen sind, also nicht das berüchtigte „Not-invented-here-Syndrom" an den Tag legten und bereit waren, auch andere Meinungen zu akzeptieren. Drittens ging es darum, das neue Geschäftsmodell und -system mit der entsprechend veränderten Wertschöpfungskette zu verstehen bzw. verstehen zu wollen. Dies setzte die Bereitschaft zum eigenen Lernen und eine Priorisierung von „Insourcing" vor „Outsourcing" voraus. Und viertens war vor allem auch das aktive Commitment des Topmanagements absolut erfolgskritisch.

4.4 Von digitaler Transformation zu digitaler Vision

Das tolino-Beispiel zeigte: Es zählt nicht, woher das Unternehmen kommt, wie groß oder wie klein das Herkunftsland und auch das Unternehmen ist. Wenn der Wille groß genug und ausreichende Vorstellungskraft vorhanden sind, lassen sich dieselben Ergebnisse wie von großen Playern aus dem Silicon Valley erzielen. Häufig lassen sich kleinere Unternehmen von solchen Global Playern einschüchtern und überlassen ihren Heimatmarkt kampflos diesen Konzernen. Die tolino-Allianz hat aber bewiesen, dass man mit den geeigneten Partnern in derselben Liga spielen kann wie die großen

Weltmarktführer. Es ist sogar möglich, mit anderen Innovationen zurückzuschlagen und damit Marktanteile zurückzugewinnen. Wichtig sind vor allem visionäre Kraft und deren Umsetzung. Bestes Beispiel ist Thalia Next: Bisher geben traditionelle Algorithmen wie bei Amazon im Internetproduktempfehlungen für neue Produkte auf Basis historischer Kaufdaten ab. Bei diesen sogenannten Recommender-Systemen handelt es sich um automatisierte Empfehlungsdienste, die ausgehend von angeklickten Websites oder angesehenen bzw. gekauften Produkten ähnliche Artikel ermitteln und dem User empfehlen. Dazu wird auf das Data Mining und Methoden des Information Retrieval zurückgegriffen. Allerdings führt die Kaufhistorie nicht selten zu abstrusen Empfehlungen wie zum Beispiel bei Wörterbüchern, von denen der Käufer eigentlich so schnell keine benötigt, oder Reiseführern, die ebenfalls nicht in Massen gekauft werden. Das entspricht insofern nicht dem Suchverhalten des Kunden. Wenn dieser in einen lokalen Buchladen geht, würde er nicht fragen, welches Produkt ein Kunde im Cross Selling gekauft hat. Der Empfehlungsverhalten ist ebenfalls sehr persönlich, weswegen Wege gefunden werden müssen, die Kaufdaten mit dem Wissen der Buchverkäufer zu verbinden. Deswegen bietet sich Shopping-Beratung in kuratierter Form an. Maßgeschneiderte Kaufempfehlungen sind insofern nur durch Einbeziehung des Menschen, also echter Kuratoren, möglich.

4.5 Omni-Channel-Kultur mit Kundenzentralität als zukünftiges Leitbild

Als Thalia mit dem eigenen eReader startete, war klar, dass die eBooks im Internet verkauft werden, allerdings eReader überwiegend stationär. Dieses kam dem Thalia-Management vor „wie das Stehen auf einem Bein". Die Entwicklung des OYO-Readers war insofern als eine Art trojanisches Pferd zu verstehen, denn es zwang die unterschiedlichsten Unternehmensbereiche dazu, hundertprozentig an gemeinsamen Zielen zu arbeiten. Es gab nur eine Devise: „Wir haben nur fünf Monate Zeit, um den eReader zu launchen, und müssen deswegen extrem schnell abteilungsübergreifende Lösungen entwickeln und entscheiden." Sicherlich wurden dabei auch Fehler gemacht, aber die Erfolgserlebnisse gaben das notwendige Selbstvertrauen, auch das gesamte Unternehmen digital zu transformieren. Nächstes Ziel war es deswegen, eine Omni-Channel-Kultur zu etablieren, und zwar nach dem gleichen Prinzip wie bei der Umsetzung des tolino-Projektes. Dieses wurde bereits bei einer gemeinsamen Erarbeitung eine Kampagne für Facebook und Google getestet. Dabei kamen Mitarbeiter aus dem stationären Geschäft, die noch nie auf Facebook waren, mit Mitarbeitern aus dem digitalen Bereich zusammen, die schon seit fast zehn Jahren dort unterwegs sind. Im Endeffekt half das Team sich gegenseitig und zeigte, dass sich die Erfahrungen schnell mischen lassen. Das gab Hoffnung für die Umsetzung eines kundenzentrierten Geschäftssystems. Denn für einen „Customer-Centric-Ansatz" müssen die bisherigen

Kanäle zu einem Gesamtsystem verschmolzen, Konzepte kanalunabhängig entwickelt und kanalspezifisch ausgespielt werden. Dafür soll die bisherige „Lead-Channel"-Devise abgeschafft werden, nämlich dass stationär weiterhin Kerngeschäft ist und Online bzw. Digital „lediglich" weitere Kanäle darstellen. Es galt, nicht die Absatzkanäle durch Einzelmaßnahmen miteinander zu verknüpfen, sondern diese maximal zu verzahnen und stationär wie auch online als Gesamtsystem gegenüber dem Kunden darzustellen. Dieses setzte vor allem auch integrierte Organisationsstrukturen sowie integrierte IT-Systeme voraus.

5 Ergebnis und Ausblick

Als der neue tolino gelauncht wurde, rechnete das Thalia-Team damit, dass innerhalb eines Jahres zwischen 20 und 30 % Markenbekanntheit bei den Stammkunden erzielt werden. Tatsächlich betrug diese rund 50 % nach gut neun Monaten. Die Entwicklung der Brand Awareness ist in Abb. 4 dargestellt.

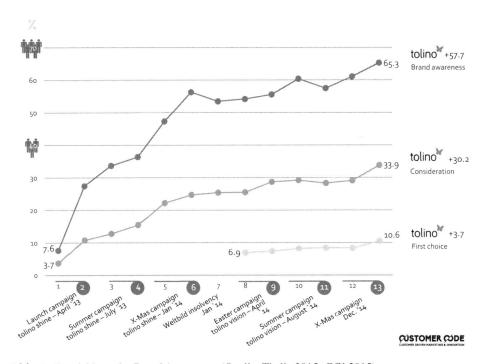

Abb. 4 Entwicklung der Brand Awareness. (Quelle: Thalia 2015; GfK 2015)

Nach heutigem Stand per Ende 2015 wird der tolino von vier großen Buchhandelsgruppen und über das Barsortiment, dem Buchgroßhandel, in Deutschland, Österreich und der Schweiz angeboten. Darüber hinaus ist er in 16 verschiedenen Online-Shops erhältlich. Unter diesen tolino-Partnern werden einheitliche Marketingrichtlinien, Vermarktungsmaterialien und Präsentationsmöbel geteilt. Dabei entwickeln sich die tolino-Verkäufe bisher bei Thalia überdurchschnittlich gut. Der Vergleich über die letzten drei Geschäftsjahre zeigt, dass die Thalia-Gruppe als einziger Anbieter im deutschsprachigen Raum zwischen 2012 und 2015 kontinuierlich Marktanteile dazugewinnen und sogar gegenüber Amazon aufholen konnte. Bezogen auf Segmente liegt Thalia in 2015 beim physischen Buch bei 14,8 %, kommt jedoch bei eBüchern auf 18 % und konnte damit den Marktanteil im digitalen Bereich von 2014 auf 2015 steigern. (vgl. Abb. 5). Für 2016 wird in diesem Segment mit weiteren Marktanteilsgewinnen gerechnet.

Im stationären Geschäft konnte Thalia die Umsatzerlöse in den letzten Jahren stabilisieren und sogar „like-to-like" steigern. Der Online-Kanal trägt mittlerweile ca. 20 % zum Thalia-Umsatz bei. Deutlich zulegen konnte nach der Restrukturierungsphase der EBITDA. Da allerdings erst jetzt damit begonnen wird, das Cross-Channel-Potenzial zu heben, dürfte in Zukunft mit wieder deutlich höheren Umsatzsteigerungen zu rechnen sein.

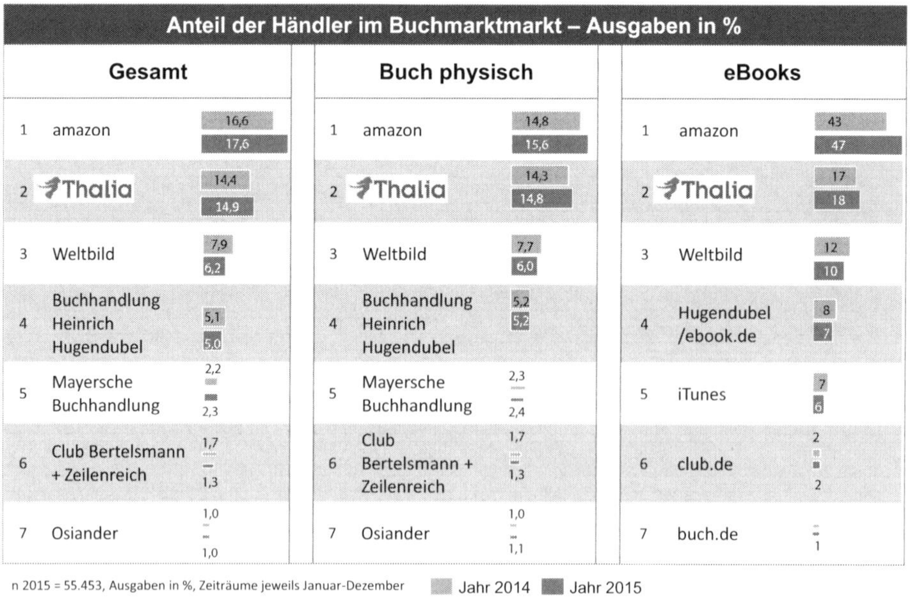

Anteil der Händler im Buchmarktmarkt – Ausgaben in %

	Gesamt	2014	2015		Buch physisch	2014	2015		eBooks	2014	2015
1	amazon	16,6	17,6	1	amazon	14,8	15,6	1	amazon	43	47
2	Thalia	14,4	14,9	2	Thalia	14,3	14,8	2	Thalia	17	18
3	Weltbild	7,9	6,2	3	Weltbild	7,7	6,0	3	Weltbild	12	10
4	Buchhandlung Heinrich Hugendubel	5,1	5,0	4	Buchhandlung Heinrich Hugendubel	5,2	5,2	4	Hugendubel /ebook.de	8	7
5	Mayersche Buchhandlung	2,2	2,3	5	Mayersche Buchhandlung	2,3	2,4	5	iTunes	7	6
6	Club Bertelsmann + Zeilenreich	1,7	1,3	6	Club Bertelsmann + Zeilenreich	1,7	1,3	6	club.de	2	2
7	Osiander	1,0	1,0	7	Osiander	1,0	1,1	7	buch.de	–	1

n 2015 = 55.453, Ausgaben in %, Zeiträume jeweils Januar-Dezember ▪ Jahr 2014 ▪ Jahr 2015

Abb. 5 Umsatzentwicklung des deutschen Buchmarktes nach Segmenten. (Quelle: Thalia 2016; GfK 2016)

Literatur

Börsenblatt. (2012). Die Kurskorrektur bei Thalia und die Folgen, Börsenblatt vom 19. Januar 2012. http://www.boersenblatt.net/473138/. Zugegriffen: 10. Dez. 2015.

DerWesten. (2012). Thalia-Filialen sollen deutlich kleiner werden, DerWesten vom 11. Januar 2012. http://www.derwesten.de/wp/region/sauer-und-siegerland/thalia-filialen-sollen-deutlich-kleiner-werden-id6236924.html. Zugegriffen: 10. Dez. 2015.

GfK. (2015). *Buchhandelsmarkt* 2015. Nürnberg: GfK.

Heinemann, G. (2016). *Der neue Online-Handel – Geschäftsmodell und Kanalexzellenz im Digital Commerce* (7. Aufl.). Wiesbaden: Springer-Gabler.

OC&C. (2014). Profil Los! Zeigen Sie Profil, der Kunde erwartet es! Der OC&C-Proposition-Index 2014. Düsseldorf: OC&C.

Thalia. (2015). *Das Multi-Channel-Konzept der Thalia-Gruppe, Rahmenbedingungen, Philosophie und Strategie.* Münster: New Business Development.

Über die Autoren

Michael Busch, geboren 1964, ist Vorsitzender der Geschäftsführung der Thalia Bücher GmbH. Nach seinem Abschluss zum Diplom-Volkswirt an der Universität zu Köln war er bei der KNIGHT WENDLING Consulting GmbH im Bereich Unternehmenssanierung/M&A tätig. Michael Busch trat 1993 als Beteiligungscontroller in die DOUGLAS HOLDING AG ein und wechselte 1995 als Mitglied der Geschäftsleitung in den Buchbereich der DOUGLAS-Gruppe; 1998 wurde er zum Geschäftsführer bestellt. Seit Januar 2003 war er Bereichsvorstand Bücher und verantwortete die Sparte Bücher im Vorstand der DOUGLAS-Gruppe sowie von September 2012 bis März 2015 Vorstandsmitglied der DOUGLAS HOLDING AG.

Prof. Dr. Gerrit Heinemann leitet das eWeb Research Center der Hochschule Niederrhein, wo er auch BWL, Managementlehre und Handel lehrt. Er hat BWL in Münster studiert, war danach Assistent bei Heribert Meffert, und promovierte über das Thema „Betriebstypenprofilierung textiler Fachgeschäfte" mit summa cum laude. Nach fast 20-jähriger Handelspraxis u. a. in Zentralbereichsleiter-/ und Geschäftsführerpositionen bei Drospa/Douglas und Kaufhof/Metro wurde Gerrit Heinemann 2005 an die Hochschule Niederrhein berufen. Er bekleidet verschiedene Aufsichtsratsfunktionen in E-Commerce- bzw. Handelsunternehmen, war lange Jahre stellvertretender Aufsichtsratsvorsitzender der buch.de internetstores AG und begleitet Start-ups – wie die Good to Go Inc. in Sausalito – als Advisory Board. Daneben ist Prof. Heinemann Autor von rund 200 Fachbeiträgen und 15 Fachbüchern zu den Themen Digitalisierung, E-Commerce, Online- und Multi-Channel-Handel. Sein Buch „Der neue Online-Handel" kommt Anfang 2017 in achter Auflage heraus und erschien bereits in englischer sowie auch chinesischer Version.

Die digitale Transformation von Axel Springer

Robert A. Burgelman und Jens Müffelmann

Wir wollen die Gewinner der Digitalisierung im europäischen Mediengeschäft sein.
(Mathias Döpfner, CEO Axel Springer SE, 2002)

Zusammenfassung

Das Internet und die daraus entstandenen Technologien haben seit Mitte der 1990er Jahre weltweit einen tief greifenden Veränderungsprozess ausgelöst. Dieser Prozess hat nicht nur Auswirkungen auf das private und gesellschaftliche Leben, sondern auch auf eine Vielzahl von Wirtschaftsbereichen. In der Verlagsbranche verläuft die Digitalisierung mit besonderer Radikalität und Geschwindigkeit. Das Verlagshaus Axel Springer wurde als einer der führenden Anbieter von journalistischen (Print-) Produkten im deutschsprachigen Raum frühzeitig von diesen Umwälzungen berührt. Das Unternehmen stellte sich den angestoßenen Veränderungen unter einer neuen Führung jedoch offensiv. Mathias Döpfner sicherte die zukünftige wirtschaftliche Entwicklung mit der Erschließung neuer digitaler Angebote, ohne dabei mit der Tradition Axel Springers als Verlagshaus zu brechen. Im Jahr 2015 betrug der Anteil der digitalen Aktivitäten am Gesamtumsatz mehr als 60 % und am EBITDA knapp 70 %.

Robert A. Burgelman und Jens Müffelmann: Recherchearbeit für den Beitrag: Claudius Senst, Axel Springer SE

R.A. Burgelman
Stanford Graduate School of Business, Stanford, USA
E-Mail: profrab@stanford.edu

J. Müffelmann (✉)
Axel Springer SE, Berlin, Deutschland
E-Mail: jens.mueffelmann@axelspringer.de

© Springer Fachmedien Wiesbaden 2016
G. Heinemann et al. (Hrsg.), *Digitale Transformation oder digitale Disruption im Handel*,
DOI 10.1007/978-3-658-13504-1_16

Der vorliegende Beitrag setzt sich – nach einem Überblick über die Ursprünge und Aufbaujahre von Axel Springer – mit dem Transformationsprozess, den das Unternehmen seit mehr als zehn Jahren durchläuft, auseinander. Strategische Meilensteine und organisatorische Veränderungsprozesse werden dabei gleichermaßen beleuchtet. Der Beitrag von Burgelman und Müffelmann basiert auf einer aktualisierten Fallstudie der Stanford University („Axel Springer in 2014: Strategic Leadership of the Digital Media Transformation"). Dieser Beitrag entstand im März 2016.

Inhaltsverzeichnis

1 Historie der Axel Springer SE 324
   1.1 Aufbaujahre (1946 bis 1976) 324
   1.2 Diversifikation und Internationalisierung (1976 bis 2002). 326
   1.3 Anfangsjahre der Digitalisierung (seit 2002) 326
2 Digitale Ausgangslage der Axel Springer SE 327
   2.1 Digitale Revolution und veränderte Lesegewohnheiten. 327
   2.2 Digitale Auswirkungen auf die Verlagslandschaft 328
   2.3 Digitale Antworten der Verlagsbranche 329
3 Transformation der Axel Springer SE 330
   3.1 Initialisierung des Wandels. 330
   3.2 Struktureller Wandel. 332
   3.3 Kultureller Wandel 333
   3.4 Organische Transformation 337
   3.5 Akquisitorische Transformation 338
4 Entwicklung zum führenden digitalen Verlag 341
   4.1 Bezahloffensive: BILDplus 343
   4.2 Integrationsoffensive: WeltN24 343
   4.3 Frühphasenoffensive: Axel Springer Plug and Play 345
   4.4 US-Offensive: Business Insider 345
   4.5 Kooperationsoffensive: Upday 346
5 Fazit 347
   5.1 Veränderung als Chance 347
   5.2 Partnerschaften als Wachstumshebel 348
Literatur. 349
Über die Autoren. 351

1 Historie der Axel Springer SE

1.1 Aufbaujahre (1946 bis 1976)

Die heutige Axel Springer SE wurde 1946 von dem Verleger Hinrich Springer und seinem Sohn Axel als „Axel Springer Verlag GmbH" in Hamburg gegründet. Erste Veröffentlichung des jungen Unternehmens war ein Monatsmagazin, das im Wesentlichen Sendeinhalte eines populären Radiosenders abdruckte. Noch im Gründungsjahr folgte die Herausgabe des Wochenmagazins „Hörzu" mit Programmhinweisen zu Radio- und später auch zu Fernsehsendungen. Der unmittelbare Erfolg der Zeitschrift ermöglichte Axel Springer 1948 die Gründung einer ersten selbst konzipierten Tageszeitung: dem „Hamburger Abendblatt" (Axel Springer SE 2016c).

Im deutschsprachigen Raum ist die Firmengeschichte von Axel Springer untrennbar mit der ebenso wirtschaftlich erfolgreichen wie umstrittenen „BILD" verbunden. Die erste Ausgabe der Zeitung erschien am 24. Juni 1952. Im Jahr darauf wuchs das Unternehmen durch die Übernahme des Verlagshauses „DIE WELT GmbH" und deren Publikationen („DIE WELT", „WELT am Sonntag"). Spätestens mit dem Erwerb der Aktienmehrheit der traditionsreichen Ullstein AG und den zugehörigen Zeitungen „Berliner Morgenpost" und „B. Z." etablierte sich Axel Springer 1959 als führender Spieler in der deutschen Verlagslandschaft (Axel Springer SE 2016c, d). 1964 kontrollierte Axel Springer mit seinen Titeln mehr als 40 % der Auflage aller in Deutschland verkauften Tageszeitungen, mehr als 80 % aller Sonntagszeitungen, 45 % der Zeitschriften für Jugendliche und 48 % der Radio- und Fernsehzeitschriften (Axel Springer Verlag AG History 1998).

Die Person Axel Springer war zeitlebens ein glühender Vertreter der freiheitlichen, konservativen und sozialen Ordnung und ein ebenso überzeugter Gegner des ostdeutschen Staats, den er in seinen Zeitungen stets in Anführungszeichen als „DDR" schreiben ließ – mit der Begründung, der „ostdeutsche Satellitenstaat" sei „weder deutsch noch demokratisch" (Axel Springer SE 1979). Springers politische Ansichten manifestierten sich nicht zuletzt in der Wahl des Standorts für sein Berliner Verlagshaus: Unmittelbar vor Ablauf des „Berlin-Ultimatums" der Sowjetunion legte Springer an der Demarkationslinie (das heißt genau dort, wo zwei Jahre später die Berliner Mauer verlief) den Grundstein für seine Verlagszentrale. In der eingemauerten Urkunde schrieb er, dass er den Standort als Ausdruck „unseres festen Glaubens an die geschichtliche Einheit dieser Stadt und an die geschichtliche Einheit Deutschlands" gewählt habe (Axel Springer SE 2016d).

Die geballte Medienmacht des Unternehmens und die von Springers antikommunistischen Ansichten beeinflusste Berichterstattung ließen den Verlag in den 1960er Jahren zu einem Zielobjekt der öffentlichen Kritik werden. Der Historiker Golo Mann etwa stellte 1961 fest: „Die Springer'sche Machtballung ist zu einem zentralen Problem der Politik geworden" (Axel Springer SE 2016e). Nach dem Attentat auf den Studentenführer Rudi Dutschke 1968 gab es teils gewaltsame Demonstrationen gegen den Medienkonzern. Diese kulminierten 1972 in einem Bombenanschlag auf das Verlagshaus in Hamburg, der 17 Mitarbeiter verletzte. Angesichts der öffentlichen Anfeindungen zog Axel Springer zeitweise den Verkauf seines Konzerns in Erwägung und gab schließlich einige Publikationen ab (Axel Springer SE 2016e).

Schon 1967 formulierte Springer vier Leitlinien, die seither für alle seine Zeitungen und Publikationen gelten (siehe hierzu auch die Zusatzinformationen am Artikelende):

- Die friedliche Wiedervereinigung von Deutschland,
- die Aussöhnung von Deutschen und Juden sowie die Unterstützung von Israel,
- die konsequente Ablehnung von Extremismus und Totalitarismus,
- die Förderung der freien sozialen Marktwirtschaft.

1.2 Diversifikation und Internationalisierung (1976 bis 2002)

Zwischen 1976 und 2002 wandelte sich der Charakter des Konzerns von einem „deutschen Verlagshaus" zu einem „international agierenden Medienunternehmen" (Axel Springer SE 2016h). Diese Entwicklung begann mit einer stärkeren Diversifizierung der Publikationen: In den späteren 1970er Jahren stellte sich der Verlag mit Fachzeitschriften und Magazinen für klar abgegrenzte Zielgruppen (darunter Frauen-, Auto- und Sportzeitschriften) breiter auf. Mitte der 1990er Jahre hielt die Verlagsgruppe zudem Beteiligungen an Satelliten- und Kabelfernseh- sowie an Radiosendern (Axel Springer SE 2016f, g).

Nachdem Axel Springer selbst ein Jahr zuvor seinen Rückzug aus dem Management begonnen hatte, ging der Verlag im August 1985 an die Börse. Am 22. September desselben Jahres starb der Verleger im Alter von 73 Jahren (Axel Springer SE 2016f). Mit seinem Tod setzte Axel Springer seine Ehefrau Friede Springer als Haupterbin des Unternehmens ein.

In den beiden folgenden Jahrzehnten wurden die Gruppenaktivitäten weiter ausgebaut. Nach dem Mauerfall trieb das Unternehmen die Expansion in Ost und West voran. Einerseits erwarb Axel Springer in den neuen Bundesländern Beteiligungen an der „Leipziger Volkszeitung" und an der Rostocker „Ostsee-Zeitung". Zusätzlich wurden in Ländern des ehemaligen Ostblocks (Ungarn, Tschechoslowakei, Polen) Tochtergesellschaften aufgebaut bzw. Beteiligungen erworben. Andererseits trieb das Unternehmen die Internationalisierung im Westen mit dem Aus- bzw. Aufbau von Engagements in Frankreich, Spanien, Portugal und Großbritannien voran (Axel Springer SE 2016f, g).

Das Ende dieser Periode markierten die ersten digitalen Aktivitäten von Axel Springer, etwa die Gründung von Internetplattformen für bestehende Printmarken wie zum Beispiel „BILD.de" im Jahr 1996 oder der Aufbau einer eigenen Online-Vermarktung (Axel Springer SE 2016b).

1.3 Anfangsjahre der Digitalisierung (seit 2002)

Gerade die Medienbranche ist von den Umbrüchen der Digitalisierung besonders stark betroffen: Die Lesegewohnheiten der Kunden verändern sich ebenso grundlegend wie die Arbeitsweise der Journalisten; Inhalte werden heute auf völlig anderen (digitalen) Plattformen ausgespielt als noch vor wenigen Jahren. Informationen können inzwischen in Sekundenschnelle verbreitet und ortsunabhängig auf mobilen Lesegeräten (zum Beispiel Mobiltelefone, Tablets) empfangen werden. Die Kunden bzw. Leser haben ständigen Zugriff auf eine Vielzahl journalistischer (und größtenteils kostenloser) Angebote und dadurch auch andere Ansprüche (zum Beispiel Echtzeitberichterstattung, Bewegtbild) als früher.

Verlage stehen vor der Herausforderung, neue Vertriebs- und Erlösmodelle zu erschließen: Klassische Printmedien werden schrittweise durch digitale Produkte ersetzt, herkömmliche Vertriebskanäle (zum Beispiel Zeitungskioske) durch Bezahlangebote im Internet. Hinzu kommt der verschärfte Wettbewerb: Im Internet konkurrieren die

Anbieter von Zeitungen und Zeitschriften nicht nur mit unzähligen privat betriebenen Blogs und Webseiten, sondern auch mit den Online-Angeboten anderer Mediengattungen wie etwa des Fernsehens.

Die Dynamik und Intensität, mit der sich der digitale Wandel vollzieht, kann mit der industriellen Revolution (das heißt dem Übergang weiter Teile Europas von der Agrar- zur Industriegesellschaft ab Mitte des 18. Jahrhunderts) verglichen werden.

2 Digitale Ausgangslage der Axel Springer SE

Anfang der 1990er Jahre erreichte der Anteil an Haushalten mit Computern in Deutschland erstmalig zweistellige Prozentwerte (Khosrowpour 1996). Im Jahr 1998 besaß mehr als ein Drittel aller Haushalte einen Computer. Diese Entwicklung – nicht nur in Deutschland, sondern überall auf der Welt – war die Grundlage für die schnelle Verbreitung des Internets um die Jahrtausendwende. Im Jahr 2003 verfügte mehr als die Hälfte aller deutschen Haushalte über einen Zugang zum Internet (Statistisches Bundesamt 2005); 2005 durchbrach das Internet die Marke von einer Milliarde Nutzern weltweit – im November 2015 lag die Marke bei knapp 3,4 Mrd. Nutzern weltweit (Internet World Stats News 2006).

Während die Verbreitung von privaten Computern in den Folgejahren weiter zunahm, wurden Mobiltelefone bzw. Smartphones zu einem weiteren Treiber der digitalen Revolution. Eine besondere Rolle spielte dabei das 2007 vorgestellte iPhone des US-Technologieunternehmens Apple, das sich innerhalb kürzester Zeit zum Statussymbol und Sinnbild einer ganzen Gerätegattung entwickelte. Smartphones entwickelten sich seither zu einem ständigen Begleiter der Menschen und trugen maßgeblich dazu bei, den Konsum von Inhalten über digitale Plattformen zum neuen Standard werden zu lassen.

Große Auswirkungen auf die Medienindustrie hatten auch die Einführung des „App-Stores" (der den digitalen Vertrieb journalistischer Produkte stark vereinfachte) im Jahr 2008 oder des iPads (das die großformatige Darstellung von Texten, Fotos und Videos auf mobilen Plattformen begünstigte) im Jahr 2010.

2.1 Digitale Revolution und veränderte Lesegewohnheiten

Die neu gewonnenen technologischen Möglichkeiten veränderten das Konsumverhalten der Mediennutzer radikal. Ab den späten 1990er und frühen 2000er Jahren begannen die Leser zunehmend, kostenlose Nachrichtenplattformen wie das im Oktober 1994 gestartete Spiegel-Online (Spiegel Online 2014) oder das zwei Jahre später gelaunchte BILD. de (Bild.de 2016) zu nutzen. Mit dem Beginn des Folgejahrzehnts wurden Mobilgeräte für den Medienkonsum immer wichtiger. Apps wie Flipboard oder Prismatic wurden einfache, dynamische und farbenfrohe Schnittstellen, die magazinähnliches Lesen auf Smartphones und Tablet-Computern ermöglichten. Einigen dieser Anwendungen gelang es durch die Einbindung von persönlichen Nutzereinstellungen oder Social-Media-Profilen, auf die jeweiligen Nutzer individuell zugeschnittene Artikelempfehlungen zu generieren.

Die hohe Dichte an Informationen und die zunehmende Geschwindigkeit, mit der sie verbreitet wurden, lösten bei den Nutzern das Bedürfnis nach prägnant formulierten und auf den Kern der Nachricht verdichteten Schlagzeilen aus. Darüber hinaus wünschten sich die Konsumenten interaktive Tools, die es ermöglichen, Inhalte – etwa in Grafiken oder Tabellen – durch eigene Einstellungen nur auszugsweise darstellen zu lassen, um auf diese Weise nur noch die für sie relevanten Informationen angezeigt zu bekommen. Mit der steigenden Beliebtheit von sozialen Medien wie Facebook, Twitter oder LinkedIn wurden Nachrichten zu einem Community-Erlebnis: Artikel konnten nun auch kommentiert, diskutiert und geteilt werden. Die Leser entwickelten sich dadurch von reinen Konsumenten zu Teilnehmern am Publikations- bzw. Distributionsprozess.

2.2 Digitale Auswirkungen auf die Verlagslandschaft

Die Digitalisierung hatte schon lange vor den 2000er Jahren Auswirkungen auf die Medienindustrie, etwa die Umstellung von Schreibmaschinen auf Computer oder von analoger auf digitale Fotografie. Ulrich Schmitz, CTO bei Axel Springer, sagte dazu:

> Wenn man mit Leuten aus dem Printbereich spricht, sagen sie einem, dass es eine Menge Veränderungen in den 1980er und 1990er Jahren gegeben hat, die sich stärker auf den Arbeitsprozess als auf die Produkte ausgewirkt haben. Das ist jetzt anders. Alles, vom Geschäftsmodell bis hin zum Produkt selbst, ist von der Digitalisierung betroffen. Unsere digitalen Produkte sehen anders aus als die klassischen Produkte. Ich weiß nicht, wie viele andere Industrien von sich behaupten können, dass sie auf derart dramatische Art und Weise betroffen wären (Interview mit Ulrich Schmitz 2014a).

Vor der digitalen Revolution arbeiteten die meisten Verlage mit einem recht einheitlichen Geschäftsmodell: Sie erstellten journalistische Inhalte, generierten Reichweite und erwirtschafteten ihre Umsätze durch Verkaufserlöse, Anzeigenverkauf und Kleinanzeigen. In diesem System hatten Journalisten ein unausgesprochenes Monopol auf die Erstellung von (Nachrichten-)Inhalten – das veränderte sich jedoch mit dem Aufkommen des Internets. Websites wie die Online-Enzyklopädie Wikipedia ließen die Nutzer selbst Inhalte erstellen und ermöglichten es dadurch Einzelnen, Zugang zu einer breiteren Masse an Konsumenten zu erlangen. Die One-Click-Kauftechnologie (wie sie etwa von Apple oder Amazon eingesetzt wird) schuf eine einfache Möglichkeit, mit Online-Inhalten Geld zu verdienen.

Während Medienhäuser im klassischen Geschäftsmodell ihre Vertriebskanäle umfassend kontrollierten, ist das seit der digitalen Revolution nur noch eingeschränkt möglich – zumal klassische Verleger und neue Online-Angebote bzw. -Plattformen oft entgegengesetzte Interessen verfolgen. Websites wie die „Huffington Post" erzielten (Werbe-)Einnahmen mit Nachrichten, die von anderen Publikationen erstellt worden waren. Andere

Anbieter, wie etwa Youtube, verwendeten Ausschnitte aus Fernsehsendungen, Kinofilmen und anderen Medien, um damit Werbeeinnahmen zu generieren. Große Technologieunternehmen wie Google ermöglichten von ihren Plattformen (zum Beispiel Suchmaschinen, „Google News") direkten Zugriff auf externe Nachrichteninhalte und nahmen den klassischen Verlagshäusern damit vielfach die Möglichkeit, auf ihren Webseiten anzeigengenerierte Werbeeinahmen zu erzielen.

Daraus erwuchs im Internet eine „Gratiskultur" und ein Missverhältnis zwischen den Urhebern von Inhalten einerseits und den Nutznießern bzw. Verkäufern ihrer Produkte und Angebote andererseits. In der Konsequenz bedeutete das, dass das Internet zwar einerseits die Zielgruppe und Reichweite für Medienprodukte erweiterte, andererseits aber deren Monetarisierung erschwerte. Die Herausforderung für die Verlagshäuser bestand deshalb darin, neue adäquate Erlösmodelle für ihre Produkte zu finden.

2.3 Digitale Antworten der Verlagsbranche

Die Auflagen der deutschen Tageszeitungen gingen in den Jahren 1995 bis 2015 um mehr als ein Drittel zurück (vgl. Abb. 1) – ähnliche Entwicklungen verzeichneten auch viele große Zeitschriftentitel. Dabei musste sich die Branche frühzeitig eingestehen, dass

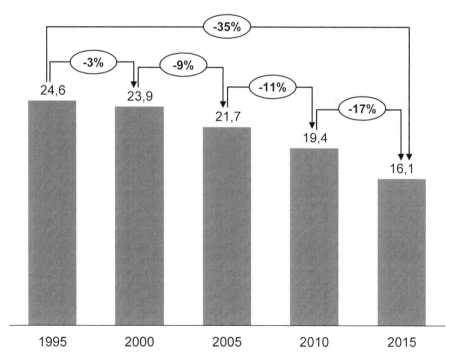

Abb. 1 Auflagenentwicklung deutscher Tageszeitungen 1995 bis 2015 (in Millionen). (Quelle: Eigene Darstellung in Anlehnung an Statista 2016)

der Rückgang kein temporärer, zyklischer, sondern vielmehr ein kontinuierlicher, sich beschleunigender Trend war. Die Verschiebung hin zu digitalen Produkten war unaufhaltsam.

Printpublikationen wurden aufgegeben, einige Verleger gingen in die Insolvenz. Um in der veränderten Umgebung zu bestehen, reagierten Verlagshäuser mit Sparkursen und Entlassungswellen. Redaktionen wurden zusammengelegt, Zeitungsumfänge reduziert, einzelne Ressorts oder sogar Erscheinungstage gestrichen. Allein in den USA ging die Zahl der angestellten Journalisten von rund 56.000 im Jahr 2000 auf nur noch 36.700 im Jahr 2013 zurück (Interview mit Ulrich Schmitz 2014a).

Die Verlage trafen teils drastische Entscheidungen. Die US-amerikanische „New York Times" etwa verkaufte 2013 den „Boston Globe" und den „Worcester Telegram", die sie wenige Jahre zuvor für insgesamt 1,4 Mrd. US$ gekauft hatte, für 70 Mio. US$. In Deutschland wurde die Tageszeitung „Financial Times Deutschland" im Dezember 2012 aus wirtschaftlichen Gründen eingestellt (FAZ 2012). Im Januar 2013 gab die WAZ-Mediengruppe die Auflösung der kompletten Redaktion der „Westfälischen Rundschau" bekannt; die Zeitung selbst blieb erhalten, wurde aber von anderen Redaktionen des Hauses mit Inhalten beliefert (Spiegel Online 2013).

3 Transformation der Axel Springer SE

3.1 Initialisierung des Wandels

> Ich werde auf jeden Fall nicht müde werden, (…) den Anspruch (…) auf Teilhabe an den bisherigen elektronischen Medien und noch mehr an allen neuen, auf uns zukommenden Informationssystemen zu vertreten (Axel Springer 1979).

Dieses fraglos visionäre Zitat des Verlagsgründers konnte nicht darüber hinwegtäuschen, dass sich das Unternehmen Axel Springer um die Jahrtausendwende in einer wirtschaftlich fordernden Situation befand. Die Auswirkungen der Digitalisierung machten sich von Jahr zu Jahr deutlicher bemerkbar: Die Auflagen im Printgeschäft sanken, die verlagseigenen Marken waren digital noch nicht gut aufgestellt. Das „Handelsblatt" etwa urteilte 1999: „Bei elektronischen Medien ist Springer unterbelichtet" (Handelsblatt 1999); die „Financial Times Deutschland" schrieb 2000: „Europas größter Pressekonzern – im Internet ein Zwerg" (Financial Times Deutschland 2000).

Im Januar 2002 wurde Mathias Döpfner, zuvor Chefredakteur u. a. von „Hamburger Morgenpost" und „DIE WELT", Vorstandsvorsitzender von Axel Springer. Seine Ernennung zum CEO war umstritten: Döpfner war zu diesem Zeitpunkt gerade einmal 39 Jahre alt und galt manchen durch seine Studienwahl (Musik- und Theaterwissenschaften, Germanistik) als für die Position wenig geeignet. Der Vorstand des Medienhauses war

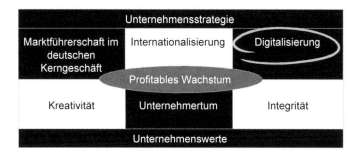

Abb. 2 Digitalisierung als fundamentaler Teil der Unternehmensstrategie seit 2002. (Quelle: Eigene Darstellung)

in den vorangegangenen Jahren mehrfach umbesetzt worden, sodass viele Beobachter in Döpfner nur eine weitere Übergangslösung sahen.

Mit wechselnden Vorständen wechselte jeweils auch die Strategie. Ein nachhaltiger und weitsichtiger Strategieprozess fehlte; zwischen 1989 und 2002 verschliss der Konzern 14 Vorstände sowie sechs Vorstandsvorsitzende und zahlte dabei hohe Abfindungen.

Jeder neue Vorstand formulierte seine eigene Vision und brachte andere Managementphilosophien mit. Döpfner versprach, diese Entwicklung zu beenden: Er wollte dem Unternehmen wieder eine Identität und ein klar definiertes Ziel vorgeben. Seine Botschaft war von Anfang an klar: Axel Springer sollte der Gewinner der Digitalisierung im europäischen Mediengeschäft werden.

Bei der Umsetzung dieses Vorhabens konzentrierte sich Döpfner auf drei Kernfaktoren:

1. Keine Angst vor einer Kannibalisierung des Printgeschäfts durch Online-Angebote.
2. Akzeptanz unterschiedlicher Unternehmerpersönlichkeiten.
3. Verbot von Silo-Denken.

Mit letztgenanntem Punkt wollte Döpfner sichergehen, dass die Digitalaktivitäten des Unternehmens nicht getrennt von seinen traditionellen Printabteilungen entwickelt werden (vgl. Abb. 2). Er war überzeugt, dass eine solche (Silo-) Dynamik innerhalb des Konzerns Gewinner und Verlierer hervorbringen würde. Döpfner erklärte:

> Die Konzernstruktur bestand zu rund 90 % aus Verlierern (d. h. Print) und zu rund zehn Prozent aus Gewinnern (d. h. Digital). *Allein aufgrund ihrer Überzahl* waren die Verlierer in der Position, die Transformation zu verweigern und niederzukämpfen. Es musste also eine gemeinsame Verantwortung beider Bereiche geschaffen werden, um Unterstützung von der Print-Seite zu erhalten. (Interview mit Mathias Döpfner 2014b).

Der Transformations- und Digitalisierungsprozess von Axel Springer wurde sowohl durch strukturelle als auch durch kulturelle Maßnahmen eingeleitet.

3.2 Struktureller Wandel

In seiner ersten Zeit als Vorstandsvorsitzender sah sich Mathias Döpfner mit einer herausfordernden Unternehmensstruktur konfrontiert. Um seine weitreichenden Ziele für die zukünftige Entwicklung von Axel Springer umsetzen zu können, musste er den Konzern strukturell verändern, dabei aber auch auf sich verändernde Kräfteverhältnisse innerhalb der deutschen Medienlandschaft Rücksicht nehmen:

Schaffung klarer Mehrheitsverhältnisse
Seit dem Tod des Verlagsgründers Axel Springer im Jahr 1985 litt das Unternehmen unter einer komplexen Kapitalstruktur. Sowohl unter den Eigentümern als auch im Aufsichtsrat und innerhalb des Vorstands gab es verschiedene Interessengruppen, die unterschiedliche und teils sogar gegensätzliche Ziele verfolgten. Mit der Insolvenz der Kirch-Gruppe änderte sich dies: Im Herbst 2002 ersteigerte die Deutsche Bank das Aktienpaket (40 %), das zuvor die insolvente Kirch-Gruppe gehalten hatte. Friede Springer übernahm wiederum zehn Prozent der Springer-Aktien von der Deutschen Bank. Damit standen ihr und der Erbengemeinschaft aufgrund von Inhaberschaft und Zurechnung eine Mehrheit der Stimmrechte zu.

Nach Jahren der Unsicherheit konnten Eigentümer, Aufsichtsrat und Vorstand nun wieder mit einer Stimme und mit einem klaren Handlungsauftrag agieren. Ein stabiles Fundament für den anstehenden Transformationsprozess war geschaffen.

Erste Portfoliobereinigung
Neben den klassischen journalistischen Angeboten hatte Axel Springer über die Jahre eine Summe an Beteiligungen und Portfoliofirmen in angrenzenden Wertschöpfungsbereichen aufgebaut. Im Jahr 2003 entschloss sich der Vorstand unter Mathias Döpfner im Anschluss an eine Portfolioanalyse, eine Reihe von Tochterunternehmen und Beteiligungen zu veräußern. So ging die Buchsparte Ullstein Heyne List an die Verlagsgruppe Random House, die wiederum Teile davon (zum Beispiel Ullstein, Propyläen) an den Bonnier-Verlag weiterveräußerte. Die Anteile an den Fernsehproduktionsgesellschaften Multimedia, Cinecentrum, Studio Berlin Metropol und Studio Hamburg Produktion für Film und Fernsehen wurden an den Mitgesellschafter Studio Hamburg verkauft.

Die Strategie dabei war eine (Re-)Fokussierung auf das ursprüngliche Kerngeschäft des Hauses: die journalistischen Wurzeln mit ihren starken Marken um „BILD" und „DIE WELT".

Zusätzlich wurden im Druckbereich Synergieeffekte herbeigeführt. Im Jahr 2005 legte Axel Springer seine Tiefdruckbetriebe mit denen von Arvato und Gruner + Jahr (die jeweils zum Medienkonzern Bertelsmann gehörten) zusammen. Ziel des neu gegründeten Joint Ventures mit dem Namen Prinovis war es, die Druckaktivitäten im wettbewerbsintensiven europäischen Druckmarkt langfristig zu sichern.

Deregulierung als Chance zur Geschäftserweiterung

Neben der Portfoliobereinigung versuchte Axel Springer von der damaligen Deregulierung und Marktliberalisierung in Deutschland zu profitieren. Im Hinblick auf das sich abzeichnende Ende des Post-Monopols erschien es strategisch sinnvoll und wirtschaftlich attraktiv, in das Geschäft der Briefzustellung einzusteigen. In den Jahren 2004 und 2005 erwarben Axel Springer, die Verlagsgruppe Holtzbrinck und die WAZ-Mediengruppe jeweils Anteile am Postunternehmen Pin Group; im Juni 2007 erhöhte Axel Springer den eigenen Anteil auf 71,6 % der Aktien.

Die Pin Group bot Briefzustellungen in deutschen Ballungszentren an und war damit in der Anfangszeit sehr erfolgreich: Das Volumen der beförderten Briefsendungen stieg von 700.000 Sendungen pro Tag im Januar 2006 auf täglich rund 2,3 Mio. Sendungen im Januar 2007. Der Wettbewerbsvorteil der Pin Group gegenüber der Deutschen Post lag insbesondere in den geringeren Portogebühren, die wiederum durch eine besonders schlanke Kostenstruktur für die Postzustellung möglich gemacht wurden. Durch den im November 2007 beschlossenen Mindestlohn im Briefzustellerbereich war dieser Wettbewerbsvorteil nicht mehr gegeben.

Das Axel-Springer-Management reagierte darauf einen Monat später konsequent, beschloss einen Investitionsstopp in die Pin Group und kündigte den Verkauf der Anteile an. Ein Verkauf kam nicht zustande, sodass die Insolvenz unausweichlich wurde. Die damalige Klarheit im Handeln trug dazu bei, dass neben dem entstandenen Abschreibungsbedarf von bis zu 620 Mio. EUR zumindest keine weiteren Verluste anfielen. Dennoch: Das Pin-Engagement war eine große Niederlage, verbunden mit einer sehr schmerzlichen Wertberichtigung. Im Rückblick war die Investition ein Fehler. Umso mehr gilt hier die Churchill-Devise: „Es ist von großem Vorteil, die Fehler, aus denen man lernen kann, recht früh zu machen."

3.3 Kultureller Wandel

Eine große Herausforderung für den Konzern bestand in der Notwendigkeit, die innerhalb des Unternehmens entstandenen unterschiedlichen Denkweisen miteinander zu vereinen: Die über Jahre gewachsene Kultur der klassischen Printverlagswelt einerseits und der Start-up-Kultur der digitalen Welt anderseits.

Die Zeitungen und Zeitschriften des Verlags arbeiteten hocheffizient und profitabel; die Abläufe bei der Produktion der Printprodukte waren mit den Jahrzehnten so weit optimiert worden, dass viele Prozesse de facto Branchenstandards glcichkamen. Mit der Digitalisierung war man nun zu einem Umdenken gezwungen, musste etwa auf sinkende Auflagen reagieren oder sich auf neue (digitale) Produktideen einlassen. Bei den digitalen Abteilungen, Neugründungen bzw. Beteiligungen dagegen herrschte oft Aufbruchsstimmung: Die Führungskräfte forderten für ihre Mitarbeiter umfangreiche Freiheiten ein, die Teams waren weniger hierarchisch organisiert und die Mitarbeiter deutlich jünger als im klassischen Verlagsgeschäft.

Um einen Wissenstransfer zwischen den Mitarbeitern beider Bereiche herbeizuführen und ein stärkeres Zusammengehörigkeitsgefühl innerhalb des Konzerns zu schaffen, ergriff das Management eine Reihe von Maßnahmen:

Neuausrichtung der Unternehmenskultur

Langjährigen Führungskräften und Mitarbeitern in der sich radikal verändernden Umgebung sollte mehr Orientierung gegeben werden. Daher entwickelte Axel Springer zu dieser Zeit neue Führungsgrundsätze.

Diese orientierten sich an den drei Dimensionen Kreativität, Unternehmertum und Integrität, die von Mathias Döpfner als Fundament für die Unternehmensstrategie formuliert worden waren (Axel Springer SE 2016k):

Kreativität

- **Motivation und Begeisterung vorleben:** Wir begeistern und überzeugen. Wir erkennen neue Möglichkeiten und machen sie begreiflich. Wir leben Motivation und Höchstleistung vor. Wir fordern nur das, was wir auch selbst einhalten. Wir binden unsere Mitarbeiter ein, inspirieren zu Veränderung und fördern den Spaß an der Arbeit.
- **Raum für Ideen schaffen:** Wir schaffen Freiräume für neue Denkansätze. Wir unterstützen unkonventionelle Ideen und fördern Eigenständigkeit im Denken und Handeln. Wir würdigen Ideen und Kreativität unabhängig von Hierarchieebenen und streben kontinuierlich nach Verbesserung. Wir erkennen kreative Leistung auch dann als Wert an, wenn sie nicht unmittelbar verwertbar ist.
- **Veränderung ermöglichen:** Wir sehen Wandel als etwas Positives an und wissen, dass Veränderungen Chancen bergen. Wir gestalten Veränderungsprozesse aktiv und nutzen Möglichkeiten, Neues auszuprobieren. Wo erforderlich, sind wir bereit, uns von Gewohntem zu verabschieden. Wir lernen niemals aus. Wir sind kritikfähig, fordern aktiv zu Feedback auf und setzen uns damit ernsthaft auseinander. Wir akzeptieren konstruktiven Widerspruch von unseren Mitarbeitern und können Fehler eingestehen.

Unternehmertum

- **Chancen verantwortungsvoll ergreifen:** Wir treffen Entscheidungen und vertreten sie entschlossen. Wir erkennen Chancen, bewerten die damit verbundenen Risiken gewissenhaft und sind bereit, auch Fehlschläge in Kauf zu nehmen. Wir kennen unsere Kunden, den Markt und stehen an der Spitze aktueller Entwicklungen – so führen wir unser Unternehmen zum Erfolg.
- **Bereichsübergreifend denken und handeln:** Wir denken und handeln über Länder-, Bereichs- und Markengrenzen sowie Hierarchien hinweg. Wir erkennen zuerst den Gewinn, der für beide Seiten in einer bereichsübergreifenden Zusammenarbeit liegt. Über den Willen zur Kooperation hinaus entwickeln wir Teamgeist. Bei aller

dezentralen unternehmerischen Verantwortung steht für uns das Große und Ganze des Gesamtunternehmens im Mittelpunkt.
- **Ergebnisse erzielen:** Wir setzen uns und unseren Mitarbeitern motivierende und transparente Ziele. Wir geben klare Prioritäten vor. Ergebnisse überprüfen und kontrollieren wir konsequent. Wir feiern Erfolge gemeinsam und analysieren Rückschläge ohne Schuldzuweisung, um daraus zu lernen.

Integrität

- **Respektvoll kommunizieren und handeln:** Achtung und Fairness prägen unsere Führungsarbeit. Wir haben erkannt, dass Anerkennung und Respekt die wichtigsten Grundlagen für Leistung sind. Wir führen einen regelmäßigen Dialog mit unserem Team sowie einzelnen Mitarbeitern und sind für unsere Mitarbeiter stets ansprechbar. Wir kommunizieren Entscheidungen ehrlich und respektvoll. Wir sind loyal zum Unternehmen wie auch zu unseren Mitarbeitern – auf allen Hierarchieebenen.
- **Mitarbeiter fördern und fordern:** Die Förderung von Mitarbeitern ist wesentlicher Bestandteil unserer Führungsphilosophie. Wir vertrauen unseren Mitarbeitern und übertragen ihnen Verantwortung, um sie zu fördern. Die Fähigkeiten unserer Mitarbeiter entscheiden über unseren Erfolg als Führungskraft. Wir verwenden auf ihre Entwicklung einen bedeutenden Anteil unserer Zeit. Für unsere Mitarbeiter suchen wir gezielt Entwicklungsmöglichkeiten, auch wenn diese außerhalb des eigenen Bereichs liegen. Wir sorgen dafür, dass die Besten zu Axel Springer kommen und hier bleiben. Das heißt: Wir suchen nach Exzellenz und fördern vor allem Mitarbeiter, die besser sind als wir selbst.
- **Recht und Gesetz achten:** Bei all unserem Handeln achten wir auf die konsequente Einhaltung von Recht und Gesetz sowie unserer Unternehmensrichtlinien. In der täglichen Arbeit und unserem Führungsverhalten orientieren wir uns dabei insbesondere an unserer Unternehmensverfassung, unseren Werten, dem Katalog sozialer Standards (International Social Policy) und den Leitlinien der journalistischen Unabhängigkeit. Wir sind zutiefst davon überzeugt, dass Erfolg nur in einem Umfeld der Rechtstreue und Einhaltung ethischer Standards gewährleistet werden kann."

Mit diesen Führungsgrundsätzen wurde ein Handlungsrahmen vorgegeben, der Transparenz über die Anforderungen und Erwartungen an die Führungskräfte schaffte. Das Unternehmen veranstaltete im Zuge dieses Prozesses mehr als 50 Workshops und stellte sicher, dass jede Führungskraft an mindestens einem davon teilnahm. Darüber hinaus wurde Führungskräften (über eine anonyme Befragung der Mitarbeiter) die Möglichkeit gegeben, das eigene Führungsverhalten zu hinterfragen, mehr über die eigenen Stärken und Schwächen zu erfahren und mit Coaches individuell an Verbesserungen zu arbeiten.

Auf diese Weise wurde ein starkes Signal an die Mitarbeiter ausgesendet: Der Vorstand ging den kulturellen Transformationsprozess proaktiv an – es gab keine Betroffenen, sondern nur Beteiligte.

Entwicklung neuer Netzwerke
Durch Veranstaltungen wie den „Talente-Campus" wurden neue Netzwerke innerhalb des Unternehmens geschaffen und Mitarbeiter dazu ermuntert, sich über Abteilungs- und Markengrenzen hinweg miteinander auszutauschen. Viele Start-ups, an denen Axel Springer Beteiligungen erworben hatte, nutzten diese Gelegenheiten, um in Kontakt mit langjährigen Konzernmitarbeitern zu kommen. Den Einladungen des „Talente-Campus" folgten in den Abendstunden mehr als hundert Angestellte. Ein ähnlicher Erfolg war später die sogenannte „Pizza-Connection", bei der sich Mitarbeiter in der Mittagspause zum kostenlosen Pizzaessen treffen und dabei Impulsreferaten von ausgewählten Digitalexperten folgen konnten. Beim „Top-Talent-Programm" schließlich wurden bereichsübergreifend vielversprechende, aufstrebende Mitarbeiter zusammengebracht und über einen Zeitraum von 18 Monaten weitergebildet – mit einem klaren Fokus auf digitale Fragestellungen.

Digitalergebnis als Teil der Zielvereinbarung
Um das Bewusstsein für die wachsende Bedeutung des Digitalgeschäfts für den Konzernumsatz zu schärfen, wurde das digitale Ergebnis schon frühzeitig in die Zielvereinbarungen vieler Mitarbeiter aufgenommen. Damit wurde die breite Masse der Axel Springer Mitarbeiter motiviert, für den digitalen Transformationsprozess einzutreten. Der Grundgedanke war hierbei immer: Keine Gewinner oder Verlierer der Digitalisierung – alle partizipieren an den gemeinsamen Erfolgen des neuen Geschäfts.

Diese primär kulturellen Maßnahmen waren ein äußerst wichtiger Baustein in dem von Mathias Döpfner angestoßenen Transformationsprozess.

Einen Quantensprung auf unternehmerischer Seite stellt die Ankündigung der Übernahme des deutschen Medienunternehmens ProSiebenSat.1 im Sommer 2005 dar. Für den Konzern bedeutete dieser Schritt eine große Zäsur: Es sollte der einzige börsennotierte deutsche Medienkonzern entstehen, der sowohl im Printmedien- als auch im Fernsehgeschäft tätig ist. Durch den Zusammenschluss sollte die notwendige Struktur zur erfolgreichen Erschließung des digitalen Zukunftsgeschäfts geschaffen werden: aus den Richtungen Print und TV.

Digitaler Take-off
Im Januar 2006 musste Axel Springer eine herbe Enttäuschung hinnehmen: Das Bundeskartellamt untersagte die Übernahme der Fernsehgruppe ProSiebenSat.1 aufgrund von medien- und kartellrechtlichen Einwänden. Zwar entschied das Bundesverwaltungsgericht Jahre später, dass die Übernehme medienrechtlich unbedenklich gewesen wäre. Axel Springer war dennoch gezwungen, seine ursprünglichen Pläne aufzugeben.

Der Vorstand reagierte mit einer konsequenten Fokussierung auf die eigenen Digitalplattformen. Mathias Döpfner gab das interne Ziel aus, den Umsatz- und EBITDA-Anteil der digitalen Aktivitäten auf jeweils 50 % zu steigern. Für den Verlag bedeutete das eine radikale Neuausrichtung: Zum damaligen Zeitpunkt belief sich der Umsatz- und EBITDA-Anteil der digitalen Aktivitäten auf gerade einmal rund ein Prozent.

In einem Kommentar für die Tageszeitung „DIE WELT" hatte Axel-Springer-CEO Mathias Döpfner schon im Februar 2000 geschrieben, die wichtigsten Themen seien „1. Internet, 2. Internet, 3. Internet" (Döpfner 2016). Innerhalb des Konzerns wurde diese Aussage spätestens jetzt zu einem geflügelten Wort. Die Devise lautete fortan: Internet, Internet, Internet.

3.4 Organische Transformation

Die „BILD"-Zeitung war seit ihrer Gründung im Jahr 1952 die publizistisch umstrittenste, aber wirtschaftlich bedeutendste Marke von Axel Springer. Mit großformatigen Bildern, leicht verständlicher Sprache und einer aktuellen Berichterstattung zu Unterhaltung, Politik und Sport wurde das Blatt die meistverkaufte Zeitung Europas. Mitte der 1980er Jahre hatte „BILD" eine verkaufte Auflage von täglich mehr als fünf Millionen Exemplaren und eine Reichweite von rund zwölf Millionen Lesern (Tuohy 1985). Der Erfolg der Marke führte zur Gründung einer Markenfamilie mit Zeitschriften wie „BILD der Frau", „Auto-BILD" und „Sport-BILD", der Sonntagszeitung „BILD am Sonntag" sowie später der Online-Plattform „BILD.de" bzw. deren Mobilversion „BILD mobil". Seit Jahrzehnten waren diese Ableger in ihrem Segment jeweils Marktführer in Deutschland.

Nach dem Einstieg der Deutschen Telekom im Jahr 2001 wurde das Online-Portal bis 2008 zunächst als Joint Venture zwischen Axel Springer und der Deutschen Telekom geführt. BILD und „BILD.de" waren voneinander unabhängig. Das bedeutete im Umkehrschluss, dass die Chefredaktion der Printzeitung nicht allein entscheiden konnte, welche Inhalte in welcher Form auf „BILD.de" verwendet wurden. Diese Trennung hatte der Geschäftsführerin Donata Hopfen zufolge aber auch Vorteile:

> Ich werde oft gefragt: Wie konnte BILD im Internet so erfolgreich werden? Die Antwort darauf ist, dass wir eine Tochtergesellschaft unterhalb der Kernmarke aufgebaut haben, die sich unabhängig entwickeln und eigene Regeln schaffen konnte. Bei seinem Start war ‚BILD.de' sogar in anderen Gebäuden untergebracht und hatte eigene Telefonnummern. So konnte eine eigenständige DNA mit einer unabhängigen Geschäftskultur entstehen, die neue und jüngere Talente anlockte. Als der gewünschte Erfolg eintrat, wurde ‚BILD.de' wieder in die Zentrale von Axel Springer und BILD verlegt und mit der Kernmarke verschmolzen (Interview mit Donata Hopfen 2014d).

Im Jahr 2008 wurden die Anteile der Deutschen Telekom an „BILD.de" zurückgekauft, sodass das Online-Portal wieder komplett zu Axel Springer gehörte. Mathias Döpfner war davon überzeugt, dass die fortschreitende Digitalisierung am besten gelingen würde, wenn Führungskräfte cross-mediale Verantwortung übernehmen. Der damalige BILD-Chefredakteur Kai Diekmann wurde zusätzlich auch Herausgeber von „BILD.de" und sorgte dafür, dass der Markenkern auf den unterschiedlichen Kanälen einen Wiedererkennungswert entwickelte. Dies zahlte sich aus: Im Dezember 2009 wurde „BILD.de" das reichweitenstärkste deutschsprachige Nachrichtenportal im Internet.

3.5 Akquisitorische Transformation

Für Mathias Döpfner stand frühzeitig fest, dass sich der digitale Erfolg nicht allein durch organische Transformationsprozesse herbeiführen lassen würde. Das Unternehmen beteiligte sich daher seit 2006 an einer Vielzahl junger und innovativer Digitalunternehmen (vgl. Abb. 3). Die Transaktionsgeschwindigkeit war enorm hoch: In den Jahren 2006 bis 2013 wurde im Schnitt alle vier Wochen eine Transaktion realisiert.

Hierbei kann zwischen segmentagnostischen und segmentspezifischen Akquisitionen unterschieden werden – in beiden Fällen lag der Fokus primär auf „Later-Stage"-Beteiligungen, das heißt Investitionen in „reifere" Unternehmen. Übernahmekandidaten sollten

- von herausragenden Gründerpersönlichkeiten geführt werden,
- ein am Markt bewiesenes und hoch skalierbares Geschäftsmodell besitzen,
- relevanten Umsatz generieren,
- profitabel bzw. an der Gewinnschwelle stehen.

Segmentagnostische Akquisitionen am Beispiel von Idealo
Die segmentagnostischen Akquisitionen hatten gemein, dass primär mediennahe Geschäftsmodelle bei Investitionsentscheidungen im Vordergrund standen, dabei jedoch kein direkter Bezug zu einem der klassischen Erlösströme der Verlagswelt gegeben sein musste (das heißt keine Vertriebs-, Anzeigen- oder Kleinanzeigenerlöse) und die Akquisitionen keine Basis für ein eigenständiges Unternehmenssegment darstellen mussten.

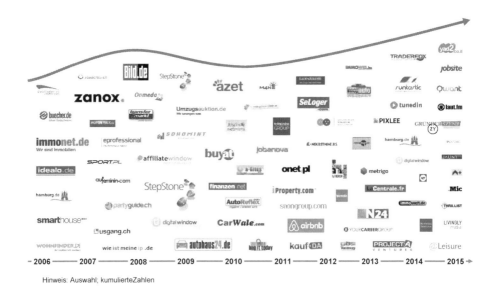

Abb. 3 Akquisitionen seit 2006 (Auswahl). (Quelle: Eigene Darstellung)

Ein erstes solches Investment war im Juli 2006 die Übernahme von knapp 75 % der Anteile an der Preisvergleichsplattform „Idealo", die zum damaligen Zeitpunkt mit 22 Mitarbeitern einen Jahresumsatz von knapp 11 Mio. EUR erzielte. Heute ist „Idealo" eine international agierende Unternehmensgruppe mit mehr als 600 Mitarbeitern und dabei hochprofitabel. Die „Idealo"-Gründer blieben als Geschäftsführer und Mitgesellschafter mit dem Unternehmen verbunden. Damit profitieren sowohl Axel Springer als auch die Gründer von der signifikanten Wertsteigerung über die Zeit – die verbliebenen 25-Prozent-Anteile der Gründer steigerten ihren Wert um ein Vielfaches. Mit „Idealo" gelang es erstmalig, ein junges Start-up in den traditionsreichen Verlag zu integrieren.

Aus dieser Zusammenarbeit entwickelten sich auch die Grundprinzipien, mit denen die Beteiligungen von Axel Springer geführt wurden:

- Holding-Struktur,
- operative Unabhängigkeit,
- Bindung der Gründer/des Managements,
- Sicherung des Wachstumsmomentums,
- Realismus bei Synergien,
- keine Zwangsbeglückung,
- Erhaltung der kulturellen Identität,
- Partnerschaft.

Axel Springer vertraute bei diesem Ansatz darauf, dass die Gründer ihre Unternehmen selbst am besten weiterentwickeln können – Mathias Döpfner formulierte:

> Maximale Toleranz für andere Unternehmenskulturen. Wir bieten die Synergien, die unser Unternehmen im Familienverbund hat, als Werkzeugkasten an (Mathias Döpfner im Gespräch mit Anderson/Uhlig 2014).

Neben „Idealo" schaffte es Axel Springer dabei gemeinsam mit einer Vielzahl weiterer Unternehmen, nachhaltige Geschäftsmodelle aufzubauen und international zu wachsen.

Segmentspezifische Akquisitionen am Beispiel der Rubrikenportale

Anders als bei den segmentagnostischen Akquisitionen stand bei den segmentspezifischen Akquisitionen der Bezug zu einer der Erlössäulen der klassischen Verlagswelt klar im Vordergrund – so zum Beispiel im Bereich der Rubrikenportale.

Eine erste Zerreißprobe im Zuge der digitalen Revolution war für viele traditionelle Verlagshäuser das Wegbrechen des Geschäfts mit Rubrikenanzeigen. Statt Annoncen in Tageszeitungen zu schalten, nutzten immer mehr Menschen die Vorteile des Internets, um zum Beispiel Autos zu verkaufen oder Wohnungen zu mieten: Online-Rubrikenportale waren für den Inserenten in der Regel signifikant kostengünstiger oder sogar kostenlos, konnten mit Fotos versehen und kontinuierlich aktualisiert werden.

Für Axel Springer war das Geschäft mit Auto-, Immobilien- und Stellenanzeigen von großer Bedeutung: Das Segment war jahrzehntelang berechenbar gewesen und hatte mit

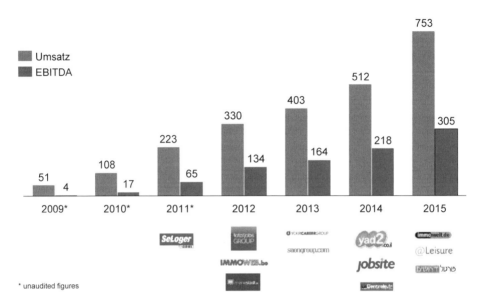

Abb. 4 Entwicklung des Rubrikengeschäfts (Umsatz und EBITDA in Mio. Euro). (Quelle: Axel Springer SE 2016j)

seinen hohen Margen einen entscheidenden Ergebnisbeitrag geleistet. Der Ansatz, in den digitalen Rubrikenmärkten Fuß zu fassen, war unternehmensintern daher stark umstritten – schließlich bedeutete ein Investment in digitale Rubrikenportale eine weitere Schwächung des Printmarkts und des eigenen Geschäfts. Gerade hier bewährte sich aber das von Mathias Döpfner ausgerufene Credo: „Keine Angst vor der Selbstkannibalisierung!"

Die Ursprünge der digitalen Rubrikenangebote von Axel Springer liegen in der frühen Beteiligung an der Immobilienplattform „Propertygate" kurz nach der Jahrtausendwende. Hieraus entstand später „Immonet", das spätestens mit der Akquisition von „Immowelt" im Jahr 2015 zu einer starken Nummer zwei im deutschen Markt wurde. Parallel dazu stieg Axel Springer im Jahr 2004 mit einem strategischen Investment an der deutschen StepStone-Tochter „StepStone Deutschland AG" in einen weiteren wichtigen Rubrikenmarkt ein: die Stellenportale. „StepStone" ist heute ein global führendes, hochprofitables digitales Stellenportal mit inzwischen mehr als 1800 Mitarbeitern in 20 Ländern.

Mit der wachsenden Bedeutung der digitalen Rubrikenangebote wurden auch strukturelle Veränderungen angestoßen: Axel Springer gründete eine neue Gesellschaft, in die das bestehende Portfolio an Rubrikenangeboten eingebracht wurde. An dieser Gesellschaft beteiligte sich im März 2012 das Private-Equity-Unternehmen General Atlantic mit 30 %. Dieser Schritt ermöglichte es Axel Springer, im Rahmen seiner Digitalisierungs- und Internationalisierungsstrategie das attraktive Geschäftsfeld der Online-Rubrikenmärkte weiter zielgerichtet und international auszubauen (vgl. Abb. 4).

Heute gehören neben den ursprünglichen Portalen Immonet, StepStone und SeLoger eine Vielzahl weiterer internationaler Rubrikenportale zu dem Portfolio, so zum Beispiel Totaljobs, Saongroup oder auch Yad2.

Neben den Sparten Immobilien und Stellen gelang im Jahr 2015 mit der Übernahme von @Leisure auch der Einstieg in den Bereich der Vermittlung von Reise- und Ferienimmobilien. Diesen Schritt erklärte Andreas Wiele, Vorstand Vermarktungs- und Rubrikenangebote:

> @Leisure ist ein hochprofitables Unternehmen, das wir partnerschaftlich weiterentwickeln wollen und das eine hervorragende Ergänzung unserer digitalen Rubrikenangebote darstellt. Im Reisebereich und bei der Vermittlung von Ferienimmobilien sehen wir großes Potenzial für Kooperationen mit anderen Aktivitäten von Axel Springer (Andreas Wiele in Axel Springer SE 2016a).

Im Dezember 2014 begann Axel Springer mit dem Rückkauf der Anteile von General Atlantic und erhöhte seinen Anteil am eigenen Rubrikengeschäft von 70 % zunächst auf 85 % und im Jahr 2015 auf 100 %. Das Geschäft gehörte nun wieder vollständig zu Axel Springer. Über die Jahre konnten Umsatz und EBITDA des Rubrikengeschäfts signifikant gesteigert werden und tragen heute zu mehr als 50 % des Konzern-EBITDA bei.

Zweite Portfoliobereinigung

Im Juli 2013 verkündete Axel Springer den Verkauf einiger seiner traditionsreichsten Printmarken an die Funke Mediengruppe, ein weiterer Meilenstein innerhalb des Transformationsprozesses des Hauses. Zu dem Paket (das einen Anteil von 15 % am Gesamtumsatz des Konzerns ausmachte) gehörten u. a. die Tageszeitungen „Hamburger Abendblatt", „Berliner Morgenpost" und die Programmzeitschrift „Hörzu". Der Verkaufserlös belief sich auf insgesamt 920 Mio. EUR; das Management kündigte an, die Summe in den weiteren Ausbau des Digitalgeschäfts zu investieren.

Der Verkauf der Traditionstitel wurde vom Markt und von der Öffentlichkeit unterschiedlich aufgenommen. Einige Beobachter – auch innerhalb des Unternehmens – warfen vor allem Mathias Döpfner vor, das Erbe von Verlagsgründer Axel Springer zu verraten. Andere sahen in dem Verkauf der Zeitungen und Zeitschriften einen mutigen und logischen Schritt auf dem Weg, den Konzern zu einem digitalen Verlag umzubauen. Die Verlegerwitwe und Mehrheitsgesellschafterin Friede Springer nahm öffentlich Stellung, verteidigte die Entscheidung des Managements und sagte:

> Das Alte ist vergangen. Wirklich vergangen (Friede Springer in FAZ 2013).

4 Entwicklung zum führenden digitalen Verlag

Bereits 2013 übertraf Axel Springer das von Mathias Döpfner ausgegebene Ziel, mehr als 50 % von Umsatz und EBITDA im Digitalgeschäft zu erwirtschaften – das ehemalige Randgeschäft war zum Kerngeschäft geworden: Inzwischen betrug der Digitalanteil am Anzeigenumsatz rund 70 %; der EBITDA-Anteil lag bei knapp 62 % (vgl. Abb. 5). Axel

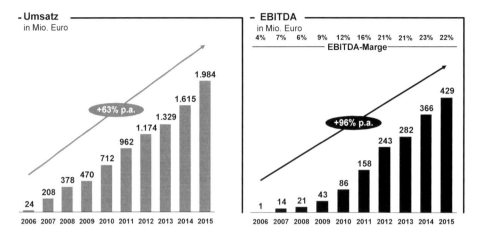

Abb. 5 Digitale Umsatz- und EBITDA-Entwicklung bei Axel Springer (2006 bis 2015). (Quelle: Eigene Darstellung)

Springer war in 44 Ländern aktiv und erreichte eine Leserschaft von 98 Mio. „Unique Usern".

Für Mathias Döpfner bedeutete dies aber nur einen Zwischenschritt. Im Dezember 2013 legte er in einer Art Manifest seine Prinzipien dar. Das als „Homepage" bezeichnete Grundsatzprogramm ist mit den Worten „Was wir sind und was wir wollen" überschrieben. Leitbild und Selbstverständnis wurden in sieben Punkten zusammengefasst:

1. Wir sind und bleiben ein Verlag, also ein Haus des Journalismus.
2. Wir wollen unsere Leser unabhängig und besser als andere informieren, beraten und unterhalten.
3. Wir sind und wir wollen wirtschaftlich erfolgreich sein.
4. Wir gestalten die Digitalisierung aktiv und sehen darin unsere große Chance.
5. Wir tun das, was wir tun, mit Leidenschaft und versuchen, ständig besser zu werden.
6. Wir ziehen Individualisten an und fördern sie wirklich.
7. Wir stärken Freiheit, Demokratie und Weltoffenheit.

Die Veröffentlichung war ein klares Bekenntnis zu den Wurzeln des Verlags. Sowohl der Öffentlichkeit als auch den eigenen Mitarbeitern sollte deutlich gemacht werden: Die unternehmerische Identität von Axel Springer ist trotz aller Veränderungen unverrückbar – für Mathias Döpfner galt mehr denn je das Prinzip:

> Je besser man weiß, was man bewahren will, desto besser kann man sich radikal verändern (Mathias Döpfner im Gespräch mit Anderson/Uhlig 2014).

Zur gleichen Zeit überarbeitete man außerdem die seit mehr als zehn Jahren gültige Unternehmensstrategie. Wurde 2002 „Digitalisierung" erstmalig zu einer eigenständigen

Säule innerhalb der neuen Strategie, so änderte sich dies nun: Durch die fortschreitende Transformation zahlten die Erfolge der Digitalisierung nun in alle drei Unternehmenssegmente gleichermaßen ein. Die Digitalisierung selbst wurde zur verbindenden und umfassenden Klammer.

Die neue Segmentierung orientierte sich damit wieder an den klassischen Erlösströmen des Verlags: Bezahl-, Marketing und Rubrikenangebote. Das neue Unternehmensziel war nun sehr klar – Axel Springer soll der führende digitale Verlag werden.

Parallel zu diesen Schritten wurde eine Reihe weiterer Maßnahmen und Initiativen initiiert, wie in den folgenden Abschnitten dargestellt.

4.1   Bezahloffensive: BILDplus

Um neben den bestehenden Anzeigenerlösen weitere Erlösströme in der digitalen Welt zu realisieren, begann Axel Springer als einer der ersten Akteure innerhalb der deutschen Verlagslandschaft, der „Kostenloskultur" von journalistischen Inhalten im Internet entgegenzutreten.

Bis zur Jahresmitte 2013 waren alle Inhalte auf der „BILD.de" ohne zusätzliche Zahlungen verfügbar. Mit dem Erwerb von Sportrechten (sechsminütige Videozusammenfassungen aller Bundesligaspiele 45 min nach Spielende) entschied das Management, Teile des Angebots („BILDplus") kostenpflichtig anzubieten – für Preise zwischen 4,99 und 14,99 EUR pro Monat. Obwohl Axel Springer damit unter den großen deutschen Online-Plattformen eine Vorreiterrolle einnahm, ging die Idee auf: Im Mai 2014 hatte „BILDplus" mehr als 200.000 zahlende Kunden, im Januar 2016 sogar mehr als 315.000 zahlende Kunden. Erstmalig in der Geschichte war „BILD" die größte Abozeitung in Deutschland – mit mehr Abonnenten als zum Beispiel SZ oder FAZ (FAZ 2013).

Dass die bei „BILDplus" ausgespielten Inhalte sowohl von der Online- als auch von der Printredaktion erstellt wurden, hatte für das Unternehmen einen weiteren Vorteil: Erstmals arbeiteten alle Journalisten der Marke „BILD" für ein gemeinsames Produkt.

4.2   Integrationsoffensive: WeltN24

Innerhalb des Konzerns nahm die Redaktion der „DIE WELT"-Gruppe (zu der u. a. „DIE WELT", „DIE WELT am SONNTAG", „DIE WELT Kompakt" und „WELT Online" gehören) seit Mitte der 2000er Jahre eine Vorreiterrolle bei der Digitalisicrung ein. So galt für die Journalisten früh die Devise „Online First": Exklusive Nachrichten sollten nicht mehr bis zum Erscheinen der Printausgaben zurückgehalten werden, sondern in Echtzeit im Internet verbreitet werden.

Ende 2013 bezog die Redaktion einen neuen Newsroom in der ehemaligen Veranstaltungshalle der Axel-Springer-Konzernzentrale in Berlin. Dort wurde von Beginn an nach dem Prinzip „Online to Print" gearbeitet – in drei Geschwindigkeiten:

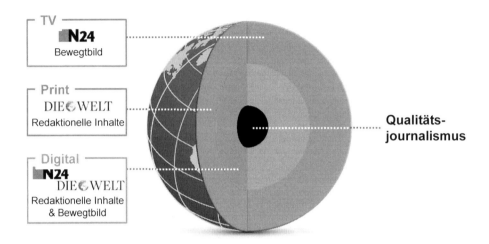

Abb. 6 WELT und N24 bündeln Kompetenzen in gemeinsamem Angebot. (Quelle: Eigene Darstellung)

- Im Zentrum des Newsrooms befindet sich die Produktion der Online-Ausgabe der „WELT" und der mobilen Angebote – sieben Tage die Woche, 24 Stunden am Tag (in Zusammenarbeit mit den Newsrooms im Ausland).
- Aus den so entstandenen Inhalten werden die täglichen Ausgaben der „WELT Edition" (Tablet-App) sowie der Tageszeitungen „DIE WELT", „DIE WELT Kompakt" und „DIE WELT Aktuell" generiert.
- Die „dritte Geschwindigkeit" ist die Produktion der wöchentlichen Ausgaben „WELT am SONNTAG" und „WELT am SONNTAG Kompakt".

Ebenfalls im Dezember 2013 übernahm Axel Springer den Fernsehnachrichtenkanal N24 und kündigte dessen Integration in die „DIE WELT"-Gruppe an (Axel Springer SE 2013). Zu den strategischen Hintergründen äußerte sich Jan Bayer, Vorstand BILD- und WELT-Gruppe:

> N24 und die WELT-Gruppe ergänzen sich hervorragend und bilden zusammen das multimediale Spektrum des Journalismus ab. N24 profitiert in dieser Partnerschaft von der redaktionellen Qualität und Digital-Expertise der WELT-Gruppe. Axel Springer und die WELT-Gruppe erhalten Zugang zur Bewegtbild- und Live-Nachrichten-Kompetenz von N24 (vgl. Abb. 6) (Jan Bayer in Axel Springer SE 2013).

Ziel des Investments war die Schaffung eines trimedialen Nachrichtenangebots von Print, Digital und TV.

Mit diesem Vorhaben betrat die Redaktion in Deutschland absolutes Neuland. Seit 2014 werden die Redaktionen unter einem gemeinsamen Markendach zusammengeführt. Damit soll an (Print-)Leser, (Online-)Nutzer und (Fernseh-)Zuschauer das Signal ausgesendet werden, dass hinter den unterschiedlichen Plattformen eine gemeinsame Redaktion und Absenderschaft steht.

4.3 Frühphasenoffensive: Axel Springer Plug and Play

Im Jahr 2013 baute Axel Springer gemeinsam mit dem US-amerikanischen „Plug and Play Tech Center" einen sogenannten „Accelerator" zur Förderung von Start-up-Unternehmen in Berlin auf. Das Programm „Axel Springer Plug and Play" bietet neu gegründeten Digitalfirmen eine Finanzierung in Höhe von 25.000 EUR, Büroflächen für drei Monate, umfassendes Mentoring sowie den Zugang zu Experten innerhalb des Konzerns.

Axel Springer ermöglicht das Programm wertvolle Einblicke in innovative Technologien, Kontakt zu vielversprechenden Talenten – und Investments in aussichtsreiche Firmen. Mit „Plug and Play" wurde ein Umfeld geschaffen, in dem Start-up-Gründer und Führungskräfte des Konzerns voneinander lernen können. „Axel Springer Plug and Play"-CEO Jörg Rheinboldt:

> Für Axel Springer ist es wichtig, von der Art und Weise ‚infiziert' zu werden, mit der Start-ups Entscheidungen treffen. Diese jungen Firmen fassen jede Woche weitreichende und verbindliche Entschlüsse, die – wenn sie falsch sind – dauerhafte Auswirkungen auf den zukünftigen Erfolg des Unternehmens haben. In einem Konzern wie unserem haben die Mitarbeiter selten Gelegenheit, die Bedeutung von Verantwortlichkeit und Haftung in aller Konsequenz tatsächlich zu erfahren. Das ist aber hilfreich, wenn man sich das Ausmaß der eigenen Freiheiten vergegenwärtigen will (Interview mit Jörg Rheinboldt 2014c).

Inzwischen hat sich „Axel Springer Plug and Play" zu einem der größten Acceleratoren in Deutschland entwickelt. Seit 2013 wurden mehr als 70 Beteiligungen in Start-ups realisiert.

4.4 US-Offensive: Business Insider

Internationalisierungsbestrebungen gab es bei Axel Springer schon seit Mitte der 1970er Jahre. Seit Beginn der digitalen Transformation rückten die USA als strategisch bedeutender Markt immer mehr in den Fokus. Dieser Prozess kann grob in drei Phasen unterteilt werden:

- Seit 2006 gab es sowohl auf persönlicher als auch auf institutioneller Ebene einen über die Jahre intensiver werdenden Austausch mit US-amerikanischen Unternehmen. So ist Mathias Döpfner zum Beispiel seit 2006 Aufsichtsratsmitglied des Medienkonzerns „Time Warner".
- Seit 2012 wurde mit der Beteiligung an „Airbnb" mit einem konsequenten Standortaufbau im Silicon Valley begonnen. Axel Springer tätigte von nun an verstärkt Frühphasenbeteiligungen in den USA.

- Im Oktober 2015 realisierte Axel Springer mit der Übernahme von „Business Insider" die erste Mehrheitsbeteiligung in den USA. Die Anteile am „Wall Street Journal der digitalen Generation" wurden von anfänglich neun Prozent auf 97 % erhöht.

Die Übernahme von „Business Insider" stellt einen weiteren Meilenstein in der digitalen Transformation von Axel Springer dar. Die Übernahme trägt dazu bei, das journalistische Portfolio im englischsprachigen Raum zu erweitern und mit innovativem digitalem Journalismus weiter zu wachsen. Die digitale Gesamtreichweite von Axel Springer liegt nun weltweit bei knapp 200 Mio. monatlichen Nutzern. Damit gehört Axel Springer inzwischen zu den sechs reichweitenstärksten Medienkonzernen der Welt.

Für das Wachstum auf dem US-amerikanischen Markt greift Axel Springer auf vier Bausteine, die einen strategischen Handlungsrahmen bilden, zurück („DICE"-Strategie):

- **D**evelop (entwickeln),
- **I**nvest (investieren),
- **C**ollaborate (zusammenarbeiten),
- **E**xpand (internationalisieren).

Auf Basis dieses Werkzeugkastens können, abhängig vom Beteiligungs- und Entwicklungsgrad der verschiedenen Unternehmen, die adäquaten Maßnahmen zur zukünftigen Wertsteigerung der Axel-Springer-Aktivitäten in den USA getroffen werden.

4.5 Kooperationsoffensive: Upday

Seit Mitte der 2010er Jahre konnten drei maßgebliche Trends im sich verändernden Konsum von Nachrichten identifiziert werden:

- Die Bedeutung mobiler Inhalte nimmt weiter zu: Durch die massive Verbreitung von Smartphones sind die Menschen inzwischen nahezu rund um die Uhr erreichbar. Sie konsumieren Nachrichten fast überall und auf einer Vielzahl von (mobilen) Geräten.
- Paketlösungen werden aufgebrochen: Inhalte werden nicht mehr wie früher auf einer bestimmten Plattform oder bei einer bestimmten Marke konsumiert. Die Nutzer haben Zugriff auf unzählige verschiedene Quellen; Anbieter wie Google (Google News) oder Facebook (Instant Articles) werden als Partner für Medienunternehmen immer wichtiger.
- Persönliche Vorlieben entwickeln sich zu Werttreibern: Durch die Allgegenwärtigkeit von Nachrichten, die häufig als „Informationsflut" empfunden wird, wächst der Wunsch nach einer Sortierung auf Basis persönlicher Bedürfnisse. Menschen wollen vor allem solche Nachrichten konsumieren, die sie selbst als relevant empfinden.

Um auf diese Trends zu reagieren, suchte Axel Springer nach einem starken Partner. Im September 2015 konnte eine Kooperation mit dem südkoreanischen Technologiekonzern

Samsung bekannt gegeben werden. Ziel der Zusammenarbeit ist die Entwicklung von digitalen und individuell zugeschnittenen Medienangeboten exklusiv für Samsung-Kunden.

Erstes gemeinsames Projekt beider Unternehmen ist die im März 2016 in vier Ländern (Deutschland, Frankreich, Polen und Großbritannien) gestartete Smartphone-App „Upday", die Nutzern den Zugriff auf eine Vielzahl unterschiedlicher Nachrichteninhalte ermöglicht. Dafür wählt eine lokale Redaktion „Need to know"-Informationen (das heißt Nachrichten, die jeder kennen muss, um mitreden zu können) aus. Zusätzlich werden algorithmusbasierte „Want to know"-Inhalte (das heißt Nachrichten, an denen der jeweilige Nutzer ein persönliches Interesse hat) ausgespielt.

Als CEO von Upday erwartet Peter Würtenberger einen erfolgreichen Marktstart:

> Wir haben ein journalistisches Produkt, von dem wir absolut überzeugt sind, und mit Samsung einen Partner, der uns einen präferierten Zugang zu einem riesigen Publikum eröffnet (Peter Würtenberger in Horizont 2016).

5 Fazit

Die Transformation von Axel Springer zeigt auf, mit welchen Herausforderungen Unternehmen konfrontiert sind, deren Geschäftsmodelle radikale Veränderungsprozesse durchleben.

Dabei stellen sich perspektivisch die folgenden Fragen: 1) Wie kann aus einem disruptiven Transformationsprozess ein nachhaltiger, wertschaffender Veränderungsprozess erwachsen und 2) wie kann die eigene strategische Position gegenüber neuen Wettbewerbern durch den Aufbau strategischer Partnerschaften gesichert werden?

5.1 Veränderung als Chance

Studien der US-Zeitungsbranche haben ergeben, dass die Eigenwahrnehmung von Unternehmen, die vor digitalen, disruptiven Veränderungsprozessen stehen, entscheidende Auswirkungen auf das individuelle strategische Verhalten hat (Gilbert 2001). Wurde Veränderung als Chance begriffen, neigt das Management eher dazu, flexibel auf die aufkommenden Neuerungen zu reagieren, stellte aber die notwendigen Investitionsmittel oftmals nicht zur Verfügung. Wurde Veränderung dagegen eher als Bedrohung wahrgenommen, wurde zwar häufig viel investiert – aber die notwendige Dynamik zur kulturellen Veränderung und Entwicklung war nicht vorhanden. Beide Herangehensweisen blieben meist erfolglos.

Bei Axel Springer wurden diese Fehler vermieden. Das Unternehmen erkannte früh die Bedeutung des Internets und die damit verbundenen Auswirkungen auf die gesamte Branche. Das Management besann sich auf die Kernkompetenz Axel Springers – den

Journalismus – und stellte fest, dass journalistische Inhalte auch in einer digitalen Umgebung erfolgreich verbreitet werden können. Zusätzlich wurden signifikante Investitionen zur Sicherung des Transformationsprozesses bereitgestellt.

Axel Springer kombinierte hier mehrere strategische Stoßrichtungen: Zum einen wurden digitale Plattformen für vorhandene (Print-)Marken aufgebaut, zum anderen investierte Axel Springer in digitale Start-ups. Bei Übernahmen wurden die Gründer in den Unternehmen als Geschäftsführer gehalten und zu Mitgesellschaftern gemacht – langjährige Konzernmitarbeiter und junge Innovatoren konnten so direkt voneinander lernen. Zusätzlich scheute Axel Springer nicht davor zurück, das eigene Geschäft durch die Übernahme disruptiver Geschäftsmodelle zu kannibalisieren und so das eigene Überleben zu sichern – dies zeigt sich besonders deutlich am Beispiel der Rubrikenangebote.

Darüber hinaus baute Axel Springer einen Accelerator auf, der digitale Medienunternehmen schon in der Gründungsphase unterstützt. Diese Frühphaseninvestitionen können sich in mehrfacher Hinsicht auszahlen: Durch die spätere Integration der Firmen in die bestehende Unternehmensstruktur, durch den Verkauf der Anteile an einem erfolgreich gewachsenen Unternehmen oder sogar auch bei Misserfolgen durch die Vermeidung von vergleichbaren Fehlern.

Der Schritt, die heutigen Konzernsegmente an den klassischen Dimensionen des Zeitungsgeschäfts (Vertriebserlöse, Rubrikenerlöse und Anzeigenerlöse) zu orientieren, stellt eine Symbiose zwischen historischem Unternehmenskern und heutiger Unternehmensrealität dar – das Management schafft es somit erfolgreich, beide Welten miteinander zu verbinden.

Die fortschreitende Internationalisierung mit dem Aufbau starker Geschäftsbereiche außerhalb von Deutschland stellt einen weiteren Treiber für die zukünftige Wertentwicklung dar.

5.2 Partnerschaften als Wachstumshebel

Auch in der digitalen Welt ist es für Medienhäuser von größter Bedeutung, mit möglichst vielen Lesern bzw. Nutzern in Kontakt zu treten – hier bieten digitale Schwergewichte wie Google, Apple, Facebook, Twitter oder auch Snapchat auf den ersten Blick neue Möglichkeiten. Gleichzeitig treten diese Spieler aber auch als „vertikale Disruptoren" auf, das heißt dringen mit Teilen ihrer Angebote in Stufen der Wertschöpfungskette vor, die historisch von Medienhäusern bedient wurden (Burgelman und Grove 2007). Dies führt zu einer komplexen strategischen Herausforderung, vor allem getrieben durch die wirtschaftliche Asymmetrie zwischen den digitalen Giganten aus dem Silicon Valley und den unter Kostendruck stehenden Medienunternehmen – sichtbar zum Beispiel bei der Größe von Entwicklungsbudgets.

Die Rückbesinnung auf die ursprüngliche journalistische Kompetenz kann jedoch auch hier helfen: Je attraktiver Inhalt und Absenderschaft, umso stärker können Medienhäuser gegenüber potenziellen Disruptoren auftreten. Über Inhalte kann eine erfolgreiche Abgrenzung sichergestellt und eine eigene Position der Stärke aufgebaut werden.

Axel Springer versucht hier von einer Vielzahl an Initiativen zu profitieren: zum Beispiel mit Upday (aus der Kooperation mit Samsung), aber auch in seiner Zusammenarbeit mit Facebook (zur Nutzung von Instant Articles). Beide Ansätze können perspektivisch dazu beitragen, die Verhandlungsmacht gegenüber den digitalen Schwergewichten unserer Zeit zu verbessern und dabei das eigene Geschäft zu stabilisieren und auszubauen.

Die Erfolge der vergangenen Jahre bedeuten für Mathias Döpfner dabei aber nicht, dass Axel Springer die von ihm angestoßene Transformation erfolgreich abgeschlossen hätte – für ihn gilt weiterhin:

> In der Geschäftswelt (…) gilt seit Langem die Regel: ‚Only the paranoids will survive.' Und an diese Hoffnung, an diese für Zweckpessimisten tröstliche Perspektive, klammere ich mich seit Jahren mit Inbrunst. Wir bei Axel Springer sind ganz eingefleischte Zweckpessimisten. Wir gehen immer davon aus, dass alles ganz schlimm ausgeht. Das hat viel Positives. Erstens freuen wir uns umso mehr, wenn es mal gut geht. Und zweitens geht es auf diese Weise viel öfter gut. Denn als Zweckpessimist ist man ja viel vorsichtiger und besser auf alle Eventualitäten vorbereitet als andere Leute (Mathias Döpfner 2013).

Leitlinien – Zusatzinformation
Später wurden diese vier Leitlinien auch Bestandteil der Arbeitsverträge aller Journalisten des Verlags in Deutschland. Im Jahr 2016 wurde eine internationale Fassung weiterentwickelt. Die sogenannten „Essentials" wurden bisher zweimal (nach der deutschen Wiedervereinigung und nach den Terroranschlägen des 11. September 2001) verändert bzw. angepasst. Heute lauten sie wie folgt:

1. Das unbedingte Eintreten für den freiheitlichen Rechtsstaat Deutschland als Mitglied der westlichen Staatengemeinschaft und die Förderung der Einigungsbemühungen der Völker Europas.
2. Das Herbeiführen einer Aussöhnung zwischen Juden und Deutschen, hierzu gehört auch die Unterstützung der Lebensrechte des israelischen Volkes.
3. Die Unterstützung des transatlantischen Bündnisses und die Solidarität in der freiheitlichen Wertegemeinschaft mit den Vereinigten Staaten von Amerika.
4. Die Ablehnung jeglicher Art von politischem Totalitarismus.
5. Die Verteidigung der freien sozialen Marktwirtschaft (Axel Springer SE 2016i).

Literatur

Axel Springer SE. (1979). Deshalb bleiben wir bei den Anführungsstrichen - Leserbrief an die Tageszeitung DIE WELT. http://www.axelspringer.de/artikel/Deshalb-bleiben-wir-bei-den-Anfuehrungsstrichen_2197176.html. Zugegriffen: 23. Aug. 2016.

Axel Springer SE. (2013). Axel Springer übernimmt N24/Multimediales Nachrichtenunternehmen aus N24 und WELT-Gruppe entsteht. http://www.axelspringer.de/presse/Axel-Springer-uebernimmt-N24-Multimediales-Nachrichtenunternehmen-aus-N24-und-WELT-Gruppe-entsteht_19647691.html. Zugegriffen: 8. März 2016.

Axel Springer SE. (2016a). Axel Springer erwirbt Mehrheit an Online-Ferienimmobilienvermittler @Leisure. http://www.axelspringer.de/presse/Axel-Springer-erwirbt-Mehrheit-an-Online-Ferienimmobilienvermittler-Leisure_22125334.html. Zugegriffen: 8. März 2016.

Axel Springer SE. (2016b). Daten und Fakten zu Europas größter Tageszeitung. http://www.axelspringer.de/artikel/cw_artikel_nv_de_3171989.html. Zugegriffen: 1. März 2016.

Axel Springer SE. (2016c). Die Chronik der Unternehmensentwicklung. 1946–1956: Aufstieg aus den Ruinen. http://www.axelspringer.de/chronik/cw_chronik_jahrzehnt_de_85842.html. Zugegriffen: 1. März 2016.

Axel Springer SE. (2016d). Die Chronik der Unternehmensentwicklung. 1956–1966: Wende zur Politik. http://www.axelspringer.de/chronik/cw_chronik_jahrzehnt_de_43807.html. Zugegriffen: 1. März 2016.

Axel Springer SE. (2016e). Die Chronik der Unternehmensentwicklung. 1966–1976: Kampf dem Konzern. http://www.axelspringer.de/chronik/cw_chronik_jahrzehnt_de_39100.html. Zugegriffen: 1. März 2016.

Axel Springer SE. (2016f). Die Chronik der Unternehmensentwicklung. 1976–1986: Tod des Gründers. http://www.axelspringer.de/chronik/cw_chronik_jahrzehnt_de_99277.html. Zugegriffen: 1. März 2016.

Axel Springer SE. (2016g). Die Chronik der Unternehmensentwicklung. 1986–1996: Aufbruch im Osten. http://www.axelspringer.de/chronik/cw_chronik_jahrzehnt_de_99381.html. Zugegriffen: 1. März 2016.

Axel Springer SE. (2016h). Die Chronik der Unternehmensentwicklung. 1996–2006: Internationalisierung. http://www.axelspringer.de/chronik/cw_chronik_jahrzehnt_de_99729.html. Zugegriffen: 1. März 2016.

Axel Springer SE. (2016i). Grundsätze und Leitlinien. http://www.axelspringer.de/artikel/Grundsaetze-und-Leitlinien_40218.html. Zugegriffen: 1. März 2016.

Axel Springer SE. (2016j). Axel Springer stärkt im Geschäftsjahr 2015 Position als führender digitaler Verlag. Presseinformation auf http://www.axelspringer.de/presse/Axel-Springer-staerkt-im-Geschaeftsjahr-2015-Position-als-fuehrender-digitaler-Verlag_26333672.html. Zugegriffen: 18. März 2016.

Axel Springer SE. (2016k). Die Führungsgrundsätze der Axel Springer SE. http://www.axelspringer.de/artikel/Die-Fuehrungsgrundsaetze-der-Axel-Springer-SE_40848.html. Zugegriffen: 19. März 2016.

Bild.de. (2016). Über BILD.de – BILD.de: Mehr Web geht nicht! http://www.bild.de/corporate-site/ueber-bild-de/bild-de/artikel-ueber-bild-de-17520982.bild.html. Zugegriffen: 24. Febr. 2016.

Burgelman, R. A., & Grove, A. S. (2007): Cross-boundary disruptors: Powerful inter-industry entrepreneurial change agents. *Strategic Entrepreneurship Journal, 1*(3–4), 315–327.

Döpfner, M. (2013). Wir Zweckpessimisten. http://www.welt.de/print/die_welt/debatte/article112717204/Wir-Zweckpessimisten.html. Zugegriffen: 1. Mär. 2016.

Döpfner, M. (2016). www.ohne uns.de. http://www.welt.de/print-welt/article500430/www-ohne-uns-de.html. Zugegriffen: 27. Febr. 2016.

Financial Times Deutschland. (2000). Europas größter Pressekonzern - im Internet ein Zwerg. Ausgabe vom 28.9.2000.

FAZ. (2012). Gruner + Jahr stellt Financial Times Deutschland ein. http://www.faz.net/aktuell/wirtschaft/medien-gruner-jahr-stellt-financial-times-deutschland-ein-11966119.html. Zugegriffen: 1. März 2016.

FAZ. (2013). Die Controllerin Friede Springer. http://www.faz.net/aktuell/wirtschaft/menschen-wirtschaft/zukunft-der-zeitung-die-controllerin-friede-springer-12308032.html. Zugegriffen: 11. März 2016.

Gilbert, C. G. (2001). *A dilemma in response: Examining the newspaper industry's response to the Internet.* (The Academy of Management Best Paper Proceedings Series). doi:10.5465/APBPP.2001.6123173.

Handelsblatt. (1999). Springer goes Hollywood. Ausgabe vom 20.5.1999.

Horizont. (2016). Upday startet im März in vier Ländern. http://www.horizont.net/medien/nachrichten/CEO-Peter-Wuertenberger-Upday-startet-im-Maerz-in-vier-Laendern-138362. Zugegriffen: 8. März 2016.

Internet World Stats News. (2006). One billion Internet users. http://www.internetworldstats.com/pr/edi014.htm. Zugegriffen: 1. März 2016.

Interview. (2014a). Ulrich Schmitz im Gespräch mit R. A. Burgelman, 15. Apr.

Interview. (2014b). Mathias Döpfner im Gespräch mit R. A. Burgelman, 16. Apr.

Interview. (2014c). Jörg Rheinboldt im Gespräch mit R. A. Burgelman, 16. Apr.

Interview. (2014d). Donata Hopfen im Gespräch mit R. A. Burgelman, 17. Apr.

Khosrowpour, M. (1996). *Information technology management and organizational innovations: Proceedings of the 1996 Information Resources Management Association International conference Washington D.C.* (S. 280). Harrisburg: Idea Group.

Mathias Döpfner im Gespräch mit Anderson/Uhlig. (2014). In K. Anderson, & J. Uhlig (2015), *Das agile Unternehmen – Wie Organisationen sich neu erfinden*. Frankfurt a. M.: Campus.

Spiegel Online. (2013). Waz-Gruppe streicht Redaktion. http://www.spiegel.de/kultur/gesellschaft/westfaelische-rundschau-waz-gruppe-streicht-redaktion-120-stellen-a-877623.html. Zugegriffen: 1. März 2016.

Spiegel Online. (2014). 20 Jahre SPIEGEL ONLINE. http://www.spiegelgruppe.de/spiegelgruppe/home.nsf/CF7BDCC017A93619C1257D770044B0BB/$file/20%20Jahre%20SPON_Geschichte_neu.pdf. Zugegriffen: 24. Febr. 2016.

Statista. (2016). Entwicklung der verkauften Auflage der Tageszeitungen in Deutschland in ausgewählten Jahren von 1991 bis 2015 (in Millionen Exemplaren). http://de.statista.com/statistik/daten/studie/72084/umfrage/verkaufte-auflage-von-tageszeitungen-in-deutschland/. Zugegriffen: 15. März 2016.

Statistisches Bundesamt. (2005). *Informationstechnologie in Unternehmen und Haushalten 2004*. Wiesbaden: Statistisches Bundesamt.

Tuohy, W. (1985). Paper keeps it lively: Germany's Bild feared, attacked, LA Times, November 19, 1985. http://articles.latimes.com/1985-11-19/news/mn-7491_1_west-germany. Zugegriffen: 28. April 2014.

Über die Autoren

Prof. Dr. Robert A. Burgelman ist Professor im Bereich „Organizational Behavior" an der Stanford Business School sowie Leiter des Stanford Executive Program. Er trägt zudem den Ehrendoktortitel der Kopenhagen Business School und leistete Forschungsaufenthalte an verschiedensten Universitäten, u. a. an der Harvard Business School. Burgelman studierte Management of Organizations an der Columbia University mit dem Abschluss „Master of Arts" und promovierte im Anschluss in diesem Bereich. Seit 1981 ist er an der Stanford Business School tätig. Burgelmans Forschungstätigkeit konzentriert sich auf die Bedeutung der Strategiefindung für die Unternehmensentwicklung, insbesondere im Kontext von Käufen und Verkäufen von Firmen bzw. Beteiligungen. Er publiziert Beiträge in den führenden akademischen Zeitschriften und ist zudem Autor von mehr als 100 Case Studies.

Dr. Jens Müffelmann ist CEO der Axel Springer Digital Ventures GmbH sowie President Axel Springer USA. Er ist seit 1997 für die Axel Springer SE in verschiedenen Führungspositionen tätig, zunächst in der strategischen Unternehmensplanung, später als Leiter der Konzernstrategie/-entwicklung. Von 2004 bis 2014 verantwortete er den Geschäftsführungsbereich Elektronische Medien und war damit zuständig für Aufbau und Entwicklung des Internet-, TV- und Radioportfolios. Anschließend war er COO für ca. 200 Portfoliogesellschaften im neu formierten Vorstandsbereich Rubriken- und Vermarktungsangebote. Jens Müffelmann ist Diplom-Ingenieur und promovierte im Rahmen eines gemeinsamen Forschungsprojektes an der Universität der Bundeswehr und der Columbia University zum Thema „Organizational Change in deutschen und US-amerikanischen Unternehmen".

Electronic goes Multi-Channel – Erfahrungsbericht Conrad

Werner Conrad und Stefanie Bräu

Zusammenfassung

Multi-Channel, Cross-Channel oder Omni-Channel – egal wie der Handel in mehreren Kanälen bezeichnet wird: Es stellt eine enorme Herausforderung an die Unternehmen dar. Die Geschichte von Conrad ist seit 1923 geprägt durch die Nutzung mehrerer Kanäle, davon viele Jahre mit Schwerpunkt auf das Versand- und Filialgeschäft. Heute stellt E-Commerce den führenden Kanal dar, aber noch immer spielen das Filial- und Kataloggeschäft bei Conrad eine wichtige Rolle. Darüber hinaus gehören auch weniger offensichtliche Wege wie E-Procurement, OCI-Anbindungen oder die eigene Community zum digitalen Repertoire des Unternehmens. Als einer der Online-Pioniere im deutschen Handel arbeitet Conrad seit 1997 an der digitalen Transformation seiner Organisation. Trotz der gravierenden Veränderungen bei Technologien, in der Wettbewerbslandschaft und im Konsumentenverhalten ist das Ziel des Unternehmens unverändert: Kunden nicht nur zufrieden zu stellen, sondern zu begeisterten Fans der Marke zu machen Der nachfolgende Beitrag zeigt mit einem Praxisbericht die Höhen und Tiefen dieser Reise in das digitale Zeitalter auf.

W. Conrad (✉) · S. Bräu
Conrad Electronic SE, Hirschau, Deutschland
E-Mail: public.relations@conrad.de

S. Bräu
E-Mail: public.relations@conrad.de

Inhaltsverzeichnis

1 Vom einfachen Radiogeschäft zu einem der führenden Multi-Channel-Anbieter für Technik und Elektronik in Europa 354
   1.1 Früher Start in den Multi-Channel-Handel. 354
   1.2 Internationalisierung und digitale Medien 355
2 Das Multi-Channel-Konzept von Conrad 358
   2.1 Ziele im digitalen Zeitalter. 358
   2.2 Die Rahmenbedingungen für das Multi-Channel-Konzept 358
3 Digitale Transformation: Auszüge aus dem Transformationshandbuch von Conrad Electronic 366
   3.1 Die Helden von gestern und morgen 367
   3.2 Prozesse, Prozesse, Prozesse 368
   3.3 Kunde ist nicht gleich Kunde 369
4 Fallbeispiele. 370
   4.1 Digital Instore als ein Element von Multi-Channel-Lösungen. 370
   4.2 Digital Content im Messebereich. 374
5 Zusammenfassung 376
Literatur. 377
Über die Autoren. 377

1 Vom einfachen Radiogeschäft zu einem der führenden Multi-Channel-Anbieter für Technik und Elektronik in Europa

Die Historie von Conrad ist geprägt von einem Geschäftsmodell, das bereits in den 20er Jahren mehrere Vertriebskanäle umfasst. Begonnen hat alles mit der Einführung des Rundfunks in Deutschland 1923, die auch die Geburtsstunde von Radio Conrad war. Max Conrad gründete in Berlin seine Elektrohandlung. Da fertige Empfangsgeräte zu dieser Zeit für den Großteil der Bevölkerung unerschwinglich waren, bot er zum Selbstbau von Detektorempfängern die entsprechenden Komponenten wie Spulen, Detektoren und Kondensatoren an, die er aus Altgeräten entnahm. Auf Wunsch montierten Conrad-Mitarbeiter daraus funktionierende Rundfunkempfänger zu erschwinglichen Preisen. Max Conrad hat frühzeitig die Bedürfnisse seiner Kunden erkannt und darauf mit einer serviceorientierten Strategie entsprechend reagiert.

1.1 Früher Start in den Multi-Channel-Handel

1927 übernahm dann Werner Conrad das Unternehmen, der zu dieser Zeit Generalimporteur für Drehkondensatoren des italienischen Herstellers Ducati war. Werner Conrad erweiterte den Vertrieb von elektrischen Teilen und Bausätzen in zwei Filialen mit Berlin und Cottbus und verkaufte seine Produkte zusätzlich auch über Katalog. Das Sortiment wurde stark auf Rundfunk- und Elektrozubehör ausgebaut und um einen eigenen Lieferservice erweitert. Die ersten Kataloge erschienen 1936, gefüllt mit technischen

Neuheiten rund um Radio- und Fernsehzubehör sowie moderne Fotoapparate. 1937 stellte Conrad auf der Berliner Funkausstellung den ersten Fernsehbaukasten vor, begleitet von einem Handbuch mit dem Titel „Fernsehen von A bis Z". Schon damals wurde für die interessierte Kundschaft der zur Technik passende Content bereitgestellt – Wissensvermittlung als Service für den Konsumenten.

Mit dem Ende des Zweiten Weltkrieges verschlug es die Familie Conrad von Berlin nach Bayern, in die nördliche Oberpfalz. Dort wurde das Unternehmen in Hirschau, dem heutigen Firmensitz, komplett neu aufgebaut. Durch den Tauschhandel mit Max Grundig, der Drehkondensatoren für seine berühmten Heinzelmann-Radiobausätze benötigte, schuf Werner Conrad die Grundlage für den Neuanfang. Die Geschäftsbeziehung zwischen Conrad und Grundig sollte sich in den Wirtschaftswunderjahren der späten 50er und frühen 60er als sehr vorteilhaft erweisen: Durch die bestehende Preisbindung für braune und weiße Ware wirkten sich die günstigen Einkaufspreise und die bevorzugte Belieferung als echter Wettbewerbsvorteil aus. In der Folge wuchs das Unternehmen rasant. Zunächst als Rundfunk-Elektro-Großhandlung mit Auslieferungslägern in Berchtesgaden, Berlin, Düsseldorf und Nürnberg. Während Werner Conrad das Versandgeschäft vorantrieb, baute Sohn Klaus Conrad zunächst den stationären Handel aus. In der Folge wurde Conrad zu einem der bedeutendsten Radio- und Fernsehhändler Süddeutschlands mit bundesweitem Versandhandel.

Der Mehrkanalvertrieb wurde durch eigene Kundendienst- und Servicewerkstätten abgerundet.

Bereits 1976 umfasste der Conrad-Katalog rund 400 Seiten und das Geschäft mit elektronischen Bauteilen wurde ausgebaut. In dieser Zeit wurde die Strategie des Unternehmens abermals angepasst: Conrad konzentrierte sich zunehmend auf den Versandhandel und reduzierte die Anzahl der Filialen entsprechend.

In den kommenden Jahren entwickelte sich das Unternehmen zum Marktführer im Elektronikversandhandel. Technologische Innovationen wurden bereits in frühem Stadium aufgegriffen. So war Conrad eines der wenigen Versandunternehmen, dem es gelang, Bildschirmtext (BTX) erfolgreich als weiteren Kanal einzusetzen, über den in der Spitze täglich rund 800 Bestellungen eingingen.

Neben mehreren Angebotskanälen basierte das Geschäftsmodell zu dieser Zeit auf dem Prinzip der Vorauswahl für die Kunden einerseits und einer hohen Sortimentskompetenz andererseits. Kein Wettbewerber konnte auch nur annähernd ein solch breites Technik- und Elektroniksortiment anbieten. Mit eigenen Einkaufs- und Entwicklungsbüros in Taiwan, Hongkong und Korea wurden die neuesten Trends in Sachen Technik frühzeitig aufgespürt und in mittlerweile 137 Länder der Welt verschickt.

1.2 Internationalisierung und digitale Medien

Der europaweite Geschäftsausbau sowie das Internet erwiesen sich Anfang der 90er Jahre als neue Expansionsfelder und waren Aufgabe der vierten Generation. Unter der Leitung von Dr. Werner Conrad wurde die Internationalisierung des Unternehmens

Abb. 1 Virtual Warehouse. (Quelle: Eigene Darstellung)

weiter vorangetrieben und die Aktivitäten in Fernost durch weitere Standorte in Shenzen und Shanghai gestärkt.

Der Conrad-Katalog mit über 1000 Seiten galt zu diesem Zeitpunkt bereits als das Nachschlagewerk für alles rund um Technik und Elektronik und wurde von vielen als „Technikbibel" bezeichnet. Das Sortiment wuchs ständig und umfasste rund 30.000 Artikel: vom kleinsten Elektronikbauteil bis zum fertigen Computer.

1994 begann Conrad dann mit der Umsetzung seiner Digitalisierungsstrategie. Neben BTX wurde unter dem Namen „Virtual Warehouse" ein virtuelles Kaufhaus auf CD-ROM vorgestellt, in dem das gesamte Sortiment angeboten wurde. Ein digitaler Einkaufsberater begleitete die Kunden Schritt für Schritt auf seiner Customer Journey durch den Conrad-Shop, die damit zum ersten Mal per Bildschirm eine Filiale betraten. Die Resonanz war überwältigend: Über 100.000 dieser CD-ROMs wurden zu einem Preis von 7,45 EUR verkauft (vgl. Abb. 1).

1997 setzte Conrad auf das neue Medium Internet und bot über das neue Geschäftsmodell E-Commerce das gesamte Sortiment von über 35.000 Produkten über einen eigenen Online-Shop an. Für vorbildliche Website-Gestaltung (vgl. Abb. 2) gewann Conrad bereits 1998 zahlreiche Auszeichnungen und 2001 zum ersten Mal den renommierten Online-Star.

Mit dem frühzeitigen Besetzen des Internets, aber auch mit dem Ende der 90er Jahre erfolgten Aufbau des Firmenkundensegments nahm Conrad ein weiteres Mal eine Anpassung seiner Unternehmensstrategie vor.

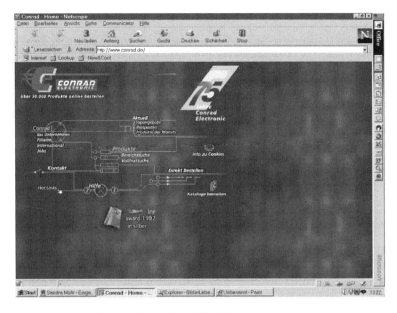

Abb. 2 Homepage 1997. (Quelle: Eigene Darstellung)

Heute ist Conrad eine internationale Handelsgruppe für Technik und Elektronik mit 17 Landesgesellschaften und landessprachlichen Online-Shops. Seit 1997 gehört Conrad mit seinem deutschen Online-Shop www.conrad.de zu den Top 10 der deutschen E-Commerce-Unternehmen. Brancheninsider sehen Conrad Electronic mittlerweile als einen der führenden Multi-Channel-Händler Deutschlands. Im „Global Cross Channel Retail Report" (Ebeltoft 2014) des US-Marktforschers Ebeltoft Group nimmt die Elektronikkette Conrad als bester deutscher Einzelhändler den sechsten Platz unter den weltweiten „Cross Channel Champions" ein.

Das Sortiment umfasst mittlerweile rund 700.000 Produkte: von kleinsten Elektronikbauteilen über Messtechnik bis hin zu modernster Unterhaltungselektronik sowie Computer- und Kommunikationstechnik. Smart-Building-Lösungen stehen ebenso im Fokus wie Trendthemen rund um den 3D-Druck. Alle Produkte und Services werden im Internet, in den Filialen und in ausgewählten Printwerbemitteln angeboten. Für Businesskunden und alle, die beruflich Technik und Elektronik einsetzen, ist Conrad mit einem eigenen Online-Shop unter www.conrad.biz, 24-h-Standard-Lieferung, Businesskatalogen sowie E-Procurement-Lösungen und einem eigenen Außendienst ein starker und innovativer Partner, auf dessen Qualität und Service führende Unternehmen aus allen Branchen vertrauen. Beste Beratung und individuelle Serviceleistungen können Kunden in den deutschlandweit 25 Filialen erleben. Zudem bietet der zertifizierte Klappt® Meister-Service ein „Rundum-Paket" (Planung, Installation, Wartung und Reparatur) für Kunden, denen Convenience wichtig ist oder die wenig Affinität zum Selbermachen haben.

Im Bereich des Social Web hat Conrad ebenfalls sehr früh den digitalen Wandel eingeleitet und damit schnell auf das veränderte Mediennutzungsverhalten der Konsumenten reagiert. 265.000 Facebook-Freunde folgen mittlerweile dem Unternehmen, das natürlich auch über Twitter erreichbar ist. Auf dem prämierten Conrad-Blog sind neben interessanten Neuigkeiten, der Vorstellung bester Technikhighlights u. a. auch die besten Tekkie-Stories innovativster Kunden zu lesen und auf der Community-Plattform „Technology powered by Conrad" wird technisches Know-how gebündelt und geballtes Technikwissen präsentiert.

2 Das Multi-Channel-Konzept von Conrad

2.1 Ziele im digitalen Zeitalter

Die Ziele von Conrad haben sich auch im digitalen Zeitalter nicht fundamental verändert. Es geht nach wie vor darum, Kunden zu Fans zu machen.

Dies zu erreichen wird allerdings immer schwieriger und aufwendiger: Die Erwartungshaltungen der Kunden haben sich dramatisch verändert, neue Marktteilnehmer wie Amazon haben vielfach die Standards des Distanzhandels neu definiert und permanente Technologiesprünge und -entwicklungen ermöglichen es, den Kunden heute weitgehend individuell anzusprechen und maßgeschneiderte Sortimente, Services und Kommunikation zu bieten.

2.2 Die Rahmenbedingungen für das Multi-Channel-Konzept

Die Voraussetzungen für ein Multi-Channel-Konzept sind von Unternehmen zu Unternehmen unterschiedlich und hängen stark davon ab, woher eine Firma kommt. Für einen Online-Retailer gelten andere Rahmenbedingungen als für einen Filialisten, der in den Internethandel einsteigen möchte. Daneben gibt es eine Art universeller Veränderungsfelder, mit denen traditionelle Unternehmen konfrontiert sind: Organisationsstrukturen und Hierarchien, Budgetprozesse, gewachsene IT-Systeme und die individuelle Unternehmenskultur.

Für Conrad ergaben sich darüber hinaus einige spezifische Rahmenbedingungen, die es zu ändern bzw. zu schaffen galt:

- Die Bereitstellung von zielgruppenadäquaten Kanälen,
- eine richtige Ansprache der Kunden in ihrer jeweiligen Motivlage,
- die Gestaltung und Durchsetzung einer multi-channel-gemäßen Kommunikation unter gleichzeitiger stringenter Markenführung,
- die Auswahl der richtigen Mitarbeiter.

Organisationsstrukturen und Hierarchien

In traditionellen Unternehmen, vor allem wenn sie über Jahre erfolgreich ihre Geschäftsmodelle betrieben haben, haben sich Organisationsstrukturen und Hierarchien nicht nur entwickelt, sondern auch verfestigt. Gerade in großen Unternehmen mit ausgeprägten Hierarchien geht es um Machtansprüche, Ansehen und Prestige, aber auch um die Zuteilung von Budgets und Ressourcen. Conrad ist eine hierarchisch eher flach organisierte Organisation. Dennoch waren auch hier deutliche Beharrungstendenzen zu verspüren, die weniger der Weiterentwicklung des Unternehmens, sondern mehr dem Erhalt des Status quo einzelner Bereiche galten. Conrad hat bereits vor Jahren begonnen, diese Strukturen aufzubrechen. Das Problem dabei war, dass aus diesem Aufbrechen ein kontinuierlicher Veränderungsprozess entstand, der die Mitarbeiter an manchen Stellen durchaus überfordert hat. In einer traditionellen und erfolgreichen Organisation existieren Strukturen und Hierarchien oftmals über längere Zeiträume, verbunden mit Gewöhnungseffekten der Mitarbeiter. Bereits kleinere Veränderungen führten daher oft schon zu großen Diskussionen. Und gerade weil es keine Blaupausen gibt, wie in einem hoch dynamischen Marktumfeld eine etablierte Organisation richtig aufstellt wird, bleibt meist nur der Weg einer iterativen Organisationsentwicklung.

Budgetprozesse

Abgeleitet und eng verzahnt mit der Organisationsstruktur sind auch die Budget- und Planungsprozesse. Verantwortlichkeiten bilden sich üblicherweise in Kostenstellen ab, die ausführlich und akribisch beplant und über das Geschäftsjahr hinweg verteidigt und nachgehalten werden. Über Jahre hinweg entstehen so die berühmten langen Reihen, die im Grunde einen Benchmark mit sich selbst darstellen. Die Controllingbereiche verfeinern ihre Planungs- und Reportinginstrumente kontinuierlich, sodass im Laufe der Zeit ein relativ starrer und unkreativer Planungsprozess entsteht, der von Vorgaben und Verhandlungen geprägt ist. Auch bei Conrad hat sich diese Art der Budgetprozesse etabliert und macht es schwer, schnell und agil auf Veränderungen in den Märkten zu reagieren. Die Zielvorgaben der Geschäftsführung werden in einer Bottom-up-Planung umgesetzt mit dem regelmäßigen Ergebnis, dass es am Ende des Planungsprozesses zu einer Lücke kommt. Diese wird dann versucht durch bilaterale Verhandlungen zu schließen. Die Qualität einer solchen Planung darf durchaus angezweifelt werden.

Ist die Planung dann einmal verabschiedet, lassen sich die Budgets in aller Regel nur mühsam einem veränderten Geschäftsverlauf anpassen. Gerade im Multi-Channel-Handel entwickeln sich, so auch bei Conrad, nicht alle Kanäle gleichmäßig und oftmals auch anders als in der Planung gedacht. Ein Marketingbudget etwa von einem Kanal in einen anderen zu verlagern entspricht nicht dem, was sich Conrad unter einer schnellen und marktorientierten Vorgehensweise vorstellen würde. Nicht nur dass die Protagonisten in Vertrieb und Marketing gerne an ihren ursprünglichen Planungen festhalten spielt dabei eine Rolle. Auch die Finanz- und Controllingbereiche sind alles andere als begeistert, wenn Budgets von einer Kostenstelle zur anderen verschoben werden. Unterjährige

Opportunitäten finden wenig Unterstützer und es bedarf meist viel Überzeugungsarbeit und Zeit, was die Geschwindigkeit im Unternehmen nicht gerade befördert.

Die bisherigen Versuche, einen „anderen" Budgetprozess zu etablieren, haben bislang nur wenig Wirkung gezeigt. Ein Ansatz, der das besondere Interesse des Managements findet, ist das Beyond-Budgeting-Modell (Hope und Fraser 2003). Bei diesem Ansatz wird auf Budgets verzichtet und die traditionelle Budgetierung durch ein flexibles und dezentrale Initiative förderndes Modell ersetzt.

Gewachsene IT-Systeme
Die IT-Systeme bilden gewöhnlich die Basis für die Geschäftsprozesse. IT-Strukturen sind über die Jahre hinweg gewachsen und werden nicht selten mit der Architektur des „Schloss Neuschwanstein" verglichen, wenn plakativ ausgedrückt werden soll, wie verbaut das eigene IT-System eigentlich ist. Diese Systeme sind verständlicherweise nicht für ein Geschäftsmodell gemacht worden, dass von Dynamik und Geschwindigkeit geprägt ist, sondern in dem die Hauptkataloge jahrzehntelang wie ein Metronom den Takt vorgaben. Erschwerend kommt hinzu, dass die IT-Abteilungen meistens zu den am besten abgeschotteten Bereichen in den Unternehmen gehören und deren Mitarbeiter so gut wie nie direkten Kundenkontakt und mit deren Anforderungen zu tun haben. Die 90er und frühen 2000er Jahre waren bei Conrad von der Idee geprägt, die schnellen Frontend-Systeme mit dem ERP-System zu kombinieren. Durch die Einführung von SAP als eines der ersten Versandunternehmen in Deutschland überhaupt lag es nahe, den integrierten Ansatz mit SAP Internet Sales als einer CRM-Shop-Lösung als Nachfolge des ersten, selbst programmierten Online-Shops zu wählen. Diese Entscheidung erwies sich jedoch bereits nach kurzer Zeit als wenig praktikabel, zu unflexibel und vor allem als zu langsam. Die nächste Shop-Generation wurde daraufhin auf der Software Hybris aufgebaut. Jedoch die Besonderheiten des komplexen Conrad-Geschäftsmodells, wie etwa die Filialen oder das B2B-Geschäft führten dazu, dass zu wenig die standardisierten Module der Software genutzt werden konnten. Dies führte zu einer hohen Anzahl hinzuprogrammierter Module, die sich gerade bei Release-Wechseln als echte Ressourcen-Fresser erwiesen. Auch die Kommunikation zwischen Hybris und SAP über eine Middleware war nicht zufriedenstellend. Neben diesen systemischen Problemen gab es natürlich auch interne Themen, die Geschwindigkeit und Flexibilität kosteten. So wurden beispielsweise IT-Projekte zu lange nach klassischer Wasserfallmethode durchgeführt.

Heute sind agile Vorgehensweisen fester Teil der Arbeitsmethodik bei Conrad, aber auch die Erkenntnis, Frontend- und Backend-Systeme voneinander unabhängig zu machen und über eine Middleware-Architektur miteinander kommunizieren zu lassen. Entwickler und Programmierer arbeiten darüber hinaus sehr viel enger mit den internen Kunden und Anwendern zusammen.

Individuelle Unternehmenskultur
Gerade in einer erfolgreichen Organisation wie bei Conrad hat sich über die Jahre eine selbstbewusste und verwöhnte Unternehmenskultur gebildet. Die einzelnen Bereiche

und Abteilungen arbeiten eng, aber durchaus auch mit Bereichsstolz zusammen. Der Glaube an die angewandten Methoden, die gewählten Vorgehensweisen und die erfolgte Zusammenarbeit wurde durch jahrzehntelange Erfolge bestätigt. Qualität stand an oberster Stelle und schlug alles andere – insbesondere auch Geschwindigkeit, die ja vielfach auch gar nicht nötig war. Wie lässt sich nun eine solche starke und erfolgreiche Unternehmenskultur weiterentwickeln?

Bei Conrad wurden dazu verschiedene Modelle entwickelt und getestet. Eines davon ist das „Biotop-Modell". Neue Ideen, Geschäftsmodelle oder auch Tests bekommen spezielle Schutzzonen. Angefangen von eigenen gesellschaftsrechtlichen Strukturen, über individuelle Spielregeln und natürlich auch Ressourcen. Die Erfahrung hat gezeigt, dass diese Biotope besonders geschützt werden müssen, um nicht schnell wieder von der Bestandsorganisation assimiliert zu werden. Oft waren es die Unternehmer selbst, die eine solche Lösung angestoßen und begleitet haben. So zum Beispiel bei der Ausgründung einer Discount-Online-Gesellschaft, bei der die Altorganisation hohe Kannibalisierungseffekte befürchtete. Heute ist dieses Unternehmen mit einem Umsatzvolumen im dreistelligen Millionenbereich und guter Wirtschaftlichkeit nicht mehr wegzudenken.

Ein anderes Modell, das bei Conrad schon mehrere Male erfolgreich angewendet wurde, ist das Roll-in-Modell. Klassischerweise werden Entwicklungen oder neue Geschäftsmodelle von der großen Muttergesellschaft in die Tochtergesellschaften ausgerollt. Roll-in ist das genaue Gegenteil: Die kleineren Einheiten entwickeln und testen neue Systeme, Vorgehensweisen oder Softwarelösungen. Der Vorteil dabei ist, dass die in der Regel kleineren Gruppenmitglieder schneller zu Lösungen kommen und oftmals auch die spezielle Motivation, es der „Zentrale beweisen zu wollen", die Beteiligten zu Höchstleistungen animiert.

Der Distanzhandel, der traditionelle ebenso wie E-Commerce hat keinen direkten Kundenkontakt. Das ist für Multi-Channel-Retailing keine gute Voraussetzung, weil dadurch die Customer Journey nur unzureichend von den Mitarbeitern verstanden wird. „Mitarbeiter an die Kundenfront" heißt daher ein Programm, das sehr viele Insights und Learnings ermöglicht, aber bei Weitem keine hohen Sympathiewerte bei Conrad-Mitarbeitern und -Führungskräften genießt. Wer allerdings dieses Programm durchlaufen hat, sei es an der Kasse oder im Verkauf in einer Filiale, bei Kundenbesuchen des Außendienstes oder im Callcenter, kommt in der Regel mit neuen Ideen und einem stark veränderten Blickwinkel für Kundenbedürfnisse an seinen Arbeitsplatz zurück.

Lernen von anderen ist ein weiterer Ansatz, die Conrad-Unternehmenskultur weiterzuentwickeln. Regelmäßige Veranstaltungen, bei denen branchenfremde Unternehmen darüber berichten, wie sich etwa Geschwindigkeit und Qualität gleichermaßen beherrschen lassen, sollen den Mitarbeitern helfen, andere Perspektiven einzunehmen und gleichzeitig Bestätigung zu erfahren, dass früher Undenkbares woanders längst zur Realität geworden ist. Eine Veranstaltung mit „Ärzte ohne Grenzen", bei der sehr gut aufgezeigt wurde, was es für einen schnellen Hilfseinsatz an Kultur, Prozessen und Logistik bedarf, war dabei eines der Highlights.

Die richtigen Kanäle

Bei Conrad drehen sich die Diskussionen weniger um Kanäle, sondern um Kunden. Kunden können aber mit Begriffen wie Multi- oder Omni-Channel wenig anfangen. Müssen sie auch nicht. Denn Aufgabe ist es, den Kunden den Zugang zu Conrad so problemlos wie möglich zu machen. Daher sind Kanäle nur in dem Sinne wichtig, wie sie einen Weg zum Kunden darstellen. Dennoch: Unternehmen müssen diese Wege auch erst einmal haben oder bauen. Und da fangen in der Praxis die Probleme regelmäßig an. Denn jeder Kanal hat naturgemäß seine spezifischen Eigenheiten, die sich in Prozessen, Kulturen und manchmal sogar in einer eigenen Diktion ausdrücken. Wenn Conrad-Filialmitarbeiter von Kaufquote sprechen und die Online-Kollegen von Conversion Rate, dann hört sich das zunächst einmal wie zwei völlig verschiedene Dinge an.

Kanäle, über die ein Unternehmen nicht verfügt, müssen geschaffen werden. Glücklicherweise ist Conrad so etwas wie ein nativer Mehrkanalhändler, der seit Jahrzehnten On- und Offline-Handel betreibt. Allerdings ist es noch gar nicht so lange her, dass aus dem Nebeneinander der einzelnen Kanäle ein Miteinander wurde. Basis dafür sind die Prozesse, die ständig miteinander verzahnt und aufeinander abzustimmen sind, ohne dass der Kunde davon etwas merkt. Aber es hat sich gezeigt, dass aus einem langjährigen Vorteil ganz schnell ein Nachteil werden kann, wenn vorherrschende Prozessstrukturen zum Teil radikal verändert werden müssen.

Conrad hatte längst nicht alle Kanäle, um seine Kunden zu bedienen. Gerade für B2B-Kunden gab es Nachholbedarf: Außendienst, elektronische Kataloge, OCI und EDI-Schnittstellen oder Messen sind nur einige der Wege zum Kunden, die erst erarbeitet werden mussten.

Die richtigen Kundenmotive kennen

Conrad-Kunden sind vielfältig, anspruchsvoll und decken ihren Bedarf an technischen Produkten für den privaten wie gewerblichen Bereich. Daraus ergibt sich die Anforderung, für die verschiedenen Kaufmotivlagen der Kunden entsprechende Lösungen bereit zu halten – und das in allen Kanälen. Durch Big- und Smart-Data-Analysen konnten drei wesentliche Kaufmotive herausgearbeitet werden, mit der Folge, dass der bisherige Kundenstamm neu geclustert und mögliche neue Zielgruppen in den Fokus genommen wurden. Die folgenden Motivlagen spiegeln die Bedürfnisse der Kunden wider, bestimmen deren Wahl der jeweiligen Kanäle und determinieren damit die jeweilige individuelle Kundenansprache.

Der „Ich weiß, was ich will"-Kunde

Diese Gruppe umfasst die Profis unter den Conrad-Kunden, nicht nur bei den Geschäftskunden, sondern auch im Endkundenbereich. In der Regel sind das Menschen mit einem hohen technischen Verständnis, die genau wissen, was sie benötigen. Und diese Kunden wollen meist nur eines: schnell und problemlos an ihr gewünschtes Produkt gelangen.

Einerseits schade, denn Kunden in dieser Situation sind meist nicht empfänglich für Zusatzverkäufe oder Gespräche mit einem Verkäufer. Andererseits: Wenn alle Prozesse gut funktionieren, ermöglicht diese Motivlage ein schnelles und problemloses Geschäft.

Für ein Convenience-Shopping braucht es ein außerordentlich breites und tiefes Sortiment, eine gute Navigationsstruktur und Kundenführung – online wie offline –, einen schnellen und unkomplizierten Checkout-Prozess sowie eine leistungsfähige Logistik. Die Privatkunden dieser Motivlage schätzen dabei im Online-Bereich einen exzellent aufgebauten Online-Shop, eine schnelle Suchmaschine und einfache Bestell- und Bezahlprozesse.

Im Geschäftskundenbereich bedarf es zertifizierter Prozesse und optimal abgestimmter Systeme, die eine schnelle, fließende Integration der Prozesse in die Geschäftsabläufe der Kunden ermöglichen, wie etwa EDI-Anbinden oder E-Procurement-Lösungen. Darüber hinaus muss die Logistik extrem flexibel sein, denn Geschäftskunden haben oft ihre ganz eigenen Vorstellungen, wie eine Sendung auszusehen hat. So gibt es Kunden, die den Lieferschein außen am Paket angebracht haben möchten, während der Standardprozess vorsieht, dass die Sendungsdokumente im Paket sind bzw. elektronisch zugestellt werden. Was sich als relativ einfache Anforderung anhört, entpuppt sich sehr oft als schwerwiegender Eingriff mit gravierenden Änderungen der eigenen Prozesse.

Leider gibt es noch eine andere Ausprägung von „Ich weiß, was ich will". Das ist der preisbewusste Käufer, der sich gut über sein gewünschtes Produkt informiert hat und nun den Anbieter mit dem besten Preis sucht. Preissuchmaschinen machen es diesem Kundentyp dabei besonders leicht. Bei diesen Schnäppchenkäufern bestehen in der Regel wenig Chancen, diese zu dauerhaften Kunden zu machen. Denn Loyalität zu einem Anbieter ist bei dieser Kundengruppe quasi nicht vorhanden – was zählt, ist der Preis.

Der „Ich will stöbern"-Kunde
Diese Motivlage ist eine der attraktivsten, da sich Kunden mit Ideen, neuen Impulsen und kleinen Anregungen schnell zum Kauf animieren lassen. Einige würden dieses Stöbern als Einkaufsbummel bezeichnen.

Noch unentschlossen, aber latent bereit zu kaufen, begeben sich diese Kunden auf eine Inspirationsreise durch die Welt von Conrad. Dabei spielt das Interesse für ein Produkt, eine technische Anwendung oder eine innovative Lösung die größere Rolle, erst nachgelagert folgt dann der Preis.

Da diese „Stöber"-Kunden sehr wichtig sind, bekommen sie bei Conrad immer wieder neue Impulse für jeglichen technischen Bedarf. Egal über welchen Kanal – ob Webshop, Filiale oder Printwerbemittel: Für Menschen, die beruflich oder privat an Technik interessiert sind, ist Conrad immer wieder wie eine unerschöpfliche Quelle an Inspirationen.

Die Herausforderung liegt in der attraktiven Darstellung innovativer Technikideen, dem Aufzeigen praktikabler Anwendungsbeispiele und der Präsentation einfachster Lösungsansätze. Aber natürlich spielt auch die Platzierung der Angebote eine wesentliche Rolle. Für alle Kundengruppen gilt dabei: Der Stöbereffekt kann am besten mit authentischen Inhalten, digitalem Storytelling und spannenden Inhalten verlängert werden. In der Conrad „*Innovationswelt*" beispielsweise werden wöchentlich ausführlich neue technische Innovationen präsentiert, mit dazu passenden Anwendungsbeispielen, die von den hauseigenen Produktexperten vorgestellt werden. In einer „*Technikwelt*" werden saisonale oder themenbezogene Produktschwerpunkte behandelt und im Rahmen der Conrad „*Tekkie-Stories*" werden Geschichten von innovativen Kunden, Makern, Start-ups und besonders innovativen Lieferanten erzählt. Damit lassen sich Kunden für Technik immer wieder aufs Neue begeistern.

Der „Ich habe ein Problem"-Kunde
Diese Kunden kommen mit Fragen oder speziellen Technikproblemen und brauchen dafür eine Lösung. Beratung durch Techniker, Ingenieure oder geschulte Fachberater, aber auch Services wie ein eigener Installationsservice sind dazu Voraussetzung. Ein exemplarisches Beispiel dazu sind diejenigen Kunden, die sich nur für eine Überwachungskamera interessieren. Meistens verbergen sich jedoch dahinter ein Sicherheitsbedürfnis und der Wunsch, das eigene Firmengebäude oder Wohnhaus abzusichern. Und dazu braucht es meist mehr als nur eine Kamera.

Im Conrad-Online-Shop finden Kunden dafür passende Produktfinder, Online-Konfiguratoren oder -Ratgeber. Darüber hinaus steht eine technische Kundenberatung telefonisch oder schriftlich begleitend zur Seite.

Offline steht in den Filialen geschultes und erfahrenes Fachpersonal zur Verfügung. Zwei Dinge zahlen sich dabei besonders aus: Die klare Positionierung, nicht nur Händler, sondern aktiver Mitgestalter und Vordenker in der Welt der Technik zu sein. Bei Conrad treffen Kunden auf Gleichgesinnte, auf Menschen, die selbst begeistert von und für Technik sind. Diese Leidenschaft ist es oft, die den Unterschied zu anderen Anbietern ausmacht. Es werden nicht nur innovative Produkte und oft verblüffend einfache Lösungen geboten, sondern durch einen exzellenten Service das Rundum-Paket für die Kunden komplettiert.

Zusätzlich gibt es zahlreiche Schulungen und Trainingskurse rund um technische Themen: Angefangen bei Lötkursen für Einsteiger über Modellbaukurse bis hin zu Programmierschulungen.

Die richtige Kommunikation
Auch das gehört zum Verständnis von Multi-Channel bei Conrad: stets den richtigen Ton und die angemessene Kommunikation mit seinen Kunden zu finden. Jede Motivlage bringt dabei ihre ganz eigene Anforderung mit sich. Von der sehr sachlichen und faktenorientierten Kommunikation für die technisch versierten Kunden bis hin zu einer hochemotionalen Ansprache etwa für Modellbauer oder Eisenbahner. Und gleichzeitig gilt es einen Kommunikationsstil zu pflegen, der am Ende auf die Marke Conrad einzahlt. Diesen kommunikativen Zweiklang sicherzustellen ist alles andere als eine leichte Aufgabe. Denn gerade in dem vorhandenen Set-up gibt es jede Menge an Kommunikatoren. Denn wenn es gelingt, diese Vielstimmigkeit in eindeutigen Markenbotschaften zu bündeln, kann ein

Höchstmaß an Authentizität und Unverwechselbarkeit erreicht werden. Corporate Communications ist daher bei Conrad ein nicht mehr wegzudenkender Bereich, der die Kommunikation hütet, pflegt und weiterentwickelt. Dazu gehören passende Markenwerte, die beschreiben, was Conrad antreibt, prägt und die Marke von allen anderen unterscheidet. Ein unverwechselbares Corporate Design, klare Gestaltungsmerkmale sowie eine marken- und kundenspezifische visuelle und verbale Tonalität sind Voraussetzungen für ein klares und eindeutiges Image der Marke. Essenzielles Merkmal der Marke Conrad und ihrer Leistungsfähigkeit sind dabei die unterschiedlichen Nutzen, die Conrad seinen Kunden bietet und die rational und emotional begründet und kommuniziert werden müssen. Rational sind dies neben intelligenten Lösungen und innovativen Produkten die unvergleichliche aktuelle Sortimentsbreite und -tiefe, Produktqualität, die schnelle Verfügbarkeit, ein faires Preis-Leistungs-Verhältnis sowie die umfassenden, kundengerechten Services.

Emotional soll den Kunden das Gefühl vermittelt werden, bei Conrad jeden Tag aufs Neue inspiriert zu werden, immer an den neuesten Innovationen dabei zu sein und bei Fragen nicht alleine zu sein, sondern jede nur erdenkliche Unterstützung für alle Projekte zu bekommen. Oder anders ausgedrückt: Die Kunden sollen das Gefühl haben, bei Conrad verstanden zu werden.

Dafür braucht es Markenbotschafter. Dies sind in erster Linie die Mitarbeiter, die gezielt dazu geschult und trainiert werden. Jeder neue Mitarbeiter wird intensiv auf sein Einsatzgebiet vorbereitet und auf die Marke Conrad eingeschworen. Denn durch die gezielte Vermittlung der Werte und Ziele kann ein gemeinsames Grundverständnis geschaffen werden, das als Grundstein für das gesamte Tun und Handeln im Unternehmen dient. Dies betrifft jede Begegnung mit Käufern, Kunden und Geschäftspartnern, wirkt auf das persönliche Beratungsgespräch genauso wie auf die Auswahl der Produkte und die optimale Ausrichtung der Sortimente ein und ist maßgeblich für alle medialen Auftritte oder das Erscheinungsbild in den Filialen. Jeder Mitarbeiter, ob als weltweit agierender Einkäufer, als kompetenter Verkäufer am Point of Sale, im Callcenter, auf Messen und im Außendienst oder auch als Blogger im unternehmenseigenen Firmenblog (blog.conrad.de), repräsentiert Conrad sowohl nach außen als auch nach innen.

Das alles funktioniert noch nicht immer reibungslos, aber von Tag zu Tag besser. Multi-Channel-Kommunikation will eben auch erst einmal gelernt sein und eine stringente Markenführung ist dafür eine wesentliche Voraussetzung.

Die richtigen Mitarbeiter

Was helfen das beste Sortiment, die cleverste Kommunikation und der schnellste Lieferservice ohne die richtigen Mitarbeiter? Sie bringen eine Multi-Channel-Marke erst so richtig zum Leben. Deswegen gilt bei Conrad: Die Menschen machen den Unterschied. Und das ist für die Mitarbeiter im Multi-Channel-Retailing eine gewaltige Herausforderung. Zum Beispiel in den Filialen. Dort sind rund 40.000 Artikel vorrätig – das sind knappe sechs Prozent des Gesamtsortimentes. Musste ein Verkäufer bislang nur diese Artikel kennen, so hat sich durch Multi-Channel die Anforderung an sein Produkt-Know-how schlagartig vervielfacht. Gleiches gilt für Prozesse. Denn zu den reinen filialspezifischen Prozessen kommen jetzt noch Prozesse aus anderen Kanälen hinzu. Was ist zu tun, wenn ein Kunde seine Businesscard zückt, sein online bestelltes Produkt in der Filiale umtauschen möchte oder ein Ersatzteil benötigt, das nicht in der Filiale vorrätig ist? Von dieser Sorte an Fragen gibt es mehr, als man sich vorstellen kann. Conrad-Mitarbeiter müssen daher ständig mehr wissen und dazu lernen und das Unternehmen muss mehr trainieren und schulen als jemals zu vor.

Dazu kommt: Mitarbeiter sollen kanalübergreifend denken und handeln. Auch das ist etwas, was gerade langjährige Mitarbeiter erst lernen und verinnerlichen müssen.

Mitarbeiter sind bei Conrad nicht nur die wertvollste, sondern auch teuerste Ressource. Während im Handel vielfach der Abbau von Verkaufspersonal zu beobachten ist, leistet sich Conrad nach wie vor überproportional viele Mitarbeiter an der Kundenfront in allen Kanälen. Dies betrifft Mitarbeiter in den Filialen, im Außendienst, im Inbound-Service oder der technischen Kundenbetreuung. Mit Sorge wird daher der zunehmende Trend des Beratungsdiebstahls beobachtet. Dabei holen sich Konsumenten die fachliche Beratung vor Ort, sind aber im Gegenzug nicht bereit, dafür einen etwas höheren Preis zu bezahlen. Vielfach wird daher die Beratung kostenlos mitgenommen aber anderenorts, meist online, zum besten Preis gekauft.

Und es gibt noch einen weiteren wichtigen Aspekt in puncto Mitarbeiter. Der betrifft die Lieferanten und dabei insbesondere die Markenhersteller. Über Jahre und Jahrzehnte haben viele dieser Hersteller in den Aufbau ihrer Marken investiert, mit dem Ziel, dadurch eine höhere Begehrlichkeit bei den Konsumenten zu wecken und damit die Möglichkeit, höhere Preisen für ihre Produkte zu erzielen und Markenloyalität zu fördern. Dies alles droht sich aufzulösen, denn vielfach fehlt es den Herstellern in ihren Distributionskanälen an Partnern, die eine hohe fachliche Beratung gewährleisten, entsprechende Fläche für Produktinszenierungen zur Verfügung zu stellen und damit das Markenversprechen zu gewährleisten. Der Fachhandel mit Beratung droht auszusterben und damit ein großer Markenbotschafter der Industrie.

3 Digitale Transformation: Auszüge aus dem Transformationshandbuch von Conrad Electronic

Der Weg von einem traditionellen Handelsunternehmen zu einem modernen, digitalen E-Tailer ist kein einfacher. Gerade wenn jahrzehntelange Erfolge die Kultur, Prozesse und Mitarbeiter geprägt haben, ist die Gestaltung des Wandels eine anspruchsvolle Herausforderung für Gesellschafter, Management und Mitarbeiter gleichermaßen. Natürlich gibt es nicht wirklich ein Tagebuch über den Veränderungsprozess bei Conrad (obwohl das wahrscheinlich eine spannende Geschichte gewesen wäre). Vielmehr sollen einige der nachfolgenden Themen zeigen, dass die alte Devise „Handel ist Wandel" alles andere als trivial, aber mehr denn je gültig ist.

3.1 Die Helden von gestern und morgen

Die Conrad-Gruppe beschäftigt weltweit rund 4500 Mitarbeiter. Viele von ihnen gelten als Helden, die mit ihrer professionellen Arbeit und ihrem Engagement maßgeblich zum Erfolg des Unternehmens beigetragen haben. Der Anteil an Mitarbeitern mit einer Betriebszugehörigkeit von mehr als zehn Jahren ist relativ hoch, insbesondere in den Bereichen Einkauf, Marketingproduktion, IT und Kundenservice. Das sind zunächst einmal gute Nachrichten. Denn jedes Unternehmen würde sich freuen, wenn es über einen solch großen Stamm an langjährigen und motivierten Mitarbeitern verfügt.

Die Kehrseite der Medaille: Bei disruptivem Wandel, wie durch das Internet ausgelöst, sind Routine und Erfahrung plötzlich kein Mehrwert mehr, sondern entpuppen sich als Hindernis auf dem Weg in das digitale Zeitalter. Die Frage, wie wir die Mitarbeiter mit auf die Reise nehmen können, beschäftigt uns als Familienunternehmen daher sehr.

Wir haben festgestellt, dass sich nur die wenigsten unserer Mitarbeiter vor neuen Aufgaben und Arbeitsweisen verschließen. Was den Menschen hingegen vielfach echte Probleme bereitet, ist den berühmten Schalter im Kopf umzulegen. Und was die Sache noch erschwert: Die Digitalisierung bewegt sich ja nicht nur in einer halbwegs erträglichen Geschwindigkeit in eine bestimmte Richtung, sondern wechselt beides oft.

Ein Beispiel dazu ist die Frage, wie Sortimente gebildet werden. Conrad war jahrzehntelang damit erfolgreich, weltweit die besten Produkte aus dem Bereich Technik und Elektronik zu einem attraktiven Kundenangebot zusammenzustellen. Dabei kam dem Einkäufer eine Schlüsselrolle zu: Er übernahm die Vorauswahl und war Einkauf und Vertrieb in einer Person. Dann fing das Prinzip der Vorauswahl an, ins Wanken zu geraten. From Push to pull lautete das Erfolgsrezept der schnell wachsenden Online-Konkurrenten. Longtail-Konzepte waren plötzlich en vogue und der Kunde derjenige, der fortan durch seine Nachfrage bestimmen sollte, welche Produkte den Weg in das Conrad-Sortiment finden sollen. Die Folge: Innerhalb von fünf Jahren verzehnfachte sich die Anzahl der Produkte von 65.000 auf über 700.000. Damit war nicht nur ein Stück Selbstverständnis der Mitarbeiter betroffen, sondern auch völlig neue Herangehensweisen in Lieferantengesprächen, Preisbildung oder der Sortimentspflege gefragt. Es überrascht sicherlich nicht, dass dieses neue Rollenspiel oftmals auf wenig Begeisterung stieß und die Mitarbeiter vor Probleme stellte. Durch entsprechendes Training, Workshops und unzählige Einzelgespräche gelang es, ein Umdenken bei den Mitarbeitern einzuleiten. Und gerade als dieser Umdenkprozess zu greifen begann, tauchte als neuer Trend im E-Commerce das Thema „Curated Shopping" auf. Was als betreutes Einkaufen bezeichnet wird, ist in Wirklichkeit nichts anderes als das altbekannte Prinzip der Vorauswahl. Zugegeben: Es hört sich besser an und ist moderner verpackt.

Bei all den Themen, die im Fluss sind, und Veränderungen, die noch kommen werden, bleibt es daher eine große Aufgabe sicherzustellen, dass die Helden von gestern überwiegend auch die von morgen sein werden. Flexibilität im Denken, Geschwindigkeit beim Handeln und eine positive Haltung gegenüber Neuem bestimmen daher heute unsere Unternehmenskultur und müssen weiterentwickelt werden.

Zu den Themen, die sich in unserem Unternehmen in den vergangenen Jahren stark und vor allem laufend verändert haben, gehört auch die Struktur unserer Organisation. Während früher das altbewährte Organigramm nur dann geändert wurde, wenn es zu einem personellen Wechsel kam, bestimmen heute ganz andere Herausforderungen die Organisationsstruktur bei Conrad. Da geht es um Fragen, wer für welche Kunden zuständig ist, wie schneller auf Kundenwünsche reagiert werden kann oder aber wie ein Unternehmen, das private wie gewerbliche Kunden bedient und das auch noch in mehreren Kanälen, die Customer Journey am besten organisiert.

Das Learning zum Thema Mitarbeiter: eine Unternehmenskultur zu schaffen, in der Lust und Neugier wichtige Werte sind, in der es um Qualität, Geschwindigkeit und Flexibilität geht. Und die Geduld nicht zu verlieren, dass die Weiterentwicklung der Unternehmenskultur ein langwieriger Prozess ist. Denn „Hören", „Verstehen" und „Können" sind drei Paar Stiefel – auch für Mitarbeiter.

3.2 Prozesse, Prozesse, Prozesse

Was ist ein Multi-Channel-Prozess? Darüber könnte lange diskutiert werden. Auf alle Fälle ist es nichts, was Kunden ernsthaft interessiert. Fragen Sie doch einmal Ihre Kunden. Conrad hat es getan und festgestellt, dass seine Kunden mit diesem Begriff nichts anfangen können (übrigens genauso wenig wie mit Omni-Channel). Was bei dieser Befragung aber auch deutlich wurde: Kunden kennen Kanäle, aber wollen nicht auf diese beschränkt bleiben – sie wollen einfach bei Conrad kaufen: Egal ob über den Online-Shop, den Katalog, die Filiale oder mithilfe einer elektronischen Anbindung. Die Aufgabe lautet daher: Baue eine Organisation, die dem Kunden das Gefühl gibt, dass Conrad immer für ihn da ist und seine Bedürfnisse erfüllt, egal wo er sich gerade befindet. Aber wie bitteschön werden Prozesse gebaut, die genau das erfüllen, die im Hintergrund dafür sorgen, dass die Customer Journey den Kunden begeistert und dem Unternehmen die dafür erforderlichen geordneten Arbeitsschritte ermöglicht?

Eines ist klar: Traditionelle Versandhandelsprozesse sind dafür nicht geeignet. Abb. 3 zeigt, weshalb.

Conrad hat wie viele andere große Handelsunternehmen eine Standardsoftware im Einsatz, die zwar sehr stabil und zuverlässig auch größte Auftrags- und Datenvolumen handeln, aber nur schwer und vor allem aufwendig verändert werden kann. In der Folge werden auch Veränderungen der Prozesse zu einer Herkulesaufgabe für unser traditionelles Unternehmen.

Und: Geänderte Prozesse bedingen oft auch ein anderes Mindset der Mitarbeiter. Eine Frage, die Conrad-Mitarbeiter stark beschäftigt hat, vor allem wenn ihre Prämie davon abhing, war: Wer bekommt den Umsatz gutgeschrieben? Beispiel: Ein Kunde bestellt ein Produkt online, das im Zentrallager nicht mehr vorrätig ist, jedoch in einer der Filialen. Könnte der Auftrag aus dem zentralen Lager bedient werden, wäre der Fall klar: Der Umsatz würde dem Online-Store zugerechnet werden. Aber da die Belieferung

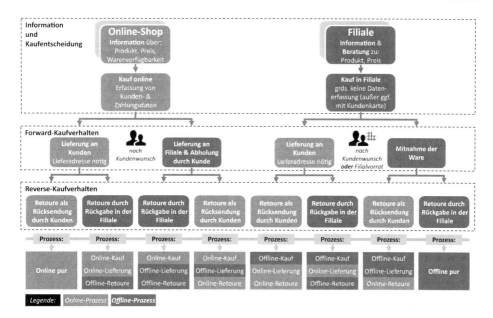

Abb. 3 Kaufprozesse im Multi-Channel-Handel. (Quelle: Eigene Darstellung)

durch eine Filiale erfolgt, die natürlich auch den Aufwand hat, die Bestellung abzuwickeln, erhebt diese den Anspruch auf den Umsatz. So ist es nunmehr auch organisiert. Zum Glück hat Conrad sehr pfiffige Filialleiter, die ihr Geschäft verstehen. In diesem Fall entpuppte sich der ein oder andere allerdings als zu kreativ: Wenn sich eine Filiale nur ausgiebig mit kuranter Ware bevorratet und so die Lieferfähigkeit des Zentrallagers ein wenig schwächt, dann wird etwas für den „eigenen" Umsatz getan.

3.3 Kunde ist nicht gleich Kunde

Der geneigte Leser wird sich über den Neuigkeitswert dieser Aussage wundern, denn jeder halbwegs erfahrene Händler weiß: Jeder Kunde ist anders. Nur war es bislang so gut wie unmöglich, den Kunden auch individuell zu bedienen: Kosten und Aufwand waren dafür einfach zu hoch. Dank moderner Technologien, Big-Data-Analysen und Datenspeichern, die so gut wie nichts mehr kosten, kommt der Handel diesem Ideal nunmehr ein ganzes Stück näher. Doch längst nicht alle Kunden haben selbst den Wechsel zu neuen Technologien vollzogen. Speziell ältere Zielgruppen, wie zum Beispiel Modelleisenbahner sind in ihren Einkaufsgewohnheiten noch immer eher traditionell eingestellt. Der Katalog spielt für diese Kunden nach wie vor eine wichtige Rolle. Andere Kundengruppen hingegen lehnen Printwerbemittel kategorisch ab und wollen ausschließlich digitale Kommunikation. Und es gibt nicht wenige Bestandskunden, die von Print auf digital überführt werden müssen. Ein Prozess, der sehr sensibel einerseits und mit einer gewissen Konsequenz andererseits gehandhabt werden muss. Denn zunächst einmal gilt es, die Voraussetzungen für die digitale Kommunikation zu schaffen: Die E-Mail-Adresse und die Erlaubnis zur digitalen Bewerbung (Double Opt-in) vom Kunden zu bekommen. Was sich so einfach anhört, ist beileibe nicht selbstverständlich. So haben etwa ältere Kunden schlichtweg nach wie vor keinen E-Mail-Account. Vorschnelle Entscheidungen, die Kataloge abzuschaffen, auch wenn dieser Wunsch wirtschaftlich noch so nachvollziehbar ist, können fatale Konsequenzen nach sich ziehen: Kunden können dann nicht mehr mit Werbung erreicht werden.

Auch das Thema Preisgestaltung ist bei Conrad alles andere als trivial. Es beginnt schon damit, dass B2B-Kunden Nettopreise erhalten, während den B2C-Kunden der Preis inklusive Mehrwertsteuer aufgezeigt werden muss. Damit ergibt sich die Notwendigkeit, zwei Preise zu pflegen und zu kommunizieren. Dazu kommt, dass die Preise im Stationärhandel oftmals andere sind als Online. Schließlich sind ja auch die Kostenstrukturen in beiden Kanälen unterschiedlich und erfordern daher eine differenzierte Preisgestaltung, die (noch) nicht immer von den Kunden gleichermaßen akzeptiert wird. Somit muss vielfach der Preis synchronisiert werden. Da sich Internetpreise jedoch permanent ändern, vor allem dann, wenn sich ein Händler am Wettbewerbspreis orientiert, stellt sich die Frage, welcher Kanal denn eigentlich preisführend sein soll. Das wiederum hängt von den Sortimenten ab.

Sofern der Online-Preis der führende ist, bedeutet dies für die Filialen eine ständige Anpassung. Elektronische Preisetiketten erleichtern dies in der täglichen Arbeit ungemein, aber die Investitionen in die Ausstattung der Filialen mit dieser Technologie und bei über 30.000 Artikeln, die im Durchschnitt in einer Conrad-Filiale vorgehalten werden, sind nicht unerheblich. Sehr viel komplizierter ist es hingegen, diese ständigen Preisänderungen dem Kunden verständlich zu machen. Nehmen wir den Fall, dass sich ein Kunde im Online-Shop für ein Produkt entschieden hat und es am nächsten Tag in einer Filiale abholen möchte. Inzwischen hat sich der Preis jedoch geändert.

Und wie wirkt der Preis inklusive Mehrwertsteuer auf die Kunden, die sowohl ihren privaten als auch geschäftlichen Bedarf bei Conrad decken? Kundenindividuelle Ansprache und Preisgestaltung gehören damit für Multi-Channel-Retailer auf ihrer digitalen Transformation zu den ganz großen Herausforderungen. Insbesondere sind dabei intelligente Lösungskonzepte zur Überwindung der hieraus entstehenden Komplexität der Schlüssel zum Erfolg im digitalen Wettbewerb.

4 Fallbeispiele

4.1 Digital Instore als ein Element von Multi-Channel-Lösungen

Eine Fragestellung, die Conrad genauso wie viele andere Händler betrifft, lautet: Wie kann mit immer besser informierten Kunden umgegangen werden? Obwohl Conrad-Kunden aufgrund ihrer Affinität zu Technik und Elektronik schon immer über ein hohes

Abb. 4 Dreieck Filialprozesse. (Quelle: Eigene Darstellung)

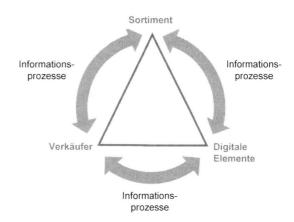

Fachwissen und einen umfassenden Informationsstand verfügen, ist zu beobachten, dass Kunden ihre Einkäufe ausführlich vorbereiten und stark informiert die Filialen aufsuchen. Während der Conrad-Katalog früher als Kompendium der Elektronik betrachtet wurde („Technikbibel"), ist heute das Internet zur Informationsquelle Nummer Eins geworden. Aktuell nutzen rund 64 % der deutschen Konsumenten das Internet im Vorfeld als wichtige Informationsquelle rund um ein bevorzugtes Produkt und bereits 38 % recherchieren mit mobilen Geräten vor Ort im Laden (PricewaterhouseCoopers 2015). Die Managementliteratur hat dafür den Begriff des RoPo-Kunden geprägt: Research online and Purchase offline. Dieses stark veränderte Konsumentenverhalten stellt Conrad aktuell vor zwei Herausforderungen:

- Wie kann das gesamte Sortiment von 700.000 Artikeln für die Kunden und Verkäufer verfügbar gemacht werden, während davon durchschnittlich „nur" 30.000 physisch in den Filialen vorrätig sind?
- Wie lässt sich das Prinzip der Selbstbedienung auch bei dem stark gewachsenen Sortiment weiterhin aufrechterhalten?

Um dies zu erreichen, mussten die beiden bisherigen Erfolgsfaktoren – kompetente Verkaufsberater und attraktives Sortiment – um digitale Elemente erweitert und die Informationsprozesse miteinander verzahnt werden (vgl. Abb. 4).

Bei den Conrad-RoPo-Kunden beginnt der Einkauf oft mit der Frage, ob das gewünschte Produkt in der Filiale überhaupt erhältlich ist. Eine Information, die eigentlich einfach zu geben sein sollte, der jedoch in der Praxis ein erheblicher Aufwand vorausgeht, denn es müssen Kassen- und Warenwirtschaftssysteme intelligent miteinander verknüpft und um Reservierungs- und Benachrichtigungsfunktionen ergänzt werden. Sofern kein weiterer Informationsbedarf besteht, können Conrad-Kunden das Produkt reservieren und zu einem Zeitpunkt ihrer Wahl abholen. Für Abholungen außerhalb der Ladenöffnungszeiten stehen den Kunden bei Conrad eigene Abholstationen zur Verfügung.

Abb. 5 Moderne digitale Beratung am PoS. (Quelle: Eigene Darstellung)

Die Verlängerung des Sortimentes über die vorrätigen Produkte hinaus findet über digitale Elemente statt.

Für den Selbstbedienungsbereich wurden die Warenpräsenter und Regale digitalisiert. So sind beispielsweise die ausgestellten Mobiltelefone über einen im Regal integrierten 12-Zoll-Monitor verbunden. Nimmt der Kunde ein bestimmtes Gerät in die Hand, um Gewicht und Haptik zu prüfen, werden automatisch relevante Informationen auf dem Monitor angezeigt: Technische Daten, Preis, Einsatzgebiet, Zubehör, aber auch Ratings unterstützen den Kunden bei der Entscheidung und entlasten gleichzeitig den Verkaufsberater.

Ein anderes spannendes interaktives Element ist der Modellflugsimulator. Seine Aufgabe ist es weniger, Informationen zu vermitteln, sondern die Faszination für Modellbau zu fördern. Flugzeuge, Helicopter oder Drohnen lassen sich in einer Art Augmented-Reality-Umgebung fliegen, Start und Landung oder waghalsige Flugmanöver simulieren und damit die emotionale Seite bei den Kunden ansprechen.

Die Mitarbeiter in den Conrad Filialen sind mit iPads ausgestattet (vgl. Abb. 5). Damit haben sie nicht nur das gesamte Conrad-Sortiment zum Vorzeigen, sondern auch weiterführende Informationen zur Hand. Hat ein Kunde etwa eine Frage zur Installation einer Alarmanlage, können via iPad How-to-Videos gezeigt, Installationspläne gedruckt oder dem Kunden als PDF zugestellt und auch das entsprechende Zubehör dargestellt werden. Dies führt zu einer deutlichen kognitiven Entlastung der Verkäufer, schafft deutlich mehr Authentizität beim Kunden und bietet eine ausgezeichnete Informationsbasis für Up- und Cross-selling.

Obwohl die Erleichterung für die Verkaufsberater unübersehbar ist, gab es anfänglich durchaus Akzeptanzprobleme. Diese lagen vor allem in Gewicht und Größe der verwendeten Geräte. Wie kann der Mitarbeiter ohne größere Beeinträchtigung das iPad bei sich tragen? Wie lässt es sich ergonomisch günstig halten, am besten mit einer Hand? Die ersten iPads erwiesen sich dabei als zu schwer und groß. Mit Einführung des iPad mini konnten viele der Anfangsprobleme gelöst werden, jetzt allerdings zulasten der Produktdarstellung für den Kunden auf den deutlich kleineren Bildschirmen.

Um dieses Dilemma abzumildern, werden größere Wall-Integrated-Monitore eingesetzt. Die 46 bis 82 Zoll großen Bildschirme eignen sich besonders, um Produkteigenschaften visuell darzustellen, die Geräte von allen Seiten zu zeigen, Konnektivität mit dem Kunden zu klären, das jeweilige Produkt in Szene zu setzen oder passende Alternativen aus dem breiten und tiefen Sortiment aufzuzeigen. Damit kann der Verkäufer den Kunden ganzheitlich beraten, flexibel auf die Kundenwünsche reagieren und schnell Handlungsmaßnahmen, wie zum Beispiel die Bestellung oder Reservierung im Online-Shop für den Kunden vornehmen und eine Lieferung nach Hause in Auftrag geben. Da das Gespräch nicht in einer Frontalsituation stattfindet, sondern Verkäufer und Kunde gleichberechtigt nebeneinander stehen, entwickelt sich eine deutlich entspanntere Atmosphäre.

Weitere digitale Helfer sind Barcode-Scanner. Damit können sich Kunden selbstständig weiterführende Informationen zu einem ausgewählten Produkt beschaffen. In allen Abteilungen sind darüber hinaus Touchscreen-Monitore angebracht, auf denen der Conrad Online-Store gezeigt wird. Damit wird die Selbstbedienung gestärkt und gleichzeitig Kunden wie Mitarbeitern die Möglichkeit gegeben, nicht vorrätige Produkte zu bestellen.

Die Conrad-Filialen haben in den vergangenen Jahren ihren Charakter, aber auch ihre Funktion stark erweitert. Während der Schwerpunkt früher im reinen Verkauf vor Ort bestand, gilt es heute, die erweiterte Customer Journey abzubilden, die Filiale als integralen Bestandteil darin entsprechend zu inszenieren und zu organisieren und die wesentlichen Kaufmotivlagen der Kunden abzudecken. Dazu gehören nach wie vor kompetente Fachberater, ein attraktives und umfassendes Sortiment und der Einsatz moderner digitaler Elemente, die zu einem gesamtheitlichen Erlebnis für den Kunden beitragen. Und auch ein digitales Augenzwinkern gehört bei Conrad dazu. Etwa wenn der voll automatische Roboter „Werner" die Kunden bereits am Eingang begrüßt (vgl. Abb. 6) und auf Wunsch in die gewünschte Abteilung begleitet. Dass Conrad-Kunden diesen digitalen Service zu schätzen wissen, zeigt das durchschnittliche Pensum von 6,5 km, das der Roboter am Tag zurücklegt.

Abb. 6 Vom Point of Sale zum Point of Experience. (Quelle: Eigene Darstellung)

4.2 Digital Content im Messebereich

Für B2B-Anbieter sind Fachmessen ein wichtiger Kanal, den direkten Kontakt zu den Kunden herzustellen und zu pflegen. Daher ist Conrad auf den großen B2B-Fachmessen, wie der Electronica, Embedded World oder SPS seit Jahren vertreten. Der Messeauftritt dient dazu, das Profil als professioneller B2B-Anbieter zu schärfen und sich im direkten Vergleich zu den Wettbewerbern auf Augenhöhe zu präsentieren. Conrad profitiert stark von den hohen Sympathiewerten der ihrer Marke, denn viele B2B-Entscheider kennen Conrad aus ihrem privaten Umfeld, der Schule oder ihrem Studium. Die Herausforderung dabei ist, die positive Haltung aus dem B2C-Umfeld in die Zielgruppe der professionellen Kunden zu übertragen und auf ein entsprechendes Kompetenzniveau zu heben. Conrad nutzt dazu auch stark die Co-Präsenz seiner internationalen B2B-Unternehmen wie Rapid Electronics und SOS Electronic.

Das Internet hat auch beim Messepublikum stark zu einer Veränderung in der Erwartungshaltung geführt. Die Kunden sind extrem gut vorinformiert, haben sich bereits vielfach im Vorfeld ihren Messerundgang zusammengestellt und dazu die Internetseiten des Messeveranstalters, aber auch der ausstellenden Unternehmen genutzt.

Es ist daher entscheidend, die Messe bereits frühzeitig im Rahmen des eigenen Internetauftrittes zu präsentieren und zu promoten. Das notwendige Messemarketing beginnt damit eigentlich schon lange davor. Auf einer dafür eigens konzipierten Microsite können sich Besucher über die Messe im Allgemeinen, Halle und Standnummer des Conrad-Standes und die geplanten Aktionen informieren sowie ein Gratisticket abholen. Eine informative Landing Page informiert im Vorfeld über Motto und Schwerpunkte des Messeauftritts (vgl. Abb. 7).

Spannende Blog-Berichte über Hightech-Unternehmen, innovative Start-ups und neueste Produktentwicklungen erzählen Geschichten hinter den Kulissen, über die

Abb. 7 Landingpage Messebesucher. (Quelle: Eigene Darstellung)

Leidenschaft, das Engagement und die Technikbegeisterung der Conrad-Kunden. Gleichzeitig beginnt das Invitation-Management auf verschiedensten Kanälen. Die Kunden werden persönlich über den Key Account oder Außendienst kontaktiert und eingeladen. Auch hier muss bereits eine entsprechende Präsentation und Auslobung des eigenen Messeprogrammes erfolgen, denn der Wettbewerb agiert sehr ähnlich. Outbound-Telefonkontakte, schriftliche digitale und immer noch analoge Kommunikation sind unerlässlich. Da es sich in der Regel um Messen mit internationalen Ausstellern und Publikum handelt, muss die gesamte Kommunikation in den jeweils landessprachlichen Versionen gestaltet und durchgeführt werden. Kunden können sich über conrad.biz ihre Messetickets bestellen, sich über das Programm informieren, die Teilnahme an Vorträgen, Workshops oder Produktvorstellungen reservieren und damit schon einen ersten Eindruck und Vorgeschmack entwickeln, was sie beim eigentlichen Besuch des Conrad-Standes erwarten wird.

Entscheidend ist, dass die Erwartungshaltung der Kunden und der tatsächlich erlebte Standbesuch zu einem stimmigen Erlebnis werden. Der gesamte Auftritt, angefangen von der Architektur des Messestandes (vgl. Abb. 8) bis hin zur gesamten Kommunikation vor Ort, muss die Kunden nahtlos abholen.

Auf den Messen wird diese Dachkommunikation in einen überzeugend begehbaren Raum transferiert. Alle Informationen werden in einer interaktiven, multisensorischen Umgebung verdichtet. Große Bildschirme und Multitouch-Monitore präsentieren die Marke Conrad, ihre Identität und Leistungsfähigkeit.

Bereits im Vorfeld wird zum Messemotto passender digitaler Content produziert. Diese digitalen Beiträge drehen sich um Innovationen, spannende Trends, außergewöhnliche Unternehmen, um deren Menschen und rund um das Thema Technik und werden auf der Messe auf Großbildschirmen präsentiert. Dadurch wird eine hohe Identifikation der Messebesucher mit Conrad erreicht, indem man sich unter Gleichgesinnten fühlt. Die Glaubwürdigkeit und Kundennähe von Conrad wird demonstriert und gestärkt.

Auf relevanten digitalen Social-Kanälen (Facebook, Twitter, YouTube, Blogs) und der eigenen Microsite wird der gesamte Messeauftritt aktiv redaktionell begleitet, etwa durch

Abb. 8 Konzeptentwurf des Conrad-Messeauftritts auf der SPS 2015. (Quelle: Eigene Darstellung)

interessante Live-Berichte der Conrad-Community. Damit werden die Aktualität und wiederum die Nähe von Conrad zu seinen Kunden digital ins Internet verlängert.

Der Messeauftritt wird somit zu einem Gesamterlebnis, bei dem Infotainment, Emotion und Wissensvermittlung den Rahmen zur Präsentation von Conrad als leistungsfähigen und kompetenten B2B-Anbieter bilden.

5 Zusammenfassung

Um in Zeiten von dynamischen Marktumfeldern, globalem Wettbewerb und disruptiven Geschäftsmodellen erfolgreich zu bleiben, müssen sich Unternehmen reorganisieren und sich sowohl den veränderten Kundenbedürfnissen als auch den technologischen Veränderungen anpassen – sie müssen dazu über dynamische Fähigkeiten verfügen (Teece et al. 1997). Dazu bedarf es einerseits einer ständigen Verbesserung der bestehenden Fähigkeiten zur Aufrechterhaltung der operativen Performance und andererseits müssen gleichzeitig jene Fähigkeiten neu entwickelt werden, die in sich schnell verändernden Marktumfeldern erforderlich sind (Dixon 2013). Dazu gehören vor allem immaterielle Werte wie technologisches Know-how, Kundenbeziehungen, die Kultur der Organisation und Prozesse, aber auch das Unternehmensimage oder neuartige Geschäftsmodelle (Teece 2011).

Diese Herausforderungen zu bewältigen stellt den traditionellen Handel vor gewaltige Herausforderungen, für die es keine pauschalen Lösungen gibt. Während sich die neuen, digitalen Unternehmen von Anfang an voll und ganz auf ihr Geschäftsmodell konzentrieren können, müssen etablierte Unternehmen ihren Fokus sowohl auf das oft noch immer sehr lukrative Bestandsgeschäft und gleichzeitig auf die erforderlichen, oftmals radikalen Veränderungen der Zukunft aufteilen. Das kostet Ressourcen und Geschwindigkeit.

Dennoch: Diese Veränderungen sind unabdingbar. Der Weg in das digitale Zeitalter ist nicht nur steinig, er ist auch aufregend und spannend. Rückschläge sind dabei ein ständiger Begleiter dieses Veränderungsprozesses, bieten aber gleichzeitig eine großartige Chance, durch Learning by Doing das eigene Unternehmen weiterzuentwickeln. Es sind Zeiten, in denen Gesellschafter, Führungskräfte und Mitarbeiter gute Nerven, Zuversicht und vor allem große Experimentierfreude benötigen. Ob den alten Hasen im Handel der Wandel in die digitalen Geschäftsmodelle gelingt, bleibt abzuwarten. Die Chancen dafür sind allerdings nicht schlecht.

Literatur

Dixon, S. E. (2013). Failure, survival or success in a turbulent environment: The dynamic capabilities lifecycle. In Chartered Management Institute (Hrsg.), *Management articles of the year* (S. 13–20). London: Chartered Management Institute.

Ebeltoft. (2014). *Global cross channel retailing report*. http://www.ebeltoftgroup.com/global-cross-channel-retail-report---entering-the-omnichannel-era.html. Zugegriffen: 24. Aug. 2016.

Hope, J., & Fraser, R. (2003). *Beyond Budgeting: Wie sich Manager aus der jährlichen Budgetierungsfalle befreien können*. Stuttgart: Schäffer-Poeschel.

PricewaterhouseCoopers. (2015). *Store 4.0 – Zukunft des stationären Handels*. Düsseldorf: pwc.

Teece, D. J. (2011). Dynamic capabilities: A guide for managers. *Ivey Business Journal, 75*(2), 29–32.

Teece, D. J., Pisano, G., & Shuen, A. (1997). Dynamic capabilities and strategic management. *Strategic Management Journal, 18*(7), 509–533.

Über die Autoren

Dr. Werner Conrad 1923 gegründet, ist die Conrad Electronic SE ein Familienunternehmen in der vierten Generation. Seit 1993 ist Dr. Werner Conrad als geschäftsführender Gesellschafter in der Conrad-Gruppe tätig und übernahm 2008 den Vorsitz des Verwaltungsrates. Davor leitete er als CEO über 20 Jahre die Firmengruppe, insbesondere den Umbau zu einem der führenden Online-Unternehmen für technische Produkte und das internationale Geschäft. Vorher war er in der Geschäftsführung bei dem heute bekannten Online-Unternehmen Völkner Electronic und absolvierte diverse weitere berufliche Stationen im Ausland, überwiegend in Asien. Während und nach dem Studium der Betriebswirtschaftslehre sammelte er Erfahrungen im Bereich Neue Medien, insbesondere beim Rundfunk mit dem Aufbau eines der ersten Privatrundfunksender in Deutschland. Seit 20 Jahren ist er im Vorstand des Bundesverbandes des deutschen Versandhandels.

 **Stefanie Bräu** machte zunächst ihren Magistertitel in Kunstgeschichte, klassischer Archäologie und Geschichte an der Universität Regensburg und studierte anschließend ebenfalls an der Universität Regensburg Wirtschaftswissenschaften, wo sie auch ihren Abschluss als Diplom-Kauffrau (Univ.) mit Schwerpunkt Marketing machte. Erste berufliche Stationen waren die Kulturabteilung der deutschen Botschaft in London und ein Kunstverlag. 2008 startete sie ihren beruflichen Werdegang bei Conrad, wo sie zunächst im Bereich Markenführung tätig war. Seit 2011 verantwortet sie den Bereich Brand-Management und treibt den gruppenweiten Relaunch des Handelsunternehmens Conrad zum führenden Omni-Channel-Unternehmen mit voran. Seit 2015 leitet sie neben dem Brand Management auch das internationale Kampagnenmanagement.

Reinvent or Die – Erfahrungsbericht der erfolgreichen digitalen Transformation von UNITO/Otto Group Österreich

Harald Gutschi

Zusammenfassung

Die digitale Transformation von UNITO gilt als Paradebeispiel für den erfolgreichen digitalen Wandel eines klassischen Katalog-Versenders hin zu einem ernst zu nehmenden Online-Player. Mittlerweile ist die UNITO-Gruppe Österreichs größter Online Player und ein regionaler, europäischer Anbieter im Online Business, der zudem noch hochprofitabel arbeitet. Der vorliegende Beitrag verdeutlicht, dass mit der digitalen Transformation zunächst auch harte Einschnitte verbunden sind und dieser häufig erst durch Leidensdruck in Gang kommt. Insofern bestätigt das Fallbeispiel UNITO auch die Devise: Reinvent or Die! Nach Darstellung der Ausgangssituation und Vorstellung der UNITO-Gruppe wird deren Geschäftskonzept inklusive Unternehmensphilosophie und -strategie erläutert, bevor die Phasen der digitalen Transformation von UNITO im Detail beschrieben werden. Diese betreffen die Sanierungsphase, Wachstums- sowie Expansionsphase, für die anschließend eine Zusammenfassung der Erfolgsfaktoren erfolgt.

H. Gutschi (✉)
UNITO Versand- und Dienstleistungen GmbH, Graz, Österreich
E-Mail: harald.gutschi@unito.at

Inhaltsverzeichnis

1	Ausgangssituation	380
2	Vorstellung UNITO-Gruppe	381
3	Das Geschäftskonzept der UNITO-Gruppe	382
	3.1 Rahmenbedingungen des Geschäftskonzeptes der UNITO-Gruppe	382
	3.2 Die Unternehmensphilosophie	383
	3.3 Strategie der UNITO-Gruppe	383
4	Die Phasen der digitalen Transformation	384
	4.1 Die Sanierungsphase	384
	4.2 Die Wachstumsphase	389
	4.3 Die Expansionsphase	391
5	Die Erfolgsfaktoren bei UNITO	393
6	Zentrale Trends im E-Commerce und Auswirkungen auf den Handel	395
7	Fazit: Reinvent or Die	397
Literatur		397
Über den Autor		398

1 Ausgangssituation

UNITO setzt sich aus den ersten drei Buchstaben von Universal und den letzten beiden Buchstaben von Otto zusammen und entstand 2003 aus einer Fusion der beiden Namen. Im Jahr 2007 machten beide Unternehmen in Österreich hohe Verluste. UNITO war zu diesem Zeitpunkt nur in Österreich mit den beiden Marken vertreten und hatte zweistellige Millionenbeiträge an kumulierten Verlustvorträgen. UNITO ist lediglich ein Rechtsträger, zum Kunden treten Universal bzw. Otto auf.

Die gesamte Organisation war zum damaligen Zeitpunkt auf Print ausgerichtet und es bestand ein fehlendes Bewusstsein über die am Markt laufende und bereits vollzogene Online-Revolution. Der Online-Anteil betrug in 2007 lediglich 21 %. Es dominierten noch die dicken Hauptkataloge, deren Auflagen dabei noch immer erheblich waren. In Summe hatte beinahe jeder zweite österreichische Haushalt diese tausendseitigen Hauptkataloge 2007 neben rund 60 weiteren Spezialkatalogen in hohen zweistelligen Millionenauflagen p. a. erhalten. Es war jedoch ein rückläufiges, printgetriebenes, im Wesentlichen vom Hauptkatalog dominiertes Geschäft. Dies führte in den Jahren 2004 bis 2007 zu jährlichen Umsatzrückgängen von durchschnittlich minus sechs Prozent p. a. Dabei machten 885 Mitarbeiter/-innen einen IFRS-Außenumsatz inklusive Mehrwertsteuer von 194 Mio. EUR, wovon 38 Mio. EUR jährlich in Werbekosten investiert wurden. Ein überwiegender Teil davon waren Printkatalogkosten. Zum damaligen Zeitpunkt machte UNITO einen Verlust von minus vier Prozent vom Umsatz.

Aus heutiger Sicht stellt sich die Frage, wie es passieren konnte, dass eine für österreichische Verhältnisse große Organisation die Notwendigkeit der digitalen Veränderung nicht ausreichend erkannt hatte. Der klassische Versandhandel war viele Jahrzehnte lang, bis weit in die 90er Jahre hinein, eine „Geldproduktionsmaschine". Viele Versender machten damals Umsatzrenditen zwischen fünf Prozent und zehn Prozent vom Umsatz.

> „Ich habe einen überwiegenden Teil meiner beruflichen Karriere im Versandhandel verbracht. Seit 22 Jahren bin ich in führenden Funktionen bei unterschiedlichen Konzernunternehmungen im Versandhandel, nunmehr Online-Handel, tätig. Aber so etwas hatte ich noch nie erlebt. Am 01. Februar 2007 habe ich meinen Job als Sprecher der Geschäftsführung bei UNITO Österreich, einem Tochterunternehmen der Otto Group, angetreten. Wenige Monate später hat mich der für UNITO zuständige Otto Group Vorstand angerufen und mir mitgeteilt: „Bitte nehmen Sie es nicht persönlich, sollte UNITO bei der im April 2007 stattfindenden Vorstandsjahrestagung geschlossen werden. Das hat mit Ihnen nichts zu tun, sondern ist eine notwendige Maßnahme." Gerade einen neuen Job angetreten und gleich bei einem Schließungskandidat im Konzern gelandet? Genauso war es. Und nun der Reihe nach..."
>
> Harald Gutschi

Abb. 1 Schlimmer geht immer – ein Prolog. (Quelle: Eigene Darstellung)

Es herrschten hohe Eintrittsbarrieren in das Versandgeschäft, denn die Märkte im DACH-Raum wurden von den großen Versandgruppen dominiert. Zu ihnen gehörten Otto, Quelle, Neckermann und eine überschaubare Anzahl von weiteren 40 Spezialversendern. Diese Eintrittsbarrieren waren allerdings analoger Natur und betrafen in erster Linie Fotografie, Grafik, Druck der Kataloge, IT, Logistik, Abwicklungs-Know-how sowie Economy of Scales durch hohe Umsatzdimensionen. Wie viele andere Unternehmen damals sind Universal und Otto dem Fluch des großen, jahrzehntelangen Erfolges aufgesessen. Organisationen, die über lange Jahre erfolgreich und profitabel sind, tendieren dazu, ihre „Erfahrungsgefängnisse" beizubehalten. Dabei setzen sie dann auf vertraute und in der Vergangenheit erfolgreiche Methoden respektive Instrumente. Deswegen war es begrüßenswert und notwendig, seitens der zuständigen Vorstände aus der Otto Group Druck auf UNITO auszuüben. Erst die von ihnen „ausgerufene Existenzkrise" und die explizite Kennzeichnung des Versenders als potenzieller Schließungskandidat führten dazu, dass sich das Unternehmen neu ausrichtete und kein Stein beim anderen bleib. „Schlimmer geht immer" – ist eine gesunde Managementregel, die in diesem Fall zum Tragen kam und die Misere mehr als deutlich machte (vgl. dazu auch Abb. 1).

2 Vorstellung UNITO-Gruppe

Im Jahr 2016 ist die UNITO-Gruppe Österreichs größter Online Player und ein regionaler, europäischer Player im Online Business. An den Standorten Salzburg, Graz, Linz und Budapest arbeiten 392 Mitarbeiter/-innen für die UNITO, die aktuell ihr Geschäft in Österreich, Deutschland, der Schweiz, Südtirol, der Tschechischen Republik, der Slowakei und in Ungarn betreibt.

Im Dezember 2015 erreichte UNITO mit ihren mittlerweile 21 Online-Shops erstmals einen Online-Anteil von mehr als 90 % am Gesamtumsatz im DACH-Raum und Osteuropa, wobei im letzten Jahr rund 77 Mio. Kundenbesuche gezählt wurden. Mehrmals

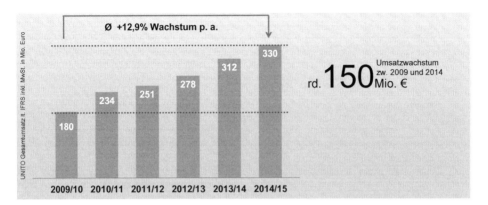

Abb. 2 UNITO-Umsatzentwicklung in den letzten fünf Jahren von 2009/2010 auf 2014/2015. (Quelle: Eigene Darstellung)

pro Jahr kaufen 3,2 Mio. Kunden bei der Versandgruppe ein, die ein umfangreiches, differenziertes Markenportfolio betreibt. Dessen wesentliche Kernmarken sind Otto in Österreich, Südtirol und Osteuropa sowie Quelle im DACH-Raum. Weiterhin gehören Ackermann in der Schweiz und Universal in Österreich und damit zwei ehemalige Marktführer dazu. Mit Lascana (Wäsche- und Bademodespezialist) und Schlafwelt (Schlafspezialist) in Österreich und der Schweiz bzw. Lascana und Sheego (Übergrößenspezialist) werden ebenfalls Online-Vertikalkonzepte betrieben.

Die UNITO-Gruppe hat ihren Umsatz in den letzten fünf Jahren fast verdoppelt und ist im Durchschnitt um 13 % p. a. auf mittlerweile 330 Mio. EUR im letzten Geschäftsjahr gewachsen. Allein das Umsatzwachstum zwischen 2009 und 2014 betrug 150 Mio. EUR (vgl. Abb. 2). Heute ist UNITO hoch profitabel, erwirtschaftet seit vielen Jahren Umsatzrenditen in der Höhe von drei Prozent bis fünf Prozent, wächst sehr stark im Umsatz und bietet seinen Mitarbeiterinnen und Mitarbeitern sichere Arbeitsplätze.

3 Das Geschäftskonzept der UNITO-Gruppe

3.1 Rahmenbedingungen des Geschäftskonzeptes der UNITO-Gruppe

UNITO ist Teil der Otto Group, die mit einem Umsatz von 12,1 Mrd. EUR in 2015 und 54.000 Mitarbeiter/-innen nach Amazon weltweit zweitgrößter Online-Händler ist. Der Otto-Konzern ist auch der größte Online Retailer für Fashion bzw. Lifestyle in Europa und stellt eine weltweit agierende Handels- und Dienstleistungsgruppe mit 123 wesentlichen Unternehmungen in mehr als 20 Ländern dar. Sie ist international, vielfältig und innovativ. Die vier Verantwortungsfelder der Mission von Otto sind 1) Wirtschaftlichkeit, 2) Innovation, 3) Vielfalt und 4) Nachhaltigkeit. Sie erklären auch die

Rahmenbedingungen des Geschäftskonzeptes der UNITO-Gruppe: Der Konzern kümmert sich um die Konzernstrategie, die entsprechenden Sortimente, das Heben entsprechender Konzernpotenziale und stellt die IT und Infrastruktur (zum Beispiel Logistik) zur Verfügung. E-Commerce, Kataloggeschäft und der stationäre Einzelhandel bilden die drei Säulen des Multi-Channel-Einzelhandels der Otto Group. Weltweite Konzernaktivitäten und eine Vielzahl von strategischen Partnerschaften und Joint Ventures bieten den Otto-Unternehmen ausgezeichnete Voraussetzungen für Know-how-Transfer und die Nutzung von Synergiepotenzialen. Ein hohes Maß an Eigenverantwortlichkeit der Konzernunternehmen garantiert zugleich Flexibilität und Kundennähe sowie eine optimale Zielgruppenansprache in den jeweiligen Ländern. Demgegenüber managt UNITO als dezentrale, selbstständige, rechtliche Einheit die Kundenbeziehung, vermarktet die Sortimente, verfügt über Online-Instrumente und Know-how, positioniert die einzelnen Marken nach entsprechenden, klaren Markenvorgaben sowie strategischen Initiativen und ist für den gesamten kaufmännischen Unternehmensbereich verantwortlich.

3.2 Die Unternehmensphilosophie

Die Unternehmensphilosophie von UNITO folgt der Strategie der Otto Group, nämlich auf dezentrale Markenverantwortliche zu setzen. So gibt es hier keine funktionale Organisation mehr, sondern eine im Vertriebsbereich nach Marken aufgestellte divisionale Organisation.

Insofern besteht der Grundsatz der Unternehmensphilosophie darin, den Marken einen größtmöglichen Handlungsfreiraum einzuräumen. Die funktionale Organisation im Vertrieb wurde daher weitgehend aufgelöst. Jede Marke verfügt über die für sie notwendigen Geschäftsprozesse. Gleichzeitig werden Synergiepotenziale über einheitliche IT-Systeme, in der Abwicklung (Kundenservice, Logistik), im kaufmännischen Bereich, nach Standorten einheitliche BI- und Online-Marketingaktivitäten und durch Geschäftsführervorgaben gehoben.

3.3 Strategie der UNITO-Gruppe

Die Strategie der UNITO-Gruppe basiert auf den folgenden vier Säulen:

Transform Multi-Channel Universal, ein klassischer Modern- und Best-Ager-Versender für ältere Zielgruppen, oder Ackermann in der Schweiz. Beide Versender haben ihren Ursprung eindeutig im klassischen Distanzhandel und wurden in den letzten Jahren zu E-driven Companies mit Online-Anteilen von mehr als 80 % entwickelt. Insofern ist die Transformation von ehemaligen Katalogunternehmen in die digitale Welt – mit der Zielsetzung von mehr als 90 % Online-Anteil – ein wesentlicher Baustein der UNITO-Strategie. Gleichzeitig wurden die Mobile-Aktivitäten massiv ausgebaut (Mobile First) sowie Big Data und Business Intelligence zur konsequenten Weiterentwicklung zur E-driven Companies überall installiert.

Participate durch Finanzdienstleistungen und Services Im boomenden europäischen E-Commerce-Geschäft deckt UNITO wesentliche Bereiche der Wertschöpfungskette des Handels ab. Insofern kann UNITO von vor- und nachgelagerten Dienstleistungen des Handels profitieren. Wesentliche Dienstleistungsbereiche werden nicht nur für das Eigengeschäft verwendet, wie beispielsweise das Inkassoinstitut OKO oder der Logistikdienstleister Hermes, sondern stehen auch Dritten, konzernfremden Firmen zur Verfügung. Darüber hinaus werden Call-Center- und weitere Logistikdienstleistungen für Konzernfirmen und Dritte durchgeführt. UNITOs exakter Firmenwortlaut ist daher „UNITO Versand- und Dienstleistungen GmbH". Allein daraus wird das Selbstverständnis von UNITO ersichtlich, über Dienstleistung am E-Commerce-Geschäft zu partizipieren.

Create – Ausbau weiterer Internet-Pure-Player Mit der Markenverantwortung von Quelle für den gesamten DACH-Raum wurde beispielsweise Quelle als Internet-Pure-Player in Österreich, Deutschland und in der Schweiz implementiert. Auch wurden Online-Vertikalkonzepte wie Lascana, Schlafwelt, Sheego und Alpenwelt über Konzernkooperationen aufgebaut. Entsprechende Unterstützung im Zusammenspiel mit den jeweiligen Markenzentralen gab es auch bei der Auslandsexpansion für Lascana in fünf Märkte Europas, für Schlafwelt nach Österreich und in die Schweiz sowie für Sheego, über UNITO bis Ende 2016 ebenfalls in fünf Ländern Europas tätig. Über diese Internet-Pure-Player mit Online-Anteilen nahe bei 100 % gewinnt UNITO zusätzliche Erkenntnisse, die in der Weiterentwicklung der Multi-Channel-Aktivitäten und Marken genutzt werden können. Dementsprechend konnten in den letzten Jahren bereits etliche Internet-Pure-Player kreiert und auf der grünen Wiese sehr erfolgreich in den Markt gesetzt werden.

Internationalisierung UNITO machte den ersten Schritt der Internationalisierung in 2010 mit dem Kauf der Ackermann-Markenrechte für die Schweiz. Im Jahr 2013 wurde dann mit Quelle und mit Alpenwelt – einem Spezialversand für Trachten – der deutsche Markt erschlossen. Ein Jahr später kamen die Osteuropaaktivitäten unter der Marke Otto in der Tschechischen Republik, der Slowakei und Ungarn dazu. Aus UNITO wurde so die UNITO-Gruppe. Die weitere Internationalisierung, insbesondere in Osteuropa, ist wesentlicher Teil der Zukunftsstrategien der UNITO-Gruppe.

4   Die Phasen der digitalen Transformation

4.1   Die Sanierungsphase

Die Sanierungsphase ist für die digitale Transformation Erfolgsvoraussetzung. Allerdings ist es auch eine unangenehme Phase, zu der es keine Alternative gibt, wenn man ein digitaler, ernst zu nehmender Player in den relevanten Märkten werden möchte. Die Sanierung bei UNITO erfolgte in den Jahren 2007 bis 2009. Dabei stand die

Ergebnisverbesserung im Vordergrund. Der Umsatz war die verbleibende Restgröße. Nach Durchführung der Sanierungsphase konnte eine Ergebnissteigerung von plus 11,2 Mio. EUR realisiert werden. Der Umsatzverlust war jedoch sehr überschaubar. Mit durchschnittlich jährlich minus 3,69 % sank der Umsatz von 194 Mio. EUR auf rund 180 Mio. EUR. Der Umsatzverlust und die Ergebnisverbesserung waren „beinahe" gleich hoch in Millionen Euro gemessen. Dabei wurde die Sanierung durch den Druck aus der Konzernzentrale, ihrer potenziellen Schließungsdrohung sowie durch die offene Kommunikation der Unternehmensführung von allen Mitarbeiterinnen und Mitarbeitern mitgetragen. Deswegen konnte die Sanierungsphase auch weitgehend geräuschlos und ohne Kollateralschäden abgeschlossen werden. Notwendige Dinge aus falsch verstandener, sozialer Verantwortung nicht zu tun, führt am Ende dazu, dass man sein ganzes Unternehmen und damit alle Arbeitsplätze infrage stellt. Insofern war die Sanierungsphase mit umfangreichen und schmerzlichen Einschnitten alternativlos, da sie zu folgenden Ergebnissen führte:

Stop Doing/Halbierung der Führungsstruktur Alle Prozesse und Unternehmensbereiche, die nicht auf das Thema E-Commerce eingezahlt hatten, wurden aufgelöst oder im Unternehmen nicht mehr weiterverfolgt. Aus einer gewachsenen Führungsstruktur und einem über Jahrzehnte erfolgreichen Unternehmen hatte sich in vielen Bereichen „Fett angesetzt". Durch die Transparenz und Leistungsvergleichbarkeit des Internets gab es zur notwendigen Anpassung innerhalb der Organisationsstrukturen keine Alternative. Insofern wurde die gesamte Führungsstruktur bei UNITO halbiert. Aus drei Geschäftsführern wurden zwei, aus 13 Bereichsleitern sieben. Die dahinterliegende Abteilungs- und Teamleitungsstruktur konnte dementsprechend halbiert werden. Die Halbierung war nur dadurch möglich, dass auf viele Tätigkeiten verzichtet wurde. Beispielsweise wurde der gesamte Katalogproduktionsprozess an externe Dienstleister ausgelagert. Die Sanierungsphase war daher auch durch deutliche Zeichen geprägt. Gerade das Outsourcen eines aus damaliger Sicht so wesentlichen Prozesses wie dem Kataloggeschäft wurde im Haus auch nicht unumstritten gesehen. Es war jedoch ein wichtiges Zeichen, dass es UNITO ernst ist, die digitale Transformation mit allen positiven, aber auch negativen Konsequenzen durchzuführen.

Halbierung des Mitarbeiterstandes von 885 Mitarbeiter/-innen auf knapp 400 Mitarbeiter/-innen Ein rigides Kosten- und Prozessmanagement mit einer Neudefinition der Aufgaben im Vertriebs- und Operationsbereich – Customer Care und Logistik – führte dazu, dass sich die Mitarbeiteranzahl halbiert hat. Ein wesentlicher Beitrag dazu kam aus der Schließung der Paketlogistik Kalsdorf bei Graz. Um dem Kunden ein breiteres und tieferes Artikelsortiment anzubieten, war es unumgänglich, sich in den Konzernlogistikstrukturen zu integrieren. Insofern wurde die österreichische Paketlogistik in Kalsdorf in den süddeutschen Raum nach Burgkunstadt verlagert. Dort sitzt auch die UNITO-Mutter, der BAUR-Versand. Ein weiterer wesentlicher Teil der

Personaleinsparungen erfolgte durch das Outsourcing nicht mehr unternehmensrelevanter Prozesse, rigoroses Kostenmanagement sowie die Anpassung der Organisation an die Notwendigkeiten des Internets.

Senkung der Werbe-KUR von 27 auf 22 % Die Werbekosten-Umsatz-Relation – also die Kennzahl, wie viele Werbekosten für eine Einheit Umsatz ausgeben werden müssen – konnte in dieser Zeit um rund fünf Prozentpunkte gesenkt werden. Innerhalb eines Jahres wurden beispielsweise die aufgelegten Seiten von rund acht Milliarden auf vier Milliarden reduziert. Das Kataloggeschäft wurde weitgehend profitabel ausgesteuert. Da die Marken der UNITO ihren Ursprung im Kataloggeschäft hatten, entschied sich UNITO nicht für einen revolutionären Ansatz, sondern eine evolutionäre Aussteuerung des Kataloggeschäfts. Print war Vergangenheit und deswegen verfügte der Versandhändler zu diesem Zeitpunkt noch immer über einen hohen Anteil von rund 80 % an Printkunden. Das Printgeschäft von heute auf morgen abzuschneiden wäre völlig falsch gewesen, hätte zu massiven Kundenverlusten, zu massiven Umsatzverlusten und somit auch zu sehr schlechten Ergebnissen geführt. UNITO entschied sich deswegen für den Weg, das Printgeschäft beizubehalten, dies jedoch ausschließlich profitabel auszusteuern. Durch das Senken der hohen Katalogauflagen konnten in großem Ausmaß Werbekosten eingespart werden, die zu einer deutlichen Verbesserung der Werbekosten-Umsatz-Relation führten.

Massive Preissenkungen auf Konkurrenzpreisniveau und massive Online-Sortimentsausweitung der angebotenen Artikel Dies ermöglichte den Spielraum, die Verkaufspreise je nach Sortimentsgruppen zwischen vier Prozent und 15 % zu senken. UNITO hatte ein zu hohes Preisniveau, das vorwiegend aus den kataloggetriebenen, hohen Werbekosten resultierte. Durch die Halbierung der Katalogauflagen konnte das Preisniveau generell auf ein konkurrenzfähiges Niveau der relevanten Mitbewerber gesenkt werden. Die Verkaufspreissenkung führte zu deutlichen Pull-Effekten im Online-Bereich. Insofern wurde in der Sanierungsphase der Weg weg von Push hin zu Pull bestritten. Das konkurrenzfähigere Preisniveau wurde mit einem massiven Ausbau des Online-Artikelpotenzials unterstützt. Insofern konnten wir die Anzahl der Artikel im Online-Shop innerhalb von zwei Jahren auf mehr als 500.000 Artikel verzehnfachen. Die Unterstützung des Konzerns und die Möglichkeiten, sich aus dem Konzern eines so umfangreichen Artikelangebotes zu bedienen, haben diese Entwicklung verstärkt. Ein besseres, breiteres, tieferes Artikelangebot mit günstigeren Preisen – unterstützt durch einen forcierten Ausbau des Online-Marketings und der Kundenservices – führte in einer frühen Phase zu Umsatzsteigerungsraten im Internet von annähernd 100 %.

Lessons Learned aus der Sanierungsphase Die Sanierungsphase war in Summe eine aus Managementsicht relativ einfache Phase. Kosten zu managen ist eigentlich eine einfache Managementtätigkeit. Viel schwieriger ist es, Kreativität in Unternehmungen zu initiieren. Eine echte Kunst ist es, einem Unternehmen eine Seele zu geben. Die

Sanierungsphase beschäftigte sich ganz stark mit dem Ausrichten der Marken auf die Erfordernisse des Internetmarktes, was hohe Kosteneinsparungen notwendig gemacht hat. Die Kreativitätsnotwendigkeit war überschaubar, da durch das Ausweiten des Artikelangebotes mit besseren Preisen und schnellerem Lieferservice, die Professionalisierung des Online-Marketings sowie die Implementierung entsprechender State-of-the-Art-Internetsysteme die notwendigen Themenpunkte relativ rasch und zügig abgearbeitet werden konnten. Die Sanierungsphase war dadurch gekennzeichnet, dass notwendige Entscheidungen sehr schnell und deutlich getroffen wurden, aber auch die Kommunikation mit den Mitarbeiterinnen und Mitarbeiter ehrlich und offen erfolgte. Insofern lautete die Herausforderung der Sanierungsphase, keine Unwahrheiten zu verbreiten und keine Versprechungen abzugeben, die nicht gehalten werden konnten. Es wurden alle Stakeholder im Unternehmen umfassend informiert. Mit den Mitarbeitern wurde wertschätzend umgegangen, auch im Zusammenhang mit dem Arbeitsplatzabbau. Insgesamt gab es folgende Lessons Learned aus der Sanierungsphase:

- Eine überwiegende Anzahl der Topführungspositionen musste neu besetzt werden. Dabei kamen jüngere Führungskräfte aus dem eigenen Unternehmen, als auch externe neue Mitarbeiter zum Zug.
- Entscheidend war auch ein wertschätzender Umgang mit den ehemaligen Topführungskräften, von denen etliche gehen mussten. Etliche wurden auch in ihrer Hierarchie degradiert, sind aber nach wie vor im Unternehmen tätig und leisten exzellente Beiträge zum Erfolg des Unternehmens. Auch die jüngeren Führungskräfte schauen sehr genau, wie man mit älteren verdienten Führungskräften umgeht, die vielleicht eine digitale Transformation nicht mehr hinreichend managen oder organisieren können. Diesbezüglich ist es wichtig, die richtige Mischung aus Trennung, Degradierung und Neubesetzung zu finden.
- Entscheidend bei einer Sanierungsphase ist auch die Rangfolge der Maßnahmen. Wir haben mit der Personalumstrukturierung nicht als ersten Schritt begonnen. Entscheidend waren erste sehr gute Erfolge am Markt durch das hohe Online-Umsatzwachstum, danach Erfolge bei Nachverhandlungen mit Lieferanten auf allen Ebenen des Unternehmens. Auch die deutliche Reduzierung der Werbekosten mit den beschriebenen Prozessverlagerungen und Verschlankungen haben wesentlich zu einem Erfolg der Sanierungsphase beigetragen. Die Personalmaßnahmen standen erst an dritter Stelle der Ergebnisverbesserungsmaßnahmen. Das Nachverhandeln mit Lieferanten, das Reduzieren der Werbekosten und die Umorganisationen im gesamten Markenportfolio führten zu vergleichsweise höheren Ergebnisverbesserungen als der Personalkostenabbau.
- Kurzfristige Erfolge erzielen: Da eine Transformationsphase mit vielen Unsicherheiten verbunden ist, sollten schnell kurzfristige Erfolge werden und diese einer Organisation sichtbar gemacht werden. So konnte UNITO mit dem starken Online-Wachstum von rund 100 % zeigen, dass die Marken auch online erfolgreich sein und

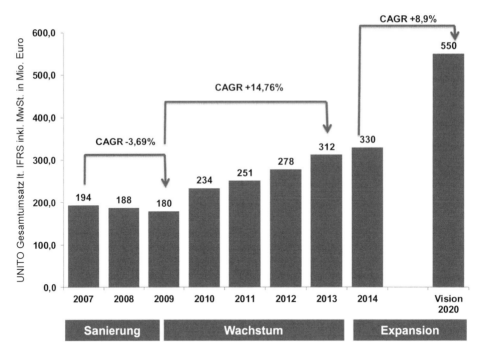

Abb. 3 Die Phasen der digitalen Transformation bei UNITO. (Quelle: Eigene Darstellung)

neue Online-Kunden gewinnen können. Das hat der Organisation starken Auftrieb gegeben und die Ängste vor Umsatzverlusten – trotz der Halbierung des Kataloggeschäftes – genommen. In Summe waren die Umsatzrückgänge auch viel geringer als ursprünglich angenommen. In der Phase von 2007 auf 2009 hatte die Geschäftsführung mit kumulierten Umsatzrückgängen von bis zu minus 30 % gerechnet. Eingetreten sind tatsächlich nur 7,8 % Umsatzverlust. Die Kunden waren bereits in ihrer Entwicklung zum Internet viel weiter, als das zum damaligen Zeitpunkt die eigene Organisation war. Wieder hatten uns die Kunden in ihrem Verhalten überholt.

- Die richtige Geschwindigkeit wählen: Entscheidend war, die Sanierungsphase in der richtigen Geschwindigkeit durchzuführen. Der hohe Schließungsdruck hat der Sanierungsphase extrem geholfen. Die Wahl der richtigen Geschwindigkeit, auch beim Rückmanagen des Kataloggeschäftes, war erfolgskritisch. Zum damaligen Zeitpunkt wurde angenommen, dass es in fünf Jahren überhaupt kein Kataloggeschäft mehr gibt. Tatsache ist, dass UNITO selbst bei 90 % Online-Anteil heute immer noch ein nennenswertes Kataloggeschäft hat, selbst wenn es relativ überschaubar ist. Bisher ist kein Vertriebsweg verschwunden, allerdings sind die Anteile der einzelnen Vertriebswege geringer geworden.

In Abb. 3 sind die Phasen der digitalen Transformation von UNITO dargestellt (vgl. Abb. 3).

4.2 Die Wachstumsphase

In der Wachstumsphase konnte der Umsatz von 180 Mio. EUR im Jahr 2009 auf 312 Mio. EUR im Jahr 2013 beinahe verdoppelt werden. Dies entsprach einer durchschnittlichen Umsatzsteigerung von plus 14,8 % p. a. Die Wachstumsphase war dadurch gekennzeichnet, dass das Umsatzwachstum bei mitwachsender Ergebnisverbesserung in der Höhe von plus acht Millionen Euro realisiert wurde. Die Werbekosten-Umsatz-Relation hat sich noch um rund ein Prozent auf 20,8 % verbessert. Es stand jedoch nicht mehr die Senkung der Werbekosten-Umsatz-Relation im Vordergrund, sondern vielmehr mit gegebenen Werbekosten-Umsatz-Relationen wachsende, profitable Umsätze zu realisieren. Die Mitarbeiter/-innen-Anzahl blieb konstant, obwohl wir eine Fülle von neuen Aktivitäten aufgenommen und durchgeführt haben. Dies ist vorwiegend auf das Beibehalten eines permanenten Kosten- und Prozessmanagements zurückzuführen. Rund 50 neue Mitarbeiterinnen und Mitarbeiter wurden für neue Aktivitäten eingestellt. Gleichzeitig konnte aber in unterschiedlichen Teilen des Unternehmens im gleichen Ausmaß die Anzahl der Mitarbeiter/-innen aus nicht mehr notwendigen Prozessen vorwiegend über sanfte Personalmaßnahmen – Pensionierungen, Versetzungen, Fluktuation etc. – reduziert werden.

Kennzeichen der Wachstumsphase Im Jahr 2009 erfolgte die Insolvenz der damaligen Primondo-Versandhandelsgruppe von Karstadt/Quelle. Somit ergab sich für die Otto Group die Möglichkeit, die Markenrechte von Quelle weltweit aus der Insolvenzmasse zu kaufen. UNITO wurde daher beauftragt, die Marke Quelle in Österreich zu revitalisieren und mit der Marke Quelle den österreichischen Markt zu bedienen. Weiterhin ergab sich die Chance, die Markenrechte von Ackermann, samt zugehörigen Adressen, aus der Primondo-Versandhandelsgruppe für die Schweiz zu erwerben. Mitte 2010 startete daher UNITO in der Schweiz mit den Marken Ackermann und Quelle und Anfang 2011 hat UNITO die Marke Quelle in Österreich revitalisiert. Damit wurde der erste Schritt von Österreich aus in die Alpenregion mit den Geschäftstätigkeiten in Österreich, der Schweiz und Südtirol vollzogen. Dies führte zu hohem Umsatzwachstum, deutlich steigenden absoluten Ergebnissen bei einem sehr hohen Renditeniveau zwischen drei Prozent und fünf Prozent Umsatzrendite und endete darin, dass UNITO im Mai 2013 mit Quelle Deutschland am deutschen Markt gestartet ist. Wenige Monate danach hat UNITO Mitte 2013 mit Alpenwelt einen Trachtenspezialversand in Deutschland auf den Markt gebracht und so am Ende der Wachstumsphase fast eine Umsatzverdoppelung innerhalb von vier Jahren durchführen können. In der Wachstumsphase war es nach wie vor eine Pflicht, ein permanentes Kosten- und Prozessmanagement durchzuführen. Das war die Organisation mittlerweile allerdings gewohnt. Die Kür bestand jedoch darin, Kreativität zu managen, die Markteinstiege der einzelnen Märkte erfolgreich zu gestalten und aus UNITO eine Versandhandelsgruppe zu machen. Die gesteigerte Komplexität mit neun Marken in drei Märkten erforderte neue Steuerungsstrukturen im DACH-Raum. Ein Erfolg war es, trotz der notwendigen Anlaufverluste neuer Märkte ein weiterhin steigendes Ergebnisniveau realisieren zu können. Alle Mitarbeiter/-innen waren stolz, ein Teil der UNITO-Gruppe sein zu dürfen.

Lessons Learned aus der Wachstumsphase waren Glück, Umsetzung, Erfolg und Wettbewerbsfähigkeit

- Glück gehört dazu: Die Quelle-Insolvenz im Jahr 2009 hat UNITO sehr geholfen. Zudem kam 2012 die Neckermann-Insolvenz hinzu. Am Markt wurden Umsatzpotenziale frei und gleichzeitig konnten durch den Erwerb der Quelle-Markenrechte durch die Otto Group neue Geschäftsmodelle in Österreich und der Schweiz gestartet werden. Seine Hausaufgaben zu machen (Stichwort Sanierungsphase) und zum richtigen Zeitpunkt am richtigen Ort zu sein (Start mit Ackermann/Quelle Schweiz und Quelle Österreich) ist eine der Lessons Learned aus der Wachstumsphase.
- Zehn Prozent ist die Idee und 90 % die Umsetzung: Ein solides, digitales Handwerk benötigt „Operational Excellence" in der Umsetzung. Eine Expansion von Österreich aus in die Schweiz oder auch nach Deutschland in den DACH-Raum durchzuführen, liegt auf der Hand – ist keine wirklich neuartige oder einzigartige Idee. Die Umsetzung aber so zu gestalten, dass man in neue Märkte mit neuen Marken geht und gleichzeitig hohes Umsatzwachstum und steigende Ergebnisse realisieren kann, ist eine wirklich exzellente Umsetzung. In der Wachstumsphase ist UNITO die regionale Expansion in den DACH-Raum hervorragend gelungen und diese wurde exzellent umgesetzt.
- Nichts motiviert mehr als der Erfolg: Die digitale Transformation wurde in der Sanierungsphase weitgehend umgesetzt und in der Wachstumsphase abgeschlossen. Es wurden reine Online-Start-ups mit Quelle Österreich/Deutschland bzw. Alpenwelt Deutschland implementiert. Durch das Vollziehen der digitalen Transformation war es sehr einfach, die digitalen Erfolgsfaktoren in der Organisation weiter auszubauen und diese auf neue Märkte auszurollen. Wir haben in dieser Phase neue IT-Systeme eingeführt und starke technologische Schwerpunkte gesetzt, das gesamte Online-Marketing aller Marken ingesourct und sozusagen die letzten Punkte einer digitalen Transformation, einen „digitalen Feinschliff", vollzogen.

Im Weihnachtsgeschäft 2013 konnte UNITO erstmalig Online-Anteile von mehr als 80 % realisieren. Die digitale Transformation war damit erreicht und die Organisation darauf ausgerichtet.

Dennoch erforderte der Erhalt der Wettbewerbsfähigkeit sehr große Anstrengungen. In dieser Zeit wurden Kundenbindungsprogramme implementiert, die Entscheidung für eine versandkostenfreie Lieferung getroffen und das Unternehmen hat sich weiterhin auf die notwendigen harten Wettbewerbsbedingungen eingestellt. Es ist gelungen, eine selbstlernende Organisation zu implementieren, das permanente Kosten- und Prozessmanagement wurde Teil der UNITO-DNA, die Führungskräfte haben weitere Verantwortungen übernommen und wollten diese auch zur persönlichen Weiterentwicklung und zur klaren Erfolgsausrichtung übernehmen.

Das Printgeschäft wurde neu aufgesetzt und darauf ausgerichtet, den Online-Shop zu befeuern. Seither dient er der Markenwiedererkennung und der Inspiration.

4.3 Die Expansionsphase

Die UNITO-Expansionsphase startete in 2014 und geht bis zum Jahr 2020. Im Jahr 2014 wurde ein Umsatz von 330 Mio. EUR realisiert. Ziel und Plan ist es im Jahr 2020, bei entsprechenden Umsatzrenditen von drei Prozent bis fünf Prozent, ein Umsatzniveau von 550 Mio. EUR zu erreichen. Das entspricht einem durchschnittlichen Wachstum von plus 8,9 % pro Jahr.

Kennzeichen der Expansionsphase Im Dezember 2014 erreichte die UNITO-Gruppe erstmalig einen E-Commerce-Anteil von 90 %. Das war ein historischer Meilenstein in der Unternehmensgeschichte. Bei UNITO herrscht Start-up-Feeling. Das Unternehmen setzt alle Anstrengungen auf das Thema Online und Mobile. Neben dem generischen Wachstum der neuen UNITO-Marken im DACH-Raum wird die Expansion über Online-Vertikalkonzepte und weitere Expansionen in kaufkraftstarken Märkten Osteuropas erfolgen. Wir sind Online-Händler, handeln entsprechend und fühlen uns auch so. Insofern ist die Expansionsphase durch eine weitere räumliche Ausweitung der UNITO-Geschäftsaktivitäten gekennzeichnet. Seit dem Jahr 2014 führt UNITO die Otto-Osteuropaaktivitäten der in Budapest ansässigen Gesellschaft Otto Central Europe (OCE). Von dort aus werden die Märkte Tschechische Republik, Slowakei und Ungarn betreut. UNITO hat vom Konzern das Vertrauen erhalten, unter den Marken Otto und Quelle (und weitere) die Märkte in Osteuropa, mit Ausnahme von Russland, zu bearbeiten. Zudem wurden in der Expansionsphase in den von UNITO betreuten Märkten weitere Online-Vertikalkonzepte wie Lascana, Schlafwelt oder Sheego implementiert. Andere werden folgen. Rückblickend lässt sich für die Jahre 2007 bis 2014 festhalten, dass UNITO ein durchschnittliches Onlinewachstum von plus 31,4 % p. a. gelang. UNITO hat sich von einem Online-Umsatz von 40 Mio. EUR im Jahr 2007 auf rund 273 Mio. EUR Online-Umsatz im Jahr 2014 gesteigert. Im gleichen Zeitraum gingen die Printumsätze im Durchschnitt p. a. um minus 13,2 % von 154 Mio. EUR auf 57 Mio. EUR zurück (vgl. dazu Abb. 4). Da sich das Geschäftsjahr 2015 vom 01. März 2015 bis 29.02.2016 erstreckt, waren die Zahlen zum Zeitpunkt der Beitragsverfassung für das Geschäftsjahr 2015/2016 noch nicht verfügbar.

Da es UNITO in der Vergangenheit gelungen ist, ein doppelt so starkes Online-Wachstum zu realisieren wie der Marktdurchschnitt, stehen auch in der Zukunft alle Zeichen auf weiteres Online-Wachstum. Zwar werden die prozentuellen Zuwächse rein statistisch geringer, die absoluten Zuwächse p. a. mit im Durchschnitt rund 20 bis 30 Mio. EUR p. a. bleiben jedoch gleich. Neben der Internationalisierung und Vertikalisierung wird vor allem der Mobile-Boom dazu führen, dass UNITO auch die nächsten Jahre online zweistellig wachsen kann. Couch Commerce, zu Hause auf der Couch zu sitzen und bequem per Smartphone oder Tablet zu bestellen, ist ein Trend, der das Online-Wachstum weiterhin befeuern wird. Für UNITO ist das Smartphone eine Art „Zauberstab" für Umsatz und Ergebnis. Das Smartphone wird immer mehr zur Fernbedienung des Lebens der Kundinnen und Kunden. Es ist der verlängerte, kybernetische Arm in die digitale Welt oder anders formuliert „Der Kunde ist König und sein Zepter ist das Smartphone".

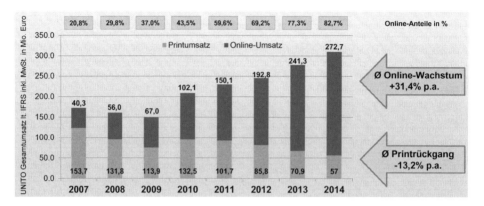

Abb. 4 UNITO Online- bzw. Printumsatzentwicklung 2007 bis 2014. (Quelle: Eigene Darstellung)

Lessons Learned aus der Expansionsphase In der Expansionsphase ist das Ausrollen des Know-hows auf weitere Länder relativ einfach und mit überschaubarem Aufwand möglich. Es sind gelernte Schritte, die Erfahrungskurve wirkt. Entscheidend in dieser Phase ist es, die persönlichen Zentrifugalkräfte unterschiedlicher Marken und Märkte zu begrenzen. Das bedeutet, dass das Managen der sozialen Beziehungen und Kompetenzen einen wesentlichen Beitrag darstellt, damit sich unterschiedliche, im Wettbewerb stehende Markenmanager auf gleichen Märkten auch austauschen und ihre Erfolgskonzepte und positive Erfahrungen an andere weitergeben. Das passiert vorwiegend durch die hohe soziale Kompetenz der Markenmanager, durch Vorbilder, aber auch durch konsequente Führung. Folgende Lessons Learned lassen sich für die Expansionsphase nennen:

- Auch die Expansionsphase ist im Stile eines hanseatischen Kaufmannes gestaltet. Es geht nicht darum, Umsatzwachstum ohne Wenn und Aber zu realisieren, sondern vielmehr darum, weiterhin profitabel zu wachsen. Ein Online-Wachstum von im Durchschnitt plus 31 % von 2007 bis 2014 bei gleichbleibenden Umsatzrenditen zwischen drei Prozent und fünf Prozent und stark wachsender Online-Konkurrenz ist ein durchaus zufriedenstellender Wert. Das Umsatzwachstum hätte auch höher sein können, allerdings unter der Prämisse, dass kurzfristige Ergebniseinbußen in Kauf genommen worden wären. Da UNITO jedoch als familiengeführter Konzern einen Gleichklang aus Umsatzwachstum, Ergebnis, Kunden- und Mitarbeiterzufriedenheit anstrebt, ist es erwähnenswert, dass dieser Gleichklang wirklich gelungen ist.
- Neue Technologien treiben das Geschäft. Die Vertriebswegevielfalt nimmt weiter zu. Neben dem Vertriebsweg Print, Desktop, Laptop und Tablet taucht mit Smartphones ein weiterer, neuer Vertriebsweg auf. Daraus ergeben sich große Chancen, allerdings steigt die Vertriebswegevielfalt und damit die Komplexität weiter an. Einzelne Vertriebswege, wie Print oder Desktop, sind nach wie vor rückläufig. Dennoch verschwindet kein Vertriebsweg, sondern wird im Rahmen einer zeitgemäßen Anpassung neu ausgerichtet.

- Neue Mitbewerber treten auf. Waren es in der Katalogphase vorwiegend Mitbewerber aus dem stationären Einzelhandel, die online gegangen sind, so haben sich im Zuge der UNITO-Expansionsphase viele neue Start-ups entwickelt und am Markt implementiert. Die Anzahl der Online-Shops wurde unübersichtlich. Viele Kunden sind damit überfordert und wenden sich den großen Online-Händlern zu, die überproportional vom Marktwachstum profitieren. Heute können Kunden aus Zehntausenden Online-Shops problemlos bestellen. Die Auswahlmöglichkeit ist für Kunden fast unbegrenzt. Die Welt ist einen Klick entfernt. Viele neue Start-ups, Pure Player und bestehende E-Commerce-Händler haben im Laufe der letzten Jahre die „Terms of Trades" neu definiert. Deshalb nimmt auch die Anpassungsgeschwindigkeit weiter zu. Zu einer marktkonformen Ausrichtung der Sortiments-, Preis- und Servicepolitik gibt es keine Alternative, sofern man am E-Commerce-Markt nachhaltig und langfristig erfolgreich sein möchte.

5 Die Erfolgsfaktoren bei UNITO

Insgesamt können sechs Erfolgsfaktoren identifiziert werden, die bei UNITO die digitale Transformation generell ermöglicht haben:

Hohe Marktausschöpfung durch erfolgreiche Mehrmarkenstrategien UNITO hat die einzelnen Marken in ihrem Markenprofil sehr klar und für Kunden erkennbar voneinander getrennt. Trotz sehr hoher Sortimentsüberschneidung verfügt jede UNITO-Marke über mehr als 70 % Exklusivkunden. Dies bringt bei hoher Synergieschöpfung eine sehr hohe Marktausschöpfung und sichert UNITO eine sehr gute Marktposition im relevanten Markt. Die 21 zielgruppen- und markenspezifischen Online-Shops entsprechen nicht nur der Strategie der Otto Group, sondern sind auch ein Differenzierungskriterium zu unseren Wettbewerbern geworden.

Schaffung von konkreten Kundenvorteilen in Preis, Service oder Sortiment Vereinfacht gesagt ging es bei der digitalen Transformation darum, Kunden Vorteile in Preis, Service oder Sortiment zu verschaffen und besser als der Wettbewerb zu sein. UNITO hat seine Geschäftsaktivitäten von Push zu Pull ausgerichtet und bietet seinen Kunden nicht nur ein sehr breites, tiefes Sortiment (Steigerung des Online-Angebotes von 50.000 Artikeln auf über eine Millionen Artikel) mit wettbewerbsattraktiven Preisen, sondern zum Teil auch wettbewerbsüberlegene Serviceleistungen (schnelle Lieferung durch Halbierung der Lieferzeiten, gratis 24-h-Lieferung). Das erfordert immense Anstrengungen, die dazu führen, dass die 3,2 Mio. Bestandskunden UNITO die Treue halten und UNITO in der Online-Neukundengewinnung stark zulegen konnte. Gerade die etablierten UNITO-Marken, wie Universal bzw. Quelle in Österreich oder Ackermann in der Schweiz, haben bei Nichtkunden „die Last der Tradition" zu tragen und nicht das Positivmerkmal, neu in der digitalen Welt zu sein. Die jahrzehntelange

Katalogpräsenz („die Oma hat schon bei uns bestellt") bringt negative Imagewerte in der Online-Welt, insbesondere bei jungen Zielgruppen, die nicht Kunden bei den UNITO-Marken sind. Wenn diese aber bei uns online kaufen, sind sie zumeist begeistert und überrascht über die Leistungsfähigkeit unserer Marken. Das Leistungsversprechen und die Leistungsfähigkeit der heutigen UNITO-Marken sind mit jenen vor fünf Jahren nicht vergleichbar. Das muss auch so sein, da sich unsere Mitbewerber ja auch weiterentwickelt haben.

Permanentes Kostenmanagement in Organisation und Prozessen Raus aus den Erfahrungsgefängnissen – die Ausrichtung der gesamten IT-Prozesse und der Organisation auf die Notwendigkeiten des Internet-Business inklusive der Wahl des richtigen Zeitpunktes ist ein weiterer, wesentlicher Erfolgsbaustein bei UNITO.

Aktive Nutzung der Konzern- und UNITO-Synergien Die Otto Group bietet viele Möglichkeiten einer sinnvollen Konzernsynergienutzung, vor allem als weltweit zweitgrößter Online-Händler nach Amazon. Die Dampfmaschine ein zweites Mal zu erfinden erfordert nicht nur Kosten und Zeit, sondern bindet darüber hinaus Ressourcen, die für sinnvollere Tätigkeiten verwendet werden können. Dieses aktive „Wollen" und das freiwillige, aktive Nutzen von vorhandenen Konzernsynergien ist neben dem Nutzen der UNITO-eigenen Synergien aus dem Wissen von mittlerweile 21 Onlineshops in sieben Märkten Europas ein ganz entscheidender Baustein der erfolgreichen UNITO-Entwicklung.

Forcierung E-Commerce und Aufbau von Online Pure Playern Das ausschließliche Fokussieren auf E-Commerce („kümmere dich um eine Sache, aber um die richtig") und der Aufbau von erfolgreichen eigenen Internet-Pure-Playern ist ebenfalls ein großer Erfolgsfaktor in der Entwicklung von UNITO.

Ausgeprägte Managementkompetenz Ein gutes Management mit starker Teamausprägung ist ein entscheidender Erfolgsbaustein. Am Ende ist das Online-Geschäft ein „People Business". Um erfolgreich zu sein, braucht es hungrige, kreative, erfolgsorientierte Mitarbeiterinnen und Mitarbeiter. Das UNITO-Managementteam verfügt über eine hohe fachliche und soziale Kompetenz. Für Mitarbeiterinnen und Mitarbeiter herrscht Start-up-Feeling. UNITO hat es geschafft, in kleinen Märkten besonders groß zu werden und diese intensiv zu bearbeiten, oder in großen Märkten mit sehr speziellen Geschäftskonzepten diese erfolgreich zu bearbeiten. Beide Kennzeichen erfordern ähnliche Aufgabenstellungen an Organisation, Prozesse, Management und Mitarbeiter/-innen. Die Leistungsfähigkeit von UNITO zeigt sich daher in vielen Auszeichnungen, sehr guten Weiterempfehlungsquoten von Kunden und einer extrem hohen Markenbekanntheit. Nähere Details sind der Abb. 5 zu entnehmen.

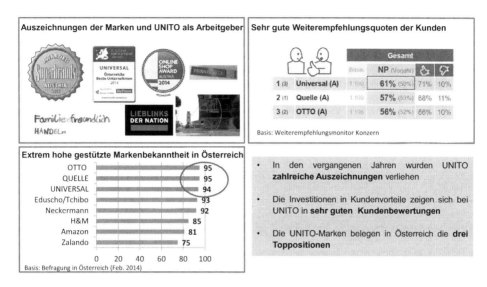

Abb. 5 UNITOs Auszeichnungen und Kundenweiterempfehlungen. (Quelle: Eigene Darstellung)

6 Zentrale Trends im E-Commerce und Auswirkungen auf den Handel

Der E-Commerce-Markt ist weiterhin durch dynamische Entwicklungen geprägt. Im Wesentlichen lassen sich grenzüberschreitender Online-Handel, Stationärkonzepte, Smartphones, Wearables, Gatekepper und kulturelle Aspekte als zentrale Trends beschreiben.

Der Onlinehandel ist grenzüberschreitend Onlinehändler sind gezwungen, sich zunehmend auf grenzüberschreitenden Wettbewerb einzustellen. Dieser ist im Rahmen einer europäischen Union einfach möglich und wird sich in Zukunft weiter verstärken. Cross Border ist in Europa Realität. Der Wettbewerb kommt nicht nur aus Europa, sondern wird auch verstärkt direkt aus China kommen. Allein der Umsatz der Alibaba Group am Chinese Single Day am 11.11.2015 betrug 14,3 Mrd. US$ in China (Internet World 2015a). 476 Mio. Chinesen haben eine Bestellung durchgeführt, der Mobile-Anteil lag bei 60 %, die Käufer kamen aus 23 verschiedenen Ländern. Im Vergleich dazu sind die Umsätze am Black Friday oder Cyber Monday in Amerika untergeordnet.

Stationärkonzepte müssen neu gedacht werden Durch veränderte Kundenbedürfnisse müssen Stationärkonzepte neu gedacht werden. Das Wall Street Journal hat die Besuche im US-Stationärhandel in einer Stichprobe von 60.000 Zählinstrumenten im November und Dezember 2010 auf 2013 untersucht und festgestellt, dass die Besucherzahl in den USA im Weihnachtsgeschäft von 34 Mrd. im Jahr 2010 auf 18 Mrd. im Jahr 2013 gesunken ist.

Booz & Co geht davon aus, dass es in Deutschland einen Rückgang an stationären Verkaufsflächen von 2012 bis 2020 geben wird. Bei Technikstationärgeschäften soll dieser 63 % betragen, bei Textilstationärfläche minus 16 % und bei Möbelstationärfläche minus sieben Prozent. Stationärkonzepte müssen daher neu gedacht werden (Booz & Company 2013).

Smartphone als primäres Kundenmedium Online-Shops sollten sich konsequent auf ein mobile-geprägtes Käuferverhalten ausrichten. Smartphones müssen als primäres Interaktionsmedium im gesamten Kundenalltag verstanden werden. Auf dem am meisten verwendeten Bildschirm ist immer weniger Platz. Mobile Payment wird dem Smartphone noch mehr Bedeutung zukommen lassen. Dies führt dazu, dass Reichweite und Umsatz über Mobile-Marketing zulasten der klassischen Werbekanäle stark wachsen werden.

Mit Wearables und Internet der Dinge drängen die nächsten Geräteklassen auf den Markt Wearables bieten Nutzern neue Interaktionsmöglichkeiten. Smartwatches und Trackings in allen Belangen eröffnen einen höchst persönlichen und relevanten Kommunikationskanal. Das Internet der Dinge wird sich innerhalb der nächsten fünf bis zehn Jahre vollständig etabliert haben, „intelligente Gegenstände" werden den PC ersetzen. Eine Vision wird im Laufe der nächsten zehn Jahren Realität werden. Bereits heuer merken wir alle spürbar, dass das „Internet der Dinge" da ist. Dabei geht es nicht nur um „Smart Home", noch nie gab es so viele vernetzte Alltagsgegenstände zu kaufen wie aktuell.

Gatekeeper werden immer stärker Google und Facebook teilen sich laut Branchenexperten rund die Hälfte des weltweiten Werbemarktes auf Smartphones. Soziale Mediendienste erweitern ihre Wertschöpfungskette im E-Commerce. Mit der Einführung von Buy Buttons, Buy now oder Shop now Buttons wollen soziale Medien ihre Geschäftsaktivitäten in das E-Commerce-Business ausbreiten. Auch der Google Check-out (Buy with Google) ist ein Beitrag, den Besuch anderer Webseiten „überflüssig" zu machen. Dominante Marktplätze wie Amazon verstärken den Lock-in-Effekt durch den Aufbau eigener Ökosysteme auf Basis eigener Hardware (zum Beispiel Amazon Kindle, Amazon Echo). Die enorme Geschwindigkeit der Marktentwicklungen wird laut einer Studie von Cisco und IMD dazu führen, dass vier von zehn Top-Playern jeder Branche innerhalb der nächsten fünf Jahre aus den Top 10 der Branche verschwinden werden (Internet World 2015b). Besonders betroffene Branchen sind der Technologiebereich, Medien und Entertainment, Retail und Financial Services. Viele CEOs delegieren das Thema digitale Transformation an Führungskräfte und kümmern sich selber nicht ausreichend darum. Ob es diese Firmen in fünf Jahren noch geben wird, ist fraglich.

Neben der technischen Revolution ist die kulturelle Veränderung die größte Herausforderung für Unternehmungen Die angesprochene, technische Revolution erfordert eine hohe Bereitschaft der kulturellen Veränderung. Mut und hohe Risikobereitschaft und gleichzeitig keine Angst vor dem Scheitern zu haben stellt Manager vor ganz neue

Herausforderungen. Ein „kontrollierter Kontrollverlust" der Managementaktivitäten ist bewusst anzustreben. Es bedarf einer hohen Selbstreflexion, ob die angebotenen Produkte und eigene Dienstleistungen ausreichend markt- und konkurrenzfähig sind. Eine hohe Kundenorientierung und ein Verständnis der Customer Journey erfordert in weiten Teilen „Digital Natives" als Manager. Weg vom Hierarchiedenken, hin zu einer Kultur des fortschrittlichen Denkens – das wird viele Firmen noch vor große Herausforderungen stellen. „Testing ideas instead of discussing them" sollte Teil einer Unternehmenskultur werden. Unternehmungen sind aufgefordert, Leistungsträger zu finden und nicht Bedenkenträger zu suchen. Raus aus den Erfahrungsgefängnissen – „scale fast or fail fast" gilt für alle Unternehmungen, um schnell auf die Herausforderungen des Marktes reagieren zu können.

7 Fazit: Reinvent or Die

UNITO hat es in den letzten Jahren gut verstanden, die digitale Transformation zu managen und sich als Online Player zu etablieren. UNITO glaubt auch, dass die Gruppe in Zukunft erfolgreich sein kann und den Umsatz bis 2020 profitabel auf 550 Mio. EUR ausbauen wird. Wer heute allerdings einen Trend verschläft, „ist schwer krank und hat nicht nur eine Sommergrippe". Wer heute einen zweiten Trend verschläft, ist im Zeitalter des E-Commerce und der wachsenden Wettbewerbsaktivitäten tot. Insofern lautet die Devise für Händler im generellen, aber auch für UNITO: Reinvent or Die! Jedes Unternehmen muss sich von Grund auf immer wieder neu erfinden und auf die Herausforderungen des Marktes reagieren, um dauerhaft Kunden bei der Stange zu halten und aus Kunden Fans zu machen. UNITO ist daher sehr zuversichtlich, durch den Aufbau weiterer Online Pure Player und durch eine Expansion in weitere Märkte für seine Mitarbeiterinnen und Mitarbeiter sichere Arbeitsplätze zu bieten. Als Teil der Otto Group ist UNITO auch nachhaltig aufgestellt und legt Wert darauf, dass alle Geschäfte nachhaltig im Interesse der Kunden, Lieferanten und Mitarbeiter/innen liegen. „Rentabilität und Nachhaltigkeit gehören zusammen, wirtschaftliche Freiheit und Verantwortung für Mensch und Natur sind zwei Seiten derselben Medaille" (Otto Group 2015). Dieses Zitat des UNITO-Eigentümers Dr. Michael Otto steht auch für die Unternehmenswerte von UNITO. Ergebnis und nachhaltiges Umsatzwachstum bilden insofern auch in Zukunft wesentliche Säulen.

Literatur

Booz & Company. (2013). Footprint 2020. Offline retail in an online world for the German market. http://www.strategyand.pwc.com/media/file/Strategyand_Retail-Footprint-2020-Germany.pdf. Zugegriffen: 21. Jan. 2016.

Internet World. (2015a). Singles day: Alibaba bricht alle rekorde. http://www.internetworld.de/e-commerce/alibaba/singles-day-alibaba-bricht-rekorde-1056559.html. Zugegriffen: 21. Jan. 2016.

Internet World. (2015b). Warum die digitale Transformation an den CEOs scheitert. http://www.internetworld.de/technik/internet/digitale-transformation-an-ceos-scheitert-976975.html. Zugegriffen: 21. Jan. 2016.

Otto Group. (2015). Die Otto Group stellt sich vor. http://www.ottogroup.com/media/docs/de/Infomaterial/Otto-Group_Unternehmenspraesentation_2015_DE.pdf. Zugegriffen: 21. Jan. 2016.

Über den Autor

Harald Gutschi, geboren 1964, hat in Graz das Betriebswirtschaftsstudium absolviert. Nach zwei Jahren bei Philips im Personalmanagement wurde er 1994 Personalleiter bei Neckermann Österreich. 1998 wurde Herr Gutschi Vorstand der Neckermann Österreich AG und war für den Aufbau der Osteuropaaktivitäten in elf Märkten Osteuropas für Neckermann und später auch Quelle zuständig. 2005 bis 2007 war Herr Gutschi Geschäftsführer der Neckermann.de GmbH in Frankfurt und war dort für das gesamte europäische Auslands- und E-Commerce-Geschäft zuständig. Anfang 2007 wurde Herr Gutschi Sprecher der Geschäftsführung von UNITO. Die UNITO-Gruppe ist in den Märkten Österreich, Schweiz, Deutschland, Südtirol, Tschechische Republik, Slowakei und Ungarn tätig. Sie ist Teil der Otto Group.

Herausforderungen der digitalen Transformation für die marktorientierte Unternehmensführung

Manfred Kirchgeorg und Christina Beyer

Zusammenfassung

Der vorliegende Beitrag basiert auf einem entscheidungsorientierten Managementansatz zur Strukturierung digitaler Transformationsprozesse von Unternehmen. Es steht die Beantwortung der Fragen nach dem „Why", „What" und „How" der digitalen Transformation im Mittelpunkt. Während die Situationsanalyse die Ermittlung des Transformationsbedarfs ermöglicht, liefert die Formulierung von Zielen und der digitalen Unternehmensstrategie maßgebliche Stoßrichtungen für die Marktwahl und -bearbeitung. Anschließend wird die Durchführung des Transformationsprozesses im Rahmen der operativen Planung sowie der Umsetzung entlang eines definierten Change-Management-Prozesses reflektiert. Basierend auf der abschließenden Erfolgskontrolle der initiierten Maßnahmen sollten Rückkopplungen mit den einzelnen Stufen des Managementansatzes erfolgen. Hierbei kommt der dynamischen Anpassungsfähigkeit und -bereitschaft eines Unternehmens eine hohe Bedeutung zu. So setzt die langfristige Sicherung von Wettbewerbsvorteilen voraus, dass die Organisation agil und schnell auf Veränderungen reagieren kann und will.

M. Kirchgeorg (✉) · C. Beyer
SVI-Endowed Chair of Marketing, HHL Leipzig Graduate School of Management, Leipzig, Deutschland
E-Mail: manfred.kirchgeorg@hhl.de

C. Beyer
E-Mail: christina.beyer@hhl.de

Inhaltsverzeichnis

1 Digitale Transformation als Managementherausforderung 400
   1.1 Treiber und Trends der digitalen Transformation 401
   1.2 Der entscheidungsorientierte Managementansatz als Orientierungsrahmen für Transformationsprozesse 402
2 Das „Why" der digitalen Transformation (Teil A) – Situationsanalyse 403
   2.1 Externes Unternehmensumfeld 404
   2.2 Internes Unternehmensumfeld 406
   2.3 Transformationsmatrix zur Ableitung von Prioritäten der digitalen Transformation 407
3 Das „What" der digitalen Transformation (Teil B) – Ziele und Strategien 408
   3.1 Transformationsziele 408
   3.2 Unternehmensstrategien und digitale Transformation 409
4 Das „How" der digitalen Transformation (Teil C) – Operative Planung, Umsetzung und Kontrolle 415
   4.1 Operative Planung 415
   4.2 Umsetzung 415
   4.3 Kontrolle 418
5 Fazit und Ausblick 419
Literatur 420
Über die Autoren 422

1 Digitale Transformation als Managementherausforderung

Die technologischen Errungenschaften der letzten Jahrzehnte beeinflussen nicht nur den Alltag der Menschen in fundamentaler Weise, sondern haben auch für die marktorientierte Unternehmensführung tief greifende Implikationen. So verändert die Digitalisierung Konsumentenverhalten und -wünsche grundlegend. In der Folge werden bestehende Geschäftsmodelle auf den Prüfstand gestellt und herkömmliche Industriegrenzen weichen auf. Neue Wettbewerber überschreiten tradierte Branchengrenzen und beschleunigen die Notwendigkeit des Wandels. Diese Entwicklungen ziehen sich wie ein roter Faden durch eine Vielzahl von Branchen, angefangen von Medienunternehmen über die Automobilindustrie bis hin zu Gesundheitsdienstleistern.

Auf der einen Seite mündet die Digitalisierung in Produktivitätsschüben und wirtschaftlichem Wachstum. Andererseits stehen viele Unternehmen vor tief greifenden Veränderungen, weil disruptive Auflösungsprozesse etablierte Geschäftsmodelle und ehemals profitable Kerngeschäfte zerstören. So stehen sowohl mittelständische Unternehmen als auch große Konzerne vor der Herausforderung, ihre Unternehmensstrategien mit den Zielen der Digitalisierung in Einklang zu bringen sowie etablierte Prozesse und Strukturen zu transformieren. Während vor allem Konzerne bei Veränderungsprozessen mit generationsbedingten Problemen kämpfen müssen, haben junge Unternehmen oftmals den Vorteil, „digital geboren" worden zu sein, das heißt, hier arbeitet die Generation Y in schlanken Organisationsstrukturen an innovativen, kundengerechten Lösungen. Dadurch sind Start-ups in der Lage, agil auf Veränderungen zu reagieren. Gegenüber diesen Newcomern müssen sich etablierte Unternehmen immer stärker mit der digitalen Transformation auseinandersetzen, denn ihr Kerngeschäft wird ohne Wandel erodieren und muss deshalb in die digitale Welt überführt werden. Gerade in Zeiten des technologischen Wandels gilt es, potenziellen Kunden sowie der Schnittstelle zwischen diesen und den Unternehmen besondere Beachtung zu schenken. Auch Bundeskanzlerin Merkel (2015) warnt: „Es kann passieren, dass derjenige, der etwas produziert, nur noch der Zulieferer, die verlängerte Werkbank für das ist, was der Kunde wünscht, und dass derjenige, der die Schnittstelle zwischen Kunden und Unternehmen in der Hand hat, der eigentliche Hauptproduzent ist."

Angesichts der Geschwindigkeit der Entwicklungen bleibt nicht viel Zeit, Veränderungsprozesse zielgerichtet und möglichst effizient anzustoßen und umzusetzen. Hierzu lassen sich in der Literatur verschiedene Change-Management-Ansätze finden. Letztlich können diese im Rahmen eines entscheidungsorientierten Managementansatzes verortet und zum Einsatz gebracht werden. Ausgehend von den Besonderheiten des digitalen Wandels werden im Rahmen dieses Beitrags Anpassungsnotwendigkeiten im Managementprozess aufgezeigt und mit Erkenntnissen des Change-Managements verknüpft.

1.1 Treiber und Trends der digitalen Transformation

Die gesamtwirtschaftliche Dynamik der digitalen Transformation wird maßgeblich durch fünf angebotsbezogene Treiber charakterisiert (Kollmann 2013). Erstens stellt die rasante Entwicklung der Rechnerleistung eine wichtige Voraussetzung für das Entstehen

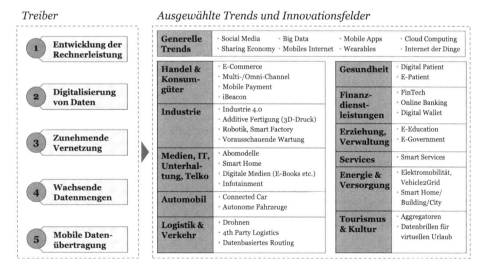

Abb. 1 Treiber und Trends der digitalen Transformation. (Quellen: Eigene Darstellung, basierend auf Manyika et al. 2013; Kollmann 2013)

digitaler Technologien dar. Zweitens steigert die Digitalisierung von Informationen die wirtschaftliche Attraktivität der Nutzung und Verbreitung digitaler Daten aufgrund von Kostendegressionseffekten, also Skalenvorteilen bei zunehmender Produktionsmenge. Drittens wird die zunehmende Vernetzung als Basis für die Entwicklung neuer Kommunikationsformen, sowohl im privaten als auch im betrieblichen Umfeld, angesehen. Das Datennetz entwickelt sich zu einem wichtigen Unterhaltungs- und Informationsmedium, zum Beispiel in Form von „Social Media". Außerdem wird eine sehr schnelle Datenübertragung ermöglicht. Viertens sind stark wachsende Datenmengen (Big Data) zu beobachten. Schließlich stellt die mobile Datenübertragung über neue Endgeräte einen wichtigen Treiber der digitalen Transformation dar.

Abb. 1 gibt einen Überblick über die angebotsbezogenen Treiber der digitalen Transformation und fasst zusammen, welche generellen sowie branchenspezifischen Trends und Innovationsfelder daraus entstehen. Wachsende Datenmengen beeinflussen nahezu alle Branchen. Big Data muss aufbereitet und analysiert werden, um entscheidungsrelevante Smart Data zu erzeugen und Handlungsempfehlungen daraus ableiten zu können. Aus Sicht der einzelnen Branchen ergeben sich weitere spezifische Trends. So entstehen durch die digitale Transformation des Handels neue Vertriebsmodelle, während in der Produktion die additive Fertigung und Fragestellungen der „Industrie 4.0" wichtige Innovationsfelder adressieren (Kagermann 2015).

Gegenüber den angebotsorientierten Treibern der digitalen Transformation ist auch die Akzeptanz auf der Nachfrageseite zu berücksichtigen, um abschätzen zu können, inwieweit digitale Geschäftsmodelle auf eine hinreichende Nachfrage stoßen. Der Monitoring-Report Digitale Wirtschaft, welcher regelmäßig von TNS Infratest und dem ZEW erstellt wird, kommt beispielsweise zu dem Ergebnis, dass die Deutschen zunehmend neue Technologien und Anwendungen nutzen (Bundesministerium für Wirtschaft und Energie 2014). Dies deutet auf eine zunehmende Relevanz des digitalen Sektors hin. Angesichts des sich abzeichnenden angebots- und nachfrageorientierten Wandels stellt sich insbesondere für etablierte Unternehmen die Herausforderung, ihre Wertschöpfungsketten und Geschäftsmodelle zu transformieren, wobei letztere in einigen Branchen durch die Digitalisierung gänzlich erodieren, sodass neben Transformationsstrategien auch Diversifikations- und Exitstrategien den strategischen Optionenraum prägen können.

1.2 Der entscheidungsorientierte Managementansatz als Orientierungsrahmen für Transformationsprozesse

Im Folgenden steht die Frage im Mittelpunkt, wie der digitale Transformationsprozess in Unternehmen eingeleitet, umgesetzt und gesteuert werden kann. Dabei gilt es, etablierte Managementprozesse anzureichern oder auch grundlegend zu verändern. Hierzu wird in der Literatur eine Vielzahl von Change-Management-Ansätzen vorgestellt. Um zu verdeutlichen, welche Anpassungen durch die digitalen Transformationsprozesse notwendig sind, soll in diesem Beitrag der entscheidungsorientierte Managementansatz der marktorientierten Unternehmensführung als Orientierungsrahmen herangezogen werden

(Meffert et al. 2015, S. 20). Die einzelnen Ebenen des Managementprozesses bilden einen geeigneten Ausgangspunkt, um die Anpassungsnotwendigkeit zur Umsetzung der digitalen Transformation aufzuzeigen und zu strukturieren. Dabei ist die Notwendigkeit einer agileren Planung und Rückkopplung zu berücksichtigen. Die sechs Stufen des Managementprozesses werden nachfolgend in drei übergreifende Untersuchungsbereiche gegliedert: Teil A – „Why" (Situationsanalyse), Teil B – „What" (Ziele und Strategien), Teil C – „How" (Planung, Umsetzung und Kontrolle).

Schritt eins, die Situationsanalyse, hinterfragt das „Why" der digitalen Transformation (Teil A). Zunächst wird das Fünf-Kräfte-Modell von Porter angewandt, um das externe Unternehmensumfeld zu charakterisieren und Chancen und Risiken aufzudecken. Die Analyse interner Fähigkeiten und Ressourcen entlang der Wertschöpfungskette liefert dann ein Bild der digitalen Stärken und Schwächen. Eine Verdichtung der Ergebnisse in einer Transformationsmatrix ermöglicht es, beide Perspektiven aus Sicht des zu transformierenden Unternehmens zusammenzuführen, um darauf aufbauend strategische Ziele und Stoßrichtungen für einzelne Geschäftsfelder abzuleiten.

Im nächsten Abschnitt (Teil B) geht es um das „What" der digitalen Unternehmenstransformation. Zunächst werden in Schritt zwei die Ziele formuliert. Dies umfasst die Bestimmung unternehmensübergreifender und abteilungsspezifischer Ziele sowie die Präzisierung des angestrebten Digitalisierungsgrads. Zudem ist zu überprüfen, ob Vision und Mission die Transformationsziele widerspiegeln. Schritt drei befasst sich mit der Formulierung der digitalen Unternehmensstrategie. Hierbei wird die grundlegende Stoßrichtung bei der Marktwahl und -bearbeitung im Rahmen der Digitalisierung thematisiert. Häufig lässt sich beobachten, dass in Unternehmen keine klare strategische Leitlinie zur digitalen Transformation existiert.

Das „How" der digitalen Transformation, welches Planung, Umsetzung und Kontrolle umfasst, wird abschließend behandelt (Teil C). Die operative Planung, Schritt vier, zielt darauf ab, Instrumente und Maßnahmen zur Umsetzung der digitalen Unternehmensstrategie zu bestimmen. Im fünften Schritt, der Umsetzung, geht es um die optimale Steuerung des angestrebten Unternehmenswandels. Es existieren verschiedene Change-Management-Ansätze, welche in diesem Schritt reflektiert werden. Notwendige Maßnahmen setzen auf drei Ebenen an: Individuen, Unternehmensstrukturen und Unternehmenskultur (Lauer 2014, S. 7). Im letzten Schritt, der Kontrolle, ist festzulegen, wie die Ziele kontrolliert werden und worauf mögliche Soll-Ist-Abweichungen zurückzuführen sind und welche Ziel-, Strategie- und Maßnahmenanpassungen notwendig sind.

2 Das „Why" der digitalen Transformation (Teil A) – Situationsanalyse

In der Situationsanalyse wird das externe und interne Unternehmensumfeld zur Beantwortung der Frage „Wo stehen wir?" untersucht. Es geht im Kern darum, zu verstehen, wieso (Why?) die digitale Transformation relevant für ein Unternehmen ist.

2.1 Externes Unternehmensumfeld

Die Analyse des externen Makro- und Mikroumfelds bildet den Ausgangspunkt des Transformationsprozesses. Wenngleich eine Vielzahl von Faktoren in der Makroumwelt (Politik, Recht, Gesellschaft, Wirtschaft, Technologie, Ökologie) zu betrachten wären, so soll im Folgenden auf die durch die digitale Transformation bereits ausgelösten Veränderungen der Branchen- und Marktstrukturen eingegangen werden. Als Strukturierungsrahmen kann hierzu das Fünf-Kräfte-Model nach Porter herangezogen werden (Porter 2001). Die Ausprägung der in dem Modell einbezogenen fünf Kräfte bestimmt die Wettbewerbsintensität einer Branche und damit auch die Profitabilität der Anbieter maßgeblich. Die Kräfte mit der höchsten Ausprägung haben auch den stärksten Einfluss auf die Formulierung der Unternehmensstrategie. Da die Ausprägungen der Kräfte von Branche zu Branche variieren, wird im Folgenden der generelle Einfluss der digitalen Transformation auf die fünf Kräfte analysiert.

Die *Rivalität bestehender Wettbewerber* stellt eine elementare Triebkraft im Fünf-Kräfte-Modell dar. Es lässt sich feststellen, dass die Digitalisierung in der Tendenz zu stärkerer Rivalität zwischen Unternehmen führt (Porter 2001). Die offene Bereitstellung von Informationen zum Unternehmen sowie den angebotenen Produkten und Dienstleitungen im Internet erhöht die Transparenz (Hillebrand und Finger 2015, S. 91; Rorsted 2015, S. 105). Generell nimmt die Reaktionsgeschwindigkeit der Wettbewerber durch die datengestützte Vernetzung von Wertschöpfungsketten zu. Aufgrund zunehmender Transparenz und Reaktionsgeschwindigkeit können Konkurrenten das Angebot einfacher vergleichen und vielfach auch kopieren. Zudem wird der Schutz von Rechten erschwert und es ergeben sich neue Anforderungen an den Datenschutz (Die Bundesregierung 2014). Dies verringert schließlich die Diversität der Wettbewerber und lässt Wettbewerbsvorteile erodieren. Der Konkurrenzdruck wird erhöht, da die Unternehmen nun gefordert sind, neue Alleinstellungsmerkmale zu schaffen. Im Zuge der Digitalisierung wächst auch die geografische Reichweite der Unternehmen, was wiederum zur Steigerung des potenziellen Wettbewerbs führt (Porter 2001). Zudem ermöglichen digitale Technologien die Senkung variabler Kosten, wohingegen die fixen Kosten zunehmen, was schließlich zur Intensivierung des Preiswettbewerbs führt (Rifkin 2015).

Die *Gefahr, dass neue Anbieter* in den Markt eintreten, wächst mit zunehmender Digitalisierung. Dies liegt vor allem darin begründet, dass innovative digitale Technologien Fähigkeiten sowie Einfallsreichtum beflügeln und auf diese Weise neue Möglichkeiten des Markteintritts schaffen. Erfolgreiche Geschäftsmodelle beruhen nicht mehr allein auf dem Vorhandensein physischer Ressourcen (Porter 2001). Vielmehr spielt die Intelligenz bei der Erkennung von Kundenerwartungen und der Marktbearbeitung mithilfe digitaler Fähigkeiten eine fundamentale Rolle. Vor diesem Hintergrund dringen typische Anbieter der digitalen Welt in etablierte Branchen ein. So nutzt beispielsweise Google die vom Kunden generierten Suchinformationen als Feedback für eine Vielzahl von Diversifikationsentscheidungen in ganz unterschiedlichen Branchenfeldern (zum Beispiel Googles Engagement im Automobilbereich, Freitag 2014). Neben der sinkenden Relevanz physischer Ressourcen substituieren digitale Technologien und Prozesse zudem Aufgaben, welche klassischerweise Personal vorausgesetzt haben. Auch der Zugang zu Absatzkanälen wird durch die Digitalisierung immer einfacher (Chaffey 2014, S. 298). Insgesamt erleichtern die sinkende Relevanz physischer sowie personeller Ressourcen und der einfachere Kanalzugang den Markteintritt neuer Anbieter. Die bereits beschriebene Informationsvielfalt impliziert dabei nicht nur Probleme des Datenschutzes (Die Bundesregierung 2014). Insbesondere wird auch der Schutz von Rechten und Innovationen erschwert. Für potenzielle neue Anbieter ist es leichter, Produkte zu kopieren und den Markt zu betreten. In vielen Industrien ist daher ein Anstieg der Wettbewerbsintensität zu beobachten.

Die Digitalisierung beeinflusst weiterhin die *Verhandlungsstärke der Lieferanten* sowohl in positiver als auch in negativer Weise. Einerseits werden Beschaffungsprozesse über Online-Kanäle erleichtert und die Verhandlungsmacht der Lieferanten sinkt, was aus Sicht von Unternehmen als positiv angesehen werden kann. Andererseits werden Zulieferer im Zuge der digitalen Transformation gestärkt, indem sie über neue Kanäle Zugang zu einer größeren Anzahl an Kunden erhalten (Porter 2001). Ein weiterer Effekt, welcher durch die Digitalisierung gefördert wird, ist die Disintermediation (Andal-Ancion et al. 2003). Dies impliziert, dass Intermediäre der Supply Chain ausgeschaltet werden und Lieferanten direkt mit dem Endabnehmern in Kontakt treten. Ein prominentes Beispiel ist der Direktvertrieb von (digitalen) Medien wie Büchern, Musik oder Filmen über Plattformen wie Amazon oder eBay. Aus Sicht der Hersteller und Lieferanten hat dies den Vorteil, dass sie den Vertrieb selbst übernehmen, wodurch sich Umsatzsteigerungspotenziale ergeben können und die Beziehung zum Kunden gestärkt werden kann (Jelassi und Enders 2008). Nachteile von Disintermediation sind jedoch die zumeist damit verbundenen hohen Kosten und großen Startinvestitionen. Zudem können einige Vorteile des konsolidierten Vertriebs, wie ein breiteres Angebot, größere Wissensbasis oder Vor-Ort-Service, nicht immer angeboten werden. Dadurch, dass nun auch alle Firmen die gleichen Voraussetzungen bei der Kontaktierung potenzieller Lieferanten haben, entstehen standardisierte Angebote und die Differenzierungspotenziale der Anbieter nehmen ab. In Summe lässt sich konstatieren, dass die positiven Einflussfaktoren der Digitalisierung aus Sicht der Zulieferer zu überwiegen scheinen. Tendenziell steigt die Verhandlungsstärke der Lieferanten, was sich wiederum eher negativ auf die Profitabilität des Unternehmens auswirkt.

Es lässt sich auch beobachten, dass die *Bedrohung durch Ersatzprodukte* steigt, da neue Technologien die Entwicklung innovativer Substitute zur Befriedigung bestehender und neuer Kundenbedürfnisse begünstigt (Porter 2001). Andererseits ermöglichen digitale Technologien jedoch Effizienzgewinne für ganze Industrien in Form von Umsatzsteigerungs- bzw. Kosteneinsparungspotenzialen, was zu generellem Marktwachstum führen kann (Harvard Business Review Analytics Services 2015).

Die *Verhandlungsstärke der Abnehmer* nimmt aufgrund der Digitalisierung tendenziell zu. Während früher häufig die Lieferanten im Mittelpunkt standen, rückt der Kunde wieder zunehmend in den Fokus. Dies liegt insbesondere daran, dass Endkunden neue

Möglichkeiten der Einflussnahme über das Internet erhalten. So werden sie befähigt, Produkte und Dienstleistungen weltweit in Sekundenschnelle zu suchen, Angebote zu kommentieren oder Waren weiterzuempfehlen und zu verkaufen. Zudem sinken die Wechselbarrieren der Endkunden, da Informationen über die Anbieter sowie deren Produkte und Dienstleistungen einfacher verfügbar sind. Einigen Unternehmen gelingt es jedoch auch, die neue Verhandlungsmacht der Abnehmer zu ihrem Vorteil zu nutzen. Sie beziehen ihre Kunden kontinuierlich in diverse Unternehmensprozesse wie beispielsweise die Produktentwicklung ein und lernen dabei von ihnen. Die Digitalisierung führt schließlich auch zur Verringerung der Verhandlungsstärke traditioneller Kanäle, da Unternehmen neue Möglichkeiten nutzen, um Kunden anzusprechen und ihre Produkte abzusetzen.

Insgesamt stellt das Fünf-Kräfte-Modell ein nützliches Instrument zur Untersuchung des markt- bzw. branchenbezogenen Unternehmensumfelds dar. Es ermöglicht, den Einfluss der Digitalisierung auf Branchenstrukturen komprimiert abzubilden. Trotzdem lassen sich Schwächen feststellen, welche insbesondere aufgrund der zunehmenden Instabilität, Komplexität sowie Dynamik der Netzwerke zustande kommen. Eine konkrete Entwicklung, welche durch die Branchenstrukturanalyse nicht adäquat reflektiert wird, betrifft den Eintritt branchenfremder Unternehmen in bestehende Märkte. Firmen, welche ursprünglich keine Berücksichtigung finden würden, entwickeln mit den Möglichkeiten der Digitalisierung neue Produkte und Geschäftsmodelle und werden damit zu neuen Konkurrenten. Traditionelle Industriegrenzen verschieben sich gravierend und eine klare Abgrenzung zwischen Wettbewerbern und Branchen ist in der heutigen Informationsökonomie nur noch schwer möglich. Daher stellt die Branchenstrukturanalyse nicht für alle Industrien ein zielführendes Analysetool dar. Vielmehr gilt es, neue Ansätze und Modelle zur Untersuchung der Wettbewerbsintensität einer Branche zu finden.

2.2 Internes Unternehmensumfeld

Basierend auf der Analyse externer Faktoren, welche auf die Identifikation von Chancen und Risiken abzielt, geht es bei der Untersuchung der internen Unternehmenssituation darum, die individuellen Stärken und Schwächen des Unternehmens zu identifizieren. Ist die Firma fähig, ihre Stärken zur Ergreifung identifizierter Chancen auszunutzen sowie Schwächen zu eliminieren, um Risiken abzuwenden, so kann ein strategischer Fit zwischen internen Kompetenzen und der externen Umgebung erreicht werden. Kompetenzen umfassen hierbei alle Unternehmensressourcen, also alle materiellen und immateriellen Güter, sowie die Fähigkeiten, Ressourcen effizient und effektiv im Rahmen der Gestaltung von Prozessen, Systemen und Strukturen einzusetzen (Jelassi und Enders 2008).

Zur Analyse des internen Unternehmensumfelds ist der Einfluss der digitalen Transformation auf die Aktivitäten der Wertschöpfungskette zu betrachten. Dabei kann auf eine Reihe von Literaturbeiträgen zurückgegriffen werden. Sowohl die primären Unternehmensfunktionen, wie interne Logistik, Produktion, externe Logistik, Marketing und

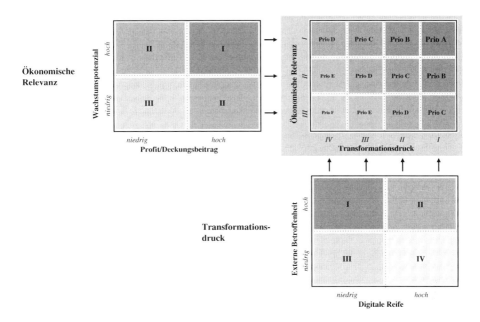

Abb. 2 Transformationsmatrix. (Quelle: Eigene Darstellung)

Verkauf sowie Service, als auch die sekundären Funktionen, also die Unterstützungsaktivitäten Unternehmensinfrastruktur, HR-Management, Technologieentwicklung und Beschaffung, werden durch digitale Technologien beeinflusst.

Die Digitalisierung und die damit einhergehende Vernetzung von Systemen führen dazu, dass sich starre Wertschöpfungsketten zu dynamischen Wertschöpfungsnetzwerken weiterentwickeln, zum Teil mit disruptiven Veränderungen für einzelne Player innerhalb klassischer Wertschöpfungsstufen (Jelassi und Enders 2008). So findet die Wertschöpfung heute vielmehr in einem Netzwerk verschiedener Einheiten statt, welche selbstständig miteinander kommunizieren, aufeinander reagieren und sich organisieren. Es zeigt sich also auch hier, dass klassische Ansätze der Analyse des internen Unternehmensumfelds mit starren Unternehmensgrenzen aufgrund der Digitalisierung nur noch begrenzte Aussagekraft haben. Die Aktivierung von Netzwerkressourcen ist zukünftig explizit im Rahmen von internen Analysen „mitzudenken".

2.3 Transformationsmatrix zur Ableitung von Prioritäten der digitalen Transformation

Die Zusammenführung der Ergebnisse aus der externen und internen Umfeldanalyse schließt die Situationsanalyse ab. Im Rahmen einer Transformationsmatrix (vgl. Abb. 2) können Digitalisierungsinitiativen und -projekte priorisiert werden. Das Tool kann auch genutzt werden, um die Performance einzelner Geschäftsbereiche oder mehrerer Unternehmen (zum Beispiel innerhalb einer Branche) zu vergleichen.

Die Transformationsmatrix beruht auf einer vergleichenden Analyse von ökonomischer Relevanz und Transformationsdruck. Einerseits werden zur Bestimmung der ökonomischen Relevanz Wachstumspotenzial und Deckungsbeitrag untersucht. Sind beide Werte hoch, ist auch die Relevanz hoch (vgl. Abb. 2: Sektor I in Matrix oben links). Niedriges Wachstumspotenzial sowie geringer Deckungsbeitrag lassen dahingegen auf eine geringe Relevanz schließen (vgl. Abb. 2: Sektor III in Matrix oben links).

Andererseits erfolgt die Ermittlung des Transformationsdrucks durch einen Vergleich der externen Betroffenheit sowie der digitalen Reife. Während der externe Betroffenheitsgrad auf den Elementen des Fünf-Kräfte-Modells beruht, basiert der digitale Reifegrad auf einer Einschätzung des Fortschritts der Digitalisierung bezüglich der Elemente der Wertschöpfungskette sowie der Formulierung von Transformationszielen und Unternehmensstrategie sowie einer Beurteilung des Umsetzungsgrads der digitalen Transformation im Unternehmen. Zur Analyse der Ausgangssituation der digitalen Transformation werden von der Beratungspraxis unterschiedliche Tools bereitgestellt. So hat McKinsey einen sogenannten Digital Quotient^{TM} (DQ) entwickelt, der als aggregierte Kennzahl vermisst, wie die digitale Reife die finanzielle Performance beeinflusst (McKinsey und Company 2015). Eine gekürzte Version einer Checkliste zur Grobanalyse des externen Betroffenheitsgrads und des digitalen Reifegrads liefern Beyer und Kirchgeorg (2015, S. 14).

Die Zusammenführung entscheidungsrelevanter externer und interner Situationsfaktoren beantwortet somit die Frage nach dem „Why" der digitalen Transformation – also weshalb Wandel überhaupt notwendig ist. Für die in der Transformationsmatrix analysierten Geschäftsbereiche können Transformationsprioritäten abgeleitet werden, um darauf aufbauend Ziele und strategische Anpassungen zu spezifizieren.

3 Das „What" der digitalen Transformation (Teil B) – Ziele und Strategien

Mit dem Voranschreiten der Digitalisierung sind disruptive Veränderungen zu erwarten, die vielfach einen grundlegenden Einfluss auf die Erfolgsposition etablierter Unternehmen haben. Vor diesem Hintergrund stellt sich die Frage, welche Anpassungen des Zielsystems und der Unternehmensstrategien notwendig sind, um die in der Transformationsmatrix priorisierten Geschäftsbereiche neu auszurichten.

3.1 Transformationsziele

Bei der Festlegung der Transformationsziele geht es um die Beantwortung der Frage „Was wollen wir im Zuge der digitalen Unternehmenstransformation erreichen?". Dabei liegt der Fokus zunächst auf den übergeordneten Zielen des Transformationsprozesses, welche sich im Unternehmenszweck („Business Missions"), Unternehmensgrundsätzen und -leitlinien („Policies und Practices") sowie der Unternehmensidentität („Corporate Identity") widerspiegeln sollten (Meffert et al. 2015, S. 228). Konkrete Handlungsziele für die einzelnen Funktionen und Geschäftsbereiche sind im Anschluss an die Festlegung der digitalen Unternehmensstrategie zu spezifizieren.

Grundsätzlich lassen sich verschiedene Zielkategorien unterscheiden. Ökonomische Zielgrößen umfassen Kenngrößen wie Umsatz, Gewinn oder Rendite (zum Beispiel Steigerung des Umsatzes mit bestehenden bzw. neuen Produkten oder Kostensenkung durch die Einführung digitaler Technologien). Porter (2001) betont in diesem Zusammenhang, dass nicht Volumen- oder Marktanteilssteigerungen entscheidend für den Erfolg der digitalen Unternehmenstransformation sein sollten. Vielmehr ist eine Optimierung der langfristigen Rendite anzustreben, da dies zu nachhaltiger Profitabilität und langfristigem Wachstum führen kann. Zudem existieren vorökonomische bzw. psychografische (Erzeugung einer psychischen Wirkung beim Nachfrager) sowie soziale und umweltschutzbezogene bzw. ökologische Ziele (zum Beispiel Arbeitszufriedenheit, Emissionsreduzierung). Insgesamt erfüllen Ziele eine Steuerungs-, Motivations- und Kontrollfunktion und sind Ausgangspunkt für die Definition der digitalen Unternehmensstrategie, welche im nächsten Schritt erfolgt.

Ein besonderes Problem der digitalen Transformationsprozesse besteht dann, wenn abzusehen ist, dass durch die Digitalisierung ein etabliertes Kerngeschäft komplett substituiert werden kann. Somit sind innerhalb eines Unternehmens gezielte Schrumpfungs- bzw. Desinvestitionsprozesse mit Wachstumsprozessen gemeinsam bei der Zieldefinition zu berücksichtigen. Besondere Herausforderungen stellen sich dabei vielfach auch bei der Zuordnung von schrumpfenden und neu aufzubauenden Geschäftsfeldern innerhalb der Unternehmensorganisation. Bei der Ableitung von Zielgrößen sollte ein neuer Zuschnitt von Unternehmensstrukturen und Verantwortungsbereichen bereits antizipiert werden.

3.2 Unternehmensstrategien und digitale Transformation

Vielfach erfordert die digitale Transformation die Überprüfung und Neuausrichtung der Marktwahl- und Marktbearbeitungs- bzw. Wettbewerbsstrategien. Porter (2001) sieht den Einfluss der Digitalisierung auf alle zentralen Dimensionen „scope, scale, speed, value", die im Rahmen einer Wettbewerbsstrategie zur Schaffung von Positionierungs- und Wettbewerbsvorteilen eingesetzt werden. Im Rahmen der folgenden Diskussion wird aufgezeigt, welche Veränderungsnotwendigkeiten ein digitaler Transformationsprozess für die Wettbewerbsstrategien von Unternehmen bzw. Geschäftsbereichen hervorrufen kann.

Vielfach wird im Rahmen der digitalen Transformation von Unternehmen zunächst auf die IT-Strategie Bezug genommen, die ursprünglich als funktionale Strategie und damit als untergeordnet zur Unternehmensstrategie betrachtet wurde. In zunehmendem

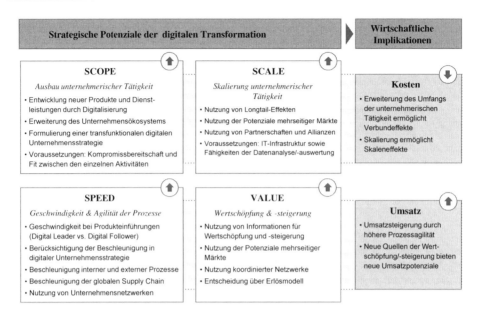

Abb. 3 Potenziale und Implikationen der digitalen Unternehmensstrategie. (Quelle: Eigene Darstellung)

Umfang findet jedoch eine Fusionierung von digitaler und übergeordneter Unternehmens- und Wettbewerbsstrategie statt. Im Ergebnis entsteht eine digitale Unternehmensstrategie, welche Bharadwaj et al. (2013) als „organizational strategy formulated and executed by leveraging digital resources to create differential value" definieren. Diese Definition hebt hervor, dass die IT-Strategie nicht mehr funktionsbezogen, sondern funktionsübergreifend angelegt und umgesetzt werden muss, da sie mittlerweile alle Teile der Wertschöpfungskette beeinflusst. Sie ist somit cross- bzw. transfunktional. Zudem wird die Ressourcenorientierung betont. Strategie umfasst also nicht mehr nur Systeme und Technologien, sondern auch andere digitale Ressourcen. Darüber hinaus können Unternehmen mit einer klar definierten digitalen Unternehmensstrategie systematisch Wettbewerbsvorteile kreieren und einer eindimensionalen Fokussierung auf Aspekte der Effizienzsteigerung vorbeugen.

Konkret können die fünf Treiber der Digitalisierung, welche eingangs skizziert wurden, auf die folgenden vier wettbewerbsstrategischen Grunddimensionen wirken: 1) Scope – Umfang der unternehmerischen Tätigkeit, 2) Scale – Skalierung der unternehmerischen Tätigkeit, 3) Speed – Schnelligkeit in der Entscheidungsfindung, 4) Value – Quellen der Wertschöpfung und -steigerung (Bharadwaj et al. 2013; Porter 2001). Durch die Berücksichtigung dieser Veränderungspotenziale kann der Unternehmenserfolg nachhaltig beeinflusst werden. Abb. 3 fasst Potenziale und ökonomische Implikationen der digitalen Unternehmensstrategie überblicksartig zusammen.

Bei der Ausgestaltung der Wertschöpfungskette sollte auf die Unverwechselbarkeit im Vergleich zur Konkurrenz geachtet werden (Porter 2001). Entweder es werden andere Aktivitäten durchgeführt oder ähnliche Aktivitäten auf eine andere Art und Weise. Die reine Orientierung an Best Practices zur Optimierung der operativen Exzellenz führt meist nicht zu langfristigen Wettbewerbsvorteilen. Zudem spielt die Kontinuität der Strategie eine wichtige Rolle (Porter 2001), wobei angesichts der hohen Umfelddynamik notwendige Strategieanpassungen im Blick zu halten sind. Strategien mit einer ex ante berücksichtigten „Built-in-Flexibilität" scheinen hierfür Erfolg versprechend zu sein. Kontinuität und Konsistenz der digitalen Transformationsstrategie stellen insbesondere darauf ab, dass sie in allen Dimensionen der langfristigen Unternehmensstrategie Eingang finden sollten.

Zudem stellt sich die Frage, ob bei der Digitalisierung der Wertschöpfungskette zuerst die Primärfunktionen oder die Sekundärfunktionen transformiert werden sollten. Es lässt sich beobachten, dass Unternehmen meist planlos durch die digitale Transformation steuern und vereinzelte Prozesse (prozessuale Optimierung) oder Funktionen (funktionale Optimierung) digitalisieren – jedoch ohne eine übergreifende, richtungsweisende Strategie (Beyer und Kirchgeorg 2015). Dies impliziert in vielen Fällen Misserfolge.

1. SCOPE

Die digitale Transformation hat das Potenzial, den Umfang unternehmerischer Tätigkeiten in positiver Weise zu beeinflussen. So ermöglichen digitale Technologien die Entwicklung neuer Produkte und Dienstleistungen sowie die Erschließung neuer Märkte. Dies betrifft auch die Nutzung der dazugehörigen Informationen im Zuge der Generierung von Big Data. Bei der Entwicklung einer digitalen Unternehmensstrategie sind entsprechende neue Produkte und Märkte zu prüfen und zu integrieren. Hierbei lässt sich eine zunehmende Verknüpfung der IT- und Wettbewerbsstrategie beobachten. Die betroffenen funktionalen sowie prozessualen digitalen Strategien können unter dem konzeptionellen Dach der digitalen Unternehmensstrategie zusammengefasst werden. Das verbindende Glied stellen dabei die digitalen Ressourcen dar, welche sich in allen Funktionen und Prozessen wiederfinden. Für den erfolgreichen Aufbau bzw. die Erweiterung des digitalen Geschäfts gilt es, die digitale Unternehmensstrategie transfunktional zu gestalten und Silos zu überwinden. Die digitale Transformation sollte also sowohl in der Unternehmensstrategie als auch in den einzelnen Abteilungen integriert werden. Seitens des Unternehmens ist außerdem die Bereitschaft gefordert, Kompromisse einzugehen (Porter 2001). Zudem ist es wichtig, dass ein Fit zwischen den einzelnen Kompetenzen und Unternehmensaktivitäten (neuen und alten) besteht, weil hierdurch die Nachahmung der Strategie erschwert wird. In Folge der Erweiterung der unternehmerischen Tätigkeit können durch Synergien beim Einsatz mehrerer einzelner Aktivitäten Verbunderträge („Economies of Scope") in Form von Kostenvorteilen realisiert werden. Auf unternehmensexterner Ebene lässt sich auch eine Ausweitung traditioneller Firmengrenzen und Lieferketten hin zu dynamischen Netzwerkstrukturen beobachten. Herkömmliche Branchengrenzen weichen auf.

Die folgenden Fragen sollen bei der Entscheidung zur Erweiterung des Umfangs unternehmerischer Tätigkeit im Rahmen des Transformationsprozesses helfen:

- In welchem Umfang wurden Produkte und Dienstleistungen sowie Informationen bereits digitalisiert?
- Wie sollen digitale Technologien zur Entwicklung neuer Produkte und Dienstleistungen genutzt werden? Welche (neuen bzw. bestehenden) Märkte sollen mithilfe digitaler Kanäle betreten werden?
- Existiert eine digitale Unternehmensstrategie? Falls ja, welchen Umfang hat diese? Erlaubt sie, traditionelle Funktions- und Prozesssilos zu überwinden?
- Besteht Kompromissbereitschaft vom Unternehmen bei der agilen Entwicklung neuer Angebote bzw. beim Eintritt in neue Märkte? Gibt es einen Fit zwischen den einzelnen Unternehmenskompetenzen und -aktivitäten?
- Lässt sich eine Erweiterung der Netzwerkbeziehungen des Unternehmens feststellen und werden diese in angemessenem Maße ausgenutzt?

2. SCALE

Digitale sowie physische Skalierung unternehmerischer Tätigkeit führt zur Verringerung der Stückkosten der Produktion und damit zur Steigerung der Produktivität („Economies of Scale"). Nach anfänglicher Investition in digitale Infrastrukturen werden die Grenzkosten vieler Produktionsprozesse vielfach erheblich reduziert und viele Produkte und Dienstleistungen können zu Grenzkosten von nahezu Null angeboten werden (Rifkin 2015). Dadurch entsteht eine neue Form des Wirtschaftens, welche nicht mehr auf Knappheit, sondern vielmehr auf Überfluss basiert. Die Digitalisierung kreiert in verschiedenen Bereichen Skalierungspotenziale. So ermöglichen Cloud-Computing-Technologien den Aufbau agiler Infrastrukturen. Unternehmen werden dynamischer, Prozesse können schneller hoch- bzw. herunterskaliert werden. Zudem lassen sich Longtail-Effekte beobachten, wodurch Nischenstrategien von Anbietern zum Teil aufgelöst werden. Longtail-Produkte (zum Beispiel historische Buchbestände) können digitalisiert und dann ohne Mehrkosten unbegrenzt verfügbar gemacht werden. Skalierungspotenziale können zudem auch in mehrseitigen Geschäftsmodellen aufgrund von Netzwerkeffekten genutzt werden. Diese Effekte entstehen, wenn der Wert eines Produkts bzw. einer Dienstleistung mit der Anzahl der Nutzer steigt (zum Beispiel E-Mail, Social Media). Mehrseitige Geschäftsmodelle sind dadurch gekennzeichnet, dass mindestens zwei verschiedene Interessengruppen anwesend sind. Eine Voraussetzung für Skalierung in Zeiten der Digitalisierung ist die Fähigkeit, aus dem bestehenden Informationsüberfluss relevante Informationen herauszufiltern und zu analysieren. Insbesondere in Bereichen, welche keine Wettbewerbsvorteile generieren, sind Allianzen und Partnerschaften beim Verwenden digitaler Ressourcen zielführend.

Die folgenden Fragen sollen helfen, die Potenziale der Skalierung unternehmerischer Tätigkeit im Rahmen des Transformationsprozesses zu erkennen und zu bewerten:

- In welchem Maße ist das Unternehmen in der Lage, die IT-Infrastruktur schnell und kostengünstig hoch- bzw. herunterzuskalieren (beispielsweise durch Cloud Computing)?
- Werden Potenziale, welche sich durch den Longtail-Effekt ergeben, bereits ausgenutzt? Falls ja, geschieht dies in ausreichendem Maße?
- Bestehen Potenziale durch mehrseitige Geschäftsmodelle? Falls ja, werden diese bereits in ausreichendem Maße genutzt?
- Besitzt das Unternehmen die nötigen Fähigkeiten, um aus gesammelten Daten relevante Informationen zu generieren und diese zu analysieren?
- In welcher Weise werden Allianzen und Partnerschaften genutzt?

3. SPEED

Für Unternehmen wird durch die Digitalisierung die benötigte Zeit bei Markteintritt und -bearbeitung in positiver Weise beeinflusst. Gesteigerte Geschwindigkeit und Agilität begründen schließlich neue Umsatzpotenziale. Es ist jedoch zu beachten, dass auch Wettbewerber schneller werden und der Konkurrenzdruck aufgrund sinkender Markteintrittsbarrieren steigt. Die Schnelligkeit von Produkteinführungen wird von den digitalen Playern (GAFAs, Abkürzung für die Technologiefirmen Google, Apple, Facebook und Amazon) vorgegeben. Etablierte Firmen müssen ihre Fähigkeiten entsprechend anpassen. Zudem zwingen technologische Entwicklungen Firmen, ihre digitalen Produkte ständig weiterzuentwickeln. In diesem Zusammenhang ergeben sich diverse Implikationen für das zu transformierende Unternehmen. So sollte beispielsweise das geplante Veralten einen integralen Bestandteil der digitalen Unternehmensstrategie darstellen. Hierin spiegelt sich auch die Notwendigkeit zur Kompromissbereitschaft wider. Zudem sind auch Prozesse des internen Informationsflusses durch digitale Systeme zur Unterstützung der Entscheidungsfindung sowie Kundenserviceprozesse mit dem Ziel der Kundenbindung zu beschleunigen. Um die Wettbewerbsfähigkeit zu sichern, sollten Unternehmen Fähigkeiten entwickeln, um aus Big Data schnell Smart Data zu generieren. Digitale Technologien beeinflussen zudem die (globale) Supply Chain. Durch neue ERP-Software sowie die Auslagerung von Funktionen, die nicht Teil des Kerngeschäfts sind (Outsourcing), kann die Supply Chain optimiert werden. Insbesondere technologiegetriebene Industrien (zum Beispiel Smartphone-Hersteller) generieren Wettbewerbsvorteile nicht mehr dadurch, dass sie neue Produkte als erstes entwickeln („First Mover Advantage"), sondern vielmehr durch die Sicherstellung der schnellen globalen Verfügbarkeit dieser („Fast Mover Advantage"). Während früher eigenständige Produkte unabhängig vom Wettbewerb eingeführt wurden, gilt es heute außerdem, Produkt- bzw. Serviceeinführungen in einem Netzwerk komplementärer Angebote zu koordinieren. Die Kollaboration entlang der Wertschöpfungskette im Vergleich zum reinen Outsourcing kann einen wichtigen Wettbewerbsvorteil darstellen. Dies unterstreicht die Notwendigkeit der Netzwerkformierung und -adaptierung. So ist die Schnelligkeit beim Design, der Strukturierung sowie der Administration von Netzwerken, welche komplementäre Fähigkeiten für die Firma generieren, elementar (Bharadwaj et al. 2013).

Unternehmen sollten sich die folgenden Fragen stellen, um die eigene Geschwindigkeit bei Markteintritt sowie -bearbeitung optimieren zu können:

- Gibt das Unternehmen bei Produktneueinführungen die Geschwindigkeit vor (Digital Leader) oder richtet man sich eher nach den anderen (Follower)?
- Berücksichtigt die digitale Unternehmensstrategie Faktoren, welche die Beschleunigung von Produkteinführungen begünstigt (geplantes Veralten, Kompromissbereitschaft etc.)?
- In welchem Umfang werden interne Informationsflüsse sowie die nach außen gerichteten Kundenservices optimiert und beschleunigt?
- Wird die (globale) Supply Chain mithilfe digitaler Technologien beschleunigt mit dem Ziel, einen „Fast Mover Advantage" zu generieren?
- Werden Unternehmensnetzwerke – über reines Outsourcing hinaus – genutzt, um komplementäre Fähigkeiten abzudecken?

4. VALUE

Digitale Ressourcen kreieren im Vergleich zu physischen Ressourcen neue Quellen der Wertschöpfung und -steigerung und damit der Umsatzgenerierung (Bharadwaj et al. 2013). Durch die Zurverfügungstellung von Inhalten über viele Plattformen erhält der Konsument mehr Macht und es kommt zu Verschiebungen der Kräfte in den Kanälen. Disruption der traditionellen Quellen von wirtschaftlichem Erfolg ist die Folge, aber auch fundamental neue Wertquellen werden geschaffen. In vielen Branchen lässt sich beobachten, dass die durch die Digitalisierung getriebene Erzeugung und Bereitstellung von Informationen vielfältige Chancen bereithält. Während klassischerweise informationsbasierte Industrien wie Zeitschriften und Zeitungen bewährte Erlösmodelle anpassen müssen (zum Beispiel Aboservices, Werbung in Form von Bannern, Sponsoring oder Affiliate-Werbung), entstehen in anderen Industrien ganz neue Geschäftsmodelle. Optionen umfassen den direkten Verkauf oder kommissionsbasierte Modelle (zum Beispiel Affiliate-Werbung oder Marktplätze). Auch Informationen über Kundenvorlieben können zur Optimierung und Personalisierung von Angeboten genutzt werden. Mehrseitige Geschäftsmodelle stellen aufgrund der vielschichtigen Natur der Interaktionen eine weitere Quelle zur zusätzlichen Wertschöpfung dar. Hierbei geben Firmen auf einer Ebene die Kontrolle über Produkte oder Dienstleistungen ab, während sie auf einer anderen Ebene Wert schöpfen. So machte Google zum Beispiel das mobile Betriebssystem Android kostenlos verfügbar und monetarisiert dies durch die Beeinflussung und Kontrolle der Werbung. Verfolgt man den Gedanken weiter, so wird klar, dass die Abstimmung verschiedener Firmen sehr komplex und dynamisch ist. Geschäftsmodelle sind also nicht mehr unabhängig voneinander, sondern es existieren Schnittmengen, weshalb die Notwendigkeit der Koordinierung in Netzwerken zunimmt.

Die folgenden Fragen sollen helfen, neue Quellen der Wertschöpfung und -sicherung, welche sich durch die digitale Transformation ergeben, zu identifizieren:

- Wie können Daten sowie die daraus gewonnenen Informationen zur Wertschöpfung und -steigerung genutzt werden?
- Welches Erlösmodell soll im Rahmen der Nutzung neuer Quellen der Wertschöpfung und -sicherung verwendet werden?
- Bestehen Potenziale durch mehrseitige Geschäftsmodelle? Falls ja, in welcher Weise können diese zur Wertgenerierung genutzt werden?
- Kann Wert durch die Koordination von Geschäftsmodellen in Netzwerken generiert werden?

4 Das „How" der digitalen Transformation (Teil C) – Operative Planung, Umsetzung und Kontrolle

Aufbauend auf den übergeordneten Transformationszielen sowie der digitalen Unternehmensstrategie gilt es, den Wandel in der Organisation zu verankern. Zunächst werden konkrete Maßnahmen und Instrumente operativ geplant. Anschließend sollten mögliche dem Wandel entgegenstehende Widerstände durch ein gut geplantes Change-Management überwunden werden. Dies ist wesentlich für den Erfolg des Transformationsprozesses. Abschließend wird kontrolliert, ob die gesetzten Ziele erreicht wurden.

4.1 Operative Planung

Die operative Planung umfasst die Festlegung konkreter Handlungsziele, die Bestimmung und Priorisierung von Maßnahmen und Instrumenten, die Allokation notwendiger Ressourcen (Budget, Arbeitsmittel etc.) sowie eine Terminplanung inklusive kritischer Meilensteine (Chaffey 2014). Insbesondere in Bezug auf die Budgetierung digitaler Initiativen sind ein definierter Prozess und festgeschriebene Richtlinien essenziell. Die Wichtigkeit digitaler Initiativen im Investitionsprozess sollte zudem angemessen artikuliert werden, sodass Budget entsprechend vergeben werden kann. Häufig ist die operative Planung Aufgabe des Projektmanagements, was als „Führungskonzept, dass die Planung und Steuerung von Projekten – mit temporären Aufgabenstellungen – in allen Projektphasen umfasst", (Schawel und Billing 2014, S. 213) definiert werden kann.

4.2 Umsetzung

Die erfolgreiche Umsetzung der operativen Planung kann nur gelingen, wenn alle beteiligten Personen die Notwendigkeit des Wandels verstanden haben und motiviert sind, den Veränderungsprozess zu unterstützen. Für einen nachhaltigen Erfolg ist auch entscheidend, dass Transparenz über die Transformationsziele und Schritte der einzuleitenden Veränderungen besteht. Hier setzt das Change-Management an. Es umfasst

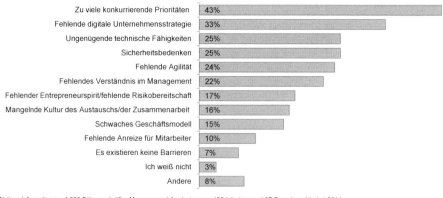

Abb. 4 Retardierende Kräfte im digitalen Transformationsprozess. (Quelle: Kane et al. 2015)

„Veränderungsprozesse auf Unternehmens- und persönlicher Ebene zu planen, zu initiieren, zu realisieren, zu reflektieren und zu stabilisieren. Das Spektrum der Veränderungsinhalte reicht dabei von der strategischen (Neu)ausrichtung bis zur Durchführung von Maßnahmen zur Persönlichkeitsentwicklung der Mitarbeiter. Change Management zielt auf planmäßige mittel- bis langfristig wirksame Veränderung von Verhaltensmustern und Fähigkeiten, um Prozesse und Kommunikationsstrukturen zu optimieren" (Kostka und Mönch 2009).

In der Literatur werden verschiedene Change-Management-Ansätze reflektiert. Als Pionieransatz wird dabei das Drei-Phasen-Modell nach Lewin (1947) angesehen. Dieses basiert auf der Annahme, dass der Wandel von zwei sich gegeneinander richtenden Kräften bestimmt wird. Auf der einen Seite provozieren akzelerierende Kräfte („driving forces") den Wandel. Sie umfassen zum Beispiel neue Technologien, neue Wettbewerber oder ein verändertes Umfeld. Auf der anderen Seite stehen retardierende Kräfte („restrainig forces") dem Wandel entgegen und zielen auf den Erhalt des Status quo ab. Beispiele hierfür sind Widerstände der Mitarbeiter oder auch des Managements aufgrund von Sicherheitsstreben, Gewohnheit, Angst oder mangelnden Ressourcen. Nachhaltiger Wandel erfordert ein Gleichgewicht beider Kräftepools. So geht es in der ersten Phase des Drei-Phasen-Modells, dem „Unfreezing" (Auftauen), darum, die akzelerierenden Kräfte zu stärken. Dies kann entweder durch eine Verstärkung akzelerierender, einer Schwächung retardierender oder einer Umkehr der Richtung der Kräfte gelingen. Die zweite Phase, das „Moving" (Verändern), bezieht sich auf den eigentlichen Veränderungsprozess. Eine wichtige Voraussetzung hierfür ist, dass sich die beteiligten Personen aktiv und konstruktiv einbringen. Der dritte und letzte Schritt, das „Refreezing", hat schließlich das Ziel, ein neues Gleichgewicht retardierender und akzelerierender Kräfte zu schaffen. Regelmäßige Auffrischungsaktivitäten sollen ein Zurückfallen in alte Muster verhindern. Abb. 4 zeigt im Überblick, welche retardierenden Kräfte den Wandel häufig blockieren und damit im Fokus des Change-Management-Prozesses stehen sollten. Insbesondere konkurrierende Priorisierungen sowie fehlende strategische Orientierung hindern den Prozess und sollten daher frühzeitig vorgegeben werden.

Es existieren weitere Change-Management-Ansätze, welche zum Großteil auf der Lewinschen Theorie basieren (zum Beispiel 10-Phasen-Modell nach Jick 1991, Change Acceleration Process Modell nach Garvin 2000). Sie ähneln sich durch den prozessualen Charakter, betonen jedoch verschiedene Faktoren des Wandels. Auch das Modell des „Design Thinking" als ganzheitlicher, menschenzentrierter Innovationsansatz erfreut sich zunehmender Popularität. Es wurde von dem Sozialwissenschaftler Herbert Simon auf das Management übertragen (Simon 1996). Jedes Unternehmen sollte für sich den passenden Ansatz identifizieren und anwenden. Bei der Entscheidung sind diverse Faktoren zu berücksichtigen, weshalb keine allgemeingültige Empfehlung abgegeben werden kann.

Change-Management setzt grundsätzlich an drei verschiedenen Ebenen innerhalb der Organisation an: den Individuen, der Unternehmensstruktur und der Unternehmenskultur (Lauer 2014, S. 7). Die Individuen repräsentieren die kleinste soziale Einheit und sind damit wichtige Komponenten des Wandels. Ohne ihre Kooperation können Change-Management-Prozesse nicht erfolgreich sein. So müssen die Mitarbeiter nicht nur ihre Fähigkeiten an neue Herausforderungen anpassen und neue Qualifikationen erlangen, sondern sollten auch eine positive Einstellung zum Wandel entwickeln. Hierbei ist es Aufgabe des Unternehmens, entsprechende Maßnahmen (zum Beispiel Aus- und Weiterbildungsangebote) zu initiieren und das Personal an das Unternehmen zu binden. Darüber hinaus geht es auch darum, neue digitale Talente zu rekrutieren, was möglicherweise die Optimierung des Recruitment-Prozesses sowie eine Umformulierung von Anforderungs- und Aufgabenbeschreibungen voraussetzt.

Unternehmensstrukturen sind häufig starr und stellen daher eine weitere Ebene dar, an welcher Change-Management ansetzen sollte. Aktivitäten umfassen die Planung der formalen Aufbau- und Ablauforganisation, die Anpassung von Strategien sowie die Ressourcenallokation (Kostka und Mönch 2009). Während die Aufbauorganisation die Rahmenbedingungen für die statische Strukturierung in organisatorische Einheiten festlegt (Welche Aufgaben – insbesondere die digitalen Funktionen – werden von welchen Stellen bzw. Abteilungen übernommen?), ist es Ziel der Ablauforganisation, dynamische Informations- und Arbeitsprozesse zur Erreichung der festgelegten Ziele unter Berücksichtigung der Faktoren Raum, Zeit, Sachmittel und Personen zu definieren. In diesem Zusammenhang gilt es zu bestimmen, wer für die Ausgestaltung und Steuerung des Transformationsprozesses verantwortlich sein sollte. Diese sogenannten „Change Agents" sind „Individuen, die als treibende Kräfte in geplanten Veränderungsprozessen fungieren und Mitarbeiter sowie Teams motivieren und dazu anregen, Verantwortung für die zahlreichen Aktivitäten, die diesen Wandel ermöglichen, zu übernehmen" (Müller et al. 2010, S. 408). Auch die Rolle der Geschäftsführung verändert sich im Transformationsprozess. So fungieren Führungskräfte nicht mehr nur als Entscheidungsträger. Vielmehr repräsentieren sie Moderatoren im Veränderungsprozess und sollten die

Organisation strukturell und kulturell in einer Weise gestalten, dass die Mitarbeiter in der Lage sind, selbstständig die notwendigen Veränderungen auf den verschiedenen Entscheidungsebenen voranzutreiben (Albach et al. 2015, S. 10).

Es stellt sich zudem die generelle Frage, wie die Organisationsstruktur verändert werden sollte, um den Wandel bzw. einzelne digitale Initiativen umsetzen zu können. So kann es zielführend sein, cross-funktionale Teams zusammenzustellen oder auch ein sogenanntes „Challenger Board" zu etablieren, in dem u. a. Digital Natives ihre Expertisen einbringen. Dies ermöglicht, Transformationsinitiativen kritisch zu hinterfragen und Probleme im Prozess schnell zu identifizieren (Dörner und Meffert 2015). Weitere Optionen umfassen Mixed-Modelle, wie Joint Ventures bzw. strategische Partnerschaften, oder Separationsansätze, beispielsweise in Form von Spin-offs (Gulati und Garino 2000). Eine wesentliche Entscheidung in diesem Zusammenhang ist auch, ob digitale Fähigkeiten sowie die notwendige Infrastruktur selbst entwickelt (Insourcing) oder an einen externen Anbieter abgegeben werden sollen (Outsourcing). Insourcing bietet den Vorteil, dass die wichtigsten Fähigkeiten internalisiert werden können und dadurch größere Kontrolle über Prozesse und Technologieentwicklung herrscht. First-Mover-Vorteile können leichter genutzt werden und steilere Lernkurven können schließlich zu Wettbewerbsvorteilen führen. Dementgegen stehen die teilweise hohen Kosten von Insourcing und die dafür benötigte Zeit. Außerdem kann unter Umständen eine so hohe Spezialisierung nötig sein, dass die interne Leistung nicht ausreicht, um mit spezialisierten Anbietern mitzuhalten. Outsourcing dahingegen führt zu Kosten in Form von Zahlungen an externe Anbieter und es besteht das Risiko, dass interne Kompetenzen und Innovationspotenziale im Kontext der ausgelagerten Aktivitäten verkümmern (Chaffey 2014). Alles in allem sollte die Organisation also abwägen, welche Kompetenzen ausgelagert werden können. Aktivitäten, welche die größten Chancen für Innovationen und Wettbewerbsvorteile bieten, sollten selbst durchgeführt werden. Dahingegen können Aktivitäten, welche schnell imitierbar sind oder sich schnell weiterentwickeln, abgegeben werden.

Die Unternehmenskultur stellt einen weiteren Ansatzpunkt des Change-Managements dar (Lauer 2014, S. 7). Sie bestimmt informelle Regeln des Umgangs sowie Werthaltungen und Einstellungen der Individuen und wird vielfach als Erfolgsfaktor für unternehmerische Exzellenz angeführt. Eine über Jahrzehnte etablierte Unternehmenskultur kann jedoch auch wie ein „Fels in der Brandung" Veränderungen entgegenstehen. Interne Kooperation und funktionsübergreifende Zusammenarbeit sowie externe Kooperation und die Integration externer Stakeholder sind beispielhafte Maßnahmen zur Förderung einer transformationsfreundlichen Kultur. Zudem sollten Agilität und Geschwindigkeit sowie Risikobereitschaft unterstützt werden, um eine Innovationskultur zu schaffen.

4.3 Kontrolle

Im Rahmen der Erfolgskontrolle wird regelmäßig überprüft, ob übergeordnete sowie konkrete Handlungsziele erreicht wurden. Um die Erfolgswirkung der Maßnahmen durch

Zielerreichungsgrade nachweisen zu können, müssen geeignete KPIs (zum Beispiel Messung des ROI für digitale Investitionen) definiert und Messmethoden festgelegt werden (Meffert et al. 2015, S. 814). Diese sind zumeist eng an den formulierten Handlungszielen angelehnt. Zudem ist es wichtig, dass die Ziele auf allen Unternehmensebenen kommuniziert und transparent gemacht werden. Auch die Anpassung der Anreizsysteme an neue Transformationsziele stellt eine wichtige Voraussetzung dafür dar, die Unterstützung und Motivation von Mitarbeitern für den Transformationsprozess sicherzustellen. Sollte es zu kritischen Soll-Ist-Abweichungen kommen, gilt es, die entsprechenden Ursachen aufzuspüren sowie Ziel-, Strategie- und Maßnahmenanpassungen zu definieren.

5 Fazit und Ausblick

Zu Beginn des Managementprozesses wurde im Rahmen der marktgerichteten Umfeldanalyse der Einfluss der Digitalisierung auf die fünf Kräfte, die den Wettbewerb einer Branche und damit auch deren Profitabilität maßgeblich bestimmen, untersucht. Wenngleich einige Faktoren darauf hindeuten, dass der Konkurrenzdruck abnimmt, so lässt sich in der Tendenz eine Erhöhung der Wettbewerbsintensität durch die Digitalisierung in einer Vielzahl von Branchen beobachten. Die Abgrenzung des relevanten Markts und Branchenkontexts stellt beim digitalen Wandel eine besondere Hausforderung dar, weil Branchengrenzen verschwimmen und branchenfremde Unternehmen über digitale Querschnittstechnologien zu Konkurrenten mutieren können. Weiterhin zeigt die intern ausgerichtete Analyse der Wertschöpfungskette, welche Potenziale digitale Technologien in den einzelnen Wertschöpfungsstufen haben. Bei der Analyse der Digitalisierung von Wertschöpfungsketten wird deutlich, dass zunehmend Wertschöpfungsnetzwerke entstehen, welche einen höheren Komplexitätsgrad aufweisen, der sich einer extensiveren Situationsanalyse niederschlägt. Basierend auf den Ergebnissen der Situationsanalyse stellt sich aus Sicht des Unternehmens insbesondere die Frage nach der Priorisierung einzelner Funktionen und Geschäftsbereiche für die digitale Transformation. Hierfür kann die vorgestellte Transformationsmatrix maßgebliche Anhaltspunkte liefern. Basierend auf einer vergleichenden Analyse von Transformationsdruck und ökonomischer Relevanz ermöglicht die Matrix die Festlegung von Prioritäten für die strategische und operative Planung.

Bei der sich anschließenden Formulierung von Transformationszielen sowie der Mission und Vision wurde deutlich, dass die sich aus der Digitalisierung ergebenden Chancen und Risiken sowie bestehende Stärken und Schwächen bei der Justierung bzw. Neuformulierung zukunftsgerichtet gegenüberzustellen sind. Darauf aufbauend kann die digitale Unternehmensstrategie, welche nicht wie die IT-Strategie auf funktionaler Ebene, sondern vielmehr übergreifend angesiedelt sein sollte, definiert werden. Ansatzpunkte zur Generierung von Wettbewerbsvorteilen durch die digitale Transformation wurden in vier Potenzialbereichen aufgezeigt: „Scope" (Umfang der unternehmerischen Tätigkeit), „Scale" (Skalierung der unternehmerischen Tätigkeit), „Speed" (Schnelligkeit in der Entscheidungsfindung) sowie „Value" (Quellen der Wertschöpfung und -steigerung). Während Digitalisierung einerseits Kostensenkungen durch die Realisierung von „Economies of Scope", „Economies of Scale" und „Sharing Economies" ermöglicht, ergeben sich andererseits Umsatzpotenziale durch die gestiegene Agilität und die Nutzung neuer Wertquellen. Eine gut definierte digitale Unternehmensstrategie sollte daher zum Ausdruck bringen, wie Unternehmen in veränderten Markt- und Branchenkontexten ihre Wettbewerbsvorteile sichern bzw. wiedererlangen.

Basierend auf der digitalen Unternehmensstrategie gilt es, die operative Planung der digitalen Transformation durchzuführen. Zur Sicherstellung des nachhaltigen Erfolgs des Transformationsprozesses spielt die Umsetzung der identifizierten Maßnahmen und Instrumente eine wichtige Rolle. Eine Auseinandersetzung mit verschiedenen Change-Management-Ansätzen bietet eine Hilfestellung, um je nach Unternehmenskontext ein passendes Modell zu identifizieren und darauf aufbauend den Veränderungsprozess zu strukturieren und zu steuern. Aufgrund des disruptiven Veränderungspotenzials der Digitalisierung sind Change-Management-Prozesse möglichst frühzeitig einzuleiten. Gerade über Jahrzehnte geprägte und verfestigte Unternehmenskulturen können sich als Barriere für Change-Management-Prozesse nach der von Peter Drucker betonten Metapher „Organisational culture eats strategy for breakfast" (Aulet 2014) herausstellen. Sollten Prozessabweichungen auftreten, müssen die Ursachen aufgedeckt und auch Korrekturen innerhalb des Managementprozesses vorgenommen werden. Wissenschaft und Praxis sind daher gleichermaßen gefordert, erfolgreiche Ansätze der digitalen Transformation im engen Erfahrungsaustausch weiterzuentwickeln.

Literatur

Albach, H., Meffert, H., Pinkwart, A., & Reichwald, R. (2015). Management of permanent change – New challenges and opportunities for change management. In H. Albach, H. Meffert, A. Pinkwart, & R. Reichwald (Hrsg.), *Management of permanent change* (S. 3–22). Wiesbaden: Springer Fachmedien.

Andal-Ancion, A., Cartwright, P. A., & Yip, G. S. (2003). The digital transformation of traditional business. *MIT Sloan Management Review, 44*(4), 34–41.

Aulet, B. (2014). Culture eats strategy for breakfast. http://techcrunch.com/2014/04/12/culture-eats-strategy-for-breakfast/. Zugegriffen: 1. Okt. 2015.

Beyer, C., & Kirchgeorg, M. (2015). *Herausforderungen der digitalen Transformation für die marktorientierte Unternehmensführung* (Arbeitspapier Nr. 224). Leipzig: Wissenschaftlichen Gesellschaft für Marketing und Unternehmensführung e. V.

Bharadwaj, A., El Sawy, O. A., Pavlou, P. A., & Venkatraman, N. (2013). Digital business strategy – Toward a next generation of insights. *MIS Quarterly Special Issue, 37*(2), 471–482.

Bundesministerium für Wirtschaft und Energie. (2014). Monitoring-Report Digitale Wirtschaft 2014 – Innovationstreiber IKT. Berlin: BMWi.

Chaffey, D. (2014). *Digital business and E-commerce management* (6. Aufl.). Harlow: Pearson Education Limited.

Die Bundesregierung. (2014). Digitale Agenda 2014–2017. http://www.bmwi.de/BMWi/Redaktion/PDF/Publikationen/digitale-agenda-2014-2017,property=pdf,bereich=bmwi2012,sprache=de,rwb=true.pdf. Zugegriffen: 2. Okt. 2015.

Dörner, K., & Meffert, J. (2015). Nine questions to help you get your digital transformation right. http://www.mckinsey.com/insights/organization/nine_questions_to_help_you_get_your_digital_transformation_right. Zugegriffen: 6. Okt. 2015.

Freitag, M. (2014). Car wars. http://www.manager-magazin.de/magazin/artikel/apple-google-und-tesla-werden-zur-gefahr-fuer-audi-bmw-und-mercedes-a-1007528.html. Zugegriffen: 24. Okt. 2015.

Garvin, D. A. (2000). *Learning in action – A guide to putting the learning organization to work.* Boston: Harvard Business School Press.

Gulati, R., & Garino, J. (2000). Get the right mix of bricks & clicks. *Harvard Business Review, 78*(3), 107–114.

Harvard Business Review Analytics Services. (2015). The digital transfomation of business. Brighton: Harvard Business Publishing.

Hillebrand, D. R., & Finger, D. L. (2015). Einkaufen in der Zukunft – Wie die Digitalisierung den Handel verändert. In T. Becker & C. Knop (Hrsg.), *Digitales Neuland – Warum Deutschlands Manager jetzt Revolutionäre werden* (S. 89–101). Wiesbaden: Gabler.

Jelassi, T., & Enders, A. (2008). *Strategies for e-Business – Creating value through electronic and mobile commerce: Concepts and cases* (2. Aufl.). Harlow: FT Prentice Hall.

Jick, T. D. (1991). Implementing change – Note. *Harvard Business Review* (Case Study, 22. Apr. 1991).

Kagermann, H. (2015). Change through digitization – Value creation in the age of industry 4.0. In H. Albach, H. Meffert, A. Pinkwart, & R. Reichwald (Hrsg.), *Management of permanent change* (S. 23–45). Wiesbaden: Springer Fachmedien.

Kane, G. C., Palmer, D., Phillips, A. N., Kiron D., & Buckley, N. (2015). Strategy, not technology, drives digital transformation. *MIT Sloan Management Review and Deloitte University Press.* 14. Juli.

Kollmann, T. (2013). *E-Business – Grundlagen elektronischer Geschäftsprozesse in der Net Economy* (5. Aufl.). Wiesbaden: Gabler.

Kostka, C., & Mönch, A. (2009). *Change Management – 7 Methoden für die Gestaltung von Veränderungsprozessen* (4. Aufl.). München: Hanser.

Lauer, T. (2014). *Change Management – Grundlagen und Erfolgsfaktoren* (2. Aufl.). Wiesbaden: Springer.

Lewin, K. (1947). Frontiers in group dynamics – Concept, method and reality in social science, social equilibria and social change. *Human Relations, 1*(1), 5–41.

Manyika, J., Chui, M., Bughin, J., Dobbs, R., Bisson, P., & Marrs, A. (2013). *Disruptive technologies – Advances that will transform life, business, and the global economy.* San Francisco: McKinsey Global Institute.

McKinsey & Company. (2015). Digital quotient. http://www.mckinsey.com/client_service/mckinsey_digital/digital_quotient. Zugegriffen: 2. Okt. 2015.

Meffert, H., Burmann, C., & Kirchgeorg, M. (2015). *Marketing* (12. Aufl.). Wiesbaden: Springer Gabler.

Merkel, D. A. (2015). Rede zum Deutschen Evangelischen Kirchentag am 5. Juni 2015. http://www.bundesregierung.de/Content/DE/Rede/2015/06/2015-06-05-redemerkel-kirchentag.html. Zugegriffen: 1.Okt. 2015.

Müller, C., Peham, C., & Raich, M. (2010). Change Agent, Change Leader und Change Entrepreneur. In H. Pechlaner, M. Raich, S. Schön, & K. Matzler (Hrsg.), *Change leadership* (S. 397–426). Wiesbaden: Gabler.

Porter, M. E. (2001). Strategy and the Internet. *Harvard Business Review, 79*(3), 62–78.

Rifkin, J. (2015). *The zero marginal cost society – The internet of things, the collaborative commons, and the eclipse of capitalism.* New York: Macmillan.

Rorsted, K. (2015). Aus Konsumgüterunternehmen werden Real Time Enterprises. In T. Becker & C. Knop (Hrsg.), *Digitales Neuland – Warum Deutschlands Manager jetzt Revolutionäre werden* (S. 103–112). Wiesbaden: Gabler.

Schawel, C., & Billing, F. (2014). *Top 100 Management Tools – Das wichtigste Buch eines Managers* (5. Aufl.). Wiesbaden: Gabler.

Simon, H. A. (1996). *The sciences of the artificial* (3. Aufl.). Cambridge: MIT Press.

Über die Autoren

Prof. Dr. Manfred Kirchgeorg ist Inhaber des SVI-Stiftungslehrstuhls für Marketing, insbesondere E-Commerce und Crossmediales Management an der HHL Leipzig Graduate School of Management. Er promovierte und habilitierte zum Themenkomplex Umweltmanagement und Ökomarketing an der Westfälischen Wilhelms-Universität in Münster. Die an seinem Lehrstuhl in über mehr als zwei Jahrzehnten aufgebauten Forschungskompetenzen im Bereich des Sustainability Marketing und Holistic Branding werden mit Forschungsfragen des E-Commerce und der Optimierung von crossmedialen Kommunikationsformen verknüpft. Prof. Kirchgeorg nahm vielfältige Lehraufträge an Universitäten im In- und Ausland wahr und ist darüber hinaus Mitglied in zahlreichen betriebswirtschaftlichen Verbänden und Beiräten. So engagiert er sich u. a. im B.A.U.M. e. V., im Aufsichtsrat der Unilever Deutschland Holding GmbH sowie im Vorstand der Wissenschaftlichen Gesellschaft für Marketing und Unternehmensführung e. V. Prof. Kirchgeorg ist Mitglied in diversen Expertengruppen, nimmt Gutachtertätigkeiten wahr und ist Autor und Herausgeber vielfältiger Fachpublikationen.

Christina Beyer ist seit Mai 2014 als Wissenschaftliche Mitarbeiterin und Doktorandin am SVI-Stiftungslehrstuhl für Marketing, insbesondere E-Commerce und Crossmediales Management an der HHL Leipzig Graduate School of Management tätig. Im Rahmen ihrer Promotion beschäftigt sie sich mit der Werbeerfolgsmessung in der Crossmedialen Kommunikation. Neben der Mitwirkung an Projekten sowie der Betreuung von Lehrveranstaltungen verantwortet sie die Geschäftsführung der Wissenschaftlichen Gesellschaft für Marketing und Unternehmensführung e. V. Zuvor studierte sie im Masterprogramm General Management an der HHL Leipzig und leitete bei der Flaconi GmbH das Online-Marketing.

Teil V

Spezialaspekte der digitalen Transformation

Disruption im Mehrkanalhandel: Transformation von Multi- über Cross- zu Omni-Channel-Retailing

Hanna Schramm-Klein und Gerhard Wagner

Zusammenfassung

Mehrkanalsysteme des Handels sind in aller Munde, doch allein ein Mehrkanalsystem aufzubauen reicht nicht, um Erfolg zu garantieren. Es existiert hingegen eine Vielzahl von Strategiealternativen, die vom Multiple- über Multi-, Cross- zum Omni-Channel-Retailing reicht. Jede dieser Alternativen hat vor dem Hintergrund der angestrebten Händlerziele ihre Existenzberechtigung und Erfolgschancen. In diesem Beitrag werden die Alternativen mit ihrem jeweiligen Strategiefokus vorgestellt und Optionen der Gestaltung der Customer Journey im Mehrkanalumfeld diskutiert.

Inhaltsverzeichnis

1	(R)Evolution des Mehrkanalhandels	426
2	Strategiealternativen in Mehrkanalsystemen	427
3	Konsumentengetriebene (R)Evolution	431
	3.1 Käufertypen in Mehrkanalsystemen	431
	3.2 (Kunden-)Anforderungen an Mehrkanalsysteme	435
	3.3 Channel Hopping durch die Kunden	438
	3.4 Showrooming und Webrooming	439
	3.5 Everywhere Shopping	441
4	Welcher Kanal ist der Erfolgsträger im Mehrkanalsystem?	443

H. Schramm-Klein (✉) · G. Wagner
Universität Siegen, Siegen, Deutschland
E-Mail: schramm-klein@marketing.uni-siegen.de

G. Wagner
E-Mail: wagner@marketing.uni-siegen.de

© Springer Fachmedien Wiesbaden 2016
G. Heinemann et al. (Hrsg.), *Digitale Transformation oder digitale Disruption im Handel*,
DOI 10.1007/978-3-658-13504-1_20

5   Fazit 446
Literatur. 447
Über die Autoren. 448

1 (R)Evolution des Mehrkanalhandels

Über die Etablierung des Internets mit all seinen Facetten von Zugangskanälen und Angebotsoptionen hat sich in der Handelslandschaft ein weiterer „klassischer" Vertriebskanal nachhaltig gefestigt. Die innovativen Medien und technologischen Neuerungen eröffnen dem Handel neue Möglichkeiten des Vertriebs. Aber auch die Konsumenten haben ihr Verhalten angepasst. Sie sind bereit, innovative Ansätze von Händlern zu nutzen und haben sie in ihr eigenes Kaufverhalten übernommen. Durch diese Entwicklungen ist die Breite der in der Praxis eingesetzten Vertriebskanäle und Geschäftsmodelle in den letzten Jahren sprunghaft angestiegen und der Marktanteil des Online-Handels nimmt weiter konstant zu. Die Neu- und Weiterentwicklung gerade mobiler Endgeräte wie Smartphones oder Tablet-PCs, aber auch stationärer Geräte wie Internet-enabled Television (IETV) führen dazu, dass die Entwicklungen weiter dynamisch fortschreiten.

Besonders bedeutend dabei sind nicht nur die technologischen Veränderungen an sich, sondern vor allem die Adaption durch die Kunden. Insbesondere aber fasziniert die Art und Weise, wie Konsumenten die unterschiedlichen Kanäle nutzen und kombinieren: Sie sind zunehmend „always on" – eine Vorstellung, die gerade traditionell eingestellte Händler oft noch nicht nachvollziehen oder verstehen können. Vor allem aber wird die Verfügbarkeit von unterschiedlichen Zugangskanälen durch die Konsumenten verstärkt als völlig normal vorausgesetzt und sie erwarten entsprechend, dass sie die Möglichkeit haben, Händler über unterschiedliche Zugangsmedien zu kontaktieren.

Für Händler bedeutet dies also, dass es für die Konsumenten zunehmend der „Normalzustand" ist, dass ein Händler Online-Angebote mindestens zur Kommunikation mit den Kunden anbietet. Online-Shops (in all ihren Facetten) stellen somit zunehmend einen „Hygienefaktor" für die Konsumenten dar und werden damit oftmals als Grundangebot angesehen und als normales Element eines Vertriebssystems eines Händlers erwartet. Auf der anderen Seite wird jedoch häufig in diesem Kontext aus der Händlerperspektive argumentiert, dass ein Angebot zusätzlicher Kanäle mit hohen Kosten im Hinblick auf Ressourcen, Infrastruktur, Integration oder Pflege und Weiterentwicklung des Absatzkanalportfolios verbunden ist. Die Komplexität der Vertriebssysteme steigt und muss in der Kommunikation, aber auch organisatorisch und logistisch umgesetzt und optimiert werden.

Wenngleich demgegenüber das Argument steht, dass Multi-Channel-Kunden profitabler seien als Kunden, die nur einen Kanal eines Händlers nutzen (Kilcourse und Rosenblum 2015), ist auch heute, selbst nach jahrzehntelanger Beschäftigung mit dem „Multi-Channel-Retailing" die Frage noch nicht endgültig beantwortet, wie ein erfolgreiches und gleichermaßen profitables Multi-Channel-System nachhaltig realisiert werden kann. Dies ist insbesondere vor der zunehmenden Ausdifferenzierung der Online-Kanäle relevant, da sie den Händler immer wieder vor die Herausforderung stellt, neue Entwicklungen in die Vertriebssysteme zu integrieren und diese stetig mitzudenken. Zudem führt die weiter voranschreitende Synthese von Online-, mobilen und traditionellen Kanälen (also insbesondere Printkatalog und stationärer Einzelhandel) dazu, dass die Betrachtungsweise vom Multi-Channel-Retailing über Cross-Channel-Retailing bis hin zum Omni-Channel-Retailing erforderlich wird. Für die Handelslandschaft werden mit diesen neuen und mit jedem „Step" in der Technologieentwicklung weiter dynamisch fortschreitenden Entwicklungen wesentliche Neuausrichtungen in der Landschaft der Betriebs- und Vertriebstypen, also der stationären und nicht stationären Absatzkanäle der Händler, und ihrer Verknüpfung erforderlich.

2 Strategiealternativen in Mehrkanalsystemen

Nicht nur Art und Anzahl der Betriebs- und Vertriebstypen und ihrer Verknüpfung sind stark angewachsen, sondern auch die für die betrachteten Phänomene verwendeten Begrifflichkeiten haben sich stark ausdifferenziert. Mehrkanalhandel stellt dabei den Oberbegriff für eine Vielzahl von Erscheinungsformen der Pluralisierung von Absatzkanälen durch den Handel dar. Beispielsweise werden Begriffe wie „Multi-Channel", „Cross-Channel" oder „Omni-Channel" mit Bezug auf den Mehrkanalhandel angewendet.

Im Hinblick auf das Phänomen des Mehrkanalhandels, also dem parallelen Einsatz mehrerer Absatzkanäle (Schramm-Klein 2003, S. 16), existiert seit jeher eine Vielzahl unterschiedlicher Begriffe, die teilweise synonym verwendet werden, jedoch bei genauerer Betrachtung unterschiedliche strategische Ansätze der Führung von Mehrkanalsystemen umschreiben. Im Wesentlichen bezieht sich diese Differenzierung auf die Art, wie diese Absatzkanäle im Mehrkanalsystem miteinander verknüpft und damit strategisch übergreifend gesteuert werden.

In Abb. 1 sind Formen alternativer Verknüpfungsmöglichkeiten dargestellt, die nach dem Grad der Integration in vier idealtypische Ausgestaltungsformen systematisiert werden können. Die dargestellten Mehrkanalkonzepte unterscheiden sich vor allem durch den Integrationsgrad der Kanäle. Dieser steigt mit zunehmender Verknüpfung der Kanäle. Je höher er ist, umso höher ist auch die Konsistenz des Retail-Brand-Erlebnisses aus der Perspektive der Konsumenten.

Multiple-Channel-Retailing

Das herausstechende Kennzeichen des ersten dieser vier Idealtypen, des Multiple-Channel-Retailing, liegt darin, dass in diesem Fall die unterschiedlichen Absatzkanäle eines Mehrkanalsystems voneinander getrennt gesteuert werden. Eine Integration der Kanäle wird bewusst vermieden. Dies wird beispielsweise daran deutlich, dass die Kanäle in der Regel mit individuellen, das heißt absatzkanalspezifischen Retail Brands versehen

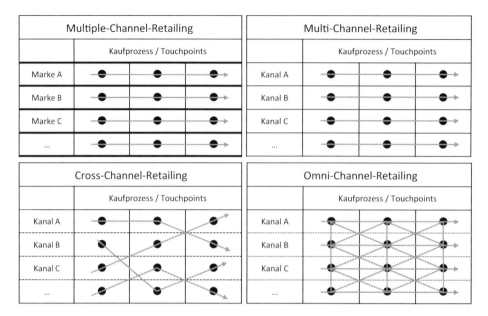

Abb. 1 Verknüpfung und Integration von Absatzkanälen in Mehrkanalsystemen. (Quelle: Schramm-Klein et al. 2014, S. 17)

werden und parallel nebeneinander geführt werden. Im Hinblick auf das Frontend, somit also aus Konsumentensicht, wird keinerlei Koordination oder Integration der Kanäle deutlich. Der Hauptgrund für die Anwendung dieser Strategie des Multiple-Channel-Retailing liegt zumeist darin, dass die bewusste Separation der Kundenkontaktpunkte mit den Kanälen Ausdruck der Verfolgung von unterschiedlichen Absatzkanalzielen und -strategien ist, die sich im Hinblick auf das Kundenerlebnis unterscheiden. Beispielsweise können preispolitische Überlegungen eine Rolle spielen, zum Beispiel wenn im Online-Kanal deutlich günstigere Preise angeboten werden als in stationären Geschäften, um Preisspielräume ausschöpfen zu können, oder wenn unterschiedliche (Qualitäts-) Positionierungen der Sortimente oder Marken realisiert werden.

Im Fall des Multiple-Channel-Retailing soll es vermieden werden, dass die Kunden durch die Preis- oder Positionierungsdifferenzen im Sortiment irritiert werden. Unterschiedliche Markierungen der Retail Brand sorgen im Gegenteil dafür, dass die Stellung der Kanäle aus der Kundenperspektive so interpretiert wird, als handele es sich um separat agierende, unabhängige Unternehmen.

Eine derartige Strategie verfolgen beispielsweise Unternehmen wie die Media-Saturn-Gruppe innerhalb der Metro-Group, die neben dem Online-Shop Redcoon als reinem Internet-Player ebenso mit Retail Brands wie Media-Markt und Saturn agiert. Auch im Lebensmitteleinzelhandel ist diese Strategie häufig anzutreffen. So führen Unternehmen wie Rewe oder Edeka ihre SB-Warenhäuser, Verbraucher- und Supermärkte mit höherer

Positionierung unter anderen Retail Brands als die Discounter, die bewusst mit separaten Händlermarken versehen werden.

Unberührt von der separaten Führung der Kanäle im Frontend ist es für den Händler natürlich dennoch möglich, Backend-Prozesse, die dem Kunden in der Regel nicht direkt ersichtlich sind, zu integrieren. Beispielsweise können Einkaufs- oder Logistikaktivitäten gebündelt realisiert werden, um Synergieeffekte zu realisieren und Größenvorteile auszunutzen (Zentes und Schramm-Klein 2007).

Multi-Channel-Retailing
Anders als bei der zuvor beschriebenen Option erfolgt beim Multi-Channel-Retailing eine stärkere Integration der Absatzkanäle. Das wesentliche Kennzeichen dieser Strategie der Absatzkanalführung besteht darin, dass die Handelsunternehmen die Kanäle nicht nur parallel laufen lassen, sondern dass sie einen wesentlichen Sortimentszusammenhang zwischen den zur Distribution eingesetzten Kanälen realisieren und diese unter einheitlichen Retail Brands führen.

Im Hinblick auf die Schnittstelle zum Kunden bedeutet diese Strategie, dass die zur Verfügung stehenden Kanäle, also zum Beispiel Online-Shops und stationäre Geschäfte eines Händlers, alternativ genutzt werden können. Insbesondere der generelle Sortimentszusammenhang führt dazu, dass Kunden auch ohne weiteres Zutun des Händlers während des Kaufprozesses zwischen den Kanälen wechseln können, sich also beispielsweise in einem Kanal (zum Beispiel mobil) informieren und – anschließend – in einem anderen (zum Beispiel im Ladengeschäft) kaufen können.

Cross-Channel-Retailing
Eine weitere Stufe der Integration repräsentiert das Cross-Channel-Retailing. Durch die integrative Verknüpfung der einzelnen Kanäle wird anhand dieser Strategie die Schaffung eines nahtlosen Einkaufserlebnisses über alle eingesetzten Absatzkanäle hinweg angestrebt. Während bei Multi-Channel-Retailing die Konsistenz der vermittelten Informationen und Angebote im Vordergrund steht, erfolgt beim Cross-Channel-Retailing die proaktive Integration der Kanäle zur Realisierung eines verknüpfbaren Interaktionserlebnisses für die Kunden über alle Kundenkontaktpunkte (sogenannte Touchpoints) hinweg. Auf diese Weise wird der Wechsel zwischen den Absatzkanälen nicht nur zu jedem Zeitpunkt innerhalb des Kaufprozesses möglich, sondern er wird proaktiv dem Kunden gegenüber kommuniziert.

Cross-Channel-Retailing geht also über ein reines „Nebeneinander" von Kanälen hinaus, sondern beinhaltet die aktive und integrative Verknüpfung der Kanäle im Mehrkanalsystem, die miteinander „verwoben" und im Kaufprozess verbunden werden können (Neslin und Shankar 2009). Dem Kunden wird auf diese Weise zu jedem Zeitpunkt ein Kanalwechsel möglichst einfach gemacht und es wird ein nahtloses Einkaufserlebnis über alle Kanäle hinweg geschaffen. Hierdurch kann ein Kunde beispielsweise ein Produkt aus dem Sortiment eines Cross-Channel-Händlers über sein Smartphone bestellen und es im Anschluss im stationären Geschäft des Händlers abholen.

Omni-Channel-Retailing
Die am weitesten gehende Stufe der Verknüpfung von Kanälen in Mehrkanalsystemen findet sich schließlich in Omni-Channel-Systemen. Mit Omni-Channel-Retailing wird die vollständige Integration aller Kanäle über alle (Front- und Backend-) Prozesse hinweg bezeichnet. Diese Strategie beinhaltet somit eine vollständige Konsistenz aller Kanäle in Angebot und Auftritt und eine vollständige Verknüpfung aller Kanäle.

Durch diese vollständige und ganzheitliche Integration wird den Kunden nicht nur die Möglichkeit einer sequenziellen Kombination unterschiedlicher Kanalalternativen im Rahmen des Kaufprozesses geboten, sondern im Vordergrund steht die holistische Konsistenz des Mehrkanalsystems zu einem mehrdimensionalen Erlebnis, das auch die parallele Nutzung von Kanälen in jeder Kaufphase ermöglicht. Diese holistische Konzeption beinhaltet dabei, dass die Touchpoints jedes Kanals zu jeder Zeit für den Kunden erreichbar und frei kombinierbar sind.

Omni-Channel-Retailing stellt damit also nicht (nur) die Vorteile und Nutzungspotenziale der einzelnen Kanäle oder die Option eines nahtlosen Kanalwechsels in den Vordergrund, sondern vor allem die simultane Verwendung mehrerer Kanäle. Parallele Nutzung in einem derartigen No-Line-Commerce-Umfeld beinhaltet dabei eine Vielzahl von Kombinations- bzw. Gestaltungsmöglichkeiten. Diese können ganz einfache Möglichkeiten beinhalten, wie beispielsweise die Option, dass Kunden im stationären Laden mit der Shopping-App des Händlers auf ihren Smartphones den Barcode von Produkten scannen können, um sich auf diese Weise zusätzliche Produktinformationen zu beschaffen, so beispielsweise aus vom Händler per mobiler Applikation bereitgestellten Beratungstools oder aus online abrufbaren Kundenbewertungen. Die Optionen können aber auch wesentlich weitergehender gestaltet sein, indem aus den alternativen Kanal- und Touchpoint-Elementen holistische 360-Grad-24/7-Einkaufserlebnisse mit integrierten digitalen und physischen Komponenten kreiert werden.

Kundenorientierung im Fokus
Die vier als Idealtypen vorgestellten Formen des Mehrkanalhandels umschreiben eine konsequente und kundenorientierte Weiterentwicklung (Evolution) des Mehrkanalvertriebs, denen unterschiedliche strategische Ansätze und Schwerpunkte zugrunde liegen. Ziel aller Strategiealternativen ist es, dem Kunden gegenüber ein möglichst konsistentes Bild der Händlermarke(n) abzubilden, das durch die Separation oder aber durch die Verknüpfung aller Kanäle auf die bestmögliche Erfüllung seiner Bedürfnisse ausgerichtet ist.

Während Multiple-Channel-Händler letztlich die separate Steuerung und konsequente kundenseitige Trennung in den Vordergrund stellen, um unterschiedliche Ziel- oder Bedürfnisgruppen zu adressieren, steht beim Multi-, Cross- und Omni-Channel-Retailing die kundenzentrierte Optimierung des Einkaufserlebnisses im Vordergrund. Zwar können auch hier über alternative Kanäle auch unterschiedliche Kundengruppen angesprochen werden, im Vordergrund steht jedoch die Fokussierung auf Konsistenz im Frontend.

Über den realisierten bzw. angestrebten Grad der Verknüpfung differenzieren sich diese Strategien, indem sie sich dahin gehend unterscheiden, inwieweit der Händler die einzelnen Kanäle integriert und somit aktiv Möglichkeiten für einen Kanalwechsel (Cross-Channel-Retailing) bzw. die ganzheitliche und kombinierte Nutzung der Kanäle (Omni-Channel-Retailing) ermöglicht. Während also hier die aktive Forcierung der Kanalkombination seitens des Händlers strategieimmanent ist, ist dem Kunden zwar beim Multi-Channel-Retailing ebenfalls der Wechsel des (Einkaufs-) Kanals möglich, streng genommen ist hierzu jedoch keine direkte Verknüpfung, sondern lediglich die Harmonisierung der Kanäle seitens des Händlers erforderlich.

Der Grad der Integration bezieht sich dabei insbesondere auf die Verknüpfung von Schnittstellen zwischen den Kanälen und auf den Aufbau, die Pflege und die Optimierung von Prozessen, die den Kanalwechsel bzw. die Kanalkombination ermöglichen. Nicht vergessen werden darf dabei auch die Komponente der Mitarbeiter – sowohl im Verkauf als auch im Backend-Bereich –, die in ihrer Motivation gefördert und unterstützt werden müssen, integrierte Systeme auch in ihrem Denken und Handeln nicht nur umzusetzen, sondern mitzutragen und weiterzuentwickeln.

3 Konsumentengetriebene (R)Evolution

3.1 Käufertypen in Mehrkanalsystemen

Die zunehmende Entwicklung der Händler hin zum Aufbau von Mehrkanalsystemen hängt eng damit zusammen, dass die Kunden die neuen technischen Möglichkeiten, die ihnen zur Kommunikation und Transaktion zur Verfügung stehen, auch im Rahmen ihrer Einkaufsprozesse nutzen.

Im Hinblick auf ihr Einkaufsverhalten können idealtypisch drei Verhaltensstrategien der Konsumenten systematisiert werden (Schröder et al. 2011, S. 154):

- Die Verhaltensstrategie der ersten Kundengruppe, der Einkanalkäufer, besteht darin, dass sie für ihren gesamten Kaufprozess ausschließlich einen Kanal verwenden. Sämtliche Informations-, Kommunikations- und Transaktionskontakte und -prozesse erfolgen also über diesen einen Kanal. Beispielsweise würde hierzu ein reiner Online-Kunde oder ein rein auf stationäre Geschäfte fixierter Kunde zählen.
- Die zweite Gruppe nutzt zwar für den gesamten Kaufprozess ausschließlich einen Kanal, sie ist auf diesen Kanal aber nicht vollständig fixiert, sondern zeigt durchaus die Bereitschaft, in einen (oder mehrere) andere Kanäle zu wechseln.
- In der dritten Gruppe lassen sich solche Konsumenten zusammenfassen, die als Mehrkanalkäufer bezeichnet werden können, weil sie ihre Aktivitäten während des Kaufprozesses auf mehrere Kanäle verteilen. Sie informieren sich also beispielsweise

in einem anderen Kanal als demjenigen, in dem sie ihre Ware bestellen, erhalten oder bezahlen.

Zwar klingen diese Systematisierungen zunächst akademisch, jedoch sind bei aller Bedeutung von Mehrkanalsystemen auch heute „überzeugte" Einkanalkäufer zu beobachten, so diejenigen, die ausschließlich (und in der Regel bewusst) stationär einkaufen, aber auch solche, die ausschließlich online einkaufen. Häufig bezieht sich allerdings diese Systematisierung nicht auf das gesamte Einkaufsverhalten der Konsumenten, sondern dieses gestaltet sich unterschiedlich, je nachdem, um welche Produktkategorie es sich handelt. So finden sich beispielsweise häufig rein stationäre Kaufprozesse in Kategorien des täglichen Bedarfs, während Produktkategorien wie Musik, Software oder Unterhaltungselektronik nicht selten in reinen Online-Kaufprozessen gekauft werden.

Aber dennoch wird bei der Betrachtung der Kanalverwendungsstrategien aus Konsumentensicht deutlich, dass sowohl die Gruppe der kanalwechselbereiten als auch der Mehrkanalkäufer deutlich und signifikant anwächst. Für den Großteil der Kunden ist es alltäglich, mehrere Kanäle zu verwenden, bevor es zum eigentlichen Kaufabschluss kommt – und dies über alle Altersstufen hinweg.

Schaut man sich an, worauf Konsumenten beim Einkauf Wert legen, dann spielt insbesondere die Möglichkeit, über alternative Kanälen einkaufen zu können, eine große Rolle (vgl. Abb. 2). Das Angebot eines Mehrkanalsystems wird von dem Großteil der Kunden als Option also bereits erwartet. Diese Relevanz wird umso deutlicher, wenn man betrachtet, welche Komponenten eines Einkaufserlebnisses oder -prozesses zudem als wichtig

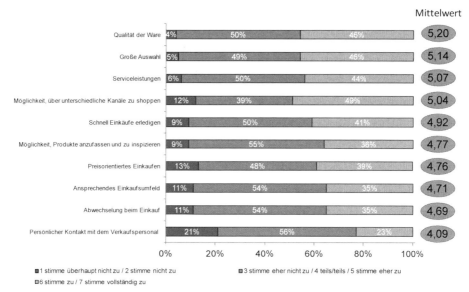

Abb. 2 Worauf Käufer beim Einkaufen Wert legen. (Quelle: Schramm-Klein et al. 2014, S. 29)

angesehen werden. Neben klassischen Aspekten, die eine Handelsleistung ausmachen, wie Produkt- bzw. Sortimentsqualität oder Preis und Serviceleistungen, sind es vor allem Aspekte, die sich auf den Einkaufsprozess und das Einkaufsumfeld beziehen. Hier spielen neben der Einkaufs-Convenience, die sich durch Aspekte wie Schnelligkeit und Flexibilität von Kaufprozessen kennzeichnet, vor allem atmosphärische Elemente, aber eben auch persönliche Kontakte und abwechslungsreiche Gestaltung eine Rolle (Schramm-Klein et al. 2014, S. 29 f.). Dieses Nebeneinander der vielen Anforderungen, die sich in der Regel je nach Situation in ihrer jeweils akuten Bedeutung für die Konsumenten unterscheiden, zeigt, dass Mehrkanalhändler hier deutlich im Vorteil sind. Dies gilt insbesondere dann, wenn die Kanäle intensiv zu Cross- oder Omni-Channel-Systemen integriert werden. Deutlich wird dies beispielsweise bei der Betrachtung der Anforderung, Einkäufe schnell realisieren zu können: Je nach Kategorie oder je nach aktueller persönlicher Situation kann die schnellste Möglichkeit eines Einkaufs das Geschäft „vor Ort" (zum Beispiel bei Gütern des täglichen Bedarfs) oder aber es kann die Bestellung im Internet (zum Beispiel bei speziellen und seltenen Produkten) sein. Die beobachteten Einkaufsorientierungen lassen somit darauf schließen, dass Konsumenten den Einkauf über unterschiedliche Kanäle oder in Kombination alternativer Kanäle, die je nach individueller und punktueller Situation und Bedürfnis unterschiedliche Vorteile bieten, gegenüber der Möglichkeit, in nur einem Kanal einzukaufen, präferieren.

Deutlich werden dadurch aber auch die Anforderungen an die Händler: Sie müssen in allen Kanälen den vielfältigen Ansprüchen der Konsumenten gerecht werden. Dies steigert deutlich den Komplexitätsgrad des zu realisierenden Absatzkanal- und Angebotssystems sowohl im Hinblick auf die Gestaltung der Customer Journey als auch im Hinblick auf die Umsetzung der hiermit verbundenen Backend-Aktivitäten.

Für den Mehrkanalhändler stellt sich damit eine Vielzahl von Fragen, die er lösen muss, um ein System umsetzen und optimieren zu können. So interessiert insbesondere, wann und warum welche Kunden welche Sortimente bzw. Produkte in welchem Kanal

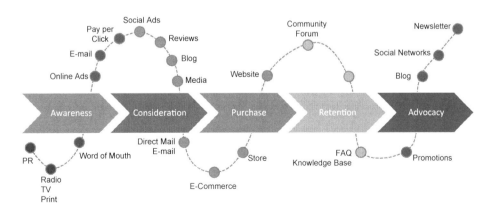

Abb. 3 Customer Journey im Mehrkanalumfeld. (Quelle: Eigene Darstellung in Anlehnung an Ehlert 2015)

kaufen und wie sie im Rahmen des Kaufprozesses unterschiedliche Kanäle und Touchpoints in den unterschiedlichen Phasen der Customer Journey (vgl. Abb. 3) einsetzen oder kombinieren.

Um Antworten auf diese Fragen geben zu können, wurde im Rahmen des Handels-Monitors anhand einer repräsentativen Erhebung von 2128 Respondenten untersucht, in welchen Kategorien Konsumenten Mehrkanalkäufe durchführen und für welche Aufgaben die einzelnen Kanäle herangezogen werden (Schramm-Klein et al. 2014). Deutlich wird dabei, dass in nahezu allen Warengruppen Mehrkanalkäufe realisiert werden. Ein Multi-, Omni- oder Cross-Channel-Verhalten betrifft also nicht (mehr) nur ausgewählte Produktgruppen, sondern ist ein warengruppenübergreifendes, allgemeines Phänomen. Zwar zeigen sich Schwerpunkte, in denen ein besonders ausgeprägtes Mehrkanalverhalten zu beobachten ist, beispielsweise in Kategorien wie Bekleidung und Schuhe sowie im Bereich der Unterhaltungselektronik, aber auch bei Medienprodukten wie Büchern, Musik, Filmen oder Videospielen und Tickets finden Mehrkanalnutzungen im Kaufprozess ebenso statt wie im Bereich von Lebensmitteln und Getränken, wenngleich gerade in den beiden letztgenannten Kategorien wesentlich stärker Einkanalkäufe getätigt werden.

Relevant ist dabei aber nicht nur, in welchen Produktkategorien Mehrkanalkäufe realisiert werden, sondern vor allem, wie und wofür die Kanäle im Laufe des Kaufprozesses genutzt werden. Mit Blick auf einen bestimmten Kaufprozess, nämlich den letztgetätigten Einkauf, wurde deshalb erhoben, welchen Kanal die Konsumenten für die wichtigsten Aktivitäten im Rahmen des Kaufprozesses genutzt haben (vgl. Abb. 4). Dabei

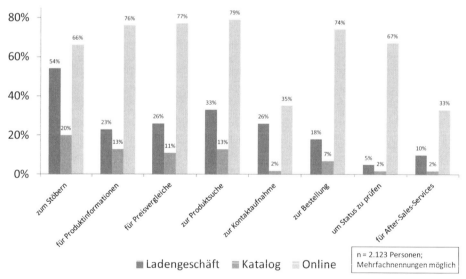

Abb. 4 Kanalnutzung im Rahmen von Mehrkanalkäufen. (Quelle: Eigene Darstellung in Anlehnung an Schramm-Klein et al. 2014, S. 33)

wird deutlich, dass eine so lineare und sequenzielle Abfolge der Kanalnutzung, wie sie in Abb. 3 impliziert wurde, nicht der Realität entspricht. Zwar lassen sich Schwerpunktsetzungen in der Kanalnutzung erkennen, die implizieren, dass bestimmte Kanäle zwar spezifische Kompetenzen beispielsweise zu Information, Beratung oder Transaktion und Nachkaufbetreuung aufweisen, jedoch nicht ausschließlich für eine Spezialaufgabe im Rahmen des Kaufprozesses eingesetzt werden.

Die Ergebnisse der HandelsMonitor-Studie zeigen entsprechend, dass die Konsumenten bei ihren Einkäufen die unterschiedlichen Kanäle nicht nur für die gleichen, sondern auch für unterschiedliche Aktivitäten im Rahmen ihrer Customer Journey nutzen. Dies tun sie entweder sequenziell (nacheinander) oder parallel (gleichzeitig).

Insbesondere wird deutlich, dass eine ausgeprägte Nutzung des Online-Kanals (dies über alle Altersgruppen hinweg) erfolgt. Mehr als drei Viertel der Befragten haben bei dem ihnen bewussten letzten Mehrkanalkauf online nach Produktinformationen gesucht (76 %), Preise verglichen (77 %) oder ein konkretes Produkt gesucht (79 %).

Das Internet – dabei sowohl klassisch über PC oder Laptop als auch über mobile Endgeräte – bietet insbesondere im Hinblick auf klare, standardisierte und objektiv darstellbare Informationen einen einfachen und schnellen Zugang, kann gleichzeitig aber auch „weiche" Informationen, wie Produkterfahrungen oder -erlebnisse anderer Käufer, beispielsweise anhand von Produktbewertungen, -rezensionen oder Forendiskussionen ergänzen. Diese Informationsvielfalt des Internets wird deshalb in immer mehr Kaufentscheidungen mit einbezogen. Ob vorab, ob zu Hause, ob unterwegs oder per Smartphone im Geschäft: Preise der Konkurrenz, Erfahrungen anderer Käufer und Testergebnisse unabhängiger Institutionen sind allgegenwärtig und beeinflussen das Kaufverhalten von immer mehr Menschen.

Für Händler bedeutet dies, dass sie sich bewusst sein müssen, dass ihre Käuferschaft zunehmend umfassender (vor-)informiert ist, teilweise auch mit detaillierteren Informationen, als sie beispielsweise im stationären Laden verfügbar wären. Die Konsumenten kaufen zunehmend dort, wo sie das ihren Bedürfnissen entsprechende beste Angebot erhalten. Dies muss dabei nicht zwangsläufig auch dem günstigsten Preis entsprechen. Gerade die integrative Verknüpfung des Online-Kanals mit den übrigen Kanälen kann somit einen zusätzlichen Nutzen für Kunden erzeugen, den diese auch zu honorieren bereit sind.

3.2 (Kunden-)Anforderungen an Mehrkanalsysteme

Betrachtet man das Verhalten der Kunden in der (nahen) Vergangenheit, dann war ihre Erwartungshaltung lange darauf bezogen, dass ein Händler mehrere Kanäle und damit alternative Möglichkeiten für den Einkauf anbieten sollte. Allerdings zeigen die Analyseergebnisse der HandelsMonitor-Befragung, dass das reine (parallel laufende) Angebot verschiedener Einkaufsmöglichkeiten heute nicht mehr ausreichend ist, um die Kunden zufriedenzustellen oder sich gegenüber der Konkurrenz zu profilieren.

Der Kunde von heute ist besser technisiert und wesentlich besser informiert, als dies noch vor einigen Jahren der Fall war. Dieses veränderte Konsumentenverhalten beeinflusst die Art und Weise des Einkaufens zunehmend. Während die neuen Technologien im Alltag von Kunden unentwegt verwendet werden und insbesondere einen wesentlich größeren Anteil an der Kommunikation einnehmen, haben aktuell noch wenige Händler tatsächlich ein System etabliert, dass dazu in der Lage ist, die neuen Technologien zur effektiven Verzahnung der einzelnen Kanäle zu nutzen. Noch immer sind die Strategien eher auf eine Ausdifferenzierung des angebotenen Absatzkanalspektrums und eine Addition neuer Technologien ausgerichtet als auf die tatsächliche Integration der Technologien unter Betonung der spezifischen Fähigkeiten der jeweiligen auf diesen Technologien basierenden Touchpoints zum Kunden.

Dies verwundert insofern, als das Potenzial, effiziente und intuitive Schnittstellen zwischen den Kanälen zu schaffen, um auf diese Weise den Kanalwechsel in jeder denkbaren Art und Weise – eben genau so, wie es für den Kunden gerade am vorteilhaftesten ist – zu ermöglichen, groß ist. Hinzu kommt, wie bereits dargestellt, dass die Konsumenten zunehmend die Erwartungshaltung entwickelt haben und einfordern, dass Kanalwechsel ermöglicht werden können bzw. sollen.

So erwarten Kunden beispielsweise kombinierte Kundenservicekanäle (zum Beispiel für Beratung, Information oder Nachkaufservice), wie zum Beispiel eine unmittelbare Unterstützung durch den Händler, unabhängig davon, welcher Servicekanal vom Kunden gewählt wird. Gleiches gilt für Logistikprozesse. Auch hier besteht bei einem Großteil der Kunden die Erwartungshaltung, dass Ware über alternative Kanäle bestellt und retourniert werden kann (Zendesk 2013). Eine integrative Verknüpfung und eine

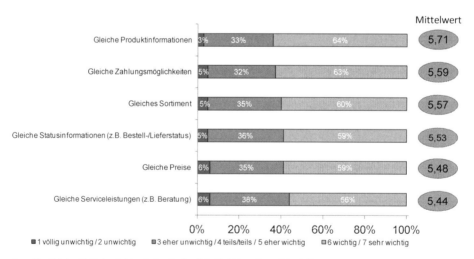

Abb. 5 Konsistenzerwartungen an Mehrkanalsysteme. (Quelle: Eigene Darstellung in Anlehnung an Schramm-Klein et al. 2014, S. 159)

gelungene Kombination der Kanäle, insbesondere bei Problemen und Reklamationen, scheinen somit entscheidend zur Kundenzufriedenheit beizutragen.

Betrachtet man dazu die Ergebnisse der HandelsMonitor-Untersuchung, inwiefern Konsistenz über die alternativen Kanäle eines Mehrkanalsystems hinweg aus der Perspektive der Kunden erwartet wird (vgl. Abb. 5), dann wird deutlich, dass die Händler dabei sicherstellen sollten, dass die Leistungen, Services, Sortimente und Preise über alle Kanäle hinweg konsistent ausgestaltet sein sollten.

Konsistenz bedeutet dabei aber nicht zwangsläufig, dass in jedem Kanal der gleiche Servicelevel etabliert sein muss und somit „alles" in allen Kanälen gleichermaßen verfügbar sein muss. Ganz im Gegenteil bietet ein breites Kanalspektrum neben der Möglichkeit, Informationen, Angebote und Services zu pluralisieren, gerade die Option, die spezifischen Besonderheiten eines jeden Kanals zu betonen und zu optimieren, um in der Ergänzung der Kanäle und anhand der geschickten Kombination zwar ein notwendigermaßen einheitliches, dabei aber ganzheitliches Einkaufserlebnis zu schaffen. Dies wird anhand der Ergebnisse der HandelsMonitor-Befragung deutlich, denn 64 % der Konsumenten sehen es als relevant an, dass Produktinformationen in allen Kanälen gleichermaßen verfügbar sind, und mehr als die Hälfte (56 %) setzt dies auch im Hinblick auf Serviceleistungen voraus. Händler können dies beispielsweise dadurch erreichen, dass die Kunden im stationären Geschäft auf Informationen aus dem Online-Angebot (Produktbeschreibungen, Kundenbewertungen) zugreifen können oder dass Kataloge sinnvoll durch Online-Inhalte ergänzt werden und Servicemitarbeiter auch online oder telefonisch die gleichen Beratungsleistungen erbringen, wie sie am Point of Sale (POS) geleistet werden. Insbesondere aber im Hinblick auf den Preis erwarten Kunden Konsistenz über alle Kanäle hinweg. Identische Preise über alle Kanäle hinweg sind vor allem wichtig, um den Kunden nicht zu verwirren oder gar zu verärgern, wenn dieser feststellt, dass er in einem Kanal einen höheren Preis zahlen muss als in einem anderen Kanal. In diesem Kontext spielt nicht nur die über alle Kanäle hinweg zu realisierende Informationsqualität eine Rolle, sondern vor allem das Vertrauen der Kunden wird durch diese Komponente ganz wesentlich beeinflusst.

Interessanterweise wird hinsichtlich des Sortiments jedoch nicht vorausgesetzt, dass jeder Artikel in jedem Kanal jederzeit verfügbar sein muss. Den Kunden ist somit sehr wohl bewusst, dass in Geschäften aufgrund begrenzter physischer (Lager-)Ressourcen ein anderes Produktangebot im Hinblick auf Breite und Tiefe erfolgen kann als im quasi unbegrenzt skalierbaren virtuellen Online-Regal. Dennoch erwarten die Kunden, dass sie die Kanäle so kombinieren können, dass auch Ware aus dem Online-Shop am POS abgeholt werden kann und Ware aus den stationären Filialen auf Wunsch nach Hause geliefert wird. In diesem Kontext spielen auch Statusinformationen, wie Bestell- und Lieferstatus, aber auch Informationen zum Status von Rückgaben und Zahlungen eine Rolle. Hier erwarten die Konsumenten, dass diese über alle Kanäle gleichermaßen verfügbar sind. Im Idealfall sollte der Mitarbeiter am POS wissen, welche Artikel ein Kunde online bestellt oder retourniert hat, um diesbezügliche Anfragen kompetent beantworten zu können.

3.3 Channel Hopping durch die Kunden

Die Konsistenz zwischen den Kanälen ist vor allem deshalb so relevant, weil es für Konsumenten wichtig ist, während des Kaufprozesses zwischen den unterschiedlichen Kanälen eines Händlers wechseln zu können – und dies in genau der Form, die ihren aktuellen Bedürfnissen und Präferenzen entspricht. Dabei ist es relevant, dahin gehend zu unterscheiden, inwieweit die Konsumenten Wechselmöglichkeiten als wichtig ansehen, also ihre Existenz und Möglichkeit erwarten, und inwieweit sie Kanalwechsel tatsächlich vornehmen.

Die Analyse des HandelsMonitors zeigt, dass die Relevanz von Kanalwechseloptionen mit der Kaufphase variiert (vgl. Abb. 6). So ist es für fast die Hälfte der befragten Personen wichtig, dass die Möglichkeit, sich in einem Kanal zu informieren und anschließend in einem anderen Kanal zu kaufen, gegeben ist. Ebenfalls als wichtig eingestuft wird die Möglichkeit, in einem Kanal stöbern zu können, das heißt sich im Sortiment umzuschauen, Produkte zu inspizieren, zu testen oder anzuprobieren, und den Kauf dann in einem anderen Kanal durchführen zu können. Aber auch Beratungsleistungen je nach Situation unabhängig von dem Kauf in einem Kanal vornehmen zu können ist bedeutsam. Differenziert nach Situation, Produktart und Beratungsumfang kann mal der persönliche Kontakt mit dem Verkaufspersonal auf der Ladenfläche, mal aber auch der anonyme und spontan durchführbare Internet-Chat vom Kunden präferiert werden. Auch die Abwicklung von Zahlung und Retouren vom Kauf zu entkoppeln stellt für die Konsumenten ein relevantes Szenario dar. So wäre es dann möglich, den Online-Kauf im Geschäft des Händlers zu realisieren, für die Retoure bei späterem Nichtgefallen dann aber den Postweg zu wählen.

Zusammenfassend wird deutlich, dass der Kanalwechsel somit konsumentenseitig als relevante Voraussetzung gesehen wird, um möglichst einfach und unkompliziert einzukaufen. Händler sollten daher die entsprechenden Schnittstellen zwischen den

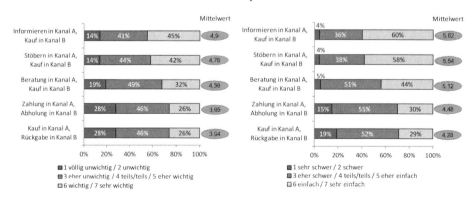

Abb. 6 Kanalwechseloptionen in Mehrkanalsystemen: Bedeutung und empfundene Einfachheit. (Quelle: Eigene Darstellung in Anlehnung an Schramm-Klein et al. 2014, S. 167, 169)

alternativen Kanälen schaffen und den Kanalwechsel barrierefrei entsprechend der Kundenbedürfnisse ermöglichen. Aber schaffen sie dies auch?

Selbst in wenig bis gar nicht integrierten Mehrkanalsystemen könnten die Konsumenten selbstverständlich zwischen den alternativen Kanälen wechseln, um sich zu informieren, zu stöbern oder die Beratung durch das Verkaufspersonal in Anspruch zu nehmen. Allerdings besteht für Händler die Möglichkeit, den Kanalwechsel zu vereinfachen und aktiv zu fördern bzw. zu steuern, indem entsprechende Schnittstellen und Verbindungen zwischen den Kanälen geschaffen und zur intuitiven Nutzung implementiert werden.

Den Konsumenten stiftet es einen Zusatznutzen, wenn sie Kanäle im Kaufprozess wechseln können, und wie dargestellt tun Konsumenten dies auch. Implementieren Händler Integrationselemente und Schnittstellen, im besten Fall ganzheitlich konzipierte Omni-Channel-Systeme, dann vereinfachen sie den Kunden dadurch den Kanalwechsel. Dadurch verringert sich für die Händler gleichzeitig die Gefahr, dass die Kunden im Rahmen ihres Kaufprozesses nicht nur den Kanal, sondern auch den Händler wechseln und den Kauf bei einem Konkurrenzanbieter realisieren.

Aktuell (vgl. Abb. 6) werden mit Blick auf die Einfachheit des Kanalwechsels vor allem Cross-Channel-Services, die durch Aktivitäten des Konsumenten selbst steuerbar sind (zum Beispiel informieren, stöbern oder Beratung in Anspruch nehmen), als leichter realisierbar empfunden als integrative Services, bei denen die Durchführbarkeit und Einfachheit von der Ausgestaltung des Händlers abhängt (zum Beispiel Abholung und Rückgabe in einem anderen Kanal als der eigentliche Kauf). Gerade letztgenannte Cross-Channel-Services – also Kauf bzw. Zahlung in einem Kanal und Abholung bzw. Rückgabe der Ware in einem anderen Kanal (z. B. in Form von Click-and-Collect-Prozessen) – werden noch als holprig angesehen. Insgesamt besteht also im Hinblick auf die realisierte Umsetzung von Cross- oder Omni-Channel-Serviceelementen seitens des Handels noch ein deutliches Verbesserungspotenzial.

3.4 Showrooming und Webrooming

Die Darstellungen zeigen, wie wichtig Wechselmöglichkeiten zwischen Kanälen im Rahmen des Kaufprozesses für die Kunden inzwischen geworden sind. Im Idealfall – aus der Perspektive des Händlers – verbleibt der Kunde im Rahmen seiner Multi-Channel-Customer-Journey bei ein und demselben Händler und vollzieht seinen Kaufprozess, ohne dass er zwischen Konkurrenzunternehmen oder Drittanbietern von Informationen wechselt. Solche Mehrkanalkunden sind bekannt als die profitabelsten Kunden, mit denen die höchste Marge realisiert werden kann (Kilcourse und Rosenblum 2015).

Allerdings trifft dieser Idealfall in der Realität in den wenigsten Fällen tatsächlich auch so zu. Stattdessen werden in vielen Phasen der Customer Journey Vergleiche von Produkten, Händlern, Angeboten oder Informationen vorgenommen. Die Kunden informieren sich wesentlich intensiver und umfassender und wechseln oder kombinieren Kanäle intuitiver und häufiger. Insbesondere online sind das nächste Vergleichsangebot und die ergänzende Information nur einen Klick entfernt und auch während eines Shopping-Trips haben die meisten Konsumenten anhand ihres Smartphones den mobilen Kanal und damit den Zugang zum Internet mit all seinen Informations- und Shop-Angeboten in Hand-, Hosen- oder Jackentasche direkt greifbar dabei.

Eine spezifische Ausprägungsform eines derartigen Verhaltens stellen das sogenannte Showrooming und das Webrooming dar. Diese Verhaltenstendenzen zeigen auf, welche Bedeutung der Verknüpfung von Online- und Offline-Kanälen im Konsumentenverhalten zukommt. Unter Showrooming versteht man ein Verhalten, bei dem die Konsumenten, bevor sie sich zum eigentlichen Kauf entscheiden, sich zunächst anhand von einem (oder mehreren) Besuch(en) eines Ladengeschäfts Informationen über Produkte und Services einholen. Der eigentliche Kauf jedoch findet dann aber anschließend online – und damit nicht zwingend bei dem gleichen Händler – statt. Diese Form des Verhaltens wird auch als ROPO-Verhalten bezeichnet (Research offline – Purchase online). Webrooming kennzeichnet das genau entgegensetzte Verhalten. In diesem Fall besuchen die Konsumenten zunächst die Website eines Online-Händlers, um sich dort über die Produkte und Services zu informieren, bevor sie den Kauf im stationären Geschäft durchführen.

Sowohl das Showrooming- als auch das Webrooming-Verhalten sind dabei weit verbreitet. Einer repräsentativen Studie von yStats (2015) folgend, hat sich mehr als die Hälfte der Konsumenten (51 %) bereits in einem Geschäft informiert, die Produkte dann aber online gekauft. Der Anteil der Webroomer ist mit 60 % noch größer. Sowohl bei Webroomern als auch bei Showroomern sind die Anlaufstellen im Online-Kontext insbesondere der Online-Shop von Amazon oder die Plattform eBay (Harris Interactive 2013).

Beide Formen der Verknüpfung von Online- und Offline-Kanälen im Rahmen der Customer Journey sind aus Kundenperspektive durchaus intuitiv nachvollziehbar und die Kunden empfinden nur selten Skrupel oder ein schlechtes Gewissen: Konsumenten wechseln unabhängig von der jeweiligen Händlerstrategie zwischen Kanälen und nutzen jeweils den Kanal, der ihnen am geeignetsten erscheint. Den Handel stellen diese Verknüpfungen von Kanälen aber vor große Herausforderungen, sieht er sich doch in jeder Phase des Kaufprozesses und bei jedem Wechsel des Kanals oder Touchpoints mit der Gefahr konfrontiert, den Kunden an einen anderen Händler zu verlieren.

Das größte Problem, das allerdings aus dem Showrooming-Verhalten aktuell resultiert, liegt darin, dass es von den Händlern häufig als „Beratungsklau" verurteilt wird. Je jünger und je gebildeter Konsumenten sind, umso weniger stufen sie ein solches Verhalten jedoch als „verwerflich" oder „unzulässig" ein. Im Gegenteil sehen sie es als ihr „gutes Recht" an, sich umfassend zu informieren und das beste Angebot wahrzunehmen. Händler reagieren häufig im Laden auch in einer problematischen Form auf dieses Verhalten. Anstatt den Kunden „abzuholen" und „aufzufangen", sieht sich das Verkaufspersonal häufig auf die Position eines „Checkout Clerks" oder eines „Floor Sweepers" reduziert. Auf das Showrooming-Verhalten wird dann nicht positiv reagiert, indem auf die Kunden zugegangen wird, sondern diese werden gemieden und fühlen sich nicht selten unerwünscht. Dadurch sinkt häufig die Verkaufs-Performance des Beratungspersonals in den Geschäften noch stärker (Rapp et al. 2015).

Disruption im Mehrkanalhandel: Transformation ... 441

Das Omni-Channel-Verhalten und die Kanalwechsel bzw. -verknüpfungen durch die Kunden im Rahmen ihrer Kaufprozesse machen eines noch einmal deutlich, nämlich dass die einzelnen Kanäle unterschiedliche Funktionen im Rahmen des Kaufprozesses übernehmen. So wird der „Point of Sale" in manchem Fall zu einem „Point of Information", umgekehrt gibt aber auch die Information bei Online-Händlern häufig Impulse für den Kauf im stationären Geschäft.

3.5 Everywhere Shopping

Die Darstellungen zu diesem Omni-Channel-Verhalten zeigen, dass ein wesentliches Phänomen an Relevanz gewinnt: Sequenzielle Nutzung von Kanälen war „gestern", „always on" ist heute. In diesem Kontext beschreibt das sogenannte „Everywhere Shopping" den Trend, dass die Konsumenten sich bei ihrem Einkaufsverhalten zunehmend unabhängig von örtlichen und zeitlichen Beschränkungen wie zum Beispiel Öffnungszeiten von Geschäften, Zugang zu PC und Internet etc. machen und in nahezu jeder Situation den gerade verfügbaren Kanal bzw. die Kanalkombination nutzen, die ihnen das bestmögliche Einkaufserlebnis ermöglicht.

Diese neue Verhaltenstendenz ist technologiegetrieben, denn die wesentliche Grundlage für das „Everywhere Shopping" liegt in der Verfügbarkeit neuer Technologien und deren Nutzung durch die Konsumenten im Rahmen des Kaufprozesses. Durch die zunehmende Verbreitung internetfähiger Endgeräte, dabei vor allem der mobilen Varianten (zum Beispiel Smartphones und Tablet-PCs), die Konsumenten durch den Tagesablauf begleiten, kann praktisch zu jeder Zeit und von überall aus online eingekauft werden.

Die parallele, also zeitgleiche Nutzung mehrerer Kanäle wird bereits von einer Vielzahl der Konsumenten in unterschiedlichsten Kombinationen praktiziert (vgl. Abb. 7).

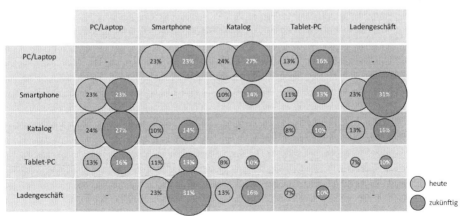

Abb. 7 Parallele Nutzung von Kanälen im Mehrkanalsystem: heute und in der Zukunft. (Quelle: Eigene Darstellung in Anlehnung an Schramm-Klein et al. 2014, S. 179, 181)

Sie stellt, wenn sie richtig im Mehrkanalsystem umgesetzt wird, die Grundlage für das Omni-Channel-Retailing und den „Everywhere Commerce" dar, bei dem jeder Kanal zu jeder Zeit zugänglich ist.

Eine sehr häufige Kombination liegt beispielsweise in der gemeinsamen Nutzung von Katalog und PC/Laptop. Viele Händler haben gerade in den letzten Jahren die Rolle des Kataloges als Impulsgeber für den (Online-)Kauf erkannt und forcieren in diesem Kontext auch die parallele Nutzung, indem sie es beispielsweise ermöglichen, Artikel durch die Eingabe der Artikelnummer zu suchen oder eine Direktbestellung durch Angabe der Artikelnummer im Warenkorb durchzuführen.

Vor allem aber auch die „Second-Screen"-Nutzung, bei der zwei Endgeräte (zum Beispiel Smartphone und PC/Laptop oder Smartphone und Tablet-PC) parallel zum Online-Shopping verwendet werden, findet bei immer mehr Konsumenten Gefallen. Insbesondere dann, wenn sich die Endgeräte durch unterschiedliche Funktionen ergänzen, ergibt sich für die Anwender ein zusätzlicher Nutzen. Beispielsweise kann ein Smartphone mittels Barcode-Scanner die Suche nach einem Produkt vereinfachen, wobei die Produktfotos auf einem Endgerät mit größerem Bildschirm betrachtet werden.

Besonders deutlich aber – und dies haben die Ausführungen zum Showrooming gezeigt – wird die parallele Nutzung von Kanälen auch im Ladengeschäft. Dort wird zunehmend auf das Smartphone zugegriffen und das Showrooming in „Echtzeit" online ergänzt.

Betrachtet man die Entwicklungen, die für die Zukunft zu erwarten sind, dann zeigt sich, dass diese besonders hohe Bedeutung der Nutzung mobiler Kanäle im Ladengeschäft durch die Konsumenten noch an Relevanz gewinnen wird. Die Händler werden sich deshalb darauf einstellen müssen, dass Kunden am POS in der Zukunft noch besser über Produkte und Preise informiert sein werden, und sie sollten dieser Entwicklung mit kompetenten Sortimenten, wettbewerbsfähigen Preisen, kompetenter Beratung und erhöhtem Service entgegentreten (Zentes et al. 2015). Zudem besteht die Chance, Tablet-PCs oder das Smartphone stärker in den Verkauf am POS zu integrieren. Dies praktizieren einige Händler, wie beispielsweise Kaisers oder Douglas, bereits heute.

Aber auch der Katalog wird zukünftig für Mehrkanalhändler eine sinnvolle Ergänzung zu den Online-Kanälen und dem stationären Vertrieb darstellen. Dabei ist davon auszugehen, dass die Kunden dem Katalog eine veränderte Rolle zusprechen, indem sie ihn vermehrt als Informations- und Inspirationsquelle nutzen, den eigentlichen Kauf aber nicht mehr über die traditionellen schriftlichen und telefonischen Bestellmöglichkeiten des traditionellen Versandhandels abwickeln werden. Zudem bieten digitale und interaktive Varianten der Printkataloge das Potenzial, die Vorteile von zwei Kanälen zu verschmelzen. Aber auch die Kombination von Print und neuen Technologien stellt interessante Nutzungsmöglichkeiten zur Verfügung, beispielsweise über Integration von „Augmented-Reality"-Elementen.

Durch die Verknüpfung der individuellen Online-Kanäle im Sinne einer Second- oder gar Third-Screen-Nutzung lässt sich das Online-Kauferlebnis vielfältiger und abwechslungsreicher gestalten. Die Akzeptanz solcher Nutzungsformen durch die Kunden ist dabei weitgehend vorhanden und wird durch Kombinationsmöglichkeiten, die einen zusätzlichen Nutzen generieren, weiter steigen.

Insgesamt wird es den Konsumenten durch die gleichzeitige Nutzung von zwei oder mehr Kanälen möglich, die Vorteile von verschiedenen Kanälen zu vereinen. Daher gilt es für Händler, Strategien zu entwickeln, die es den Konsumenten ermöglichen, Kanäle zukünftig einfacher und Nutzen stiftender kombinieren zu können. Die Bereitstellung eigener Apps und Kataloge bietet dabei nicht nur die Möglichkeit, diese optimal mit dem stationären Handel zu verzahnen, sondern auch, einen positiven Beitrag zur Zufriedenheit und Loyalität der Kunden zu leisten.

Als Reaktion auf das veränderte Einkaufsverhalten gilt es also für Handelsunternehmen, den Kunden „Everywhere-Commerce"-Lösungen anzubieten. Hierbei sind das Angebot und die Integration von Technologien entscheidend. Beispielsweise lassen sich Konzepte und Vorteile aus dem Online-Shop auf den POS übertragen, indem zum Beispiel In-Store-Kiosks oder virtuelle Regale zur Verfügung gestellt, Mitarbeiter mit mobilen Endgeräten, die Informationen über Produkte und Kunden enthalten, ausgestattet oder Schnittstellen für die Technologien der Kunden mittels QR-Codes, Mobile Apps oder mobilen Zahlungsmöglichkeiten angeboten werden. Entscheidend ist, dass diese Technologien die kombinierte Nutzung von Kanälen bzw. einen nahtlosen Wechsel zwischen zwei Kanälen ermöglichen und dadurch einen Zusatznutzen bieten.

Weitere Technologien wie zum Beispiel Smart Watches, Head-up-Displays, Near Field Communication u. ä. dürften den Trend zum „Everywhere Shopping" zusätzlich verstärken. Es zeigt sich also, dass gerade durch die fortschreitende Technologisierung sowohl neue Vertriebskanäle entstehen, als auch sich Möglichkeiten für Händler bieten, bestehende Kanäle besser zu verknüpfen und damit den Anforderungen der Kunden nach einem Omni-Channel-Einkaufserlebnis im Sinne des „Everywhere Shopping" gerecht zu werden.

Wichtig ist dabei aber, dass nicht etwa neue Technologien eingesetzt werden um der Innovativität und der Technologisierung willen, sondern erfolgreich werden diejenigen Händler sein, die es verstehen, diese Technologien so zu nutzen, dass dadurch ein Zusatznutzen für den Kunden entsteht. Beim Mehrkanalhandel wird dies zunehmend der Abschaffung der Barrieren zwischen den einzelnen Kanälen entsprechen.

4   Welcher Kanal ist der Erfolgsträger im Mehrkanalsystem?

Die Kombination von Einkaufskanälen bei Mehrkanaleinkäufen stellt also zunehmend eine relevante Art der Einkäufe in allen Warengruppen dar. Dieses Kombinieren von Einkaufsformaten kann – in einer schon fast traditionellen Art und Weise – sequenziell, also nacheinander erfolgen, beispielsweise wenn, wie im Rahmen der Analyse beschrieben, nach einer Informationsphase über einen elektronischen Kanal der Kauf in einem der anderen Kanäle, zum Beispiel im stationären Einzelhandelsgeschäft, erfolgt. Es wird aber, wie dargestellt, im Rahmen des „Everywhere Shopping" zunehmend die Kanalkombination beim Einkaufen durch die parallele bzw. simultane Nutzung praktiziert.

Dabei können die Einkaufskanäle gleichzeitig in Form eines Multitasking eingesetzt werden, um unterschiedliche Aktivitäten mit den jeweiligen Kanälen zu praktizieren, zum Beispiel indem Kunden auf ihrem Computer einen Bekleidungseinkauf realisieren und gleichzeitig auf dem Tablet-PC nach passenden Accessoires recherchieren. Die relevantere Form der parallelen Nutzung mehrerer Einkaufskanäle im Rahmen des Mehrkanaleinkaufs stellt somit die komplementäre Nutzung mehrerer Einkaufsformate dar. Diese äußert sich nicht nur in „Second-Screen"-Nutzungen beim Multi-Channel E-Commerce, sondern auch darin, dass mobile Kanäle über Smartphone- oder Tablet-PC-Zugänge auch gezielt auf der stationären Fläche zurate gezogen werden – sei es, um zum Beispiel (Konkurrenz-)Preise zu überprüfen, Zusatzinformationen abzurufen oder um Coupons herunterzuladen. Diese Nutzungsformen steigern die Anforderungen an die Mehrkanalsysteme der Zukunft. Vor allem die simultane Nutzung bei der kombinierten Nutzung von Einkaufsformaten bzw. -kanälen stellt die höchsten Anforderungen an die Integration.

Bei der Analyse des Kaufverhaltens der Konsumenten wird damit eines deutlich: Es gibt keinen Standardprozess, nach dem in Mehrkanalsystemen eingekauft wird. Es erfolgt in der Regel kein gezieltes „nacheinander Abarbeiten" der Einkaufskanäle beim Einkaufen. Stattdessen nehmen die Konsumenten eine individuelle Kombination der ihnen zur Verfügung stehenden Kanäle vor – und dies in unterschiedlicher Form, je nachdem, in welcher Situation sie sich befinden. Diese Betrachtungen machen deutlich, wie vielschichtig und wie vernetzt die Entscheidungsprozesse sind.

Eine Frage, die im Mehrkanalkontext jedoch häufig in diesem Zusammenhang aufkommt, ist diejenige nach dem Beitrag bzw. dem Mehrwert jedes einzelnen Kanals, der im Rahmen der Kaufprozesse geleistet wird. Im Vordergrund steht häufig die Frage, an welchem Punkt die eigentliche Kaufentscheidung getroffen wurde, das heißt welcher Kanal „zuständig" bzw. „federführend" für den Kauf war und welchem Kanal damit der Erfolg zuzuschreiben ist.

Traditionelle Betrachtungen, bei denen versucht wurde, einem Kanal die kaufentscheidende Rolle zuzuschreiben – im Sinne eines „Profit-Center-artigen Denkens" –, können jedoch der Funktions- und Nutzungsweise von Mehrkanalsystemen nicht gerecht werden. Die Kanäle eines Mehrkanalsystems tragen alle in ihrer jeweiligen Kombination bzw. in ihrer Mischung – dabei je nach Situation und Bedürfniskonstellation durchaus in unterschiedlicher Weise – zum Erfolg des Händlers bei. Es gibt somit in Mehrkanalsystemen meist nicht den „einen Moment der Wahrheit", an dem die Kaufentscheidung des Konsumenten gefällt wird, sondern der Entscheidungsprozess ist mehrstufig.

In diesem Kontext stellt die Betrachtung des „Zero Moment of Truth" (Google 2012; vgl. Abb. 8) eine plakative Form dar, die Entscheidungssituation im Mehrkanalumfeld zu analysieren. Ausgehend von der Aktivierung eines Bedürfnisses, zum Beispiel durch Werbe- oder Medienkommunikation stellt der „Zero Moment of Truth" den Moment dar,

Disruption im Mehrkanalhandel: Transformation ...

Abb. 8 Wo wird der Umsatz generiert? (Quelle: Eigene Darstellung in Anlehnung an Schramm-Klein et al. 2014, S. 329; Google 2012)

in dem die Konsumenten mit der Suche nach geeigneten Produkten im Rahmen ihres Kaufprozesses beginnen. Daran schließen sich der „First Moment of Truth", also die Erkenntnis, ob der Händler bzw. die angebotenen Produkte und Leistungen dem Bedürfnis gerecht werden können, und der „Second Moment of Truth", das heißt die Nachkaufbewertung, ob das gekaufte Produkt den Erwartungen entspricht, an.

Es stellt sich nun für einen Mehrkanalhändler die Frage, an welchem Punkt im Kaufprozess der Umsatz „gesichert" ist. Mehrkanalsysteme ermöglichen es den Kunden, wie bereits diskutiert, einfach zwischen den Kanälen eines Händlers zu wechseln und diese ggf. auch parallel zu nutzen. Damit kann ihnen in ihren jeweiligen Bedürfnissituationen mit dem realisierten Servicelevel entsprochen werden und die Kaufprozesse werden den Kunden erleichtert. Gleichzeitig wird es ihnen jedoch auch erleichtert, den Kaufprozess zu jedem Zeitpunkt zu unterbrechen oder abzubrechen und damit „sicher gedachte" Umsätze doch noch zu verlieren.

Zum Zeitpunkt des „Zero Moment of Truth" beginnt somit zwar der Kaufprozess, indem der Kunde zum Beispiel auf einer Internetseite oder in einer Filiale des Händlers die Recherche beginnt, dann im „First Moment of Truth" sich zum Kauf der gewählten Produkte in der Filiale bzw. im Online-Shop entschließt und damit der Umsatz zunächst für den Händler realisiert scheint. Jedoch entscheidet der „Second Moment of Truth" darüber, ob dieser generierte Umsatz tatsächlich auch beim Händler bleibt, denn erst bei der Produktnutzung legt der Konsument fest, ob er die Produkte überhaupt behalten möchte.

Gerade in diesem „Second Moment of Truth" hat jedoch eine Vielzahl von Einflussfaktoren, die außerhalb des Einflussbereichs des Händlers selber liegen, eine hohe Bedeutung. Zum Beispiel spielen hier vor allem Produktcharakteristika und das Handling sowie der Gebrauchserfolg der Produkte eine große Rolle. Gerade in

Mehrkanalsystemen wird aber auch der Rückgabeprozess deutlich vereinfacht, sodass es für Mehrkanalhändler besonders wichtig ist, alle „Moments of Truth" in ihren Systemen zu berücksichtigen und den Kunden einen Mehrwert zu bieten, um sie an das Unternehmen zu binden und auch in der Nachkaufphase oder im Retourenfall Alternativen und Cross-Selling-Optionen zu bieten.

5   Fazit

Analysiert man die Gründe für die (R)Evolution des Mehrkanalhandels, dann wird deutlich, dass diese im Wesentlichen daraus resultieren, dass einerseits technologiegetrieben ein zunehmend ausdifferenzierter Einsatz neuer Kanäle und damit eine Pluralisierung der von Händlern eingesetzten Kanäle erfolgen. Diese wird andererseits von den Konsumenten im Rahmen ihrer Einkaufsprozesse auch angewandt. Für die Zukunft ist dabei zu erwarten, dass in zunehmendem Maße eine Integration mehrerer Einkaufskanäle für die parallele Nutzung – sowohl zur Nutzung in Form eines Multitasking als auch für die kombinierte, sich ergänzende Nutzung – erfolgen wird. Dies ist nicht nur für die Internetwelt relevant, sondern auch bei einer Refokussierung auf die stationären Geschäfte spielt die Kombination von klassischen Elementen der Gestaltung der Einkaufsatmosphäre mit neuen Technologien und mobilen Kanälen eine besondere Rolle. Dies ist sowohl wichtig, um das Einkaufserlebnis qualitativ zu steigern, als auch, um die Effizienz der Einkaufsprozesse für die Kunden zu erhöhen.

Der Aufbau neuer Kanäle und der Aufbau von Schnittstellen, die den Kanalwechsel ermöglichen bzw. fördern, wie sie aktuell häufig noch im Strategiefokus der Händler stehen, sind jedoch nur der Anfang der Etablierung integrierter Mehrkanalsysteme. Darüber hinausgehend liegt der nächste konsequente Schritt in der ganzheitlichen Verknüpfung der einzelnen Kanäle. Ziel muss eine vollständige Verzahnung der Prozesse sein, die es den Kunden ermöglichen, zu jeder Zeit die Kanalkombination zu wählen, die ihren Bedürfnissen entspricht. Es geht also nicht mehr (nur) darum, (Kanal-)Alternativen zu bieten und Übergänge zu schaffen, sondern stärker darum, bestehende Grenzen zwischen Kanälen aufzulösen und die Kanäle miteinander zu verschmelzen. Das Resultat hiervon ist die allgegenwärtige Verfügbarkeit und (auch parallele) Kombinierbarkeit sämtlicher Kanäle im Omni-Channel-Retailing.

Wesentlich ist aber für Händler – mit Blick auf ihre Strategiegestaltung –, dass es nicht *das* eine Konzept für den erfolgreichen Mehrkanalhandel gibt. Das wesentliche Erfolgsrezept liegt darin, den Fit, also das Zusammenpassen von Mehrkanalsystem und Konsumentenwünschen zu realisieren. Dabei gilt, dass jeder Konsument letztlich individuell unterschiedlich ist und dass die Kunden spezifische Vorlieben und Anforderungen haben, die sich je nach Situation verändern können. Mehrkanalsysteme sollten aus diesem Grund flexibel und individuell nutzbar konzipiert werden, um diesen – komplexen – Anforderungen gerecht werden zu können.

Bei aller Fokussierung und aller Relevanz der Aspekte des Konsumentenverhaltens und ihrer Nutzung von Kanälen sowie bei aller Relevanz der Entwicklung potenzieller neuer Kanäle darf jedoch eines nicht vergessen werden: Gerade in Omni-Channel-Systemen muss die Integration nicht nur zur Kundenseite hin erfolgen, sondern auch die Backend-Prozesse müssen zwingend Beachtung finden. Im Hinblick zum Beispiel auf das Supply-Chain-Management, die Beschaffung, aber auch Service und Support ist der Aufbau einer integrierten Infrastruktur im Backend erforderlich, um die Kundenprozesse „nach vorne hin" garantieren zu können.

Literatur

Ehlert, N. (2015). Multi-Channel – Auf den richtigen Kommunikationskanal kommt es an. http://www.themenmacher.de/multi-channel-auf-den-richtigen-kommunikationskanal-kommt-es-an/. Zugegriffen: 22. Febr. 2016.

Google. (2012). *Zero moment of truth handbook*. Google (eBook).

Harris Interactive. (2013). The Harris poll 2013. http://www.harrisinteractive.com/NewsRoom/HarrisPolls/tabid/447/ctl/ReadCustom%20Default/mid/1508/ArticleId/1339/Default.aspx. Zugegriffen: 22. Febr. 2016.

Kilcourse, B., & Rosenblum, P. (2015). *Omni-channel 2015: Taking time, money, commitment and technology* (Benchmark Report 2015). Miami: RSR.

Neslin, S. A., & Shankar, V. (2009). Key issues in multichannel customer management: Current knowledge and future directions. *Journal of Interactive Marketing, 23*(1), 70–81.

Rapp, A., Baker, T. L., Bachrach, D. G., Ogilvie, J., & Beitelspacher, L. S. (2015). Perceived customer showrooming behavior and the effect on retail salesperson self-efficacy and performance. *Journal of Retailing, 91*(2), 358–369.

Schramm-Klein, H. (2003). *Multi-Channel-Retailing*. Wiesbaden: Gabler.

Schramm-Klein, H., Wagner, G., Neus, F., Swoboda, B., & Foscht, T. (2014). *(R)Evolution des Mehrkanalhandels – Von Multi-Channel-, über Cross-Channel- zu Omni-Channel-Retailing*. Frankfurt a. M: DFV.

Schröder, H., Bohlmann, A., Witek, M., & Zaharia, S. (2011). Informieren und Kaufen bei Multichannel-Retailern – empirische Untersuchungen zum Verhalten der Endkunden. In Deutscher Dialogmarketing Verband e. V. (Hrsg.), *Dialogmarketing Perspektiven 2010/2011* (S. 149–176). Wiesbaden: Gabler.

yStats. (2015). *Omnichannel trend in global B2C E-commerce and general retail*. Hamburg: yStats.

Zendesk. (2013). *The omnichannel customer service gap* (November 2013). San Francisco: Zendesk.

Zentes, J., & Schramm-Klein, H. (2007). Logistische Distributionspolitik in Multi-Channel-Systemen – Besonderheiten in der Konsumgüterbranche. In B. Wirtz (Hrsg.), *Handbuch multi-channel-marketing* (S. 451–472). Wiesbaden: Gabler.

Zentes, J., Morschett, D., Freer, T., Keßler, D., & Schu, M. (2015). *HandelsMonitor – Erlebnis Handel: Läden im Aufbruch*. Frankfurt a. M: DFV.

Über die Autoren

Univ.-Professor Dr. Hanna Schramm-Klein ist Inhaberin des Lehrstuhls für Marketing an der Universität Siegen. Sie promovierte und habilitierte sich am Institut für Handel & Internationales Marketing an der Universität des Saarlandes zu Themen des Konsumentenverhaltens in Mehrkanalsystemen und der Standortpolitik von Handelsunternehmen. In zahlreichen wissenschaftlichen und praxisorientierten Veröffentlichungen, Projekten und Vorträgen setzte sie sich mit Aspekten des Handelsmarketings, Handelsmanagements, Konsumgütermarketings sowie Supply-Chain-Managements auseinander.

Dr. Gerhard Wagner ist Akademischer Rat am Lehrstuhl für Marketing der Universität Siegen. Dort promovierte er bereits zum Konsumentenverhalten im Multi-Channel-E-Commerce. Seine weiteren Forschungsbereiche und Veröffentlichungen umfassen die Bereiche Kundenverhalten im Kontext neuer Technologien, Online-Handel sowie Multi-Channel Retailing.

Mobile Disruption – oder warum der richtige Einsatz von Mobile für den Einzelhandel überlebenswichtig ist

Martin Wider

Zusammenfassung

Die digitale Transformation und das Aufkommen von neuen digitalen Geschäftsmodellen haben den traditionellen Handel stark unter Druck gesetzt. So haben zwei von drei Deutschen schon einmal Waren und Dienstleistungen im Netz gekauft. Es scheint jetzt naheliegend zu sein, mit dem Anstieg der digitalen und damit auch der mobilen Nutzung das lokale Einzelhandelsgeschäft als Relikt einer vergangenen Welt und das Digitale als natürlichen Feind des stationären Handels zu sehen. Aus Studien und erfolgreichen Cases ergibt sich aber ein ganz anderes Bild: Ohne Mobile geht heutzutage nichts mehr im Einzelhandel. Konsumenten nützen das Smartphone als bevorzugtes digitales Endgerät und damit als bevorzugten Zugang zu allen digitalen Informationen. Vor und nach dem Einkauf und vor allem auch während des Shoppens im stationären Handel. Wenn also Informationen nicht auf dem Handy verfügbar sind, sind sie für die Kaufentscheidung nicht relevant. Handel braucht das Handy – lautet deshalb die Devise für alle Einzelhändler, die Digital und Mobile nicht nur als Risiko, sondern vor allem als Chance sehen. Wenn die Kunden ihr Leben mit ihrem Handy organisieren, dann muss der Handel auch darauf stattfinden. In diesem Artikel wird aufzeigt, welche Bedeutung und Chancen das mobile Verbraucherverhalten für den stationären Handel hat, und – mit ausgewählten Cases – was Marken und Handelsunternehmen schon erfolgreich umgesetzt haben.

M. Wider (✉)
dgroup, Hamburg, Deutschland
E-Mail: martin.wider@d-group.com

Inhaltsverzeichnis

1   Entwicklung der mobilen Nutzung 450
      1.1   Einleitung 450
      1.2   Die disruptive Kraft einer Technologie – wie das Smartphone das nicht so smarte Multimediahandy ablöste 451
      1.3   Mobile schlägt Desktop in der täglichen Nutzung 452
2   Eigenschaften der mobilen Nutzung 453
      2.1   Mobile Nutzung – immer dabei und always on 453
      2.2   Mobile Nutzung – mehr in Apps und weniger im Web 454
      2.3   Fazit: Mobile dominiert die digitale Nutzung und Apps dominieren Mobile 454
3   Implikationen für den Handel 455
      3.1   Digitalisierung des Handels setzt beim Kunden an 455
      3.2   Das Smartphone steht im Zentrum der Kaufentscheidung 456
      3.3   Mobile beeinflusst schon jetzt 15 % des Umsatzes des stationären Einzelhandels ... 457
      3.4   Die mobile Realität räumt mit den alten Mythen „Mobile vs. Handel" auf 457
      3.5   Fazit: Mobile beeinflusst die Kaufentscheidung im stationären Handel – vor, während und nach dem Einkauf 460
4   Mobile Disruption des stationären Handels in Fallbeispielen 460
      4.1   Wie Burberry die Messenger App Snapchat als exklusiven Pre-Sales-Kanal zur Kollektionsvorstellung nutzt 460
      4.2   Wie der Autovermieter Sixt die Dating App Tinder als Drive-to-Store-Tool einsetzt 461
      4.3   Wie L'Oréal seine Make-up Genius App als virtuelle Verkaufsunterstützung für den stationären Handel einsetzt 462
      4.4   Wie der Kosmetikeinzelhändler Sephora seinen Instore-Traffic durch die Kombination von In-App-Nachrichten und Instore-Beacon-Technologie steuert ... 462
      4.5   Wie der Pizzagigant Domino's Pizza seinen Kunden das Bestellen mit dem Handy so einfach wie nur möglich macht 463
      4.6   Wie Starbucks mit Mobile First und Kaffee to go der weltweit führende Mobile Retailer wurde 464
5   Schlussfolgerung und Ausblick 465
      5.1   Resümee 465
      5.2   Ausblick 465
Literatur 466
Über den Autor 468

1   Entwicklung der mobilen Nutzung

1.1   Einleitung

Ziel dieses Artikels ist es, aufzuzeigen, welche enormen Chancen Mobile für stationäre Handelsunternehmen haben kann. Oder, um es einfach auszudrücken: warum der Handel das Handy braucht.

Begriffsklärung: Mobile kann als Teilbereich von Digital verstanden werden, in dem Information, Kommunikation, Interaktion und Transaktion über internetfähige mobile Endgeräte, sogenannte Smartphones, stattfinden.

Zwei von drei Deutschen haben schon einmal im Netz eingekauft
Natürlich haben die digitale Transformation und das Aufkommen von neuen digitalen Geschäftsmodellen den traditionellen Handel stark unter Druck gesetzt. Das Geschäftssterben in den Innenstädten ist nur eine der Auswirkungen davon, dass immer mehr Menschen online Waren bestellen und sich nach Hause liefern lassen. So haben laut Daten des Statistikamts der Europäischen Union (Statista 2015a) zwei von drei Deutschen schon einmal Waren und Dienstleistungen im Netz gekauft. Und das mit einem durchschnittlichen Jahresumsatz von 672 EUR (Statista 2015b).

Die Beziehung zwischen Mobile und Instore-Shopping
Es scheint jetzt naheliegend zu sein, mit dem Anstieg der digitalen und damit auch der mobilen Nutzung das lokale Einzelhandelsgeschäft als Relikt einer vergangenen Welt und das Digitale als natürlichen Feind des stationären Handels zu sehen. Aus aktuellen Studien und vielen Beispielen aus der Praxis ergibt sich aber ein ganz anderes Bild: Die Beziehung zwischen Digital – und hier vor allem Mobile – und Instore-Shopping ist viel differenzierter und miteinander verbunden, als es den Anschein hat. Mit der Integration von Mobile in ihre Marketing- und Vertriebsmaßnahmen haben Einzelhändler die Möglichkeit, effektiv mit Konsumenten zu kommunizieren und ihre Kaufentscheidungen aktiv zu beeinflussen.

Dieser Artikel geht zuerst auf aktuelle Studien zum Nutzungsverhalten von Mobile ein, zeigt danach auf, welche Bedeutung und Chancen dieses Verbraucherverhalten für den stationären Handel hat und zeigt an ausgewählten Fallbeispielen von Marken und Handelsunternehmen, wie Mobile im Handel erfolgreich umgesetzt wurde.

1.2 Die disruptive Kraft einer Technologie – wie das Smartphone das nicht so smarte Multimediahandy ablöste

Als Steve Jobs, der damalige CEO von Apple, am 9. Januar 2007 das iPhone und damit das erste Smartphone der Weltöffentlichkeit vorstellte, wurde er von den damaligen Mobiltelefonmarktführern Nokia, Motorola und Ericsson nicht wirklich ernst genommen. Sie waren der festen Überzeugung, dass ihre Multimediahandys technologisch dem Apple iPhone mit Touchscreen und Einknopfbedienung weitaus überlegen waren. Sie haben sich geirrt: Apple hat bisher 750.000 iPhones verkauft (Statista 2015c), der weltweite Absatz von Smartphones (Apple und andere Hersteller basierend auf dem Betriebssystem Android von Google und Windows von Microsoft) liegt Ende 2015 laut Marktforschungsinstitut IDC bei 1,5 Mrd. (IDC 2015). Die Marken Nokia, Motorola und Ericsson sind vom Markt verschwunden – sie haben die disruptive Kraft, die das iPhone als Internetgerät für unterwegs hatte, nicht rechtzeitig erkannt. Aktuelle Prognosen gehen davon aus, dass bis 2019, also nur 12 Jahre nach der Einführung des ersten iPhones, über 2,6 Mrd. Menschen auf der ganzen Welt internetfähige Smartphones nutzen werden (Statista 2015d).

1.3 Mobile schlägt Desktop in der täglichen Nutzung

Was wir bei uns selbst und der täglichen Nutzung unseres Smartphones erkennen, bestätigen viele Studien: Während der Anteil der Nutzung von digitalen Medien innerhalb von nur sieben Jahren von 2,7 auf 5,6 h pro Tag gestiegen ist, ist gleichzeitig der Anteil der Nutzung von Mobile von 12 % der Zeit auf 51 % der Nutzungszeit gestiegen. Gleichzeitig ist der Anteil der Nutzung von PCs, Desktop und Laptop um rund 50 % gefallen: von 80 % in 2008 auf 41 % in 2015 (KPCB 2015)!

Auch wenn diese Erkenntnisse auf Zahlen des US-Marktes basieren, geben sie eine sehr gute Indiktion auf die wachsende Bedeutung a) der digitalen Medien im täglichen Leben und b) über die Nutzung von Mobile an der gesamten digitalen Nutzung. Die in Abb. 1 dargestellte Grafik aus einer Präsentation der US-amerikanischen Investmentfirma KPCB zeigt es deutlich.

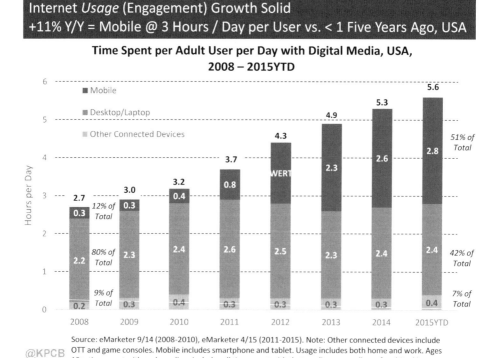

Abb. 1 Mobile dominiert die digitale Mediennutzung. (Quelle: KPCB 2015)

Wie das Smartphone genutzt wird und welche Bedeutung es im Leben der Verbraucher hat, darauf wird im nächsten Kapitel eingegangen.

2 Eigenschaften der mobilen Nutzung

Das kleine Gerät in unserer Tasche ist die tägliche digitale Transformation unseres Lebens – ob wir es nun aktiv bemerken und wollen oder nicht. Es ermöglicht uns, Informationen und Wege zu finden, neue Orte, Menschen und Produkte kennenzulernen, unseren Erfolg beim Sport zu tracken, Fotos und Filme zu produzieren, zu bearbeiten und zu teilen, Taxis, Hotelzimmer, Kinotickets und Flugreisen zu buchen und sofort zu bezahlen, alle wichtigen Unterlagen und Dokumente stets bei uns zu haben, Musik zu hören und Filme zu sehen, Diktatoren und Langweile zu bekämpfen, mit Text, Sprache, Bild und Video zu kommunizieren, alles zu kaufen, was das Herz begehrt – und natürlich auch zu telefonieren. Vereinfacht ausgedrückt ist unser Smartphone unser Leben to go.

2.1 Mobile Nutzung – immer dabei und always on

Es gibt wahrscheinlich kein technisches Gerät, das näher am Menschen ist als das Smartphone – physisch und emotional.

Es gibt (fast) nichts Wichtigeres, als sein Handy zu checken
Mehr als zwei Drittel der Smartphone-Nutzer (68 %) bekennen sich dazu, dass sie ihr Handy innerhalb von 15 min nach dem Aufwachen am Morgen als erstes checken. 30 % geben zu, dass sie tatsächlich „besorgt" sind, wenn sie nicht ihr Telefon bei sich haben (Google 2015). 81 % der US-Amerikaner geben zu, ihr Smartphone fast die ganze Zeit in der Nähe zu haben (Gallup 2015). Drei von vier Befragten gaben an, das Smartphone mindestens einmal stündlich zu „checken". 22 % der jüngeren Befragten (18 bis 29 Jahre) schauen alle paar Minuten auf ihr Smartphone und 51 % mehrmals in der Stunde (Gallup 2015).

Bei den sogenannten Millennials, also denjenigen, die zwischen den späten 80ern und früheren 2000ern geboren sind, ist es noch extremer: Sie sind wirklich always on! 87 % von ihnen haben ihr Smartphone immer dabei und immer an. Tag und Nacht (Google 2015).

Deutsche Handynutzer
Das sind US-Zahlen, doch auch in Deutschland sieht es nicht viel anders aus. 36 % der deutschen Mobilfunknutzer schauen innerhalb von 15 min nach dem Aufwachen auf ihr Mobiltelefon (Statista 2015e). Das geht aus einer im Auftrag von Deloitte erstellten Studie hervor, die sich mit neuen Nutzungsmustern von Smartphone-Besitzern befasst (Deloitte 2016). Ähnlich sieht es am Ende des Tages aus. Innerhalb der letzten

Viertelstunde vorm Zubettgehen checkt jeder Dritte noch mal das Handy. Bei sieben Prozent gilt sogar der erste und der letzte Blick des Tages dem Mobiltelefon. 56 % der Befragten prüfen übrigens nach dem Aufwachen als erstes, ob sie neue Instant Messages, E-Mails oder SMS bekommen haben.

2.2 Mobile Nutzung – mehr in Apps und weniger im Web

Aktuelle Analysen über das mobile Userverhalten zeigen einen sehr interessanten Aspekt in der Nutzung von Smartphones: 90 % der US-User verbringen ihre Zeit auf dem Smartphone innerhalb von Mobile Apps und nur zehn Prozent ihrer Zeit auf mobilen Browsern (Statista 2016).

Die Mehrheit der Smartphone-Nutzer nutzt weniger als zehn Apps
Der durchschnittliche Smartphone-Nutzer hat ungefähr 42 Apps auf seinem Gerät. Die Mehrheit (87 %) nutzt aber weniger als zehn Apps. Rund die Hälfte (55 %) gibt an, nur zwischen vier und einer App zu nutzen (Nielsen 2014). Faktisch bedeutet das: Smartphone-Nutzer sehen den App-Download sportlich und greifen schnell zu, wenn eine App interessant klingt und sie meist auch noch kostenlos erhältlich ist. Doch ob die App danach tatsächlich auch aktiv genutzt wird, hängt dann von ihrer tatsächlichen Nützlichkeit und der Häufigkeit des jeweiligen Anwendungsfalls im Alltag des Users ab.

Die meistgenutzten Apps: Facebook und Messenger
Bricht man jedoch die Zahlen auf einzelne Apps runter, gibt es einen klaren Sieger: Social Networks und Messenger Apps! Und dabei ganz weit vorne Facebook. 19 % ihrer Zeit verbringen US-Mobile-User auf Facebook, was bedeutet, dass die User mit der Facebook-App fast doppelt so viel Zeit verbringen, wie mit mobilen Browsern – sowie auf allen anderen Apps (Marketingcharts 2015). Die Nutzung der Facebook-App wird dicht gefolgt von anderen Social Apps wie Instagram und Messenger Apps wie WhatsApp, die aber beide auch wieder zum Facebook-Konzern gehören.

2.3 Fazit: Mobile dominiert die digitale Nutzung und Apps dominieren Mobile

Auch hier sei wieder angemerkt, dass US-Zahlen natürlich nicht 1:1 auf den deutschen Markt übertragen werden können, doch folgende Trends, die auch für den deutschen Markt relevant sind, lassen sich auf alle Fälle ablesen:

1. Über die Hälfte der Zeit mit digitalen Medien wird auf Smartphones verbracht.
2. Die mobile Nutzung ist innerhalb nur eines Jahres um eine Stunde gestiegen.

3. 90 % der Zeit in Mobile werden in Apps und nur zehn Prozent im mobilen Browser verbracht.
4. Die meisten User nutzen weniger als zehn unterschiedliche Apps
5. Die meistgenutzten Apps sind Social Apps wie Facebook und Messenger Apps wie WhatsApp.

Welche Implikationen dieses mobile Nutzerverhalten für den stationären Handel hat, darauf wird im nächsten Kapitel eingegangen.

3 Implikationen für den Handel

Grundsätzlich herrscht Einigkeit darüber, dass die Digitalisierung den Einzelhandel verändert hat und weiter verändern wird. Doch bis heute stellen digitale Absatzkanäle, also E-Commerce, nur einen Bruchteil des Einzelhandels dar. So finden in Deutschland noch immer rund 90 % aller Einkäufe im stationären Einzelhandel statt, während der Online-Handel nur knapp zehn Prozent des Handelsumsatzes ausmacht. In den ersten Prognosen für 2015 wird mit einem Online-Anteil von rund 11,5 % gerechnet (Deloitte 2015).

3.1 Digitalisierung des Handels setzt beim Kunden an

Bei diesen Zahlen wird deutlich, dass die Digitalisierung des Handels nicht allein auf Errichtung von digitalen Absatzkanälen reduziert werden kann. Wir müssen uns daher vor allem mit dem Käufer und seinem digitalen Nutzungsverhalten beschäftigen. Denn der heutige Käufer ist digital und mobile, auch wenn es der Einzelhandel (noch) nicht ist!

Neun von zehn Kunden informieren sich vor, während oder nach dem Einkauf online
So lässt sich feststellen, dass eine immer größere Käuferzahl sich bereits für ein Produkt entschieden hat, bevor sie den Laden betritt – neun von zehn haben sich vor dem Einkauf online informiert oder tun dies mit ihrem Smartphone währenddessen oder danach (Google et al. 2014a). Stationäre Händler können deshalb deutlich höhere Verkaufsraten erzielen, wenn sie abverkaufsrelevante Produkt- und Preisinformationen auch online zugänglich machen und digitale Technologien nutzen, um den Kundenkontakt emotional aufzuladen und persönlicher zu gestalten. Eine Studie von Deloitte hat festgestellt, dass über die Hälfte aller Käufer lieber ihr Smartphone für die Produktsuche nutzt, als einen Verkäufer zu fragen. Für den Händler bedeutet dies, dass die Online-Bereitstellung von Informationen über sein Angebot entscheidend für den Verkaufserfolg ist (Deloitte 2015).

Abb. 2 Kunden suchen auch während des Einkaufs nach Informationen. (Quelle: Google et al. 2014a)

Technologieeinbindung sichert das Geschäft des stationären Handels
Der digitale Konsument erwartet heute ein Mindestmaß an Technologieeinbindung des stationären Handels. Das fängt bei Online-Produktinformationen an und geht über den Sofortkauf via E-Commerce bis hin personalisierten Angeboten und Ansprache im Geschäft. Wenn der stationäre Handel lernt, mithilfe digitaler Technologien sowie relevanter Informationen, Inhalte und Aktionen, die auf dem Mobiltelefon verfügbar sind, eine emotionale Kundenbindung zu erreichen, wird sich das Ladengeschäft mit hoher Sicherheit auch in Zukunft rentieren.

3.2 Das Smartphone steht im Zentrum der Kaufentscheidung

Konsumenten erwarten heute mehr als je zuvor die richtigen Informationen am richtigen Ort zur richtigen Zeit. Sie suchen nach den relevanten Informationen während des gesamten Kaufprozesses. Laut einer Studie von Google, Ipsos and Sterling Brands informiert sich mit 87 % beinahe jeder Käufer vor dem Kauf online (vgl. Abb. 2). Das war zu erwarten. Dass aber auch 79 % der Käufer nach Informationen suchen, während sie im Geschäft stehen, ist eine beindruckende Zahl, die die Bedeutung von Smartphones in das Zentrum des Einkaufes und damit der Kaufentscheidung rückt (Google et al. 2014a).

Google, Ipsos and Sterling Brands untersuchten, welchen Einfluss Smartphones und Online-Informationen auf das Einkaufsverhalten im stationären Handel haben. Die Studie zeigt deutlich auf, dass Verbraucher mehr Informationen und individuelle Erfahrungen während ihres Einkaufs wollen und erwarten: Zwei von drei Käufer gaben an, nicht die relevanten Informationen im Handel zu finden – 43 % von ihnen verließen daraufhin frustriert das Geschäft. Und 71 % der Käufer, die Smartphones während des Einkaufens für die Online-Informationsbeschaffung verwenden, geben an, dass ihr Handy für diesen Zweck zunehmend an Bedeutung gewinnt.

Einzelhändler, die dieses Kundenverhalten ignorieren, laufen Gefahr, Kunden zu verlieren. Einzelhändler aber, die dieses Verhalten für sich nutzen, können davon profitieren.

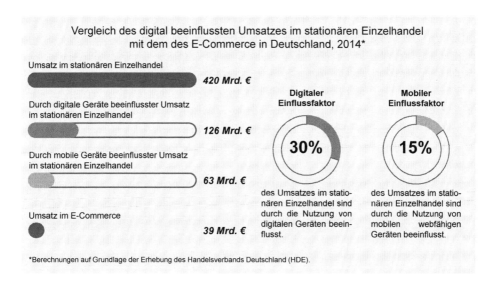

Abb. 3 Einfluss digitaler und mobiler Geräte auf den Umsatz im Stationärhandel. (Quelle: Deloitte 2015)

3.3 Mobile beeinflusst schon jetzt 15 % des Umsatzes des stationären Einzelhandels

Auf Basis der Erhebungen des Handelsverbands Deutschland (HDE) kommt Deloitte zu der Erkenntnis, dass heute schon 30 % aller Umsätze im stationären Einzelhandel durch die Nutzung von digitalen Geräten beeinflusst werden. Die Hälfte davon, also 15 %, wird durch die Verwendung von Smartphones beeinflusst. Rechnet man das in Umsatzzahlen um, kommt man zu der spannenden Erkenntnis, dass der Umsatz, den mobile Geräte im stationären Handel beeinflussen, beinahe doppelt so groß ist wie der gesamte Umsatz im E-Commerce (Deloitte 2015, vgl. Abb. 3).

3.4 Die mobile Realität räumt mit den alten Mythen „Mobile vs. Handel" auf

Aktuelle Studien können mit alten Mythen aufräumen, die Digital und ganz besonders Mobile als den natürlichen Feind des Einzelhändlers darstellen. Im Folgenden werden die drei bekanntesten Mythen aufgeführt – und aufgezeigt, wie es in der neuen, in der mobilen Realität wirklich aussieht.

Local Information Can Motivate Store Visits

Shoppers would find this information very/extremely helpful in search results:

75%	74%	66%	63%	59%	56%
Price of item at a nearby store	Item is in stock at nearby store	Location of closest store with item in stock	Details about local stores (hours, phone number)	Map showing which stores carry the item searched for	What else is available at the store that carries the items searched for

Abb. 4 Potenzielle Käufer wünschen sich, dass lokale Informationen online verfügbar sind. (Quelle: Google et al. 2014b)

Mythos 1: Online-Informationen bringen Konsumenten nur zum Online-Shopping
Die mobile Realität: Online-Informationen inklusive Suche schicken Verbraucher in den stationären Handel

Ein weit verbreiteter Mythos ist, dass Käufer, die online suchen, dann auch nur online bei E-Commerce-Seiten kaufen. Die Realität ist, dass drei von vier Käufern, die lokale Handelsinformationen online finden, mit hoher Wahrscheinlichkeit diese Geschäfte auch besuchen (Google et al. 2014a). Wo ist der nächste Laden, der das Produkt vorrätig hat, und wie komme ich da hin, wie sind die aktuellen Öffnungszeiten, was kostet das Produkt, kann es auch online gekauft bzw. reserviert und vor Ort im Laden abgeholt werden – das sind die typischen Informationen, nach denen potenzielle Käufer online suchen (vgl. Abb. 4).

Wenn aber diese Information online nicht verfügbar ist, bleiben die Käufer offline weg: Ein Viertel der Käufer gibt an, dass, wenn sie nicht sicher sein können, das gewünschte Produkt im stationären Handel zu finden, sie lieber erst gar nicht hingehen.

Mythos 2: Kaufentscheidungen werden im Handel getroffen
Die mobile Realität: Die Digitalisierung verlagert die Kaufentscheidung zunehmend aus dem Laden heraus – auf das Smartphone

Ein weiterer Mythos ist, dass Käufer ihre Kaufentscheidung im Handel fällen, zuerst also die Einkaufsstätte ausgesucht wird und dort dann die Entscheidung für den Kauf eines Produktes fällt. In der neuen Realität werden Kaufentscheidungen zunehmend außerhalb des Handels getroffen. Und dieser Kaufentscheidungsprozess findet digital und dabei meistens auf dem Smartphone statt.

So ziehen über 90 % aller Konsumenten digitale Geräte – und hier vor allem das Smartphone – für ihren Shopping-Trip zurate (Deloitte 2015). Folglich hat sich eine steigende Anzahl potenzieller Kunden bereits vor dem Besuch eines Geschäftes entschieden, welches Produkt sie kaufen möchte. Nach Deloitte sind 71 % der Konsumenten nicht durch die

How Consumers Are Using Their Smartphones In Stores

42% of in-store consumers conduct research online while in stores using:

Abb. 5 Kunden nutzen Smartphones für die Informationssuche in der Filiale. (Quelle: Google et al. 2014b)

vom Händler initiierte Werbung, sondern selbstständig durch digitale Informationsquellen ihres Vertrauens (wie Social Media, Blogs, Word of Mouth, Online Reviews etc.) auf das Produkt aufmerksam geworden. Die Nutzerdaten weisen darauf hin, dass das traditionelle Such- und Kauferlebnis im stationären Handel zunehmend an Bedeutung verliert, da der Kaufprozess bereits zu Hause oder unterwegs in der digitalen Welt beginnt. Und aufgrund des digitalen Nutzungsverhaltens dominiert auch hier das Smartphone diesen Prozess.

Mythos 3: Wenn Kunden im Handel ihr Handy zücken, verliert der Händler an Umsatz

Die mobile Realität: Smartphones sind nicht Gegner des stationären Handels, sondern können zu nützlichen Verkaufsassistenten werden

Ein weiterer Mythos ist, dass in dem Moment, in dem der Käufer im Laden auf sein Smartphone schaut, der stationäre Händler das Geschäft an einen günstigeren Online-Händler verliert.

Die Google-Studie zeigt, dass 42 % der Kunden im stationären Handel nach relevanten Informationen online suchen (Google et al. 2014a). Mit ihrem Smartphone, während sie im Laden sind. Zum größten Teil mithilfe von Suchmaschinen (64 %), wobei aber knapp die Hälfte der Käufer auch auf der Website oder in der App des entsprechenden Einzelhändlers nach gewünschten Informationen sucht. Nur 30 % „verlassen" digital das Geschäft und suchen nach weiterführenden Informationen auf der Website bzw. App eines anderen Händlers oder Online-Händlers (Google et al. 2014b, vgl. Abb. 5).

Die Integration von lokalen Informationen in die Online-Präsenz, mobilfähige Websites, eigen entwickelte Mobile Apps oder Integration in bestehende Apps sowie digital verfügbare Produktbeschreibungen und Bewertungen stellen effektive Möglichkeiten für Einzelhändler da, um ihre Kunden während des Kaufentscheidungsprozesses positiv zu beeinflussen und eine Abwanderung an die Konkurrenz – sei sie nun stationär oder online – zu verhindern. Unterstützend dazu helfen Geo-Targeting-Inhalte, lokale Search-Informationen und lokale Mobile-Anzeigen von Einzelhändlern, potenzielle Käufer anzusprechen, die sich in unmittelbarer Nähe zu ihrem Geschäft befinden.

3.5 Fazit: Mobile beeinflusst die Kaufentscheidung im stationären Handel – vor, während und nach dem Einkauf

Aus den wesentlichen Studien, die auch wieder einen US-Schwerpunkt haben, lassen sich folgende Implikationen für den deutschen Markt ableiten:

1. Die Digitalisierung des Handels ist bedeutend mehr als nur E-Commerce.
2. Der Käufer und sein mobiles Nutzungsverhalten sollten im Zentrum der Digitalisierung stehen.
3. Grundsätzlich beeinflusst Digital den Umsatz im stationären Einzelhandel positiv.
4. Das Smartphone ist das meistgenutzte digitale Geräte und steht im Zentrum der Informationsbeschaffung während des Kaufprozesses.
5. Online-Informationen inklusive Search führen Verbraucher in den stationären Handel und nicht zwangsläufig zum Online-Handel.
6. Die Digitalisierung verlagert die Kaufentscheidung zunehmend aus dem Laden heraus: auf die digitalen Geräte der Käufer.
7. Smartphones sind nicht Gegner des stationären Handels, sondern können nützliche Verkaufsassistenten werden.

Wie erfolgreiche Marken und Handelsunternehmen Mobile erfolgreich einsetzen, um den Abverkauf im stationären Handel zu erhöhen, zeigen die Fallbeispiele auf den nächsten Seiten.

4 Mobile Disruption des stationären Handels in Fallbeispielen

In vorherigen Kapiteln wurde beschrieben, welche Rolle Mobile im Leben der Konsumenten und bei der Kaufentscheidung im stationären Handel spielt. Jetzt soll mit ausgewählten Fallbeispielen gezeigt werden, wie Marken und Handelsunternehmen das Thema „Handel braucht Handy" schon erfolgreich umgesetzt haben. Bewusst wurden hier Fallbeispiele ausgewählt, die weit über bekannte Standards hinausgehen. Um deutlich zu machen, wie weit die mobile Disruption gehen kann und was der aktuelle Stand im kreativen Einsatz von mobilen Technologien ist.

4.1 Wie Burberry die Messenger App Snapchat als exklusiven Pre-Sales-Kanal zur Kollektionsvorstellung nutzt

Snapchat ist eine kostenlose Instant Messaging App, die es ermöglicht, Fotos und Filme zu versenden – diese sind aber nur zehn Sekunden sichtbar und „zerstören" sich dann selbst. Zusätzlich ermöglicht es Snapchat, eine sogenannte „Story", also eine Anzahl von Bildern bzw. Filmen zu publizieren, die innerhalb von 24 h unzählige Male angeschaut werden kann – bevor sie nach 24 h verschwindet. Snapchat hat 200 Mio. User und gehört ganz besonders bei den urbanen Millennials (24 bis 35 Jahre) zu den beliebtesten Messenger-Diensten (Statista 2016).

Um genau diese Zielgruppe auf einem ihrer meistgenutzten Kanäle anzusprechen, hat die Luxusmodemarke Burberry eine 24 h-Snapchat-Kampagne entwickelt. Der legendäre Modefotograf Mario Testino hatte während der Dreharbeiten zu den von ihm produzierten 2016-Frühlings- und Sommer-Werbekampagnen auch hinter die Kulissen geguckt und fleißig auf seine Kameras geklickt. Das Ergebnis machte er dann den Burberry Snapchat Followern verfügbar. Und zwar genau 24 h lang, bevor sich die Bilder dann in den Snapchat-Äther verflüchtigten. Aus dieser technischen Besonderheit von Snapchat, die Inhalte nach 24 h zu löschen, nutzte es Burberry als exklusive Marke, exklusiven Content auch exklusiv zu publizieren. Mit dieser außergewöhnlichen und exklusiven 24-Stundenmodeschau traf Burberry gleich mehrfach ins Schwarze. Der Modehersteller polierte durch die Nutzung von Snapchat sein Image als digitaler Trendsetter weiter gewaltig auf und erntete bei seiner jungen Gefolgschaft jede Menge Pluspunkte, weil er ihr einen exklusiven Vorabeinblick in die neue Kollektion gab. Durch die exklusive Preview wurden potenzielle Käufer auf die neue Kollektion eingestimmt und Begehrlichkeit geweckt.

Das britische „Marketing Magazine" hat die Burberry-Snapchat-Kampagne zur besten Marketingkampagne des Jahres 2015 gekürt (Marketing Magazine 2015).

4.2 Wie der Autovermieter Sixt die Dating App Tinder als Drive-to-Store-Tool einsetzt

Was macht man, wenn die meisten Smartphone-User zu 90 % Apps und nur zu zehn Prozent das mobile Web nutzen? Man „kapert" einfach eine der meistgenutzten Apps und spielt darauf seine Marketingbotschaften. Und genau das hat der Autovermieter Sixt mit der Dating App Tinder gemacht.

Tinder hat in Deutschland über zwei Millionen Nutzer und denen wird Dating ganz einfach gemacht: Dem Nutzer oder der Nutzerin werden Bilder von anderen Nutzern aus seiner Umgebung per Foto angezeigt. Ein Wisch nach links bedeutet: kein Interesse. Ein Wisch nach rechts zeigt: Die Person auf diesem Foto würde ich gerne näher kennenlernen. Die Kontaktaufnahme ist nur möglich, wenn beide Nutzer ihr Interesse am jeweils anderen signalisiert haben und damit ein sogenanntes „Match" zustande gekommen ist.

In München und Umgebung flirtete Sixt unter dem Profil „Abschleppdienst" mit Tinder-Nutzern. Zu sehen bekamen die Nutzer eine blonde Sixt-Mitarbeiterin, die einen Autoschlüssel in der Hand hält. In der Profilbeschreibung spielte Sixt mit dem Text: „Wenn du auch keine Lust auf etwas Langfristiges hast und nur ein schnelles Abenteuer und etwas Neues zum Ausprobieren suchst, dann sollten wir uns dringend bei mir treffen. Ich binde mich auch nie zu lange an einen Partner und verbringe meine Wochenenden gerne auf Tour. Gerne auch mit Dir! Mehr Einblicke von mir gibt es auf Instagram unter @sixtdeutschland. Ich freue mich auf dich ;-) P.S.: Ich bleibe auch über Nacht" (Sixt 2014).

Sobald sich ein passendes Match zwischen der Sixt-Dame und einem Tinder-Nutzer ergab, kamen humorvolle Chats mit ironischem Unterton zustande, die nur ein Ziel hatten: den Tinder-User zur nächsten Sixt-Station zu lotsen. Diese kreative Aktion zeigt ganz gut, wie man auch bestehende mobile Tools nutzen kann, um potenzielle Kunden in die eigenen Läden zu lotsen (Sixt 2014).

4.3 Wie L'Oréal seine Make-up Genius App als virtuelle Verkaufsunterstützung für den stationären Handel einsetzt

Neue Make-up-Produkte würden potenzielle Käuferinnen am allerliebsten vor dem Kauf testen und an sich selbst ausprobieren. Aber diese Möglichkeit ist zwischen den Regalen eines Super- oder Drogeriemarktes meistens nicht gegeben. L'Oréal hat dies erkannt und suchte nach einer Möglichkeit, das Instore-Shopping-Erlebnis und damit den Absatz von L'Oréal-Kosmetik zu erhöhen. Die Lösung von L'Oréal basierte deshalb auf zwei konkreten Consumer Insights: 1) Die Käuferinnen wollen das Make-up am liebsten an sich ausprobieren. 2) Die Käuferinnen haben ein Smartphone und sind neuen Anwendungen aufgeschlossen. Auf Basis dieser beiden Insights entwickelte L'Oréal eine technologische Lösung, die den Make-up-Kauf revolutionierte: die L'Oréal Make-up Genius App!

Mit der L'Oréal Make-up Genius App sind die Käuferinnen in der Lage, vor dem Kauf alle L'Oréal-Make-up-Produkte virtuell auf dem Bildschirm ihres Smartphones an sich selbst auszuprobieren. Dazu können sie die Produkte im Laden selbst scannen oder im virtuellen Katalog der App stöbern. Um das Make-up realistisch auf das Gesicht zu bringen, wird eine Technologie eingesetzt, die das Gesicht der Testperson gleichzeitig in 64 Punkten erfasst (sogar bei einer Kopfdrehung um 60°) und das Testprodukt in Echtzeit auf das Bild appliziert. Die L'Oréal Make-up Genius App wurde rund 15 Mio. Mal aus dem App Store auf die Smartphones von potenziellen Käuferinnen geladen. 25 Mio. Looks wurden erzeugt und 65 Mio. Produkte virtuell angeschaut und ausprobiert.

Die L'Oréal Make-up Genius App wurde mit dem weltweit höchsten Werbe-Award, einem Gold-Löwen ausgezeichnet (Cannes Lions 2015).

4.4 Wie der Kosmetikeinzelhändler Sephora seinen Instore-Traffic durch die Kombination von In-App-Nachrichten und Instore-Beacon-Technologie steuert

Mobile kann Kunden in den Laden schicken. Aber Mobile kann auch helfen, Kunden gezielt durch den Laden zu steuern und ihr Einkaufsverhalten individuell und situativ zu beeinflussen. Durch eine Kombination von Beacons (einer Funktechnologie auf Basis von Bluetooth) im Handel und einer Mobile App auf dem Handy. Die Parfümeriekette Sephora nutzt unterschiedliche In-App-Nachrichtentypen, die durch Beacons im Geschäft ausgelöst werden, wenn eine Kundin ein Sephora-Ladengeschäft betritt. Das

Besondere an diesem Konzept ist, dass die Nachrichten sowohl personalisiert auf die Kundin (ihr Profil ist in der App hinterlegt) als auch die aktuelle Einkaufssituation im Laden zugeschnitten sind. Sobald sich eine Kundin in einem bestimmten Store-Bereich befindet, kann sie mit speziell zugeschnittenen Angeboten für die in diesem Bereich erhältlichen Produkte angesprochen werden. Oder sobald die Kundin einen gewissen Bonuspunkte-Level erreicht, kann sie darauf aufmerksam gemacht werden, um zusätzlichen Umsatz zu generieren. Zusätzlich erinnert die App an bevorstehende Termine im Beauty-Studio oder andere Aktionen.

Sephora war zusammen mit der Drogeriemarktkette Walgreens und dem Kaufhaus Macy's eines der ersten Handelsunternehmen, die Instore-Beacon-Technologie zur gezielten Kundensteuerung getestet haben. Das oben vorgestellte Konzept wurde in rund 20 Sephora-Läden getestet und soll auf alle Stores ausgerollt werden. Sephora versteht sich als Handelsunternehmen mit einem „Mobile First" Approach. Apple Pay zum bargeldlosen Bezahlen und Apple Passbook für Coupons wurden sofort nach Einführung in allen Geschäften ausgerollt, die Kundenkarte ist auch virtuell und Bestandteil von Apple Wallet. Sephora ist ein gutes Beispiel eines Einzelhandelsunternehmens, das seine Aktivitäten konsequent an Kunden-Insights und Technologienutzung der Käufer ausrichtet (Mobile Commerce Daily 2015b).

4.5 Wie der Pizzagigant Domino's Pizza seinen Kunden das Bestellen mit dem Handy so einfach wie nur möglich macht

Domino's Pizza gibt es mit über 10.000 Restaurants in über 73 Märkten (Domino's Pizza Switzerland 2016) und ist hinter Pizza Hut die zweitgrößte Pizzafirma der Welt (Marketplace 2015). Der normale Bestellweg für eine Pizza ist ein Anruf oder eine Bestellung auf der Website. Im Zuge der Weiterentwicklung des Bestellservices war es das Ziel von Domino's Pizza, genau da zu sein und Bestellungen aufzunehmen, wo auch die Kunden sind – an jedem Ort und an jedem Gerät! Dafür wurde das „AnyWare-Programm" entwickelt, das es den Kunden erlaubt, über quasi jeden Kanal Pizza zu bestellen – darunter auch viele Mobile-Kanäle wie

- Mobile App,
- Twitter (via Pizza-Emoji oder Text),
- SMS oder Messenger-Nachricht,
- Sprachsteuerung eines virtuellen Pizzaassistenten,
- Ford Sync im Auto,
- Smart Watches,
- Smart TVs.

Eines der Highlights des Programms ist sicherlich das Bestellen via Pizza-Emoji auf Twitter. Und so einfach funktioniert „Tweet a Pizza": Kunden können bei Domino's

Pizza online ein „EasyOrder"-Profil anlegen. Darin sind die Lieferadresse und die Lieblingspizza gespeichert. Wer in seinem Profil das Tweet Ordering aktiviert hat, muss dann nur noch dem Twitter-Account von Domino's das Pizza-Emoji oder einen Tweet mit #Easyorder schicken – fertig. Die Nutzung von mehreren Emojis gilt entsprechend für zwei, drei oder vier Pizzen. Diese Bestellart hat für Dominos gleich mehrere Vorteile: Erstens ist sie so einfach, dass sie Kunden damit einen wirklichen Mehrwert bietet. Zweitens sind die Bestell-Tweets auf Twitter öffentlich zu sehen. Das heißt, Follower sehen bei Twitter, dass jemand gerade eine Pizza bestellt hat – so ist Domino's Pizza auf vielen Twitter-Feeds präsent. Derzeit kommen bereits 25 % der Bestellungen von Mobilgeräten (Mobile Commerce Daily 2015a).

4.6 Wie Starbucks mit Mobile First und Kaffee to go der weltweit führende Mobile Retailer wurde

Starbucks ist führend – nicht nur in seinem Kerngeschäft Kaffee, sondern auch beim Einsatz von Mobile (Mobile Commerce Daily 2015c). Es gibt weltweit wahrscheinlich keinen Einzelhändler, der es besser versteht, die Beziehung seiner Kunden zu ihrem Smartphone in seine eigene Businessstrategie zu integrieren. Mit seiner konsequenten Mobile-First-Strategie versteht es Starbucks heute mit am besten, wie und wann der Kunde mobil angesprochen werden will. Diese Kunden- und Mobile-Orientierung zahlt sich aus: 20 % des Starbucks-Umsatzes lassen sich heute schon direkt Mobile zuordnen. Das liegt hauptsächlich am stark wachsenden mobilen Kundenkartenprogramm und einer Mobile-Payment-Möglichkeit. Mit der Starbucks App auf ihrem Handy können Kunden ihren Kaffee in einem gewünschten Starbucks zur gewünschten Zeit vorbestellen und bezahlen und können dann zum Abholen ganz einfach die Warteschlange umgehen. „Mit Order & Pay ist es uns möglich, mehr Kunden schneller und effizienter zu bedienen und so den Abgang von Kunden durch eine zu lange Warteschlange am Tresen deutlich zu reduzieren", sagte Chairman und CEO Howard Schultz gegenüber Analysten (Fortune 2015).

Da eine ausführliche Beschreibung aller Mobile-Aktivitäten von Starbucks den Rahmen dieses Artikels sprengen würde, wurden hier die wichtigsten Punkte zum Einsatz von Mobile bei Starbucks aufgelistet:

- 20 % der Umsätze sind Mobile Payments in der App.
- 120 Mio. App-Nutzer mit acht Millionen Transaktionen pro Woche.
- Zehn Millionen Mobile Payment User.
- Startpunkt war das mobile Loyality-Programm „Stars as Currency", welches sich zu einer mächtigen Plattform für Interaktion mit den Kunden entwickelt hat – mit Content, Bestellung, Bezahlung und Lieferung.
- Starbucks nutzt mobiles Marketing auf kreative und spielerische Art und Weise, die die Kunden anspricht, die Marke positiv auflädt und zusätzliche Umsätze generiert.
- Exklusive Kooperationen mit anderen Unternehmen (Spotify, LYFT, The New York Times, Expresslieferdienst Postmates), um mehr Value an die Kunden zu bringen.

- Integration von Mobile Payment App Square.
- Integration neuer Technologien in die App (zum Beispiel 3D-Touch für mehrere Funktionen).
- Nutzung der für die Zielgruppen relevanten Kanäle (zum Beispiel Snapchat oder TheSkimm).
- Interessante Loyalty-Programmentwicklung: Barista zu DJ, Kunden sammeln Bonuspunkte durch Musikwünsche (Kooperation mit Spotify).
- Kontinuierliche Verbesserung von Order & Pay Funktionalität und Rollout in weitere Länder (iOS).
- Sofortige Nutzung neuer technologische Plattformen wie Apple Watch.

5 Schlussfolgerung und Ausblick

5.1 Resümee

Ohne Mobile geht heutzutage nichts mehr. Das gilt für Konsumenten genauso wie für Einzelhändler.

Konsumenten nutzen das Smartphone als bevorzugtes digitales Endgerät und damit als bevorzugten Zugang zu allen digitalen Informationen. Vor und nach dem Einkauf und vor allem auch während des Shoppens im stationären Handel. Die Konsequenz ist deutlich: Wenn Informationen für den Käufer nicht auf dem Handy verfügbar sind, sind sie für seine Kaufentscheidung nicht relevant!

Handel braucht Handy – lautet deshalb die Devise für alle Einzelhändler, die Digital und Mobile nicht nur als Risiko, sondern vor allem als Chance sehen. Wenn die Kunden ihr Leben mit ihrem Handy organisieren, dann muss der Handel auch darauf stattfinden. Lokale Search-Ergebnisse, verkaufsrelevante Produktinformationen und die Möglichkeit zur Bestellung oder Reservierung sollten eigentlich heute schon Standard für den Einzelhandel sein (auch wenn sie es leider noch nicht sind). Differenzierung zu Wettbewerbern wird aber nur durch innovative mobile Produkte und Services geschaffen. Wie das geht, haben heute schon Unternehmen wie L'Oréal, Sephora, Domino's Pizza und Starbucks vorgemacht. Doch auch diese Beispiele sind erst der Anfang einer neuen mobilen Realität, die es in der Zukunft aktiv zu gestalten gilt.

5.2 Ausblick

Jedes Handelsunternehmen sollte die neue mobile Realität akzeptieren und konsequent an seiner eigenen Mobile-Strategie arbeiten. Die eigene Website mobile-fähig bzw. responsive (nutzbar für alle Endgeräte wie Desktop, Tablet und Mobile) zu gestalten und abverkaufsrelevanten Content zur Verfügung zu stellen ist dazu die Mindestvoraussetzung. Zudem sollte jeder Händler darauf hinarbeiten, die Einwilligung seiner Kunden zur Nutzung ihrer Kundendaten zu erhalten, da er ansonsten in der immer stärker datengetriebenen Handelswelt die notwendigen Berührungspunkte zu seinen Kunden zu verlieren droht. Die Zukunft aber wird den Händlern gehören, die neben innovativen Beratungslösungen, wie zum Beispiel QR-Codes an den Produkten oder die Anwendung von Beacon-Technologie, auch kanalübergreifende Services wie Click & Collect anbieten. Denn immer mehr der mobilen Kunden schätzen die Möglichkeit, zu jeder Zeit und an jedem Ort mit ihrem Handy Produkte zu bestellen und zu bezahlen, sie aber dann persönlich im Handel abzuholen.

Zur ganzheitlichen Kundenansprache gehören auch digitale Beratungs- und Serviceangebote wie Kundenservice über soziale Kanäle wie Facebook oder WhatsApp, Bonus-Apps mit sofort einsetzbaren monetären Vorteilen wie Coupons oder ein einfacher Nachbestellservice per App.

Der stationäre Handel hat enorme Stärken, die er voll ausspielen sollte: Nur er kann ein wirkliches Einkaufserlebnis bieten! Nur im stationären Handel können Kunden Produkte sehen, berühren, ausprobieren und dann auch sofort kaufen. Dieses einmalige Einkaufserlebnis mit mobilen Angeboten und Services zu verstärken sollte deshalb das Ziel einer jeden Mobile-Strategie sein.

Literatur

Cannes Lions. (2015). Makeup genius, L'Oréal Paris. https://vimeo.com/132208869. Zugegriffen: 10. Jan. 2016.
Deloitte. (2015). Deloitte-Studie: Navigating the New Digital Divide. Die Chancen der Digitalisierung für den deutschen Handel. http://www2.deloitte.com/content/dam/Deloitte/de/Documents/technology/DD%20WP%20Digitale%20Dividende%20juli2015_safe.pdf. Zugegriffen: 8. Jan. 2016.
Deloitte. (2016). Deloitte-Studie: Smartphones erobern Unterhaltungs- und Consumer-Electronics-Markt. http://www2.deloitte.com/de/de/pages/presse/contents/studie-2016-staendig-auf-empfang.html. Zugegriffen: 14. Jan. 2016.
Domino's Pizza Switzerland. (2016). Über uns. https://pizza.dominos.ch/about. Zugegriffen: 23. Mär. 2016.
Fortune. (2015). Starbucks wants your phone as much as it wants to sell you coffee. http://fortune.com/2015/07/24/starbucks-mobile-investments/. Zugegriffen: 12. Jan. 2016.
Gallup. (2015). Most US smartphone owners check phone at least hourly. http://www.gallup.com/poll/184046/smartphone-owners-check-phone-least-hourly.aspx? Zugegriffen: 12. Jan. 2016.
Google, Ipsos MediaCT, & Sterling Brands. (2014a). Digital impact on in-store shopping: Research debunks common myths. https://think.storage.googleapis.com/docs/digital-impact-on-in-store-shopping_research-studies.pdf. Zugegriffen: 23. Mär. 2016.
Google, Ipsos MediaCT, & Sterling Brands. (2014b). New research shows how digital connects shoppers to local stores. https://www.thinkwithgoogle.com/articles/how-digital-connects-shoppers-to-local-stores.html. Zugegriffen: 11. Jan. 2016.
Google. (2015). Win every micro-moment with a better mobile strategy. https://www.thinkwithgoogle.com/articles/win-every-micromoment-with-better-mobile-strategy.html. Zugegriffen: 23. Mär. 2016.

IDC. (2015). Worldwide smartphone market will see the first single-digit growth year on record. http://www.idc.com/getdoc.jsp?containerId=prUS40664915. Zugegriffen: 12. Jan. 2016.

KPCB. (2015). Internet trends code conference by Mary Meeker. http://www.kpcb.com/internet-trends. Zugegriffen: 12. Jan. 2016.

Marketing Magazine. (2015). Why Burberry's Snapchat Testino campaign is the best piece of marketing in 2015. http://www.marketingmagazine.co.uk/article/1369558/why-burberrys-snapchat-testino-campaign-best-piece-marketing-2015. Zugegriffen: 11. Jan. 2016.

Marketingcharts. (2015). 90% of US mobile internet time said spent in apps. http://www.marketingcharts.com/online/90-of-us-mobile-internet-time-said-spent-in-apps-58693/. Zugegriffen: 12. Jan. 2016.

Marketplace. (2015). Domino's CEO Patrick Doyle: Tech with a side of pizza. http://www.marketplace.org/2015/09/24/business/corner-office/dominos-ceo-patrick-doyle-tech-side-pizza. Zugegriffen: 10. Jan. 2016.

Mobile Commerce Daily. (2015a). Domino's strong mobile sales prove millennials' dependency on digital ordering. http://www.mobilecommercedaily.com/dominos-strong-mobile-sales-prove-millennials-dependency-on-digital-ordering. Zugegriffen: 23. Mär. 2016.

Mobile Commerce Daily. (2015b). Sephora exec: Beacons need more time to evolve. http://www.mobilecommercedaily.com/sephora-exec-beacons-need-more-time-to-evolve. Zugegriffen: 10. Jan. 2016.

Mobile Commerce Daily. (2015c). Starbucks is 2015 mobile retailer of the year. http://www.mobilecommercedaily.com/starbucks-is-2015-mobile-retailer-of-the-year. Zugegriffen: 2. Jan. 2016.

Nielsen. (2014). Tech-or-treat: Consumers are sweet on mobile apps. http://www.nielsen.com/us/en/insights/news/2014/tech-or-treat-consumers-are-sweet-on-mobile-apps.html. Zugegriffen: 8. Jan. 2016.

Sixt. (2014). Sixt flirtet mit Kunden auf Tinder. https://www.sixtblog.de/promotion/sixt-flirtet-mit-kunden-auf-tinder/. Zugegriffen: 14. Jan. 2016.

Statista. (2015a). Anteil der Online-Käufer in Europa nach ausgewählten Ländern im Jahr 2015. http://de.statista.com/statistik/daten/studie/153999/umfrage/anteil-der-online-kaeufer-in-europa-nach-laendern/. Zugegriffen: 12. Jan. 2016.

Statista. (2015b). Durchschnittliche Jahresausgaben pro Kopf im eCommerce im Ländervergleich. http://de.statista.com/statistik/daten/studie/318864/umfrage/durchschnittliche-jahresausgaben-pro-kopf-fuer-e-commerce-im-laendervergleich. Zugegriffen: 12. Jan. 2016.

Statista. (2015c). Global Apple iPhone sales from 3rd quarter 2007 to 1st quarter 2016 (in million units). http://www.statista.com/statistics/263401/global-apple-iphone-sales-since-3rd-quarter-2007/. Zugegriffen: 2. März 2016.

Statista. (2015d). Number of smartphone user worlwide. http://www.statista.com/statistics/330695/number-of-smartphone-users-worldwide. Zugegriffen: 12. Jan. 2016.

Statista. (2015e). Nutzungsmuster von Mobilfunknutzern. http://de.statista.com/infografik/4192/nutzungsmuster-von-mobiltelefonnutzern/. Zugegriffen: 12. Jan. 2016.

Statista. (2016). Active millennial usage reach of the most popular mobile messaging apps worldwide as of 3rd quarter 2014. http://www.statista.com/statistics/388220/mobile-messenger-app-reach-millennial/. Zugegriffen: 23. Mär. 2016.

Über den Autor

Martin Wider, Jahrgang 1962, ist seit Mitte 2015 Partner bei dgroup, eine der führenden Beratungen für digitale Transformation in Europa. Der Experte für digitale Marken studierte Kommunikationswissenschaften, Politik und Wirtschaft an der Ludwig-Maximilians-Universität in München. Nach einem Volontariat bei der Cosmopolitan war er einige Jahre als Journalist und Autor tätig, u. a. für Musik-express, Wiener und Playboy. Danach arbeitete er als Texter und Creative Director für verschiedene Agenturen. 1997 war er Co-Gründer der Dialogmarketing- und Digitalagentur detterbeckwider. Danach war er Managing Partner bei der renommierten Kreativagentur Springer & Jacoby, CEO von Publicis Frankfurt sowie von 2008 bis 2013 Deutschland-CEO der Networkagentur J. Walter Thompson. Vor seinem Einstieg bei der dgroup verantwortete Martin Wider als CMO das globale Marketing des Marketing-Tech-Start-ups Facelift. Bei der dgroup verantwortet er den Bereich der Entwicklung von digitalen Produkten und Services für Markenkunden mit Schwerpunkt auf Mode und FMCG. Neben seiner Aufgabe bei der dgroup ist er als Advisor und Beirat für verschiedene Startups tätig.

Outsourcing versus Insourcing – welches Betreibermodell im Online-Handel ist angeraten?

Marcus Krekeler und Gerrit Heinemann

Zusammenfassung

Die Herausforderungen an die Betreibermodelle des Online-Handels steigen unentwegt. Diese entscheiden in der Regel darüber, ob Online-Shops profitabel betrieben werden können, oder aber ob „außer Umsatz und Verlusten nichts gewesen ist". Die Betreibermodellentscheidung stellt insofern die wesentliche Basis bei der Neuausrichtung des Online-Shops dar. Sie betrifft alle Schritte, die dafür durchlaufen werden müssen, und bildet zusammen mit der Business-Planung einen zentralen Aspekt des Detailkonzeptes eines Geschäftsmodells. Die „Make or Buy"-Entscheidung sollte dabei für alle Unternehmensaktivitäten neu geprüft werden. Diese kann aber nur auf Basis einer Digitalstrategie und daraus abgeleiteten Business-Planung getroffen werden. Welches Betreibermodell im Endeffekt am sinnvollsten ist, das heißt wie der optimale Anteil an Outsourcing versus Insourcing von Kompetenzen und Aufgaben ist, um Digitalisierungschancen optimal nutzen und nachhaltig wettbewerbsfähig bleiben zu können, ist abhängig von verschiedenen Aspekten. Jedes Unternehmen muss u. a. je nach Größe, Branche, Internationalität, Margensituation und Know-how entscheiden, welches der richtige Grad an Out- und Insourcing ist, um optimal von den neuen Entwicklungen der Digitalisierung profitieren zu können. In diesem Zusammenhang möchte der vorliegende Artikel die Frage beantworten, in welcher Situation

---

M. Krekeler
dgroup GmbH, Hamburg, Deutschland
E-Mail: marcus.krekeler@d-group.com

G. Heinemann (✉)
Hochschule Niederrhein, Mönchengladbach, Deutschland
E-Mail: professor@gerritheinemann.de

welcher Grad an Outsourcing für das jeweilige Unternehmen der richtige Weg ist, um umfassend die Digitalisierungschancen nutzen zu können.

Inhaltsverzeichnis

1	Neue Herausforderungen an Betreibermodelle des Online-Handels...............	470
2	Outsourcing versus Insourcing – Betreibermodellbetrachtung	473
	2.1 Digitalstrategie als Rahmenvorgabe.................................	474
	2.2 Grundsatzentscheidung Betreibermodell	475
	2.3 Business-Planung als Absicherung...................................	477
	2.4 Betreibermodellentscheidung für Auslandsexpansion	479
3	Prozessexzellenz als Mindestanforderung...................................	480
	3.1 Höchstmöglicher Automatisierungsgrad	480
	3.2 Schnelligkeit und Effizienz...	481
	3.3 Prinzip der Skalierbarkeit..	482
	3.4 Systemstrategie und Schnittstellenlösungen...........................	483
4	Festlegung des optimalen Out- und Insourcing-Grades........................	484
	4.1 Ermittlung des Digitalisierungspotenzials	484
	4.2 Festlegen des Out- und Insourcing-Grades	485
	4.3 Veränderung des Out- bzw. Insourcing-Grades	488
	4.4 Suche nach internen Ressourcen und externen Outsourcing-Partnern.........	489
5	Zusammenfassung und Fazit	491
Literatur..		492
Über die Autoren...		493

1 Neue Herausforderungen an Betreibermodelle des Online-Handels

Trotz beständig steigender Umsätze (bevh 2016) steht der Online- und Multi-Channel-Handel vor einem tief greifenden Konzentrationsprozess, den vielleicht bis zu 90 % der Online-Händler nicht überleben werden (excitingcommerce 2016; Heinemann 2016; ECC 2015; iBusiness 2014). Während viele Geschäftsmodelle offensichtlich nach wie vor geeignet sind, Kunden zum Besuch auf der Website und zur Conversion zu bringen, scheint es zunehmend Probleme mit dem Betreibermodell zu geben. Ein Betreibermodell kennzeichnet das Ausmaß des Eigenbetriebs und ist Ergebnis der „Make or Buy"-Entscheidung für den Gesamtbetrieb oder Teilfunktionen des Unternehmens (Heinemann 2016). Am besten kommt es in der Schlüsselfrage „Outsourcing versus Insourcing – welches Betreibermodell im Online-Handel ist angeraten" zum Ausdruck. Die Erfahrungen der ersten 20 Jahre E-Commerce zeigen, dass sicherlich ein Mindestmaß an Insourcing zur Profitabilität notwendig ist. Vor allem ist es erforderlich, neue digitale Kompetenzen in eigenen schlagkräftigen E-Commerce-Organisationen schnellstmöglich aufzubauen, die alle notwendigen Funktionalitäten und dabei vor allem auch Sourcing und Einkauf professionell an den neuen digitalen Anforderungen, etwa hinsichtlich Speed, ausrichten. Gelingt dies nicht, werden immer größere Umsatzanteile sich damit auf immer weniger Online-Anbieter verlagern. Diese Entwicklung spiegelt sich auch in den Zahlen wider (Heinemann 2016; iBusiness 2014): Vor allem die größten Händler wie Amazon und Zalando wachsen demnach überdurchschnittlich schnell (Amazon 2015; Zalando 2016). Mit über zehn Milliarden Euro Umsatz in Deutschland und wahrscheinlich mehr als 14 Mrd. EUR Handelsvolumen in 2015 reicht das Wachstum von Amazon offensichtlich aus, um dem gesamten Non-Food-Einzelhandel in Deutschland in nur einem Jahr mehr als ein Prozent Marktanteil abzunehmen (WiWo 2014). Bei ununterbrochen stabilen Wachstumsraten vergrößert sich diese Zahl sogar immer mehr, da der Sockeleffekt überproportional zu greifen beginnt. Insgesamt lassen sich folgende Herausforderungen an Betreibermodelle des Online-Handels identifizieren (Heinemann 2016; iBusiness 2014):

- **Shop-Gefahr Nr. 1: Mittlere Größe.** Stark gefährdet sind die vielen mittelgroßen Online-Shops der ersten Generation, die älter als 15 Jahre sind. Diese erzielen Umsätze von 100.000 bis fünf Millionen Euro und sind überproportional stark bei Multi-Channel-Händlern anzutreffen, die ihren Ursprung im stationären Handel haben. Ihre Probleme spiegeln die Perspektivlosigkeit des stationären Stammgeschäfts wider, und zwar in Hinblick auf mittelgroße Sortimente mit durchschnittlichen Preisen und damit Profillosigkeit. Wenn Produkte, Service, Lieferzeiten, Bezahlarten und sogar die Optik der meisten Shops austauschbar sind, bleiben nicht mehr viele Differenzierungsmerkmale. Den Kampf kann deswegen nur der größere und aggressivere Marktteilnehmer gewinnen, also der Category Killer wie u. a. Zooplus oder fahrrad.de. Dabei bieten aber Nischen durchaus Chancen. Ein hoch spezialisierter Shop kann ungeachtet des Preisdrucks sogar sehr attraktive Renditen erwirtschaften. Die Devise muss also heißen: Ultraspezialisierung (iBusiness 2014). Allerdings bleiben die Umsätze aufgrund der Nischengröße überschaubar, weswegen die Anforderungen an die Betreibermodelle hier sicherlich relativ überschaubar bleiben, wenn nicht die gesamte Geschäftsstrategie geändert wird.
- **Shop-Gefahr Nr. 2: Endliches Wachstum.** Im stationären Handel reichen aufgrund der hohen Fixkostenanteile oft nur fünf bis zehn Prozent Umsatzrückgang aus, bis der Laden aufgeben muss. Allerdings ist die Situation für Online-Händler eigentlich noch schwieriger, denn bei ihnen reicht es oft schon, wenn das Wachstum ausbleibt. Während etliche Online Pure Plays sich mit Minimargen von nicht einmal einem Prozent zufrieden geben, lässt diese anderen Online-Shops kaum Luft zum Überleben, sodass sie zwangsweise auf kontinuierliches Wachstum als Überlebensstrategie setzen müssen. Dazu werden allerdings Investitionen benötigt, die aber erst noch verdient werden bzw. zurückfließen müssen in den nächsten Jahren (iBusiness 2014). Dies hat erhebliche Auswirkungen auf das Betreibermodell. Im Grunde steht und fällt das Überleben hier mit dem Erfolgspotenzial des Betreibermodells, das aufgrund der investiven Risiken auch in Hinblick auf die Business-Planung auf den Prüfstand muss.

- **Shop-Gefahr Nr. 3: Immenser Innovationsdruck.** Vor allem Webshops der ersten Generation sitzen nicht selten in der Innovationsfalle, denn der Innovationsdruck im E-Commerce ist enorm und wird maßgeblich durch den Marktführer Amazon getrieben. Im Grunde kann sich ein Online-Händler praktisch nur als Innovationsführer dauerhaft an der Spitze halten. Die Innovationsführerschaft bezieht sich sowohl auf das Frontend als auch das Backend mit den entsprechenden Prozessen. Eigentlich kann es sich kein Online-Shop mehr leisten, hinter die gesetzten Qualitätsstandards zurückzufallen. Sämtliche Prozesse und Systeme sollten deswegen permanent überprüft und optimiert werden. Nicht jeder Online-Shop und vor allem nicht jeder Händler hält das auf Dauer durch (iBusiness 2014). Deswegen ist gerade dieser Aspekt von herausragender Bedeutung für die Betreibermodellentscheidung. Auch wenn es anders sein sollte als gedacht, aber nicht selten stellen sich Fulfillment-Dienstleister, die den Online-Shop im Outsourcing betreiben, als Innovationsbremse heraus. Innovationsdruck spricht insofern tendenziell eher für den Eigenbetrieb.
- **Shop-Gefahr Nr. 4: Der Weiße Ritter.** Das Beispiel Delticom-Tirendo beschreibt diese Art der Shop-Gefahr idealtypisch: Delticom betreibt seit dem Jahr 2000 das Portal Reifendirekt.de. Bis Anfang 2012 war Delticom unangefochtener Marktführer. Dann aber trat mit Tirendo.de ein extrem preisaggressiver Konkurrent überraschend in den Markt ein, getrieben von der European Media Holding, hinter der eine Reihe einflussreicher E-Commerce-Investoren steckt. Tirendo kopierte das profitable Geschäfts- und Betreibermodell von Delticom, forcierte massiv das Online-Marketing in Kombination mit umfangreicher Fernsehwerbung, die über die SevenVentures-Beteiligung günstig zur Verfügung stand. Nicht einmal zwei Jahre nach dem Markteintritt von Tirendo sah sich Delticom gezwungen, den unliebsamen Konkurrenten vom Markt zu kaufen. Das „Horrorszenario" des „Weißen Ritters", der in ein lukratives und zugleich unreifes Geschäftsfeld einreitet, um dort Category Killer zu werden, ist heute in vielen Segmenten vorstellbar. Als besonders gefährdet gelten Kategorien, die noch nicht so stark von Amazon & Co. besetzt sind, die aber ein hohes Wachstumspotenzial bei gleichzeitig geringer Online-Durchdringung aufweisen. Dies waren auch die Bedingungen für Zalando, der als Pionier in Deutschland die Schuhbranche von der Online-Seite her aufgerollt hat. Allerdings sind die Anforderungen an einen solchen Category Killer inzwischen auch sehr hoch und kapitalintensiv (iBusiness 2014). Dies stellt deswegen auch enorm hohe Anforderungen an das Betreibermodell.
- **Shop-Gefahr Nr. 5: Konsolidierung findet nicht statt – es kommt schlimmer.** Sobald die Marktanteile verteilt sind, findet normalerweise Konsolidierung statt. Denn dann sind Zukäufe häufig die einzige Möglichkeit, profitables Wachstum zu erzielen. Im Online-Handel ist das allerdings so nicht zu beobachten. Auch wenn viele Experten bereits von einer Konsolidierung sprechen, handelt es sich doch eher um einen Konzentrationsprozess. In den unreifen E-Commerce-Märkten wie u. a. DIY, Möbel oder Food, lassen sich Marktanteile noch vergleichsweise leicht über eine aggressive Wachstumsstrategie gewinnen. Übernahmen werden dort deswegen vorerst die Ausnahme bleiben. In den reifen und ausdifferenzierten Online-Märkten wie

bei Büchern oder Elektronik lohnen sich Übernahmen allerdings kaum. Eine Unternehmensbewertung über den Umsatz ist hier selten sinnvoll: Die meisten Kunden in diesen Segmenten werden über Preissuchmaschinen gewonnen und sind deswegen höchst volatil. Insofern werden etliche Online-Händler, die in den kommenden Jahren aufgeben müssen, nicht verkauft werden, sondern verschwinden wahrscheinlich ganz einfach vom Markt (iBusiness 2014). Es sei denn, sie erkennen ihre Reserven und Potenziale in Hinblick auf das Betreibermodell.

Was nun Online-Händler in Hinblick auf ihr Betreibermodell tun können, um den skizzierten Gefahren zu begegnen, ist Gegenstand des folgenden Beitrags. Zunächst geht es darum, das Betreibermodell des eigenen Online-Geschäfts zu verstehen. Dies bildet die Basis für die Entscheidung des optimalen Ausmaßes von Insourcing und Outsourcing.

2 Outsourcing versus Insourcing – Betreibermodellbetrachtung

In der Anfangsphase des E-Commerce wurde nicht selten ein Total-Outsourcing als Grundregel verfolgt:

> Internet-Unternehmen sind heute nackt (…) Um das herum, was ein Internet-Händler am besten kann, baut er ein Business-Netz mit Partnern, die ihrerseits das tun, was sie am besten können. Zum zweiten gilt es, die Kraft der Selbstorganisation für das Unternehmen zu nutzen, sowohl innerhalb wie auch außerhalb (…) Dabei werden Unternehmen auf vielen Ebenen weniger hierarchisch (…) Durch Outsourcing und Zusammenarbeit mit Kunden und Anspruchsgruppen gelangen Internet-Unternehmen auf eine neue Ebene des Fortschritts (Tapscott 2008).

Die bisher gängige Annahme, dass in jedem Fall Outsourcing-Lösungen vorzuziehen sind, kann allerdings schnell in die Renditefalle führen. Denn mit variablen Vergütungsmodellen sind eigentlich keine Skalierungseffekte erzielbar. Oberstes Gebot sollte insofern flexible Vertragsgestaltung mit kurzfristigen Ausstiegsmöglichkeiten sein. Zudem sollte genau bekannt sein, welches die wettbewerbsrelevanten Kernkompetenzen der E-Commerce-Aktivitäten sind, und zwar ohne Berücksichtigung der bisherigen Kernkompetenzen im Traditionsgeschäft. Deswegen ist für jede einzelne Aktivität der Wertschöpfungskette zu hinterfragen, was unbedingt selbst betrieben werden sollte oder welche Funktionen besser an Dienstleister delegiert werden sollte. Die Betreibermodellentscheidung stellt deswegen die wesentliche Basis bei der Neuausrichtung des Online-Shops dar. Sie betrifft alle Schritte, die dafür durchlaufen werden müssen, und bildet zusammen mit der Business-Planung einen zentralen Aspekt des Detailkonzeptes für ein nachhaltiges Geschäftsmodell ab (vgl. Abb. 1). Die „Make or Buy"-Entscheidung sollte deswegen für alle Unternehmensaktivitäten neu geprüft werden. Dies kann aber nur auf Basis einer Digitalstrategie und daraus abgeleiteten Business-Planung getroffen werden.

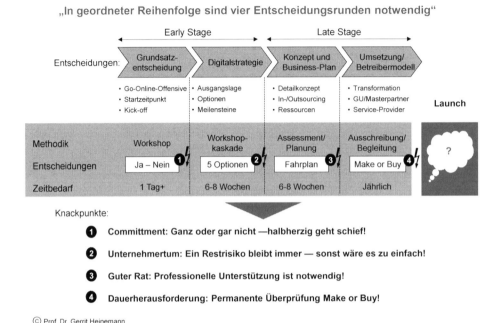

Abb. 1 Schritte zur Neuausrichtung des Online-Shops. (Quelle: eigene Darstellung)

2.1 Digitalstrategie als Rahmenvorgabe

Häufige Ausgangssituation bei der Entwicklung einer Digitalstrategie ist die schlechte Wirtschaftlichkeit bestehender Online-Aktivitäten. Grund dafür kann auch sein, dass der Online-Shop nicht explizit als strategisches Wachstumsfeld definiert wurde. Auch die Verzahnung der Retail-Kanäle zu einem integrierten Multi-Channel-System sowie die Einführung eines CRM-Systems mit eigener Kundenkarte stehen in der Regel nicht im Fokus, wenn der erste Online-Shop gelauncht wird. Dementsprechend sind dann auch die Online-Anteile des Anbieters in der Regel relativ gering mit eher unterdurchschnittlichen Wachstumsraten. Auch deswegen ist es sinnvoll, den Shop in einem ersten Schritt im Status quo zu analysieren und zu bewerten. Je mehr Online-Umsatz erzielt wird, desto eher sollte sich der Online-Shop nach dem Prinzip der Skalierbarkeit eigentlich rechnen. Dies ist allerdings an die Voraussetzung geknüpft, dass die Infrastruktur skalierbar ist (Heinemann 2016). Im Zuge der „digitalen Neuausrichtung" ist jedoch zunächst die Grundsatzentscheidung zu treffen, den Online-Shop zu forcieren und die Verzahnung der Absatzkanäle zu einem integrierten Gesamtsystem voranzutreiben. Dazu muss zunächst eine neutrale Bestandsaufnahme des bestehenden Online-Stores geliefert und damit die Basis für die Entwicklung einer zukunftsfähigen Digitalstrategie gelegt werden. Von besonderer Bedeutung ist diesbezüglich, in der Analyse bereits mögliche Optionen zu berücksichtigen. Dies kann durch ein Benchmarking verschiedener Peer Groups aus der bestehenden Branche sichergestellt werden. In jedem Fall ist es aber auch sinnvoll, den betroffenen Online-Store nicht nur mit bestehenden Shops aus der Branche zu vergleichen, sondern auch ein branchenübergreifendes Benchmarking zu liefern, also exzellente Online-Shops aus anderen B2C-Segmenten als weitere Vergleichsbasis mit einzubeziehen. Dabei bietet es sich an, die Ergebnisse der Bestandsaufnahme in einem Workshop darzustellen und in Hinblick auf die möglichen Zukunftsoptionen umfassend zu diskutieren. Dabei sind die verantwortlichen Führungskräfte mit einzubeziehen, um eine Priorisierung der Themen vorzunehmen und auch gemeinsam die Marschrichtung festzulegen. Dies kann im Rahmen eines weiteren Workshops erfolgen oder in Form von Einzelgesprächen mit den betroffenen Entscheidungsträgern. Zielsetzung dieses Vorhabens sollte darin bestehen, den E-Shop auf Web-Exzellenz zu trimmen (Heinemann 2016). Im Hinblick auf eine valide Aussage hinsichtlich der angestrebten Web-Exzellenz werden entsprechende Vertiefungen auf qualitativer Ebene notwendig werden. Im Ergebnis führen diese Vertiefungen zu einem Benchmark-Vergleich mit vergleichbaren Online-Shops aus der Branche. Dabei geht es insbesondere um die Hinterfragung der acht S-Erfolgsfaktoren für Online-Shops sowie der sieben C-Erfolgsfaktoren für Multi-Channel-Systeme (Heinemann 2011, 2016). Zusätzlich sollte auch der Internationalisierungsaspekt mit untersucht werden. Ergebnis kann eine Abschätzung der Erfüllungsgrade der Erfolgsfaktoren für den Online-Shop sowie das ihn umfassende Multi-Channel-System sein. In diesem Analyseschritt sind in jedem Fall alle verantwortlichen Führungskräfte mit einzubeziehen. Dabei sollte auch der Frage nachgegangen werden, inwieweit zusätzliche Potenziale realisierbar sind. In diesem Zusammenhang ist auch zu klären, inwieweit der Online-Kanal ausreichende wettbewerbsfähige und von den Wettbewerbern differenzierende Elemente aufweist und den sich immer weiter verändernden Ansprüchen der Nachfrageseite Rechnung trägt. Von besonderer Bedeutung ist diesbezüglich, dass der Online-Shop auch als strategisches Wachstumsfeld definiert wird und eine integrierte Multi-Channel-Strategie mit höchstmöglicher Verzahnung der Einzelhandelskanäle angestrebt wird. Dazu sind alle denkbaren Optionen darzustellen und zu bewerten. Erst danach kann eine Optionenauswahl erfolgen, die Basis für die Grundsatzentscheidung „Insourcing versus Outsourcing" und damit das Betreibermodell ist.

2.2 Grundsatzentscheidung Betreibermodell

Für die Grundsatzentscheidung über das Betreibermodell muss in einem ersten Schritt Transparenz hinsichtlich des Online-Shops einschließlich der entsprechenden Quantitäten und aller verfügbaren Kennzahlen hergestellt werden. Weiterhin ist ein Überblick über die Organisations-, Prozess- sowie Kostenstrukturen notwendig. Auf dieser Basis ist es möglich, eine erste grobe Analyse vorzunehmen und diese einer Benchmarking- bzw. Best-Practice-Betrachtung zu unterziehen. Damit kann eine erste Einschätzung hinsichtlich der Wettbewerbsfähigkeit der aktuellen Strukturen und der möglichen Potenzialvolumina entwickelt werden. Eine Schlüsselrolle für die „Make or Buy"-Entscheidung sollten dabei vor allem auch die Kundenperspektive und das Kundenverhalten einnehmen. Erfolgskritisch ist, die richtigen Leistungen situationsadäquat den richtigen Kunden anzubieten und die entsprechenden Leistungen richtig zu bewerten (Heinemann 2016). Die meisten Besucher kaufen nicht, halten sich aber im Schnitt sechs bis zwölf Minuten im Online-Shop auf. Dabei bietet er als möglicher Online-Flagshipstore die Chance, dem Endverbraucher relativ effizient das gesamte Sortiment zu präsentieren, was in der Regel offline nur selten möglich ist. Dies dürfte allerdings in einem total outgesourcten Shop schwierig sein. Demgegenüber bietet es sich an, Commodity-Leistungen wie u. a. die Logistik an hoch spezialisierte Dienstleister zu delegieren. In Abb. 2 ist beispielsweise die Outsourcing-Entscheidung für die Logistik dargestellt. Diese hängt davon ab, ob die Logistik eine Kernkompetenz des Unternehmens darstellt. Eine Kernkompetenz ist diesbezüglich umso höher zu gewichten, je austauschbarer die angebotenen Sortimente und Produkte sind. Insofern sollte die Outsourcing-Entscheidung vom Differenzierungspotenzial der logistischen Prozesse abhängig gemacht werden. Die Zusammenarbeit zwischen Industrie- und Handelsunternehmen beispielsweise ist auch nicht immer nur mit Outsourcing-, sondern auch mit Insourcing-Entscheidungen verbunden. Insofern kann sich die Wahl zwischen „Make or Buy" bzw. Eigenleistung oder Fremdbezug der Leistung auch durchaus auf die Reintegration von Leistungen beziehen (Insourcing). Dies gilt für alle Funktionsbereiche und nicht nur für die hier am Beispiel der Logistik

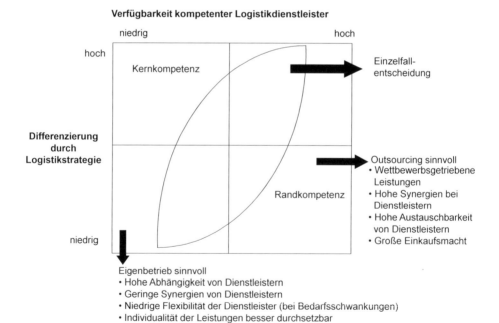

Abb. 2 Logistik-Outsourcing-Entscheidung im Online-Handel. (Quelle: Zentes et al. 2004, S. 498)

untersuchte Fragestellung (Heinemann 2016). Trotz der mittlerweile großen und eigentlich doch professionellen Fulfillment-Dienstleister ist verwunderlich, dass die meisten Online-Shops nicht oder kaum profitabel sind, obwohl sie teilweise enorm gewachsen sind und bereits beträchtliche Betriebsgrößen aufweisen. Gängig ist nach wie vor die Auslagerung logistischer Aktivitäten an Logistikdienstleister (Zentes et al. 2004, S. 185). Das ist auch sicherlich Ursache dafür, dass mittlerweile die europäischen Logistikströme im Online-Sektor von Logistikdienstleistern dominiert werden. Wesentlicher Treiber dieser Entwicklung ist zweifelsohne auch die Tendenz zum Cross Border Trade und die Forcierung von Auslandsmärkten. In vielen Fällen hatte auch der Hang zur Fokussierung auf Kernkompetenzen eine Auslagerung von „Randaktivitäten zur Folge" (Heinemann 2016). Dennoch profilieren sich die ersten Online-Anbieter wie zum Beispiel ao.com über eine Eigenzustellung und auch Amazon deckt weite Teile seines US-Geschäftes bereits über eigene Zustelldienste ab (Amazon 2015).

2.3 Business-Planung als Absicherung

Für viele Online-Händler stellt sich im Rahmen der Business-Planung allerdings die Frage, ob es ihre Geschäftsmodelle überhaupt schaffen, nachhaltig rentabel zu werden und einen angemessenen Return on Investment sicherzustellen. Deswegen sollte auch die Entscheidung „Outsourcing versus Insourcing" gut überlegt sein. Sie muss für alle Kernfunktionen in regelmäßigen Abständen hinterfragt und betriebsgrößenabhängig entschieden werden. Das geht aber nur, wenn die Vertragsbindungen mit möglichen Outsourcing-Partnern nicht zu langfristig und rigide gestaltet sind. Oberstes Gebot sollten insofern flexible Vertragsgestaltungen mit kurzfristigen Ausstiegsmöglichkeiten sein. Dies bedingt allerdings, dass nicht nur das Geschäftsmodell, sondern vor allem das Betreibermodell auf den Prüfstand kommt (Heinemann 2016). Dies kann nur auf Basis einer detaillierten Business-Planung erfolgen, die sämtliche Kostenarten transparent aufschlüsselt. Dabei sind neben den Personalkosten vor allem auch die Sachkosten unter Einschluss aller externer Kosten (Outsourcing-Partner, Service-Provider, Fulfillment-Dienstleister etc.) relevant. Außerdem macht es Sinn, in die Verträge mit den Outsourcing-Partnern Einblick zu nehmen. Ansonsten besteht die Gefahr, dass trotz Umsatzausweitung und relativer Verkleinerung der Anlaufverluste die absolute Höhe der negativen Periodenergebnisse fast unverändert bleibt und damit der Shop keine Chance hat, auf kurz oder lang den Break-even zu erreichen. Das folgende fiktive Beispiel für einen Fashion-Online-Shop soll dies verdeutlichen (Heinemann 2016). Unter Berücksichtigung aller Umsatz- und Kostenfaktoren wird dazu aus „Best-Case"-Sicht ein Business-Plan erstellt, der im ersten Jahr von zwei Millionen Euro Umsatz ausgeht. Dieser soll über die nächsten zwei Jahre jeweils um 50 % wachsen (vgl. Abb. 3).

Die Umsätze werden als Nettoumsatz ausgewiesen. Dabei werden zehn Prozent Abschriften und 40 % Retouren angesetzt, die zu zehn Prozent Retourenkosten führen. Dies bestätigt einen optimistischen Planungsansatz. Insgesamt zeigt sich, dass der

In Tsd. EUR

Position	Jahr 1		Jahr 2		Jahr 3		Jahr 1-3
Umsatz netto	2.000	100,00%	3.000	100,00%	4.500	100,00%	
./. Abschriften	-200	10,00%	-300	10,00%	-450	10,00%	
./. Retouren nach Verw.	-200	10,00%	-300	10,00%	-450	10,00%	
Bereinigter Umsatz netto	1.600	80,00%	2.400	80,00%	3.600	80,00%	7.600
./. Wareneinsatz netto	-800	-40,00%	-1.200	-40,00%	-1.800	-40,00%	
Rohertrag	800	40,00%	1.200	40,00%	1.800	40,00%	3.800
./. AfA Setup	-120	-6,00%	-120	-4,00%	-120	-2,66%	
./. Kosten IT & Fulfil.	-458	-22,90%	-582	-19,40%	-752	-16,73%	-1.792
./. Marketingkosten	-580	-29,00%	-630	-21,00%	-810	-18,00%	-2.020
./. Personalkosten	-300	-15,00%	-450	-15,00%	-570	-12,67%	-1.320
Summe Kosten	-1.458	-72,90%	-1.782	-59,40%	-2.252	-50,04%	-5.492
./. AO-Effekte	-20	-1,00%	-30	-1,00%	-45	-1,00%	-95
EBIT	-628	-31,40%	-612	-20,40%	-497	-11,04%	-1.737

Abb. 3 Fiktiver Business-Plan für den Online-Shop eines KMU-Fashion-Händlers. (Quelle: eigene Darstellung)

Break-even auch im dritten Jahr noch nicht erreicht wird. Obwohl mit 120 EUR schon ein verhältnismäßig hoher Warenkorbwert angesetzt wurde, wird im Jahr drei ein Minus von annähernd 500.000 EUR erzielt. Immerhin konnte aber der relative EBT von minus 31 % auf minus elf Prozent reduziert werden. Verursacher sind die Fixkosten, die sich aus dem Setup, den IT- und Fulfillment-Kosten sowie den Personal, Marketing- und Mediakosten ergeben. Ein Risiko liegt zudem noch in den relativ gering angesetzten Abschriften und Retourenquoten. Insofern ist damit zu rechnen, dass der Aufbau eines Online-Shops mit erheblichen Anlaufverlusten verbunden sein kann. Aufgrund der hohen Anlaufverluste sind Unternehmen schnell dazu verleitet, entweder gar nicht mit dem Online-Shop zu starten oder diesen komplett outzusourcen. Dem ist aber entgegenzuhalten, dass ein Unternehmen, das heutzutage nicht selbst einen Online-Shop betreibt, auf Dauer den Kontakt zu einem wachsenden Kundensegment verliert. Zudem erbringen Online-Kanäle zunehmend Marketingleistungen für den stationären Kanal, was in der Cross-Media-Budgetierung berücksichtigt werden sollte. Da Printwerbung immer mehr an Bedeutung verliert, sollten die klassischen Medien eher zurückgefahren und die dadurch frei werdenden Mittel für den Online-Shop budgetiert werden. Je größer der Umsatz ist, desto eher rechnet sich die Online-Filiale, in der Regel ab 25.000 bis 40.000 Transaktionen pro Jahr. Deswegen sollte die „Make or Buy"-Frage phasenabhängig betrachtet werden (Heinemann 2016). Sicherlich kann es in der Startphase sinnvoll sein, verstärkt auf Fulfillment-Dienstleister zurückzugreifen. Die Aufbau- und Wachstumsphase sollte jedoch dann zum Aufbau eigener Ressourcen genutzt werden. Dabei stellt sicherlich die Internationalisierung einen Sonderfall dar, der im Folgenden deswegen auch gesondert behandelt wird.

2.4 Betreibermodellentscheidung für Auslandsexpansion

Nicht zuletzt aufgrund der grenzüberschreitenden Präsenz des Internets stellt sich im Online-Handel schnell die Frage der Internationalisierung. Diese kommt spätestens bei der Expansion wieder auf. Die Übertragung erfolgreicher Online-Shops von einem Land auf neue internationale Märkte erweist sich allerdings als nicht ganz so trivial. In dieser Phase kann es deswegen durchaus sinnvoll sein, verstärkt auf die Erfahrungen und Abläufe international agierender Full-Service-Provider zurückzugreifen (Heinemann 2016; Rogalla 2012), die sich mit den landesspezifischen Besonderheiten auskennen. Auch ist es sinnvoll, auf ein internationales Kooperationsnetz mit leistungsstarken Paketdienstleistern zurückzugreifen, die ein durchgängiges Track und Trace sicherstellen können. Am besten werden nationale Carrier für die Zustellung beauftragt, die auch die Adressanforderungen sowie die Retouren mit einer nationalen Retourenanlaufstelle managen können. Auch werden landesspezifische Zahlarten wie zum Beispiel eine Nachnahme häufig nur von lokalen Dienstleistern angeboten. Diese können auch sicherstellen, dass sämtliche für eine Transaktion notwendigen Dokumente in Landessprache verfügbar sind und den jeweils nationalen gesetzlichen Rahmenbedingungen Genüge leisten. Auch die Sprachenvielfalt sollte im Kundenservice überzeugend abgedeckt werden können, was beim Start der Auslandsexpansion nur über entsprechende Service-Provider sichergestellt werden kann (Rogalla 2012). Dabei kann der Lagerstandort zunächst aber selbst betrieben werden. Denn in der Startphase der Internationalisierung bietet sich ein zentraler Lagerstandort an, insbesondere wenn es sich zunächst um kleine Versandmengen handelt. Dezentrale Standorte rechnen sich erst ab einer kritischen Betriebsgröße, denn sie verursachen durch doppelte Lagerhaltung und komplexere IT-Systeme zusätzliche Kosten. Deswegen ist es auch diesbezüglich von Vorteil, auf einen starken und flächendeckend präsenten Fulfillment-Dienstleister mit dezentralen Logistiklägern zurückzugreifen. Dazu sind allerdings durchgängige IT-Systeme, die allen beteiligten Parteien identische Informationen in Echtzeit zur Verfügung stellen, erforderlich. Diesbezüglich sind in der Startphase der Internationalisierung Dienstleistungen aus einer Hand vorzuziehen, da sie Reibungsverluste vermeiden (Rogalla 2012). In Hinblick auf die weitere Internationalisierung ist allerdings der Aufbau einer eigenen Infrastruktur unumgänglich (Leybold 2010). Vor allem eigene und internationalisierungsfähige IT-Systeme sind dafür absolut erfolgskritisch. Diese sollten mit dem Bedarf der Internationalisierung mitwachsen können, ohne sprungfixe Kosten zu verursachen.

Optionale Internationalisierbarkeit Um ein Betreibermodell im Online-Handel erfolgreich internationalisieren zu können, sollte neben der Sprachvielfalt und der internationalen Kompatibilität der eingesetzten Systeme eine Reihe von grundlegenden Voraussetzungen erfüllt sein. Dazu zählen u. a. die hinreichende Nachfrage im Zielmarkt sowie die positiven legalen und regulativen Rahmenbedingungen (Leybold 2010). Geschäftsmodelle können Merkmale aufweisen, die in unterschiedlichen Ländern zu legalen oder regulativen Problemen und Konflikten führen und damit die Internationalisierung behindern. Zentrale Voraussetzung für eine Auslandsexpansion ist vor allem eine ausreichende Online- und Offline-Infrastruktur. Was im Heimatmarkt nur noch eine untergeordnete Rolle spielt, kann bei einer Internationalisierung in weniger entwickelten Märkten zum Problem werden. Dies betrifft insbesondere die Zahlungssysteme, die eine ausreichende Verbreitung aufweisen müssen, oder die Feindistribution bzw. Endlogistik, für die zumindest professionelle Dienstleister zur Verfügung stehen sollten (Leybold 2010). Auch wenn es bei der Umsetzung einer Internationalisierung eine Reihe von Möglichkeiten gibt, so ermöglicht das Internet heute insbesondere eine starke Zentralisierung mehrerer Länderorganisationen an einem Standort. Dies stellt eine vorteilhafte Alternative zu einer dezentralen Auslandsexpansion dar, die durch einen hohen Ressourcenaufwand und komplexe Prozesse eher nicht mit dem Prinzip der Skalierbarkeit vereinbar ist (Heinemann 2016; Leybold 2010).

3 Prozessexzellenz als Mindestanforderung

Mindestanforderung im Online-Handel sind schlagkräftige Prozesse, mit denen die schnellstmögliche Abwicklung der Kundenaufträge sichergestellt werden kann (Cycle Time Reduction). Eine wesentliche Herausforderung besteht dabei in der maximalen Automatisierung (IT- und Systemmanagement). Zugleich sind optimale und effiziente Arbeitsabläufe/Prozesse im Online-Kanal sicherzustellen (Supply-Chain-Management). Dies erfordert ein strategisches Konzept für den IT-Einsatz, das sich unter dem Aspekt der Skalierbarkeit eng an den Wachstumszielen des Online-Shops orientiert. Diesbezüglich kommt auch der Auswahl des richtigen Shopsystems eine Schlüsselrolle zu (Heinemann 2016).

3.1 Höchstmöglicher Automatisierungsgrad

Im Online-Shop kommunizieren die Kunden in der Regel über eine Softwareschnittstelle mit dem Unternehmen. Insofern hat sich die IT von einem traditionell eher unterstützenden Bereich hin zu einer Kernfunktion entwickelt, die in alle Wertschöpfungsstufen und -prozesse integriert ist. Damit wird der IT-Einsatz zu einem zentralen Erfolgsfaktor für den Online-Handel. Die sofortige Übertragung aller anfallenden Daten des Verkaufsprozesses sollte an möglichst vielen Stellen durch nutzerübergreifende Automatisierungen ermöglicht werden (Kollmann 2013). Diese fördert nicht nur den Abverkauf auf Anbieterseite, sondern vereinfacht auch den Kaufvorgang auf Kundenseite. Amazon ist bestes Beispiel dafür, wie durch ultimative Automatisierung auch die wahrnehmbare Servicequalität steigen kann. Beispielsweise reduziert der „1-Klick-Kauf" den Aufwand des Kunden erheblich, vor allem, weil die Lieferadresse nicht noch einmal eingegeben werden muss und damit auch ein Log-in durch Cookie-Nutzung sowie eine Abfrage der Zahlungsdaten entfällt. Anhand der Aktivierung des „1-Klick-Buttons" kann der Online-Kunde alle Einzelschritte, die normalerweise im Kaufprozess üblich sind, umgehen. Dadurch wird der Einkauf aus Kundensicht erheblich vereinfacht (Heinemann 2016; Kollmann 2013).

Aber nicht nur der zeitliche und personelle Aufwand lässt sich durch Automatisierung verringern. Es können zugleich auch Qualitätsvorteile durch Fehlervermeidung realisiert werden. Dies setzt aber eine Standardisierung der Transaktionen voraus. Damit können diese dann unabhängig von Zeitpunkt und Anzahl professionell gemanagt werden. Auch ist ein größeres Transaktionsvolumen möglich, ohne dass die Verkaufskosten steigen, sodass typische Skaleneffekte realisiert werden („Economies of Scale"). Voraussetzung dafür ist jedoch, dass die Transaktionen so effizient wie möglich gestaltet sind. Deswegen sollte die Automatisierung alle standardisierbaren Aufgaben übernehmen. Dadurch wird es ebenfalls möglich, Informationen (zum Beispiel Online-Beratung) zeitnah und aktuell für den Internet-User anzubieten. Dies führt wiederum zu steigenden Umsätzen. Damit ist dann das wesentliche Ziel der Automatisierung erreicht (Kollmann 2013). Die Automatisierung, Vereinfachung und Beschleunigung des Einkaufs sind allerdings durchaus auch mit gewissen Gefahren verbunden. Die Umgehung von Einzelschritten durch die einmalige Aktivierung des „1-Klick-Buttons" beispielsweise erleichtert auch den Missbrauch der User-Accounts, wenn andere Personen Zugriff auf die fixierten Einstellungen erhalten. Angesichts der Anonymität im Internet sowie der weltweiten Zugriffsmöglichkeit fragen sich insbesondere bei (noch) nicht so bekannten Anbietern immer noch Kunden, ob der Anbieter seriös ist. Das Sicherheitsimage des Online-Händlers wird damit auch zu einem wichtigen Erfolgsfaktor (Kollmann 2013).

3.2 Schnelligkeit und Effizienz

Angesichts des veränderten Marktumfeldes sowie der Kundenerwartungen an Zeit und Kosten sind Online-Händler unausweichlich dazu gezwungen, einerseits die Effektivität zu erhöhen und andererseits nachhaltige Effizienzschübe zu realisieren. Diesbezüglich kommt der Geschwindigkeit der innerbetrieblichen Entscheidungs- und Arbeitsabläufe eine Schlüsselrolle zu. Schnelligkeit, Transparenz und Serviceorientierung sind allerdings Themen, die in der „Servicewüste Deutschland" häufig erst noch gelernt werden müssen (Heinemann 2016). Hilfreich ist es, wenn durch eine prozessorientierte Neuausrichtung die Organisation schlanker, schneller und schlagkräftiger ausgestaltet wird. Kompromisslose Kundenorientierung wird infolge der drastisch verkürzten

Kundenreaktionszeiten Grundvoraussetzung für die Wettbewerbsfähigkeit und bildet die Basis für zukünftige Wachstumsdynamik. Es ist erwiesen, dass die durch radikale Prozessoptimierungen hervorgerufene Durchlaufzeitenreduzierung erhebliche Effizienzverbesserungen bewirken kann. Diese ergeben sich u. a. aus erhöhter Lagerumschlagsgeschwindigkeit, Produktivitätssteigerung, Bestandsabbau sowie deutlicher Minimierung von Nichtverkaufsaktivitäten. Doch gelingt dieser Kraftakt nur, wenn das gesamte Geschäftssystem auf die Anforderungen im Online-Handel getrimmt wird (Heinemann 2016). Diesbezüglich sind alle Kernprozesse nach Zeit-, Qualitäts- und Kostenaspekten infrage zu stellen. Ziel sollte es sein, sich auf die Kernfunktionen zu fokussieren, um so auf Kosten- sowie Umsatzseite Wettbewerbsvorteile zu erzielen. Dabei müssen alle Prozessabläufe auf ihren erfolgskritischen Kern hin untersucht und neu ausgerichtet werden. Prozessbarrieren sind zu beseitigen und sollten nach Sachbarrieren (zum Beispiel unzureichende WWS-Instrumente), Prozessbarrieren (zum Beispiel fehlende WWS-Prozessverantwortung) und Kulturbarrieren (zum Beispiel mangelnde Teamkultur) differenziert identifiziert werden. Dabei geht es auch um die Reduzierung der Komplexität sowie die Bewältigung der „nicht reduzierbaren Komplexität". Da die Geschäftswelt immer komplexer wird und die immer differenzierteren Marktanforderungen nur mit einer immer höheren Komplexität erfüllbar sind, ist nicht immer die Komplexität reduzierbar. Die neuen Möglichkeiten der Netzwerkorganisation („virtuelle Organisation") befähigen allerdings Unternehmen auch dazu, diese Komplexität zu bewältigen (Zentes et al. 2004). Das hat allerdings erhebliche Auswirkungen auf die Ausgestaltung des Betreibermodells.

3.3   Prinzip der Skalierbarkeit

Je zentralisierter eine Expansion erfolgen kann, je höher der Automatisierungsgrad ist und je weniger Komplexität die Systemlandschaft aufweist, desto skalierbarer ist erfahrungsgemäß das Betreibermodell. Insbesondere aufgrund der hohen Fixkostenintensität im E-Commerce ist dies für eine Amortisierung erfolgskritisch. Die Skalierbarkeit erfordert allerdings tendenziell eher zentralisierte Systeme und Organisationen. Bei der Internationalisierung werden zum Beispiel durch die Ansiedlung von Länderfunktionen in einer einzigen Zentrale vor allem dadurch Kosten gespart, dass Ressourcen wie Verwaltung und IT geteilt werden. In zentralen Systemen können Ressourcen generell besser ausgenutzt und damit eher Skalierungsvorteile realisiert werden (Heinemann 2016; Leybold 2010). Tendenziell wird die Skalierbarkeit eines Betreibermodells von den folgenden drei Elementen beeinflusst, die sich aus den Geschäftsanforderungen ableiten (Heinemann 2016; Booz 2000, S. 157):

- **Bestmögliche Integration** mit bestehenden Systemen. Dies hängt sicherlich auch von der organisatorischen Einbindung des Internetkanals ab (zum Beispiel Ausgründung,

Greenfield, Start-up versus organisatorische Einbettung), sollte jedoch so weit wie möglich eine manuelle Durchführung von Prozessen verhindern („Medienbrüche").

- **Maximaler Grad an Standardisierung** von Internetlösungen innerhalb des Unternehmens. Einerseits ist die Kompatibilität und damit Verknüpfbarkeit sicherzustellen, andererseits sollte die Prozesseffizienz, -transparenz sowie -überprüfbarkeit im Auge behalten werden. Insellösungen sollten möglichst vermieden werden.
- **Weitestgehende IT-Abdeckung** aller Wertschöpfungsprozesse und Unterstützung. Auch deswegen sollten Prozessabläufe ohne Medienbrüche sichergestellt und die Basis für Schnelligkeit und Vollautomatisierung geschaffen werden. Erfolgreich sind hier vor allem die Online-Player, die auf die Integration im bestehenden Backoffice verzichtet haben und von der Kundenschnittstelle bis hin zur Produktion und Logistik eine komplett neue Systemarchitektur entwickeln konnten.

Alle drei Elemente können sich schnell zu Komplexitätstreibern entwickeln und sollten permanent im Rahmen der Betreibermodellentscheidung beachtet werden. Diese kann insofern nicht losgelöst von der Systemstrategie und den Schnittstellenlösungen getroffen werden (Heinemann 2016).

3.4 Systemstrategie und Schnittstellenlösungen

Für die Auswahl des richtigen Shop-Systems sind zuallererst die Erwartungen der Kunden in Hinblick auf Bedienbarkeit und Funktionen zu klären. Auch ist zu prüfen, welche Anforderungen von den Produkten ausgehen. Ein Produkt mit vielen Varianten und verschachtelten Preisfindungsregeln lässt Standardsysteme schnell an ihre Grenzen stoßen. Auch steigt mit zunehmender Komplexität erfahrungsgemäß der Flexibilitätsbedarf. Dieser verändert sich fortwährend auch durch die Mobilisierung des Internets und die enorme Verbreitung der Smartphones. Die folgenden Kriterien sollten zur Auswahl eines Shop-Systems herangezogen werden (Zenner 2012):

- **Skalierbarkeit:** Hierbei geht es um die Dimensionierung der Shop-Technik. Diese betrifft die Anzahl der Besucher und auch der Bestellungen sowie die Anzahl der gespeicherten Kategorien und Artikel. Die realisierbare Besuchsfrequenz wiederum ergibt sich aus der Geschwindigkeit und Funktionsfähigkeit eines Online-Shops.
- **Internationalisierung:** Der erforderliche Internationalisierungsgrad sollte rechtzeitig definiert werden. Es geht darum, welche Sprachen und landesspezifischen Regelungen zu berücksichtigen sind. Auch ist die Differenzierung zwischen den Ländern festzulegen.
- **Merchandising:** Das Shop-System sollte die geplanten Merchandising-Aktionen unterstützen können. Davon betroffen sind u. a. Gutscheine und Rabatte, Newsletter und auch die Anbindung an soziale Netzwerke.

- **Agilität:** Die Umsetzungsgeschwindigkeit von Shop-Systemen wird zunehmend wichtiger. Schnelle Anbieter können mittlerweile innerhalb weniger Wochen standardisierte Angebote im Web platzieren. Zu berücksichtigen ist, ob Roll-outs in verschiedenen Ländern schnell durchgeführt werden müssen, was für eine integrierte Plattformlösung spricht.
- **Schnittstellen:** Ein Shop-System muss Schnittstellen zu anderen Systemen wie zum Beispiel Zahlungssysteme und Warenwirtschaftssysteme integrieren können. Viele Informationen wie zum Beispiel Lagerbestände aus den verschiedenen Verkaufskanälen müssen synchronisierbar sein.
- **Know-how:** Von Vorteil ist es, wenn bereits eine Online-Abteilung existiert, die dann für die Gestaltung und die Server-Administration zuständig ist. Häufig werden aber Aufbau und Pflege einer Agentur überlassen, nicht selten auf Basis von Mietmodellen. Auch hier ist die Betreibermodellentscheidung unmittelbar betroffen.
- **Budget:** Die Kosten für den Aufbau und Betrieb des Online-Shops sind nur ein Teil der Gesamtkosten. Auch Prozesskosten sowie Logistik- und Marketingaufwendungen sind mit zu beachten. Zu klären ist auch, ob der Shop aus bereitstehendem Kapital (KapEx) oder aus dem operativen Geschäft heraus (OpEx) finanziert werden soll, was ebenfalls relevant für die Betreibermodellentscheidung ist.

Die Wechselwirkung zwischen Betreibermodell und Auswahl des Shopsystems ist offensichtlich. Deswegen ist eine detaillierte Business-Planung im Vorfeld erforderlich. Dabei geben die Betriebsgröße des Online-Shops sowie das Handelsvolumen und die Internationalität des Handelsunternehmens bereits entscheidende Hinweise. Zugleich erfordert die Zusammenführung der verschiedenen Systeme ein Bündel an Schnittstellen, die verstanden und auch bedient werden müssen (Menzel 2012).

4 Festlegung des optimalen Out- und Insourcing-Grades

4.1 Ermittlung des Digitalisierungspotenzials

Bisher wurde vorgestellt, welche Aspekte im Rahmen einer Betreibermodellentscheidung zu berücksichtigen sind. Im Folgenden wird beschrieben, wie anhand eines von der dgroup entwickelten Modells Digitalisierungschancen und Marktpotenziale von Betreibermodellen beleuchtet werden können. Werden hierbei große Digitalisierungspotenziale identifiziert, so lässt sich mithilfe eines weiteren integrierten Modells der optimale Out- und Insourcing-Grad bestimmen. Wie in Abb. 4 dargestellt ist, folgt die Ermittlung des Digitalisierungspotenzials einer empfohlenen Vorgehensweise.

Im ersten Schritt wird das Digitalisierungspotenzial für das zu untersuchende Unternehmen ermittelt. Gerade in größeren Unternehmen sind oft bereits verschiedene digitale Initiativen initiiert oder sogar erfolgreich eingesetzt. Häufig fehlt es aber an einer transparenten, übergreifenden Darstellung des Status quo. Das führt dann u. a. dazu,

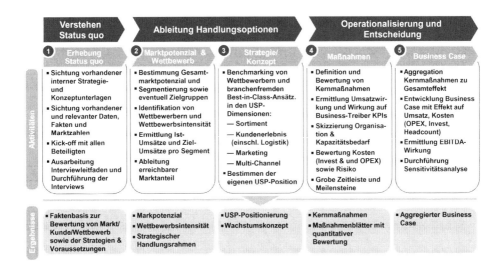

Abb. 4 Vorgehensweise bei der Ermittlung von Digitalisierungspotenzialen. (Quelle: eigene Darstellung)

dass „Lessons learned" nicht allen anderen Bereichen zugänglich sind. Statt voneinander zu lernen, werden unabhängig voneinander dieselben Fehler wiederholend begangen. Besteht Klarheit über den Status der eigenen „Digitalinitiativen", sollte als nächstes der Wettbewerb ebenfalls auf Digitalunternehmungen hin analysiert werden. Wichtig ist dabei, nicht nur das traditionelle Wettbewerbsumfeld zu betrachten. Es sollte auch recherchiert werden, welche digitalen Initiativen neue Wettbewerber aus anderen Industrien gestartet haben. Auf dieser Basis ist es besser möglich, die eigene Wettbewerbsposition richtig zu bewerten. Im weiteren Schritt werden entsprechend bestimmter, relevanter Dimensionen – zum Beispiel im Handelsbereich die vier Dimensionen Sortiment, Kundenerlebnis (einschließlich Logistik), Marketing und Multi-Channel – Konzepte und Strategien entwickelt, um einen auf das Unternehmen zugeschnittenen, differenzierenden USP (Unique Selling Proposition) zu realisieren. In der Beratungspraxis kommt es aufgrund der umfassenden Veränderungen durch die Digitalisierung selten vor, dass für ein Unternehmen keine neuen Geschäftsmöglichkeiten und -systeme identifiziert werden können, da fast alle Industrien von der „Digitalisierung" mehr oder weniger stark betroffen sind.

4.2 Festlegen des Out- und Insourcing-Grades

Nachdem geklärt ist, welche strategischen Digitalziele verfolgt werden und welche neuen Optionen sich möglicherweise durch die Digitalisierung ergeben, sollte das Unternehmen festlegen, wie es sich am besten organisiert, um dieses Ziel möglichst effizient zu erreichen. Das dafür anzuwendende Berechnungsmodell ist in Abb. 5 dargestellt.

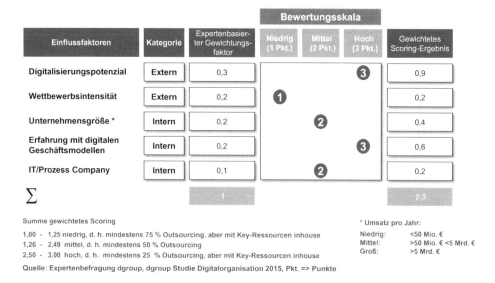

Abb. 5 Berechnungsmodell des Outsourcing-Grades. (Quelle: dgroup und Bergert 2015)

Theoretisch gibt es die Möglichkeit, alle Aktivitäten „outzusourcen", nur einen Teil auszulagern oder alle Ressourcen intern aufzubauen, um die neuen Digitalaktivitäten zu starten.

Zunächst werden bei dem betrachteten Unternehmen die externen Faktoren bewertet. Dazu ist zu klären, wie hoch das Digitalisierungspotenzial des Unternehmens ist, wozu auch der relevante Markt für digitale Produkte in der jeweiligen Branche festzulegen ist. Wichtig ist diesbezüglich auch, wie groß der Anteil an Kernwertschöpfungsstufen ist, die digitalisiert werden können. Auch muss geklärt werden, wie hoch die Wettbewerbsintensität in dem relevanten Markt ist und ob es bereits Wettbewerber dort gibt, die digital erfolgreich sind. Das betrifft vor allem neue Player, die mit digitalen Geschäftsmodellen erfolgreich etablierte Player angreifen.

Im zweiten Schritt findet eine Analyse der internen Unternehmensfaktoren statt, um sich auch hier einen Überblick über das richtige Betreibermodell zu verschaffen. Zu klären ist, wie groß das betrachtete Unternehmen ist, da die Betriebsgröße auch den möglichen Ressourceneinsatz zum Ausdruck bringt. Kleinere Unternehmen verfügen in der Regel über deutlich weniger Ressourcen, neue Projekte zu starten. Zu klären ist auch, welche Erfahrung mit digitalen Geschäftsmodellen/Digital Know-how vorhanden ist. Gibt es Mitarbeiter, die mehr als zehn Jahre Erfahrung mit Digitalprojekten haben und bereits erfolgreich Digitalprojekte umgesetzt haben, ist das von großem Vorteil. Oder gibt es bereits digitale Projekte, die realisiert worden sind wie zum Beispiel ein E-Shop-Projekt oder Abwicklung von Angebotsprozessen über eine Web-Plattform, kann das auch gut genutzt werden. Falls das betrachtete Unternehmen ein IT-dominiertes bzw. prozessgetriebenes Unternehmen ist oder der Fokus mehr auf Kreativität und Marketing etc. liegt, ist das bei der Betreibermodellentscheidung ebenfalls zu berücksichtigen. Gleiches gilt für den Aspekt, ob die Kern-DNA des Unternehmens eher auf Prozessen (zum Beispiel der Handelskonzern ALDI) oder verstärkt auf Markenwerten liegt (zum Beispiel Modekonzern Louis Vuitton). Gibt es bereits IT-Systeme, die miteinander vernetzt sind und einfach und ohne größeren Aufwand Daten für Digitalprojekte zur Verfügung stellen können, ist das sicherlich sachdienlich.

Die fünf internen und externen Faktoren werden gewichtet, sodass diese in Summe 100 % ergeben. Anschließend werden die Faktoren anhand der Skala (niedrig, mittel, hoch) bewertet, woraus sich abschließend durch Multiplikation mit der Gewichtung ein Scoring ergibt. Dieses Modell hilft abzuschätzen, welches Betreibermodell in der jeweiligen Situation zu empfehlen ist. Im Rahmen der Analyse kann es beispielsweise als Ergebnisse niedrige, mittlere oder hohe Punktwerte geben:

Niedriger Punktwert Ein Score von 1,00 bis 1,49 Punkten wäre ein niedriger Wert. Bei diesem Ergebnis ist die Empfehlung, dass der Outsourcing-Grad mindestens 75 % beträgt. Das heißt, dass zum Beispiel Aktivitäten wie die Programmierung und ggf. die Logistik von einem externen Partner abgewickelt werden, da zum Beispiel das Digitalisierungspotenzial gering ist, die Wettbewerbsintensität gering ist, es sich um ein kleineres Unternehmen handelt und die neuen Chancen der Digitalisierung eher darin liegen, das bestehende Geschäftsmodell abzusichern oder in überschaubarem Maß zu ergänzen.

Mittlerer Punktwert Ein Score von 1,50 bis 2,49 Punkten wäre ein mittleres Ergebnis. Zu einem solchen Wert kommt das Modell, wenn zum Beispiel die Digitalisierungschancen hoch sind, eine mittlere Wettbewerbsintensität vorliegt, das Unternehmen groß ist und keine Erfahrung mit digitalen Geschäftsmodellen vorliegt. Hier hat die Praxis gezeigt, dass der Insourcing-Grad höher sein sollte als bei dem vorherigen niedrigen Score, da u. a. die Potenziale der Digitalisierung deutlich höher sind und es wichtiger ist, die neuen Aktivitäten mit den bestehenden Aktivitäten zu verbinden. Hier sollte insbesondere darauf geachtet werden, dass die Themen inhouse betrieben werden, die einen USP darstellen. Bei einem Unternehmen wie Amazon beispielsweise ist die Logistik ein zentraler Erfolgsfaktor und deswegen ist es sinnvoll, zumindest bei einem weiteren Ausbau der digitalen Aktivitäten auch die Logistik inhouse zu betreiben.

Hoher Punktwert Ein Score von 2,50 bis 3,00 Punkten stellt einen hohen Wert dar: Logischerweise sind das Potenzial, die Erfahrung mit digitalen Geschäftsmodellen und das Unternehmen bei diesem Score noch größer und somit reduziert sich der empfohlene Outsourcing-Grad weiter. Dennoch sollten auch in diesen Konstellationen einige Themen outgesourct werden. Im traditionellen Geschäft stellt beispielsweise Mercedes Benz auch nicht alle Teile, die für eine S-Klasse notwendig sind, selbst her. Vorteil des Outsourcings in diesem Kontext ist, dass die Firma von den Erfahrungen der Partner profitieren kann, die der Partner möglicherweise in anderen Industrien oder Konstellationen gemacht hat. Wie schon vorher beschrieben, sollten die USP-Themen tendenziell eher inhouse betrieben werden, um sicherzustellen, dass die gesamte Wertschöpfung inklusive der damit verbundenen Learnings auch inhouse genutzt werden kann.

Stehen Unternehmen noch am Beginn der digitalen Transformation, liegt es in der Natur der Sache, dass in der Regel weder (digital) qualifizierte Mitarbeiter noch entsprechendes Erfahrungswissen vorhanden sind. Daher hat sich zum Start von Digitalaktivitäten ein Hybridmodell als Erfolgsmodell herauskristallisiert, bei dem vielversprechende Key-Mitarbeiter mit Outsourcing-Partnern zusammenarbeiten, welche auf Basis von projektabhängigen Key-Performance-Indikatoren (KPIs) gesteuert werden. KPIs in digitalen Handelsprojekten sind zum Beispiel die Conversion Rate, die die Differenz zwischen Besuchern einer Seite und abgeschlossenen Transaktionen aufzeigt, oder Indikatoren für die Auffindbarkeit von Websites wie bei Google. Die Key-Mitarbeiter werden erst einmal für einen befristeten Zeitraum engagiert. Ganz im Sinne von „Test & Learn" ist es wichtig, viel auszuprobieren – mit anderen Worten: Keine Angst vorm Scheitern. So kann es zum Beispiel sinnvoller sein, kurzfristig ein höheres Marketingbudget zu investieren, um daran schnell viel ausprobieren zu können, als über einen längeren Zeitraum ein konstant kleines Marketingbudget auszugeben und sich in die Gefahr zu begeben, dass keine Effekte gemessen werden können.

4.3 Veränderung des Out- bzw. Insourcing-Grades

Im Zuge der weiteren Entwicklung, in der Regel nach zwei bis drei Jahren, wenn erste Erfolge sichtbar sind, hat es sich als erfolgreiche Strategie bewiesen, dass einzelne, herauslösbare Teile wie zum Beispiel die Entwicklung der Plattform oder Bereiche des Digitalmarketings von extern nach intern geholt werden. Dies sollte sukzessive geschehen, um die intern wachsende Organisation nicht zu überfordern. Dafür ist es wichtig, mit den gewählten Outsourcing-Partnern flexible Modelle zur Bewertung des Erfolges zu vereinbaren, da davon auszugehen ist, dass die Performance zunächst einen Einbruch erleiden wird, wenn Prozesse von extern nach intern übergehen. Dies ist normal, da sich Mitarbeiter und Prozesse zunächst noch einspielen müssen. In dieser Übergangsphase wäre es daher verkehrt, den Erfolg an den gleichen Zielen zu messen, die zu Beginn mit dem externen Partner, der in der Regel über mehr Erfahrung verfügt, vereinbart wurden. Oft ist auch zu beobachten, dass Dienstleister/Outsourcing-Partner, die in der Situation zum Start des Digitalprojektes gut geeignet waren, da sie eine große Bandbreite von Services angeboten haben, beim weiteren Wachstum nicht mehr die optimalen Partner sind, weil nun in der späteren Phase eine Spezialisierung wichtig ist, damit die digitalen Aktivitäten des Unternehmens weiter wachsen können. Im Bereich des Marketings ist zum Beispiel das Kompetenzprofil deutlich anders für die Produktion und die erfolgreiche Vermarktung eines TV-Spots als für die erfolgreiche Planung und Messung einer digitalen Customer Journey über mehrere digitale Touchpoints hinweg; beides Aktivitäten, die typischerweise zu verschiedenen Lebenszyklen eines Unternehmens und seines Produktes aktuell werden. Auch wenn zunächst der Weg über das Outsourcing beschritten wird, ist der Aufbau von internen Mitarbeitern zum Start nichtsdestotrotz sehr wichtig, damit es zum einen eine interne Vernetzung zu den Geschäftsaktivitäten der weiteren Unternehmensbereiche gibt, und zum anderen die Chance genutzt wird, den Insourcing-Grad mit Anstieg der digitalen Reife zu erhöhen. Zudem wird so sichergestellt, dass es gute „Briefings" und eine Steuerung auf „Augenhöhe" mit den Outsourcing-Partnern gibt. Wie bereits beschrieben, ist es möglich, dass es im Rahmen der Digitalisierungsprojekte sinnvoll sein kann, sukzessive Digital Know-how intern aufzubauen und in gleichem Maße das Modell von mehr Outsourcing hin zu mehr Insourcing zu verändern, um noch schneller von den digitalen Möglichkeiten zu profitieren. Klar ist auch, dass es für große Unternehmen strategisch sinnvoll sein kann, unterschiedliche Modelle bezüglich des Out-/Insourcing-Grades zu testen, um herauszufinden, was für die jeweilige Aktivität/Situation das richtige Modell ist.

4.4 Suche nach internen Ressourcen und externen Outsourcing-Partnern

Nachdem das richtige Modell für die Digitalaktivitäten festgelegt wurde, wird im Folgenden beleuchtet, welche Themen/Kriterien bei der Mitarbeiterauswahl, bei der Auswahl des Outsourcing-Partners und der Systeme beachtet werden sollten.

Interne Mitarbeiter Bei der Auswahl der internen Mitarbeiter ist folgende Grundregel zu empfehlen – je höher der Outsourcing-Gad ist und damit je kleiner das Team, desto erfahrener muss das Team im Schnitt sein. Im Kontext „Digital" ist auch zu empfehlen, sehr konkret die Anforderungsprofile zu definieren, da es viele unterschiedliche Aufgaben in Digitalteams gibt. Des Weiteren sind in der Regel die Digitalteams am erfolgreichsten, die zum einen aus der Business- aber zum anderen auch aus der IT-Perspektive kommen; im Idealfall sind also beide Sichtweisen vertreten.

Das richtige Outsourcing-Modell mit dem richtigen Partner Bei der Wahl des Outsourcing-Partners und des konkreten Modells sind mehrere Punkte/Fragestellungen erfolgskritisch, die deswegen gemeinsam und rechtzeitig mit dem Outsourcing-Partner geklärt werden müssen. Zuallererst ist zu klären, welche Referenzen der Outsourcing-Partner aufzuweisen hat. Dies betrifft sowohl spezifische Projektreferenzen als auch mögliche Vorteile, die das anbietende Team für die konkrete Aufgabenstellung mitbringt. Ferner ist zu hinterfragen, was genau die Leistungen sind, die der Outsourcing-Partner anbietet und was diesbezüglich eher Mitwirkungsleistungen darstellt, die vom Unternehmen zu erbringen sind. Oft hilft es, zur Eingrenzung die Umkehrfrage zu stellen, nämlich was nicht vom Outsourcing-Partner erbracht wird. Ferner sollte ermittelt werden, was die Mitwirkungsleistungen sind, die vom Kunden bzw. auch von anderen Outsourcing-Partnern erbracht werden müssen. Beispielsweise bei der Anbindung bzw. Weiterentwicklung des E-Shops können mögliche erweiterte Aufgaben für den Anbieter der ERP-Software anfallen, die entweder inhouse oder durch bestehende oder neue Partner erbracht werden müssen. Ebenfalls relevant ist die Frage, wie genau das Modell der Abrechnung ist. Dies betrifft sowohl die Laufzeit des Modells inklusive Kündigungsmöglichkeiten für beide Seiten als auch die Frage, wie bei Kündigung ein reibungsloser Übergang sichergestellt wird. Auch muss feststehen, was nach Aufwand, was fix und was nach Performance-Komponenten abgerechnet wird.

Die richtige Zusammenarbeit mit dem Outsourcing-Partner Arbeiten beispielsweise Mitarbeiter vom Outsourcing-Partner vor Ort beim Kunden? Und: Welche Systeme werden eingesetzt, um die geplanten Projekte umzusetzen (zum Beispiel JIRA für technische Entwicklung, Google Analytics für Auswertung von Traffic und Marketing-KPIs, Systeme für Zeitbuchung wie u. a. Projektron)? Geklärt sein muss auch, was Routinen sind, die regelmäßig abgehalten werden, und ob es ein Steering Board gibt, um Richtungsentscheidungen für die Zusammenarbeit zu treffen. Ebenfalls ist zu recherchieren, welche Software-Module zu welchen Bedingungen eingesetzt werden. Wer hat zum Beispiel die Rechte an den Arbeitsergebnissen und wie können diese verwertet werden? Oder: Ist das Lizenzmodell zum Beispiel On Premise oder Software as a Service? Wer schließt bei Plattformen den Vertrag mit dem Hosting-Partner, der die Applikation hostet und wie sind die Service-Level-Agreements in dem Vertrag geregelt? Auch von Relevanz ist sicherlich, was nicht funktionale Anforderungen an die Plattform sind (zum Beispiel Skalierbarkeit, Release-Fähigkeit etc.). Es sollte darauf geachtet werden, dass auf Unternehmensseite Mitarbeiter diese Vereinbarung so strukturieren, dass für beide Vertragsparteien ein Anreizsystem geschaffen wird, um gemeinsam die vereinbarten Ziele zu erreichen.

Internationale Outsourcing-Partner Es ist auch ohne größeren Aufwand möglich, als deutsches Unternehmen mit Entwicklungs-/Designfirmen in Indien oder Südafrika zusammenzuarbeiten. Gerade Südafrika bietet den zusätzlichen Vorteil, in der nahezu gleichen Zeitzone zu liegen. Auch hier gibt es wieder Fragen, die vor einer Zusammenarbeit gestellt und beantwortet werden sollten: So ist zu klären, ob es nachweisbare Erfahrung inklusive konkreter Referenzen für die ausgesuchte Technologie gibt. Transparent sein muss, wie komplex und individuell das Projekt ist (zum Beispiel eingesetzte Standard-Shop-Software wird zu mehr als 50 % angepasst, gibt es bereits Referenzapplikationen?). Auch sollte feststehen, ob das Unternehmen in der Lage ist, regelmäßig zu kontrollieren (zum Beispiel Codereview, Durchgehen vereinbarter Testcases, Sicherheitschecks), ob der ausgewählte Outsourcing-Partner die gewünschte Dienstleistung in der vereinbarten Qualität erbracht hat. Diesbezüglich ist auch relevant, ob der Outsourcing-Partner bereit ist, dass die Leistungen erst nach Projektfortschritt bezahlt werden. Hilfreich könnte sein, wenn es bereits Erfahrungen mit internationalen Projekten im Unternehmen gibt. Der Erfahrung nach arbeiten nur wenige Firmen wirklich erfolgreich mit internationalen Outsourcing-Partnern zusammen. Sofern das Set-up und der zeitliche Rahmen es erlauben, sollte zunächst mit „kleineren" und weniger komplexen Projekten mit ausreichend Zeit gestartet werden, dabei Standards etabliert werden und ein regelmäßiger (auch persönlicher) Austausch stattfinden. So lernt man sich und die Arbeitsweisen kennen und kann im Folgenden auch größere Projekte gemeinsam angehen.

Nach Bearbeitung der Checkliste und der damit verbundenen Modellentwicklung ist es wichtig, das gewählte Modell in regelmäßigem Abstand zum Beispiel von zwei bis drei Jahren zu überprüfen, um sich ständig weiterzuentwickeln. Dies kann sowohl in dem Szenario, dass sich alles besser als geplant entwickelt, als auch im umgekehrten Fall Sinn machen. Eine gute Methode ist ein Audit, das heißt eine Befragung der beteiligen Projektpartner nach einem vorher definierten Kriterienkatalog. Diese Ergebnisse werden dann anschließend in einem gemeinsamen Workshop besprochen.

5 Zusammenfassung und Fazit

Die Ausführungen zeigen, dass das richtige Betreibermodell von verschiedenen Kriterien wie dem Digitalisierungsgrad der Branche und der Unternehmensgröße abhängig ist. Es ist zu empfehlen, zum Start eine detaillierte Bestandsaufnahme ggf. mit externer Unterstützung bzw. mit internen Experten durchzuführen, die mehr als zehn Jahre Digitalerfahrung haben, um festzustellen, wo sich die Industrie/der Markt befindet und wie der tatsächliche Status quo des eigenen Unternehmens ist.

Da das Betreibermodell einen großen Einfluss auf den Erfolg der digitalen Projekte hat, ist es sinnvoll, sich genügend Zeit für den Prozess zu nehmen. Danach ist die Struktur der KPIs so auszuwählen, dass die Incentive-Systeme für den jeweiligen Projektpartner bzw. die interne Struktur in einer Linie mit der gewünschten Zielerreichung für das Projekt sind. Die Erfahrung zeigt, dass es nach zwei bis drei Jahren sehr gut sein kann, dass das Modell angepasst werden muss. Daher sollte in regelmäßigen Abständen ein Audit durchgeführt werden, um zu überprüfen, ob das gewählte Modell inklusive der damit verbundenen Incentive-Systeme noch richtig für die jeweilige Situation ist.

Zusammenfassend ist festzustellen, dass die Digitalisierung den Unternehmen vielfältige Möglichkeiten gibt und gesamte Industrien verändern wird, sodass das Argument, dass keine unternehmensinternen Ressourcen für die Umsetzung von digitalen Projekten zur Verfügung stehen, keine Rolle spielen sollte. Es gibt genügend Projektpartner, die diese Aufgaben übernehmen können. Wichtig ist nur, dass ausreichend unternehmensinterne Kapazitäten und das entsprechende Digital- und Unternehmens-Know-how zur Verfügung stehen, um die Zusammenarbeit anhand von vorher definierten KPIs zu steuern.

Literatur

Amazon. (2015). Amazon.com, Inc. Form 10-K for the fiscal year ended December 31st, 2014.
Bevh. (2016). Bundesverband des Versandhandels. Aktuelle Zahlen zum Interaktiven Handel – bevh-Studie 2015. http://www.bevh.org/markt-statistik/zahlen-fakten/. Zugegriffen: 18. März 2016.
Booz. (Hrsg.). (2000). *10 Erfolgsfaktoren im e-business. Booz Allen Hamilton.* Düsseldorf: Frankfurter Allgemeine Buch.
dgroup & Bergert E-Search + Consulting. (2015). *Organisations-Studie: Digitale Transformation 2015 – Status und Herausforderung der digitalen Transformation in deutschen Unternehmen.* dgroup & Bergert E-Search + Consulting: Hamburg.
ECC. (2015). Erfolgsfaktoren im E-Commerce (Deutschlands Top-Online-Shops Bd. 4). Köln:ECC.
Excitingcommerce. (2016). Wie gefährlich sind die Thesen des ECC/Instituts für Handelsforschung für die Branche, excitingcommerce vom 13. März 2016. https://excitingcommerce.de/2016/03/13/wie-gefaehrlich-sind-die-thesen-des-eccinstituts-fur-handelsforschung-fur-die-branche/. Zugegriffen: 24. März 2016.
Heinemann, G. (2011). *Cross-Channel-Management: Integrationserfordernisse im Multi-Channel-Handel* (3. Aufl.). Wiesbaden: Springer-Gabler.
Heinemann, G. (2016). *Der neue Online-Handel, Geschäftsmodell und Kanalexzellenz im Digital Commerce* (7. Aufl.). Wiesbaden: Springer-Gabler.
iBusiness. (2014). Konsolidierung im deutschen E-Commerce: 80 % der Online-Händler werden nicht überleben. iBusiness vom 10.3.14. http://www.ibusiness.de/members/aktuell/db/201226jg.html. Zugegriffen: 25. Aug. 2014.
Kollmann, T. (2013). *E-Business; Grundlagen elektronischer Geschäftsprozesse in der Net Economy.* Wiesbaden: Springer-Gabler.
Leybold, C. (2010). Erfolgreiche Internationalisierung von Online-Pure-Plays – Konzeption und Umsetzung am Beispiel der Experteer GmbH. In G. Heinemann & A. Haug (Hrsg.), *Web-Exzellenz im E-Commerce – Innovation und Transformation im Handel*. Wiesbaden: Gabler.
Menzel, A. (2012). Führungsrolle – Middleware im eCommerce. In Shopmacher (Hrsg.), *eCommerce lohnt sich nicht*. Gescher: Shopmacher.
Rogalla, U. (2012). Grenzüberschreitender Erfolg – worauf es bei der Internationalisierung ankommt. In Shopmacher (Hrsg.), *eCommerce lohnt sich nicht* (S. 236–239). Gescher: Shopmacher.
Tapscott, D. (17. September 2008). „Unternehmen sind heute nackt", Interview. *Handelsblatt, 181,* 14.
WiWo. (2014). Wer stoppt die Jeff-Bezos-Maschine? Gastkommentar von Gerrit Heinemann, Wiwo.de vom 1. April 2014. http://www.wiwo.de/unternehmen/handel/amazon-wer-stoppt-die-jeffbezos-maschine/9693266.html. Zugegriffen: 1. Apr. 2014.
Zalando. (2016). Geschäftsjahr 2015: Zalando wächst weiter stark. https://corporate.zalando.de/de/finanzmeldungen. Zugegriffen: 22. März 2016.
Zenner, A. (2012). Wie finde ich das richtige Shopsystem. Die relevanten Kriterien. In Shopmacher (Hrsg.), *eCommerce lohnt sich nicht*. (S. 188–192). Gescher: Shopmacher.
Zentes, J., Swoboda, B., & Morschett, D. (2004). *Internationales Wertschöpfungsmanagement.* München: Vahlen.

Über die Autoren

Marcus Krekeler studierte Betriebswirtschaft an der Universität Essen und gründete seine erste Firma während des Studiums mit dem Verkauf von Mobiltelefonen. Nach dem Studium war er Geschäftsleiter von shopping24, dem Internetmarkplatz der Otto-Gruppe und bei eBay als Head of Business Development tätig. Er ist Managing Partner und Founder der dgroup GmbH und hat mehr als 100 Digitalprojekte in verschiedenen Industrien entwickelt, konzipiert und umgesetzt. Die dgroup gehört zu den größten digitalen Beratungen in Europa mit einem internationalen Netzwerk.

Prof. Dr. Gerrit Heinemann leitet das eWeb Research Center der Hochschule Niederrhein, wo er auch BWL, Managementlehre und Handel lehrt. Er hat BWL in Münster studiert, war danach Assistent bei Heribert Meffert, und promovierte über das Thema „Betriebstypenprofilierung textiler Fachgeschäfte" mit summa cum laude. Nach fast 20-jähriger Handelspraxis u. a. in Zentralbereichsleiter-/ und Geschäftsführerpositionen bei Drospa/Douglas und Kaufhof/Metro wurde Gerrit Heinemann 2005 an die Hochschule Niederrhein berufen. Er bekleidet verschiedene Aufsichtsratsfunktionen in E-Commerce- bzw. Handelsunternehmen, war lange Jahre stellvertretender Aufsichtsratsvorsitzender der buch.de internetstores AG und begleitet Start-ups – wie die Good to Go Inc. in Sausalito – als Advisory Board. Daneben ist Prof. Heinemann Autor von rund 200 Fachbeiträgen und 15 Fachbüchern zu den Themen Digitalisierung, E-Commerce, Online- und Multi-Channel-Handel. Sein Buch „Der neue Online-Handel" kommt Anfang 2017 in achter Auflage heraus und erschien bereits in englischer sowie auch chinesischer Version.

Die Komponente Mensch im Kontext der digitalen Transformation

Zu mir oder zu dir? Egal! – Ein Gespräch über die Herausforderungen auf dem Weg vom klassischen Retailer zum „Connected Retailer"

Britta Boland und Markus Hoischen

Zusammenfassung

Der Markt ist ständig in Bewegung. Dabei ist das Thema Digitalisierung nur ein Impuls von vielen, mit denen Unternehmen sich auseinandersetzen müssen. Unternehmensentwicklung ist ein Prozess, mit dessen Hilfe ein Unternehmen auf Veränderungen reagieren kann. Britta Boland und Markus Hoischen begleiten seit Jahren erfolgreich Unternehmen bei solchen Transformationsprozessen und stellen fest: Auch wenn die Herangehensweise dieselbe ist, die Menschen sind es nie.

Inhaltsverzeichnis

Literatur. 513
Über die Autoren. 513

B. Boland
ZORA Identity & Interaction Design, Düsseldorf, Deutschland
E-Mail: britta@zora.com

M. Hoischen (✉)
BRAIN ORCHESTRA GmbH, Die Unternehmensentwickler, Hamburg, Deutschland
E-Mail: mh@brainorchestra.com

© Springer Fachmedien Wiesbaden 2016
G. Heinemann et al. (Hrsg.), *Digitale Transformation oder digitale Disruption im Handel*,
DOI 10.1007/978-3-658-13504-1_23

Britta Boland (BB)   Gleich mal vorweg: Cross-Channel, Multi- oder Omni-Channel?

Markus Hoischen (MH)   (Lacht) Die erste harte Nuss gleich zum Einstieg? Aber Du hast natürlich Recht – es sind inzwischen so viele Begriffe im Umlauf, da kann man schon den Überblick verlieren. Ich selber spreche generell eigentlich lieber vom „Connected-Retailer".

BB   Aha – warum?

MH   Multi-Channel, Omni-Channel, Cross-Channel und No-line Commerce sind Begriffe, die von verschiedenen Gruppen unterschiedlich verwendet werden. Dass der Handel über mehrere Wege seine Produkte vertreibt, ist ja nicht neu. Der Begriff *Multi-Channel* bezeichnet ursprünglich eigentlich nur die mehrgleisigen Vertriebskanäle des Handels. Diese Kanäle bestehen aber einzeln nebeneinander, es findet keine Verknüpfung statt. Ein Kunde könnte beispielsweise seinen Einkaufsprozess nicht online starten und offline vollenden. Daher ein Auslaufmodell. Der Ausdruck *Cross-Channel* bezeichnet dagegen einen Ansatz, bei dem die verschiedenen Vertriebskanäle miteinander verknüpft sind. Ein Einkauf kann hier zum Beispiel online gestartet und offline vollendet werden. Konkret: Ich kaufe online ein und hole die Ware im nahe gelegenen Shop ab. Das bedeutet auch, dass der Händler auf allen Kanälen dieselben Kundendaten vorliegen haben muss (Petznick 2013).

BB   Klingt banal, ist aber in der Realität oft alles andere als das.

MH   Du sagst es. Aber eigentlich natürlich das Modell, welches jeder Händler anstreben sollte. Der Begriff *Omni-Channel* wurde, soweit ich weiß, von Forrester (Petznick 2013) in Umlauf gebracht. Er bezeichnet im Prinzip ebenfalls einen kanalübergreifenden Ansatz wie Cross-Channel, mit dem Unterschied, dass der Fokus hier noch stärker auf dem Kundenverhalten legt. Der Kunde bewegt sich frei zwischen allen Kanälen, ohne dass ihm oder dem Händler dabei Informationen verloren gehen. Konkret bedeutet das eine Weiterentwicklung zu Cross-Channel, da Kunde und Händler unabhängig vom Vertriebsweg jederzeit auf das gesamte Angebot zugreifen können.

Ich bevorzuge weiterhin „Cross-Channel", wenn es um die Beschreibung und Bedeutung der integrativen Nutzung zweier Vertriebskanäle geht, denn der Begriff „Omni" ist mir einfach nicht trennscharf genug. Auf der NRF (National Retail Federation) in New York wurde mir allerdings gesagt, der Begriff sei „old school", dort verwendet man nur noch „Omni-Channel" … auch weil „Multi-Channel" dort längst der Vergangenheit angehört. Für mich sind bei „Omni-Channel" einfach ein paar Kanäle zu viel im Spiel. Denn im Kern geht es ja darum, die On- und Offline-Welten zu verbinden. Und dabei sind genau zwei Kanäle im Fokus. Dies beschreibt meines Erachtens „Cross-Channel" am besten. Wenn dann in der weiteren Entwicklungsstufe Kunden online auf den Lagerbestand der jeweiligen Shops zugreifen können oder im Shop aus den Online-Beständen bestellt werden kann und diese Ware dann zum Kunden nach Hause oder in den Shop geschickt werden kann, werden diese zwei Kanäle sozusagen „omni-dimensional" genutzt. (Lacht) Mit *No-line Commerce* bezeichnet man im Prinzip die für den Kunden „unsichtbare", nahtlose Verschmelzung von on- und offline. Hierbei steht im Vordergrund, dass in allen Kanälen dieselben Informationen und Preise vorliegen, sodass der Kunde diesbezüglich keinen Unterschied mehr wahrnimmt, man hat hier vermehrt auch die Nutzung mobiler Geräte für das Shoppen im Blick. Für mich eher ein Begriff aus dem Marketing und keine wirkliche Neuerung zu Cross-Channel.

BB Fazit?

MH Wie auch immer man es nennen möchte – den Kunden interessiert die Qualität des Einkaufserlebnisses, unabhängig vom Kanal. Egal ob er heute online kauft oder morgen im stationären Handel, er erwartet dieselbe Ansprache – personalisierte Angebote online, persönliche Beratung offline. Er geht davon aus, dass sein Einkaufsverhalten bekannt ist und Empfehlungen daher nicht einfach aus der Luft gegriffen werden. Der Begriff „Connected Retailer" beschreibt für mich darüber hinaus vor allem auch die Tatsache, dass On- und Offline-Kanäle organisatorisch und kommerziell konsequent zusammenwachsen müssen, wenn man dem geänderten Verhalten der Kunden gerecht werden will.

BB Gutes Stichwort: Ganz entgegen meinen sonstigen Gewohnheiten war ich vergangene Woche seit Langem mal wieder in einem „echten" Geschäft einkaufen.

MH Ach ja, wie kam es denn dazu?

BB Ich hatte an einem Mittwochmorgen Zeit und trug seit Wochen den Voucher eines Fashion-Labels mit mir herum, der ausnahmsweise nur für den Retail galt. Ich muss sagen, nach Jahren des Online-Shoppings war ich wirklich positiv überrascht. Die Atmosphäre im Laden war sehr angenehm – ganz entspannt, das Personal aufmerksam, aber nicht aufdringlich. Und ich habe wieder festgestellt, dass die Möglichkeit, ein Kleidungsstück erst mal anzufassen, bevor man sich die Mühe macht, es anzuprobieren, doch ein ganz entscheidender Vorteil ist. Wann warst Du denn das letzte Mal „analog" einkaufen?

MH Du wirst lachen, das ist noch gar nicht so lange her und es war in einem echten Traditionsgeschäft, dem „Herrenausstatter" meines Vertrauens.

BB Im Ernst, beim „Herrenausstatter"?

MH Ich liebe diesen Laden. Weil es dort wirklich gute Verkäufer gibt, die ihr Handwerk verstehen. Der Besitzer sagt zum Beispiel gerne mal so etwas wie: „Tun Sie mir einen Gefallen und ziehen Sie das doch mal an" (Abb. 1).

BB (Lacht) Und? War das dann auch etwas, was Du gekauft hast?

MH In der Tat. Und es war etwas, was ich selbst vermutlich nie ausgewählt bzw. einfach übersehen hätte.

BB Das ist natürlich der Idealfall. Richtig gute Leute, die einen Blick dafür haben, was Dir steht und natürlich auch, wie man Dich dazu ansprechen sollte.

Abb. 1 „Ziehen Sie das doch mal an." – Zu Besuch beim Herrenausstatter. (© Zora Identity & Interaction Design)

MH Ganz eindeutig ein Vorteil, den der Retail gegenüber dem Online-Shopping hat und den er unbedingt ausbauen sollte. Dieser Mann sieht mich zum Beispiel nur an und gibt mir dann jedes Teil in der passenden Größe.

BB (Schmunzelt) Der IT-Experte würde natürlich sagen: Im Idealfall liegen dem Verkaufsberater Deine Daten vor, die er vor Ort via Tablet abrufen kann. Aber was Du hier beschreibst, ist ein echtes Talent – nämlich Deine Kleidungsgrößen mit Augenmaß einschätzen zu können. Demnach hätte der Retail vielleicht doch noch eine Chance, den Online-Handel zu übertrumpfen?

MH Darum genau geht es ja gerade: Eine erfolgreiche Zukunft gibt es nur für Unternehmen, die verstehen, dass sich beide Kanäle unterstützen und ergänzen müssen, statt gegenseitig um die Kunden zu buhlen.

BB Noch weiter gedacht sollten auch einzelne Filialen nicht gegeneinander arbeiten. Szenario: In der Filiale meines Vertrauens ist ein Teil nicht mehr in meiner Größe vorhanden. Die Verkäuferin ruft in der nächstgelegenen Filiale an, dort ist meine Größe noch zu haben. Als ich dort eintreffe, hat man mir schon eine Umkleide vorbereitet und zusätzlich zu dem gewünschten Style noch andere ausgesucht, mit denen ich das Ganze zu einem Outfit ergänzen könnte. Klar, das macht der Online-Handel natürlich auch, aber wenn ein Verkäufer mich wirklich kennt, kann er mir natürlich Dinge zusammenstellen, die wirklich zu meinem Typ passen. Und mich per E-Mail oder SMS informieren, wenn die neue Kollektion eingetroffen ist. Oder wenn meine Favorites „on Sale" sind (Abb. 2).

In den letzten Jahren haben wir ja gesehen, dass mehr und mehr Retailer mit dem Online-Handel nicht mehr mithalten können und folglich schließen mussten. Da stellt sich natürlich die Frage: Hat der Retail – zumindest in den meisten Branchen – überhaupt noch eine Berechtigung? Wo liegt der Reiz und gibt es etwas, was der Online-Handel bei aller Sorgfalt im Experience-Design einfach nicht leisten kann?

MH Klar. Es ist die Beratung durch eine kompetente Person aus Fleisch und Blut. „Die Komponente Mensch", sozusagen. Der stationäre Handel kann außerdem in Verbindung mit dem Online-Handel ganz neue Erlebnisse für seine Kunden schaffen, die ihm zusätzlich den Alltag erleichtern. Beispiel Retouren: Wie serviceorientiert und einfach wäre es, wenn ich meinen Online-Einkauf stationär in die richtige Größe tauschen könnte? Oder wenn ich das Ganze in einem „digitalen Fitting Room" anprobieren könnte?

BB Dieses Konzept überzeugt mich, ehrlich gesagt, noch gar nicht.

MH Warum nicht? Das ist doch toll, wenn mir in einer virtuellen Umkleide dann Styles gezeigt werden, die meine Auswahl sinnvoll ergänzen, nach dem Motto „So cool könntest Du aussehen …"

Abb. 2 „Ihr Lieblings-Style ist ab sofort on Sale!" – Relevante Kundeninformationen per E-Mail oder SMS versenden. (© Zora Identity & Interaction Design)

BB Ich denke, wenn ich schon im Laden stehe, *weil* ich dort die Möglichkeit habe, verschiedene Teile anzuprobieren, warum sollte ich dann diese Erfahrung durch eine virtuelle ersetzen? Das scheint mir absurd. Ich habe es aber auch noch nicht wirklich überzeugend umgesetzt gesehen. Alles, was ich dazu bisher gesehen habe, sieht schlimm aus. Da hat das Phantombild im Tatort eine höhere visuelle Qualität. (Lacht)

MH Jetzt bist du ungerecht! (Lacht ebenfalls)

BB Wie soll mir ein Screen wirklich brauchbare „Fitting"- oder Styling-Empfehlungen geben? Das würde doch bedeuten, dass ich erst mal ein Body-Scan machen lassen müsste. Und will ich, dass dem Betreiber diese Daten von mir vorliegen? Darüber hinaus müssten alle neuen Styles als 3D-Daten vorliegen. Und nicht nur simuliert, sondern wirkliche Fits. Das halte ich bei der Masse an Styles, die monatlich durch einen Laden gehen, für sehr unrealistisch. Außerdem: Zeitfaktor. Keine Ahnung, wie lange das aktuell dauert, aber ich denke, in derselben Zeit hätte ich die Teile, die mich interessieren, schon anprobiert. Und ganz entscheidend natürlich: Wer trifft denn die Auswahl der Teile, die zueinander und zu mir passen? Ich glaube nicht, dass ein Algorithmus das besser macht als zum Beispiel dein Freund, der Herrenausstatter. (Lacht) Abgesehen davon bedeutet es doch ein Riesen-Investment in Technologie für ein Unternehmen. Geld, das man meines Erachtens sehr viel besser in die Ausbildung von Toppersonal stecken sollte. Für mich klingt das danach, etwas unbedingt virtualisieren zu wollen, vielleicht um es „moderner" oder interessanter zu machen.

Oder auch einfach nur, weil man es kann. Und nicht, weil es wirklich einen Mehrwert bringt. Erinnerst Du dich noch an „Second Life"?

MH (Überlegt) Okay, ich sehe, was Du meinst. Aber ein „digitaler Fitting Room" hätte natürlich den Vorteil, dass ich auch Teile anprobieren könnte, die aktuell vielleicht nicht im Laden vorhanden sind.

BB So gesehen hast Du natürlich Recht. Die Tatsache, dass auf der Verkaufsfläche nur eine begrenzte Auswahl an Waren zur Verfügung steht, kann ja zunächst mal hilfreich sein, weil sie den Kunden im ersten Schritt nicht überfordert. Denn wenn der Store an den virtuellen Shop angeschlossen ist – sei es über den „Fitting Room" oder auch nur über einen Anschluss zum Online-Store mit Tablets oder anderen mobilen Geräten –, ist das Warenangebot ja nahezu unbegrenzt, man hätte „Endless Aisles", wie man in den USA sagen würde, und der Kunde könnte aus dem gesamten Warenangebot des Händlers auswählen (Abb. 3).

Vorausgesetzt natürlich, der Kunde wäre bereit, noch einen oder sogar mehrere Tage auf seine Ware zu warten. Aber wenn sie ihm dann wiederum bequem nach Hause geschickt werden könnte … Uff, ich stelle mir gerade die Gesichter der ITler zu diesem Szenario vor …

MH Klar, aus technischer Sicht ist dieses Szenario natürlich nicht gerade trivial. Aber es nützt nichts, sich von Datenbanken und Warenwirtschaftssystemen einschüchtern zu lassen, es sollte einzig und allein um das Einkaufserlebnis aus Sicht des Kunden gehen. Ich denke, Konzepte, die dem Kunden den Alltag erleichtern,

Die Komponente Mensch im Kontext der digitalen Transformation

Abb. 3 „Ihre Größe ist online noch verfügbar." – Die Erweiterung des In-Store-Angebots auf den virtuellen Shop bietet dem Kunden die uneingeschränkte Auswahl, sogenannte „Endless aisles". (© Zora Identity & Interaction Design)

werden sich am Ende durchsetzen. Ebay Enterprise hat einen multimedialen Spiegel entwickelt. Im Prinzip geht es darum, dass mir im Spiegel angezeigt wird, wie ein Model – abgeleitet von meinem initialen Einkauf – ergänzende Styles zu meinem Einkauf trägt. Zur Jeans ein passendes Hemd oder lässige Sneaker. Ich gebe Dir Recht, würde mit einem Avatar gearbeitet, wird es nicht ansprechend. In dieser Form macht es jedoch Spaß. Gefällt mir ein Style und ist dieser im Shop verfügbar, bringt mir der Verkäufer diesen in die Umkleide. Wie? Am Spiegel wähle ich Form, Farbe und Größe aus und diese Auswahl geht per SMS zum Verkäufer. Liegt der Style im Shop nicht vor, kann ich mir diesen nach Hause oder in den Shop schicken lassen. Direkt über den Spiegel. Für mich die perfekte Weiterführung des Cross-Channel-Gedanken im Shop. Tja, und das Investment sowie Integration in die IT-Landschaft sind überschaubar. Ich war davon selbst überrascht.

BB Okay, ich lass' mich gern überraschen. Noch mal zurück zur „Komponente Mensch", wie Du es vorhin genannt hast. Abgesehen von den gestiegenen Anforderungen an das Personal vor Ort denke ich dabei sofort an die Menschen hinter den Kulissen. Denn da hat man es ja in der Regel mit über Generationen gewachsenen Strukturen zu tun – mit Bereichen, die bisher ganz klar voneinander getrennt gearbeitet haben, zum Teil eben auch gegeneinander. Da stellt sich natürlich gleich die Frage, wie ein großes Unternehmen so eine gewaltige Transformation überhaupt schaffen kann.

MH Damit benennst Du einen wesentlichen ersten Schritt in unserem Prozess. Das Unternehmen muss ganz klar bereit sein, seine internen Strukturen maßgeblich zu verändern. Da es hier darum geht, zum Teil über Jahrzehnte etablierte Kompetenzbereiche ganz neu zu verknüpfen, ist es klar, dass es Reibungen geben wird. Daher braucht es zunächst mal eine Person auf Executive Level, die das Projekt begleitet und in den wichtigen Momenten Entscheidungen treffen kann.

BB Das klingt jetzt erst mal sehr autoritär …?

MH (Lacht) Das ist es in gewisser Weise natürlich auch. Aber in einem großen Unternehmen kann sich nur wirklich etwas bewegen, wenn in diesem Prozess ein Stakeholder an Bord ist, der auch Entscheidungen treffen kann. Das heißt ja nicht, dass diese Entscheidungen „im luftleeren Raum" bzw. hinter verschlossen Türen oder über die Köpfe des Teams hinweg getroffen werden. Sondern im Gegenteil arbeiten wir in der Regel so, dass die Phasen des Projekts für alle Beteiligten einsehbar und nachvollziehbar sind. Vor einer Entscheidung werden Pro und Contra gemeinsam abgewogen – aber klar, zum Schluss muss einer natürlich sagen: Wir gehen jetzt hier entlang.

BB Manche Unternehmen berufen hierzu eigens einen „Chief Digital Officer"…?

MH Das ist die Tendenz, ja. Ein CDO, der dann direkt an den CEO berichtet. Das zeigt im Prinzip die Relevanz dieses Themas. Ein nachvollziehbarer Schritt, aber natürlich stellt sich dann in größeren Unternehmen die Frage: Wie grenzen sich CIO, CDO und CTO voneinander ab? Sind hier vielleicht ein paar „Cs" zu viel am Werk? Auch hier ist es wichtig, klare Verantwortlichkeiten und Entscheidungswege wie zum Beispiel Gremien zu etablieren. Ein CDO wird ohne den Support eines CIO oder CTO nicht erfolgreich sein. Und natürlich auch nicht, wenn er nicht die volle Rückendeckung des CEO hat. Und dann stellt sich die Frage, wer nun eigentlich der Transformator ist. Der CEO oder der CDO? Egal wer den Hut aufhat, es muss nur eindeutig sein.

BB Für viele kleinere, mittelständige Unternehmen wäre das rein personell sicher sowieso Overkill. Wie sieht das in den Unternehmen aus, die Du aktuell betreust? Könnte man sagen, dass Du hier die Rolle des Transformators übernimmst?

MH Ganz genau. Und natürlich brauche ich da als „Externer" umso mehr den „C-Level Support". Gleichzeitig kann ich aber als Außenstehender überzeugender agieren, da mein Vorgehen mit der eigentlichen Sache und nicht mit meiner Karriere oder Stellung im Unternehmen verbunden ist. Das ist ein nicht zu unterschätzender Vorteil.

BB Die Hierarchien werden also zuerst geklärt. Was passiert als nächstes – wie schafft Ihr es, die gewachsenen Strukturen, die Gräben zwischen etablierten Bereichen zu überbrücken?

MH Dazu ist natürlich ganz viel Einfühlungsvermögen notwendig. Aber mehr noch geht es darum, den Beteiligten die Ängste zu nehmen. Denn: nächster wichtiger Schritt: Schluss mit der Kannibalisierung – es muss ein Incentivierungssystem her, welches den „Offliner" belohnt, der dem „Onliner" einen Kunden bringt und umgekehrt. Mehr noch: Für den Kunden muss das Ganze natürlich nahtlos passieren, er darf diese Grenzüberschreitung gar nicht spüren. Das heißt auch, dass nun für alle Abteilungen in einem Unternehmen gilt: Customer Experience und Customer Centricity an erster Stelle! Um auch noch ein paar Buzzwords einzustreuen (lacht). Alle Entscheidungen sollten im Hinblick darauf getroffen werden und nicht im Hinblick auf individuelle Interessen eines Bereichs.

BB In den USA wird hier gern von einem „Change in Culture" gesprochen, das trifft es eigentlich ganz gut, denn der Ausdruck beschreibt ein allumfassendes Umdenken, das Einfluss auf jede einzelne Aktivität der Bereiche hat. Neiman Marcus (strategy&/pwc 2015) zum Beispiel hat 2014 seine On- und Offline-Divisionen sozusagen miteinander verschmolzen und so ein Team geschaffen, welches nun gemeinsam Merchandising, Planung und Marketing für den Retail und den E-Commerce steuert.

MH Neiman Marcus ist natürlich einer der internationalen Player, die mit leuchtendem Beispiel vorangehen. Aber ganz so radikal muss es vielleicht nicht immer gleich zugehen. Ich bin da eher ein Verfechter einer schrittweisen Veränderung.

BB (Schmunzelt) Wie, Disruption ist schon wieder out?

MH Vielleicht war sie nie wirklich in? Nein, mal im Ernst … Die Erfahrung vor Ort zeigt, dass sich ein Unternehmen eben doch sehr vom anderen unterscheidet, auch wenn die Herausforderungen dieselben sind. Wichtig ist, sich vor Ort ein Bild zu machen, bevor man strukturelle Veränderungen vornimmt. Ich denke, dass ist es auch, was uns von klassischen Unternehmensberatungen unterscheidet. Wir entwickeln zuerst eine Strategie, wie das Unternehmen transformiert werden kann, aber wir sind eben auch während des gesamten Prozesses vor Ort und packen mit an. Nur so kann man das Unternehmen wirklich begreifen und die passenden Maßnahmen entwickeln. Und nur so verdient man sich auch den Respekt der Mitarbeiter. Nicht nur schnacken – auch machen!

Und wie du schon sagtest – „die Komponente Mensch" ist entscheidend für den Erfolg oder Misserfolg der Transformation, hier ist sehr viel Einfühlungsvermögen notwendig, um in einem Unternehmen möglichst viele mitnehmen zu können. Wir führen zum Beispiel zunächst mal mit allen Beteiligten ausführliche Interviews, um ein möglichst genaues Bild von den bestehenden Strukturen, aber auch von dem menschlichen Gefüge vor Ort zu bekommen. Nur so können wir Prozesse anstoßen, die auch Erfolg haben werden. Denn auch wenn der Stakeholder uns grünes Licht gibt, müssen die Veränderungen natürlich von den Mitarbeitern getragen werden. Da helfen zum einen maßgeschneiderte Maßnahmen, aber zum anderen natürlich auch so etwas Pragmatisches wie das Wegfallen von konkurrierenden Belohnungs- oder Bezahlungsmodellen.

BB Wenn man sich das Thema global anschaut, sind die englischsprachigen Länder deutlich weiter vorn. Deutschland liegt hier eher im unteren Mittelfeld. Woran liegt das? Gibt es spezifisch deutsche Faktoren, die die Transformation gerade hier so schwierig machen? Leben wir vielleicht immer noch in der „Servicewüste" Deutschland?

MH Gute Frage. Vielleicht ist in Deutschland der Bedarf bzw. die Not der Händler noch nicht ganz so groß wie in den USA? Denn dort müssen in der Regel ja sehr große Distanzen überwunden werden, um einkaufen zu gehen. Daher sind viele Retailer oft in einer „Mall" konzentriert. Durch Online-Modelle wie „Click & Collect", die dem Kunden ermöglichen, vor der Fahrt in die Mall zu schauen, ob das passende Produkt überhaupt vorhanden ist, wird das Einkaufserlebnis aufgewertet und dem Kunden der Alltag erleichtert. Warum Deutschland im Vergleich so zögerlich ist, kann ich mir trotzdem nur schwer erklären, denn der Einzelhandel hat natürlich auch bei uns zunehmend Probleme. Vielleicht liegt es daran, dass viele Unternehmen seit mehreren Generationen in der Hand einer Familie sind. Da stoßen alternative Konzepte häufig erst mal auf Ablehnung, einfach weil den Verantwortlichen das Verständnis für die sogenannten „neuen Medien" fehlt.

BB Die „Online City Wuppertal" (2016, onlinecity-wuppertal.de) wird aktuell sehr positiv besprochen. Eine Online-Plattform, auf der lokale Einzelhändler ihr Warenangebot gemeinsam auch online präsentieren. Die Idee ist spannend und verdient Respekt …

MH … aber?

BB Ich habe den Eindruck, dass sich hier gleichzeitig auch das ganze Dilemma offenbart. Man kann zum Beispiel an der Präsentation der Einzelhändler erahnen, warum es diese alleine bisher noch nicht in den digitalen Raum geschafft haben. Ich bin nicht sicher, inwieweit der Betreiber auch für die Präsentation der Einzelhändler verantwortlich ist. Die Fotos wirken oft unbeholfen und sind nicht sehr vorteilhaft. Auch die Präsentation der Produkte und ihre Beschreibung sind ganz klar nicht von Online-Profis gemacht. Da müsste noch viel mehr Hilfestellung gegeben werden. Man hat den Eindruck, hier wurden Unternehmen förmlich in den digitalen Raum „geschubst", die – abgesehen von der Fassade ihres Geschäfts – ganz offensichtlich noch nie über ihre Selbstdarstellung nachgedacht haben. Und allein das Vorhandensein im Netz wird noch nicht zur Umsatzsteigerung beitragen, geschweige denn Kunden zurück in die Läden bringen.

MH … sondern? Was meinst du, ist entscheidend bei der Präsenz im Netz?

BB Darüber ließe sich selbstverständlich ein Roman verfassen. (Lacht) Wenn ich versuche, das so kurz und knapp wie möglich zu umschreiben, würde ich sagen: Sehr geiles Experience-Design. Damit meine ich das gelungene Zusammenspiel zwischen allen beteiligten Disziplinen: Design und Fotografie, also der visuelle Ausdruck einer Marke – aber genauso wichtig: der verbale Ausdruck, die

Tonalität des geschriebenen Wortes. Denn die wird immer noch unterschätzt, obwohl die Ansprache gleichzeitig immer wichtiger wird. Wenn ich „Fotografie" sage, meine ich eine Inszenierung des Produkts, die Art und Weise, wie ich eine Geschichte erzähle. Und natürlich ein „State of the Art" User-Interface-Design, responsiv, reduziert, intuitiv. In einer idealen Welt wäre das Konzept dazu unabhängig von den Datenverarbeitungsprozessen im Hintergrund.

MH Wie meinst Du das?

BB Ich habe zum Beispiel schon erlebt, dass zusätzliche Schritte in einen Check-out-Prozess eingebaut werden mussten, um eine korrekte Datenabfrage im Hintergrund zu ermöglichen. Schritte, die rein vom Ablauf her, also aus Sicht des Users, absolut keinen Sinn machten. Wenn sich so etwas – aus welchem Grund auch immer – technisch nicht vermeiden lässt, wird es umso wichtiger, das Ganze durch die Gestaltung und Beschreibung für den Nutzer verständlich oder doch zumindest verzeihlich zu machen.

MH Ich habe eigentlich den Eindruck, das Internet wird immer mehr zum Bilderbuch. Große Bilder, wenig Text, wenig Informationen ... Hast Du einen Favoriten, was das Thema angeht?

BB Was Content und Wordings angeht: ganz klar J. Crew. Und auch Boden aus England macht das sehr gut. Die Qualität des Designs bei J. Crew war, denke ich, schon mal besser, aber die Fotografie, Auswahl und Ausdruck der Models und die Inszenierung sind nach wie vor ganz weit vorne. Sie schaffen es einfach, scheinbar aus dem Nichts, Themen zu kreieren, die ihre Kunden ansprechen. Da sind Leute mit einem sehr guten Gespür für Trends, aber auch den ganz normalen Alltag ihrer Kunden am Werk. Es hat den Anschein, dass sie sich in den Kopf ihrer Kundin versetzen können, die vor dem Kleiderschrank steht und überlegt, was sie anziehen soll. Und diesen Gedanken verleihen sie eine Stimme, eine Berechtigung, die Begehrlichkeiten für neue Klamotten weckt. Das ist genial.

MH Lass mich raten: Du bist von oben bis unten in J. Crew?

BB (Lacht) Wenn das so einfach wäre – aber obwohl sie seit Längerem den Versand nach Europa anbieten: Die Rücksendung ist ein echter Killer. Womit wir wieder beim Thema wären: Was dem Kunden den Alltag erleichtert, wird angenommen. Funktioniert das nicht, kann auch ein gutes Produkt langfristig scheitern. Aber zurück zu den ganz konkreten Schritten für eine solche Transformation: In meiner Erfahrung ist es häufig schon so, dass die Köpfe in den Unternehmen vielleicht längst so weit sind, aber die Technik nicht mitmacht? Sprich: Ein Unternehmen ist mehr als bereit, sein Kanaldenken abzulegen, aber die Daten, die technischen Voraussetzungen sind einfach nicht vorhanden. Oft weiß ein Unternehmen nicht einmal, ob die ausgegebenen Datensätze noch aktuell sind – beispielsweise, ob die in einem Storefinder angegebenen Öffnungszeiten korrekt sind –, geschweige denn, ob ein Artikel in diesem Moment noch in einem bestimmten Laden vorhanden ist. Heißt das nicht, dass der gesamte Datenhaushalt modernisiert und verknüpft werden muss? Muss ein Unternehmen Millionen von Euro in die Hand nehmen, um den Anschluss nicht zu verpassen?

MH Diese Sorge besteht natürlich. Und sicher muss Geld in die Hand genommen werden, wenn technische Veränderungen notwendig sind. Aber das Wichtigste bleibt nach wie vor die strukturelle Veränderung innerhalb des Unternehmens. Die Technik dahinter ist natürlich entscheidend und ein Vertreter aus diesem Bereich sollte von Anfang an mit am Tisch sitzen.

Nichtsdestotrotz sehe ich sie primär als „Enabler", damit meine ich Die wirklich hohe Hürde liegt woanders, nämlich im strukturellen Wandel des Unternehmens. Das Allerwichtigste ist, dass die Organisation ein gesundes Maß an Radikalität wagt, mit denen dann Produkte, Prozesse und Strukturen infrage gestellt werden. Wenn mein Business ursprünglich nicht digital war, wie zum Beispiel das von Apple, Amazon oder Google, muss der digitale Aspekt außerdem vorgelebt und für die Mitarbeiter erlebbar gemacht werden. Gelingt es dem CEO oder CDO nicht, seinen Mitarbeitern den digitalen Wandel vorzuleben und sie dafür zu begeistern, wird jede digitale Idee in konventionellen Organisationen scheitern.

BB … die Komponente Mensch …

MH Ganz genau. All diese Aspekte sind ganz entscheidend und haben Einfluss auf Erfolg oder Misserfolg. Die gute Nachricht ist jedoch: Der Weg zum Connected Retailer kann auch phasenweise passieren. Zum Beispiel, indem man sich zunächst auf nur einen Use Case konzentriert und in kleinerem Format ausprobiert, ob sowohl Kunden als auch die Organisation eine Neuerung akzeptieren. Die Umsetzung wird dann aus kommerzieller Sicht bewertet und daraufhin entschieden, ob man das Ganze in großem Rahmen ausrollt oder wieder abschaltet. Ich nenne das Verfahren „Check and Balance": kleine verdauliche und vor allem schnelle Schritte, um herauszufinden, ob eine Veränderung angenommen wird – von den Kunden genauso wie von der eigenen Organisation. So halte ich das Investment im Auge. Bei einem der größten deutschen Telekommunikationsunternehmen zum Beispiel haben wir in nur drei Monaten ein erstes Feature auf dem Weg zum „Connected Retailer" realisiert, das war „BOSS" (Buy online, ship to store).

BB … oder „Click & Collect" wie es gerade von den meisten Händlern genannt wird …

MH Genau. Bei dem besagten Unternehmen haben wir das zunächst auch nur in fünf Stores realisiert. So konnten wir mit überschaubarem Investment und einen Zeitraum von nur drei Monaten testen, wie das Feature angenommen wird. Wir haben sehr schnell gesehen, dass die Umsätze gestiegen sind und dass wir damit die Kunden wieder in die Läden holen. Eine optimale Gelegenheit für den Retailer, mit dem verloren geglaubten Kunden ins Gespräch zu kommen, ihn fachgerecht zu bedienen, ihm zum Beispiel sein neues Handy zu erklären und ihm währenddessen vielleicht sogar weitere Produkte zu verkaufen. Also zusätzlich die Option zu Cross- bzw. Up-Sell. Nach nur wenigen Wochen konnten wir zeigen, dass diese Strategie erfolgreich war. Es gibt kein schlagkräftigeres Argument als gestiegene Verkaufszahlen (lacht). Und der zusätzliche Gewinn ließ sich dann gleich in das erweiterte Roll-out investieren. Zum Ende des Projekts haben wir dieses Feature in 400 Stores realisieren können! Ein Erfolg auf der ganzen Linie – der natürlich auch den letzten Skeptiker überzeugen konnte.

BB Chapeau! Glückwunsch übrigens noch an dieser Stelle für die Auszeichnung von der NRF hierfür …

MH Danke, danke. Das ist natürlich fantastisch, wenn man in New York einen solchen Preis verliehen bekommt. Aber ich denke, wir haben hier gezeigt, dass auch kleine Schritte möglich und richtig sind. Denn letzten Endes geht es ja längst nicht mehr um das „Ob" – ich denke, dessen sollten sich alle Händler inzwischen bewusst sein –, sondern einzig und allein um das „Wie". Und da können wir eine Menge Möglichkeiten aufzeigen.

Literatur

Online City Wuppertal. (2016). Home. http://www.onlinecity-wuppertal.de/home/. Zugegriffen: 10. Jan. 2016.

Petznick, A. (2013). Multichannel, Omnichannel, Cross Channel und Co. – Versuch einer Begriffserklärung. http://www.kanal-egal.de/multichannel-omnichannel-cross-channel-und-co-versuch-einer-begriffserklaerung/. Zugegriffen: 10. Jan. 2016.

strategy&/pwc. (2015). The 2015 global omnichannel retail index, e-paper. 16. Nov. 2015. http://www.strategyand.pwc.com/reports/2015-global-omnichannel-retail-index. Zugegriffen: 11. Jan. 2016.

Über die Autoren

Britta Boland studierte und arbeitete u. a. in Düsseldorf, Minneapolis, San Francisco und Ivrea, Italien. Sie hat einen Master of Fine Arts in Visual Studies vom Minneapolis College of Art and Design und war Professorin für Visual User Interface Design am Interaction Design Institute Ivrea, bevor sie 2005 ihre Agentur ZORA in Düsseldorf gründete. Sie bezeichnet sich selbst als „Avid Online Shopper" und das Klingeln des Paketdienstes als ihre liebste Arbeitsunterbrechung.

Markus Hoischen begann seine berufliche Laufbahn bei der Deutschen Bank, studierte Organisation und Wirtschaftsinformatik und wechselte dann als Managementberater zur KPMG, bevor er in führenden Positionen bei der Deutschen Post DHL und der Otto Group tätig war. 2013 gründete er Brain Orchestra, ist seitdem parallel freiberuflich als Associate Partner für die dgroup tätig und unterstützt führende internationale Unternehmen aktiv bei der Transformation zum Connected Retailer. Seine Philosophie: „Just do it!" oder auch „Nicht schnacken, machen!", wie man in seiner Wahlheimat Hamburg sagen würde.

Erfolgsfaktoren der digitalen Transformation

Thorsten Boersma

Zusammenfassung

Die Digitalisierung und das Internet haben zu disruptiven Veränderungen für alle Unternehmen geführt. Die Kraft dieser Veränderung lässt sich nicht mehr ignorieren oder kleinreden. Für Unternehmen zeigt sich, dass eine Transformation auf nahezu allen Ebenen stattgefunden hat. Insbesondere haben sich Spielregeln und Wettbewerb, Kundenverhalten, Wertschöpfung sowie alle dafür erforderlichen unternehmensinternen Anforderungen massiv und zum Teil radikal gewandelt. In der durch Digitalisierung und Internet völlig neu definierten Unternehmenslandschaft reicht es bei Weitem nicht aus, das Internet lediglich als einen neuen Kanal zu verstehen. Online-Dynamiken erzeugen kontinuierlich immer neue Kundenerwartungen und damit zwangsläufig neue Arten der Kundenorientierung. Jedes Unternehmen, das auch zukünftig seine Marktanteile sichern und vom Marktwachstum profitieren will, muss auf den veränderten Wettbewerb reagieren. Dies erfordert bei Unternehmen, die keine Internet-Pure-Player, digitalen Start-ups etc. sind, eine tief greifende digitale Transformation, die mit Leidenschaft und Glaubwürdigkeit von der gesamten Unternehmensführung getrieben wird.

T. Boersma (✉)
dgroup GmbH, Hamburg, Deutschland
E-Mail: thorsten.boersma@d-group.com

Inhaltsverzeichnis

1 Einleitung und Übersicht.. 510
2 Externe Strategiedimensionen und Erfolgsfaktoren 511
    2.1 Einleitung und Übersicht 511
    2.2 Zielgruppe/Geschäftsmodell... 511
    2.3 Angebot/Sortiment.. 515
    2.4 Kundenerlebnis... 516
    2.5 Omni-Channel-Integration 518
    2.6 Kommunikation 520
3 Key Enabler und interne Erfolgsfaktoren 521
    3.1 Einleitung und Übersicht 521
    3.2 Prozesse 521
    3.3 Systeme.. 522
    3.4 Steuerung 523
    3.5 Organisation/Unternehmenskultur 524
4 Fazit.. 526
Literatur.. 527
Über den Autor 528

1 Einleitung und Übersicht

Mittlerweile hat der Wandel durch die Digitalisierung und das Internet in allen Bereichen des Lebens zu disruptiven Veränderungen geführt. Vor einigen Jahren wurde die Vehemenz dieser Veränderung in einigen Gesellschafts- und Wirtschaftsbereichen noch ignoriert oder kleingeredet, doch inzwischen ist klar geworden, dass diese überall zu einem tief greifenden Wandel geführt hat und weiter führen wird. Bezogen auf die Wirtschaft ist deutlich geworden, dass eine Transformation auf nahezu allen Ebenen stattgefunden hat. Insbesondere auf der Marktseite haben sich Spielregeln und Wettbewerb sowie das Verhalten der Kunden, die Wertschöpfung sowie alle dafür erforderlichen unternehmensinternen Anforderungen massiv und zum Teil radikal gewandelt (Heinemann und Boersma 2015; Heinemann 2014b; Gehrckens und Boersma 2013; Boersma 2010).

Dies hat zur Folge, dass Anpassungen und/oder Ergänzungen hinsichtlich Strategie, Vertriebs-/Kommunikationskanälen, Organisation etc. zu kurz greifen und den wirtschaftlichen Erfolg des Unternehmens nicht nachhaltig gewährleisten können. Für alle Unternehmen, die keine Internet-Pure-Player, digitalen Start-ups etc. sind, ist stattdessen eine digitale Transformation notwendig. Zur optimalen Gestaltung dieses Transformationsprozesses haben sich in 15 Jahren Praxiserfahrung in der Konzeption, Umsetzung und Optimierung von digitalen Transformationsprojekten wichtige externe und interne Erfolgsfaktoren herauskristallisiert (Gehrckens und Boersma 2013). Diese werden im Folgenden näher beschrieben.

2 Externe Strategiedimensionen und Erfolgsfaktoren

2.1 Einleitung und Übersicht

Basis für eine erfolgreiche digitale Transformation ist ein solides, strategisches Fundament, welches die massiven Veränderungen des Marktes über alle wichtigen Strategiedimensionen adäquat reflektiert.

Hierfür sollten fünf Strategiedimensionen in der richtigen Reihenfolge betrachtet werden (Rotax 2013):

1. Zunächst gilt es, die *Zielgruppe* neu zu definieren und das *Geschäftsmodell* festzulegen und zu justieren, um damit den relevanten Wettbewerb und das theoretische Marktpotenzial ableiten zu können.
2. Danach wird das relevante *Angebot/Sortiment* bestimmt.
3. Anschließend liegt der Fokus auf einem differenzierenden *Kundenerlebnis,* dabei ist speziell die Erfahrung, welche der Kunde in den digitalen Kanälen machen soll, von besonderer Bedeutung.
4. Dann folgt die Qualität der *Omni-Channel-Integration.*
5. Als Letztes wird die *Kommunikation* betrachtet.

Diese Hierarchie hat eine hohe Relevanz: Defizite in einer Strategiedimension lassen sich zwar häufig durch eine Steigerung des Aufwands in der jeweils nächsten Dimension kompensieren, doch die Möglichkeiten zur Kompensation sind zu guter Letzt endlich. Sie führen in der Regel zu einer niedrigeren Profitabilität oder im Extremfall gar zu Verlusten (Rotax 2013).

Die konkrete Ausgestaltung einer „Unique Selling Proposition" (USP) in einer oder mehreren Strategiedimensionen ist somit kausal für realistische Erwartungen an den Erfolg. Denn je relevanter der USP, desto höher der realistische Anteil, der vom Marktpotenzial erzielt werden kann.

Im Folgenden wird anhand von ausgewählten Beispielen aufgezeigt, wie sich innerhalb der einzelnen Strategieebenen aus Kundensicht relevante Positionierungen erzielen lassen.

2.2 Zielgruppe/Geschäftsmodell

In der Dimension Zielgruppe/Geschäftsmodell ist es entscheidend, dass das Unternehmen explizit festlegt, welche Zielgruppe primär angesprochen werden soll und welches Geschäftsmodell damit verbunden ist.

Zielgruppe

In der Vergangenheit waren für viele Unternehmen die genaue Auswahl sowie die exakte Adressierung und Ansprache einer konkreten Zielgruppe gar nicht notwendig oder möglich. Insbesondere stationär erfolgte u. a. durch den lokalen Standort sowie durch die Ladengestaltung und die Sortimentsauswahl in den meisten Fällen eine eher implizite Zielgruppenauswahl. Heute hingegen lassen sich im Internet ganz gezielt einzelne Zielgruppen adressieren. Dadurch tritt die Frage in den Vordergrund, welche Segmentierung der potenziellen Kunden eigentlich heute zu einer erfolgreichen Zielgruppendefinition führt (Gehrckens und Boersma 2013).

Lebensentwürfe, Werte und Ziele der einzelnen Individuen sind heute so vielfältig, dass soziodemografische Zielgruppenbetrachtungen und eindimensionale Zielgruppenmodelle in der Regel nicht mehr ausreichen, das Kundenverhalten zu verstehen. Stattdessen ist ein übergeordnetes System grundlegender und konsumrelevanter Wertorientierungen, in dem sich Bevölkerungsgruppen mit jeweils spezifischen Weltanschauungen, Überzeugungen, Kaufgewohnheiten und Kommunikationsverhalten zu charakteristischen Lebensstilen verdichten, hilfreich, um überhaupt eine Zielgruppe definieren zu können (Peichl 2009). Im Bereich Fashion sind hier beispielsweise die Consumer Styles der GfK oder das Zielgruppensystem der HML Modemarketing nützlich (Gehrckens und Boersma 2013).

Sobald der Unternehmer ein Modell gefunden hat, das es erlaubt, eine entsprechende Zielgruppendefinition vorzunehmen, gilt es im Anschluss die entsprechenden Marktpotenziale zu ermitteln. Darüber hinaus sind in den nachgelagerten Strategiedimensionen relevante zielgruppenspezifische Mehrwerte zu identifizieren.

Eine aus Kundensicht relevante Positionierung kann im Wesentlichen zwei unterschiedliche Ausprägungen haben (Gehrckens und Boersma 2013):

1. *Zielgruppenfokus:* Dieses Konzept setzt den Fokus als Zielgruppenspezialist, der Marktsegmente mit spitzen und entsprechend sehr passfähigen Angeboten adressiert. Ein gutes Beispiel für einen Zielgruppenfokus im Bereich Fashion/Lifestyle ist der britische Online-Händler Asos, der international überaus erfolgreich wächst und dabei ganz klar auf eine Zielgruppe fokussiert ist. Die Zielgruppe von Asos lässt sich nach Modegrad/Anspruchsniveau eindeutig als Trendy/Mainstream identifizieren. Nur ein geringer Anteil der angebotenen Artikel liegt in den arrondierenden Zielgruppensegmenten. Trendy/Mainstream sind (junge) Frauen und Männer, die Modetrends begeistert mitmachen. Jung bis provokant, pflegen sie einen spielerischen Umgang mit der Mode. Mode und Preis haben dabei Vorrang vor Qualität. Mithilfe einer genauen Beschreibung dieser Zielgruppe lassen sich u. a. Positionierung, Sortiment, Ansprache, Look & Feel des Online-Shops so weit wie möglich optimieren. Ein weiteres Beispiel für einen erfolgreichen Zielgruppenfokus sind Net-a-Porter (Damenmode) bzw. Mr. Porter (Herrenmode), welche sich ganz klar im obersten Premiumbereich positionieren und damit sehr erfolgreich sind. Ein wesentlicher USP bei Zielgruppenfokuskonzepten ist die richtige Vorauswahl des Sortiments, das ideal zu

den Bedürfnissen der (Online-)Zielgruppe passen muss. In der Regel ist im Handel das korrespondierende Geschäftsmodell ein Special-Shop-Konzept (Gehrckens und Boersma 2013). Eine Extremform des Zielgruppenfokus ist das Curated Shopping, hierbei bietet der Händler eine handverlesene Auswahl an Produkten an (zum Beispiel bei OUTFITTERY oder MODOMOTO), welche sich an Geschmack und Bedürfnissen des einzelnen Kunden orientieren.

2. *Zielgruppenübergreifend:* Im Vergleich zum Zielgruppenfokus hat das zielgruppenübergreifende Konzept einen komplett gegensätzlichen Ansatz. Normalerweise wird der zielgruppenübergreifende Ansatz im Handel mit den Geschäftsmodellen Shopping Portal oder Category Killer verknüpft. Ein Category Killer verkauft Waren/Leistungen in einer/wenigen Produktkategorie(n) in – idealtypisch – endloser Artikeltiefe (Longtail) je Kategorie (Gehrckens und Boersma 2013). In der extremsten Form ist die Vision eines Category Killers die von Amazon: „Earth's Biggest Selection – At Amazon, it's our goal to be Earth's most customer-centric company, where customers can find and discover anything they might want to buy online. We strive to offer our customers the lowest possible prices, the best available selection, and the utmost convenience" (Amazon 2016b). Angesprochen werden Online-Käufer, welche die größtmögliche Auswahl suchen. Dieses Konzept bietet weniger Inspirationen, sondern zielt auf bedarfsdeckende Käufer ab. Normalerweise ist auch in den nachfolgenden Strategieebenen die Positionierung konsequent hieran ausgerichtet. Weitere Beispiele für eine solche Ausrichtung sind – neben Amazon – fahrrad.de für alles rund ums Fahrrad, notebooksbilliger.de oder Zalando. Ein solches Konzept ist erst seit dem Entstehen des Online-Handels möglich. Sowohl im stationären Handel als auch im klassischen Versandhandel sind Sortimentsumfang und Anzahl der Artikel beschränkt. Verkaufs- und Katalogflächen sind stets ein limitierender Faktor. Neben den eher physikalischen Beschränkungen der Angebotsflächen würde ein zu großes Angebot den Kunden im klassischen Handel zusätzlich überfordern, da er den Überblick verlieren würde. Im E-Commerce hingegen ist die Anzahl der Sortimente und Artikel nicht beschränkt und somit ist, bei geringen Grenzkosten, ein nahezu unbegrenztes Sortiment möglich (Gehrckens und Boersma 2013). Zusätzlich lassen sich Nischenprodukte (Longtail) mit geringer Nachfrage rentabel anbieten und eröffnen dem Händler sogar höhere Margen als preissensitive Bestseller. Dadurch kann ein Category Killer im Online-Shopping eine für den Handel völlig neue Angebotsvielfalt bereitstellen, die auch im stationären Handel bisher nur begrenzt verfügbar war.

Geschäftsmodell

Untrennbar verknüpft mit der Frage nach dem Zielgruppenfokus ist die Frage nach der konkreten Ausprägung des Geschäftsmodells. Die Antwort auf diese Fragestellung sollte wohl überlegt sein, denn sie bietet dem Unternehmen die Möglichkeit, sich ganz gezielt zu positionieren. Dabei ist eine bewusste Entscheidung über Leistungsversprechen sowie über das Wertschöpfungs- und Ertragsmodell zu treffen. Allein für transaktionsbasierte Geschäftsmodelle lassen sich online bis zu 20 verschiedene relevante Geschäftsmodelle unterscheiden (Boersma 2013), welche alle ihre eigene, spezifische Ausrichtung haben (vgl. Abb. 1).

So differenzieren sich Private-Shopping-Modelle wie vente-privee deutlich von Live-Shopping-Anbietern wie zum Beispiel Woot!. Oder Re-Commerce-Modelle à la gazelle.com unterscheiden sich von Shopping-Abomodellen wie Birchbox oder von Rental Services wie renttherunway.com. Auch hier zeigt sich die Professionalisierung des Handels dadurch, dass in dem vorhandenen Optionenraum eine gezielte Entscheidung getroffen wird, welche hinsichtlich ihrer Auswirkungen auf alle anderen strategischen Dimensionen orchestriert ist (Gehrckens und Boersma 2013).

Im hochdynamischen und wettbewerbsintensiven Online-Markt ist eine vollständige Betrachtung des Wettbewerbs sehr wichtig. Viele Unternehmen haben gar keine oder eine viel zu eng gefasste Wettbewerbersicht (Rotax 2013).

Die Wettbewerbsbetrachtung des bestehenden Offline-Geschäftsmodells ist in der Regel lediglich ein kleiner (nationaler) Ausschnitt aus der ganzheitlichen Wettbewerbsarena. Ein Benchmarking muss alle potenziellen Wettbewerber berücksichtigen, unabhängig davon, ob diese national bzw. international tätig sind oder das gleiche Geschäftsmodell bzw. überlappende Geschäftsmodelle verfolgen. Der Wettbewerb wird somit viel größer. Für den Online-Shop eines Modehändlers ist der stationäre Handel zum Beispiel häufig von untergeordneter Bedeutung. Im Online-Markt muss ein Benchmarking ebenso alle internationalen Anbieter (zum Beispiel Asos, Net-a-Porter etc.) sowie alle rivalisierenden Geschäftsmodelle (zum Beispiel vente-privee, renttherunway.com etc.) beinhalten (Rotax 2013).

Transaktion	Advertising	Subscription	Community
1. Shopping Portal	20. Suche	32. Abo Services	35. Social Networking Services
2. Category Killer	21. Portal	33. Peer-to-Peer Services	36. Empfehlungs-/ Wissensportale
3. Special Shop	22. Affiliate Networks	34. Service Provider	37. Media Sharing
4. Private Shopping	23. Social Shopping		38. Open Source/ Open Content
5. Live Shopping	24. Search Engine Optimization (SEO)		39. Cloud Services
6. Mass Customization	25. Content/News		
7. Re-Commerce	26. Social Bookmarking		
8. Shopping-Abos	27. Preisvergleiche/ Reviews		
9. Rental Services	28. Advertising Networks		
10. Bit Vendor	29. Incentive Marketing		
11. Auction Broker	30. Mobile Marketing		
12. Virtueller Marktplatz	31. Behavioural Marketing		
13. Classifieds			
14. Internet Shopping Enabler			**Andere**
15. Shop-System SaaS			
16. P2P Broker			z.B.
17. Location-based Services			40. Gaming
18. Couponing			
19. On-Demand Services			

Abb. 1 Übersicht Online-Geschäftsmodelle. (Quelle: eigene Darstellung in Anlehnung an Boersma 2013)

Nur bei einer ganzheitlichen Betrachtung der Wettbewerbsarena wird deutlich, dass eine 1:1-Übertragung des Offline-Geschäftsmodells nicht ausreicht, da gerade internationale Wettbewerbe und Online-Spezialkonzepte mit neuen, innovativen Lösungen erhebliche Kundenmehrwerte generieren und zum Teil gleichzeitig eine bessere Ausgangsposition haben, da sie zum Beispiel kein Warenrisiko tragen.

2.3 Angebot/Sortiment

Das Angebot/Sortiment ist die nächste wichtige strategische Dimension, in der ein Unternehmen heute einen klaren Mehrwert aus Kundensicht bieten muss, um erfolgreich zu sein. Der Fokus auf eine Zielgruppe/Geschäftsmodell muss hier konsequent den Rahmen vorgeben, nach dem die Positionierung im Sortiment erfolgt (Gehrckens und Boersma 2013). So brauchen zum Beispiel Special-Shops genau die Marken und Styles sowie das Aktualitäts- und Preisniveau, welche den Bedürfnissen der Zielgruppe entsprechen. Dagegen braucht ein Category Killer tatsächlich in seiner Kategorie oder für seine Zielgruppe das umfangreichste Sortiment. Mindestanforderung ist es für den Händler, seinen USP für den Kunden in den Bereichen Sortimentsbreite/-tiefe, Markenauswahl, Aktualität und Preis zu definieren. Für Sortimentsbreite/-tiefe zum Beispiel ist abzuleiten, welche Warengruppen das Kernsortiment ausmachen und in welchen Warengruppen die Sortimentsauswahl und -kompetenz besser und höher als bei den Wettbewerbern sein soll. Bei der Markenauswahl erwarten die Kunden von spitzen und breit abdeckenden Konzepten jeweils die relevanten oder gar alle internationalen Marken als Auswahl. Gerade Markenprodukte werden als Anker zur Orientierung in der Angebotsvielfalt immer wichtiger. In sehr vielen Sortimentsbereichen – insbesondere bei Fashion, Consumer Electronics oder Medien – konkurriert jeder Händler mit internationalen Online-Shops, die oftmals weltweit ausliefern und natürlich auch ein weltweit interessantes Sortiment anbieten.

Gerade im Bereich Sortiment zeigt sich, dass ein Paradigmenwechsel notwendig ist. Früher kannte der Einkäufer eines Stationärhändlers seine Kunden und musste bezüglich seines Sortiments nur in einem Radius von einigen wenigen Kilometern die beste oder größte Auswahl für seine Zielgruppe haben. In diesem Kontext war es auch legitim, dass der Einkäufer eine Vorselektion getroffen hat. Dies gilt so heute nicht mehr. Der Kunde ist durch seine Online-Erfahrung in Foren, Blogs, sozialen Netzwerken, Special-Interest-Seiten oder Online-Shops oftmals vielmehr up to date, was die aktuellsten Trends und Entwicklungen in dem für ihn interessanten Sortiment angeht. Das hat zur Folge, dass der Einkäufer als Category-Manager ganz anders agieren muss. So verändern sich Datenquellen für die Sortimentsplanung und -steuerung, Tools sowie Schwerpunkte der täglichen Arbeit usw. signifikant (Gehrckens und Boersma 2013).

Ähnlich sieht es hinsichtlich der Aktualität des Sortiments aus. In Zeiten von extrem beschleunigten Sortimentszyklen – zum Beispiel durch Vertikalisierung mit integrierten flexiblen Prozessen in Entwicklung, Produktion und Vertrieb – erwartet der

Online-Käufer auch stationär täglich eine neue Welt. Vor allem wenn neue Produkte auf den Markt kommen, dann hat der Händler die Nase vorne, der diese Produkte gleich zum Marktstart anbieten kann. Dies erfordert exzellente Prozesse, die es zum Beispiel ermöglichen, Produkte, sobald sie im Lager eingehen, in den Content-Produktionsprozess für Artikeltexte und -bilder einzuschleusen und somit sicherzustellen, dass diese Artikel innerhalb von wenigen Stunden online sind.

Eine ähnlich starke Veränderung beeinflusst die Preispositionierung des Händlers im heutigen Wettbewerb. Insbesondere der große Erfolg von Privat-Shopping- oder Couponing-Anbietern beeinflusst die Erwartungen preissensitiver Kunden. Nur die regelmäßige Wettbewerbsbeobachtung aller relevanten Online-Händler, welche die gleichen Kernsortimente oder Marken anbieten, ermöglicht eine bewusste Preispositionierung bezüglich Sale-Preisen, Einstiegspreislagen etc. auch für stationäre Anbieter. Wenn ein Anbieter wie Amazon bei jedem neuen Prospekt von Media Markt die Preise angleicht und auch sonst völlig dynamisch und fast in Realtime sein Pricing an den Wettbewerb anpasst, dann wird die Wettbewerbsposition des lokalen Anbieters entschieden geschwächt.

2.4 Kundenerlebnis

Das Kundenerlebnis ist eine weitere sehr wichtige Säule, um sich im Wettbewerb zu positionieren. Das Kundenerlebnis umfasst grob betrachtet Angebotspräsentation, Beratung, Kundeneinbindung und Service. Bezogen auf das Kundenerlebnis in einem Online-Shop lassen sich die in Abb. 2 dargestellten Dimensionen und Elemente unterscheiden.

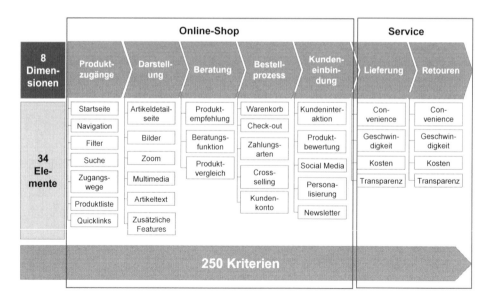

Abb. 2 dgroup Framework Kundenerlebnis. (Quelle: dgroup 2012)

Hinsichtlich jeder Dimension und jedes Elements in der Abb. 2 gilt es, eine Soll-Positionierung festzulegen, die gleichzeitig geeignet ist, den Kunden zu begeistern und auf Anforderungen aus Zielgruppe, Geschäftsmodell und Sortiment einzugehen. Folgende Beispiele zeigen, wie Händler relevanten Kundennutzen im Kundenerlebnis schaffen können (Gehrckens und Boersma 2013):

- *Beispiel Inspirationen und emotionale Ansprache:* Gerade bei Fashion- und Lifestyle-Sortimenten und insbesondere bei trendigen oder modernen Zielgruppen sind Inspirationen und emotionale Ansprache wichtig. Dies lässt sich zum Beispiel durch viele unterschiedliche Produktzugänge erzielen. Online-Fashion-Shops wie REVOLVEclothing.com, Asos oder Net-A-Porter.com bieten insgesamt viele unterschiedliche Zugangswege ins Sortiment. Zu nennen sind zum Beispiel On-Site-Maßnahmen, Blogs/Magazine, Newsletter über Themen wie Styles/Looks, Trends, Trageanlässe (zum Beispiel Vatertag, Hochzeit), Starstyles, *Seen on* etc. Die besonderen Ausprägungen des Kundenerlebnisses hängen von der jeweiligen Positionierung hinsichtlich Sortiment und Geschäftsmodell ab. Bei Category Killern ist es wesentlich, dass für den Kunden die Komplexität durch entsprechende *Produktzugänge* reduziert wird. Letztendlich will jeder Kunde das Produkt kaufen, das optimal zu seinen Bedürfnissen passt, und sich nicht durch Hunderte von Artikeln wühlen müssen. Das heißt, Produktlisten, Filtermöglichkeiten etc. müssen dem Kunden eine schnelle Orientierung ermöglichen.
- *Beispiel Produktinformationen:* Detaillierte Produktinformationen sind das A und O im Online-Handel. Auch hier ist der Content entscheidend. Das gilt nicht bloß für komplexe und erklärungsbedürftige Elektronikartikel, sondern insbesondere auch für Modeartikel (Boersma 2012a). Umso mehr überrascht es, dass in vielen deutschen Fashion-Online-Shops Leere auf den Artikeldetailseiten herrscht. Viele Online-Händler orientieren sich an den Kleinanzeigenformaten der klassischen Kataloghändler, als wenn auch online der Platz für Bilder und Texte beschränkt wäre. Dreizeiler verraten nur rudimentäre Informationen über den Artikel. Vereinzelte und kleinformatige Bilder vermitteln nur eine Ahnung davon, wie der Artikel tatsächlich aussieht. Details zur Verarbeitung, zum Stil, zu Trageanlässen oder zur Passform fehlen. Vielleicht passt auch das Paradigma dieser traditionellen Händler trotz vorhandener Online-Shops nicht in die heutige Welt des Internets. In aufwendigen Fotoproduktionen – in Miami oder Südafrika – werden die Artikel möglichst verlockend und verkäuferisch in Szene gesetzt. Insofern sollte es nicht verwundern, wenn Online-Käufer diese Artikel enttäuscht zurückschicken, weil die Fotos nicht der Realität entsprechen. Wer im Online-Handel erfolgreich sein will, sollte seine Kunden und deren Zufriedenheit ernst nehmen und nicht durch Artikelbilder und -texte Seifenblasen erzeugen, die beim Öffnen des Paketes sofort zerplatzen. Anhaltender Erfolg im Online-Handel erfordert Wertschätzung der Kunden (Boersma 2012a).
- *Beispiel Kundeneinbindung:* Im Bereich *Kundeneinbindung* bieten sich ebenfalls viele Themen, in denen sich der Händler klar gegenüber Wettbewerbern differenzieren und

mit seinen Kunden in eine intensive Interaktion treten kann (vgl. Heinemann und Boersma 2015). Erst wenn die Kunden auf möglichst viele Arten eingebunden werden und dann auch sichtbar im (Online-)Shop auftreten, wirkt dieser lebendig. Der User Generated Content und die Interaktion des Händlers mit dem Kunden verleiht dem Shop eine Seele. Besonders hervorzuheben sind hier zum Beispiel durch den User erstellte Looks/Outfits, das heißt Empfehlungen von zueinander passenden Produkten, die vom User als Produktcollagen erstellt werden (Gehrckens und Boersma 2013). Sie können zur Inspiration der Kunden mit Verwendung eines Style-Editors à la polyvore eingesetzt werden. Hier können User mithilfe eines einfachen Tools eine Produktcollage aus den Produkten erstellen und damit ihren persönlichen Stil präsentieren. Die Produktcollagen können von anderen Usern mit einem *Gefällt mir* bewertet werden. Bei polyvore werden pro Woche mehr als 1000 dieser sogenannten *Outfits* erstellt. Würden diese im Shop ebenfalls auf einer Artikeldetailseite angezeigt, dann würden sie damit zu user-generierten Empfehlungen von kompletten Outfits, welche viel ansprechender und authentischer als die automatisch generierten Empfehlungen von Recommendation Engines sind.

- *Beispiel Service:* Im Bereich *Service* wird oft Amazon insbesondere für Lieferung/Logistik als absoluter Benchmark genannt. Das passt gut zu der Category-Killer-Positionierung bei Zielgruppe/Geschäftsmodell. Bedarfsdeckende Käufe bei einem Category Killer erwarten weniger Inspirationen, dafür mehr Convenience. Die hohe Liefergeschwindigkeit und -zuverlässigkeit, welche bei Amazon in der Regel ohne Versandkosten geboten wird, setzt zu Recht einen Benchmark, in den Amazon von Jahr zu Jahr sehr viel Geld investiert. Laut dem 10-K SEC Filing hat Amazon weltweit in 2015 den gesamten Lieferservice mit 5 Mrd. US$ *gesponsort* (Amazon 2016a). Amazon baut aber auch darüber hinaus weiter massiv die Logistik aus. Zunächst investiert Amazon rigoros in neue Fulfillment-Zentren/Logistikzentren – allein in Deutschland hat Amazon mittlerweile neun Logistikzentren an acht Standorten mit über 10.000 fest angestellten Mitarbeitern (Stand Februar 2016 Amazon 2016c). Aber das ist nicht alles – zusätzlich hat Amazon Kiva Systems für 775 Mio. US$ gekauft (Amazon 2012). Mit Kiva Systems kann Amazon die Effizienz der Intralogistik steigern und den Wettbewerbsvorsprung weiter ausbauen. Es ist auf jeden Fall beeindruckend, wie massiv amerikanische Online-Händler, die bereits in vielen Fällen als Service-Leader gelten und hinsichtlich Customer Experience bereits einen klaren Wettbewerbsvorsprung haben, in die Verbesserung ihrer Services/Logistik investieren (Boersma 2012b).

2.5 Omni-Channel-Integration

Auch in der Verknüpfung der unterschiedlichen Kanäle eines Händlers kann normalerweise ein großer Mehrwert für den Kunden geschaffen werden. Neben den üblichen Maßnahmen *Click & Collect* (online kaufen oder bestellen, offline abholen), *Return to*

Retail (online kaufen, offline retournieren), etc. kann auch durch innovative Wege der Omni-Channel-Integration zusätzlicher Nutzen für den Kunden geschaffen werden (Gehrckens und Boersma 2013; Heinemann 2014a): So werden selbst im stationären Handel die Empfehlungsprozesse von Facebook integriert. Diesel zum Beispiel nutzte bereits 2011 eine interaktive Umkleidekabine im lokalen Shop (FullSIX 2011). Auch Adidas testete schon 2012 in einem Geschäft ein interaktives Schaufenster als virtuelle Einkaufsmöglichkeit. Beim digitalen Window-Shopping mit in Originalgröße abgebildeten Produkten, die via Mobiltelefon gekauft werden können, wird das stationäre Schaufenster mit der digitalen Welt verknüpft. Um ein Produkt zu kaufen, muss der Kunde eine URL über das Smartphone aufrufen. Nach einmaliger Eingabe eines PINs wird er mit dem Warenkorb aus dem interaktiven Schaufenster verbunden. Dort lässt sich der Kauf entweder sofort abschließen oder er kann sich über Social Media und E-Mail mit Freunden darüber austauschen (Adidas 2012). Gerade für Händler, deren Zielgruppe und Geschäftsmodell einen USP bei *Kundeneinbindung* und Kundeninteraktion erfordern, bieten sich in der innovativen Verknüpfung der verschiedenen Kanäle Chancen für den Kunden, einen relevanten Mehrwert zu schaffen (Heinemann 2014b; Gehrckens und Boersma 2013).

Eine exzellente Omni-Channel-Integration ist auch für Händler mit anderen Alleinstellungsmerkmalen ein wichtiger Verstärker. Best-In-Class-Unternehmen geben online und mobil Auskunft über den Warenbestand im Ladengeschäft und ermöglichen das Abholen oder die Rückgabe einer Bestellung im Stationärhandel. Noch einen Schritt weiter gehen zum Beispiel Tesco und Conrad, welche die Filialen auch als dezentrale Lager für den Online-Shop nutzen und – wenige Stunden nach der Bestellung – direkt von hier an den Kunden liefern.

Bei richtiger Ausschöpfung der vorhandenen Möglichkeiten haben Händler mit stationären Geschäften hier die Möglichkeit, sich von den Online Pure Playern zu differenzieren. So könnte insbesondere die Koppelung der stationären Beratungskompetenz mit dem user-generierten Content des Online-Shops für beide Kanäle einen Vorsprung im direkten Wettbewerb bedeuten (Boersma 2012a). Mögliche Ansätze zur Koppelung von Stationär- und Online-Kanal wären zum Beispiel:

1. *Steigerung der stationären Beratungskompetenz durch Produktbewertungen*
   Kunden, die sich stationär Artikel im Regal oder am Warenträger ansehen, haben zunächst einmal keine anderen Informationen über den Artikel als das Preislabel, den Einnäher, auf dem die Größe und das Material angegeben ist, und/oder den Text auf der Verpackung. Vom Online-Shopping sind Kunden mittlerweile umfangreiche Produktbewertungen gewohnt, die einen guten Rückschluss auf die Eignung des Artikels für die eigenen Bedürfnisse liefern und somit signifikant für die Kaufentscheidung sind. Diese sollten auch stationär zur Verfügung stehen – zum Beispiel die Zusammenfassung der Produktbewertungen aus dem Online-Shop auf dem Preislabel oder auf einem zusätzlichen Label am Artikel anzeigen. Auch die Darstellung der hilfreichste(n) Produktbewertungen würde dem Kunden eine Entscheidungshilfe

liefern, die glaubwürdig und authentisch wirkt. Zusätzlich könnten auch stationäre Kunden um eine Produktbewertung gebeten werden – zum Beispiel durch Angabe einer individuellen Short URL auf dem Kassenbon, die den Kunden automatisch online zur spezifischen Produktbewertungsseite für die stationär gekauften Artikel führt. Mithilfe einer besonderen Kennzeichnung dieser Produktbewertungen von stationären Kunden im Online-Shop ließe sich dadurch eine echte Omni-Channel-Verzahnung konsequent kommunizieren. Dadurch können Unternehmen u. a. aufzeigen, dass ihnen die Interaktion mit den Kunden wichtig ist, dass sie Kunden als souveräne Konsumenten akzeptieren und diesen auf Augenhöhe begegnen (Boersma 2012a).

2. *Schaffung stationärer Inspirationen durch Online-Daten*
Im Online-Kanal fallen neben den Produktbewertungen eine Fülle von weiteren Daten an, die dort zum Beispiel in Form von Bestsellerlisten oder Produktempfehlungen genutzt werden und damit Wertschöpfung für den Kunden darstellen. Generell ließen sich diese Daten auch in ähnlicher Form im stationären Geschäft nutzen. Ein Bereich mit den „Lieblingsartikeln unserer Online-Kunden" oder ein entsprechendes Label direkt am Artikel würde mit Sicherheit auch stationäre Kunden inspirieren (Boersma 2012a).

3. *Online-Einsatz der Beratungskompetenz stationärer Verkäufer*
In den stationären Geschäften gibt es normalerweise einige Verkäufer, die sich gut mit den Artikeln des Sortiments und den Bedürfnissen der Kunden auskennen. Online-Shops von Omni-Channel-Unternehmen sollten dieses wertvolle Know-how auch online nutzen. Zum Beispiel in einem besonderen Seitenbereich, in dem regelmäßig – wöchentlich oder gar täglich – unterschiedliche Verkäufer ihren aktuellen Lieblingsartikel vorstellen, dessen Vorzüge beschreiben und ggf. Empfehlungen zur Passform oder zu Kombinationsmöglichkeiten geben. Weiter würden Frage-/Antwortenbereiche auf der Artikeldetailseite, in denen Online-Kunden Fragen zum Artikel eingeben können, von einer zeitnahen Beantwortung durch stationäre Experten profitieren. Vorstellbar sind auch „Sprechzeiten" für Video-Chats mit stationären Experten, in denen Online-Kunden sich persönlich beraten lassen können (Boersma 2012a).

Aber auch im Bereich Multi-Channel ist heute nicht mehr der Händler führend, der möglichst viele oder innovative Lösungen anbietet. Vielmehr geht es darum, mit aufeinander abgestimmten Features die Bedürfnisse der Zielgruppe zu treffen und dieser ein einzigartiges Nutzenversprechen zu geben (vgl. Heinemann und Boersma 2015; Gehrckens und Boersma 2013; Boersma 2010).

2.6 Kommunikation

Die bisher beschriebenen strategischen Dimensionen Zielgruppe/Geschäftsmodell, Sortiment, Kundenerlebnis und Omni-Channel sind voneinander abhängig. Die Ausgestaltung der strategischen Ausrichtung folgt in der Regel dem hierarchischen Prinzip. Das heißt, Defizite auf einer Ebene können zum Teil durch eine Steigerung des Aufwands auf der jeweils nächsten Ebene kompensiert werden. Allerdings ist diese Kompensation endlich: Zu große Defizite können nur über Erhöhung des Kommunikationsaufwands – also dem Marketingbudget – ausgeglichen werden. Wenn die anderen Erfolgsfaktoren nicht ausreichend vorhanden sind, kann versucht werden, die Traffic-Generierung durch Branding, Off-Site-Marketing und/oder Social Media, und die Traffic-Verteilung durch On-Site-Marketing zu unterstützen.

3 Key Enabler und interne Erfolgsfaktoren

3.1 Einleitung und Übersicht

Neben einer vom Topmanagement getriebenen USP-profilierten Strategie ist es für die erfolgreiche digitale Transformation bei einem Online- oder Omni-Channel-basierten Geschäftsmodell unabdingbar, dass folgende vier wichtige interne Erfolgsfaktoren entsprechend bedient werden (Gehrckens und Boersma 2013):

1. Prozesse,
2. Systeme,
3. Steuerung,
4. Organisation und Unternehmenskultur.

In allen diesen Bereichen sind für die meisten Unternehmen wesentliche Umgestaltungen notwendig, um bei neuen Spielregeln im Markt, verändertem Wettbewerb sowie neuartigem Kundenverhalten weiterhin erfolgreich agieren zu können.

3.2 Prozesse

Die Ausgestaltung der Prozesse richtet sich nach dem strategisch abgeleiteten USP. Aufgrund der schnellen Dynamik und Geschwindigkeit im Online-Geschäft geht es dabei allerdings nicht mehr um starre, sondern um flexibel auf Änderungen des Markt- und Wettbewerbsumfeldes anpassbare Prozessmodelle. Dabei sind für jeden einzelnen Prozess die folgenden Fragen zu beantworten (Gehrckens und Boersma 2013):

- Welches sind die USP-relevanten Prozessausprägungen?
- Was sind die Erfolgsfaktoren zur Umsetzung des angestrebten USPs?
- Welches sind die tatsächlichen Wert- und Kostentreiber des Prozesses?
- Welche Ressourcen und Kompetenzanforderungen sind auf dieser Basis erforderlich?
- Ist der jeweilige Prozess aufgrund seiner strategischen Bedeutung und/oder der vorhandenen bzw. nicht vorhandenen internen Fähigkeiten abzubilden oder gibt es externe Dienstleister, die diesen Prozess effektiver und effizienter abwickeln können?

Zeit spielt bei Online-Prozessen fast immer eine bedeutende Rolle. Hierbei geht es nicht nur um elementare Dinge wie den *Real-Time-Warenverfügbarkeitsabgleich* zwischen Lager und Shop und die schnelle Kommissionierung von Waren im Lager für die zeitnahe Warenauslieferung. Es geht insbesondere auch um die dynamische Anpassung des Seiteninhalts (Produkte, Teaser/Banner, Empfehlungen etc.) auf Basis der Herkunft und des Klickverhaltens des individuellen Kunden. Und weiter um die schnelle Übernahme und Darstellung von neuen Artikeln im Online-Shop inklusive der erforderlichen Content-Produktion in schnelllebigen Zeiten mit vielen und häufigen Sortimentswechseln.

Eine Herausforderung für Omni-Channel-Player ist die vollständige Nutzung von vorhanden wertvollen Daten zum Start (Rotax 2013). Ein erfolgreiches Omni-Channel-Management kann einen deutlichen Mehrwert durch intelligente Verknüpfung der verschiedenen Kanäle schaffen, indem Potenziale aus Digitalisierung und Vernetzung am stationären Point of Sale (POS) genutzt werden (Rotax 2013). Bereits bestehende Stärken aus dem Stationärgeschäft müssen auf den Online-Kanal übertragen werden und umgekehrt.

Beispielsweise lassen sich die einzelnen Kassenbondaten aus den stationären Kassensystemen nutzen, um die Recommendation Engine im Online-Kanal von Anfang an mit sehr guten Daten füttern. Weiter lassen sich Kassenbons als Voucher für den Online-Shop nutzen. Solche Projekte können in der Regel mit überschaubaren Kosten und oft sehr schnell umgesetzt werden. Gleichzeitig ist der Nutzen für den Kunden sehr hoch und kann von Internet-Pure-Playern nicht direkt kopiert werden (Rotax 2013).

3.3 Systeme

Die Prozessanforderungen definieren in der Regel die Herausforderungen an die Systemlandschaft und die Systemschnittstellen. Dieses betrifft USP-Support, Flexibilität, Kosten und Zeit. Gleichzeitig wachsen diese Herausforderungen weiter durch neue technologische Entwicklungen zum Beispiel in den Bereichen Mobile Commerce und Tablets sowie durch die Anforderungen an die Kanalintegration im Omni-Channel-Handel. Die aktuelle Diskussion in diesem Zusammenhang dreht sich daher um die Frage, inwieweit traditionelle IT-Zielinfrastrukturen überhaupt noch eine Relevanz haben, weil sie zu starren, langsamen und kostspieligen Denk- und Vorgehensweisen führen (Gehrckens und Boersma 2013). Wichtige Aspekte für die Gestaltung der heutigen Systemlandschaft sind:

- Agilität und Flexibilität für Skalierbarkeit und schnelle Einbindung neuer Systeme,
- Entkoppelung von Frontend- und Backend-Systemen in einer Pace Layered Architecture ermöglicht zwei unterschiedliche Geschwindigkeiten in der Entwicklung,
- Realtime-Schnittstellen zwischen System-Layern zur effizienten und effektiven Prozessunterstützung und für schnelle Reaktionsgeschwindigkeit,
- systemneutrale Schnittstellen für flexible Einbindung bzw. Austausch von Drittsystemen,

- Einbindungsmöglichkeiten von State-of-the-Art Standard-Online-Modulen zur kontinuierlichen Frontend-Optimierung,
- übergreifendes Produkt-Information-Management zur effizienten Content-Bereitstellung für alle relevanten technologischen Plattformen und Kanäle,
- Kosten-/Nutzenrelation und vor allem Geschwindigkeit der Implementierung, der Datenverarbeitung und der späteren Systemanpassung.

Der Kern jeder Online-Systemlandschaft ist eine flexible, serviceorientierte Architektur, damit im dynamischen Marktumfeld alle Systemkomponenten flexibel an den Markt angepasst werden können (Rotax 2013). Zu Beginn reichen oft die vorhandenen hohen Standards der Shop-Systeme aus und es kann entgegen gängiger Praxis auf Individualentwicklung verzichtet werden. Ein Standard-Shop-System wie hybris oder demandware bietet zwar keine nachhaltige Differenzierung zum Start, ist aber hinsichtlich Functions & Features bereits besser aufgestellt als eine Vielzahl der existierenden Online-Shops. Eine Individualentwicklung sollte nur dann erfolgen, wenn damit nachhaltige Differenzierungspotenziale im Wettbewerb verbunden sind. Es gilt der Grundsatz, mit Standards zu starten und darüber Kundenzufriedenheit auf Hygieneniveau sicherzustellen, dann Komponenten mit Differenzierungspotenzialen, die Begeisterung beim Kunden schaffen können, proprietär in das Gesamtsystem einzufügen (Rotax 2013).

3.4 Steuerung

Im Bereich der Steuerung gibt es drei relevante Steuerungsfelder (Gehrckens und Boersma 2013):

- USP-Positionierung (Sortiment, Kundenerlebnis, Omni-Channel-Integration),
- Exekution (Prozesse, Systeme, Strukturen, Menschen/Qualifikation, Kultur),
- Gesamterfolg.

Neben der Diskussion um die richtigen Key Performance Indicators (KPIs) in den jeweiligen Steuerungsbereichen gewinnt aktuell im Zusammenhang mit der Steuerung von Online- und Omni-Channel-Unternehmen Big Data zunehmend an Bedeutung. Als Big Data werden hier die besonders großen Datenmengen bezeichnet, welche im Bereich des Online- und Omni-Channel-Handels und dem Nutzungsverhalten der Kunden in den unterschiedlichen Kanälen sowie in den verschiedenen Kunden-Touchpoints anfallen. Diese können nicht oder häufig nur notdürftig mithilfe von Standarddatenbanken und Datenmanagement-Tools verarbeitet werden. Schwierig sind dabei insbesondere die Erfassung, Speicherung, Suche, Verteilung, Analyse und visuelle Aufbereitung von großen Datenmengen und die damit verbundenen Kosten und Zeitanforderungen (Gehrckens und Boersma 2013).

Im Zusammenhang mit Big Data sind auch Themen wie Business Intelligence, Hadoop und Splunk wichtig (Gehrckens und Boersma 2013). Während sich das Thema Business Intelligence insbesondere mit der Frage beschäftigt, mit welchen Prozessen und Verfahren und in welcher Organisationsform die Daten verarbeitet werden können und welche Entscheidungen auf ihrer Basis zu treffen sind, können zum Beispiel Hadoop und Splunk als Schlüsseltechnologien zur Lösung des Datenerfassungs- und -auswertungsproblems angesehen werden. Hadoop ist ein freies, in Java geschriebenes Framework für skalierbare und verteilt arbeitende Software. Es basiert auf dem bekannten MapReduce-Algorithmus von Google sowie auf Vorschlägen des Google-Dateisystems. Es ermöglicht, komplexe Erfassungs-, Auswertungs- und Speicherungsprozesse mit großen Datenmengen (im Petabyte-Bereich) auf Computerclustern durchzuführen. Hadoop macht es also möglich, mit einfacher Standardhardware schnell und vor allem auch kostengünstig die gigantischen Datenmengen intelligent zu verarbeiten. Splunk hingegen ist eine Engine für Computerdaten, welches physisch, virtuell oder in der Cloud generierte Daten erfasst, indiziert, analysiert und in Berichten darstellt.

3.5 Organisation/Unternehmenskultur

In erfolgreichen digitalen Transformationen haben Digitalisierungsprojekte ausreichend Aufmerksamkeit beim Topmanagement, welches aktiv eingebunden ist. Die Projekte sollten daher bewusst im Auftrag des CEO (Vorsitzender der Geschäftsführung/des Vorstandes) erfolgen. Dabei auftauchende generelle Probleme des Geschäftsmodells und entdeckte Altlasten werden als Chance für das Grundgeschäftsmodell gesehen und dort gelöst und nicht als Zusatzballast allein den Digitalverantwortlichen zur Lösung überlassen (Rotax 2013). Die Rahmenbedingungen und Voraussetzungen müssen dabei aktiv vom Topmanagement hergestellt werden, um das Potenzial der Transformation auch richtig auszuschöpfen.

Die digital/online getriebenen neuen Anforderungen an Prozess- und Systemlandschaften und die Möglichkeiten im Bereich der Steuerung führen zu völlig veränderten Anforderungen an die Organisation und die Unternehmenskultur, also insbesondere an Mitarbeiter und deren Qualifikation, den strukturellen Aufbau eines Unternehmens und die Verteilung von Verantwortung (Gehrckens und Boersma 2013). Während die Marktposition und die Marge von traditionellen Unternehmen insbesondere durch Einkaufs-, Vertriebs- und Marketingexperten und durch kontinuierliche Prozessoptimierung in relativ starren Strukturen definiert wurden, gibt es im Bereich der Online- und Omni-Channel Unternehmen einen erheblichen Paradigmenwechsel. Technologie ist häufig einer der Haupttreiber der Positionierung und des Unternehmenserfolgs. Einkäufer, Verkäufer und Marketingstäbe müssen „Technologen und Zahlenmenschen" weichen und werden in Teilen durch intelligente Algorithmensteuerung ersetzt (Gehrckens und Boersma 2013). Die Aufgaben sind vielfältig und lassen sich in der Regel nicht mit dem Know-how aus dem bestehenden Geschäft bearbeiten – vielmehr sind Spezialisten für alle Aufgabenfelder notwendig. Eine erfolgreiche Transformation lässt sich nicht parallel zum Tagesgeschäft abarbeiten, da diese anspruchsvoll und zeitaufwendig ist – dafür wird ein dediziertes Projektteam benötigt. Da dieses am Anfang zwingend notwendig ist, später im operativen Betrieb aber oft andere Anforderungen an das Team bestehen, wird häufig auf Interimsteams zurückgegriffen, um die notwendige Geschwindigkeit zu gewährleisten, da die Verfügbarkeit entsprechender Experten im Markt knapp ist (Rotax 2013).

In traditionellen Unternehmen existieren aufgrund ihres hohen Reifegrades in der Regel „Fehlervermeidungs- und Rillenoptimierungskulturen" mit langwierigen und komplexen Entscheidungsprozessen. Digitale Transformationsprojekte brauchen in ihrem sich ständig und schnell wandelnden Umfeld Flexibilität und Geschwindigkeit sowie eine Mentalität des „Try often and fail fast" (Gehrckens und Boersma 2013). Man sucht im ersten Schritt nicht mehr nach der perfekten und alles umfassenden Lösung, sondern wählt ein inkrementelles, sequenzielles Vorgehen mit schnellen, wiederkehrenden Optimierungszyklen. Häufig wird mit hypothesengetriebenen Testanordnungen und A-B Testings gearbeitet, deren Ergebnisse gemessen werden, und dann auf Basis dieser Testergebnisse Entscheidungen getroffen. Langjährige funktionale Erfahrung macht aktueller Technologieexpertise und Datenfokussierung Platz. Die Geschwindigkeitsanforderungen und die hohe Innovationsrate in der digitalen Wertschöpfungskette führen im Vergleich zu traditionellen Unternehmen zu höherer Arbeitsteilung, zu mehr Outsourcing von Leistungen an externe Experten sowie zu flacheren Hierarchien und stellen dadurch erhebliche Anforderungen hinsichtlich der Qualifikation der Mitarbeiter, an die Kommunikation und die bereichs- und unternehmensübergreifende Zusammenarbeit (Heinemann 2014b; Gehrckens und Boersma 2013).

Damit die notwendige Geschwindigkeit und Flexibilität sichergestellt werden können, ist ein agiles Vorgehen notwendig, das sich an den Prinzipien der Agilität ausrichtet:

1. *Geschwindigkeit* – Schnelle Umsetzung.
2. *Primat der Lösung* – Lösung wichtiger als Regeln und Governance.
3. *Gut, nicht perfekt* – Nicht nach der perfekten Lösung suchen. Anschließend optimieren und automatisieren.
4. *Fehlertoleranz* – Fehler in Kauf nehmen.
5. *Schrittweiser Fortschritt* – Keine detaillierten langfristigen Pläne.
6. *Datenbasiert entscheiden* – Hypothesen testen.
7. *Vertrauenskultur* – Basisannahme: Menschen sind gut und müssen nicht kontrolliert werden.
8. *Kleine Einheiten* – Flache Hierarchien.

Analogen Projekten liegt hingegen häufig das Wasserfallmodell zugrunde, dieser Ansatz ist für Online-Projekte jedoch nicht sinnvoll. Da sich der Markt schnell und dynamisch ändert, muss in kurzen Entwicklungs-/Release-Zyklen parallel zum Markt gearbeitet werden, um wettbewerbsfähig zu bleiben. Somit ist ein implementierter Online-Shop auch kein definiertes „Endprodukt", das sich in Lasten- und Pflichtenheften final beschreiben lässt, sondern erfordert zwingend eine kontinuierliche Optimierung des Shops (Rotax 2013).

Im Rahmen der digitalen Transformation fällt es vielen Unternehmen schwer, ein gut qualifiziertes Team aufzubauen. Viele Teams haben keine ausreichenden Online-Kompetenzen, da häufig der Professionalisierungsgrad der Online-Rollenprofile, der sich über Jahre hinweg entwickelt hat, unterschätzt wird. Es genügt auf keinen Fall, sich „Online mit dem Kunden selbst beizubringen". Der Professionalisierungsgrad zum Beispiel im Online-Marketing lässt sich nur noch mit erfahrenen Spezialisten abdecken (Rotax 2013).

Ein weiterer Fehler beim Aufbau der Organisation ist der Verzicht auf externe Verlängerung, da das Budget zu knapp geplant wurde oder externe Expertise in ihrem wirklichen Preis-Leistungs-Verhältnis nicht beurteilt werden kann. Da jedoch im Businessplan meist hohe Umsätze und Ergebnisse auf Basis von Hochleistungsteams unterstellt wurden, ist der Einsatz externer Experten meist ohne Alternative. Aufgrund der Dynamik des Marktes spielt Flexibilität für Online-Teams eine sehr wichtige Rolle. Die Anforderungen an ein Online-Team ändern sich dynamisch im Zeitverlauf. Deshalb muss das Set-up flexibel und nicht starr sein, was in der Regel mit einem hohen Anteil von Outsourcing bzw. Freelancern verbunden ist, über die das Team je nach momentanem Bedarf flexibel „atmet" (Rotax 2013).

Insgesamt gesehen ist es absolut notwendig, dass in bestehenden traditionellen Unternehmen ein Transformationsprozess und ein kulturelles Change-Programm in Richtung einer online-adäquaten Organisation und Unternehmenskultur eingeleitet wird (Heinemann und Boersma 2015; Gehrckens und Boersma 2013; Boersma 2010). Während der Aufbau einer effektiven und effizienten Organisation für ein neues Online-Geschäftsmodell auf der grünen Wiese schon eine echte Aufgabe ist, steigen die Herausforderungen um ein Vielfaches, wenn ein Transformationsprozess in einem bereits etablierten, traditionellen Unternehmen mit bestehenden Prozessen, Systemen, Mitarbeitern und Verantwortungsstrukturen eingeleitet werden muss.

4   Fazit

Der Wandel durch die Digitalisierung und das Internet hat zu disruptiven Veränderungen für alle Unternehmen geführt. Die Vehemenz dieser Veränderung lässt sich nicht mehr ignorieren oder kleinreden. Für Unternehmen zeigt sich, dass eine Transformation auf nahezu allen Ebenen stattgefunden hat. Insbesondere auf der Marktseite haben sich Spielregeln und Wettbewerb sowie das Verhalten der Kunden, die Wertschöpfung sowie alle dafür erforderlichen unternehmensinternen Anforderungen massiv und zum Teil radikal gewandelt (Heinemann und Boersma 2015; Heinemann 2014b; Gehrckens und Boersma 2013; Boersma 2010).

In der durch Digitalisierung und Internet völlig neu definierten Unternehmenslandschaft mit neuen Angeboten, neuen Wettbewerbern, neuen Geschäftsmodellen und Erlösstrukturen sowie neuem Kundenverhalten und neuen Spielregeln reicht es bei Weitem nicht aus, das Internet lediglich als einen neuen Kanal zu verstehen (Boersma 2010). Online-Dynamiken erzeugen kontinuierlich immer neue Kundenerwartungen und damit zwangsläufig neue Arten der Kundenorientierung (Heinemann und Boersma 2015). Jedes Unternehmen, das auch zukünftig seine Marktanteile sichern und vom Marktwachstum profitieren will, muss auf den veränderten Wettbewerb reagieren. Dies erfordert bei Unternehmen, die keine Internet-Pure-Player oder digitale Start-ups sind, eine tief greifende digitale Transformation, die mit Leidenschaft und Glaubwürdigkeit von der gesamten Unternehmensführung getrieben wird.

Literatur

Adidas. (2012). Adidas' tests new window shopping experience of the future at Nürnberg NEO Store, 01.12.2012. http://news.adidas.com/GLOBAL/adidas-tests-the-new-window-shopping-experience-of-the-future-at-nrnberg-neo-store/s/245172e1-8fb4-49d2-8f43-fc61326a4e48. Zugegriffen: 2. Jan. 2016.

Amazon. (2012). Pressemitteilung zu Kiva Systems. http://phx.corporate-ir.net/phoenix.zhtml?c=176060&p=irol-newsArticle&ID=1674133. Zugegriffen: 8. Febr. 2016.

Amazon. (2016a). 10-K SEC Filing für das Jahr 2015. http://services.corporate-ir.net/SEC/Document.Service?id=P3VybD1hSFIwY0RvdkwyRndhUzUwWlc1cmQybDZZWEprTG1OdmJTOWtiM2R1Ykc5aFpDNXdhSEEvWVdOMGFXOXVQVkJFUmlacGNGRm5aVDB4TURZNU5qYzBNNeVp6ZFdKemFFXUTlOVGM5MJnR5cGU9MiZmbj1BbWF6b24ucGRm. Zugegriffen: 8. Febr. 2016.

Amazon. (2016b). Amazon vision „earth's biggest selection". https://www.amazon.jobs/team-category/retail. Zugegriffen: 8. Febr. 2016.

Amazon. (2016c). Übersicht Logistikzentren. http://www.amazon-logistikblog.de/standorte/. Zugegriffen: 8. Febr. 2016.

Boersma, T. (2010). Warum Web-Exzellenz Schlüsselthema für erfolgreiche Händler ist. In G. Heinemann & A. Haug (Hrsg.), *2010: Web-Exzellenz im E-Commerce* (1. Aufl.). Wiesbaden: Springer-Gabler.

Boersma, T. (2012a). Innovative Lösungen zur Steigerung der Beratungskompetenz in Online-Fashion-Shops gegenüber den stationären Geschäften. In G. Heinemann, M. Schleusener, & S. Zaharia (Hrsg.), *2012: Modernes Multi-Channeling im Fashion-Handel: Konzepte Erfolgsfaktoren Praxisbeispiele* (1. Aufl.). Frankfurt a. M.: Deutscher Fachverlag.

Boersma, T. (2012b). Amazon kauft Kiva Systems für 775 Mio.US$ und kann damit die Effizienz der Intralogistik steigern, 20.03.2012. http://boersmazwischendurch.blogspot.de/2012/03/amazon-kauft-kiva-systems-fur-775-mio.html. Zugegriffen: 2. Jan. 2016.

Boersma, T. (2013). Bedeutung von digitalen Geschäftsmodellen für die Beratungspraxis, Vortrag an der FH Wedel am 17.5.2013, Wedel.

Dgroup. (2012). Die disruptive Kraft des E-Commerce – Transformation des Handels, Vortrag im Rahmen des E-Commerce Leader Panel am 24.5.2012 in Zürich, dgroup Hamburg.

FullSIX. (2011). Case Study FullSIX Spain – Diesel CAM. http://de.slideshare.net/FullSIX/case-study-fullsix-spain-diesel-cam. Zugegriffen: 2. Jan. 2016.

Gehrckens, M., & Boersma, T. (2013). Zukunftsvision Retail – Hat der Handel eine Daseinsberechtigung? In G. Heinemann, K. Haug, & M. Gehrckens (Hrsg.), *Digitalisierung des Handels mit ePace – Innovative E-Commerce-Geschäftsmodelle und digitale Zeitvorteile*. Wiesbaden: Springer-Gabler.

Heinemann, G. (2014a). *Der neue Online-Handel – Geschäftsmodell und Kanalexzellenz im E-Commerce* (5. Aufl.). Wiesbaden: Springer-Gabler.

Heinemann, G. (2014b). *SoLoMo – Always-on im Handel, die soziale, lokale und mobile Zukunft des Shopping*. Wiesbaden: Springer-Gabler.

Heinemann, G., & Boersma, T. (2015). Innovative Formen der „Offsite-Downstream"-Kundeninteraktion. In M. Bruhn & K. Hadwich (Hrsg.), *Interaktive Wertschöpfung durch Dienstleistungen: Strategische Ausrichtung von Kundeninteraktionen, Geschäftsmodellen und sozialen Netzwerken. Forum Dienstleistungsmanagement* (1. Aufl.). Wiesbaden: Springer-Gabler.

Peichl, T. (2009). *Lebensstile und Zielgruppenmarketing (im Zeitalter der Krise)* (S. 69–80, Vortrag im Rahmen des Marketingclub Dresden). GfK AG, Lebensstilforschung.

Rotax, O. (2013). Erfolgsfaktoren von Online Projekten. In G. Heinemann, K. Haug, & M. Gehrckens (Hrsg.), *Digitalisierung des Handels mit ePace – Innovative E-Commerce-Geschäftsmodelle und digitale Zeitvorteile*. Wiesbaden: Springer-Gabler.

Über den Autor

Thorsten Boersma, Jahrgang 1966, machte seinen Abschluss als Diplom-Kaufmann an der Westfälischen Wilhelms-Universität in Münster. Danach begann er seinen beruflichen Werdegang in der Otto Group. Zuletzt war er dort für die gruppenweite E-Commerce-Strategieentwicklung verantwortlich. Anschließend war er als Geschäftsführer der iCubate GmbH Inkubator für E-Commerce-Geschäftsideen. In 2002 wechselte er in die freiberufliche Tätigkeit und arbeitete als Strategieberater und Experte für die Bereiche E-Commerce/Online-Shopping sowie Handel/Retail. Seit Februar 2009 ist Thorsten Boersma bei der dgroup als Senior Experte für E-Commerce und Strategie tätig. Dort entwickelt er für Kunden Strategien für E-Commerce und digitale Transformationen und setzt diese häufig auch als Interimsmanager für den Kunden um.

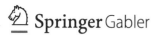

springer-gabler.de

Gerrit Heinemann, Kathrin Haug,
Mathias Gehrckens, dgroup (Hrsg.)
Digitalisierung des Handels mit ePace
Innovative E-Commerce-Geschäftsmodelle
und digitale Zeitvorteile
2013, X, 358 S., 141 Abb., Broschur
39,99 € (D) | 41,11 € (A) | * 50.00 CHF
ISBN 978-3-658-01299-1

Innovative Online-Geschäftsmodelle mit Zeitvorteil

Die digitale Revolution lässt innovative Geschäftsmodelle im E-Commerce entstehen, welche die Erwartungen der Kunden an Produktverfügbarkeit, Preistransparenz, Service und Beratung nachhaltig verändern. Für Unternehmen, die ihr Geschäftsmodell auf die veränderten Kundenanforderungen ausrichten, gewinnt Geschwindigkeit und richtiges Timing („ePace") zunehmend an Bedeutung. Der dadurch gewonnene Kundenmehrwert als Ausgangspunkt ist über Geschäftsmodellgestaltung, Organisation und Prozesse umzusetzen. Dieses betrifft auch moderne Formen der Vertikalisierung und beansprucht das komplette Managementspektrum von der Innovation bis hin zur Transformation. Im Rahmen einer ganzheitlichen Managementbetrachtung werden alle relevanten Aspekte innovativer Geschäftsmodelle im E-Commerce dargestellt und anhand aktueller Praxis-Beispiele von namhaften Unternehmen der digitalen Welt (wie z. B. ProSiebenSat1, Springer Fachmedien, Douglas, CBR, Reuter-Bad, ZEIT Online, Otto Group, Sellaround, Kaufmann Mercantile, dgroup, e.ventures u.a.) verdeutlicht.

Der Inhalt
- Digitale Revolution im Handel (ePace als Schlüsselqualifikation)
- Kundenmehrwerte durch richtiges Timing
- Innovative Online-Geschäftsmodelle mit Zeitvorteil
- Spezialaspekte zu ePace

Die Zielgruppen
Dozenten und Studenten der Betriebswirtschaftslehre mit dem Schwerpunkt Marketing und Handel, Führungskräfte in Konsumgüterindustrie, Handel, Medienverlagen und im Online-Dienstleistungsbereich.

€ (D) sind gebundene Ladenpreise in Deutschland und enthalten 7 % MwSt. € (A) sind gebundene Ladenpreise in Österreich und enthalten 10 % MwSt. Die mit * gekennzeichneten Preise sind unverbindliche Preisempfehlungen und enthalten die landesübliche MwSt. Preisänderungen und Irrtümer vorbehalten.

Jetzt bestellen: springer-gabler.de

Printed in Germany
by Amazon Distribution
GmbH, Leipzig